A*t*V

WERNER MITTENZWEI, geboren 1927, Literatur- und Theaterwissenschaftler, langjähriges Mitglied der Akademie der Wissenschaften und der Akademie der Künste in der DDR, ist durch vielfältige wissenschaftliche Arbeiten bekannt geworden. Herausragend sind seine Beiträge zur Exilforschung und zu Problemen der internationalen Dramatik.

Werner Mittenzwei ist einer der Herausgeber der Großen kommentierten Berliner und Frankfurter Ausgabe der Werke Bertolt Brechts und Verfasser der zweibändigen Brecht-Biographie »Das Leben des Bertolt Brecht oder Der Umgang mit den Welträtseln«.

Im chronologischen Verfahren wird der Einfluß der Politik auf die Literatur untersucht. Es wird gezeigt, welche Entscheidungszwänge in einzelnen Politikphasen der deutschen Nachkriegszeit für die Autoren entstanden und in welchem Maße Politiker wie Ulbricht, Honecker, Adenauer, Brandt, Gorbatschow und Kohl Einfluß auf intellektuelle Gruppierungen gewannen. Unterschiedliche Generationserfahrungen, Polarisierungen und Scheidewege werden gekennzeichnet. Anpassung und Widerstand werden beschrieben. In ständiger Begleitung einer sich im Wandel der Zeiten verändernden Literatur entsteht ein Bild des literarischen Intellektuellen, das schlechthin als eine Mentalitätsgeschichte der ostdeutschen Intelligenz in der zweiten Hälfte des 20. Jahrhunderts angesehen werden kann.

Werner Mittenzwei

# Die Intellektuellen

*Literatur und Politik
in Ostdeutschland 1945 bis 2000*

Aufbau Taschenbuch Verlag

ISBN 3-7466-8100-6

1. Auflage 2003
Aufbau Taschenbuch Verlag GmbH, Berlin 2003
Copyright © 2001 by Faber & Faber Leipzig
Umschlaggestaltung Torsten Lemme
unter Verwendung eines Fotos von Jun Yamashita, photonica
Druck Ebner & Spiegel, Ulm
Printed in Germany

www.aufbau-taschenbuch.de

# INHALTSVERZEICHNIS

Einführung
Der Typus des literarischen Intellektuellen [9]

Erstes Kapitel
Die Katastrophe und die Hoffnung 1945–1949 [21]

*Erster Abschnitt* Ende und Anfang. Bechers Bemühungen um die Intelligenz [21] Der Kulturbund zur demokratischen Erneuerung Deutschlands [28] *Zweiter Abschnitt* Bücher suchen ein Haus. Der Aufbau-Verlag Berlin [35] *Dritter Abschnitt* Die Emigranten und die Daheimgebliebenen. Eine Kontroverse [39] *Vierter Abschnitt* Entnazifizierung statt nationaler Katharsis [43] *Fünfter Abschnitt* »Welche Welt ist meine Welt?« – Scheidewege [52] Der Erste deutsche Schriftstellerkongreß [53] Die Währungsreform [57]

Zweites Kapitel
Die Entscheidungszwänge im Zeitalter
des Kalten Krieges 1949–1961 [63]

*Erster Abschnitt* Der andere deutsche Staat und seine Intellektuellen. Das Bild vom neuen Staat [63] Der Jahrgang 1927. Die junge Generation [70] *Zweiter Abschnitt* Die Haltung der Führung zur Intelligenz: Fördern und disziplinieren [73] Die führende Rolle der SED wird organisatorisch gefestigt [79] Gegen Formalismus und Dekadenz. Instrumente der literarischen und künstlerischen Disziplinierung [81] Die Faustus-Debatte – in deutscher Regie [97] *Dritter Abschnitt* Eine Idee verliert ihren Zauber. Der 17. Juni 1953. Die Haltung der Intelligenz [103] Unmut und Unruhe [115] Ein Ort des Gesprächs [119] *Vierter Abschnitt* Die Intellektuellen-Opposition und der deutsche Marquis Posa [127] *Fünfter Abschnitt* »... ich lasse sie ins

Gefängnis sperren«. Ulbrichts Abrechnung mit der Reform-Intelligenz [135]

## Drittes Kapitel
### Die Haltung der literarischen Intelligenz in der geschlossenen Gesellschaft [155]

*Erster Abschnitt* Die neue Situation zu Beginn der sechziger Jahre [155] Der andere Ulbricht [163] Der Bitterfelder Weg [166] Der Mauerbau [169] *Zweiter Abschnitt* Einrichten in der geschlossenen Gesellschaft. Die junge Generation meldet sich [172] Die mageren fünfziger Jahre [173] Die Neuen [174] Zwischen geschichtlichem Auftrag und gesellschaftlicher Verpflichtung. Die literaturwissenschaftliche Intelligenz [183] Der sozialistische Realismus. Leitbild und Feindbild [190] Eine philosophische Kategorie wird zur Katharsis. Entfremdung – Kafkakonferenz 1963 [194] *Dritter Abschnitt* Machtspiele. Walter Ulbrichts Verhältnis zu Schriftstellern und Künstlern. Gesuchte Nähe [198] Das Oberhaus der künstlerischen Intelligenz. Die Akademie der Künste [204] Das Verwirrspiel zwischen Ökonomie und Kunst. Das 11. Plenum [215] Stefan Heym – Wolf Biermann – Robert Havemann [225] *Vierter Abschnitt* Das Schicksalsjahr 1968. Der Einfluß, der nicht wahrgenommen werden sollte [234] Die westdeutsche Studentenbewegung [240] *Fünfter Abschnitt* Die opulente Zeit der Literatur und der Zensur [246]

## Viertes Kapitel
### Die Intelligenz in der Honecker-Ära
### Die siebziger Jahre [255]

*Erster Abschnitt* Ulbricht wird von der politischen Bühne genommen. Zwiespältige Hoffnung [255] *Zweiter Abschnitt* Das Kräftemessen – Die 13 und Wolf Biermann. Wie den Prozeß der Polarisierung aufhalten? [272] Die Nachricht [274] Zur Person Biermanns [281] *Dritter Abschnitt* Zwei Taktiken auf einem Tribunal [291]

## Fünftes Kapitel
### Von der inneren Distanz zur offenen Opposition
### Das letzte Jahrzehnt der DDR [303]

*Erster Abschnitt* Was förderte und was hemmte eine umfassende Opposition? [303] *Zweiter Abschnitt* Gorbatschow schafft eine neue Situation [318] *Dritter Abschnitt* Veränderungen im literarischen Kräftefeld [324] Die Prenzlauer-Berg-Szene [327] Die Nischengesellschaft? [345] *Vierter Abschnitt* Aktionen der letzten Stunde [352]


## Sechstes Kapitel
### Die Demütigungen und die neuen Möglichkeiten
### Wende und Nachwende. Die neunziger Jahre [363]

*Erster Abschnitt* Die Wende in der Wende [363] Welche Kraft bewirkt den Umschwung? [368] Die Etappen der Revolution und des Meinungsumschwungs [375] Ein Thermidor der Intelligenz? [383] *Zweiter Abschnitt* Gorbatschow: Der Mann, der enttäuschte [388] *Dritter Abschnitt* Die Instrumente [396] Der Vertrag [398] Die Treuhand [405] Die Gauck-Behörde [415] *Vierter Abschnitt* Helmut Kohl: Die deutsche Einheit und die zweite Spaltung [425]


## Siebentes Kapitel
### Einstieg in neue Verhältnisse
### Die Schriftsteller suchen die ihnen gemäße Position [435]

*Erster Abschnitt* Was tun? Jenseits der Zensur – aber die schreibenden Akteure stehen verloren da [435] *Zweiter Abschnitt* Das Leseland entledigt sich seiner Literatur auf der Müllkippe [442] *Dritter Abschnitt* Der Literaturstreit [447] Die Akademie der Künste oder »Der Krieg der Künste« [452] Die Abwicklung und Aussonderung geht weiter [460] Die Kritiker. Moralische Demontagen – historisierender Standpunkte [461] *Vierter Abschnitt* Die Literatur am Ende der neunziger Jahre oder Der Ertrag des freien Wortes [469]

# Epilog
Der Umgang mit der Vergangenheit oder
Das Schicksal des Marxismus am Ende des Jahrhunderts [493]

*Erster Abschnitt* Das Tui-Spiel. Die Intellektuellen aus West und Ost treffen in neuen Rollen aufeinander [493]  *Zweiter Abschnitt* Nachdenken über das Scheitern [510]

# Anhang

*Anmerkungen* [525]  *Register* [550]

# EINFÜHRUNG
## Der Typus des literarischen Intellektuellen

Kaum eine andere Schicht der Gesellschaft wurde so widersprüchlich charakterisiert wie die Intellektuellen. Man hob sie auf die Königsebene, bezeichnete sie als Götter, die keine waren, pries ihre besten Vertreter als das Gewissen Europas oder beschimpfte sie als Bußgemeinde für die Hauptlasten und die Schande der Nation. Für die einen waren sie eine winzige Gruppe von Auserlesenen, für andere eine Bande von Unzufriedenen und Ehrgeizigen. Ihre Rolle in der Gesellschaft wurde als »Priesterherrschaft« oder die einer »klagenden Klasse« beschrieben. Nach Joseph A. Schumpeter bestand ein großer Teil ihrer Tätigkeit darin, sich gegenseitig zu bekämpfen und Lanzen für irgendeine Sache zu brechen. Jean-Paul Sartre sprach von dem totalen Intellektuellen, dessen Aufgabe es sei, sich in alles einzumischen.

Wer nur einige der zahlreichen Bücher, Studien und Traktate gelesen hat, die ganze Bibliotheken füllen, wird feststellen, daß es keine moralische Wertung gibt, sei sie nun positiv oder negativ, die auf die Intellektuellen nicht angewandt wurde. Unklarheit besteht auch über ihre Zusammensetzung. Ärzte und Advokaten ordnete Schumpeter zum Beispiel nicht in diese Schicht ein, es sei denn als Verfasser von Büchern, mit denen sie sich in die Belange der Öffentlichkeit einmischten. Das führte zu beträchtlichen Irritationen. Der polnische Schriftsteller und Politiker Andrzej Szczypiorski, der, wie die meisten seiner Zunft, die Intellektuellen eindringlich porträtierte, erklärte in einem Interview kurz und witzig: »Die Intellektuellen sind immer schwache Leute, deswegen sage ich immer, ich bin keiner.«[1]

Die unterschiedlichen Meinungen rühren wohl daher, daß die meisten Theoretiker, die sich mit diesem Thema befaßten, von einer Einheitlichkeit dieser Schicht ausgingen, obwohl es eine Vielzahl von Gruppierungen gibt, die in ihrer gesellschaftlichen Funktion stark voneinander abweichen. Ihre Differenziertheit ist beträchtlich. Deswegen auch der ständige Versuch, diesen Typus auf bestimmte Vertreter einzugrenzen. Da die Intellektuellen sich aus allen Klassen und Schichten der Sozialordnung zusammensetzen, selbst aber keine Klasse im traditionellen Sinne bilden, ist ihre Bestimmung schwierig. Vergleicht man beispielsweise den literarischen Intellektuellen mit dem technischen, so unterscheiden sich beide nicht nur durch ihre Aufgaben, sondern auch durch ihre Funktion und ihr Wesen. Wollte man den einen deshalb nicht zu den Intellektuellen zählen, grenzte das an Blasphemie. Aus diesem Grunde ist es notwendig, den jeweiligen Typus genau zu erfassen und seine spezifische Funktion zu beschreiben, die ihm innerhalb der Gesamtheit zukommt. Nur so wird analysierbar, worin seine Aufgabe besteht und wie er sich in der Gesellschaft, in die er gestellt wurde, verhält. Erst dann kann beurteilt werden, welche Möglichkeiten er hat, vor der Geschichte zu bestehen. Bevor der literarische Typus, um den es hier geht, in seinem Wesen und seiner Funktion analysiert werden kann, sind einige modellhafte Vorstellungen über die Rolle dieser Schicht in den verschiedenen Gesellschaften nötig.

Die Intelligenz kann auf eine lange Geschichte verweisen. Im Mittelalter war die katholische Kirche ihr Hauptförderer und Hauptunterdrücker. Sie hat wie kaum eine andere gesellschaftliche Instanz begabte Leute an sich gezogen, sie ausgebildet, auf den Weg gebracht und mit Würden versehen, gleichzeitig aber jeden Abweichler unbarmherzig verfolgt. Sie schreckte nicht davor zurück, diejenigen, die gegen die Lehren und Dogmen der Kirche aufbegehrten, physisch zu vernichten. Der Katholizismus, bemerkte Theodor Geiger, habe seine Denker mit besonderem Erfolg zum Verzicht auf die eigene Einsicht, zum sacrificium intellectus, erzogen und so eine Haltung ausgebildet, die noch in den modernen Diktaturen des 20. Jahrhunderts eine Rolle spielte.

In diesem Buch geht es um den modernen Typus des Intellektuellen, der sich am Ende des 19. Jahrhunderts Geltung verschaffte. Seine Geburt wird allgemein mit dem Auftreten Emile Zolas in Zusammenhang gebracht. Als er Alfred Dreyfus, den einzigen Juden im französischen Generalstab, vor dem Vorwurf des Geheimnisverrats und vor der herrschenden Meinung verteidigte, begann man, Leute mit Autorität, die in der Öffentlichkeit für Dreyfus eintraten, verächtlich »Intellektuelle« zu nennen. Damals kam dieser Begriff auf, der bald zu einer bevorzugten Kennzeichnung wurde, aber seinen abschätzigen Doppelsinn nie verlor.

Antonio Gramsci hält seine Definition zunächst für alle offen, bestimmt sie dann aber aus dem spezifischen Wirken des Menschen in der

Gesellschaft: »Alle Menschen sind Intellektuelle, könnte man ... sagen: aber nicht alle Menschen haben in der Gesellschaft die Funktion von Intellektuellen.«[2]

Gramsci unterscheidet zwischen den traditionellen Intellektuellen, den Beamten, Priestern und Lehrern, sowie den organischen. Letztere verkörperten nach seiner Meinung eine neue Form von Intellektualität. Sie seien »Organ ihrer Klasse und drückten deren Konsens, Interessen und Bedürfnisse« aus. Im eigenen Selbstverständnis begriffen sie sich als eine unabhängige, autonome Gruppe. Doch das sei eine Illusion, die keineswegs ihrer spezifischen Funktion im gesamtgesellschaftlichen Bereich entspreche. Gramsci bindet das Schicksal der Intellektuellen an die Arbeiterklasse, die dieser Schicht durch die »Bildung eines geistig-moralischen Blocks« die Möglichkeit gibt, aus der Hegemonie der bürgerlichen Klasse auszubrechen und so zu ihrer eigentlichen Funktion zu finden, die sie nicht mehr zu ›Commis‹ einer herrschenden Gruppe macht.

Ende der zwanziger Jahre des vergangenen Jahrhunderts warf Karl Mannheim den Begriff der »sozial freischwebenden« Intelligenz in die Diskussion, den Alfred Weber eingeführt hatte.[3] Auch er beurteilte diese Schicht von ihrer Funktion her. Nach seiner Meinung fiel ihr die Aufgabe zu, aus den streitenden Ideologien die »Wahrheitskörnchen« herauszupicken, um der Gesellschaft eine Synthese vorlegen zu können. Mit seiner Definition meinte er einer Auffassung zu entgehen, die die Ansichten der Intellektuellen aus der ökonomischen Struktur ableitet. Mannheim wehrte sich gegen eine Sicht, der zufolge die Ideen dieser Schicht ausschließlich den Interessen der herrschenden Klasse dienen. Er wies der Intelligenz zwar keine elitäre, aber doch eine vermittelnde Aufgabe zu. Die von ihr gefundene Synthese diene dem gesellschaftlichen Fortschritt und sei nicht auf den Anspruch der besitzenden Klasse zurückzuführen. Da die Intelligenz zwischen den Klassen stehe, sozusagen eine »freischwebende« Position einnehme, sei sie zu ihrer besonderen Mission befähigt.

Dagegen polemisierte der deutsche Emigrant Theodor Geiger, der 1949 mit seinem im schwedischen Exil verfaßten Buch *Aufgaben und Stellung der Intelligenz in der Gesellschaft* hervortrat, das als erste systematische Darstellung dieser Problematik gelten kann. Gegen Mannheims Auffassung von der Intelligenz als dem redlichen Makler protestierte Geiger. Er kritisierte sie, weil sie, wie er meinte, von einem materialistischen Ansatz ausgehe. »Die Intelligenz ist keineswegs freischwebend«, betonte er. »Richtig ist, daß sie weder selbst eine soziale Klasse im üblichen Sinne darstellt, noch als ganze einer bestimmten Klasse zugerechnet werden kann.«[4] Ihr komme vielmehr das kritische Verhalten zur politischen Macht zu. Auf dem Felde der Politik habe ihre Aufgabe nicht konstruktiv, sondern destruktiv zu sein. Geiger räumte ein, daß die Intellektuellen in verschiedenen Rollen auftreten könnten, und zwar in der des »Ideologie-Machers« und der des »Ideologie-Enthüllers«. In der politisch-sozialen Tatsachenwelt komme ihr aber keine schöpferische Rolle zu. Allerdings neige die Intelligenz dazu, ihre eigene Ideologie, eine Schichtenideologie, als eine Synthese der streitenden Klassenideologien auszugeben.

Ein halbes Jahrhundert später bestimmte Edward W. Said die Aufgaben der Intellektuellen ähnlich wie Theodor Geiger, nur weit radikaler. Sie hätten kritisch, hätten destruktiv zu sein. Was es diejenigen, die sich dazu zählten, auch koste, ihre Aufgabe bestehe darin, gegen das »Herdendenken« anzugehen. »Im Grunde ist der Intellektuelle in dem von mir gemeinten Wortsinne weder Friedensstifter noch Vermittler, sondern jemand, dessen ganzes Wesen auf einer kritischen Geisteshaltung beruht, einer Geisteshaltung, die nicht gewillt ist, gängige Formeln oder Klischees, geschweige denn die glatten, stets so entgegenkommenden Formulierungen und Gesten der Mächtigen und Erfolgreichen zu akzeptieren.«[5] Für ihn übe selbst die Kultur einen Zwang, eine bevormundende Autorität aus. Sie legitimiere, degradiere, grenze aus. Dagegen handele der Intellektuelle auf der Grundlage universeller Prinzipien. Seine Rolle könne nur die des ewigen Dissidenten sein. Für Edward W. Said hat sich der Intellektuelle schon aufgegeben, der sich »einen Platz beim Rendezvous der Sieger« (Aimé Césaire) wünsche.

Eines der großen zornigen Bücher gegen die Intellektuellen, die sich zu Sprechern von Nationen, Klassen, Gruppen und Ismen machen, ist Julien Bendas Buch *Der Verrat der Intellektuellen*, das 1927 erschien. Seine einfache These lautet, die Intellektuellen hätten der Wahrheit zu dienen und nichts anderem. Diese Auffassung mündet jedoch in einem völligen Idealismus. Er reduziert die wahren Intellektuellen auf eine winzige Gruppe von Geistespriestern und Philosophenfürsten. Seine Repräsentanten sind Sokrates, Jesus, Spinoza, Voltaire. Der moderne

Typus, der sich zum Sprachrohr politischer Leidenschaften, von Massenstimmungen, nationalistischer Kriegsbegeisterung und Kleasseninteressen macht, ist seinem Verdammungsurteil ausgesetzt. Bendas Buch geht in seiner idealistischen Grundhaltung an den existentiellen Konflikten vorbei, die verlangen, nicht abseits zu stehen und doch vor sich selber bestehen zu können. Das Werk bleibt wertvoll durch die Empörung, die Benda gegenüber dem Mißbrauch des Intellekts empfindet. Seine Bewunderung gilt den Männern – Frauen kommen bei ihm nicht vor –, die auf alles verzichten können, nur nicht auf die Wahrheit.

Harmlos sind dagegen die Artikel und Traktate, die davon ausgehen, daß ein Großteil der Intellektuellen seinen Platz an den Universitäten habe und deshalb von hier aus begriffen werden müßte. Die Funktion dieser Intellektuellen beschreibt Hans Ulrich Gumbrecht als »Katalysatoren von Komplexität«. »Die Charakterisierung einer neuen Rolle der Intellektuellen durch Begriffe wie ›Katalysator von Komplexität‹ oder ›riskantes Denken‹ schließt in Konvergenz mit der nüchternen Beobachtung, daß die Welt der Intellektuellen heute im Wesentlichen die Welt der Universitäten ist, die ›klassischen‹ Naturwissenschaftler, die Physiker, Chemiker, Biologen mit ein – ob die Naturwissenschaftler sich nun gerne als Intellektuelle verstehen wollen oder nicht.«[6] Gumbrecht sieht eine Gefahr darin, den Intellektuellen ausschließlich vom geisteswissenschaftlichen Bereich her zu bestimmen, von dem bisher dessen Wesen und Aufgaben definiert wurden. Die alte Frage, wer zur Intelligenz gehört, löst er akademisch, mit dem Hinweis auf die Universitäten. Den Naturwissenschaftlern räumt er den Platz ein, den in der bisherigen Literatur vor allem die geisteswissenschaftliche und literarische Intelligenz inne hatte. »Denn dann müßte man ja fürchten«, schreibt Gumbrecht, »daß dieser Intellektuelle für immer auf den Habitus der ›Sozialkritik‹ fixiert wäre, auf die Gesellschaft als sein einziges Thema und auf eine traditionelle Rhetorik des Mitleids ...«[7] Aufschlußreich in dieser Darlegung ist nur, auf welches Maß sich die Befürchtungen reduziert haben.

Einen Schritt über die stagnierenden Auffassungen hinaus tat der französische Soziologe Pierre Bourdieu. Bisher erschöpfte sich die Analyse darin, daß den Intellektuellen im Verhalten zur politischen Macht eine oppositionelle, ja destruktive Funktion zugeschrieben wurde. Der Intellektuelle könne seine Kompetenz, seine kritische Einsicht nur dann zur Geltung bringen, wenn er sich nicht mit der Politik verbinde. Nur so ließe sich seine Autonomie bewahren. Bourdieu durchbrach diesen Kreislauf. Er entwickelte aus dem historisch künstlerischen Feld gegen Ende des 19. Jahrhunderts die Einsicht, daß die Autonomie des Intellektuellen mit der Ablehnung der Politik nicht identisch zu sein braucht.

Seine Bestimmung der Intelligenz ging auf eine Enttäuschung zurück. Nach seiner Meinung hatten die marxistischen Intellektuellen den Fehler gemacht, ihre Kompetenz dem Proletariat zu opfern. Sie hätten dieser Klasse zu Füßen gelegen und ihr in einer Art Schuldbewußtsein ihre Erkenntnisse als Opfer dargebracht. »Sie machten sich freiwillig dümmer, als sie waren. Es gibt einen berühmten Ausspruch von Pascal, der sagte: Wenn ihr gläubig werden wollt, dann müßt ihr euch verdummen. Und viele gingen so auch in die KP. Man trat in einen Glauben ein, indem man sich dümmer machte.«[8] Diese Kritik verführte den Franzosen jedoch nicht dazu, die Aufgaben der Intellektuellen jenseits der Politik zu suchen. Als entschiedener Kritiker des Neoliberalismus haben seine Auffassungen etwas Radikales. Bourdieus Theorie ist Ausdruck einer Intelligenz, die die Welt nicht will wie sie ist, aber die auch keine andere Welt will.

Die Definition, die er für die Intellektuellen vorschlägt, lautet: »Der Intellektuelle ist ein *bidimensionales* Wesen. Um den Namen Intellektueller zu verdienen, muß ein Kulturproduzent zwei Voraussetzungen erfüllen: zum einen muß er einer intellektuell autonomen, d.h. von religiösen, politischen, ökonomischen usf. Mächten unabhängigen Welt (einem Feld) angehören und deren besondere Gesetze respektieren; zum anderen muß er in eine politische Aktion, die in jedem Fall außerhalb des intellektuellen Feldes in engerem Sinne stattfindet, seine spezifische Kompetenz und Autorität einbringen, die er innerhalb des intellektuellen Feldes erworben hat.«[9]

Sein erstes Anliegen ist, die Autonomie der Intellektuellen gegen alle Bedrohungen durch die Politik und die Medien zu verteidigen. Ohne Autonomie gibt es für ihn keine Kompetenz, keine Universalität. Bourdieu fordert eine kollektive Verteidigung der eigenen Interessen dieser Schicht, einen Korporativismus zur Wahrung der Autonomie. Ziel sei es, eine Gegenmacht zu formieren, die sich gegen den Journalismus und die herrschende Politik richten müsse. »Das politisch-kritische Denken muß grundlegend neu aufgebaut werden.«[10] Was bei den meisten Theoretikern Selbstzweck ist, bildet bei Bourdieu eine Brücke zum eingreifenden politischen Denken. Der Schriftsteller, der Philosoph, der Wissenschaftler, die sich durch ihre Kompetenz und ihre Universalität eine moralische, gesellschaftliche Autorität erworben haben, müßten dieses Potential auch auf dem politischen Feld einsetzen. Dieses Vermögen begründet Bourdieu nicht individuell, sondern historisch: »Erst am Ende des 19. Jahrhunderts, als das literarische Feld, das künstlerische Feld und das wissenschaftliche Feld einen sehr hohen Grad an Autonomie erlangt haben, gelangen die autonomsten Akteure dieser autonomen Felder zu der Einsicht, daß die Autonomie mit der Ablehnung der Politik nicht identisch ist, und daß sie sehr wohl als Künstler, Schriftsteller und Wissenschaftler in das politische Feld intervenieren können.«[11] Auf diese Weise brachte Bourdieu die »Reinheit« des Wissens, des Universellen mit dem »Engagement« zusammen. So könnten sich die Intellektuellen nützlich machen, ohne benutzt zu werden. So könnten sie lernen zu dienen, ohne sich in Dienst nehmen zu lassen.

Im Unterschied zu vielen seiner Kollegen zeigt sich Bourdieu nicht um praktische Vorschläge für die Anwendung seiner Theorie verlegen. Er möchte den »akademischen Denkfabriken« die »kritischen Denkfabriken« entgegenstellen. Nötig sei eine Internationale der Intellektuellen, deren Ziel es sein müsse, die Kulturproduzenten zur Verteidigung der ökonomischen und sozialen Bedingungen ihrer Autonomie zu bewegen.

Durch eine Vernetzung der Mikroprozessoren solle den kompetentesten Intellektuellen der öffentliche Eingriff möglich gemacht werden. Die Intellektuellen müßten lernen, den Staat zu benutzen, um sich vom Staat zu befreien. »Bei der Schaffung sozialer Rahmenbedingungen für eine kollektive Produktion realistischer Utopien vermag die Gemeinschaft der Intellektuellen eine unersetzbare Rolle zu spielen.«[12]

Die praktischen Vorstöße von Bourdieu erinnern an die Initiativen Brechts, der im Exil daran ging, unter Künstlern und Schriftstellern Formen eines »eingreifenden Denkens« zu entwickeln, mit denen er den Kampf gegen den Faschismus zu unterstützen beabsichtigte. Doch Brecht begriff sie nur als einen Teil jener Bewegung, die eine bessere Welt wollte. Bourdieus Vorschläge orientieren nicht auf eine neue Welt, nicht einmal auf einen erneuerten Sozialismus. Er bleibt mit seinen

Lösungen innerhalb einer Welt, in der, wie er selbst sagt, »die Tyrannei der Profitrate« alles bestimmt. Der aber will er Grenzen setzen.

Der neuralgische Punkt solcher Theorien reduziert sich auf die Frage, welche politischen Eingriffsmöglichkeiten der auf die Wahrung seiner Autonomie bedachte Intellektuelle hat. Daß er von allen ideologischen Bindungen frei sein muß, ist wortreich beschrieben worden. Weniger überzeugend jedoch sind die Hinweise, wie er sich in einer solchen Position noch engagieren kann. Hier blieb es bei unklaren, nicht selten verstiegenen Bestimmungen, die in den Bereich der Utopie gehören. Daß sich ein Autor, der ein großes Publikum anspricht, nie ganz der Politik entziehen kann, darüber gibt es auch bei Bourdieu und Said keinen Zweifel. Dazu sind sie selber viel zu engagierte Leute. Doch sie bleiben Zerrissene. Bourdieu baut bei den Intellektuellen in eigener Sache auf eine Organisationsfähigkeit, zu der sie als »Grenzgänger«, »Außenseiter«, »geistige Exilanten« kaum befähigt sein dürften. Edward W. Said mahnt sie, auch in aufgewühlten Zeiten kritisch zu bleiben, keinem Gott, keiner Autorität verpflichtet zu sein. »Wer unkritisch einem Gott dient, für den sind die Teufel stets auf der anderen Seite.«[13] Seine Losung lautet: »Niemals Solidarität vor Kritik.« Die Metaphern, die Said hier für alle Ismen und politischen Richtungen gebraucht, verdecken die Schwierigkeiten, vor denen die Intelligenz steht. Der engagierte Intellektuelle wird sich den sozialen Bewegungen mit den breitesten Lösungen nicht entziehen können. Diese sind immer ideologisch und politisch ausgerichtet. Wie sollten sie sonst Wege und Ziele deutlich machen? Der Intellektuelle, der an den Problemen der Zeit nicht vorbeigehen und der leidenden Menschheit ein Helfer sein will, hat keine andere Wahl, als auf dem Kampfplatz zu erscheinen. Er muß sich in die Hölle der Widersprüche begeben. Das ist der Ort, wo er bestehen muß. Ob er da immer ein Außenseiter bleiben kann oder doch zum Mitstreiter wird, das hängt von den geschichtlichen Bedingungen ab. Auf diesem Feld, das sein vorbestimmter Platz ist, spielt sich alles ab, die Verführung und das Verhängnis, die Hoffnung und der Fall. Verletzungen lassen sich dabei kaum vermeiden. Die durch die Bewahrung der Autonomie erstrebte »Reinheit«, von der Bourdieu spricht, bleibt eine Utopie. Der eigentliche Verrat des literarischen Intellektuellen besteht eher in der Verweigerung seiner Eingriffsmöglichkeiten, dem Rückzug ins Abseits. Für die Verteidigung seiner Autonomie braucht er jedoch genügend Freiraum. Er muß die politischen Bewegungen jederzeit kritisieren, ja sich von ihnen trennen können, wenn sich deren Wege als verfehlt erweisen. Wendungen gehören zur geistigen Existenz der Intelligenz. Ihr universelles Vermögen besteht ja gerade darin, die Widersprüche zu signalisieren, bevor sie ausbrechen. In ihrer Kritik mag sich utopisches Denken mit dem Irrtum verschwistern. Der Irrtum bleibt der dunkle Teil ihres Talents, ihr ständiger Begleiter, der ihr wie ein Schatten folgt.

Im ausgehenden zwanzigsten Jahrhundert mehrten sich die Stimmen, die mit der »Konjunktur der Intellektuellen« Schluß zu machen suchten. Den Bedeutungsverlust, den man dieser Schicht nachsagte, nahmen die konservativen Ideologen mit Beifall und Genugtuung auf. Der Intellektuelle sei einmal etwas Neues gewesen, jetzt aber sei er das Alte. Anstelle der Dichter, die in den Widersprüchen nach einer Orientierung suchen, setzten sie die Spitzenmanager als die repräsentative Elite der globalen Welt ein. Andere sahen in den benachbarten Gruppierungen der Journalisten und Politiker die kompetenten Nachfolger, denen die Funktion der Intelligenz zufalle. Geiger hatte noch gewarnt, die machtkritische Intelligenz habe niemanden zum Freund, ihr erbittertster Gegner aber sei der gewerbsmäßige Politiker.

In seinem Buch *Die Überwindung der Teilung* (1998) ging Wolfgang Jäger in einem Exkurs auf die Intellektuellen ein.[14] Auch er neigt dazu, sich von diesem Typus, wie ihn die bisherige Soziologie beschrieb, zu verabschieden. Seit der »Entdeckung der Vorgänge um den Archipel Gulag«, dem Zerfall der Linken mit ihrem »sozialistischen Denkhorizont« und der »zunehmenden Kompliziertheit der politisch-sozialen Realität«, sei »das Ende des engagierten Intellektuellen« eingeleitet worden. Er könne zur Lösung der Probleme, die den Bürger belasten, nichts mehr beitragen. Jägers Darlegungen über die Funktion des Intellektuellen, die er mit dessen Haltung während der Wiedervereinigung in Zusammenhang bringt, stützen sich auf M. Rainer Lepsius und seine »immer noch unübertroffene Definition«. Lepsius sieht wie viele seiner Vorgänger die Funktion des Intellektuellen in der Kritik, und zwar in der »Kritik als Beruf«.[15] Akteure dieser Gruppe seien nur dann, und nur solange sie Kritik üben, Intellektuelle. Vertreter einer »inkompetenten« Kritik sind bei ihm die Schriftsteller, die einer »quasi-kompetenten« die Journalisten. Diese Kennzeichnung will er nicht abwertend verstanden wissen, sie dient ihm lediglich dazu, Kompetenz zu kategorisieren. Lepsius wie

Jäger ziehen aus ihren Darlegungen den Schluß, »in Bezug auf die DDR nicht von Intellektuellen, sondern von ›Intelligenz‹ zu sprechen.« Allein schon auf Grund ihrer Parteinahme für die sozialistische Utopie hätten sich die Schriftsteller und Geisteswissenschaftler der DDR außerhalb der intellektuellen Tradition gestellt. »Ihr Engagement für eine Partei setzt sie daher prinzipiell von zwei Seiten her dem Verdacht aus, ihre universellen Ideale zu verraten: ›Der Kritiker, so heißt es, zerstöre eben die Freiheit, die er in dogmatischer Verblendung einer absoluten Teilethik zu schützen meinte. Ferner verrate er seine Ideale notwendigerweise, wenn er versuche, ihnen die erstrebte Geltung durch politische Macht zu verschaffen.‹«[16] Durch diese Bindung sei die Forderung nach Reformen von der DDR-Intelligenz eher zögerlich aufgenommen worden und ihr Beitrag zur Wiedervereinigung gering gewesen.

Was ist nun ein literarischer Intellektueller? Worin besteht dessen geistige Physiognomie und Funktion? Dieser Typus rekrutiert sich vor allem aus Dichtern, Publizisten, Philosophen und Literaturwissenschaftlern, aber er ist nicht an diese Berufe gebunden. Die Eigenart dieser Berufsgruppe bildet nur die Voraussetzung für die Zugehörigkeit zur literarischen Intelligenz, entscheidend ist, was sie mit ihrer Arbeit in der Öffentlichkeit bewirkt. Dabei geht es nicht nur um die Kunst, mit dem Wort umzugehen, sondern um das Anliegen, mit dem sie ihr Publikum gewinnt. Man könnte den literarischen Intellektuellen als einen Signalisten der Gefühls- und Gedankenwelt von Menschen, des Mentalitätspotentials einer Nation, Klasse oder sozialen Gruppe bezeichnen. Auf diese Weise nimmt der Intellektuelle eine »repräsentative Gestalt« an. »Meine These lautet«, schreibt Edward W. Said, »daß Intellektuelle Individuen sind, denen die Kunst des Repräsentierens gegeben ist, sei es sprechend, schreibend, lehrend oder auf dem Bildschirm. Und diese Gabe ist insofern wichtig, als sie öffentlich wahrgenommen wird und sowohl Verbindlichkeiten wie auch Risikobereitschaft, Mut und Verletzlichkeit einschließt.«[17] Zugleich betont Said, daß der Intellektuelle heutzutage Amateur sein sollte, »jemand, der der Meinung ist, daß man als denkendes Mitglied einer Gesellschaft das Recht hat, selbst bei einer ausschließlich technischen und hochprofessionalisierten Tätigkeit moralische Anliegen zur Sprache zu bringen ... Jeder Intellektuelle hat ein Publikum und eine Leserschaft.«[18] Dieser Typus, ob er es will oder nicht, mischt sich ein, modelliert am kollektiven Gedächtnis, an der öffentlichen Meinung. Von anderen Einflüssen, wie sie beispielsweise Journalisten ausüben, unterscheidet er sich durch die Langzeitwirkung, die er hervorruft. Wer Geschichten erzählt, Charaktere gestaltet, große gesellschaftliche Konflikte aufgreift und daraus entstehende Konsequenzen vorführt, so daß die Leser etwas von sich selbst, von der Gesellschaft, in der sie leben, entdecken, muß zur »menschlichen Pluralität« vordringen. Bei Pierre Bourdieu steht dafür das Universelle. Damit weist er darauf hin, daß ein solches Feld nicht nur den Schriftstellern vorbehalten ist. Es ist die Domäne derer, die es drängt, sich in die Vorgänge der Welt einzumischen, weil sie glauben, etwas entdeckt zu haben, was nicht so sein sollte. Dabei spielt es keine Rolle, inwieweit sie sich der Tragweite dieses Vorgangs bewußt sind. Dieser Typus ist schwer einzugrenzen und zu bestimmen. Es wäre verfehlt, ihn auf eine bestimmte Definition festzulegen. Sich in die Geschäfte der Welt einzumischen, ist ein Abenteuer. Doch wer es auf sich nimmt, muß sich erst einmal als ein Einzelner in der Öffentlichkeit bemerkbar machen. Er ist auf sich gestellt, auf seine Kompetenz, seine Begabung, sein Werk. Was er als Einzelner gedacht hat, muß er in der Öffentlichkeit ausfechten. Das ist das Feld, auf dem er bestehen muß.

Wie kamen die literarischen Intellektuellen in der DDR zurecht? Welche Bedingungen fanden sie vor? Wie vollzog sich ihr Aufstieg, wie kam es zu den Verstrickungen? Wohin führte ihre Bereitschaft, an den Umwälzungen teilzuhaben, die darauf ausgerichtet waren, eine bessere Welt zu schaffen und ein neues Zusammenleben der Menschen zu ermöglichen? Was haben sie erreicht, was ist ihnen widerfahren? Ihre Geschichte und ihre Schicksale sollen hier erzählt werden.

# ERSTES KAPITEL
# Die Katastrophe und die Hoffnung
# 1945–1949

*Erster Abschnitt*

Ende und Anfang. Bechers Bemühungen
um die Intelligenz

Als im Mai 1945 der Krieg zu Ende ging, hatte Hitler das Land auf den absoluten Tiefpunkt seiner Geschichte gebracht. Die Deutschen waren geschlagen und der Verachtung der Völker preisgegeben. Auschwitz umschrieb das große Verbrechen, das auf dem Volk lastete. Doch eine solche Einsicht mußte erst einer Mehrheit bewußt gemacht werden. Wie tief das Entsetzen über die begangenen Verbrechen war, faßte Theodor W. Adorno in dem Satz zusammen, daß nach Auschwitz kein Gedicht mehr geschrieben werden könne. Viele Emigranten hatten sich damit abgefunden, daß die Umerziehung der Deutschen erst einmal in den Händen der Alliierten liegen werde. Aber würden sie ohne die deutschen Intellektuellen auskommen, die in ihrer Mehrzahl Hitler aufgewartet hatten? Als neue Wortführer und Repräsentanten schienen sie wenig geeignet. Diese Aufgabe fiel denjenigen zu, die ins Exil oder in den Widerstand gegangen waren.

Die Stimmen der Mahnung und Verheißung blieben vereinzelt, es dominierten Verzweiflung und Gleichgültigkeit. Obdachlosigkeit, Hunger, Verlust der Heimat ließen die Menschen nicht an die Zukunft, an Alternativen denken, sondern daran, wie sie den nächsten Tag überstehen, in den kommenden Wochen durchkommen. Es ging erst einmal ums nackte Überleben. Der Krieg hatte von ihnen Opfer um Opfer gefordert, den Mann, den Sohn, das Haus, die Heimat. Doch selbst als alles zusammenbrach, erhob sich das Volk nicht gegen Hitler. Victor Klemperer, der ausgestoßene deutsche Gelehrte und Jude, schrieb in sein Tagebuch: »Und niemand in Deutschland macht dieser mörderischen Regierung ein

Ende.«[1] Je mehr den Deutschen in den letzten Kriegsjahren Opfer abverlangt wurden, desto größer war ihre Hoffnung auf eine Wende im Krieg. Sie meinten, es könne doch nicht alles umsonst gewesen sein. Als das Wunder nicht eintrat und der Krieg in einem Inferno endete, gab es weder Reue noch Einsicht, lediglich Lethargie, Verbitterung und Verschlossenheit. Ein Wandel vollzog sich zunächst nur, indem man von Hitler abrückte, ohne sich selbst zu verändern. Die Menschen versuchten, sich im Chaos einzurichten. »Das 3. Reich ist schon so gut wie gewesen, jeder ist sein Feind gewesen, ›immer‹ gewesen ...«[2] Nach der Niederlage entwickelten die Deutschen eine geistige Physiognomie, die sie häßlich machte, ihnen kein Mitleid eintrug. »Die meisten Menschen sind so stumpf, so verdummt, wie man sich das vorgestellt hat, manchmal eher schlimmer ... Und die Angst und der Hunger machen sie noch deformierter, noch härter und schlechter ... Schlechte und Teuflische gibt es überall, aber eine so gleichmäßige Senkung nicht nur des moralischen, des politischen usw. Niveaus, sondern des gesamten Intellekts, ist wirklich ein Phänomen«[3], so beschrieb die aus dem mexikanischen Exil heimgekehrte Anna Seghers ihre Landsleute von 1947.

Wie wollten die, die sich das Anderswerden, den Wandel zur Aufgabe gemacht hatten, mit diesen Trümmermenschen zurecht kommen?

Ein Teil der literarischen Intelligenz, die ins Exil gegangen war, begann, im Frühjahr 1945 an die Rückkehr zu denken. Was würde sie in Deutschland erwarten? Brecht sah ihre Lage so: »Freilich, wir, die mit Hitler nicht gesiegt hätten, sind mit ihm geschlagen.«[4] Von den emigrierten Schriftstellern kamen nur etwa 20 Prozent zurück. Den Zeitpunkt bestimmten meist die Besatzungsmächte, die Sieger. Von den repräsentativen Dichtern der Weimarer Republik trafen Johannes R. Becher und Alfred Döblin als erste ein. Döblin in der Uniform eines französischen Oberst. Als Chef des Bureau de Lettres der französischen Militärregierung stellte er sich seinen Kollegen vor.

Am 8. Juni 1945 bestieg Johannes R. Becher in Moskau mit der »Gruppe Pieck« das Flugzeug und landete am Abend auf dem Flugplatz Tempelhof. Er führte Pläne und Aufzeichnungen mit, die er in Moskau im Auftrage seiner Partei, der KPD, ausgearbeitet hatte. Doch folgte er damit auch einem inneren Bedürfnis. Die strategischen Grundlinien der KPD waren das Eine, seine Erfahrungen, Einsichten und Hoffnungen das Andere. Darin sah er keinen Gegensatz. In den letzten Kriegsmonaten hatte Wilhelm Pieck von ihm verlangt, eine Lektion »Zur Frage der politisch-moralischen Vernichtung des Faschismus« auszuarbeiten. Auf diese Weise entstanden Thesen, wie man den eigenen Landsleuten entgegentreten sollte. Durch die »Gruppe Ulbricht« gelangten sie früher nach Deutschland als ihr Autor. Neben vielen anderen Fragen beschäftigte sich Becher damit, inwieweit man sich auf den »anständigen Deutschen« stützen, ob man diesen Begriff überhaupt verwenden könne, denn anständig bleiben konnte doch nur der, »der sich aktiv dem Hitlerverbrecher entgegenstellte«. Die Thesen gipfelten in der Feststellung, daß ein »Nationalhaß von einer Leidenschaftlichkeit«, wie ihn Deutschland noch niemals erlebt habe, all diejenigen treffen müsse, die sich unbelehrbar zeigen. Der »Totalniederlage« müsse eine »Totalkritik« folgen, um ein »nationales Befreiungs- und Aufbauwerk größten Stiles« herbeiführen zu können. Mit einem oberflächlichen Antifaschismus dürfe man sich nicht begnügen.

Zwischen den hochgespannten Forderungen und dem tatsächlichen Zustand der Deutschen klaffte ein Widerspruch. Das expressionistische Vokabular, das Becher bemühte, unterstrich diesen eher noch. Wie sollte bei der durch den Hitlerkrieg verursachten »Massenverkommenheit« jene »Siedehitze« der Leidenschaft gegen die Unbelehrbaren entfacht werden? Der Kommunist Becher glaubte, diesem Dilemma beizukommen, indem er sich auf die vom Faschismus mißbrauchten Ideale des Nationalen, des wahren Deutschland und die Werte der Heimat berief. Die gereinigten Ideale sollten für das »größte Befreiungswerk« genutzt werden. Das schien ihm nötig, um die Deutschen aus ihrer Lethargie herauszureißen. Er hatte die vom Faschismus verführten Deutschen kennengelernt, die fanatisiert durch Hitler auch in der Kriegsgefangenschaft von ihrem Glauben an Deutschland nicht abließen. An einem Sommertag des Jahres 1944 sah er beispielsweise in Moskau 500000 kriegsgefangene deutsche Soldaten. In Sechzehnerreihen, verdreckten Uniformen, aber aufrecht zogen sie an der Moskauer Bevölkerung vorbei. Becher versuchte damals zu verstehen, daß diese Menschen nicht einfach in den Krieg gezwungen worden waren. Sie schienen einer Sache gefolgt zu sein, an die sie glaubten. Das vergaß er nicht. Es würde schwer werden, diese Menschen davon zu überzeugen, daß sie einem verbrecherischen System gedient hatten. Das bekam er auch bei Gesprächen mit kriegsgefangenen Offizieren zu spüren. Selbst diejenigen, die sich dem Nationalkomitee Freies Deutschland zur Verfügung stellten, hatten Auffassungen, an die nicht gerührt werden durfte, über die sie nicht mit sich reden ließen. Becher war innerlich auf seine Aufgabe vorbereitet. Das Pathos seiner Reden, mit denen er sich an seine Landsleute wandte, zeigt sowohl seine Anstrengung als auch die Tatsache, daß er sich keinerlei Illusionen machte. Aber hatte es ihn seit seiner frühen Jugend nicht immer dazu gedrängt, seinen jeweiligen Zielen eine Erlöserfunktion zuzuschreiben?

Bechers Konzeption des Neubeginns dürfte vor allem von seinen Lesern und Freunden vor 1933, die im Lande geblieben waren, überrascht, ja irritiert aufgenommen worden sein. Verändert war er in seine Heimat zurückgekehrt. Im Exil hatte er eine Wandlung erfahren, und auf Wandlung setzte er jetzt bei seinen Landsleuten. Das Vaterländische, das Deutschsein, die Tradition der deutschen Literatur und Kunst dominierten in seinem Denken. Dabei handelte es sich nicht nur um taktische Überlegungen. Als solche mögen sie mit der Parteispitze der KPD, mit Wilhelm Pieck und Walter Ulbricht, abgesprochen worden sein, doch sie gingen auf den eigenen Mentalitätswandel während des Exils zurück. Zwar begriff sich Becher auch in dieser Umschwungsphase als ein Wortführer seiner Partei, aber zu keiner Zeit ging seine Konzeption so auf persönliche Eindrücke zurück wie in den unmittelbaren Nachkriegsjahren. Anfangs gewährte ihm die Partei einen großen Spielraum. Bald wies sie ihn jedoch in die Schranken.

Heimgekehrt nach Berlin, begann Becher unter chaotischen Bedingungen eine rastlose Tätigkeit. Er wollte mit den deutschen Intellektuellen ins Gespräch kommen. Im Unterschied zu manchen seiner Exilkameraden zog er keine scharfe Grenze zwischen denjenigen, die Distanz zu den Faschisten gewahrt hatten, und jenen, die dem System in der einen oder anderen Hinsicht erlegen waren. In den ersten Nachkriegsjahren sorgte er sich vor allem darum, daß es zu keiner Kluft zwischen Emigranten und Daheimgebliebenen kam. Er strebte ein breites, universales Bündnis aller Menschen guten Willens an. Im Unterschied zu seinen Moskauer Überlegungen, wie ein »Nationalhaß« gegen die Unbelehrbaren zu entfachen sei, betonte er jetzt das biblische »Auferstehen« aus dem Untergang, die deutsche »Erneuerung«. Die von ihm initiierten Gründungen, wie der Kulturbund zur demokratischen Erneuerung Deutschlands und der Aufbau-Verlag in Berlin, wurden sehr bald zu Foren des gedanklichen Austauschs zwischen den zurückgekehrten Emigranten und den Daheimgebliebenen. Was Becher in dieser Hinsicht nach dem Krieg vollbrachte, war vielleicht sein wichtigstes, ein achtunggebietendes Werk.

Mehr noch als in seinen offiziellen Bekundungen, den Gründungsreden, kam in seinen scheinbar privaten Bemühungen die geistige Spannweite seines Versuchs zum Ausdruck, die literarischen Intellektuellen zusammenzuführen, ihnen über die unheilvolle Vergangenheit hinwegzuhelfen. Gleich nach seiner Rückkehr nahm er Verbindung mit Hans Fallada, Ernst Wiechert, Hans Carossa, Arnolt Bronnen, Werner Bergengruen, Frank Thieß und Ernst Jünger auf. Das muß seinen Exilkameraden und seiner Partei mehr als ein gewagter Schritt erschienen sein, wenn sie überhaupt davon erfuhren. Diesen Dichtern war es nicht immer gelungen, sich vom Einfluß des Nationalsozialismus freizuhalten. Becher hielt das nicht davon ab, dennoch mit ihnen ins Gespräch zu kommen. Er bot ihnen sogar seine Zusammenarbeit an. 1946 unterbreitete er Ernst Wiechert den Vorschlag, eine literarische Zeitschrift unter dem Titel *Die Tradition* zu gründen, die eine Plattform des Gedankenaustauschs und der Verständigung, aber eben auch eine Verteidigung der Tradition sein sollte. An Ernst Wiechert schrieb er: »Seit einigen Wochen beschäftigt mich der Plan einer neu zu gründenden literarischen Monatsschrift, die dem Werk und dem Wirken eines ganz bestimmten Kreises von Dichtern dienen soll, und ich denke dabei an Ernst Wiechert, Ricarda Huch, Hans Carossa, Frank Thieß, Walter Bauer und Rudolf Hagelstange. Die Zeitschrift mit dem Titel *Die Tradition* soll diejenigen Schriftsteller vereinen, die in einer Herausarbeitung und Weiterbildung der besten deutschen Traditionen ihre Sendung sehen.«[5] Wie weit er zu gehen bereit war, zeigt seine Antwort auf eine Anfrage, welche Bücher er für geeignet halte, die Zeit zu überdauern. Den Fragesteller interessierte möglicherweise, was von der Literatur, die in den letzten zwölf Jahren propagiert worden war, übrig bliebe und wie die Dichter der Emigration gewertet werden. Becher führte neben Thomas Mann auch Ernst von Salomons *Die Geächteten* und Edwin Erich Dwingers Roman *Zwischen Weiß und Rot* an, die als nationalsozialistisches Schriftgut auf den schwarzen Listen der Besatzungsmächte standen. All diesen Überlegungen lag die Furcht zugrunde, eine allzu radikale Abrechnung könnte zu einer neuen Frontenbildung führen und die

Erneuerung, das Anderswerden gefährden. Ob er hier seine eigenen Eindrücke wiedergab oder sich auf die Einschätzungen von Georg Lukács stützte, der von Salomon und Dwinger mit einigen ihrer Werke zu den Realisten wider Willen zählte, läßt sich nicht genau feststellen.

Erstaunlich ist, daß sich Becher diesen nationalkonservativen Dichtern öffnete und Einblicke in seine Wandlung gewährte. Sie selber reagierten äußerst reserviert, gingen auf keinen Vorschlag wirklich ein. Becher stieß auf Mißtrauen und Verschlossenheit. Keiner von ihnen legte Rechenschaft ab; sie blieben höflich, interessiert, aber abweisend. Er dagegen verhielt sich zu ihnen erstaunlich offen, offener als gegenüber seinen Exilkameraden. Doch all das wurde ihm nicht honoriert. Die Adressaten seiner Bemühungen schienen nicht einmal erstaunt und verwundert. So gestand er ausgerechnet Hans Carossa, den Goebbels noch in den letzten Kriegsjahren zum Präsidenten des von ihm organisierten Europäischen Schriftstellerverbandes gemacht hatte, seine Not, sein Elend im Exil. »Die zwölf Jahre, die ich außerhalb Deutschlands leben mußte, waren für mich die härteste Prüfung meines Lebens, ich möchte beinahe sagen, es war das Fegefeuer, wenn nicht die Hölle. Dabei hatte ich nicht eigentlich unter materiellen Schwierigkeiten allzusehr zu leiden, meine Freunde hatten alles getan, mir das Leben einigermaßen zu erleichtern. Aber es war eben das, was ich bisher nicht gewußt hatte, daß ich solch ein ganzer Deutscher war, auch mit seinen negativen Eigenschaften, daß ich mich nirgendwo anpassen konnte und eigentlich nur zwölf Jahre lang gewartet habe, um wieder heimkehren zu können. Deutsch zu sein, war mir, ohne daß ich es wußte, als ich noch in Deutschland war, so etwas Selbstverständliches, daß ich überhaupt erst im Verlust dieses Selbstverständliche als meine eigentliche Daseinsmöglichkeit aufs schmerzlichste entbehre.«[6]

Daß Becher sein unverzichtbares »Deutschsein« gestand, seine nationale Gebundenheit, rief bei den Nationalkonservativen nicht den erwarteten Eindruck hervor. Was sie früher bewegt hatte, war zwar nicht erloschen, aber merklich abgekühlt. Die Niederlage veränderte auch sie, aber zu einer Wandlung, einer Erschütterung kam es nicht. Ihren Irrweg stellten sie nicht zur Diskussion. Sie korrigierten sich in Anbetracht neuer, unumstößlicher Verhältnisse. Am deutlichsten und überraschend schnell geschah das bei dem *Volk-ohne-Raum*-Autor Hans Grimm. Bei ihm, der während des Nationalsozialismus manche Lippe riskiert hatte, verband sich Korrektur mit der Verteidigung früherer Ansichten. Nach wie vor abweisend gegenüber all denen, die aus dem Exil zurückkehrten oder aus der Widerstandsbewegung kamen, fühlte er sich nach dem Krieg als der Doyen der nationalkonservativen Dichter. Er sorgte auch dafür, daß die Verbindung untereinander nicht abriß, daß man sich über die neue Situation verständigte. Im April 1947 schrieb er an Paul Alverdes: »Ich will ganz gewiß nicht, daß bei alten Dingen neu angefangen wird. Der Gedanke des Staatsnationalismus und das, was früher bei uns Patriotismus hieß, hat keine Gelegenheit mehr und auch kein Recht mehr. Die ganze Hoffnung kann sein ein Gelingen des vereinheitlichten Europa...«[7] Für ihn stand nach dem Krieg fest, »daß früher oder später das vereinheitlichte Europa kommen werde«. An anderer Stelle fügte er demselben Gedanken noch hinzu: »... und für uns müssen wir die deutsche Substanz erhalten und müssen den Mut haben, Elite zu sein.«[8]

Selbst junge Menschen, die ganz im nationalen Geist erzogen und verführt wurden, verwunderte Bechers Pathos nach dem Krieg. Viel eher hätte man von ihm eine Ausrichtung auf Europa erwartet, das sich von Hitler befreite.

Doch Becher vorzuwerfen, hier zeigten sich sein Doppelgesicht und seine auf politisches Kalkül zurückzuführenden taktischen Finessen, wäre ganz verfehlt. Zwar war die nationale Komponente ein wesentlicher Bestandteil des Kommunistischen Programms zur Befreiung des deutschen Volkes. Becher trug dem Rechnung. Doch was er in den Briefen an die Nationalkonservativen und in seiner Deutschland-Lyrik zum Ausdruck brachte, entsprang seinem eigenen zerrissenen Seelenzustand. So zwiespältig er auch erscheinen mag, ein machiavellistischer Charakter war er nicht. Das Exil hatte er schwer ertragen. Die Abwesenheit von Deutschland empfand er als Elend. Daraus erklärt sich der eifernde Rückgriff auf das Thema Heimat, auf Deutschland. Was er in der Einsamkeit und Gefährdung des Exils fand, verlor und verflüchtigte sich in Deutschland unter dem Propagandagedröhn der Nationalsozialisten. Nach dem Krieg standen sich zwei unterschiedliche Erfahrungswelten gegenüber. Zwar war bei den Deutschen, die Hitler gefolgt waren, das nationale Gefühl nicht abhanden gekommen, aber es hatte unter der Niederlage gelitten. Enttäuschung und Verzweiflung zehrten es auf. Es hatte zu viel Tribut gefordert, deshalb verlor es seine unwiderstehliche Anziehungskraft. Enttäuscht, leer und innerlich ausgebrannt fühlte sich ein großer Teil der Deutschen. Bechers Gesänge rührten nicht mehr die Herzen, so sehr sich sein Vers auch darum bemühte. Er weckte nur Erinnerungen, und die waren bitter. Was Becher den Deutschen vortrug, wurde eher als Nekrolog empfunden. Das nationale Gefühl schien zu den Kriegsopfern zu zählen. Diejenigen, die es zu reinigen und wieder zu erwecken suchten, mußten das wie eine Niederlage hinnehmen. Die Deutschen waren auf diese Weise nicht zu gewinnen, nicht zu neuer Bereitschaft mitzureißen. Aus historischem Abstand erscheint Bechers Bemühung um das Vaterländische wie eine verlorene Vision.

## Der Kulturbund zur demokratischen Erneuerung Deutschlands

Die Idee, nach dem Krieg in Deutschland einen Kulturbund zu gründen, wurde nicht im Moskauer Exil erörtert. Aber sie gehört zu den Erfahrungen der Emigration, zur Erbschaft dieser Zeit. Dimitroff soll, beeindruckt von der Arbeit des Freien Deutschen Kulturbundes in England, Schweden und Mexiko, auf diese Organisationsform hingewiesen haben. In der sowjetischen Emigration war sie unbekannt. An die Gemeinsamkeit der Kultur anzuknüpfen, schien am ehesten geeignet, um zu einer Verständigung zu kommen. Insofern war der Kulturbund keine ausgeklügelte Taktik, keine einfache Fortsetzung der Volksfrontpolitik. Die Kulturbundbewegung entstand Ende der dreißiger Jahre, als die großen Volksfrontaktionen erlahmten und nach anderen Möglichkeiten gesucht werden mußte. Die Gründung des Kulturbundes in Berlin ergab sich aus der Situation der Zeit. Nach der Niederlage waren die Deutschen kaum zu politischen Aktionen fähig noch willens. Man mußte auf andere Weise miteinander ins Gespräch kommen. Nur über Fragen der Kultur schien es möglich, die zu gewinnen, die Dolmetscher der Erneuerung werden sollten: die Intelligenz.

Becher machte den Kulturbund zu einem Sammelpunkt der Emigranten und der Daheimgebliebenen. Die Menschen guten Willens mußten erst einmal zusammengeführt werden, bevor man miteinander ins Gespräch kommen konnte. Im zerstörten Berlin war das eine mühselige Aufgabe, aber sie gelang. Zunächst stützte sich Becher dabei auf seine Exilkameraden, auf Heinz Willmann, Fritz Erpenbeck, Gustav von Wangenheim. Dazu kamen die Männer aus dem inneren Widerstand, Klaus Gysi, Günther Weisenborn, Wolfgang Harich. Bald bildete sich ein Kreis von Künstlern, Gelehrten und Politikern, die sich für einen Neuanfang bereit fanden. Dazu gehörten die Schauspieler Paul Wegener und Ernst Legal, der Kritiker Herbert Jhering, der Philosoph und erste Nachkriegsrektor der Berliner Universität Eduard Spranger, der Musikwissenschaftler Bernhard Bennedikt und der Slawist Max Vasmer. Bereits am 4. Juli 1945 trat der Kulturbund an die Öffentlichkeit. Mit einer festlichen Veranstaltung im Großen Sendesaal des Berliner Rundfunks in der Masurenallee stellte er sich mit einem Manifest und Programm vor. Neben Johannes R. Becher sprachen der Schriftsteller Bernhard Kellermann und der Schauspieler Paul Wegener. Für Becher gestaltete sich diese Tagung zum großen Auftritt. Er war heimgekehrt und als Wortführer, als Repräsentant angenommen worden. Auf dieser Kundgebung umriß er die geistigen und politischen Strömungen, die helfen sollten, sich »aus dem Grab unserer Niederlage wieder zu erheben.« In einem Essay, der in der ersten Nummer der neuen Kulturzeitschrift *Aufbau* erschien, führte er seine Gedanken näher aus: »Der Vernunftzerstörer und Volksverächter, der fanatische Menschheits- und Freiheitsfeind Friedrich Nietzsche hat drei Mächten seine Todfeindschaft angesagt: der Demokratie, dem Sozialismus und dem Christentum. In ihrer Auffassung von der Gleichheit der Menschen und der einheitlichen Entwicklung des Menschengeschlechts sind in der Tat Demokratie, Sozialismus und Christentum die Träger humanistischer Gesinnung, einer wahrhaft demokratischen Weltanschauung ... Demokratie, Sozialismus und Christentum stellten gegen die Hitlertyrannei die leidenschaftlichsten Kämpfer, und so müssen diese Mächte auch hervorragend beteiligt sein an der weltanschaulich-moralischen Neugeburt unseres Volkes, an dem größten Reformwerk unserer Geschichte, das wir zu vollbringen haben.«[9]

Einen Monat nach dieser Kundgebung kürte das Initiativkomitee einen Präsidialrat und den Präsidenten. Gewählt wurden Künstler und Schriftsteller, die die Gründung vorbereiteten, wie Paul Wegener, Eduard von Winterstein, Ernst Legal, Karl-Heinz Martin, Renée Sintenis, Eduard Spranger, Wolfgang Harich, Max Vasmer. Nunmehr wurden auch Vertreter der Parteien hinzugezogen, so Gustav Dahrendorf für die SPD, Anton Ackermann und Willi Bredel für die KPD, Theodor Bohmer, Ferdinand Friedensburg und Ernst Lemmer für die CDU.

Die Initiatoren um Becher waren sich einig, das Amt des Präsidenten nicht aus ihren Reihen zu besetzen. Es sollte einer kulturell repräsentativen, aber parteipolitisch neutralen Persönlichkeit vorbehalten sein. Becher dachte an Gerhart Hauptmann, doch der war damals bereits sehr krank und starb ein Jahr später. Schließlich schlug Becher Bernhard Kellermann vor, der zu den wenigen populären Schriftstellern zählte, die in Deutschland geblieben waren, aber Distanz zum Nationalsozialismus gewahrt hatten. Doch da warf der Pfarrer Otto Dilschneider ein: »Wie kommt es, daß wider Erwarten Sie selber, Herr Becher, nicht das Präsidium des Bundes übernehmen wollen. Ich hatte den Eindruck, daß Sie der Mann gewesen wären, der die Initiative hatte und der das Werk gefördert hat, und ich möchte freimütig bekennen, daß ich es begrüßen würde, wenn ich Sie als Präsident bezeichnen könnte.«[10] Das stieß auf Zustimmung der anderen. Becher wurde gewählt. Anton Ackermann, der die KPD vertrat, empfand die Wahl, weil sie gegen die Absprache verlief, eher als eine Niederlage. Mit einem weniger parteigebundenen Präsidenten hoffte man, mehr Anhänger zu gewinnen. Daß die Delegierten Becher vorzogen, schien aus ihrer Sicht verständlich, kamen doch von ihm die konzeptionellen Anregungen. Mehr noch galt die Wahl als Ehrerbietung gegenüber einem Mann, der für seine Gesinnung ins Exil gegangen war. Selbst Gerhart Hauptmann, dem die meisten eine sehr anpassungsfähige Haltung gegenüber den Nationalsozialisten nachsagten, hätte es zu diesem Zeitpunkt schwer gehabt. Noch besaß Becher Sympathien in den verschiedenen Lagern. Generalsekretär wurde Heinz Willmann.

Der Kulturbund erlangte innerhalb kurzer Zeit eine starke Verbreitung und Wirkung. Er wurde zu einem Forum der Intellektuellen, wenn auch vorwiegend in der Viersektorenstadt Berlin und in den ostdeutschen Ländern. Es formierten sich Landesverbände, die in den ersten Jahren eine eigenständige Veranstaltungspolitik durchführten. Der Berliner Kulturbund-Club in der Jägerstraße, neu hergerichtet mit Baumaterial aus Hitlers zerstörter Reichskanzlei, wurde zu einem Treffpunkt der zurückkehrenden Emigranten. Hier empfing ein kleiner Kreis die Fortgejagten im Namen des neuen Deutschland. In diesem Club traten sie erstmals einem entfremdeten Publikum gegenüber und probten die Verständigung, das Wiedererkennen. Dabei wußten die Emigranten, daß dieses Haus in der Jägerstraße einer Insel im Meer der Gleichgültigkeit glich. Das Wort »Befreiung« verstand die Mehrheit der Deutschen als eine Metapher, ausgegeben von den Siegern. In der Jägerstraße gab es Auskunft, Information über Emigranten, über verbotene und verbrannte Bücher, kurz, über all das, was ihnen vorenthalten worden war. Der Anfang ließ hoffen!

Doch sehr bald machten sich Widersprüche bemerkbar. In dem Maße, wie die Nachkriegswelt durch den beginnenden Kalten Krieg auseinanderfiel, die viergeteilte Stadt zu einer zweigeteilten Stadt politischer Gegensätze wurde, ging auch die Verständigungsmission des Kulturbundes verloren. Doch selbst aus dem eigenen Lager kamen Einwände. Bechers eigenwilliger Kurs zur Gewinnung der Intelligenz wurde nicht ohne Widerspruch hingenommen. Zuerst machten sich diejenigen bemerkbar, die ihm vor 1933 am nächsten gestanden hatten, die Arbeiterschriftsteller. Nur wenige von ihnen (Bredel, Marchwitza, Scharrer, Kläber) waren ins Exil entkommen. Keiner der Daheimgebliebenen hatte seine Ende der zwanziger Jahre begonnene Entwicklung fortsetzen können. Isoliert und abgeschnitten von allen Einflüssen, konnten sie nach 1945 nur auf ihre Anfänge von vor 1933 verweisen. Daß man jene, die sie als bürgerliche Schriftsteller abgetan hatten und die nicht gerade durch antifaschistischen Widerstand aufgefallen waren, jetzt in die erste Reihe stellte, empfanden sie als ungerecht und politisch falsch. Drastisch brachte das Hans Lorbeer in einem Brief an Becher zum Ausdruck: »Sie werden den Ton angeben, den Text bestimmen. Ich würde mich nicht wundern, wenn auch die Herren Pohl, Barthel, Binding, von der Vring und ähnliche sich einfänden. Herr Fallada ist schon da, Herr Heinrich Mann, der der ›demokratischen‹ Gummiknüppelpolizei im Preußenland damals so hochherzige Worte zu sagen wußte, Herr Hauptmann und wie sie alle heißen ... Mit Gesinnung und Mut, mit Aufrichtigkeit und Treue hat das nichts zu tun; es kommt auf den Wortreichtum an.«[11] Aber auch Emigranten aus dem sowjetischen Exil, wie Adam Scharrer und Erich Weinert, zeigten sich mit dem Kulturbundkurs Bechers nicht einverstanden. Weinert trat demonstrativ dem Kulturbund nicht bei, war aber Präsident des Kulturellen Beirats, der es zum Beispiel nicht gerne sah, daß viele Bücher von Fallada gedruckt wurden. Vor 1933 hatte Becher selber zu denen gehört, die den liberalen Standpunkt bürgerlicher Schriftsteller verachteten. Dazu zählten auch jene, die er jetzt begrüßte und zu gewinnen suchte, wie Gerhart Hauptmann und Heinrich Mann. Es kostete Becher viel Mühe, seine eigene Wandlung und seine jetzige Politik verständlich zu machen.

Zu jener Zeit ging nichts ohne die Billigung der sowjetischen Besatzungsmacht. Zwar sah sie sich vor allem in kulturellen Fragen auf die Emigranten und all jene angewiesen, die Hitler ablehnten. Die Befehlsgewalt besaßen die sowjetischen Marschälle und Generale, doch den politischen Kurs bestimmte weitgehend Wladimir S. Semjonow, ein begabter Diplomat der jüngeren sowjetischen Schule, zugehörig der Intelligenz, die die Sowjetunion selber ausgebildet hatte. Nach dem Krieg politischer Berater des Chefs der Sowjetischen Militäradministration, übte er seit 1949 die gleiche Funktion in der sowjetischen Kontrollkommission in Deutschland aus. Im Einklang mit dem Apparat in Moskau entschied er über die politische Entwicklung im Osten Deutschlands. Bis Mitte der fünfziger Jahre ging nichts ohne ihn. Die Geschichte jener Zeit ist nicht ohne diesen Mann beschreibbar. Obwohl die einflußreichste Figur, wirkte er mehr aus dem Hintergrund. In seinen Entscheidungen souveräner als die Deutschen, die politische Verantwortung ausübten, trug er zu mancher günstigen Wendung bei, löste aber auch verhängnisvolle Entwicklungen und Deformationen aus, nicht zuletzt auf dem Gebiet von Kunst und Literatur. Semjonow zählte zu den zwielichtigsten Persönlichkeiten, die auf deutschem Boden agierten. Ein sowjetischer Talleyrand in seinen Handlungen, weniger im geistigen Format. Er besaß den Draht zu Stalin, belieferte ihn mit Konzeptionen und konnte weit mehr als die deutschen Parteiführer die politischen Vorgänge beeinflussen.

Semjonow, der sich gern publizistisch betätigt hätte, was jedoch im Widerspruch zu seiner Funktion stand, verfügte über einen größeren Mitarbeiterstab, mit dessen Hilfe er Konzeptionen über die zukünftige Entwicklung in Deutschland ausarbeitete. Sie dienten Stalin zur Entscheidungsfindung, den deutschen Parteiführern als Weisung. Papiere, die zur Veröffentlichung gedacht waren, zeichnete er mit N. Orlow. Semjonow gab die große Linie vor; die praktische Arbeit überließ er seinen Kulturoffizieren. Bei einer solchen Arbeitsteilung konnte es nicht ausbleiben, daß es zu Differenzen kam, vor allem zwischen ihm und Oberst Sergej Tulpanow sowie Major Alexander Dymschitz. Beide erfreuten sich bei der deutschen künstlerischen Intelligenz großer Beliebtheit, während Semjonow, der Mann im Hintergrund, weitgehend fremd, nicht wahrnehmbar blieb.

Wenn die Sowjets den Kulturbund auch tatkräftig unterstützten, so stieß Bechers Führungsstrategie doch auf Skepsis. Im September 1946 wurden die sowjetischen Kulturoffiziere Tulpanow und Dymschitz zur Berichterstattung vor die Kontrollkommission des ZK der KPdSU nach Moskau beordert. Dort erklärte Tulpanow: »Wir sind jetzt zu der festen Überzeugung gelangt, daß man Becher auswechseln muß. Ihn weiter zu ertragen ist unmöglich. Lange Zeit bin ich hier dagegen aufgetreten, und wir hatten große Bedenken, doch jetzt ... mit Verstärkung des politischen Kampfes darf es nicht sein, daß sich der Kulturbund einfach in einen Auflauf der gesamten Intelligenz verwandelt ... In seinen ganzen geistigen Anschauungen ist Becher nicht Marxist, sondern er orientiert sich direkt an England und Amerika, an der westeuropäischen Demokratie. Ihm ist es peinlich, davon zu reden, daß er Mitglied des ZK der SED ist. Das verbirgt er auf alle nur erdenkliche Weise. Er erlaubt selbst uns es nicht, ihn Genosse zu nennen, sondern immer ›Herr‹ Becher, und er fürchtet jede scharfe Auseinandersetzung im Kulturbund ... Der Parteiarbeit begegnet er mit Verachtung ... er tritt nicht offensiv auf, sondern paßt sich an, die Seele des deutschen Intelligenzlers jedoch kennt er besser als wir.«[12] Auch Dymschitz führte aus, daß der Kulturbund »nicht deutlich seinen Standort als SED-Organisation bestimmt.« Zwei Monate später äußerte sich Wladimir S. Semjonow zu Becher. Er hielt zum gegenwärtigen Zeitpunkt eine Ablösung Bechers nicht für »zweckmäßig«, obwohl auch er meinte, daß sich dieser unter einem »gewissen Einfluß bürgerlicher Intelligenzler befindet.«

Ein Jahr später entschloß sich die Führung der sowjetischen Besatzungsmacht, ein Gegengewicht zum Kulturbund zu schaffen, um Bechers Konzeption der Erneuerung Deutschlands mit der Berufung auf die Einigungskraft der deutschen Kultur zu unterlaufen. Auch mit dieser Gründung sollte die deutsche Intelligenz gewonnen werden, und zwar über die Freundschaft zu den Völkern der Sowjetunion. Am 30. Juni 1947 kam es zur Gründung der »Gesellschaft zum Studium der Kultur der Sowjetunion«. Ihr wurde damals wenig Zulauf prophezeit. Doch im Laufe der Jahrzehnte erreichte sie einen beachtlichen Einfluß, wenn er sich auch ausschließlich auf das sowjetisch besetzte Deutschland erstreckte. Das Zusammenfinden der Deutschen, das Becher über den Kulturbund erstrebte, wurde ersetzt durch das Gebot der deutsch-sowjetischen Freundschaft. Nicht nur aus sowjetischer Sicht erwies es sich als nötig, das von den Faschisten geprägte Feindbild über die bolschewistische Sowjetunion zu überwinden. Kunst und Literatur sollten

Brücken schlagen. Insofern gab es auch keinen offen ausgetragenen Gegensatz. Dennoch dürfte der Kulturbund und seine deutschbetonte Ausrichtung Anlaß zu dieser Gründung gewesen sein. Zum Präsidenten der Gesellschaft berief man den Wirtschaftswissenschaftler Jürgen Kuczynski, den Semjonow einige Jahre später gegen den Willen des Politbüros der SED aus diesem Amt warf.

Selbst in der eigenen Partei gab es Schwierigkeiten mit Bechers Kulturbundstrategie. Ob die SED damals allerdings über die weitreichenden Kontakte Bechers zu nationalkonservativen Kreisen informiert war, muß bezweifelt werden. Polemisierten seine Genossen doch mit jenen, mit denen er korrespondierte. Bei seiner Annäherung wahrte Becher aber auch Distanz. Der erste Präsident der nationalsozialistischen Schrifttumskammer, Hans Friedrich Blunck, der sich sowohl Thomas Mann wie Becher als antifaschistischer Verbündeter anbot, erhielt von ihm keine Antwort. Wilhelm Pieck, der sonst viel Verständnis für Schriftsteller und Künstler zeigte, rügte Becher in einer Sitzung des Parteivorstands in ungewöhnlich grobem Ton. Der Bund habe sich ungenügend am politischen Leben beteiligt. Becher nannte er einen »politischen Ignoranten«. Der wiederum beschwerte sich in einem Brief an das Sekretariat des Zentralvorstandes vom 8. Dezember 1947 über das mangelnde Verständnis der Partei für seine Kulturbundarbeit. »Dies neuerliche Verhalten gegenüber dem Kulturbund scheint mir leider kein zufälliges Versehen zu sein, sondern es ließen sich mehrere ähnliche Fälle anführen, worin meines Erachtens eine bedenkliche Unterschätzung seitens der führenden Genossen gegenüber der Intellektuellenarbeit sich zeigte beziehungsweise eine unzulässige Überheblichkeit führender Genossen gegenüber den Genossen, welche auf kulturellem Gebiet arbeiten. Ich möchte sogar sagen, daß unsere Intellektuellenarbeit zurückbleibt hinter der Arbeit, die wir vor 1933 auf diesem Gebiet geleistet haben. Charakteristisch für die Einschätzung dieser Arbeit war die Äußerung Wilhelm Piecks, daß ich keinerlei politische Arbeit geleistet habe.«[13]

Was an den inneren Widersprüchen nicht zerbrach, nahm Schaden an den politischen Konflikten, die der Kalte Krieg mit sich brachte. Mit der politischen Zuspitzung – den Magistratswahlen im Oktober 1946, aus denen die SPD als stärkste Partei hervorging, und dem Beginn der Berlin-Blockade im April 1948 – driftete die Viersektorenstadt in einen Ost- und Westteil auseinander. Hatten die Amerikaner anfangs den Kulturbund toleriert und nur versucht, hier auch ihre Interessen zur Sprache zu bringen, drängten sie seit 1947 auf Abgrenzung. Am 8. Oktober 1947 gab die amerikanische Militärverwaltung das Verbot des Kulturbundes »bis auf weiteres« in ihrem Sektor bekannt. Die Briten folgten mit ihrem Verbot am 12. November. Diese Maßnahme kam nicht unerwartet. Bereits im Juli hatten die westlichen Besatzungsmächte zu verstehen gegeben, daß der Kulturbund ihre Genehmigung einzuholen habe. Die Leitung des Bundes wies darauf hin, daß Gründungen, die vor der Übernahme der Besatzungssektoren durch die Amerikaner, Engländer und Franzosen erfolgten und von der sowjetischen Militäradministration genehmigt worden seien, respektiert würden. Dennoch schien es Becher, selbst zwei Jahre später, angebracht, die Genehmigung einzuholen. In einem Schreiben an den stellvertretenden sowjetischen Kommandanten hieß es: »Bisher haben wir es abgelehnt, einen solchen Antrag zu stellen, weil der Kulturbund bereits im Juni 1945 vom sowjetischen Kommandanten für das gesamte Gebiet von Groß-Berlin eine Lizenz erhalten hat. Die Mitglieder der Leitung des Kulturbundes in Berlin und der Präsident unseres Bundes, Johannes R. Becher, sind der Meinung, man solle den geforderten Antrag stellen und damit einen neuen Beitrag zur Normalisierung des Lebens in Berlin leisten.«[14] Dieser Meinung wurde nicht stattgegeben. Mit dem Kulturbundverbot, das wohlüberlegt am letzten Tag des Ersten Deutschen Schriftstellerkongresses erfolgte, wurde den deutschen Intellektuellen zu verstehen gegeben, daß sie sich für die östliche oder westliche Seite entscheiden müßten.


*Zweiter Abschnitt*


Bücher suchen ein Haus.
Der Aufbau-Verlag

Bevor im letzten Kriegsjahr die alliierten Truppen einmarschierten, verbrannten die Deutschen ihr erworbenes nationalsozialistisches Schriftgut, sofern es nicht schon die großen Feuer vernichtet hatten. Was den kleinen Scheiterhaufen nicht zum Opfer fiel, brandmarkten die schwarzen und grauen Listen der Alliierten. 38 700 Titel standen auf der »Liste der auszusondernden Literatur«. Krieg und Niederlage machten tabula rasa mit dem ehemals herrschenden literarischen Gedankengut. Zu keiner anderen Zeit gab es ein derart umfassendes Auswechseln von Büchern, zumal viele verängstigte Deutsche oft mehr vernichteten als später auf den schwarzen Listen stand. Doch es warteten auch Bücher, die zwölf Jahre vorher verboten und verbrannt oder in der Emigration entstanden waren, auf Kenntnisnahme. Es galt, die Deutschen mit der Literatur bekanntzumachen, die ihnen bis dahin vorenthalten wurde. Diese Bücher suchten ein Haus.

Dieses entstand auf Initiative Bechers in Zusammenarbeit mit dem Kulturbund. Am 16. August 1945 gründeten vier Männer mit je 1 250 RM Anfangskapital in einer Dahlemer Villa den Aufbau-Verlag Berlin. Becher blieb im Hintergrund. Die vier Gesellschafter übertrugen ihre Anteile auf den Kulturbund. Gegründet als ein privatrechtliches Unternehmen, als eine GmbH, wurde daraus der größte Verlag der Nachkriegszeit. Sein Programm entstand in Zusammenarbeit mit dem Kulturbund. Da von den Emigranten aus dem Verlagswesen nur wenige zurückkehrten, war man in den ersten Nachkriegsjahren auf Leute angewiesen, die im Dritten Reich in dieser Branche gearbeitet hatten. Auch der erste Leiter des Aufbau-Verlags, Kurt Wilhelm, war ein solcher Mann. Er blieb stets auf die Kulturbundleute angewiesen, die ihm Manuskripte und Bücher aus der Emigration zuführten. Ohne deren Kenntnisse wäre das Profil des Verlags nicht zustande gekommen. Doch diese Verbindung führte auch bald zu Konflikten.

Nach dem Ausscheiden von Kurt Wilhelm übernahm 1947 Erich Wendt den Verlag. Er kannte sich in dieser Branche vom Druck bis zum Vertrieb bestens aus. Seine verlegerischen Erfahrungen hatte er in der Weimarer Republik und als Emigrant in der Sowjetunion gesammelt. Hier entging er nicht den Stalinschen Repressionen. Er wurde nach Sibirien verbannt. Aber darüber sprach er auch nach seiner Heimkehr nicht. Aus dem USA-Exil kam der dringend benötigte Cheflektor Max Schroeder. Wendt brachte die im sowjetischen Exil entstandenen Werke ins Haus, Schroeder Arbeiten aus den USA. Zu diesem Team stieß Walter Janka, zuerst als Stellvertreter Wendts, dann als Verlagsleiter. Er steuerte seine reichen Erfahrungen aus dem Exilverlag El Libro Libre bei, den er geleitet hatte. Unter der Führung dieses erfahrenen Teams wurde das Haus in der Französischen Straße zu einer ersten Adresse für die emigrierten Schriftsteller. In den unmittelbaren Nachkriegsjahren erschienen Bücher von Theodor Plivier, Anna Seghers, Johannes R. Becher, Fritz Erpenbeck, Adam Scharrer, Heinrich Mann, Egon Erwin Kisch und Georg Lukács. Pliviers *Stalingrad* und Anna Seghers' *Das siebte Kreuz* wurden Bestseller. Georg Lukács' Schriften erreichten Auflagenhöhen wie wissenschaftliche Bücher nie zuvor. In einem ersten Brief an den Aufbau-Verlag zählte Ernst Bloch alles auf, was er im Exil geschrieben hatte, und fügte hinzu: »Diese Bücher suchen ein Haus.«[15] Zwar gaben auch andere Verlage Werke des antifaschistischen Exils heraus, aber der Aufbau-Verlag begann bereits in den ersten Nachkriegsjahren, Gesamtausgaben zu publizieren. Auf diese Weise wurde für den deutschen Leser schon früh deutlich, daß während der Herrschaft des Faschismus im Ausland eine andere deutsche Literatur entstanden war. In der Öffentlichkeit etablierte sie sich als eine eigenständige Richtung. An die noch in den USA weilende Helene Weigel schrieb Max Schroeder in Sachen Brecht: »Wir haben die Absicht, in der kommenden Zeit die bedeutendsten Vertreter der Emigrationsliteratur zu sammeln ... Es ist mir wie allen Freunden und Mitarbeitern außerordentlich daran gelegen, daß auch Brecht zu den Autoren unseres Verlags gehört.«[16]

Doch diese Absicht entsprach ganz und gar nicht der Johannes R. Bechers. Er war der eigentliche spiritus rector des Verlags in den ersten Jahren. Man suchte bei ihm Rat, wenn schwiege Entscheidungen anstanden. Seine Vorschläge wurden respektiert und umgesetzt. Dank seiner Autorität half er über manche Klippe hinweg, so daß auch Bücher an die Öffentlichkeit gelangten, die die sowjetischen Kulturoffiziere erst einmal zurückgestellt hatten. Da er sich aber um die alltägliche Arbeit nicht kümmerte, entglitt ihm der Verlag mehr und mehr. Er sah wohl, daß dieses Haus ein Profil bekam, das er nicht wünschte. Eine Konzentration auf die Exilliteratur lehnte er ab, weil er meinte, es würden sich dadurch die Gegensätze zwischen Emigranten und Daheimgebliebenen verschärfen. Das Leitungsteam in der Französischen Straße erhob die Exilliteratur ja auch nicht zum zentralen Programmpunkt. Es stützte sich allgemein auf die Literatur, die Hitler nicht vereinnahmen konnte. Es lag vielmehr in der Natur der Sache, daß sich Wendt, Schroeder und Janka die Bücher in den Verlag holten, für die sie sich schon in den vergangenen schweren Jahren eingesetzt hatten. Becher hingegen wollte vorsichtiger, differenzierter verfahren. Gegenüber Willi Bredel und Adam Scharrer erklärte er, daß es unklug sei, das Unternehmen als einen Verlag der Emigranten aufzubauen. Eine solche Meinung teilten die meisten seiner Schriftstellerkollegen nicht, selbst wenn sie Bechers Bemühungen um ein breites Bündnis unterstützten. Vor allem Adam Scharrer in Schwerin empfand Bechers Politik als eine »Dummheit«. Er, der seinen Vorteil gern gewahrt sah, hielt es für überflüssig, Schriftstellern ein Angebot zu machen, von denen er meinte, sich eher von ihnen abgrenzen zu müssen. Daß die Exilliteratur in den Vordergrund rückte, begriff er als einen Akt historischer Gerechtigkeit. Seinen Verleger Kurt Wilhelm beschwor er, in dieser Frage nicht auf Becher zu hören: »Ich bedauere, daß nicht auch mein drittes Buch: *Der Hirt von Rauhweiler* im Aufbau-Verlag herauskam, aber Herr Johannes R. Becher winkte seinerzeit recht energisch ab, er wollte nicht, daß der Aufbau-Verlag zu einem ›Emigranten-Verlag‹ wird. Heute weiß ich, daß Herr Becher seinerzeit wieder einmal – wie schon oft – dummes Zeug redete, wenn auch nicht ohne bestimmte Absicht.«[17] Noch prononcierter kam Bechers Meinung zum Ausdruck, als ihn der Bermann-Fischer-Verlag im Dezember 1945 aufforderte, sich mit einem Beitrag an dem Band *Deutsche Literatur im Exil* zu beteiligen. An den Verlag schrieb er: »Ich bitte darum, auf meine Mitarbeit an diesem Sammelband zu verzichten und zwar aus folgenden Gründen: Ich war nie in den zwölf Jahren meiner Abwesenheit von Deutschland der Ansicht, daß die aus Deutschland emigrierte Literatur die deutsche Literatur darstellt, oder daß ›in unserem Lager Deutschland steht‹. Ich vertrat immer die Meinung, daß auch innerhalb Deutschlands eine beachtliche Anzahl von Schriftstellern lebte, die unter den schwierigsten Verhältnissen bestrebt waren, die Ehre der deutschen Literatur hochzuhalten, und mit diesen Schriftstellern fühlte ich mich mehr verbunden, als mit einem *Teil* der emigrierten Literatur.«[18]

Auch wenn die Konzentration auf die Exilliteratur im Aufbau-Verlag verdienstvoll war und zu einem Markenzeichen des Hauses wurde, erwiesen sich die Bedenken Bechers dennoch nicht als verfehlt. Eine Gegenüberstellung der Exilliteratur mit der, wie Becher schrieb, »unter schwierigsten Verhältnissen« im Lande entstandenen, barg Gefahren. Als Becher diesen Brief schrieb, zeichneten sie sich bereits ab.

*Dritter Abschnitt*

Die Emigranten und die Daheimgebliebenen.
Eine Kontroverse

Wie haben die Deutschen ihre verjagten und nun heimkehrenden Schriftsteller empfangen? Die faschistische Propaganda hatte alles getan, um eine Entfremdung herbeizuführen, so daß nunmehr die Haltung der Bevölkerung zu den Emigranten darauf schließen ließ, wie weit sie sich ihrer Schuld bewußt war. Als erste Organisation sandte der Kulturbund einen »Ruf an die Emigranten«. Die Heimat erwarte sie. In dem Aufruf vom 22. November 1945 hieß es: »Laßt Euch sagen, daß Deutschland Eurer bedarf; so wie Ihr in brennender Ungeduld den Tag der Heimkehr kaum erwarten könnt, so rast- und ruhelos sind wir am Werk, um Eurem Wirken eine Heimstätte zu bereiten.«[19] In seiner emphatischen Ausdrucksweise schien der Aufruf mehr die Gefühle derer zu artikulieren, die schon aus dem Exil zurück waren. Dennoch ließ der Beifall der Presse für die ersten Heimkehrer die Vermutung aufkommen, ihre Eingliederung werde konfliktlos vor sich gehen. Als Carl Zuckmayer im Spätherbst 1946 als Kulturbeauftragter der amerikanischen Armee zurückkehrte, fehlte es nicht an überschwenglichen Begrüßungsartikeln. Es schien so, als wären die Deutschen bereit, ihre vertriebenen Kinder in die Arme zu schließen. Doch bald stellte sich heraus, daß die Annäherung nicht ohne Spannungen und Mißtrauen verlief. Allerdings gab es Unterschiede. Bei den Schauspielern und Regisseuren verdeckte der Beifall die inneren Konflikte. Sie kamen erst später in ihren Memoiren zur Sprache. Eine öffentliche Auseinandersetzung, die sich zu einer richtigen Kontroverse weitete, fand dagegen bei den Schriftstellern statt.

In den ersten Nachkriegsjahren kam es zum Streit zwischen Vertretern der Daheimgebliebenen und denen, die ins Exil gegangen waren. Der Emigration wurde polemisch der Begriff der »inneren Emigration« entgegengesetzt. Im Mittelpunkt stand Deutschlands berühmtester Dichter, der Nobelpreisträger Thomas Mann. Er galt auch als Repräsentant der Emigranten. Nach Beendigung des Krieges richtete er deutliche Worte an seine Landsleute. Zornig wies er darauf hin, was sie in den Konzentrationslagern an unschuldigen Menschen angerichtet hatten. Für diese Schmach seien alle Deutschen, »alles, was deutsch spricht, deutsch schreibt, auf deutsch gelebt hat«, mitverantwortlich. Er wandte sich auch gegen die Uneinsichtigen, Unverbesserlichen, nannte hier den Namen des Bischofs August Graf Galen, der die Befreier vom Faschismus als »Feinde« bezeichnete. Dieser Mahnbrief an die Deutschen wurde im Rundfunk verbreitet und erschien am 12. Mai 1945 in der amerikanisch lizenzierten Zeitung *Hessische Post*. Ein Großteil der literarischen Intelligenz sperrte sich gegen die Art und die Argumente, mit denen Thomas Mann die Deutschen auf ihre Verbrechen hinwies. Nationalkonservative Schriftsteller wie Paul Alverdes schrieben nur von dem »fürchterlichen Mann«. Für Hans Grimm war er ganz einfach ein »Landesverräter«. Selbst Arnolt Bronnen, der im letzten Kriegsjahr zum antifaschistischen Widerstand überwechselte, berichtigte 1947 in einem Brief, daß nicht er bei der Aufführung des Remarque-Films *Im Westen nichts Neues* die weißen Mäuse losgelassen habe. Das sei eine Mär. »Wahr ist dagegen, daß ich Herrn Thomas Mann bei seinem Vortrag erheblich gestört habe. Das würde ich auch heute so tun.«[20] Als die Oberklasse des Humboldt-Gymnasiums in Solingen-Ohligs 1945 den Brief Thomas Manns im Unterricht durchnehmen sollte, verließen die Schüler der betreffenden Klasse schweigend das Zimmer. Die Schulleitung wurde auf diese Weise gezwungen, den Brief wieder aus dem Lehrplan zu nehmen.

Diese Atmosphäre der Nachkriegszeit fand ihren literarischen Ausdruck in einer Kontroverse, die der Dichter Walter von Molo im September 1945 mit einem »Offenen Brief an Thomas Mann« auslöste. Was sich bei Molo noch als dringliche, aber freundlich formulierte Aufforderung zur Rückkehr las, bekam in dem fünf Tage später im *Augsburger Anzeiger* veröffentlichten Aufsatz von Frank Thieß unter der Überschrift »Die innere Emigration« eine polemische Note. Erstmals wurde den Exilschriftstellern »die innere Emigration« wertend gegenübergestellt. Frank Thieß schrieb: »Ich glaube es war schwerer, sich hier seine Persönlichkeit zu bewahren als von drüben Botschaften an das deutsche Volk zu senden, welche die Tauben im Volk ohnedies nicht wahrnahmen, während wir Wissenden uns ihnen stets um einige Längen voraus fühlten.«[21] Obwohl sich die Kontroverse auf die Atmosphäre in bestimmten literarischen Kreisen zurückführen ließ, schien sie nicht so spontan entstanden zu sein, wie es den Anschein hatte. Im Frühjahr

1945 wurde ein Artikel Thomas Manns über die deutsche Schuld bekannt, der im Original »Die Lager« hieß. Die Amerikaner nutzten ihn im Sinne ihres Umerziehungsprogramms und machten ihn über verschiedene Presseorgane in ihrem Besatzungsgebiet bekannt. Unmittelbar nach dem Krieg wollten die Deutschen solche Wahrheiten nicht hören. Auch Walter von Molo zeigte sich enttäuscht und verärgert. Und hier beginnt die Vorgeschichte des »Offenen Briefes«.[22] Am 6. Juni 1945 sandte Walter von Molo einen Geburtstagsbrief an Thomas Mann. Das war der erste Kontakt nach Kriegsende. Beide kannten sich von vor 1933 durch ihre Mitgliedschaft in der Preußischen Akademie der Künste. Molo ging es »nach den furchtbaren Jahren der geistigen Epidemie« um einen Gedankenaustausch. Man kann den Brief aber auch so verstehen, daß Molo von Thomas Mann als unbescholtener, vertrauenswürdiger Vertreter der Daheimgebliebenen empfohlen werden wollte. Der spätere »Offene Brief« hingegen wurde von dem in seiner beruflichen Karriere lange Zeit schwer einschätzbaren Schriftsteller J. F. G. Grosser angeregt und auch in der Tonlage beeinflußt. Ob der »Offene Brief« dann durch den amerikanischen Presseoffizier und österreichischen Emigrantenschriftsteller Hans Habe in die Zeitung kam, das bleibt offen.

Durch Frank Thieß kamen die unterschiedlichen Mentalitäten zur Sprache. Denn er vertrat den Standpunkt, von einer deutschen Schuld könne keine Rede sein. In einer Tagebucheintragung vermerkte Thomas Mann: »Wenn Frank Thieß die Absicht gehabt hätte, die Kluft zwischen innen und außen unheilbar zu erweitern, hätte er nicht anders schreiben können, als er es getan hat.«[23] Seine Antwort an Walter von Molo konnte deshalb kein freundlicher Gedankenaustausch unter Dichtern mehr sein. Er mußte die unterschiedlichen Standpunkte betonen: »Ja, Deutschland ist mir in all diesen Jahren doch recht fremd geworden. Es ist, das müssen Sie zugeben, ein beängstigendes Land. Ich gestehe, daß ich mich vor den deutschen Trümmern fürchte – den steinernen und den menschlichen. Und ich fürchte, daß die Verständigung zwischen einem, der den Hexensabbat von außen erlebte, und Euch, die ihr mitgetanzt und Herrn Urian aufgewartet habt, immerhin schwierig wäre.« In seinem Zorn auf das deutsche Bildungsbürgertum, auf das er sich stützte und das ihn enttäuscht hatte, ließ er sich zu Übertreibungen hinreißen, die auch einem neutralen Beobachter grotesk erscheinen mußten. »Es mag Aberglaube sein, aber in meinen Augen sind Bücher, die von 1933 bis 1945 in Deutschland überhaupt gedruckt werden konnten, weniger als wertlos und nicht gut in die Hand zu nehmen. Ein Geruch von Blut und Schande haftet ihnen an; sie sollten alle eingestampft werden.«[24] Bei dieser Formulierung schien er vergessen zu haben, daß die ersten beiden Bände seines Joseph-Romans 1933 und 1934 schon im Dritten Reich erschienen waren.

Johannes R. Becher sah sich durch die Kontroverse in seinen Bemühungen hintergangen. Er fand den Briefwechsel völlig verfehlt; er wollte Frank Thieß und Thomas Mann gewinnen. Letzteren gedachte er zur Galionsfigur für das Zusammengehen von innerer und äußerer Emigration zu machen. Doch so viel Nachsicht mit den Deutschen wie er brachte Thomas Mann nicht auf. Bechers Vertrauen stützte sich auf die wandelbare Kraft der neuen Verhältnisse, die es in Deutschland zu gestalten galt. Zunächst jedoch war eine Chance vertan. Seinen Ärger zurückhaltend, schrieb er an Frank Thieß, »daß Ihre Stellungnahme zu den emigrierten Schriftstellern, die ja ihrem Ton nach eine Stellungnahme im wesentlichen gegen sie war, nicht den Tatsachen entspricht«.[25]

Fast zur gleichen Zeit gab es eine weitere Auseinandersetzung mit Thomas Mann, die schärfer ausfiel und einer Abrechnung gleichkam. Hans Grimm arbeitete damals an einer *Thomas-Mann-Schrift*, die aber nicht erscheinen konnte. Das Manuskript zirkulierte jedoch innerhalb seines Freundeskreises. Grimm setzte sich mit Thomas Manns Rundfunkreden an das deutsche Volk auseinander und kam zu dem Schluß: »… Ihr Zuruf ist tief traurig und verächtlich und sogar töricht … Propaganda gegen das deutsche Volk.«[26]

Einer der Daheimgebliebenen, der 1933 die den Nationalsozialisten zugeneigten Dichter in den Sattel der Akademie half, danach aber auf Distanz zu den neuen Machthabern ging, sah die Situation wesentlich nüchterner. Aber auch bei ihm überwog das Mißtrauen. Gottfried Benn erwartete von der Rückkehr der Emigranten nichts Gutes: »Wir sind hier inzwischen wahrhaftig durch den Wolf gedreht, mußten uns die nackte schmutzige Welt der ›Geschichte‹ in die Fassade werfen lassen, haben über sie die letzten Illusionen Gott sei Dank verloren, und nun kommen die von auswärts zurück und versuchen, uns die ollen Kamellen bis 1932 und ihre neu hinzugekommenen Ressentiments in den Rachen zu stopfen.«[27]

*Vierter Abschnitt*

Entnazifizierung
statt nationaler Katharsis

Die Nationalsozialisten hatten die Intellektuellen verachtet, aber diese waren ihnen dennoch willig gefolgt. Goebbels machte den »Intellektualismus« zu einem Haßbegriff. Nicht dem Intellekt, sondern ihrem »Instinkt« sollten die Deutschen folgen. Einer könne wenig wissen und doch seine Kraft im Glauben und im Vertrauen finden. »Seine Waffe ist der Instinkt ... Es gehört zu den Üblichkeiten der nationalsozialistischen Propaganda, einen *bestimmten Typus von Intellektualismus* auf das schärfste unter Beobachtung zu nehmen und ihn hin und wieder einer beißenden öffentlichen Kritik zu unterziehen ... Es wäre ein *nationales Unglück* für unser Volk, wenn dieser Typus Mensch mit seinen ständigen Zweifeln die öffentliche Meinung ansteckte. Man kann sich keine schlimmere Verirrung des menschlichen Geistes vorstellen. Sie muß demaskiert und der öffentlichen Verachtung preisgegeben werden.«[28] Noch unverhohlener äußerte sich Hitler 1938 in seiner Antiintellektuellenrede vor der deutschen Presse: »Wenn ich so die intellektuellen Schichten bei uns ansehe, leider, man braucht sie ja; sonst könnte man sie eines Tages ja ... ausrotten oder so was.«[29] Dennoch folgten ihm die Intellektuellen bis in den Untergang, sofern sie nicht gleich nach 1933 einen Trennungsstrich gezogen hatten. 1943 fragte Hanns Johst in seiner Eigenschaft als Präsident der Reichsschrifttumskammer, wo die Dichter heute stehen. Die Lage beurteilte er so: »Aber es ist wunderbar und trägt den Beweis des Sieges in sich, daß kein einziger deutscher Dichter und Schriftsteller die Nerven verlor, paktierte, oder auch nur müde wurde. Das gesamte deutsche Schrifttum arbeitet ernst, gewissenhaft und getreu seiner nationalen Sendung, es arbeitet und wirkt im Glauben an das ewige Reich, zu dessen Bestand die Nation angetreten ist.«[30] Die Alliierten hielten diese Intelligenz, die, wie sich Thomas Mann ausdrückte, »Herrn Urian aufgewartet hatte«, als ganz und gar ungeeignet für die Umerziehung. Radikaler als je zuvor in der Geschichte des deutschen Volkes mußte diese Schicht ausgewechselt werden. Als »Umerzieher« schien sie wenig brauchbar. Im Exil gab es Meinungen, daß die Umerziehung erst einmal nur Aufgabe der Alliierten sein könne. Die Intelligenz sollte »gezüchtigt« werden, um sich zu ändern.

Wie verhielt sich nun die Elite der nationalistischen Literatur nach der Niederlage? Hanns Johst, der noch vor zwei Jahren das »ewige Reich« beschworen hatte, meinte: »Es ist schwer, sich zurecht zu finden. Ich fühle mich, wie von einem Keulenschlag durch 60 Stockwerke auf den Asphalt geschmettert ... Was ich gestern gepriesen habe, kann ich heute nicht in den Schmutz ziehen. Ich sah die großen Augenblicke der Vergangenheit. Aber das sind unfruchtbare Meditationen.«[31] Aber auch er hoffte auf den erneuten Wandel der Zeit. »Auch die Amerikaner brauchen uns.«[32]

Waren sich die Alliierten über die Notwendigkeit der Umerziehung einig, so doch nicht über deren Methoden. Die Sowjets hörten in konkreten Fragen mehr als die Amerikaner auf die Ansichten der Emigranten. Sie unterstützten, wenn auch mit Skepsis, die Führungsrolle Bechers im Kulturbund. Dessen Strategie fußte stark auf den Auffassungen von Georg Lukács, den er gegen Ende des Krieges beauftragte, über die faschistische Literatur und Ideologie zu schreiben. In diesen Schriften beanspruchte Lukács die Katharsis für die gesellschaftlichen Veränderungen. Statt der direkten Umerziehung, die in der Praxis immer auf politische Propaganda hinauslaufen mußte, setzte er auf die Wandlung durch eine nationale Katharsis. Wendungen wie »Schicksalsstunde«, die »Stunde der Peripetie« bestimmten seinen Begriffsapparat. Und immer wieder beschwor er Ibsen: »Gerichtstag halten / Über sein eigenes Ich.« Lukács suchte die Deutschen davon zu überzeugen, daß sie jetzt, nach der totalen Niederlage, vor einer Entscheidung stünden, in der sie sich von der »Falschheit ihres ganzen bisherigen eigenen Lebens« lossagen müßten, daß die »Stunde der Schicksalswende« geschlagen habe, und wies auf Hebbels Prognose hin: »Für jeden Menschen kommt der Augenblick, / In dem der Lenker seines Sterns ihm selbst / Die Zügel übergibt.« Lukács war der festen Überzeugung, daß mit dem Ende des Zweiten Weltkrieges die Deutschen mit ihrer unheilvollen Vergangenheit brechen müßten, das »Weltgericht« fordere ihre Wandlung. »Ebendeshalb ist jetzt für Deutschland, für alle Deutschen wirklich eine Schicksalsfrage aufgeworfen. Denn es ist klar: die zivilisierte Welt kann eine dritte Wiederholung des deutschen Angriffs auf die Welt, die Aufrichtung technisch noch vollendeterer Todeskombinate für freie Völker, nicht dulden. Sie muß – bei Strafe des eigenen Untergangs, bei Gefährdung der Weltkultur – institutionelle Garantien schaffen, damit keine objektive Möglichkeit zu einem nochmaligen deutschen Eroberungskrieg vorhanden sei ... Jeder Deutsche steht – echt dramatisch – am Kreuzweg der verhängnisvollsten Entscheidungen.«[33]

Hier stellt sich die Frage, wie konnte ein in den geschichtlichen Kämpfen so erfahrener Mann wie Lukács glauben, mit einer aus der antiken und klassischen Ästhetik entlehnten Vorstellung auf die Situation nach 1945 einwirken zu können? In jenen Tagen waren die Menschen eigentlich für nichts zu sensibilisieren. Doch Lukács ging davon aus, daß die schrecklichen Taten von gestern auch die objektiven Voraussetzungen für die Entscheidungen von heute seien. Die geradezu absurd erscheinenden Verbrechen, deren sich die Deutschen schuldig gemacht hatten, würden auch die tiefste Reue, die Voraussetzung zur Wandlung, hervorbringen. Und was war in der bisherigen Geschichte schrecklicher gewesen als Auschwitz! Hier erkannte Lukács den Punkt, von dem aus sich alles ändern mußte, wenn neue gesellschaftliche Bedingungen hinzukamen.

Die Umerziehungsprogramme der Amerikaner gingen von einem anderen Konzept aus. Da sie im Faschismus ein rein psychologisches Phänomen sahen, richtete sich ihre Anstrengung darauf, den verwerflichen deutschen Nationalcharakter, Herrschsucht, Unterwürfigkeit und Aggressivität, zu bekämpfen. Ihre Signalwörter hießen »Re-education«, »Re-orientation«, »Umerziehung«, »Entnazifizierung«. Der amerikanische Kulturoffizier Frederic Mellinger, vor seinem Weggang nach den USA Schauspieler in München und Wien, schrieb: »... es gelte ›to heal the sick soul of Germany‹. Den Durchschnittsdeutschen bezeichnete er als ein ›beaten, stubborn child‹, dessen physiognomischen Züge ›his weariness of anybody's attempt to enlighten him, his hurt pride, his bewilderment and his complacency‹ seien.«[34]

Anspruchsvolle Konzeptionen zur Umerziehung blieben auf dem Papier. Sie ließen sich schon deshalb nicht verwirklichen, weil sie eine lange Zeit für ihre Umsetzung beanspruchten. Die aber war nicht gegeben. Was sich schließlich in allen Besatzungszonen durchsetzte, reduzierte sich auf die Entnazifizierungsverfahren. Sie wurden zum öffentlichen Schauspiel für die Wendefähigkeit der deutschen Intelligenz. Die Elite mußte sich vor Spruchkammern verantworten, die dann entschieden, ob der Betreffende 1. zu den Hauptschuldigen, 2. zu den Schuldigen oder Aktivisten, 3. zu den Minderbelasteten, 4. zu den Mitläufern oder 5. zu den Entlasteten gehörte. Das Urteil entschied, ob er seinen Beruf weiterhin ausüben durfte. Für den Schriftsteller hieß das, ob er veröffentlichen konnte. Die Praxis dieser Verfahren gestaltete sich in jeder Besatzungszone anders. Vor allem die Amerikaner handhabten sie in der ersten Zeit mit auffälliger Strenge. Die Russen verfuhren weniger rigoros. Doch wandten sie Methoden an, die sich dem Blick der Öffentlichkeit entzogen. Bis Anfang der fünfziger Jahre wurden belastete Führungskräfte und Intellektuelle des nationalsozialistischen Apparats ohne ein ordentliches Verfahren abgeurteilt und in Lager gesperrt bzw. in die Sowjetunion gebracht. Bei einer solchen Praxis ließ sich zwischen Schuldigen, die Verbrechen verübt hatten, und Mitläufern nicht mehr unterscheiden, zumal auch Menschen eingesperrt wurden, die sich gegenüber der Besatzungsmacht widerspenstig gezeigt hatten. Wenn man den Memoiren Semjonows Glauben schenken darf, operierte der sowjetische Sicherheitsdienst selbständig, außerhalb der Verantwortung der sowjetischen Militäradministration. Nach Semjonow wußte nicht einmal der Oberbefehlshaber der sowjetischen Streitkräfte in Deutschland über dessen Maßnahmen Bescheid. Darüber sei bei einer Berichterstattung selbst Stalin erstaunt gewesen, so jedenfalls Semjonow.

Die Entnazifizierungsverfahren gegen die literarische Intelligenz führten in den Westzonen zu einer Solidarisierung untereinander, aber auch zu einer größeren Differenzierung. Man distanzierte sich von den ehemaligen Führungskräften, von den »wirklichen Nazis«. In der Literatur bezog sich das vor allem auf Johst und Blunck. Selbst die früheren Vertrauten sprachen jetzt abfällig von dem »unsäglichen Blunck«, der mit Händen und Füßen rudere, um wieder mit dabei zu sein. Die Verfahren erhöhten aber auch die Spannungen zwischen den Nationalkonservativen und den Emigranten. Die heimkehrenden Dichter und deren Werke wurden als »Besatzungsliteratur« abgetan. Sie selber, da sie nicht veröffentlichen durften, zählten sich zum »schweigenden Deutschland«. Der eigentliche Effekt der Entnazifizierung bestand darin, daß ein Teil der literarischen Intelligenz aus der Öffentlichkeit gedrängt wurde; ein anderer behauptete sich länger, bis sich neue Fronten auftaten.

In der Ostzone spielten die Verfahren eine weit geringere Rolle. Das lag u.a. daran, daß viele Intellektuelle, aber auch Angehörige anderer

Schichten, vor den heranrückenden Russen in den Westen geflohen waren. Börries von Münchhausen, Freiherr auf Schloß Windischleuba bei Altenburg, der Initiator des nationalkonservativen Wartburg-Kreises, nahm sich gegen Kriegsende das Leben. Friedrich Griese, der sich zwar nicht besonders hervorgetan hatte, aber 1942 »aus einem Akt der Kameradschaft« der NSDAP beigetreten war, wohnte in Mecklenburg. Als die Russen einzogen, geschah ihm nichts. Sie stellten sogar eine Wache vor sein Haus. Er genoß ihre Achtung, weil sie in seiner Bibliothek so viele russische Bücher vorfanden. Vermutlich durch Denunziation änderte sich seine Lage. Griese wurde ins Zuchthaus Alt-Strelitz eingeliefert. Johannes R. Becher, Willi Bredel und Ehm Welk setzten sich bei Offizieren der Sowjetischen Militäradministration für ihn ein. Er kam frei. Becher versprach, ihm weiterzuhelfen. Doch Friedrich Griese begab sich bald darauf in den Westen. Im Osten lebte Heinrich Lilienfein, ein prominentes Mitglied des Wartburg-Kreises, ausgezeichnet mit der Wartburgrose. Nach dem Krieg schrieb er Biographien über Bettina von Arnim und die Herzogin Anna Amalia. Die Stadt Weimar schien nicht nachtragend zu sein. Sie ernannte Lilienfein 1949 zu ihrem Ehrenbürger.

In den Westzonen verliefen diese Verfahren mit großer Publizität. Allein schon dadurch wurden sie zum beherrschenden Thema für diejenigen, die eine solche Prozedur fürchten mußten. Deshalb auch der Drang, Zeugen zu finden, die sie entlasteten. Noch 1948 schrieb Ina Seidel an Agnes Miegel: »Aber ich hätte wirklich gern gewußt, ob Du das getan hast, was alle Menschen in dieser Situation tun, nämlich für Entlastungszeugen sorgen.«[35]

Hans Friedrich Blunck, der erste Präsident der Reichsschrifttumskammer, wurde nach 1945 in ein englisches Internierungslager gebracht, aber schon ein Jahr später wieder freigelassen. Härter traf es seinen Nachfolger im Amt, Hanns Johst. Er wurde ebenfalls interniert und 1949 in München vor die Spruchkammer gestellt, die ihn als Mitläufer einstufte und ihm lediglich 500 DM Buße auferlegte. Ein Berufungsverfahren korrigierte das Urteil und erkannte in ihm einen Hauptschuldigen. Der Spruch lautete jetzt dreieinhalb Jahre Arbeitslager, zehn Jahre Publikationsverbot, Einziehung der Hälfte seines Vermögens.

Charakteristisch war, daß man sich von den Spitzen wie Blunck und Johst abstieß, aber untereinander näher zusammenrückte. Dafür sorgte vor allem Hans Grimm. Obwohl sein Romantitel *Volk ohne Raum* zu einer nationalsozialistischen Losung geworden war, ließ sich bei ihm keine direkte Nazianhängerschaft nachweisen. Er konnte sich sogar auf einige Proteste gegen die früheren Machthaber berufen. Nach dem Krieg sah er seine Aufgabe darin, für eine Entlastung seiner Dichterkollegen zu sorgen. Die Eingangsformel seiner eidesstattlichen Zeugenaussage lautete meist: »Ich, der unterzeichnete Schriftsteller Hans Grimm, Dr. h. c., Senator der Preußischen Akademie der Künste, wohnhaft zu Lippoldsberg/Weser, keiner Partei je zugehörig und von der Entnazifizierung nicht betroffen ...«[36] Er trat als Entlastungszeuge im Verfahren gegen Hermann Claudius, Agnes Miegel und Kolbenheyer auf. Hermann Claudius charakterisierte er als einen »vollkommen unpolitischen Mann mit starkem Fingerspitzengefühl für politische Sauberkeit«. Dessen *Führergedicht* interpretierte er als »Ausdruck höchster Sorge«. Dennoch sah die Spruchkammer das *Führergedicht* als belastend an und verfügte, die Pension von Claudius um 25 Prozent und seine Verlagseinnahmen um 20 Prozent zu reduzieren. Agnes Miegel, die nach Kriegsende über den Verlust ihrer ostpreußischen Heimat nicht hinwegkam, verstand in ihrer Vereinsamung die Nachkriegsliteratur nicht. Für ihre Dichtung sah sie keinen Platz mehr, »nicht mehr für meine Verse, nicht mehr für meine stillen kleinen Geschichten und Märchen, für meine kleinen Spiele. – Daher kommt es wohl, daß ich seit meiner Rückkehr aus dem Lager kaum ein paar Zeilen schrieb.«[37]

Daß die Spruchkammerverfahren nicht immer zur Einsicht führten, zeigt der »Fall Kolbenheyer«. Der Dichter wurde zu einem Belasteten der Stufe II erklärt. Die dabei angewandten formalen Kategorien und das völlige Verkennen der eigentlichen Ursachen für die Haltung zu Hitler führten eher zu einer Verhärtung der Standpunkte, wie das Verhalten Kolbenheyers und die Empörung Grimms zeigen. Beide fielen hinter ihre Einsichten aus der Nazizeit zurück, als sie sich innerhalb ihres Freundeskreises gelegentlich auch kritisch äußerten. Nur wenige gestanden sich ein, daß sie falsch gehandelt hatten. Sie wollten entnazifiziert werden und suchten nach einer Formel, mit deren Hilfe sie sich von der nationalsozialistischen Vergangenheit verabschieden konnten, ohne ihre geistigen Positionen wesentlich zu verändern. So erklärte Ina Seidel, die die Sache ernster nahm als andere, zu Punkt 2 des Fragebogens des Office of Military Government Land Württemberg-Baden, Information Control Division, daß sie weder der Partei noch einer ihrer Formationen angehört habe: »Ich bin jedoch der von Hitler ausgehenden Suggestion insofern erlegen, als ich in seinen Proklamationen, vor allem in der Darlegung seiner sozialen Ziele und den Versicherungen seines Friedenswillens, den Ausdruck eines reinen Willens und eines wahren Verantwortungsgefühls für eine hohe Aufgabe zu sehen müssen glaubte, die von vornherein anzuzweifeln ich zunächst keine Berechtigung fühlte. Infolge dieser Gutgläubigkeit weigerte ich mich nicht, anläßlich von Hitlers 50. (April 1939) zu einer von oben her angeregten Kundgebung deutscher Dichter ein Gedicht und einen in Prosa abgefaßten Glückwunsch beizutragen ... In dem gleichen schlecht angebrachten Vertrauen und weil ich die nationalsozialistische Voraussetzung der ›Volksgemeinschaft‹ nur im reinsten Sinne verstehen wollte, habe ich diese Auffassung der Volksgemeinschaft gelegentlich ganz allgemein und ohne Anwendung auf das Parteiwesen, dem ich mit Abneigung gegenüberstand, Ausdruck gegeben ... Meine Irrtümer entstanden aus einem Mangel an politischer Nüchternheit. Ich habe die Lehre, die das furchtbare Schicksal meines Volkes enthält, begriffen.«[38]

Obwohl die Entnazifizierung mit großem Aufwand betrieben wurde, bewirkte sie nichts, was nicht auch auf andere Weise zu erlangen gewesen wäre. Viele Deutsche, die nicht davon betroffen waren, sahen in den Verfahren eine Farce, weil sich jeder Betroffene einen »Persilschein« zu ergattern suchte. Bei einem Verfahren, das auf dem widersprüchlichen Doppelaspekt von Säuberung und Rehabilitierung beruhte, wo der zweite Aspekt den ersten aufhob, konnte es auch gar nicht anders sein. Ein tiefgreifender Prozeß des Umdenkens fand nicht statt. Zu einer ernsthaften Auseinandersetzung mit der nationalsozialistischen und nationalkonservativen Literatur kam es nicht. Sie wurde nicht historisch »bewältigt«, sondern später nur ins Abseits gedrängt. Im Ostteil Deutschlands fand sie überhaupt nicht mehr den Weg zum Leser. Sie erhielt ihr Etikett gleich einem Urteilsspruch. Die Literaturhistoriker der neuen Generation spuckten dreimal aus, bevor sie sich einmal dazu äußerten. Man rückte von ihr ab, ohne sie wirklich hinter sich zu haben.

Auch zu einer nationalen Katharsis kam es nicht, wie sie Georg Lukács und Johannes R. Becher vorschwebte. Was innerhalb einer geschlossenen Gemeinschaft funktionierte, im sensiblen Bereich der Literatur, ließ sich nicht als Metakatharsis auf ein ganzes Volk übertragen.

Kathartische Wirkungen zielen auf das Individuum innerhalb einer kleinen Gemeinschaft. Die Deutschen hatten sich schrecklicher Verbrechen schuldig gemacht, denen institutionell nachgegangen werden mußte. Nach dem Krieg liefen 150000 Ermittlungsverfahren gegen deutsche Staatsbürger.[39] Nur ein Bruchteil davon endete mit einer Verurteilung. Die Verfahren lagen in den Händen der Besatzungsmächte. Zu keiner Zeit war die politische Zerrissenheit größer und diffuser. Es war gar keine Gemeinschaft vorhanden, in der kathartische Wirkungen vor sich gehen konnten. Lukács' großer philosophischer Entwurf erwies sich als realitätsfremd.

Um Scham und Reue auszulösen, Vorbedingung einer geistigen Erneuerung nach 1945, hätte es einer längeren Zeit bedurft. Aber die Entnazifizierung wurde sehr bald von den Besatzungsmächten abgebrochen. Bereits 1947 kam es in der internationalen Politik zu grundlegenden Änderungen. Die Westmächte gingen vom Antifaschismus zum Antikommunismus über. Damit änderte sich auch die Besatzungspolitik, die ab November 1947 offiziell als antikommunistisch definiert wurde. Schlagartige Wendungen in der Politik gehen immer mit drastischen Disziplinierungsmaßnahmen der Intellektuellen einher. Sie sind manchmal sogar deren praktische Voraussetzung. Ende März 1947 erließ der USA-Präsident Truman die Exekutivorder 9835, die ein föderales Loyalitätsprogramm aufstellte. Es forderte die Ämter zur Überprüfung der politischen Ansichten und Aktivitäten aller staatlichen Angestellten auf. Der Generalstaatsanwalt ließ eine Liste der »subversiven Organisationen« folgen. Auf diese Weise wurden die Intellektuellen auf den Kalten Krieg eingeschworen. Zwar liefen die Maßnahmen in der amerikanischen Innenpolitik nicht synchron mit der Besatzungspolitik in Deutschland ab, aber sie waren der Ausgangspunkt. Im Juli 1947 erging für die amerikanische Besatzungszone die Direktive JCS 1779, die besagt, daß nur noch die deutschen Institutionen gefördert werden, die die politischen und ideologischen Ziele der amerikanischen Regierung verfolgen und sich in den Dienst der antikommunistischen Propaganda stellen. Die amerikanische Besatzungsmacht zog sich 1947 aus der Entnazifizierung zurück und übertrug sie deutschen Spruchkammern, die in den meisten Fällen sehr formal verfuhren. Das hatte zur Folge, daß der Großteil der Belasteten rehabilitiert wurde. Einige wenige sonderte man von der Öffentlichkeit ab. Sie verblieben in einem eingegrenzten literarischen Reservat. Auf diese Weise konnte man vorzeigen, was man hinter sich gelassen hatte. Wie sagte Hanns Johst? »Aber die Welt muß und wird sich wandeln. Die Amerikaner brauchen uns.«[40] Das sah er durchaus richtig. Nur brauchten sie ihn nicht.

In der sowjetischen Politik erfolgten die gleichen Veränderungen, nur mit umgekehrten Vorzeichen. Wie die Westalliierten suchten sie in dem ehemaligen »Feindstaat« den Verbündeten. Die Deutschen, die Hitler gefolgt waren, wollte man nicht länger nach ihrer Vergangenheit befragen, kam es doch jetzt darauf an, wem sie in Zukunft folgten. Schließlich hatte die NSDAP über 10 Millionen Mitglieder gehabt. Auch sie wollten gewonnen werden. Von den Besatzungsmächten beider Seiten geschah das mit einer politischen Frivolität, die ehrliche Antifaschisten erblassen ließ. Die Sowjetunion leitete diese Wende bei einer Zusammenkunft führender Vertreter der KPdSU mit Mitgliedern des ZK der SED im März 1948 ein. Nach Protokollnotizen von Semjonow, der an der Sitzung als Politischer Chefberater der Sowjetischen Militäradministration teilnahm, empfing Stalin seine deutschen Gäste ohne große Begrüßung mit den überraschenden Worten: »Denken Sie nicht, ... der alte Stalin hat den Verstand verloren oder ist auf das Niveau der Reaktion abgesunken. Ich möchte Ihnen einen Rat geben und Sie bitten, darüber nachzudenken, ob er Ihnen zusagt oder nicht. Sie haben nun demokratische Reformen durchgeführt und viel für die Entnazifizierung getan. Glauben Sie nicht, daß es an der Zeit wäre, die Trennungslinie zwischen ehemaligen Nazis und Nichtnazis aufzuheben? Vielleicht sollte man ehemaligen Mitgliedern der Nazipartei, die keine Verbrechen gegen das deutsche Volk oder gegen andere Völker auf sich geladen haben, alle aktiven und passiven Bürgerrechte zurückgeben, damit sie am Aufbau Deutschlands teilnehmen können? ... Glauben Sie nicht, daß man die Entnazifizierungskommissionen auflösen und diese Tätigkeit einstellen sollte?« Stalin schlug vor, diesen Leuten Gelegenheit zu geben, eine eigene Partei zu gründen. »Wie könnte man sie nennen? Nationalsozialistische Arbeiterpartei? Nein, das geht sicher nicht. Was für eine sozialistische Partei wäre das denn? Oder was für eine Arbeiterpartei? Vielleicht Nationaldemokratische Partei Deutschlands? An ihre Spitze könnte ein bekannter Nazi treten.« Und den Zynismus auf die Spitze treibend, fragte Stalin nach Semjonows Protokollnotizen: »Genosse

Semjonow, haben Sie nicht noch irgendwo einen ehemaligen Gauleiter im Gefängnis sitzen?«[41] Wilhelm Pieck, Otto Grotewohl und den Genossen ihrer Delegation mag es die Sprache verschlagen haben. Ihnen dürfte diese Wendung überhaupt nicht gepaßt haben. Semjonow gestand dann auch im schweigenden Einverständnis mit Marschall Sokolowski: »Wir beschlossen, etwas Druck auf unsere deutschen Freunde auszuüben.«[42] Wilhelm Pieck und seine Leute werden, wenn auch nicht am Verhandlungstisch, doch später dafür gesorgt haben, eine solche Entwicklung nicht zu überstürzen. Sie hätten sich sonst unglaubwürdig gemacht. Doch die Auflösung der Entnazifizierungskommissionen erfolgte umgehend.

*Fünfter Abschnitt*

»Welche Welt ist meine Welt?« –
Scheidewege

In den ersten Nachkriegsjahren befand sich die literarische Intelligenz in einem Wartezustand. Teils schuldverstrickt, teils gelähmt durch die Niederlage, fühlte sie sich kaum in der Lage, sich für etwas zu entscheiden. Zwar hatte es seit Kriegsende nicht an Aufforderungen gefehlt, sich geistig und politisch neu zu orientieren. Doch die Bereitschaft dazu schien gering. Diejenigen, die das Wort ergriffen, hatten sich meist schon vor 1933 entschieden. Angesichts der Tatsache, daß die Menschen hungerten, nicht wußten, wo sie eine Unterkunft finden konnten, ob ihre nächsten Angehörigen noch lebten und wo sie sich befanden, verloren die geistigen Probleme ihre Faszination. Die literarische Intelligenz in Deutschland hatte ihre Funktion eingebüßt, Entscheidungen zu reflektieren und vorzubereiten. Obwohl die Zeit drängte, neue Positionen einzunehmen, ließ man sich nur ungern auf solche ein. Ein Betrachterstandpunkt dominierte. Nach der Bejahung des Nationalsozialismus, die in Schuld und Niederlage endete, wollte man erst einmal Standpunkte vergleichen, ohne genötigt zu sein, sich für etwas zu entscheiden. Vor allem in der Viersektorenstadt Berlin, wo jede Besatzungsmacht ihre nationale Repräsentanz etablierte, gewann diese kontemplative Haltung an Reiz.

1947 war es damit vorbei. Eine neue Politik, die der Konfrontation und des Kalten Krieges, setzte sich durch. Den Deutschen wurden neue Fronten vorgeführt. Noch sah es so aus, als habe der Einzelne die Möglichkeit, sich für eine der Welten zu entscheiden. *Welche Welt ist meine Welt?*, so kennzeichnete die österreichische Emigrantin Hilde Spiel in ihrem Memoiren-Titel diese Situation.

## Der Erste Deutsche Schriftstellerkongreß

Doch vorerst fand sich die deutsche literarische Welt aus Ost und West noch einmal zusammen. Was als eine Manifestation der Einheit gedacht war und sich äußerlich auch so gestaltete, entwickelte sich zur Abschiedszeremonie vor dem Auseinanderdriften. Vom 4. bis 8. Oktober 1947 fand in Berlin der Erste Deutsche Schriftstellerkongreß statt. Aus dem Kulturbund war der Schutzverband Deutscher Autoren hervorgegangen. In diesem Kreis entstand die Idee, einen deutschen Schriftstellerkongreß einzuberufen. Dafür setzte sich vor allem Günther Weisenborn ein, ehemaliges Mitglied der Widerstandsgruppe »Rote Kapelle«. Bis zu seiner Befreiung durch die Rote Armee hatte er im Zuchthaus Luckau gesessen. Von Anfang an gab es unterschiedliche Auffassungen über die geplante Veranstaltung. Während die Vertreter des Schutzverbandes berufliche Fragen, wie Verlegerverkehr, Zahlungsüberweisungen innerhalb der Zonen usw. erörtern wollten, ging es den Kulturbundleuten auch um die politische Situation. Sich auf beruflich-wirtschaftliche Probleme zu beschränken, werde im Ausland als Ausflucht vor der politischen Verantwortung empfunden. Die Welt wolle wissen, wie die deutschen Schriftsteller zu den vergangenen zwölf Jahren stehen. Diese Begründung, vor allem von Becher vorgetragen, leuchtete ein. Man einigte sich auf die politische Auswertung, ohne die Berufsfragen zu vernachlässigen. Um nicht den Anschein zu erwecken, der Kulturbund sei der politische Wortführer, trat er als Mitveranstalter zurück, wollte sich aber dennoch an der Vorbereitung tatkräftig beteiligen.

Nach einer Terminverschiebung begann der Kongreß am 4. Oktober unter dem Ehrenvorsitz von Ricarda Huch. Obwohl ausländische

Gäste aus verschiedenen Teilen der Welt eingeladen worden waren, hatte nur die Sowjetunion mit Boris Gorbatow, Wsewolod Wischnewskij und Valentin Katajew eine repräsentative Delegation entsandt. Alexander Dymschitz' Bemühungen, John Steinbeck, Erskine Preston Caldwell und Louis Aragon, die sich gerade auf einer Reise durch die Sowjetunion befanden, nach Berlin zu bringen, scheiterten. In seiner Begrüßungsansprache betonte Roland Schacht, daß alles, was hier geschehen und beschlossen würde, eine »rein deutsche Angelegenheit deutscher Schriftsteller« sei, daß hier nicht irgendwelche »Windrichtungspolitik« gemacht werde. Da man vermieden hatte, »Halbnazis« einzuladen, dominierten die kritischen Beiträge über Haltungen während des Faschismus. Man fühlte sich aufgefordert, Stellung zu nehmen, und wich diesen Problemen nicht aus. Vielfältige Meinungen kamen zur Sprache. Gegen die Politisierung der Kunst gab es ebenso heftige Attacken wie vorsichtige Differenzierungen. Ein beträchtlicher Teil der Versammelten schien geneigt zu sein, sich von der Politik abzuschirmen, um sich der Kunst öffnen zu können. Als bittere Bilanz trug Elisabeth Langgässer ihren Standpunkt vor. Wenn dem Schriftsteller die »Rettung der Sprache gelinge«, habe er in finsteren Zeiten wie denen des Faschismus das seine getan. Greta Kuckhoff und Rudolf Leonhard meldeten da ihre Bedenken an. In einem weiteren Diskussionsbeitrag versuchte Elisabeth Langgässer verständlich zu machen, warum sie keine politische Schriftstellerin sein könne. Nach dem Mißbrauch durch den Faschismus wurde für die deutsche Literatur eine »Ruhepause«, eine Erholungspause von der Politik verlangt.

Die sozialistischen Schriftsteller widersprachen dieser Flucht aus der Politik mit dem Hinweis auf die jüngste unheilvolle Vergangenheit, auf die es eine Antwort geben müsse. Was die anderen klein zu halten suchten, steigerte Becher ins Große. Er sprach von der »Großmachtstellung der Literatur«. Die Politik verschlinge nur dann die Literatur, wenn sie nicht auf »ihre eigentümliche und selbständige Art politisch« werde. In der Literatur sah er ein Mittel, über das »Vereinzelte«, das er mit Goethe verwerflich nannte, hinauszukommen. Becher verfolgte auch auf diesem Kongreß seine Linie, die deutschen Schriftsteller zusammenzuführen, sie zu Anwälten der Einheit ihres Vaterlandes zu machen. Der aus dem Westen kommende Autor Wilhelm Emanuel Süskind hatte Becher gut verstanden, als er ihm dankte »für seine großen umfassenden, ich meine buchstäblich die Arme aufschließenden und die verlorenen, auseinandergeratenen Kindlein in diese Arme zusammenfassenden Worte«.[43] Trotz des verquasten Stils konnten Bechers damalige Bemühungen nicht besser charakterisiert werden.

Während des Kongresses kam es zu einem Vorfall, der den kommenden politischen Verlauf vorwegnahm. Bis dahin wurden die Meinungsverschiedenheiten sachlich und mit Respekt vor dem anderen ausgetragen. Politische Angriffe unterblieben. Das änderte sich, als am 7. Oktober der Diskussionsleiter Günther Birkenfeld als ersten Redner einen amerikanischen Gast ankündigte: Melvin J. Lasky. Unter den Kongreßteilnehmern aus den verschiedenen Besatzungszonen kannte ihn niemand. Seinen Beitrag hatte er außerordentlich geschickt aufgebaut. Er ging zunächst darauf ein, wie gefährdet die Freiheit des Schriftstellers sei. Auch in Amerika habe es Versuche gegeben, sie zu beschneiden. Doch Amerika mit seiner langen, ungebrochenen Tradition habe diese verteidigen können. Die Freiheit des Schriftstellers, an der es in der Sowjetunion so fehle, gelte es in den Mittelpunkt der Tagung zu stellen. Das sei die Aufgabe des Kongresses. »Denken Sie daran, was es für die russischen Schriftsteller bedeuten muß, dauernd in Sorge zu sein, ob die neue Parteidoktrin, ob die revidierte Staatsform des sozialen Realismus oder Formalismus oder Objektivismus oder was immer es sei, nicht bereits überholt ist und sie vielleicht über Nacht schon als ›dekadente konterrevolutionäre Werkzeuge der Reaktion‹ abgestempelt hat. Denken Sie daran, wie demütigend es für einen bedeutenden Künstler wie Sergej Eisenstein ... sein muß, alle paar Jahre vor einem argwöhnischen Politbüro zu erscheinen, um gestehen zu müssen, daß er bis dahin einfach nicht richtig verstanden habe, welche die wahren ästhetischen Prinzipien seien, die der sowjetischen Kunst zugrunde liegen müßten.« Das Protokoll vermerkte: »Bravo-Rufe; Lebhafte Zustimmung, wiederholte Zurufe; ›Sprechen Sie doch einmal darüber, was die amerikanischen Schriftsteller zur Friedensfrage sagen!‹, ›Weniger Lügen!‹, ›Hanns Eisler‹, ›Bruch des Gastrechts!‹, ›So kann doch ein ausländischer Gast nicht sprechen!‹, andauernde Erregung.«[44]

Lasky hatte in einer Diktion gesprochen, die in den folgenden Jahrzehnten, fast ein halbes Jahrhundert lang, die literarische Auseinandersetzung zwischen West und Ost bestimmte. Dabei griff er in seiner Rede nicht einmal auf die schlimmsten Äußerungen des sowjetischen Kulturpolitikers Shdanow zurück. Aber Lasky ging auch nicht auf die

Verhältnisse in Amerika ein, was nicht weniger schlimm und beschämend war. In seinem Land mußten sich Brecht und elf seiner amerikanischen Kollegen vor dem House UN-American Activities Committee verantworten. Weil sich Brecht auf dieses Verhör vorbereitete, konnte er nicht am Kongreß teilnehmen. Was Laskys Rede jedoch für die einen zum Ereignis, für die anderen zum Skandal machte, war nicht seine einseitige Kritik, sondern jener Radschlag eines Pfaus, zu dem Intellektuelle aller Seiten von ihren Regierenden immer wieder veranlaßt werden, um politischen Wendungen Überzeugungskraft zu verschaffen.

Bisher war es nicht üblich gewesen, daß Vertreter einer Besatzungsmacht die andere vor einem deutschen Publikum beschimpften. Aber eben dieses Prinzip kündigten die Alliierten 1947 auf. Ihre neuen Direktiven forderten eine andere Sprache. Lasky entsprach dieser neuen Situation. Aus historischem Abstand ist es müßig, darüber zu streiten, wer damit angefangen hat; denn diese Politik ging von den Bedingungen der Alliierten in ihrem jeweils eigenen Land aus. Die deutsche Erstaufführung von Konstantin Simonows Stück *Die russische Frage* 1947 im Deutschen Theater galt für viele als der erste Angriff einer Besatzungsmacht auf eine andere. Lasky muß dieses Schauspiel genau gekannt haben; denn er baute sein Referat nach denselben polemischen Gesichtspunkten auf. Nur eben aus einer anderen Sicht. Wie es für Simonow zwei Amerika gab, das von Randolph Hearst und das von Franklin Roosevelt, gab es für Lasky zwei Rußland, das der gedemütigten Schriftsteller und das des Politbüros. Dazu kam, daß Lasky zu wissen schien, daß einer der sowjetischen Gäste auf dem Kongreß, Gorbatow, eben erst in einem Artikel in der *Literaturnaja Gaseta* den amerikanischen Präsidenten mit Hitler verglichen hatte. Die sowjetischen Schriftsteller hatten zwar auf dem Kongreß eine gute Figur gemacht, sich brüderlich und sympathisch gegeben, waren aber in ihren Referaten mehr als Agitatoren denn als Schriftsteller aufgetreten. Allein schon das mochte Lasky veranlaßt haben, das Rednerpult zu betreten. Die meisten Kongreßteilnehmer sahen Lasky von der amerikanischen Besatzungsmacht vorgeschickt. Er selbst verneinte das noch Jahrzehnte später. Was er gesagt hatte, war gezielte politische Propaganda im richtigen Augenblick. Aber warum sollte er nicht aus eigenem Antrieb gesprochen haben? Nach dem Kongreß war er der Held der westlichen Welt. Eine glänzende Karriere stand ihm bevor. Ein Jahr später wurde er Chefredakteur der Zeitschrift *Der Monat*, die vom amerikanischen Geheimdienst mitfinanziert wurde. Fortan war es seine Aufgabe, die literarischen Intellektuellen in Deutschland um sich zu sammeln.

## Die Währungsreform

Ein Jahr nach dem Kongreß kam es zu einem Ereignis, das mehr als alle bisherigen ideologischen Streitigkeiten die Deutschen auseinanderriß. Am 18. Juni 1948, 18.00 Uhr, verkündeten die Militärgouverneure Frankreichs, Großbritanniens und der USA die Einführung einer neuen Währung in ihren Zonen. Mit einer geringen Zeitverschiebung wurde sie dann auch auf Westberlin ausgedehnt. Die Bank deutscher Länder gab die in den USA gedruckten und in Frankfurt am Main eingelagerten neuen Banknoten aus. Jeder Bürger erhielt gegen 40 RM 40 DM; die Sparguthaben wurden 1 zu 10 umgetauscht. Die sowjetische Besatzungsmacht sah sich vier Tage später genötigt, ebenfalls einen Notenumtausch vorzunehmen.

Nunmehr gab es in Deutschland zwei Währungen. Damit war die Spaltung vollzogen.

Für die literarische Intelligenz, mit ihren Büchern auf grenzüberschreitenden Verkehr angewiesen, hatte das weitreichende Folgen. Von den zwei deutschen Währungen wurde die eine im wirtschaftlichen Weltverkehr anerkannt, war konvertierbar, die östliche blieb ausgegrenzt und nur im eigenen Gebiet gültig. Jetzt begannen die Devisenschwierigkeiten des Ostens, die den wirtschaftlichen Aufbau beeinträchtigten und schließlich zum Ende des hier errichteten Systems beitrugen. Bisher hatten ausländische Schriftsteller und noch im Exil lebende Autoren ihre Bücher gerne den Verlagen in der sowjetischen Besatzungszone übergeben. Hier erreichten sie hohe Auflagen. Doch jetzt sollten sie in der dort gültigen Währung abschließen, mit der sie im eigenen Land nichts anfangen konnten. Der so hoffnungsvoll begonnene geistige Austausch geriet ins Stocken. Weitere Pläne und Abschlüsse blieben fraglich. Die Ost-Verlage erhielten von ihren auswärtigen Autoren bittere Briefe, weil ihre Honorare in Valuta ausblieben. So schrieb Leonhard Frank an Walter Janka vom Aufbau-Verlag Berlin: »Ich muß von diesem Geld leben. Ich habe das *Geld bitter nötig*. Ich bin 70 Jahre – ich kann deshalb schon nicht länger oder lange warten. Ich bin auf dieses Geld angewiesen, *dringendst*, Janka, *dringendst*, ... Ich muß Sie bitten, daß Sie dafür sorgen, damit ich jetzt so schnell wie möglich zu meinem Geld komme, wenn auch ratenweise.«[45] Auch Oskar Maria Graf, noch in den USA lebend, trieb die finanzielle Notlage dazu, immerfort den Verlag zu mahnen, endlich sein Honorar in Dollar anzuweisen. Was sollten die Verlage tun? Sie konnten doch nicht auf die Bücher von Thomas Mann oder Hermann Hesse verzichten, denn dann wäre die von Becher verkündete Kulturpolitik zur leeren Geste geworden. In dieser Situation trug sich Walter Ulbricht mit dem Gedanken, unterstützt von Semjonow, aus der Berner Konvention auszutreten. Noch Anfang der sechziger Jahre verfolgte er diese Absicht, denn die Schwierigkeiten waren inzwischen nicht geringer geworden. Alfred Kurella konnte Ulbricht dann mit einer positiven Bilanz der Devisen-Einnahmen und -Ausgaben von diesem Vorschlag abbringen, der die literarische Intelligenz in Deutschland tief entzweit hätte.[46]

Nach der Währungsreform 1948 änderten sich die Formen der materiellen und finanziellen Förderung der Intelligenz. In den schweren Nachkriegsjahren, als Lebensmittel und Bekleidung rationiert blieben, gaben sich die Sowjets alle Mühe, der Intelligenz zu helfen und sie für sich einzunehmen. Künstler und Schriftsteller erhielten Lebensmittelkarten wie Schwerarbeiter. In den neugegründeten Clubs der Intelligenz bekamen sie zusätzlich ein Mittagessen. Sie wurden bevorzugt mit Heizmaterial versorgt. Gegenüber prominenten Künstlern ließen es die sowjetischen Kulturoffiziere nicht an Aufmerksamkeit fehlen. Das Bemühen um die Intelligenz war so auffällig, daß es zur Verärgerung in der Arbeiterschaft kam. Nach der Währungsreform, als mehr Waren zu höheren Preisen in die Geschäfte gelangten und die Rationierung wegfiel, zuerst in den Westzonen, änderte sich dies. Was früher den Sowjets und der Regierung Anerkennung eingebracht hatte, auch politisch honoriert worden war, spielte jetzt eine weit geringere Rolle.

Durch die neue Lage zeichneten sich die wirtschaftlichen und kulturpolitischen Konturen der beiden gegensätzlichen Welten deutlicher ab. Die Konflikte nahmen zu. Die Konfrontation zwischen Ost und West war in vollem Gange. Die Berlin-Blockade der Sowjets konterte der amerikanische Militärgouverneur Lucius D. Clay mit der Luftbrücke. Walter Ulbricht forderte die Planwirtschaft. Im Westen begann die wirtschaftliche Koordination der drei Westzonen. Die Alliierte Kommandantur in der Vierzonenstadt Berlin existierte nur noch auf einer Dreimächtebasis. Ostberlin erhielt einen eigenen Magistrat. Der Warenverkehr zwischen Westeuropa und der sowjetischen Besatzungszone wurde gesperrt. Die Ostblockländer organisierten ihren wirtschaftlichen Zusammenschluß. Die jeweiligen Lager schlossen sich enger zusammen und sonderten aus, was sich nicht einpassen ließ. Je massenhafter sich dieser Prozeß unter der Einwirkung der Medien vollzog, desto unduldsamer wurden die Menschen in dem einen Lager gegenüber dem anderen. Der geistige Standort wurde verlangt wie ein Ausweis.

Mehr als andere Schichten sah sich die literarische Intelligenz in die Lage gedrängt, sich für eine Seite zu entscheiden. Vorbei war die kurze Phase der kontemplativen Weltbetrachtung. Die Zeiten des Seitenwechsels hatten begonnen. Sie sollten dauern. Doch vor einer solchen Situation hatten die Intellektuellen von jeher gestanden und auf diese Weise gelernt, sie als ihr Existenzrisiko zu begreifen. Diejenigen, die sich immer noch nicht entschieden hatten, fragten sich erneut, welche Welt ist meine Welt.

Eine der ersten spektakulären Wendungen, die ein Schriftsteller vollzog, war die von Theodor Plivier. Nach seiner Rückkehr aus dem sowjetischen Exil erreichte er mit seinem Buch *Stalingrad* die größten Auflagen. Er ließ sich in Weimar nieder, wo er dem Thüringer Kulturbund vorstand. 1947 übersiedelte er nach Westdeutschland. Anfangs wollte er seinen Seitenwechsel nicht als antisowjetische Demonstration aufgefaßt wissen. Doch diese Version konnte er nicht lange durchhalten. Die andere Seite machte ihn zu ihrer Galionsfigur. Was wiederum die empörte, die er verlassen hatte. Sein ehemaliger Verlagsleiter Walter Janka meinte, daß man »mit Plivier endgültig abrechnen sollte«.[47] War nach 1945 *Stalingrad* der größte Bucherfolg gewesen, so erschien jetzt im Osten von Plivier gar nichts mehr.

Ein Jahr später löste Erik Reger seine Verbindungen mit dem Aufbau-Verlag. Dieser Autor erreichte nach dem Krieg mit seinem früher bei Rowohlt erschienenen Buch *Union der festen Hand* eine Auflage von 50 000 Exemplaren. Der Verlag beauftragte Egon Bahr, damals an der *Neuen Zeitung* beschäftigt, das Buch nach München zu bringen, wo sich Erich Engel mit der Absicht trug, es zu verfilmen. Für Reger schien einfach die Zeit gekommen, daß geschieden werden müsse. Was er mit dem Verlag im Jahre 1948 gütlich zu erreichen suchte, brachte er im Dezember 1948 politisch umso polemischer zum Ausdruck. Als einer der Herausgeber des *Tagespiegel* veröffentlichte er in seiner Zeitung eine Mitteilung, in der es hieß: »Im Sinne unserer Aufforderung zum passiven Widerstand gegen alles, was der kriminelle Stadt-Sowjet, die SED oder irgendeine ihrer getarnten Organisationen in Berlin einrichten oder kontrollieren, wird Der *Tagesspiegel* keine Ankündigungen, Anzeigen und Besprechungen der nichtprivaten Theater, Unterhaltungsstätten, Buchproduktionen mehr enthalten.«[48] Insofern war sein Bruch mit dem Aufbau-Verlag nur konsequent, denn er hätte jetzt sein eigenes Buch boykottieren müssen.

Die Öffentlichkeit erfuhr von den Wendungen immer nur in der Sprachregelung und dem journalistischen Wortschatz der jeweiligen Seite. Für den Einzelnen mag es verschiedene Gründe für den Seitenwechsel gegeben haben, private, materielle sowie moralisch-politische. Aber es gab auch skrupellose Wendungen, wie sie ja in der Geschichte der Intelligenz nicht selten sind. In den Nachkriegsjahren galt Horst Lommer als eines der raren Talente auf dem Gebiet der Satire. Seine Stücke *Das Tausendjährige Reich* und *Höllenparade* wurden viel gespielt und erschienen als Buch im Aufbau-Verlag. In der Zeitung der Sowjetischen Militäradministration *Tägliche Rundschau* machte er in satirischen Gedichten die »Westwähler« madig: »Bei den Sozialdemokraten? / Da wäre ich einfach verraten. / ... Wähle ich die FDP, das steht fest, / Wähl ich den Krieg.«[49] Das hinderte ihn aber nicht, ein Jahr später die Seiten zu wechseln. Mit einer Erklärung sagte er sich von allem los, was er vorher vertreten hatte. *Die Neue Zeitung* fragte: »Handelt es sich nur um eine moralische Verlumpung, über die man mit einer Geste des Abscheus hinweggehen soll ... Oder handelt es sich um einen Vorgang, der uns erlaubt, einen tiefen Einblick in die Psychologie eines kommunistischen Literaten zu tun?«[50] Die Redaktion entschied sich für Letzteres.

Auf der Seite, die Lommer verlassen hatte, wurde er umgehend zur Unperson. Seine Bücher verschwanden aus dem öffentlichen Leben. Die Leitung des Aufbau-Verlages ordnete an, daß Lommers Bücher »sofort einzustampfen« sind. Walter Janka schärfte seinen Mitarbeitern ein: »Es sind alle erforderlichen Maßnahmen zu treffen, die geeignet sind, das Einstampfen zu kontrollieren. In keinem Fall darf es passieren, daß diese

Bücher auf irgendeine Weise verschwinden und in den Buchhandel kommen.«[51]

Lommer war kein Einzelfall. Die Verlage in der sowjetischen Besatzungszone verloren in dieser Wendezeit viele Autoren, die sich aus unterschiedlichen Gründen und oft auch ganz im stillen für den Westen entschieden und sich dorthin begaben. Aber es wechselten auch Autoren aus dem Westen in den Osten. Aus Frankfurt am Main kamen Stephan Hermlin und Hans Mayer. Letzterer war als stellvertretender Intendant von Rundfunk Frankfurt für die amerikanische Politik nicht mehr tragbar. Auch das war kein Einzelfall.

ZWEITES KAPITEL
Die Entscheidungszwänge
im Zeitalter des Kalten Krieges
1949–1961

*Erster Abschnitt*

Der andere deutsche Staat und seine Intellektuellen.
Das Bild vom neuen Staat

Aus den Wahlen zum Bundestag am 14. August 1949 ging die CDU als stärkste Partei hervor. Die Kommunistische Partei erreichte hingegen nur 5,7 Prozent. Bei den parallel im Osten durchgeführten Wahlen zum 3. Deutschen Volkskongreß kam die Einheitsliste auf knappe 66 Prozent, in Ostberlin sogar nur auf 47. Das Ergebnis zeigte, wohin die Deutschen neigten. Die Illusion der SED-Führung, ein ähnliches Kräfteverhältnis wie vor 1933, nur ohne die Nationalsozialisten, vorzufinden, war verflogen. Am 15. September 1949 wählte der Bundestag den 73jährigen Konrad Adenauer zum ersten Bundeskanzler. Einen Tag später reiste die SED-Führung nach Moskau, um mit Stalin die neue Lage zu besprechen. Die SED-Delegation unter der Leitung Wilhelm Piecks drängte den bisher zurückhaltenden Stalin zur Ausrufung des anderen deutschen Staates. Am 7. Oktober 1949 erfolgte die Gegengründung: die Deutsche Demokratische Republik entstand. Ihr Präsident wurde Wilhelm Pieck, ihr Ministerpräsident Otto Grotewohl. In der Gründung der Bundesrepublik sah die DDR-Regierung einen Verstoß gegen die Potsdamer Beschlüsse. Sie erklärte sich deshalb zum Interessenvertreter des gesamten deutschen Volkes. Den gleichen Anspruch erhob die Bundesregierung.

Am 10. Oktober 1949 empfing General Tschuikow in Berlin-Karlshorst den Präsidenten der Volkskammer und das Präsidium der Regierung. Er übergab ihnen die Verwaltungshoheit, die bisher die Sowjetische Militäradministration ausgeübt hatte. Die sowjetische

Besatzungsmacht wollte sich auf die Funktion einer Kontrollkommission beschränken. Ihr Chef wurde der bereits erwähnte W. S. Semjonow, der Mann, der bis dahin als politischer Berater die Spitzenfunktion ausgeübt hatte. Nunmehr bestanden zwei deutsche Staaten. Ihre Existenz vertiefte die Spaltung, obwohl beide Seiten verkündeten, daß ihr oberstes Ziel die Einheit Deutschlands sei.

Die Wanderbewegung von Ost nach West, die gleich nach der Aufgliederung in Besatzungszonen begonnen hatte, setzte sich jetzt verstärkt fort. Der den Deutschen von den Nationalsozialisten anerzogene Russenhaß und der Antikommunismus waren nur zwei Gründe dafür. Stärker noch wirkte sich das Mißtrauen gegenüber der angestrebten sozialistischen Wirtschaftsweise aus, die mit der Enteignung der Monopole, Banken und des Großgrundbesitzes einher ging. Was ein Teil der Bevölkerung im Osten mit Hoffnung sah, das erregte Furcht bei den anderen. Besitzer von Fabriken und Ländereien verließen das Land und zogen oftmals die, die für sie gearbeitet hatten, mit sich auf die andere Seite. 1950 und 1951 wechselten nicht weniger als 350 000 Menschen von dem einen deutschen Staat in den anderen.

An der Wanderbewegung beteiligte sich in beachtlichem Maße die Intelligenz. Ihr Überwechseln hatte schon mit dem Einmarsch der Russen begonnen. Es setzte sich verstärkt fort, als absehbar wurde, daß sich die Verhältnisse nicht so bald ändern würden. Als zum Beispiel die Amerikaner im Zusammenhang mit der Festlegung der Besatzungszonen Leipzig verließen, folgte ihnen ein Konvoi von ausgesuchten Verlegern samt ihren leitenden Mitarbeitern und den wichtigsten Dokumenten und Unterlagen. Die Amerikaner evakuierten einfach die »Buchstadt Leipzig« nach Frankfurt am Main und in andere westdeutsche Städte.

Auf diese Weise vollzog sich die Abwanderung in den verschiedensten Branchen und Kunstgebieten. Waren nach Kriegsende die ostdeutschen, vor allem die Ostberliner Theater Sammelpunkte und erste Arbeitsstätten berühmter Schauspieler, Regisseure, Bühnenbildner, Sänger und Tänzer gewesen, so verlor das ostdeutsche Theater von 1948 bis Anfang der fünfziger Jahre fast alle Berühmtheiten aus der Zeit der Weimarer Republik und des Dritten Reiches. Insgesamt gesehen verließ der einstmals führende Teil der künstlerischen Intelligenz den Arbeiter-und-Bauern-Staat, weil er meinte, Spitzenstellungen hier nicht mehr ausüben zu können. Er betrachtete den neuen Staat, seiner Bezeichnung und seinen Zielen entsprechend, als gegen sich gerichtet. Daran vermochte auch die Einstellung der Entnazifizierung und das Gesetz zur Einbeziehung ehemaliger Mitglieder der Nazipartei sowie von Offizieren der faschistischen Wehrmacht wenig zu ändern.

Aber es gab auch eine gegenläufige, zahlenmäßig jedoch weit schwächere Bewegung. Aus der Bundesrepublik und dem Ausland kamen Intellektuelle in die DDR, die sich einer sozialistischen Gesellschaft verpflichtet fühlten oder darin einen neuen, lobenswerten Versuch sahen. Sie, die es vielleicht nicht in die Sowjetunion gezogen hätte, kamen in die Deutsche Demokratische Republik. Das traf vor allem auf die literarische und künstlerische Intelligenz zu. Daß Bertolt Brecht sich in der DDR niederließ und hier sein Theater durchsetzte, daß er Wilhelm Pieck mit einem Gedicht zur Wahl als Staatspräsident beglückwünschte, entsprach der Denkweise eines Teiles der antifaschistischen Intelligenz. Aus Wien zog der Komponist Hanns Eisler in die DDR, aus den USA Ernst Bloch. Sie wollten hier unter neuen Verhältnissen arbeiten. In der Bundesrepublik gab der Präsident Theodor Heuss dem nationalkonservativen Dichter Rudolf Alexander Schröder den Auftrag zu einer neuen Nationalhymne, um dann doch bei der alten zu bleiben. Für die DDR verfaßte sie Johannes R. Becher, die Musik komponierte Hanns Eisler. Vieles vollzog sich auf diese Weise gegensätzlich und prägte den unterschiedlichen Typus der beiden deutschen Staaten. Hinzu kam, daß sich jüngere, durch Faschismus und Exil in ihrer Entwicklung behinderte Wissenschaftler für die DDR entschieden, hier eine neue Generation ausbildeten und selbst zu bekannten Gelehrten wurden. Zu ihnen gehörten die Musikwissenschaftler Georg Knepler und Harry Goldschmidt, die Historiker Ernst Engelberg und Walter Markov sowie der Literaturwissenschaftler Werner Krauss. Insofern ging von der neugegründeten Republik eine Anziehungskraft, eine Hoffnung aus.

Im Exil hatte man oft geträumt, wie das neue Deutschland aussehen werde. Doch als die Emigranten heimkehrten, fanden sie eine Situation vor, die sie nicht voraussehen konnten. Das Bild, das sich der Einzelne vom neuen Staat machte, wurde kaum schriftlich fixiert. Die Heimgekehrten sahen die deutsche Situation als eine vorläufige, als »Inzwischenzeit«, wie Brecht sich ausgedrückt hätte. In dieser Vorläufigkeit wollten sie beginnen, sich aber nicht einrichten. Kaum einer dachte daran, sich in eine geschlossene Gesellschaft zu begeben, in der es schwierig werden würde, auch nur für kurze Zeit in andere Länder zu reisen. Die Emigranten, »öfter als die Schuhe die Länder wechselnd«, kehrten auch mit Bindungen zurück, die das Exil geschaffen hatte. Anna Seghers, deren Kinder in Paris studierten, deren Mann noch in Mexiko lebte und lehrte, dachte daran, zwischen Deutschland und dem amerikanischen Kontinent zu pendeln. Brecht empfahl sie, sich eine »Residence« außerhalb Deutschlands zu schaffen, was Brecht sehr einleuchtete. Becher wiederum wollte die Rechte für seine Bücher nicht ausschließlich an den von ihm selbst mit gegründeten Aufbau-Verlag geben. Er bestand auch auf andere Möglichkeiten. Doch bereits zum Zeitpunkt der Staatsgründung sah er seine Bündnispolitik gescheitert, hielt aber noch weiter daran fest. Schon 1947 überschrieb er eine seiner Reden in biblischer Überhöhung mit den Worten aus dem 2. Korintherbrief des Apostel Paulus »Uns ist bange, aber wir verzagen nicht.« In den ersten Jahren des Exils faßte er seine Träume von dem, was nach dem Faschismus kommen werde, in dem Vers zusammen: »So bin ich nachts im Traume / Mitten in Deutschland erwacht / Und sah im Traume erstehen / Die deutsche Rätemacht.«[1] Dieser Traum schien vorbei.

Einer, der nicht so schnell auf das verzichten wollte, was er vor 1933 angestrebt hatte, war Friedrich Wolf. Seiner Partei ergeben wie Johannes R. Becher, vertrat er eher die Gegenrichtung zu Bechers großzügiger Bündnispolitik. Er wollte Menschen mit einem festen Standpunkt an seiner Seite und in diesem Staat. Die »ungesunden Atemgeräusche« im Organismus der jungen Republik fand er beängstigend. Hier glaubte er, als Arzt operieren zu müssen. Er warnte vor denen, die Becher gern umarmt hätte. Vor Oskar Maria Graf zum Beispiel. Er nannte sie »Lungenschmarotzer«. Am Tage seiner Abreise nach Warschau, wo er das Amt des Botschafters antrat, schrieb er seinem Verlegerfreund Erich Wendt: »Archimedes hat gesagt: Gib mir einen festen (Stand)Punkt, und ich werde die Erde bewegen ... Den ›Punkt‹ zu erkennen, das Gesetzmäßige in der scheinbar zufälligen Erscheinung, die Notwendigkeit in der Freiheit ... damit fängts m. E. an, beim Dichter, Kritiker, Verleger ... Nun sind aber heute – bei aller Freiheit des verschiedenen Geschmacks und Experiments, die ich zugestehe, ja für unerläßlich halte – viele ›interessante‹ Bücher in der Konzeption einfach falsch, schief oder oberflächlich gesehen; und eine falsche Grundkonzeption bei noch so großem formalen Können und noch so interessanter persönlicher ›Handschrift‹ lehne ich ab.«[2]

Unter den Rückkehrern besaß Brecht seine eigene Vorstellung von einem neuen Staatswesen. Da er seine Dichtung auf eine neue Denkkultur ausgerichtet verstand, konnte ihm nicht gleichgültig sein, was für einen Staat er vorfand, zumal ein ganz neuer errichtet werden sollte. Hier mußte am ehesten die Möglichkeit des Eingriffs gegeben sein. In seinem Briefwechsel mit Karl Korsch und Bernhard von Brentano in den dreißiger Jahren hatte er sich darüber geäußert, wie eine neue Gesellschaft durchzusetzen sei, indem er seine »positiv kritische« Sicht auf die Sowjetunion verallgemeinerte. Ziel aller Umwälzungen müsse die materielle Produktion sein. »Die materielle Produktion ist nicht nur die geschichtliche Grundlage staatlicher Systeme, nicht nur Ausgangspunkt, also nicht nur ihr ›Hebel‹ – sie ist das Ziel. Um sie handelt es sich. Alles andere ist das Sekundäre.«[3] Von diesem Grundsatz wich er auch später kein Jota ab. Und an anderer Stelle betonte er nachdrücklich, daß diese Umwälzung alles regeln solle. Darauf setze das Proletariat seine Hoffnung. »Es erwartet sich *alles* davon.«[4] Dabei gab er sich keiner Täuschung hin, daß das ohne Gewalt zu erreichen sei. »Die Umwälzung ist nicht ohne Unterdrückung der Widerstrebenden, kaum ohne die der Willigen zu bewerkstelligen.«[5]

Wie sah er nun die deutsche Situation bei seiner Rückkehr? Was ihm zuerst auffiel, war die Unlust des deutschen Proletariats, in der Niederlage seine Chance zu suchen. Die neue deutsche Misere bestehe darin, daß eben nichts erledigt werde, wenn schon alles kaputt sei. »Die mächtigsten Impulse werden von den Russen gegeben, aber die Deutschen tummeln sich mehr in dem Strudel, der dadurch entsteht, daß die andern Besatzungsmächte sich der Bewegung widersetzen. Die Deutschen rebellieren gegen den Befehl, gegen den Nazismus zu rebellieren; nur wenige stehen auf dem Standpunkt, daß ein befohlener Sozialismus besser ist als gar keiner.«[6] Er verglich die gegenwärtige Situation mit einem historischen Vorgang. Wie sich die deutsche Bourgeoisie ihre Herrschaft von Napoleon aufzwingen ließ, um sie dann sofort mit dem Adel zu teilen, so verhalte sich das Proletariat jetzt zur Bourgeoisie. Vorsichtig fügte er hinzu. » ... es ist dies aber nicht die ganze Wahrheit.«[7] Die Hoffnung auf das deutsche Proletariat, die während der ganzen Exilzeit bestanden hatte, schlug jetzt in Enttäuschung um. Als er bei Lukács las, wie die deutschen Klassiker die Französische Revolution »verarbeiteten«, notierte er: »Noch einmal keine eigene habend, werden nun wir die russische zu ›verarbeiten‹ haben, denke ich schauernd.«[8] Wieder erschleiche sich diese Nation eine Revolution durch Angleichung, und zwar an die Sowjetunion. Die fehlende eigene Kraft und Alternative mache den eingeschlagenen Weg gleich am Anfang fragwürdig.

Was er vermißte, war eine tiefgreifende Kritik am Nationalsozialismus. Nach seiner Meinung galt es festzustellen, wie dessen Massenbasis entstanden war. Die scheinsozialistischen Ansätze des Dritten Reiches müßten mit echten sozialistischen Elementen verglichen werden und nicht mit der Demokratie. Nur so ließe sich aufspüren und vorführen, wie der Faschismus diese Elemente pervertierte und dadurch »zum Operieren brachte«. Doch gerade das unterblieb. Für viele Intellektuelle verschleiere sich der Diktaturcharakter der bürgerlichen Demokratie gerade dadurch, daß der Faschismus in Gegensatz zur Demokratie gesetzt wurde. Demokratie könne man aber nicht als Ziel der Gesellschaft ausrufen, dann mache man sie zur »Larve«. Für ihn war sie lediglich der »Hebel«, um eine Umwälzung in der Produktion einzuleiten. »Die Demokratie verliert so, als Vorstellung, ihr Zielmäßiges und wird zu einer formalen Angelegenheit, die sie ja auch ist.«[9] Brecht handhabe den Demokratiebegriff ähnlich wie Joseph A. Schumpeter, der schrieb: »Die Demokratie ist eine politische *Methode* … und daher unfähig, selbst ein Ziel zu sein, unabhängig davon, welche Entscheidung sie unter gegebenen historischen Verhältnissen hervorbringt.«[10]

Mit seiner Auffassung vertrat Brecht einen unorthodoxen Marxismus, der im Gegensatz zur offiziellen Lehre stand. Selbst seine literarische Autorität reichte nicht aus, diese Vorstellungen publik zu machen. Seine Position war eine vereinsamte. Sie drang erst später, mit großer Zeitverschiebung, in die Öffentlichkeit.

Nicht weniger vereinzelt im Gefüge der intellektuellen Ansichten nahm sich die Position des Romanisten und Publizisten Victor Klemperer aus. Als Jude war er im Dritten Reich ein Ausgestoßener gewesen, der nur durch Zufall und den Umstand überlebte, mit einer »arischen« Frau verheiratet zu sein. Sein Weltbild offenbarte sich mehr als Haltung. Aus den zwölf Jahren der Demütigung und Verfolgung durch den Nationalsozialismus zog er den Schluß, sich den Kräften anzuschließen, die den Faschismus am entschiedensten bekämpft und die meisten Opfer gebracht hatten. Er trat der KPD noch vor ihrer Vereinigung zur SED bei. Eine solche Haltung blieb selten, war aber Ausdruck der Wandlung, die man eigentlich nach der Katastrophe von vielen erwartete. Bei einem Teil der Intellektuellen löste der Widerstand der KPD gegen die Naziherrschaft Respekt aus, der sie zwar nicht zu Anhängern dieser Partei machte, aber zumindest daran hinderte, sich allzu bereitwillig einem neuen Antikommunismus anzuschließen.

Für Klemperer gestaltete sich das neue Leben schwierig, weil ihm der Marxismus fremd blieb, der von Brecht ebenso wie der offiziell gelehrte. In seinem Fach führte das dazu, daß er nicht nur in Gegensatz zu seinen früheren Kollegen geriet, die aus ihrem Leben im Dritten Reich keine Schlußfolgerungen gezogen hatten. Kompliziert waren auch seine Beziehungen zu den Marxisten, die seine Haltung zwar bewunderten, seine literarischen Auffassungen aber kritisch aufnahmen. Klemperer konnte seine anerzogene Sensibilität gegenüber der Wirklichkeit, auch zwischen sozialistischer Gedankenwelt und sozialistischer Propaganda nicht einfach aufgeben. Wenige Tage nach der Gründung der DDR, deren Volkskammer er als Abgeordneter des Kulturbundes angehörte, hielt er in seinem Tagebuch fest: »20 Millionen sind noch kein Drittel des deutschen Volkes – und von den 20 sind mindestens ein Dutzend antisowjetisch ... Ich weiß, daß die demokrat. Republik innerlich verlogen ist, die SED als ihr Träger will die soz. Republik, sie traut nicht den Bürgerlichen, und die Bürgerlichen mißtrauen ihr. Irgendwann gibt es Bürgerkrieg.«[11] Dennoch hat er für diesen Staat, wie er sich ausdrückte, »mit allen zehn Fingern geschrieben und mit allen zwölf Fingern geredet.« Der Weststaat, in den seine früheren Kollegen jetzt überliefen, kam für ihn nicht in Frage. Die DDR blieb für ihn trotz allem die Alternative.

Die Intellektuellen im neuen Staat vertraten sehr unterschiedliche Meinungen und Haltungen. Der größere Teil verhielt sich abwartend. Er war noch unentschlossen, ob er bleiben sollte. Als selbstbewußt und führend gab sich der Teil, der gestützt auf die Sowjetunion – mit Illusionen oder in bedingungsloser Treue zu ihr – eine neue Gesellschaft errichten wollte. Das Meinungsspektrum wies mannigfache Schattierungen auf, wie schon die Positionen von Brecht und Klemperer erkennen ließen.

Eine offizielle Einschätzung der Situation gab Paul Wandel, Präsident der Deutschen Zentralverwaltung für Volksbildung und seit 1949 Minister, auf der 7. Tagung des Parteivorstands der SED im Jahre 1948. Wandel kennzeichnete drei verschiedene Gruppierungen unter den Intellektuellen. In einer Zusammenfassung seiner Ausführungen hob er erstens den kleinen Kreis der sozialistischen Kräfte, einschließlich der neu entstehenden Intelligenz aus den Reihen der Arbeiter und Bauern hervor. Wandel betonte außerdem, daß sich mehr Menschen aus der bürgerlichen Intelligenz als früher der sozialistischen Bewegung angeschlossen hätten. Konträr dagegen stand nach seiner Meinung zweitens eine relativ kleine, doch aktive Gruppe von Intellektuellen, die »konservative« und reaktionäre Positionen vertrat und die »neue Ordnung« ablehnte. Drittens ging er auf das Gros der Intellektuellen ein. Sie würden sich gegenüber den Verhältnissen in der Sowjetischen Besatzungszone abwartend verhalten, besäßen geistige Bindungen zur bürgerlichen Welt und hätten Vorbehalte gegenüber der SED.[12] In der Entschließung der 7. Tagung kam diese Analyse aber nur in abgeschwächter Form zum Ausdruck.

Der Jahrgang 1927. Die junge Generation

Die junge Generation in ihrer Gesamtheit stand weder 1945 noch 1949 zur Verfügung. Sie war durch Krieg und Gefangenschaft stark dezimiert. Die Jugend, mit der man 1945 rechnen konnte, begann mit dem Geburtsjahr 1927. Dieser Jahrgang bildete eine gewisse Scheidelinie. Die Älteren hatte der Krieg zum großen Teil »verbraucht«, die Jüngeren, obgleich auch sie davon getroffen wurden, waren mehr verschont geblieben.

Aus der Sicht des Auslands galt diese Jugend als verloren, hatte sie doch Hitlers Kriege mit jener Brachialgewalt geführt, die Europa erbleichen ließ. Noch im USA-Exil mußte Max Schroeder, der nach seiner Rückkehr mit diesen jungen Leuten arbeitete, in der Zeitung lesen: »... die deutsche Jugend, eine ganze Generation, ist abzuschreiben. Restlos durch Hitler verdorben. Mit denen, die das Gift in der Schule aufgenommen haben, ist nichts anzufangen.«[13]

Der Jahrgang 1927, der 1934 in die Schule gekommen war, besaß keine Erinnerungen an die Kultur der Weimarer Republik. Wesentlich geprägt vom Krieg und vom Untergang ihrer Lebensvorstellungen, gab es für diese jungen Männer nichts, was ihnen Halt, eine geistige Orientierung hätte sein können. Sie blieben den Schuldvorwürfen wie den neuen Gedanken und Illusionen wehrlos ausgesetzt. Brecht analysierte die Ursachen ihrer einstigen Verführbarkeit so: »Die Jugend war bis ins Proletariat hinein, wie es scheint, gefangen durch jene sozialistischen Züge, welche bei Unternehmungen wie den Krieg allein durch das allgemeine Ziel, den Wegfall der ökonomischen ›Freiheit‹ usw., mächtig in die Phantasie eingehen.«[14] Eben deshalb riet er, die scheinsozialistischen Vorstellungen mit den echten Elementen zu vergleichen. Nur so seien diese Leute aus ihren Verirrungen herauszuführen. Sie müßten prüfen können und dürften nicht neuen Versprechungen ausgesetzt werden.

Anerzogen war dieser Jugend ein gewisser Gemeinschaftssinn, der pervertiert verbrecherischen Zielen zugeführt worden war. Nach einer Phase allgemeiner Ratlosigkeit und Verzweiflung suchten diese Katastrophenkinder einen neuen Weg. Sie schienen für Ziele, die über das eigene Wohlbefinden hinausgingen, nicht verloren. Vor allem traf das auf jene zu, die verführt, aber nicht eigentlich schuldig geworden waren.

So unerreichbar für den Aufbau einer sozialistischen Welt war diese Jugend folglich nicht. Aber sie blieb wehrlos gegenüber Risiken. Was ihr vom Marxismus angeboten wurde, war die stalinistische Interpretation. Es gab keine Chance, diese zu durchbrechen und tatsächlich zum Marxismus vorzustoßen. Die ältere Generation, die noch Einsichten besaß und Wegweiser hätte sein können, schwieg bis auf wenige Ausnahmen. Sie schwieg, wie noch zu zeigen sein wird, nicht leichtfertig. Sie hatte Narben vorzuweisen.

Was jedoch die Jugend im Osten aufnahmebereit für eine sozialistische, nichtkapitalistische Orientierung machte, waren nicht Parteiprogramme und politische Aufrufe, sondern die neue Literatur. Sie ermutigte, sich von der alten Welt abzustoßen. Von ihr gingen in dieser Hinsicht die stärksten Impulse aus. Die zurückkehrenden Emigranten wie die Russen traten mit einer intensiven Literaturpropaganda auf. Neben der Gewalt durch Befehle, Verhaftungen und Internierungen, an denen es in dieser Zeit nicht mangelte, gab es die sanfte Gewalt der schönen Literatur. Die Jugend lernte die einst verbrannten und verbotenen Bücher kennen. Die Bemühungen auf diesem Gebiet waren von Anfang an enorm, die Palette breit, wenn auch nicht ohne Ufer. Die Lücken fielen erst später auf. Die Russen brachten ihre Klassiker und das Beste mit, was sie an neuerer Literatur besaßen. Im Unterschied zu den späteren Jahren hielten sie ihre Propagandawerke zurück. Durch Scholochow und andere lernte die Jugend auch kennen, wie gnadenlos die neue Zeit durchgesetzt worden war. In einem 1949 geschriebenen Gedicht von Heiner Müller *Buntschuk I*, auf eine Romangestalt Scholochows, heißt es: »Wenn ihr keinen mehr töten müßt, – ehrt auch / Die Euresgleichen töteten für euch.«[15] Aus Scholochows *Stillem Don* ließ sich eher eine große Offenheit als eine verordnete Meinung herauslesen.

Die Emigranten mit ihren Werken betätigten sich als die eigentlichen Umerzieher, zumindest waren sie die ersten und wirksamsten. Unter dem Einfluß ihrer Literatur bildete sich eine neue Intelligenz heraus, die ihre eigene Sprache fand. Verlage, die diese Literatur trotz Papierknappheit in großer Auflage herausbrachten, wie der Aufbau-Verlag, waren die Leuchttürme dieser Zeit. Sie wiesen die Richtung. Da aber der Einfluß dieser Literatur ohne Vermittlung eines unverfälschten Marxismus erfolgte und auch ihre bedeutendsten Vertreter sich der stalinistischen Interpretation unterwarfen, bekamen die sozialistischen Vorstellungen vom Aufbau einer neuen Welt trotz atheistischer Haltung fast religiöse Züge. Elemente des Glaubens, der Treue, der Verheißung und Hoffnung schlichen sich anstelle der ausgedünnten kritischen Methode ein. Diese religiös gefärbte Aufnahme sozialistischer Ideen bringt das frühe Gedicht *Zwei Sterne* von Heiner Müller zum Ausdruck, in dem es um den Stern von Bethlehem und um den Roten Stern geht: »Der Stern hat nicht gehalten, / was da sein Schein versprach. / Es blieb die Welt beim alten, / und es kam nichts danach.« Und dann die Gegenstrophe auf den Roten Stern: »Es hat der Stern gehalten, / was da sein Schein versprach. / Die Welt bleibt nicht beim alten, / es kommt etwas danach.«[16] Das Gedicht dokumentiert, daß diese Jugend bei ihrem Neubeginn keine Halbheiten wollte. Eine ganz neue Welt mußte es sein, nicht ein neues Parteiprogramm, nicht andere Führer. Als sie das Vergangene von sich warfen, sollte es keine Kompromisse geben. Sie wollten nicht noch einmal in eine Welt einsteigen, die schon ihre Väter ausprobiert hatten und gescheitert waren. Alles Neue ist besser als alles Alte. Das war ihre Losung. Also das Neue ganz. Die religiösen Züge beförderten eher dies Engagement. Hier lag aber auch die Gefahr einer neuen Verführung. Diese Jugend wollte der andere deutsche Staat gewinnen, und er gewann sie.

*Zweiter Abschnitt*

Die Haltung der Führung zur Intelligenz:
Fördern und disziplinieren

Jede herrschende Schicht braucht die Intelligenz, aber kaum eine hatte sie nötiger als die Führung der DDR. Das Land, vor allem seine Industrie, waren zerstört. Ein Großteil der Bewohner betrachtete die Russen mit Furcht und sah sie auch fünf Jahre nach Kriegsende nicht als Befreier. Wie sollte unter diesen Bedingungen das Land aufgebaut werden, wenn nicht mit Hilfe einer Schicht, die als Dolmetscher und Vertrauensperson ihrer Sache und ihrer Ideen zur Verfügung stand? Bei allem Mißtrauen gegen diese Schicht begriffen das die Russen wie die neugebildete Arbeiter- und Bauernregierung sofort.

Die Russen unterstützten gleich nach dem Krieg, in der Zeit des Hungers und der Entbehrungen, die Künstler mit Pajoks, d. h. mit zusätzlichen Lebensmittelrationen. Inzwischen hatte sich die Lage jedoch geändert. Mit so einfacher, unmittelbarer Hilfe war die Intelligenz nicht mehr zu gewinnen. Bereits die Verordnung der Deutschen Wirtschaftskommission vom 31. März 1949 verfügte, daß Professoren, Ingenieure, Wissenschaftler, Schriftsteller und Künstler Sonderzuwendungen bekamen, daß ihnen mit der Bereitstellung von Baumaterial bei der Instandsetzung ihrer zerstörten Wohnungen und beim Bau von Eigenheimen geholfen wurde. Selbst in der harten Nachkriegszeit standen für die zurückkehrenden Emigranten Wohnungen und Häuser zur Verfügung. So bezog Brecht ein Haus am Weißenseer Park. In einem Gedicht schrieb er: »Zurückgekehrt nach fünfzehnjährigem Exil / Bin ich eingezogen in ein schönes Haus. / ... Fahrend durch die Trümmer / Werde ich tagtäglich an meine Privilegien erinnert / Die mir dies Haus verschafften. Ich hoffe / Es macht mich nicht geduldig mit den Löchern / In denen so viele Tausende sitzen.«[17] Die Verordnung sah ferner die Senkung der Einkommensteuer und die Gewährung lebenslanger Pensionen (bis zu 80 Prozent des Gehalts) für hervorragende Persönlichkeiten aus Kunst und Wissenschaft vor. Den Mitgliedern der Akademie der Wissenschaften wurden steuerfreie Zuwendungen gewährt. Gleich nach Gründung der DDR, im November 1949, hielt Ministerpräsident Otto

Grotewohl auf dem II. Bundeskongreß des Kulturbundes die programmatische Rede »Die Deutsche Demokratische Republik und ihre Intellektuellen«. Die Akademie der Wissenschaften und die im Frühjahr 1950 wieder ins Leben gerufene Akademie der Künste erhielten beträchtliche finanzielle Mittel. Ihre Mitglieder bekamen nicht nur einen monatlichen Ehrensold, sondern auch die Möglichkeit, Meisterschüler auszubilden, denen Stipendien gewährt wurden. Die materielle Unterstützung ging so weit, daß man in einigen Teilen des Landes Sonderläden für die Intelligenz einrichtete (ähnlich den Sonderläden für die Wismut-Arbeiter), was jedoch einige Intellektuelle eher peinlich als fördernd empfanden. Auf der Sitzung des Präsidialrates des Kulturbundes am 3. Juli 1953 trat der Pfarrer Karl Kleinschmidt gegen diese Läden auf, weil er dadurch eine Trennung von Arbeiterschaft und Intelligenz befürchtete. Daß solche Maßnahmen den Unmut der Arbeiter hervorriefen, konnte bei der noch immer schlechten allgemeinen wirtschaftlichen Lage nicht ausbleiben.

Partei und Regierung sahen sich veranlaßt, ihre Verordnungen ideologisch zu begründen. Was im Grunde genommen der schlechten Versorgung geschuldet war, wurde nun umständlich kommentiert. Bereits 1948 wies der Parteivorstand der SED darauf hin, daß Intellektuelle nicht nach ihrer Tagesaktivität oder organisatorischen Kleinarbeit beurteilt werden dürften, sondern nach ihrer geistigen Leistung, dem Ruf in ihrem Fachgebiet. 1950 ging ein Politbüro-Beschluß sogar so weit, Intellektuelle vor Kritik schützen zu wollen. In dem Beschluß hieß es: »Meldungen mit scharfen Kritiken an leitenden Intellektuellen können nur in der Presse veröffentlicht werden mit vorhergehender Zustimmung des Ministeriums für Staatssicherheit.«[18] Dadurch sollte die Intelligenzfeindlichkeit in der Arbeiterschaft und in Teilen der Partei eingedämmt werden. Zum anderen aber wollte sich die Parteiführung auf diese Weise das Instrument der Kritik selbst sichern.

Die Intelligenz nahm die ihr gewährten Privilegien immer in Anspruch. Einige allerdings eingedenk der Brechtschen Gedichtzeile, daß diese sie nicht geduldig machen mögen gegenüber dem Mangel der anderen. Da der Sozialismus als Mangelgesellschaft fortdauerte, blieben auch die Privilegien. Es änderte sich nur deren Niveau. Doch was die Intelligenz wollte, war nicht diese Art von Bevorzugung. Sie beanspruchte ein Mitspracherecht zumindest auf kulturellem Gebiet. Die sozialistischen Schriftsteller wollten nicht nur auf die Kunst einwirken, sondern mit einer veränderten Kunst zur Erleichterung der menschlichen Existenz beitragen. In den Jahren des Exils waren sie nicht in die Gefilde der reinen Kunst ausgewandert. Sie hatten auch nicht versucht, sich mit bloßer Unterhaltungsliteratur über Wasser zu halten. In all den schweren Jahren setzten sie sich für eine kämpferische, eingreifende Literatur ein. Ihre großen, dauerhaften Werke, wie die von Brecht und Eisler, schrieben sie für eine Zeit, von der sie meinten, daß sie jetzt angebrochen sei. Als sich die Kommunisten auf dem Rückzug befanden, als sie eine Niederlage nach der anderen einstecken mußten und kaum noch eine Stimme besaßen, da waren sie, die Schriftsteller, die Stimme der Partei. Nach der Heimkehr brachen sie mit ihren Werken als erste das Mißtrauen ihrer Landsleute, überwanden die von den Faschisten aufgerichteten Schranken in den Köpfen der Menschen und stellten Vertrauen her. Ihr Anspruch auf Mitsprache bestand folglich zu Recht. Es war kein eingebildeter, sondern ein erworbener, durch Leistungen legitimierter. Dabei ging es ihnen selten um Posten und leitende Funktionen, die ihnen noch am ehesten gewährt wurden. Sie wollten darüber mitreden, wie Kunst und Leben zu verbinden seien, welche Entwicklungen eingeschlagen werden müßten. Schließlich hatten sie eine eingreifende Kunst ausgebildet und wollten sich jetzt nicht sagen lassen, wie sie zu dichten hätten.

Die Zusammenarbeit der Schriftsteller mit den Funktionären des neuen Staates und der SED gestaltete sich von Anfang an schwierig. Das konnte zunächst auch gar nicht anders sein. Die am weitesten vorgetriebenen Kunstentwürfe, wie die von Brecht, waren vor 1933 nicht aus der Experimentierphase herausgekommen. An eine repräsentative Kunst konnte nicht angeknüpft, auf Bekanntes nicht zurückgegriffen werden. Die Vorstellungen von einer relativ eigenständigen sozialistischen Moderne in der Literatur blieben weitgehend unbekannt. Die Leute, die zu Beginn der fünfziger Jahre über Kunst zu urteilen hatten, besaßen denkbar geringe Kenntnisse. Wie sollten sie sich auch ein eigenes Urteil über die komplizierte Entwicklung bilden können, die im Exil stattgefunden hatte? Sie besaßen im besten Falle eine naive Achtung vor dieser Kunst, schätzten sie wegen ihres Einflusses auf die Menschen. Den politisch sensiblen Funktionären blieb nicht verborgen, daß die Schriftsteller ganz wesentlich zur geistigen Befreiung vom Faschismus beigetragen hatten.

Sie waren von der erzieherischen Funktion der Kunst beeindruckt. Doch gerade deshalb sahen sie durch sie auch immer die Belange des Staates berührt. Das traf nicht nur auf den einfachen Parteiarbeiter zu, der sich auf diesem Gebiet sowieso schwer zurecht fand, sondern auch auf Schriftsteller, die politische Ämter inne hatten. Ilja Ehrenburg hat am Beispiel Fadejews einmal sehr feinfühlig geschildert, wie begeistert dieser hochbegabte Dichter über ein Werk seines Kollegen sein konnte, um es dann doch zu verwerfen, weil es nach seiner Meinung nicht nützlich für den Staat war.

Die heimgekehrten Schriftsteller meinten, in der DDR ihre Chance wahrnehmen und ihre literarischen Vorstellungen verwirklichen zu können. Hatte man sie doch, wie Brecht sich ausdrückte, in die Küche gebeten, also an den Ort, wo entschieden wurde, was gegessen werden sollte. Die größten Möglichkeiten wurden Johannes R. Becher eingeräumt. Er gehörte zu den wenigen, die sich bereit fanden, direkte organisatorische, staatliche Aufgaben zu übernehmen. Doch gerade mit ihm verlief die Zusammenarbeit tragisch. Verhängnisvoll für ihn erwies sich, daß er sich ausgerechnet mit Walter Ulbricht verband, den er selbst dann noch aufrichtig bewunderte, als dieser ihn schon zugrunde gerichtet hatte. Von wem auch die Absicht ausging, eine ähnliche Verbindung wie zwischen Lenin und Gorki herzustellen, sie hätten beide wissen müssen, daß schon das Vorbild problematisch war.

Schriftstellern übertrug man oftmals politische Funktionen, die sie eher davon abhielten, in künstlerische Belange einzugreifen. Das traf auf Friedrich Wolf zu, der erster deutscher Botschafter in Warschau wurde. Wolf hatte an Prozesse der zwanziger Jahre anknüpfen wollen, als es eine einflußreiche proletarische Kulturbewegung gab. Doch nun verlief vieles anders, auch in seiner eigenen Entwicklung. Wenn Peter Hacks nach seiner Übersiedlung aus dem Westen in die DDR meinte, er habe die Emigranten als enttäuschte, innerlich gebrochene Menschen angetroffen, so traf das sicher auf Friedrich Wolf zu, obwohl Hacks mehr einen Typus wie Hanns Eisler meinte.

Als sich Brecht in Berlin niederließ, besaß er nur geringe Verbindungen zur Führung von Staat und SED. Dabei legte er darauf größten Wert, was allerdings die Regierenden kaum zu interessieren schien. Wilhelm Pieck war der einzige, zu dem er engere Beziehungen besaß, mit dem er per Du verkehrte. In der Partei gab es bis in den Funktionärsstab hinein immer an Person und Werk Interessierte. Dazu gehörte Paul Wandel, der Volksbildungsminister. Mehr Einfluß schienen jedoch jene zu haben, die ihn als Außenseiter betrachteten, als einen, wie sie in ihrem Jargon sagten, »Halbgewalkten«. Brecht besaß keinerlei Ambitionen auf staatliche Ämter, aber er hätte es gern gesehen, wenn er an die Tische gebeten worden wäre, an denen die Entscheidungen fielen. Das hing mit seiner Vorliebe für Leute wie Lenin zusammen, von denen er annahm, daß sie mit der richtigen Konzeption und Philosophie im Kopf Umwälzungen bewirkten. Er schätzte Grotewohls Interesse für Kunst und sagte von ihm, er hätte ihn gern als Dramaturg in seinem Theater, wenn er nicht schon Ministerpräsident wäre. Dabei ging Grotewohls Kunstinteresse in nur sehr geringem Maße in die Richtung, die Brecht vertrat. Die beiden führenden Männer des Staates, Grotewohl und Ulbricht, ließen Brecht links liegen. Sie hielten ihn auf Distanz. Zwar schlossen sie ihn aus der großzügigen materiellen Förderung der Künste nicht aus, aber sie, vor allem Ulbricht, achteten streng darauf, daß Brecht und seine Kunst nicht dominierte. Wilhelm Pieck und Otto Grotewohl sorgten durch eine Protokollnotiz des Politbüros der SED dafür, daß Brecht immer einen unmittelbaren Zugang zur Parteiführung bekam. Im Protokoll Nr. 46 vom 2. Mai 1951 hieß es: »6. Arbeit mit Brecht. Beschlossen: Genosse W. Girnus erhält den Auftrag, mit Bert Brecht eine ständige politische Arbeit durchzuführen und ihm Hilfe zu leisten. Pieck. O. Grotewohl.«[19] Obwohl Girnus in seiner damaligen dogmatischen Lebensphase der denkbar schlechteste Verbindungsmann war, erklärte sich Brecht damit einverstanden. Sicher auch deshalb, weil er mit Girnus als stellvertretendem Chefredakteur des *Neuen Deutschlands* auch Fragen der Theaterkritik, die ihn sehr besorgt machten, absprechen konnte. Girnus, wohl ein Kunstfreund, konnte sich mit Brechts Werk nicht anfreunden. Er schätzte mehr dessen literarischen Rang. Auch brachte er nur wenig Verständnis für das Theater auf. Als die Verbindung eher hinderlich als förderlich für den Dichter wurde, übernahm Brechts Schülerin Käthe Rülicke diese Aufgabe. Doch sie drang in dem hierarchisch aufgebauten Parteiapparat nur bis in die entsprechenden Abteilungen vor. Zugang zu Grotewohl und Ulbricht besaß sie nicht. So blieb Brechts Verhältnis zur Partei- und Staatsführung, vor allem seit Pieck erkrankt war, gestört. Ihm selbst lag stets daran, von den leitenden Persönlichkeiten gehört zu werden. Daß es nicht dazu kam, empfand er, der von sich sagte, daß er so »gut in ein perikleisches Zeitalter hineingepaßt« hätte, als einen Verlust.

Noch komplizierter gestaltete sich die Verbindung Ernst Blochs zu den führenden Funktionären. Die Partei schätzte sein antifaschistisches Engagement, verhielt sich aber skeptisch gegenüber seiner Philosophie. Mehr noch als die Literatur galt nämlich die Philosophie als eine Staatsangelegenheit. Die DDR konnte in ihrer stalinistischen Phase auf dem Gebiet des Marxismus nur interpretierende Köpfe gebrauchen. Bloch merkte an seiner neuen Wirkungsstätte, der Leipziger Universität, sehr bald, daß die SED mit bürgerlichen Gelehrten, die ihrem Spezialgebiet nachgingen, jedoch mit dem Marxismus nichts am Hut hatten, viel besser auskam. Diese Wissenschaftler verlangten kein Mitspracherecht. Ihnen genügte es, auf ihrem Gebiet schalten und walten zu können. Man hofierte sie für ihre ideologische Nichteinmischung. Bloch besaß keinen sonderlichen politischen Ehrgeiz, aber er war ein Mann der Öffentlichkeit. Er wollte sein Fach zur Wirkung bringen. Anfangs glaubte er, es handele sich um »Gleichgültigkeit und Ahnungslosigkeit«. Auch meinte er, ignoriert zu werden, weil er den Regierungsstellen weithin unbekannt war, weil die dort arbeitenden Leute nicht lesen würden, was er in den Zeitschriften *Aufbau* und *Sinn und Form* schrieb. »So gelte ich bei diesen vermutlich als eine Art idealistisch-scholastische Bürgergestalt, die seit ihrem Aufenthalt in der DDR marxistelt. Sie wissen nichts von meiner allzeit richtig gelegenen Vergangenheit, nichts von Person, Format, Produktivität.« Die »Auskreisung«, wie sich Bloch ausdrückte, begann zuerst im Universitätsleben, nicht bei Veröffentlichungen. Nicht Leipzig, wo Bloch lehrte, sondern Jena wurde Schwerpunkt für Philosophie. Die Folge sei, erklärte er Erich Wendt, daß der von ihm ausgebildete Nachwuchs sich im Universitätsbereich nicht mehr etablieren könne. »Es interessiert mich nicht, auf totem Geleise, als abgestempelt Drittrangiges hier vor Anfängern Geschichte der Philosophie und sonst nichts zu lesen. Dazu bin ich nicht hierher gekommen, dazu bin ich überhaupt nicht auf der Welt.« Bloch wollte, daß ihm Wendt ein Gespräch mit Walter Ulbricht vermittelte, von dem er sich alles erhoffte. »... ich möchte Walter Ulbricht sprechen. Und zwar nicht zwischen Tür und Angel, so wie es bisher in meinen Unterhaltungen mit Würdenträgern unbegreiflicherweise der Fall war. Sondern eine solche halbe Stunde müßte vorbereitet werden, von denen, die bei Ulbricht Kredit haben, während ich bei der Regierung offenbar nur Unbekanntheit oder Abgestempeltheit durch ein paar unangemessene und unwahre Klischees habe.« Es ärgerte Bloch, daß die Partei- und Staatsführung vor seinem Leipziger Kollegen Theodor Frings, den Begründer des *Althochdeutschen Wörterbuchs*, auf »dem Bauch kroch«, während man sich ihm gegenüber, einem Manne mit antifaschistischer und marxistischer Vergangenheit, distanziert verhielt. Dem, so schrieb er, »mußte der Star gestochen werden«.[20] Der Drang, mit den führenden Vertretern von Staat und Partei direkt ins Gespräch zu kommen, war nicht Eitelkeit, sondern innerhalb der absolutistisch geprägten Verkehrsformen durchaus üblich. Auf diese Weise versuchte man, direkt in die Politik einzugreifen. Hatte es doch während des Exils solche Verbindungen gegeben. Warum sollten sie jetzt nicht möglich sein? Weder die Schriftsteller, die darauf bestanden, noch die Politiker, die so in Anspruch genommen wurden, sahen darin etwas Ungewöhnliches oder gar Unangemessenes. Vorausgesetzt wurde nur, daß die Hierarchie beachtet wurde. Nicht jeder sollte mit jedem zu jeder Zeit sprechen können. Auch auf diesem Wege meinten die Schriftsteller und Künstler, das Mitspracherecht einklagen zu können. Was für die Emigranten selbstverständlich schien, beanspruchte auch die nachfolgende Generation. Doch zu Beginn der fünfziger Jahre wäre, von persönlichen Anliegen abgesehen, über noch so gute Kontakte nichts durchsetzbar gewesen, was nicht im Einklang mit der sowjetischen Führung stand.

## Die führende Rolle der SED wird organisatorisch gefestigt

Zwischen der sowjetischen Besatzungsmacht und der SED-Führung bestand Einigkeit darüber, die Intellektuellen zu gewinnen, sie zugleich aber in eine disziplinierte Organisation Leninscher Prägung, in die Partei neuen Typus, einzubinden. Nur mit Hilfe einer solchen Organisation schien es aussichtsreich, auch auf dem Gebiet von Literatur und Kunst eigene Vorstellungen durchzusetzen.

Die Partei neuen Typus hatte unterschiedlichen Zwecken zu dienen. Die Disziplinierung der Intelligenz war einer, der sich aber mit dem Hauptziel verband, die führende Rolle der SED zu gewährleisten. Das

Leninsche Modell hatte sich in der russischen Revolutionszeit bewährt und eine enorme Konzentration der Kräfte bewirkt. Dank dieser Struktur war es gelungen, eine neue Elite, die Avantgarde, zu formieren. Sie löste die Intelligenz als allgemeine Führungsschicht ab. Diesem neuen Typus schrieb die Partei folglich die eigentliche Führungsrolle zu. Der englische Historiker Eric Hobsbawm verglich ihn mit bedeutenden Vorbildern: »Die Macht der weltrevolutionären Bewegung beruhte auf der kommunistischen Organisationsform nach Lenins ›neuem Parteitypus‹, einer gewaltigen Innovation für die Gesellschaftskonstruktion des 20. Jahrhunderts, vergleichbar nur mit der Begründung der christlichen Klosterkultur und anderen Orden des Mittelalters.«[21]

Nun hatten die Deutschen 1945 keine Revolution gemacht, sie mußten jetzt, wie Brecht schrieb, die russische »verarbeiten«. Das geschah in erster Linie mit der Partei neuen Typus. Als diese sich 1948 in der DDR formierte, knüpfte sie nicht an originäre Aufgaben an. Sie besaß von Anfang an epigonale Züge. Wohl trug sie in erheblichem Maße zur Disziplinierung bei. Doch dieser Prozeß führte zu geistigen Deformationen. Der Marxismus als kritische Methode wurde ausgehöhlt und durch den Glauben an einzelne Prinzipien ersetzt. Vor allem ging es bei der Disziplinierung um die unverbrüchliche Treue zur Sowjetunion, den Glauben an ihre Führungskraft auf allen Gebieten. Das sollte sich im Laufe der Zeit verhängnisvoll auswirken. Fortan wurde jeder Versuch, einen »besonderen deutschen Weg« zum Sozialismus zu beschreiten, als Abweichung betrachtet und bekämpft. Zugleich war die neue Organisationsform ein Mittel, gegen den »Sozialdemokratismus« vorzugehen. Die »Reinheit« der Partei und der Lehre wurde zum obersten Prinzip erhoben. Alle Versuche, neue Ideen von unten durchzusetzen, galten als Opportunismus und Fraktionsbildung. Hinzu kam, daß die Partei in den fünfziger Jahren bestimmte Rituale durchsetzte; zum Beispiel hatte man immer sein Parteidokument bei sich zu tragen, sein Parteiabzeichen anzustecken und über bestimmte Vorgänge nicht mit Parteilosen zu reden. All das waren Prinzipien, die eher dem Mönchswesen entlehnt schienen als daß sie einer proletarischen Partei entsprachen.

Lenin hatte in den Marxismus viele Elemente eingebracht, die den Zweck verfolgten, die russische Intelligenz zu disziplinieren, ihre Streitlust, ihren Individualismus zu zügeln. Schließlich kannte er sie ja genau und sah die mit ihr verbundenen Gefahren ebenso wie den Nutzen, den sie bringen konnte. Aus dieser Überlegung heraus entstanden Schriften wie *Parteiorganisation und Parteiliteratur*, die unter dem Einfluß Stalins aus ihrer eigentlichen Zweckbestimmung herausgelöst und zu unverzichtbaren Prinzipien erklärt wurden. Über die Intellektuellen schrieb Lenin: »Diese Schlamperei, Nachlässigkeit, Unordentlichkeit, Ungenauigkeit, die nervöse Hast, die Neigung, Taten durch Diskussionen, Arbeit durch Gerede zu ersetzen, diese Neigung, alles in der Welt anzufangen und nichts zu Ende zu führen, ist eine jener Eigenschaften der ›Gebildeten‹, die sich keineswegs aus ihrer schlechten Natur und noch weniger aus Böswilligkeit, sondern aus allen ihren Lebensgewohnheiten, ihren Arbeitsverhältnissen, ihrer Übermüdung, der anormalen Trennung der geistigen Arbeit von der körperlichen usw. usw. ergeben. – Unter den Fehlern, Mängeln, Mißgriffen unserer Revolution spielen jene Fehler usw. eine nicht geringe Rolle, die durch diese bedauerlichen Eigenschaften der Intellektuellen aus unserer Mitte und durch das Fehlen einer genügenden Kontrolle der Arbeiter über die organisatorische Arbeit der Intellektuellen verursacht werden.«[22]

Obwohl diese Charakteristik nicht nur auf die russische Intelligenz zutraf, unterschieden sich die deutschen Intellektuellen in mancher Hinsicht von den russischen. Die geistige Elite des vorrevolutionären Rußland fühlte sich in starkem Maße dem geschundenen Volk, den Bauern, verpflichtet. Das hing mit dem stärkeren Ausbeutungsgrad, dem Zwang und der Gewalt gegenüber den Arbeitern und Bauern zusammen. Die russischen Intellektuellen, vor allem die literarische Elite, betrachtete ihre privilegierte Stellung als eine Pflicht zur Hilfe, zum Beistand gegenüber den »Beleidigten und Erniedrigten«. Die religiösen Züge, die durch Lenins Partei neuen Typus in den Marxismus kamen, ließen sich auf dieser nationalen Grundlage leichter einführen. Bei den ostdeutschen Intellektuellen stieß vieles davon auf Unverständnis, es blieb ihnen fremd.

Gegen Formalismus und Dekadenz.
Instrumente der literarischen und künstlerischen Disziplinierung

Was seit 1945 und in den fünfziger Jahren auf kulturellem und künstlerischem Gebiet vom Staat aus geschah, ging auf sowjetischen Einfluß zurück. So bedeutend die organisatorischen Initiativen der deutschen

Kommunisten auf einzelnen Gebieten und Johannes R. Bechers eigenständige Bemühungen auch waren, die strategische Linie bestimmten die Russen. Vor allem mit ihrem Kampf gegen den Formalismus handhabten sie ein Instrumentarium, mit dessen Hilfe sie tief in die deutsche Tradition eingriffen. Die Disziplinierung schlug tiefe Wunden. Die Auseinandersetzung darüber begann bereits 1948, als sowjetische Kulturoffiziere einzelne Artikel über die formalistische Richtung in der deutschen Malerei veröffentlichten. Sie setzte sich in den anderen Künsten bis in die fünfziger Jahre fort. Der kontrollierende Stratege und führende Politiker, der selber aber immer im Hintergrund blieb, war Wladimir S. Semjonow. Ausgebildet unter Stalin, gehörte er zu den Intellektuellen, die dem Diktator bis zu ihrem Tode ergeben blieben. Als oberster Diplomat im Nachkriegsdeutschland besaß er einen direkten Draht zu ihm.

Semjonow gehörte zu jenem Typ von Diplomaten, der sich erst nach 1945 herausbildete. Das Bewußtsein, im Namen einer Weltmacht zu sprechen, prägte den Charakter dieser Leute. Mehr noch, zu Gunsten der Weltmachtstrategie, die sie durchzusetzen hatten, gaben sie den Marxismus auf, reduzierten ihn zur bloßen Doktrin. Der amerikanische stellvertretende Kriegsminister John McCloy beschrieb einmal sehr offen jenen Freiraum und die persönliche Macht, die Militärs und Diplomaten der Siegermächte damals besaßen: »Es war die einem römischen Prokonsul ähnliche Stellung, die die moderne Welt zu bieten hatte. Sie konnten sich an ihren Sekretär wenden und sagen: ›Bereiten Sie ein Gesetz vor.‹ Schon war das Gesetz da, und nach zwei oder drei Wochen konnte man seine Auswirkungen feststellen. Für einen ehrgeizigen Mann war das ein herausfordernder Job. Wohlwollender Despotismus.«[23] Die Großmacht USA fand bald andere Mittel der Beeinflussung. Für die UdSSR blieb die DDR ein Gebilde, über das sie ähnlich verfügte, wie es Mc Cloy beschrieb. Die sowjetischen Botschafter in der DDR blieben immer die römischen Prokonsuln, ob sie nun Semjonow oder Abrassimow hießen.

Bei allem Ehrgeiz ließ sich Semjonow nicht herausfordern; er blieb im Hintergrund. Daß die härtesten Formalismusattacken von ihm ausgingen, daß er die Formulierungen diktierte, wußten nur wenige. Hinter seinen mit N. Orlow unterzeichneten Artikeln vermutete man noch in den neunziger Jahren deutsche Verfasser.[24] Als ein Mann der Stalinschen

Schule machte es ihm nichts aus, heute für falsch zu erklären, was er gestern noch gepriesen hatte, »sich vor allem aber stets davor zu hüten, als selbständig zu erscheinen«. So konnte er die niederträchtigsten Artikel gegen die Tradition der deutschen Malerei schreiben oder veranlassen und nach Jahren als Botschafter in Bonn Joseph Beuys auf einer privaten Ausstellung seiner Bildersammlung verehrend begrüßen. Diesen Stalinschen Typus charakterisierte ein Kollege seiner Zunft so: »Zugleich aber hatten sie die eiserne Regel zu beherzigen, bei Strafe des Untergangs stets loyal zur Führung zu stehen, was auch immer diese tat, nicht zu zweifeln und nicht zu widersprechen, sondern stets danach zu streben, die gestellte Aufgabe so gut wie möglich zu erfüllen.«[25] Semjonow wußte das zu beherzigen. Die Anforderungen in diesem Umfeld formten ihn. Ihm kam entgegen, daß Stalin von seinen Mitarbeitern riskante Lösungsvorschläge verlangte. Zugleich war ihm bewußt, daß ein Mißlingen den geistigen Urheber ins Verderben stürzen werde. Bis heute ist unklar, welche Rolle in der komplizierten, rasch wechselnden Deutschlandpolitik der UdSSR Semjonow im Jahre 1953 spielte. Daß er über unterschiedliche Konzepte verfügt haben muß, beweist sein Überleben im diplomatischen Dienst bis zum Anfang der neunziger Jahre.

Auf kulturpolitischem Gebiet verfolgte Semjonow mit seiner strategischen Schreibstube keine eigenständige Politik. Das lag ihm trotz seines literarischen Ehrgeizes als geschultem Diplomaten ganz fern. Er hielt sich an die vorgegebene Linie, die von Moskau ausging. Dazu war er als Diplomat und erster Politischer Berater verpflichtet. Die kulturpolitische Orientierung gab zu jener Zeit A. Shdanow an. Vor seinem Einsatz in Deutschland traf Semjonow 1944 mit diesem Mann in Helsinki zusammen. Das Gespräch, das er mit Shdanow führte, blieb nicht ohne Wirkung auf seine weitere Tätigkeit. Noch in seinen 1995 erschienenen Memoiren gab er Sätze Shdanows in wörtlicher Rede wieder. »Danach sprach er von den Eindrücken der Offiziere und Soldaten, die aus europäischen Staaten zurückgekehrt waren. ›Wir haben natürlich noch nicht das hohe Niveau Europas erreicht. Aber ob das alle richtig verstehen werden? Kosmopolitismus und Mißachtung der Interessen des Vaterlands – das ist jetzt die größte Gefahr für unsere innere Entwicklung.‹ Shdanow betonte immer wieder, ich sollte dies unbedingt in Moskau betonen. Ich begriff nicht, warum.«[26] Shdanow schien es wie Georges Sorel zu gehen, der befürchtete, das Proletariat könne von der

Dekadenz der herrschenden Klasse korrumpiert werden. Was er Semjonow anvertraute, war ein wichtiger Hinweis für die Gründe seines gleich nach dem Krieg eröffneten Feldzuges gegen Dekadenz und Formalismus. Auch wenn Semjonow schrieb, er habe damals nicht verstanden, warum er Shdanows Befürchtungen in Moskau vortragen sollte, so blieb dieser Vorgang doch ein Schlüsselerlebnis für ihn.

Warum begann für Shdanow gerade 1946 eine neue Phase im Kampf gegen Dekadenz und Formalismus? Hatte man in der UdSSR keine anderen Sorgen? Zwar ging die Ablehnung der Moderne und die Auseinandersetzung mit Künstlern, die sich ihr verschrieben hatten, auf die dreißiger Jahre zurück. Trotzdem: Warum gerade 1946? Die Völker der Sowjetunion hatten im Krieg unvorstellbare Opfer gebracht, aber sie hatten gesiegt. Die literarische und künstlerische Intelligenz war in diesem Überlebenskampf mit dem Volk, dem Staat und der Partei verbunden gewesen. In Schostakowitschs 7. Symphonie, der Leningrader, sah die kunstinteressierte Welt dafür das beste Beispiel. Doch nun überwog die Erschöpfung. Der Krieg hatte alles Private aufgebraucht. Das zivile Leben war etwas längst Vergangenes. Die Erinnerung daran tauchte erst wieder auf, nachdem die äußere Gefahr überstanden war. Das scheint ein Grund für das Interesse zu sein, das die Bevölkerung dem literarischen Schaffen der Anna Achmatowa und anderer Schriftsteller entgegenbrachte. Hier griff Shdanow mit brutaler Härte ein. Die Achmatowa nannte er »halb Nonne, halb Dirne, oder richtiger Dirne und Nonne, bei der sich Unzucht und Gebet verflechten«.[27] Zwei Jahre später, 1948, kritisierte Shdanow die bedeutendsten Vertreter der sowjetischen Musik: Schostakowitsch, Prokofjew, Chatschaturjan und Kabalewskij. Ihnen warf er Abweichung von der Tradition und vom verbreiteten Kanon vor. Sie würden sich an der dem Volke unverständlichen Kunst des Westens, an der Dekadenz orientieren. Shdanow attackierte »linke« Entartung in der Musik, kritisierte »die Liquidatoren in der Malerei«, die »prinzipien- und gewissenlosen literarischen Gauner« und forderte, daß sich Schriftsteller und Künstler »möglichst rasch umstellen«.

Für Shdanow existierten zwei Richtungen: Realismus und Formalismus. Das kam einer Zweikulturen-Theorie gleich. Auf der einen Seite sah er die bürgerliche Kultur, die nicht mehr in der Lage sei, große volksverbundene Kunst hervorzubringen, und in Dekadenz versinke. Neuerertum in den Künsten sei nicht mit Fortschritt gleichzusetzen, sondern eher ein Betrug. Konträr ordnete er die Künste der vom Kapitalismus befreiten Völker ein, die an der Entwicklungslinie der unübertroffenen klassischen Vorbilder festhielten. »Aber um die Klassiker zu überholen, muß man sie erst einmal einholen ... Wenn das ›Epigonentum‹ ist – nun, dann ist es wohl nicht schimpflich, ein solcher Epigone zu sein!«[28]

Der zweite Hauptgesichtspunkt Shdanows bezog sich auf Verständlichkeit. Diese erhob er zum obersten Gebot. Von hier aus sollte die Politik auf die Massen wirken. Die Partei wußte, daß es keinen tieferen Einfluß auf das Denken und die Gefühle der Menschen geben konnte als durch die Künste.

Mit seiner Kritik versuchte Shdanow, Einfluß auf die gesamte sozialistische Kunst auszuüben. Noch nie wurde diese in neuerer Zeit so an die Leine genommen. In ihrer weltweiten Wirkung ließ sich die Shdanowsche Doktrin nur mit dem Konzil von Trient aus dem Jahre 1562 vergleichen. Damals beschloß die katholische Kirche, in der Kirchenmusik dürfe nichts »Laszives und Unreines« enthalten sein, sie müsse von allen »Fehlern und Barbarismen« gereinigt werden. Auch der Kirche ging es in erster Linie um Verständlichkeit. Die Kardinäle hatten diese zu überprüfen. Musiker wie Palestrina verhielten sich damals ähnlich wie jene zu Shdanows Zeiten. Sie stellten sich nicht dagegen, betrachteten aber die Textverständlichkeit mehr und mehr nur als eine satztechnische Möglichkeit. Deshalb blieb lange Zeit unklar, ob Palestrina ein Befürworter der Reform des Konzils gewesen sei, oder ob er sich ihr versagt habe.

Die Kunst des 20. Jahrhunderts nahm viele Impulse der revolutionären Weltbewegung des Sozialismus auf. Es existierte eine innere Dialektik zwischen der Revolution in den Künsten und in der Gesellschaft. Im Ergebnis dieser gegenseitigen Bereicherung formierte sich eine eigenständige sozialistische Moderne. Als ihr Wortführer kann Brecht angesehen werden. Doch diese Verbindung vollzog sich nicht konfliktlos. Die Annäherung wurde zur Distanz, gelegentlich zum Gegensatz. Die staatlichen Stellen im Mutterland der Revolution stellten sich gegen das Neuerertum der künstlerischen Avantgarde. Zwar kam es in den dreißiger und vierziger Jahren, als viele Dichter, Maler und Musiker in die Emigration gingen, wieder zu einer Annäherung. Die modernen Künstler, vor allem die sozialistischen, nahmen Abstand von allzu zügellosen Experimenten. Die Moderne machte eine Pause. Es kam zu einer Annäherung an den Realismus, zu einer stärkeren Bindung an die Tradition unter Einschluß der Errungenschaften der Moderne. Insofern bestanden eigentlich günstige Voraussetzungen für den Zusammenschluß der künstlerischen Avantgarde mit dem von der Sowjetunion ausgelösten weltrevolutionären Prozeß. Diese Annäherung machte Shdanow mit seinem 1946 erneut begonnenen Feldzug gegen den Formalismus radikal zunichte.

Semjonow übernahm als Politischer Berater der Sowjetischen Kontrollkommission in Deutschland die Shdanowsche Linie voll und ganz, obwohl Shdanow bereits 1948 gestorben war. Einerseits hing er so sklavisch an dessen Ausführungen, daß er selbst die von ihm benutzten Beispiele aus der Kunst entlieh. Andererseits funktionierte er die Kritik am Formalismus auf die deutschen Verhältnisse um. Dabei zeigte er sich keineswegs zimperlich. Er stellte gerade die Kunstrichtungen an den Pranger, die nach 1945 die besten Anknüpfungsmöglichkeiten boten. Mit perfidem »Einfühlungsvermögen« liquidierte er die engsten Bündnispartner einer neuen Gesellschaft und einer neuen Kunst. Die Shdanowsche Zweikulturen-Theorie präsentierte Semjonow als »den Kampf der demokratischen und der antidemokratischen Richtung in der Kunst«. Im Nachkriegsdeutschland mußte alles einen Bezug zur Demokratie, dem wesentlichsten Umerziehungsfaktor, haben. Dem trug er in seinem Orientierungsartikel »Wege und Irrwege moderner Kunst« Rechnung, der am 21. und 23. Januar 1951 in der *Täglichen Rundschau* erschien. Auch entlehnte er von Shdanow den rüden Ton gegen die Künstler. Sie wurden wie von einem Staatsanwalt vorgeführt und angeklagt. Es war die mildere Form der Schauprozesse, die auf kulturellem Gebiet angewandt wurde. Die SED-Führung übernahm sehr bald diese Praxis und gab sie erst Ende der sechziger Jahre auf.

Mehr als die Literatur attackierte Semjonow die bildende Kunst, die er in Deutschland für am weitesten zurückgeblieben hielt. »Die deutsche Kultur des 20. Jahrhunderts und die Vertreter der deutschen Kunst, mit Ausnahme der Literatur (die großen deutschen Schriftsteller bilden die entscheidende Ausnahme von dieser Regel), haben sich vorwiegend unter dem Einfluß des Westens entwickelt, der im letzten halben Jahrhundert auf dem Gebiet der Kunst fast nichts von Bedeutung hervorgebracht hat.«[29] Das Verdikt bezog sich vor allem auf den deutschen Expressionismus, auf die Glanzzeit der deutschen Kunst im 20. Jahrhundert. Diesem galt der Hauptstoß der sowjetischen Kulturpolitik, weil man hier den Ausdruck deutschen Wesens zu sehen glaubte. Für Semjonow drängte sich die »Analogie zum kulturellen Verfall im alten Rom in diesem Zusammenhang geradezu auf«.[30] In kaum einem anderen Formalismusartikel kam ein solcher Haß auf die Kunstentwicklung des 20. Jahrhunderts zum Ausdruck. Wenn Semjonow auch die Literatur schonte, sie als Ausnahme betrachtete, so ließ er doch erkennen, daß auch hier nicht alles in Ordnung sei. In seiner Aufzählung der Schriftsteller, die »auf fortschrittlicher Grundlage stehen«, fehlte der Name Brecht, dessen Werke gerade zu dieser Zeit ein großes Interesse fanden.

Die chirurgische Schnittstelle, mit der Semjonow die nach seiner Meinung dekadent durchsetzte Kunst von der realistischen abzutrennen suchte, lag unbegreiflicher Weise bei Käthe Kollwitz. Sie war für ihn kein Vorbild. »Käthe Kollwitz hat nichts verstanden.«[31] Er wandte sich dagegen, sie als »Vorläuferin und als Stammutter der proletarischen Kunst« hinzustellen. Inhaltlich bezogen sich seine Ausführungen auch auf Ernst Barlach, aber den nahm sich ein anderer vor.

Mit dieser »Sezierkunst« trennte Semjonow die deutsche Kunstentwicklung von einer ganz wesentlichen Traditionslinie. Die Kollwitz, Barlach und Hofer stießen nach dem Krieg auf großes Verständnis bei der Bevölkerung. Von hieraus wäre auch das Erbe der Moderne zu erschließen gewesen. Die Perfidie bestand darin, gerade diesen Ausgangspunkt zu liquidieren. Die Formalismuskampagne stieß so die Bündnispartner ab, die mit der gesellschaftlichen Umwälzung sympathisierten. Die sozialistischen Kräfte auf dem Gebiet der Kunst wurden genötigt, ihre Traditionslinie preiszugeben. Verheerender konnte sich diese Doktrin in einer Zeit, in der es so dringend auf Verbündete ankam, nicht auswirken. Die Zerwürfnisse mit der literarischen und künstlerischen Intelligenz setzten sich auch im nächsten Jahrzehnt fort. Aber sie hatten hier ihren Ausgangspunkt.

Der Orlow-Artikel ging von der »Krise des Häßlichen« aus und belegte sie mit Namen wie Arno Mohr, Horst Strempel, Karl Hofer, Teo Otto. Über Arno Mohr hieß es, er male auf Grund seiner »formalistischen Neigungen abstoßende Bilder«. Über Teo Otto, den nach Zürich emigrierten Bühnenbildner von europäischem Ruf und Brecht-Freund, diktierte Semjonow: »Leider werden indessen in manchen Gemälden nicht nur in Westdeutschland, sondern auch in der Deutschen

Demokratischen Republik die Menschen als abscheuliche Ungeheuer, schmutzig, ungepflegt und mißgestaltet dargestellt, Leichnamen ähnelnd, leblosen Spukerscheinungen, finsteren Schatten aus der Unterwelt (siehe das im Verlag ›Volk und Welt‹ erschienene scheußliche Sammelwerk *Nie wieder!* eines gewissen Teo Otto). Hier haben wir die für die heutige bürgerliche Kunst charakteristische ›Krise des Häßlichen‹, von der wir eingangs sprachen.«[32] Picasso erhielt Lob für seine Friedenstaube. Seine »formalistischen Verrenkungen« seien jedoch eine Vergeudung der außerordentlichen Begabung des Künstlers.

Noch bevor Semjonow selber in die Diskussion eingriff, erschien der Artikel »Über die formalistische Richtung in der deutschen Malerei« (1948) von dem sowjetischen Kulturoffizier Major Dymschitz, der als Auftakt zur Formalismus-Diskussion gilt. Man kann mit einiger Sicherheit annehmen, daß er auf die anweisende strategische Orientierung des Chefs Semjonow zurückging. Denn dessen polemische Attacke galt von jeher der deutschen Malerei. Dymschitz, von Beruf Literaturwissenschaftler, kritisierte umfassend. Er wandte sich gegen Picasso, Braque, Chagall, Schmidt-Rottluff, Masereel und Karl Hofer. Im Unterschied zu seinem Chef sah er aber 1948 Horst Strempel noch auf dem richtigen Weg.

Die Kulturoffiziere unterstanden Semjonow. Während dieser im Hintergrund blieb, erfreuten sich Oberst Tulpanow und Major Dymschitz größter Sympathie bei den deutschen Intellektuellen. Mit Tulpanow habe es Reibereien gegeben, gestand Semjonow in seinen Memoiren. Dymschitz erwähnte er gar nicht, obwohl von ihm trotz seiner Formalismuspolemik nachhaltige Impulse ausgingen. Die deutschen Intellektuellen unterschiedlichster politischer Richtung verehrten diesen Mann, der dafür sorgte, daß Felsenstein seine »Komische Oper« bekam und Brecht selbst gegen deutsche Antipathien geschützt wurde. Er führte den Deutschen ihren bedeutendsten Dichter zu. Brecht wußte ihm Dank. Dymschitz konnte sich der Formalismusdiskussion nicht entziehen. Als Leiter der Kulturabteilung der SMAD mußte er auf diesem Gebiet vorangehen. Doch während Semjonow der Mann für die große politische Linie war, oblag den Kulturoffizieren wie Alexander Dymschitz und Ilja Fradkin die konkrete Arbeit. Sie leisteten Hilfe in unzähligen Fragen; ohne sie kamen die Deutschen in dieser schwierigen Zeit nicht aus. Semjonow entstammte der stalinistischen Diplomatenschule, Dymschitz gelangte zufällig auf den verantwortlichen Posten, auf dem er sich glänzend bewährte. Er diente während des Krieges in der sowjetischen Armee, in der Redaktion der Armeezeitung *Snamja pobjedy*. Als die Sowjets deutschen Boden erreichten, kam die Anweisung, daß alle in der Redaktion Deutsch zu lernen hätten. Seinen Vorgesetzten fiel Dymschitz dadurch auf, daß er sich daran nicht beteiligte. Zur Rede gestellt, sagte er, daß Deutsch und Französisch schon in seinem Elternhaus gesprochen wurden. Daraufhin bekam er sofort Order nach Berlin.

Die deutschen Intellektuellen, die im Lande geblieben waren oder während des Faschismus im KZ gesessen hatten, gerieten völlig unvorbereitet in die Formalismus-Diskussion. Den traditionell Denkenden unter ihnen blieb sie völlig fremd. Sie nahmen sie im besten Fall zur Kenntnis. Abwehr und Kritik kam vor allem von Künstlern, die aus der Arbeiterbewegung der Weimarer Republik kamen. Wohl am heftigsten setzte sich Herbert Sandberg zur Wehr, der tapfer die sozial orientierte Traditionslinie von Daumier bis Käthe Kollwitz verteidigte, aber auch die Formensprache des Impressionismus bis hin zu Chagall. Die zurückgekehrten Emigranten, vor allem die aus der Sowjetunion, verhielten sich vorsichtiger. Sie waren mit dem Verlauf solcher Diskussionen vertraut. Dennoch kam sie allen mehr oder weniger ungelegen, obwohl sie sich daran beteiligten. Becher meinte anfangs, die Gefahr des Formalismus sei eigentlich vorbei. Wie zuwider sie ihm bei aller Ausrichtung auf die klassische Tradition war, ging aus seinen temperamentvollen Bemerkungen auf der 15. Tagung des ZK der SED im Juli 1953 hervor: »Absurd ist, wenn der Hauptabteilungsleiter Bork, wie mir heute mitgeteilt wird, die Wasserspiele im Zirkus Aeros als formalistisch bezeichnet. (Heiterkeit) Mein Gott, was sind das für Menschen! Man muß für die Partei eine Nervenheilanstalt gründen, wo man diese Funktionäre rasch ausheilt.«[33] In die Formalismus-Diskussion stiegen viele Schriftsteller und Künstler mit schlechtem Gewissen ein. Sie wurden an ihre eigenen Anfänge erinnert, die im Banne des Expressionismus gestanden hatten. Davon wollten sie sich nicht lossagen, nicht Becher und nicht Friedrich Wolf. Becher schrieb an den Aufbau-Verlag, daß er gern einmal etwas machen möchte wie Pinthus' *Menschheitsdämmerung*. Friedrich Wolf bestand darauf, daß in seine Werkausgabe auch die vom Expressionismus beeinflußten Stücke mit aufgenommen wurden.

Entschieden und vorsichtig zugleich nahm Bertolt Brecht zu dieser Diskussion Stellung. Er forderte einerseits, daß man endlich einmal definieren müsse, was man unter Formalismus verstehe. Andererseits versuchte er zu differenzieren. Ihm war durchaus klar, daß nicht mit offenen Karten gespielt wurde. Das niedrige Niveau der Kunst und der Kunstdiskussion sah er durch eine an sich fortschrittliche Sache verursacht, der intensiv betriebenen »Verbreiterung der Kunstbasis«. Hierin bestanden nach seiner Meinung die Kosten für die Forderung »Die Kunst dem Volke«. Doch auf diese Dialektik wollte man sich nicht einlassen. Der Formalismusbegriff verdunkelte den Sachverhalt mehr, als daß er der Aufklärung diente. Schließlich war er nichts anderes als ein Sammelbegriff für die verschiedenen Strömungen der Moderne. Herbert Sandberg meinte später, das vorsichtige, für ihn zu lasche Engagement Brechts in der Formalismus-Diskussion sei darauf zurückzuführen, daß Brecht wenig Verständnis und Kenntnis über die Probleme der modernen Malerei besessen hätte. Diese Meinung läßt sich nicht ganz von der Hand weisen, verkannte aber die strategisch-taktische Seite der Brechtschen Argumentation. Brecht liebte nun einmal Bilder, auf denen Arrangements, Gruppierungen von Menschen und Gegenständen zu sehen waren. Auch auf Bildern wollte er Inszenierungen sehen.

Für Brecht geriet die Diskussion in eine Sackgasse, weil man auf den Formalismus losschlage »und die Form überhaupt« meine. Die Sozialisten seien gegen formale Neuerungen, gegen »neue formale Reize«, weil diese der Erhaltung der bürgerlichen Kunstfunktion dienten. Die krampfhafte Beibehaltung alter Formen für neue Themen und Aufgaben dagegen hielt er für falsch. Doch gerade das legte Shdanow den Künstlern nahe. Denn nur so sahen die Politiker eine Möglichkeit, große Massen für die neue Kunst zu gewinnen, sie erlebbar zu machen. Die Formalismuskampagne hielt Brecht schon deshalb für verfehlt, weil er ästhetische Probleme in einer Zeit, wo es um Sein oder Nichtsein gehe, als zweitrangig betrachtete. Brechts Mitarbeiterin Käthe Rülicke hielt die Meinung des Dichters in ihrem Tagebuch fest: »Künste müssen in unserer Zeit zurückstehen. Formalis. Diskussion helfe nicht nur nichts, sondern ist grober politischer Fehler, da sie die Spaltung vertiefe.«[34]

Als oberster Berater setzte Semjonow den Kampf gegen den Formalismus im deutschen Politbüro durch, an dessen Sitzungen er teilnahm.

Ob die deutschen Politiker begriffen, was ihnen Brecht und andere nahelegten, nämlich daß die Formalismusdiskussion Künstler und Kunstfreunde spalte? Sie mußten doch sehen, daß die junge Republik auf diese Weise immer mehr Freunde verlor. Den Verlust nahmen sie in Kauf, weil sie sich von einer verständlichen, auf bekannte und anerkannte Formen ausgerichteten Kunst mehr Einfluß auf die Massen versprachen als von der sozialistisch engagierten Moderne.

Von 1948 bis Mitte der fünfziger Jahre stand die Formalismuskampagne im Mittelpunkt der kulturpolitischen Debatten. Sie führte zum Bruch mit der revolutionären Kunst von vor 1933. Das Ausmaß der Niederlage, das der frühen sozialistischen Kunstentwicklung zugefügt wurde, ist bis heute nicht völlig zu übersehen. 1951 schrieb Ernst Niekisch nach der *Lukullus*-Generalprobe an Bertolt Brecht: »Die Deutsche Demokratische Republik hatte die Möglichkeit gehabt, sich als kulturelle Bahnbrecherin zu erweisen. Ich bedaure sehr, daß sie von dieser Möglichkeit keinen Gebrauch gemacht hat.«[35]

Die erste Aktion richtete sich gegen das neue Wandbild von Horst Strempel am Bahnhof Friedrichstraße. Um 1948 gab es mehrere Versuche, das großflächige Wandbild in Nachkriegsdeutschland zu etablieren. In einem Artikel in der *Täglichen Rundschau* kritisierte Kurt Magritz in scharfer Form Strempels Werk. Bereits vorher verhöhnte es der Westberliner *Tagesspiegel* als »kommunistische Kuriosa«. Bei Magritz hieß es: »Die Arbeiter, die Strempel auf diesem Bild darstellt, tragen fast durchweg Züge der Sklaverei, eine übertrieben fanatisierte und gleichzeitig schematisierte Besessenheit, die mit dem Leben des wirklichen Menschen nur wenig Berührungspunkte aufweist.«[36] Dem Werk war nur eine Dauer von 28 Monaten beschieden, dann wurde es beseitigt. Strempel gehörte zu den linken Künstlern der Weimarer Republik, die Deutschland 1933 verlassen mußten. Er ging nach Paris und kam 1939 ins Lager Gurs. Die Vichy-Regierung lieferte ihn als »unerwünschten Ausländer« an Nazideutschland aus. Dort erwartete ihn das Gefängnis, später das Strafbataillon. Nach dem Krieg gehörte er zu jenen, die sich für einen kompromißlosen gesellschaftlichen Neuanfang einsetzten. Er trat der SED bei. Noch 1951 nahm Strempel bei einer Diskussion mit westdeutschen Künstlern in München die Beseitigung des Wandbildes auf seine eigene Kappe. So versuchte er noch in seiner Demütigung, die Kulturpolitik der DDR zu verteidigen. Manchmal werde eben über das Ziel hinausgeschossen. Zu Beginn des Jahres 1953 sah er für sich keinen Ausweg mehr und kehrte der DDR den Rücken.

Für nicht weniger Aufsehen sorgten drei Wochen später die Maßnahmen der Regierung gegen die Uraufführung der Oper *Das Verhör des Lukullus*. Musik Paul Dessau. Text Bertolt Brecht. Paul Dessau, seit dem amerikanischen Exil mit Brecht befreundet, schrieb nach dem 1940 entstandenen Radiostück von Brecht eine Oper. Der Intendant der Staatsoper Berlin, Ernst Legal, der 1926 bei der Uraufführung von Brechts *Mann ist Mann* in Darmstadt den Galy Gay gespielt hatte, entschloß sich zur Uraufführung. Als Dirigent gewann er Hermann Scherchen, einen Experten auf dem Gebiet der modernen Musik. Mit der Arbeiterbewegung sympathisierend, ging Scherchen 1933 ins Exil in die Schweiz, wo er auch nach 1945 blieb. Obwohl Dessau als Opernkomponist noch keinen Namen besaß, bekam das Vorhaben durch Brecht, Scherchen und Legal internationales Gewicht. Brecht erklärte sich bereit, bei den Proben beratend zur Verfügung zu stehen. Was musikalisch auf die Staatsoper zukam, ließ sich nicht voraussehen, schon eher, worauf sie sich politisch einließ. Als Scherchen ziemlich spät die Partitur erhielt, zeigte er sich enttäuscht. An Legal schrieb er: »Seien wir ehrlich: es ist eigentlich eine Bühnenmusik. Dazu benötigten Sie mich eigentlich nicht, es sei denn, wir versuchen alles, etwas Vorbildliches, Brechts Genie in jeder Weise Entsprechendes, zu gestalten.«[37] Legals Mut, ein solches Werk zur Uraufführung zu bringen, war bewundernswert, denn die politische Situation konnte dafür nicht ungünstiger sein. Den Politikern fiel sofort Shdanows vernichtende Kritik von 1948 an Muradelis Oper *Die große Freundschaft* ein. Nach zehnjähriger Uraufführungspause fand Shdanow bei Muradeli »keine einprägsame Melodie«. Die ein Jahr zuvor in Dresden uraufgeführte Oper *Antigonae* von Carl Orff wurde ebenfalls des Formalismus bezichtigt. Am 19. November 1950 hatte Semjonow/Orlow der Inszenierung von Glinkas *Ruslan und Ludmilla* an der Deutschen Staatsoper vorgeworfen, sie trage den Stempel der Dekadenz und Zersetzung, sie greife »begierig alles Ungenießbare auf, was es in der verfallenden und degenerierenden Kultur des Westens gibt«. Brecht zeigte sich in Hinsicht auf sein und Dessaus Vorhaben dennoch gelassen: »... Dessau würde lieber die Aufführung auf den Herbst verschieben. Ich bin dagegen. Natürlich fürchtet Dessau Angriffe auf die Form ... Außerdem muß man die Kritik nie fürchten; man wird ihr begegnen oder sie verwerten, das ist alles ... Die Lähmung, welche der Kontakt mit den neuen Schichten von Hörern bei den Musikern ausgelöst hat, muß überwunden werden. Man muß sich engagieren, und man wird sehen.«[38] Am 12. März 1951 beschloß die Sitzung des Sekretariats des ZK der SED, die Walter Ulbricht leitete, daß die Oper *Das Verhör des Lukullus* von Brecht/Dessau nicht öffentlich uraufgeführt werden dürfe und vom Spielplan abzusetzen sei. Aber es sollte am 13. März eine Probe und eine Diskussion stattfinden, »an der namhafte Genossen und Künstler sowie Kulturfunktionäre von Berliner Betrieben, FDJ-Funktionäre, Mitglieder der Akademie der Künste, des Kulturbundes usw. teilnehmen«. Am gleichen Tage schrieb Brecht an Walter Ulbricht: »Ich weiß nicht, ob die Musik ohne weiteres verständlich ist, aber die *Oper*, ihre Tendenz und ihr Inhalt, ist ohne weiteres verständlich und nach meiner Meinung sollten wir uns, bis die schwierigen Formfragen gelöst sind, zunächst am *Inhalt* orientieren. Schließlich können ja die Künstler die Fragen der Form auch nur vom Inhalt her lösen. Ich bitte Sie, mir da zu helfen.«[39] Auf diese Weise wurde erreicht, daß vier Tage nach der Diskussion die Aufführung stattfand.

Brecht fragte nicht, was fällt der Partei ein, sich in den Spielplan der Staatsoper einzumischen und über neue Musik zu befinden? Obwohl er in der gegenwärtigen Situation ästhetische Fragen für zweitrangig hielt und die Partei besser getan hätte, sich dieser Meinung anzuschließen, suchte er den Dialog. Auch wenn sich die Regierenden folglich borniert verhielten, sah er in dieser Auseinandersetzung einen Streit darüber, wie dem Volk eine so elitäre Kunstart wie die Oper nahezubringen sei. Für ihn war das ein fortschrittliches Anliegen, das er respektiert wissen wollte. Tatsächlich gelang es ihm, die gesamte Regierung in die Diskussion zu verwickeln. Nie waren die Berührungen zwischen Künstlern und Politikern enger als im Falle des *Lukullus*. Brecht konnte sich auf Wilhelm Pieck stützen, dem daran gelegen war, daß die Fäden zwischen den Künstlern und den Politikern nicht zerrissen. Brecht selber beteiligte sich an der Diskussion nur mit kleinen Hinweisen, erklärte sich aber auch bereit, einige Änderungen im Text vorzunehmen. Um sein Anliegen deutlich zu machen, hieß die Oper in der neuen Fassung *Die Verurteilung des Lukullus*. Den veränderten Text schickte er Ministerpräsident Grotewohl und bat ihn, ihm mitzuteilen, ob er den Text jetzt für gut halte. Wilhelm Pieck, dem Brecht ebenfalls den veränderten Text zusandte, lud Brecht und Dessau noch einmal zu sich ein. Die Aufführung der veränderten Fassung, die eigentliche Uraufführung, fand dann am 12. Oktober 1951 statt.

Brecht war zwar darauf bedacht, mit den führenden Genossen der SED ins Gespräch zu kommen, doch wollte er von den Politikern keine Vorträge über künstlerische Formen hören. In ihr Tagebuch vermerkte Käthe Rülicke: »Brecht will nicht bei Ulbricht lernen, wie man dichtet, seine Gedanken übersetzen, ausgesprochen durch einen FDJ-ler, sondern Politiker sollen von den Dichtern, die die ganze Gesellschaft vertreten, lernen (Beispiel Lenin-Gorki).«[40] Von den Politikern zeigte sich während der gesamten Diskussion nur Wilhelm Pieck nachdenklich. Alle Maßnahmen und Vorschläge der Partei überdenkend, meinte er: »Genossen, was ist, wenn wir uns hier irren?«[41]

Vom 15. bis 17. März 1951 fand die 5. Tagung des ZK der SED statt. Der 7. Tagesordnungspunkt lautete: »Der Kampf gegen den Formalismus in der Kunst«. Damit ging die strategische Orientierung Semjonows sozusagen in deutsche Regie über und wurde Teil der gesamten Parteiarbeit. Paul Wandel fragte als Diskussionsredner rhetorisch, ob es die Orlow-Artikel gewesen seien, »die uns veranlassen, jetzt in Schärfe und Gründlichkeit die Diskussion zu führen?« Und er antwortete darauf: »Ohne Zweifel ist die Hilfe unserer sowjetischen Freunde und ihr Hinweis auf die Dringlichkeit dieser Diskussion eine entscheidende Ursache dafür, daß wir sie in dieser Entschiedenheit und Konsequenz führen wollen.«[42] In der Parteiführung, unter den ZK-Mitgliedern, gab es kaum Widerstand, die sowjetische Kunstdiskussion zu übernehmen. Daß sich die SED für eine volksverbundene Kunst einsetzte, betrachteten sie als etwas Selbstverständliches. Sie sahen, wie Wandel sagte, darin eine Hilfe, die Bevölkerung für die Kunst zu gewinnen. Nur so glaubten sie, auf die Gefühle der Massen einwirken zu können. Mit der Zurückweisung der Moderne versuchten sie, die Künstler zu disziplinieren. Auch in der Kunst sollte der Führungsanspruch der Partei gelten. Daß die Dichter, wie sich Brecht ausdrückte, »die ganze Gesellschaft vertreten«, einen solchen Hochmut wollten sie nicht dulden.

Das Referat zum Thema hielt Hans Lauter. Er war damals 37 Jahre alt und hatte unter Hitler zehn Jahre im Gefängnis gesessen. Er konnte sich gar kein eigenes Urteil über die komplizierte Kunstentwicklung seit 1933 bilden. Sein Referat erwies sich als eine getreue Kopie der Ausführungen Shdanows von 1946 und 1948. Aber auch einer, der mehr wußte, hätte diese Linie vertreten müssen, die Semjonow in den letzten Jahren der deutschen Partei gewiesen hatte. Die schon bekannten »Beispiele« des Formalismus wurden vorgeführt: Horst Strempels Wandbild, die Dresdner Aufführung von Orffs *Antigonae*, Dessaus Musik zu *Lukullus*, die Inszenierung von *Ruslan und Ludmilla*. Die Tagung wandte sich auch gegen die Tradition der revolutionären deutschen Kulturbewegung vor 1933, die irreführend unter »Proletkult« zusammengefaßt wurde. Was konkret darunter gemeint war, führte Fred Oelßner in der Diskussion aus. Er griff mit Schärfe Brechts Stück *Die Mutter* an, das Brecht mit Helene Weigel in der Titelrolle inszeniert hatte: »Entschuldigt, ich bin der Auffassung, das ist kein Theater; das ist irgendwie eine Kreuzung oder Synthese von Meyerhold und Proletkult ... Ich glaube, das muß man ganz offen sagen, und hier muß man mit Bert Brecht diskutieren.«[43] Brecht blieb auch hier, wo er direkt angegriffen wurde, bei seiner Strategie, jede Konfrontation zu vermeiden. Er nahm die Kritik auf, setzte aber sofort andere Akzente, betonte ein anderes Traditionsverständnis. Brecht ließ bei der Verteidigung seines Stücks den Zusammenhang mit der Arbeiterkulturbewegung links liegen und wies darauf hin, daß sein Werk, wie nur wenig neue, von der Bau- und Ausdrucksweise des nationalen deutschen Theaters, von Goethes *Götz* bis zu Büchners *Woyzeck*, beeinflußt sei. Dennoch wurde Brecht zu keiner Zeit mehr mißtraut, war der Parteiapparat nie brechtfeindlicher als in den Jahren seiner großen Bühnenerfolge. Man sah hier einen Führungsanspruch, den man nicht wollte. In einem ZK-Beschluß vom 2. August 1951 über die Spielpläne der wichtigsten Bühnen für 1951/52 hieß es: »Berliner Ensemble: Es wird von vornherein abgelehnt, daß weitere Aufführungen von gemischten Stücken von Brecht, wie z.B. *Biberpelz und roter Hahn*, *Der zerbrochene Krug* in Verbindung mit *Bonn im Spiegel* erfolgen. Mit Bert Brecht ist zu sprechen, daß wir es für künstlerisch unzulässig halten, klassische Werke zu bearbeiten (sic!), daß das ursprüngliche Kunstwerk nur noch als Karikatur in Erscheinung tritt. Der Vorschlag Brechts, sein Stück Die *Pariser Kommune* aufzuführen, bedarf einer gründlichen Überprüfung dieses Werkes. Abgelehnt wird ferner die Aufführung des Werkes *Coriolanus*. Die Aufführungen *Die Mutter* von Brecht sind auf ein Mindestmaß zu beschränken.«[44] Dennoch wurde das Stück in Brechts Inszenierung mit Helene Weigel 113 mal aufgeführt. Zwischen Beschlüssen und Praxis bestand meist ein korrigierender Unterschied.

Noch im gleichen Jahr, in dem der zentrale Orlow-Artikel erschien, gab es eine weitere Auseinandersetzung auf dem Gebiet der bildenden Kunst, die weit über Fachkreise hinaus die Intelligenz erregte. Die neu gegründete Deutsche Akademie der Künste eröffnete am 14. Dezember 1951 eine Ausstellung mit Arbeiten von Ernst Barlach, gegen die der Vorwurf des Formalismus erhoben wurde. Die Kritiken von Wilhelm Girnus (*Neues Deutschland* vom 4. Januar 1952) und Kurt Magritz (*Tägliche Rundschau* vom 29. Dezember 1951) brachten eine weitere Steigerung der Kampagne. Beide orientierten sich an dem Orlow-Artikel vom Januar 1951. Was Semjonow/Orlow über die Kollwitz geschrieben hatte, übertrugen sie mit denselben Argumenten auf Barlach. Die Angriffe verwunderten, weil viele Menschen unterschiedlicher geistiger Richtung mit deren Kunst sympathisierten. Im Mittelpunkt des Schaffens dieser Künstler stand die Not und das Leid, das Menschen zu jener Zeit ertragen mußten. Wenn es unmittelbar nach dem Krieg eine Kunstrichtung gab, mit der sich kunstliebende Menschen identifizierten, so mit dem Werk von Kollwitz und Barlach. Warum also gerade der Angriff auf sie? Daß ihre Kunst nicht verständlich gewesen wäre, konnte wahrlich nicht behauptet werden.

Viele empfanden diese erneute Kampagne als ausgesprochene Roheit. Nicht zuletzt schon deshalb, weil das Werk von Kollwitz und Barlach von den Nationalsozialisten abgelehnt worden war. Barlachs berühmte Figur *Die Schwebende* mit dem Antlitz der Kollwitz hatten die Nationalsozialisten mit Unterstützung kirchlicher Kreise aus dem Güstrower Dom entfernt und vernichtet. Daß sich Girnus hier zur Verfügung stellte, könnte sich aus seiner damaligen Funktion als stellvertretender Intendant des Berliner Rundfunks und Chefredakteur des *Neuen Deutschland* erklären. Diese Medien konnten sich aus der Auseinandersetzung nicht heraushalten. Aber von dem Girnus-Artikel ging ein Überzeugungspathos aus, das gar nicht zu seiner geistigen Physiognomie zu passen schien. Er hatte Malerei, Kunstgeschichte und Literatur in Kassel, Breslau, Königsberg und Paris studiert. Die Faschisten hatten ihn jahrelang in verschiedene KZs gesperrt. Diese Jahre müssen zur Unnachgiebigkeit geführt haben. Offenbar meinte er, alles, was von der Sowjetunion ausging, mit Konsequenz durchsetzen zu müssen. Anders läßt sich sein Rigorismus, seine geistige Verbissenheit nicht erklären. Girnus warf Barlach vor, eine falsche Gesellschaftsschicht in den Mittelpunkt seines Schaffens gestellt zu haben: das passive Lumpenproletariat, dessen Mentalität er auf die Bauern übertragen hätte, so daß diese nicht als revolutionär erschienen. Barlach mystifiziere Vagabunden zu Heiligen. In noch stärkerem Maße gliederte Magritz Barlach in den Formalismus ein. Er glaubte ihn am besten erledigen zu können, wenn er ihn zu den Expressionisten zählte.

Während dieser Auseinandersetzung fand Barlachs Werk viele Verteidiger unter der künstlerischen Intelligenz. Wieder schaltete sich Brecht mit einem Artikel in der Zeitschrift *Sinn und Form* ein. Einen Abdruck im *Neuen Deutschland* lehnte Girnus ab. Brecht ging in gewohnter Weise vor. Keine Polemik, sondern konkrete Analyse von Barlachs Werk. In der Stoßrichtung aber war er überaus offensiv. Behauptete die Semjonowfront, das sei Formalismus, setzte er entgegen: das sei Realismus. Wenn sich die Kritiker auf die von Semjonow aufgebrachte »Krise des Häßlichen« beriefen, sprach er von Schönheiten. Gingen Semjonows Interpreten von der von ihm verbreiteten formalistischen Theorie von der »Offenbarung des Materials« aus, betonte Brecht, daß bei Barlach »wirkliche Vorbilder und Material die beglückende Form bestimmen«.

Den Artikel Brechts, obwohl nicht in einer Tageszeitung mit Millionenauflage veröffentlicht, empfand die Intelligenz als eine Korrektur der offiziellen Linie, als geistige Orientierung. Zur gleichen Zeit, als Girnus' Artikel erschien, ließen die Güstrower einen Zweitguß von Barlachs *Die Schwebende* herstellen. Seit dem 8. März 1953 war nun das Werk wieder im Dom zu Güstrow zu sehen.


Die Faustus-Debatte – in deutscher Regie


In der ersten Hälfte des Jahres 1953 kam es zu einer Debatte über ein Opernlibretto, die nicht so bald vergessen werden sollte. Die Zeitgenossen wie die späteren Forschungen ordneten sie der Auseinandersetzung über den Formalismus zu. Doch davon unterschied sie sich in mehrfacher Hinsicht. Hier diskutierten die Deutschen weniger über eine aufgezwungene Doktrin, sondern über ihre eigenen politischen

Probleme. Allerdings, und das ist das Merkwürdige, in der Diktion der Goethe-Philologie. Der aus dem USA-Exil zurückgekehrte Hanns Eisler hatte ein Opernlibretto geschrieben, das der Aufbau-Verlag 1952 als Buch herausbrachte. Der Autor nannte es *Johann Faustus*. Ausgehend von dem Gedanken, daß in der Oper die neue Musik eher durchgesetzt werden könne als im Konzert, wollte der Schönberg-Schüler mit seinem Faust-Libretto einen ersten Stein für das »musikalische Theater« einer neuen Epoche legen. Das Werk sollte von den »unerfahrensten Ohren und den erfahrensten« gleichermaßen aufgenommen werden. Den Faust-Stoff bezog Eisler aus dem Puppenspiel und dem Volksbuch. Sein Faust ist ein aus dem Bauernstand stammender Gelehrter, der im Gefolge der auf Veränderungen drängenden Bauernmassen nach neuen Eingriffsmöglichkeiten sucht. Doch in der entscheidenden Situation isoliert er sich von diesen gesellschaftlichen Kräften. Faust will sich auf andere Weise Macht verschaffen. Er ergibt sich dem Teufel, den er auf dem langen Weg zur Macht zu überlisten glaubt. Er, der vor revolutionären Veränderungen zurückschreckt, setzt auf den evolutionären Weg. Doch der ist eine Rutschbahn, die ihn in den Schlund der Hölle gleiten läßt.

Im Unterschied zu dem damals noch wenig bekannten Paul Dessau besaß Eisler internationales Ansehen. In der Geschichte der modernen Musik nahm er einen bevorzugten, wenn auch äußerst linken Platz ein. Schon der Text erregte Neugier. Er fand den Beifall seiner Freunde aus dem amerikanischen Exil. Thomas Mann und Lion Feuchtwanger lobten ihn überschwenglich. Ersterer konnte sich aber nicht verkneifen, dem Lob hinzuzufügen: »Hübsch provokativ ist das Ganze und wird es wahrscheinlich noch mehr werden durch die Musik.«[45] In der Zeitschrift *Sinn und Form* prophezeite der österreichische Dichter und Publizist Ernst Fischer, dieser *Faustus* könne werden, was seit einem Jahrhundert fehle, »die deutsche Nationaloper«. Fischers Beitrag kulminierte in dem Satz, Eisler habe in der Gestalt seines Faustus »*eine Zentralgestalt der deutschen Misere* reproduziert, der vor der Revolution zurückschaudert ...«[46]

Die Akademie der Künste organisierte eine Diskussion in ihrer Mittwochgesellschaft, die sich über drei Tage erstreckte. Zu dieser Diskussion waren die führenden Vertreter der künstlerischen Intelligenz geladen: Alexander Abusch, Johannes R. Becher, Bertolt Brecht, Cay von Brockdorf, Günther Cwojdrak, Hermann Duncker, Rudi Engel, Walter Felsenstein, Wilhelm Girnus, Harald Hauser, Ernst Hoffmann, Gustav

Just, Heinz Kamnitzer, Kurt Magritz, Ernst Hermann Meyer, Hans Rodenberg, Jürgen Rühle, Max Schroeder, Helene Weigel, Erich Wendt, Arnold Zweig. Das *Neue Deutschland* veröffentlichte in zwei Nummern eine ganzseitige Stellungnahme des Redaktionskollegiums; federführend war Wilhelm Girnus. Alexander Abusch meldete sich im *Sonntag* und in *Sinn und Form* zu Wort. Auch an Leserzuschriften fehlte es nicht. Außerhalb der Akademie wurde am Berliner Ensemble und im Aufbau-Verlag diskutiert. Von den durch Semjonow/Orlow ausgelösten Diskussionen unterschied sich diese Debatte dadurch, daß sie den allzu vordergründigen politischen Ton mied. Das Formalismus-Vokabular drang nur gelegentlich durch, mehr nebenbei. Die Reden vermittelten den Eindruck, als ginge es um das Problem, was man nach Goethe mit dem Faust-Stoff noch tun dürfe.

Als Opponenten und Wortführer traten Wilhelm Girnus und der aus dem mexikanischen Exil zurückgekehrte Alexander Abusch auf. Beide hielten Eislers Werk für unannehmbar, weil mit diesem Faust die deutsche Nationalgestalt beschädigt werde. Den »Hauptfehler« in Eislers Konzeption sah Abusch darin, daß dieser die geistige und dichterische Bedeutung von Goethes Werk für die Geschichte des deutschen Volkes bagatellisiert, ja ignoriert habe. Wenn man Faust schon in die Zeit des Bauernkrieges verpflanze, so ginge das nur, indem man ihn als »geistige Heldenfigur« präsentiere, die sich leidenschaftlich gegen die deutsche Misere wende. Auch Girnus betrachtete Goethes Faust als den deutschen Nationalhelden, der die progressive Substanz des deutschen Volkes verkörpere. Ein solcher Typus dürfe nicht preisgegeben werden. Die Debatte verlief ungünstig für Eisler. Daß man nach Goethes Faust nicht mit einem negativen Faust auftreten könne, schien den meisten Diskussionsteilnehmern einzuleuchten. Auch die jungen Leute, die sich außerhalb der Akademie äußerten, wußten mit diesem Faust nicht viel anzufangen. Selbst Arnold Zweig meinte, was Eisler vorgelegt habe, sei zweifellos ein Werk von literarischem Rang, nur empfehle es sich, den Helden nicht Faust, sondern Knaust zu nennen. Faust habe nun einmal durch Goethe seine »endgültige Prägung« erhalten.

Nachdrücklich unterstützt wurde Eisler nur von Walter Felsenstein und Bertolt Brecht. Felsenstein erklärte unumwunden: »Ich kann nicht einsehen, warum aus der Tatsache, daß Goethe aus dem Stoff und der Figur des Faust ein gültiges Werk geschaffen hat, vor dem sich jeder

Wissende und jeder Sehnsüchtige in Ehrfurcht beugt, daß man die Figur des Faust nicht auch anders verwenden darf. Das ist mir bis jetzt noch nicht bewiesen worden, daß das ein Vergehen gegen die Klassik ist.«[47] Brecht verhielt sich in dieser Debatte ganz anders als in der Diskussion um den *Lukullus*. Er meldete sich gleich als erster und versuchte, die Diskussion zu lenken. Seine 12 Thesen verstanden alle als Gegenkonzeption zu Girnus und Abusch. Sie kulminierten in dem Satz: »Es sollte nicht abgelehnt werden, daß eine große Figur der Weltliteratur neu und in einem anderen Geist behandelt wird. Ein solches Unternehmen bedeutet keineswegs den Versuch, die Figur zu zerstören.«[48] Brecht verstand die Bild- und Gegenbildkonzeption als ein über zwei Jahrtausende hinweg übliches methodisches Verfahren. Eisler habe im alten Faustbuch eine andere Gestalt gefunden als Goethe. So sei ein »dunkler Zwilling des Faust, eine finstere, große Figur« entstanden, die den helleren Bruder nicht ersetzen noch überschatten könne. »So etwas zu machen, ist nicht Vandalentum.«[49] Brecht verteidigte Eisler, weil es um ein gemeinsames geistiges Anliegen ging. Als Wortführer der kleinen Fraktion, die für Eisler eintrat, begriff er, daß es hier zu einer Konfrontation zwischen der marxistischen dialektischen Denkkultur, dem wichtigsten Erbe der zwanziger und dreißiger Jahre, und der sich neu etablierenden Kulturpolitik der DDR gekommen war. Zwei verschiedene Strategien von Kultur- und Kunstpolitik mit marxistischem Anspruch standen sich gegenüber. Doch dieser Widerspruch konnte nicht offen ausgetragen werden. So fand die Diskussion im »luftleeren Raum« statt, wie sich Arnold Zweig ausdrückte.

Was stattfand, war im Grunde eine Stellvertreter-Diskussion. Verwundert mußte sich jeder unvoreingenommene Beobachter dieser Debatte fragen, wieso ereifern sich Leute, die eben erst die Hölle des KZ und die Entbehrungen im Exil hinter sich haben, derart darüber, daß kein neuer Faust neben dem Goetheschen geduldet werden dürfe. Keine Goethe-Gesellschaft hätte verstiegener, verbissener darüber diskutieren können. Was waren nun die eigentlichen Hintergründe dieser Akademie-Runde?

In der Debatte fiel auf, daß sich Becher sehr zurückhielt. Erst am dritten Tag meldete er sich zu Wort. Dabei war er es, der die Diskussion gefordert hatte. Das kam aber nicht zur Sprache, nicht einmal in den späteren Forschungen. Der eigentliche Akteur, Wilhelm Girnus, hatte

Eislers im Aufbau-Verlag erschienenes Buch gar nicht gelesen. Er mußte erst darauf aufmerksam gemacht werden, was durchaus glaubhaft ist, denn Girnus interessierte das dramatische Genre wenig, schon gar nicht ein Libretto. Die Person, die ihn darauf stieß, war Johannes R. Becher. »Den Anstoß zu der Polemik im *ND (Neues Deutschland)* gab J. R. Becher, der zu mir sagte (ich nehme an nach vorheriger Rücksprache mit W. Ulbricht): ›Hast Du schon den *Faustus* von H. E. gelesen? So etwas kann man doch nicht so stehen lassen. Das ist doch die Rücknahme unserer Klassik.‹ Daraufhin habe ich den F(aust) überhaupt erst gelesen.«[50] Becher schickte Girnus und Abusch vor; er selber blieb im Hintergrund. Denn er sah sich ungern in einen Streit mit Hanns Eisler verwickelt, dem er viel zu verdanken hatte. 1950 vertonte Eisler Bechers *Neue Deutsche Volkslieder*, die Becher eine Popularität eintrugen, die seinen großen Gedichtsammlungen versagt blieb. Für den Avantgardisten Eisler bedeuteten sie musikalisch gesehen einen Rückschritt, den er aber in Anbetracht der Nachkriegssituation bewußt in Kauf nahm. Becher verstand seine Polemik gegen den *Faustus* als Fortsetzung seiner Kulturbundpolitik, die Deutschen in ihrem zweigeteilten Land über das Bekenntnis zur deutschen klassischen Tradition zusammenzuführen. Das waren die Devise und der eigentliche Hintergrund dieser Diskussion. Der geistige Einfluß der Literatur sollte zur Wandlung der Deutschen beitragen und zur Einheit drängen. In einer solchen Situation wollte man von Eisler ein patriotisches Werk, einen Faust als »geistige Heldenfigur«, einen leidenschaftlichen Kämpfer gegen die deutsche Misere. Deshalb wandte sich Hans Rodenberg geradezu beschwörend an die Teilnehmer der Mittwochgesellschaft. »Dieser Renegat Doktor Faustus kann – und gerade heute – kein Held eines Werkes sein, das ein nationales Werk sein will. Er kann es nicht und er darf es nicht! … und ich habe sehr den Eindruck gehabt, daß aus seinen (Hanns Eislers – W. M.) Händen etwas herausgegangen ist wie eine Büchse der Pandora: er wollte etwas Schönes schaffen, und diese Büchse der Pandora enthält nichts als Schreckliches.«[51] Brecht sah die Dinge anders: »Das übrige Deutschland kann nicht durch eine Mustermesse zur Revolution gebracht werden. Die Literatur muß sich engagieren, sich in den Kampf bringen und über ganz Deutschland hin einen revolutionären Charakter haben.«[52]

Die Diskussionspartner um Girnus und Abusch, die in der deutschen Klassik ein Bündnisangebot sahen, das um der Einheit Deutschlands willen nicht verspielt werden dürfe, standen mit dem Rücken an der Wand. Ihre Metaphorik, ihre überhitzte Redeweise, ihre Argumentation, die wider ihren Willen in Idealismus umschlug, machte deutlich, daß sie auf dieser Strecke schon viele Niederlagen einstecken mußten. Sie sahen ihre Chance schwinden. Westdeutschland entwickelte sich zu einem selbständigen Staat. Die Amerikaner, die in Europa bleiben wollten, brauchten diesen Staat. Bechers literarische Bemühungen um die Einheit wurden immer ideologischer, ließen Realitätsgehalt vermissen und verloren dadurch ihre Bedeutung für die Literatur.

In seinem Brief von 1984 erwähnte Wilhelm Girnus, daß der Start zur Polemik gegen Hanns Eisler wahrscheinlich nach vorheriger Rücksprache mit Walter Ulbricht erfolgte. Auch Ulbricht war an einer Auseinandersetzung mit Eisler gelegen, weil er durch Eisler wie durch Brecht einen Anspruch aufgerichtet sah, der seiner Intelligenzpolitik widersprach. Seit der Gründung der DDR setzte er sich ebenso eifrig für die Gewinnung der Intelligenz ein, wie er ihre besondere Rolle zu bekämpfen suchte. Eifersüchtig wachte er darüber, daß von ihr kein geistiger Einfluß ausging, der nicht im Einklang mit der Partei stand. Das war inzwischen zur Parteilinie geworden, die in dem Brief von Girnus zum Ausdruck kam und die er als die »Hauptsache« bezeichnete, »die man aber damals nicht aussprechen konnte«. Worüber ließ sich denn damals nicht reden? Girnus meinte, Eisler habe in seinem Werk der Intelligenz eine historische und gesellschaftliche Rolle zugesprochen, »die ihr weder in der bürgerlichen, erst recht nicht in der proletarischen Revolution objektiv zusteht: Führer, geistiger Akteur zu sein«. Eben weil es damals um die Gewinnung der bürgerlichen Intelligenz gegangen sei, konnte man ihr nicht, wie Girnus sich ausdrückte, »gleichzeitig ins Gesicht spucken«. Girnus führte dann weiter aus: »Man hat hier zu unterscheiden zwischen realer Triebkraft der Revolution und Artikulationsinstrument dieser Triebkraft. Triebkraft aller großen, echten Revolutionen waren die Bürger und Bauern und dann die Arbeiter, sogar 1789 sind bereits die zum Proletariat bestimmten Kräfte die Haupttriebkraft am 14. Juli und am 5./6. Oktober 1789, die Intellektuellen werden, sofern sie sich auf die Seite der revolutionären Triebkräfte stellen, zu wirksamen Artikulationsmedien. Trivial ausgedrückt. Die Volksmassen (die franz. Rev. 1789 ist eine Volksrevolution) gehen auf die Straße, die Intellektuellen begleiten sie auf dem Bürgersteig. Von ›Verrat‹ an der Revolution kann man nur von denen sprechen (in der bürgerlichen Rev.), die zur Bürgerklasse gehören oder den Intellektuellen, die sich zur Revolution bekannt haben und sich dann von ihr abwandten. Nach 1945 haben sich viele Intellektuelle *als Führer* des revolutionären Prozesses gesehen. Besonders auch Schriftsteller und sich angemaßt, der Partei Verhaltensregeln vorzuschreiben.«[53] Eisler habe in seinem Stück der Intelligenz implizit diese Rolle unterstellt. Das sei Wasser auf die Mühlen jener Intellektuellen gewesen, die auf ein Mitspracherecht pochten; deshalb habe *Johann Faustus* in diese Situation gepaßt wie die Faust aufs Auge.

Eisler war durch diese Diskussion so deprimiert, daß er sich vorübergehend nach Wien begab. Wie es um ihn stand, brachte er in einem Kanon zum Ausdruck, den er nach der Debatte komponierte: »Duck dich, Hänschen, duck dich!« Das hätte die Melodie der literarischen Intelligenz dieser Zeit sein können, die ebenso großzügig gefördert wie streng diszipliniert wurde. Die Enttäuschung bei ihm war so tief, daß er keine Kraft mehr fand, die Musik zu schaffen. In einem Brief an das ZK der SED schrieb er: »Nach der Faustus Attacke merkte ich, daß mir jeder Impuls, noch Musik zu schreiben, abhanden gekommen war. So kam ich in einen Zustand tiefster Depression, wie ich sie kaum jemals erfahren habe … Ich kann mir meinen Platz als Künstler nur in dem Teil Deutschlands vorstellen, wo die Grundlagen des Sozialismus aufgebaut werden.«[54] Er kehrte aus Wien nach Berlin zurück. Es gab keinen Platz in der Welt, wo er meinte, die Kraft zu finden, die Musik zum *Faustus* zu schreiben. Auch in der DDR nicht.

*Dritter Abschnitt*

Eine Idee verliert ihren Zauber. Der 17. Juni 1953.
Die Haltung der Intelligenz

1953 geriet die junge DDR in eine schwere Krise, die sich bis zur Mitte der fünfziger Jahre hinzog. Obwohl sie in den Streiks der Arbeiter ihren sichtbaren Ausdruck fand, erfaßte sie alle Teile der Gesellschaft. Für die

Intelligenz bedeutete sie die erste größere Desillusionierung der Nachkriegshoffnungen. Am 17. Juni 1953 verschwand das naive Vertrauen in die Zukunftslosungen. Es lebte sich schwerer in der anderen deutschen Republik. Die Intelligenz, die sich für den neuen Staat entschieden hatte, erfaßte eine politische Unruhe. Sie suchte nach einem neuen Verständnis für ihre weltanschauliche Alternative.

Die Zuspitzung der Widersprüche vollzog sich auf internationaler Ebene. Am 5. März 1953 starb Stalin. Sein Einfluß hatte bisher alle Gegensätze überdeckt. Wer sozialistisch dachte, war auf ihn verpflichtet worden. Die Verherrlichung seiner Person, die groteske Formen annahm, rief selbst bei Intellektuellen, die sich der neuen Zeit verbunden fühlten, mehr Distanz als Hingebung hervor. Sie wurde aber hingenommen, weil man sie als Ausdruck für die Kraft nahm, die den Faschismus besiegt hatte. Dennoch, der Tod des Generalissimus erschütterte die Leute ebenso wie später das Ausmaß seiner Verbrechen. Der Leipziger Gelehrte Walter Markov, der selber Repressionen ausgesetzt war, schildert die Situation so: »Ich glaube aber sagen zu müssen, daß es wirklich empfundene Trauer, gepaart mit dem Gefühl der Leere, des Alleingelassenseins, in politisch engagierten Kreisen der Jugend, also in der FDJ, in der Studentenschaft gegeben hat. In wirklicher Unkenntnis von vielem Hintergründigen, vom ›anderen Stalin‹ konnten sich die jungen Leute nicht so richtig vorstellen, wie die Welt ohne ihn, von dem sie sich ›erzogen‹ fühlten, weitergehen wird.«[55] Mit dem Stalinkult verstärkte sich der religiöse Zug in der Partei, auch in der marxistischen Intelligenz. Der Glaube an die menschheitsbewegende Idee des Sozialismus triumphierte über die kritische Methode. Hier entstand ein Konflikt, der sich erst in den kommenden Jahren und Jahrzehnten voll entfaltete. Er kam nicht am 17. Juni zum Ausbruch, erlebte aber damals einen Kristallisationspunkt.

Nach Stalins Tod drängte sich die Frage auf, wie sich seine Nachfolger zur Einheit Deutschlands verhalten werden. Stalin hatte nie eindeutig zum Ausdruck gebracht, welche Lösung er anstrebte. Sein Zögern war wohl darauf zurückzuführen, daß er nach größtmöglicher Sicherheit für die Sowjetunion suchte. Gelegentlich probierte er zwei Varianten gleichzeitig aus. Eine solche Politik mußte den Eindruck erwecken, daß die DDR zur Disposition steht. Die Stalin-Note vom 10. März 1952 deutete auf ein neutrales Deutschland hin. Stalin bot freie Parteienbildung und einen Friedensvertrag mit dem Abzug der Besatzungstruppen an. Die Adenauer-Regierung nahm diese Note nicht ernst und hielt an der Westintegration fest.

Den sowjetischen Schlingerkurs in der deutschen Frage nutzte Walter Ulbricht, indem er auf der 2. Parteikonferenz den Aufbau des Sozialismus verkündete. Mit dieser Entscheidung, die bis dahin nicht vorgesehen war, glaubte er, die Entwicklung unumkehrbar zu machen. Er setzte alles auf eine Karte. Dieser Kurs barg jedoch die Gefahr in sich, in Gegensatz zu den sowjetischen Interessen zu geraten. Wie Adenauer ohne Wimpernzucken für die Westintegration die Spaltung Deutschlands in Kauf nahm, so orientierte Ulbricht auf eine sozialistische DDR. Daß er damit gleichfalls die Einheit Deutschlands aufs Spiel setzte, weil sie auf diesem Wege noch beschwerlicher, wenn nicht unmöglich wurde, ließ ihn ebensowenig zögern wie Adenauer. Skrupellos waren beide; die Einheit des Vaterlands wurde für sie zu einer Sache der Propaganda. Adenauer bekannte 1954 zu François-Poncet: »Vergessen Sie bitte nicht, daß ich der einzige deutsche Kanzler bin, der die Einheit Europas der Einheit seines Vaterlands vorzieht.«[56] Die Verbissenheit, mit der die beiden Männer ihre gegensätzliche Politik betrieben, prägte ein halbes Jahrhundert lang die existentielle Situation der Deutschen. Da sie ihren politischen Kurs besessen beibehielten, dominierte in den Ost-West-Beziehungen fortan die politische Unterstellung, die ideologische Verteufelung und die geistige Unannehmbarkeit von Vorschlägen auf allen gesellschaftlichen Gebieten.

Indem Ulbricht den beschleunigten Aufbau des Sozialismus durchsetzte, geriet die Republik in eine tiefe wirtschaftliche und politische Krise. Der Druck auf die Bauern, in die Landwirtschaftlichen Produktionsgenossenschaften einzutreten, verstärkte sich. Die politische Ausrichtung der Schulen und Hochschulen führte zu Konflikten, vor allem mit der Kirche. Die Flüchtlingszahlen stiegen dramatisch an. Jeden Monat verließen 15 000 bis 23 000 Menschen die DDR. Im März 1953 waren es sogar 58 000. Dementsprechend sank die Produktion. Der Ausbau der bewaffneten Organe forderte enorme Kosten. »Die Folgen der Forcierung des Sowjetmodells – Flucht, Verweigerung und die daraus resultierenden Produktionslücken – nahmen um so dramatischere Ausmaße an, als die DDR gleichzeitig die Lasten der von Stalin verfügten Aufrüstung zu tragen hatte. Etwa zwei Milliarden Mark mußte der junge

Staat dafür innerhalb eines Jahres zusätzlich aufbringen, das entsprach zehn Prozent der gesamten Staatseinnahmen.«[57]

In seinen letzten Lebensjahren, als Tito auf Distanz zur Sowjetunion ging, setzte Stalin in den unter sowjetischem Einfluß stehenden Ländern eine neue Prozeßwelle in Gang, die ihren Höhepunkt im Rajk-Prozeß in Ungarn und im Slánský-Prozeß in der Tschechoslowakei fand. Ulbricht nutzte die Situation, um ihm unbequeme Politiker auszuschalten. Franz Dahlem und Paul Merker wurden angeklagt, eine Politik gegen die Interessen des Sozialismus betrieben zu haben. Die Propaganda machte über Nacht aus bewährten Antifaschisten und Kommunisten Feinde des Sozialismus. Das stieß bei der Bevölkerung auf Mißtrauen. Den eigenen Medien wurde immer weniger geglaubt.

Im Frühjahr 1953 faßte der Ministerrat der DDR Beschlüsse, die die Unzufriedenheit ansteigen ließen. Gewerbetreibenden und anderen Selbständigen, etwa zwei Millionen Menschen, wurden die Lebensmittelkarten entzogen. Beschlossen wurde ferner, die Arbeitsnormen um mindestens 10 Prozent zu erhöhen. Um gegen diese Politik zu protestieren, marschierten am Mittag des 16. Juni die Bauarbeiter der Stalinallee in Berlin zum Haus der Ministerien in der Leipziger Straße. Dort versammelten sich etwa 10 000 Menschen, die verlangten, Ulbricht und Grotewohl zu sprechen. Der Unwille der Massen richtete sich vor allem gegen Ulbricht. Daß inzwischen die Normenerhöhung zurückgenommen worden war, fand kein Gehör mehr. Der sowjetische Stadtkommandant verhängte den Ausnahmezustand. Für den 17. Juni formulierten die Ideologen der beiden deutschen Staaten ihre Lesart, die über vierzig Jahre Gültigkeit besaß. In der Bundesrepublik war dieser Tag ein Volks- oder ein Arbeiteraufstand, der zum Feiertag erklärt wurde. Die DDR betrachtete ihn als faschistischen Putsch, als eine vom Westen gesteuerte Konterrevolution. Je eindeutiger man eine dieser Varianten bevorzugte, desto sicherer verfehlte man die historische Wahrheit. Dem Ereignis am besten gerecht wird eine Definition, die Ernst Niekisch auf einer Sitzung des Kulturbund-Präsidialrates unmittelbar nach dem 17. Juni gab: »Ich fürchte, daß das Bild, das vom 17. Juni entworfen wird, auf einer nicht nur irreführenden, sondern geradezu gefährlichen Interpretation beruht … zweifellos haben faschistische Elemente und Provokateure eine große Rolle gespielt. Aber das Wesentliche und für uns vor allen Dingen in Betracht kommende ist doch, daß hier ein elementarer Ausbruch aus der Arbeiterschaft erfolgt ist, und davon muß man sich in der Beurteilung und Behandlung der Sache weitgehend leiten lassen.«[58] Niekisch mußte sich damals gegen Johannes R. Becher verteidigen, der widersprach und nichts von einem »elementaren Aufstand« wissen wollte.

Brecht, der diesen Tag auf der Straße miterlebte, empfand die ganze Widersprüchlichkeit des Ereignisses. Er sandte Briefe an Ulbricht, Grotewohl und Semjonow, die als »Ergebenheitsadressen« aufgefaßt wurden. Wohl brachte er seine Verbundenheit mit der Regierung zum Ausdruck, verlangte aber, daß es über das Tempo des sozialistischen Aufbaus eine Volksaussprache geben müsse. In einem Brief an seinen Verleger Peter Suhrkamp in Frankfurt am Main wurde er deutlicher: »Ich habe drei Jahrzehnte lang in meinen Schriften die Sache der Arbeiter zu vertreten versucht. Aber ich habe in der Nacht des 16. und am Vormittag des 17. Juni die erschütternden Demonstrationen der Arbeiter übergehen sehen in etwas sehr anderes als den Versuch, für sich die Freiheit zu erlangen. Sie waren zu Recht erbittert. Die unglücklichen und unklugen Maßnahmen der Regierung, die bezwecken sollten, überstürzt auf dem Gebiet der DDR eine Schwerindustrie aufzubauen, brachten zu gleicher Zeit Bauern, Handwerker, Gewerbetreibende, Arbeiter und Intellektuelle gegen sie auf.«[59] Brechts kritischer Befund über den 17. Juni betraf nicht nur die Regierung, sondern in gleichem Maße die Arbeiter. Was ihm auffiel, war ihre »Richtungslosigkeit und jämmerliche Hilflosigkeit«. Ihre Losungen hielt er für »verworren und kraftlos, eingeschleust durch den Klassenfeind«. Sie verlangten keine Räte, sondern griffen die Parolen der anderen Seite auf. Für Brecht war das die deutsche Arbeiterklasse »in ihrem depraviertesten Zustand«. Dennoch habe sie sich, differenzierte er seine Aussage, als »aufsteigende Klasse« gezeigt. Am 17. Juni erkannte Brecht, daß sich die deutsche Arbeiterklasse nicht von ihrer Niederlage durch den Faschismus erholt hatte. Doch was ihn deprimierte, waren nicht die Ereignisse dieses Tages, sondern die Zeit danach.

Kurz vor dem 17. Juni wurde die SED-Führung nach Moskau beordert. Zu diesem Zeitpunkt war die Machtfrage im Kreml noch nicht entschieden. Bei der Aussprache bezeichnete Lawrentij P. Berija den Aufbau des Sozialismus in der DDR als fehlerhaft und verlangte die Rücknahme des bisherigen Kurses. »Berija verteidigte seine Position in der Präsidiumssitzung Molotow zufolge mit dem Argument, daß ein auf bürgerlicher Grundlage wiedervereinigtes Deutschland die Sowjetunion durchaus befriedigen würde, da ein bürgerliches Deutschland zum gegenwärtigen Zeitpunkt nur ohne enge Bindung an andere imperialistische Staaten entstehen konnte, da unter den heutigen Bedingungen lediglich ein bürgerliches Deutschland existieren könnte, das weder aggressiv noch imperialistisch wäre.«[60] Doch vermochte sich Berija mit seiner Konzeption, die sich stark an Stalins Überlegungen orientierte, nicht durchzusetzen. Die Deutschen erhielten die Anweisung, »die Forcierung« des Sozialismus einzustellen. Mit dieser Order kam Ulbricht zurück. In der Sitzung des Politbüros am 7. Juli sprachen sich nur zwei Mitglieder für den Verbleib Ulbrichts in der Funktion des Generalsekretärs aus (Hermann Matern und Erich Honecker). Als sich jedoch in Moskau die Fronten klärten, Berija entmachtet und erschossen wurde, gewann Ulbricht wieder die Oberhand. Wenn Moskau Berija verurteilte, mußte es auch seine Deutschlandpolitik verwerfen. An dem Tage, dem 26. Juni, als das Politbüro der SED die Absetzung Ulbrichts beschlossen hatte, erfolgte die Eliminierung Berijas. Ulbricht bekam die Zügel wieder in die Hand. Diejenigen, die die Moskauer Korrektur vertreten hatten, Rudolf Herrnstadt und Wilhelm Zaisser, verloren ihre Funktionen. Mit der »Herrnstadt/Zaisser-Fraktion« wurde gründlich aufgeräumt. Der politische Feldzug gegen sie diente gleichzeitig dazu, den nach dem 17. Juni verkündeten »Neuen Kurs« stillschweigend zurückzunehmen. Die von Brecht gewünschte große »Volksaussprache« fand nicht statt. Welche Rolle der Hohe Kommissar Semjonow dabei spielte, bleibt unklar. Er wird Berijas Kurs geneigt gewesen sein, weil er dem entsprach, was Stalin anzustreben schien. Aber er ließ sofort Herrnstadt und Zaisser fallen, als nach Berijas Sturz die Dinge anders liefen. Er unterstützte Ulbricht, für den er zu keiner Zeit Sympathie hegte.

Am 17. Juni 1953 tat sich die Intelligenz nicht hervor. Es war nicht ihr Tag. Dennoch war sie ein Teil dieser Bewegung. Sie war von der gesellschaftlichen Krise nicht weniger betroffen. In ihren Aktionen lag mehr organisierende Kraft als in dem spontanen Aufbegehren der Arbeiter. Doch die Aktionen der Intelligenz vollzogen sich mehr im Vorfeld und in der Zeit danach. Ihre wesentlichen Protagonisten fanden sie in Wolfgang Harich und Bertolt Brecht.

Unter der künstlerischen Intelligenz fehlte es im Vorfeld nicht an

Bemühungen, Partei und Regierung auf eine unerträglich gewordene Lage aufmerksam zu machen. Bereits im Januar 1953 sah sich die Akademie der Künste genötigt, die Beschwerden ihrer Mitglieder zusammenzufassen und auszuwerten. Was vor allem kritisiert wurde, war die bürokratische Behandlung durch die staatlichen Organe, insbesondere durch die Kunstkommission unter der Leitung von Helmut Holtzhauer. Der Komponist Rudolf Wagner-Régeny und der Maler Otto Nagel fühlten sich tief gekränkt über die Verständnislosigkeit der staatlichen Stellen gegenüber ihrer Kunst. Der Bildhauer Gustav Seitz wollte weggehen, weil er als Künstler mißachtet und als »Feind« angesehen wurde. In dem Papier der Akademie hieß es: »Diese Grundstimmung herrscht bei vielen vor, die – mehr oder weniger ausgesprochen – als eine Diktatur der Funktionäre über die Künstler angesehen wird.«[61] Fast gleichlautend formulierte einige Zeit später Prof. Dr. Schwarz seine Kritik bei einer Präsidialratssitzung des Kulturbundes: »Wenn man die Epoche der Geschichte der Deutschen Demokratischen Republik, die wir augenblicklich durchgemacht haben und vielleicht sogar noch durchmachen, einmal mit einem Wort bezeichnen wird, fürchte ich, daß man sie als Epoche des Regimes der Funktionäre bezeichnen wird.«[62] Die Funktionäre wurden als eine Schicht angesehen, die sich berufen fühlte, darüber zu entscheiden, ob Kunst richtig oder falsch sei, die das Administrieren zu ihrem Beruf gemacht hatte. Die Intelligenz, die sich mit der jungen Republik verbunden fühlte, geriet in ein Dilemma, das jederzeit in einen offenen Konflikt umschlagen konnte. Die Einrichtungen der Intelligenz, so der Kulturbund, stellten ein dreihundert Seiten umfassendes Analysematerial zusammen, das der Regierung übergeben wurde. Insofern verhielten sie sich kritischer als die Interessenverbände der Werktätigen, als der FDGB.

Zwischen Wolfgang Harich und Bertolt Brecht gab es zu jener Zeit einen engen Kontakt. Politisch orientierte sich Harich am jugoslawischen Modell. Brecht redete ihm das aus. Nach den Angriffen auf Franz Dahlem sei ein solcher Vorstoß völlig verfehlt und aussichtslos. Weit besser wäre es, die Kritik zuerst gegen die Kunstkommission zu richten. Von Brecht mit Argumenten versehen, worauf die fast gleichlautenden Formulierungen verweisen, machte sich Harich an die Arbeit.

Den 17. Juni hatte Harich im Krankenhaus verbracht. Aber einen Monat später trat er mit einem Artikel in der *Berliner Zeitung* unter der

Überschrift »Es geht um den Realismus« hervor, der in Sprache und Argumentation die radikal gewordene Kritik der Intellektuellen zum Ausdruck brachte. Es war bisher die entschiedenste Abrechnung mit der von Semjonow gelenkten Formalismus-Doktrin. Allerdings fiel der Name Semjonow nicht. Ihn zu nennen wäre damals kaum möglich gewesen. Auch schien Harich die strategisch anweisende Rolle dieses Mannes auf dem Kunstgebiet nicht erkannt zu haben. Aber mit Schärfe griff er ihre »publizistischen Einpeitscher« an. Der Artikel richtete gnadenlos die Viererbande der Formalismusphase: den Staatssekretär Helmut Holtzhauer, seinen Hauptabteilungsleiter Ernst Hoffmann, Wilhelm Girnus und Kurt Magritz. Über die Kunstkommission führte er aus: »Warum wird sie von der überwiegenden Mehrheit der Künstler, vornehmlich der bildenden Künstler, einfach verabscheut? Warum werden führende Funktionäre gefürchtet oder lächerlich gefunden? Warum gilt sie, zusammen mit den Kritikern Wilhelm Girnus und Kurt Magritz, als hauptverantwortlich für Schaffenskrisen psychologischen Charakters selbst bei Menschen, die als hervorragende Künstler politisch ohne Schwankungen auf dem Boden unserer Republik stehen?«[63] Funktionäre und Kritiker hätten abweichende ästhetische Meinungen mit antidemokratischen Ideologien gleichgesetzt und hochangesehene Schriftsteller und Künstler diffamiert. Durch »entehrende politische Unterstellungen« wäre eine »unerträgliche, geistestötende und herzbeklemmende Atmosphäre« erzeugt worden, in der progressiv gesinnte Intellektuelle der Gefahr ausgesetzt würden, charakterlos zu werden und sich mit der Situation abzufinden. Auf Harichs Kritik antwortete zwar Walter Besenbruch mit einem ganzseitigen Artikel »Über berechtigte Kritik und über Erscheinungen des Opportunismus in Fragen der Kunst« im *Neuen Deutschland*. Doch erschien in dieser kritisch aufgeladenen Zeit kein »orientierender« Orlow-Artikel. Harichs Diktion sprang über auf die Diktion der meisten Intellektuellen, die sich zu Wort meldeten.

Knapp vierzehn Tage nach dem 17. Juni fand in der Akademie der Künste eine Plenarsitzung statt, um über Vorschläge zu diskutieren, die man der Regierung zuschicken wollte. Gleiches unternahm auch das Präsidium des Kulturbundes. Es ging darum, inwieweit der Staat in die Kunst hineinreden dürfe. An der Akademie diskutierten darüber unter anderen Becher, Brecht, Felsenstein, Arnold Zweig, Hermlin, Rodenberg und Kurt Maetzig. In keiner späteren Phase der DDR ist über derart weitgefaßte Vorstellungen beraten worden, ohne die Autorität des Staates in Frage zu stellen. Als Rodenberg fragte, ob dem Staat nur die Rolle zukommen solle, die Kunst zu fördern und er sonst ausgeschaltet sei, antwortete Brecht: »Der Staat ist ausgeschaltet aus den Fragen der künstlerischen Produktion und des Stils. Rodenberg: Welches Recht bleibt ihm dann? Becher: Das Recht der politischen Zensur. Zweig: Das Recht zu kaufen oder nicht zu kaufen.«[64] Als Rodenberg wieder fassungslos einwandte, ob der Staat denn auf dem Gebiet der künstlerischen Entwicklung gar keine Stimme mehr haben solle außer der politischen Zensur, erwiderte Becher knapp: »Der Staat als Staat nicht.« Brecht korrigierte: »Ich weiß nicht, ob man sagen soll, daß er keine Stimme mehr hat. Er hat insofern eine Stimme, als er die Mittel hat. Die Institution des Staates oder die Parteien haben ihre Möglichkeiten, kulturelle Programme aufzustellen. Der Staat ist also nicht dadurch stimmlos geworden.«[65] Der Staat habe auf künstlerischem Gebiet nur Stimme über das Medium der Akademie, schloß sich Becher Brechts Meinung an. Auch die Frage der abstrakten Kunst, so Becher, sei keine Frage des Staates, sondern der Kritik, der Jury von Kunstausstellungen. »Der Staat hat mit der Frage abstrakte Kunst oder nicht überhaupt nichts zu tun.«[66] Das richtete sich konkret gegen Holtzhauer, der hinter dem Rücken der Jury Bilder hatte abhängen und durch andere ersetzen lassen. Unter allgemeiner Heiterkeit fügte Becher hinzu, man dürfe selbstverständlich auch gegen abstrakte Kunst sein. Brecht verlangte, daß dem kurzzuhaltenden Dokument der Vorschläge an die Regierung auch eine Liste beigefügt werden sollte, die nicht unbedingt veröffentlicht zu werden brauche, in die die Mitglieder ihre auf administrativem Wege unterdrückten Werke eintragen. Bei ihm seien es vier.

Das Dokument, enthaltend zehn Vorschläge, wurde der Regierung übergeben, aber von der Pressestelle als »zu apodiktisch« nicht für die Veröffentlichung freigegeben. Darauf wandte sich Becher an Ministerpräsident Grotewohl.

Auf einer anderen Plenartagung der Akademie teilte Wolfgang Langhoff mit, daß er nach erneuten Gesprächen mit der Staatlichen Kunstkommission den Eindruck habe, daß die dort Verantwortlichen nicht gewillt seien, Veränderungen vorzunehmen. »... wir hatten in diesem Gespräch das Gefühl, es wurde formal jeder Fehler zugegeben und gleichzeitig wieder zurückgezogen. Immer wenn wir konkrete Dinge vorbrachten, konkrete Fragen auf den verschiedenen Gebieten stellten, war das gerade kein Fehler, da war es eine Notwendigkeit, so und nicht anders zu handeln.«[67] Brecht, der auf dieser Sitzung anwesend war, nutzte Langhoffs Bericht zu seinem Gedicht »Nicht feststellbare Fehler der Kunstkommission«. Die letzten Verszeilen lauteten: »Alles, was / Ihnen das Gremium vorwarf, war / Gerade nicht ein Fehler gewesen, denn unterdrückt / Hatte die Kunstkommission nur Wertloses, eigentlich auch / Dies nicht unterdrückt, sondern nur nicht gefördert. / Trotz eifrigsten Nachdenkens / Konnten sie sich nicht bestimmter Fehler erinnern, jedoch / Bestanden sie heftig darauf / Fehler gemacht zu haben – wie es der Brauch ist.«

Das Gedicht erschien am 11. Juli 1953 in der *Berliner Zeitung*.

Brecht waren die Praktiken der Kunstkommission seit langem ein Dorn im Auge. Was Langhoff berichtete, bestärkte ihn nur in seiner Meinung, daß mit »einigen Umbesetzungen der Spitzenpositionen und ein paar milden Gesten« nichts gewonnen sei. Als er drei Tage lang mit seinem Ensemble über die Ereignisse des 17. Juni diskutierte, machte er den Vorschlag, daß die in der Kunstkommission Tätigen von Mitgliedern der Akademie der Künste auf ihre Fachkenntnisse überprüft werden sollten. Doch letztlich hielt er es für richtig, die Kommission einfach aufzulösen. Am 4. August 1953 schrieb er an Paul Wandel, er möge doch dahingehend wirken. Von dem Schreiben gibt es mehrere Fassungen. Schon das zeigt, wie wichtig ihm dieser Schritt war. Die Begründung mußte Gewicht haben. In der ersten, der kürzeren Fassung heißt es: »Lieber Genosse Wandel, mit vielen zusammen hatte ich gehofft, daß die Regierung eine Institution wie die Kunstkommission schnell, energisch und großzügig auflösen würde. Es war hauptsächlich die Aussicht auf eine Maßnahme dieser Art, was die Mitglieder der Akademie der Künste, alle sonder Ausnahme tief aufgewühlt über die plötzlich in Erscheinung tretende bittere Unzufriedenheit so großer Teile der Bevölkerung, dazu gebracht hatte, konstruktive Vorschläge zur Hebung der künstlerischen Produktion zu machen. Die Kunstkommission hatte es nicht nur nicht verstanden, einen einzigen Freund unter den Künstlern zu gewinnen, sie hatte es sogar fertig gebracht, die fortschrittlichen Prinzipien nahezu in Verruf zu bringen. Würde sie jetzt gestützt, könnte sie ihre Arbeit, allseits mißliebig, und nunmehr auch noch öffentlich diskreditiert, niemals ersprießlich gestalten (da sie, ohne wirkliche Autorität, nur noch mehr Zwang benötigen würde), – diejenigen aber, die eine neue produktive Atmosphäre für unmittelbar bevorstehend verkündet haben, stünden vor ihren Kollegen einfach als gutgläubige Narren da. Das würde nicht als Festigkeit, sondern nur als Sturheit betrachtet werden, als Unnachgiebigkeit nur gegenüber der Vernunft. In der Tat, was für einen Sinn könnte es haben, ein schleichendes Unbehagen zu verewigen, ein jedes Schaffen bedrückendes Gefühl der Ausgeliefertheit an eine übermächtige Institution, die es nicht versteht, ihre Forderungen verständlich zu machen? Was wir in dieser Krise, aber nicht nur in ihr, brauchen, ist eine besondere Entfaltung der Produktivität der Kunst, die so viel tun kann, wenn man sie läßt (und klug führt). In wirklicher Sorge Dein bertolt brecht.«[68] Man kam Brechts Wunsch, der von vielen geteilt wurde, nach. Der Ministerrat beschloß am 7. Januar 1954 die Auflösung der Staatlichen Kunstkommission. Ein neu gegründetes Ministerium für Kultur unter der Leitung von Johannes R. Becher übernahm deren Aufgaben.

Obwohl die kritische Sicht auf die Kultur- und Kunstpolitik sehr bald wieder zurückgenommen und die Zügel wieder straff angezogen wurden, brachte sie doch Veränderungen und führte zu einer Zäsur. Durch die Auflehnung der Intellektuellen verlor die Formalismus-Doktrin ihre Geltung. Zwar wurde bis weit in die Ulbricht-Ära hinein versucht, einzelne ihrer Elemente in die Kunstdiskussion einzubringen, aber die Intelligenz ließ sich damit nicht mehr disziplinieren. Daß Semjonow 1954 abberufen wurde, spielte dabei kaum eine Rolle. Die Intelligenz hatte sich von einigen primitiven Theorien, von der Ausrichtung auf die Vorbildrolle der sowjetischen Ästhetik befreit. Das geschah in einem längeren Prozeß, der mit dem 17. Juni 1953 begann. Dazu trug sicher auch die nachstalinistische Entwicklung bei, die von Moskau ausging.

Was im Gefolge des 17. Juni zur Sprache gekommen war, wurde in den kommenden Jahren nicht mehr zugelassen. Auch ihren aggressiven Ton gegenüber den Intellektuellen hielt die Parteiführung trotz gelegentlicher Rückfälle nicht mehr für zumutbar. Einige Postulate und Theoreme hatten einfach ihre Geltung verloren. Erstmals erhielt das sowjetische kunstkonzeptionelle Modell eine Abfuhr, einen abschlägigen Bescheid. Insofern hat die Intelligenz am 17. Juni nicht versagt und sich auch nicht der Argumentationshilfen der westlichen Seite bedient. Was da – wenn auch nicht auf einen Schlag – beendet wurde, war bedeutsam. Die Formalismus-Phase hatte tiefe Wunden geschlagen. Sie wurde von den Intellektuellen als eine Zeit der Demütigung empfunden, in der die Dummheit, die Entstellung, die Verunglimpfung von Kunst und Wissen ohne Widerspruch ertragen werden mußte. Wiederum war es Brecht, der diese Phase einer schonungslosen Musterung unterzog.

Seine Meinung trug er im Juli 1953 Wilhelm Girnus vor, dem noch immer die Verbindung zwischen Brecht und der Parteiführung oblag. Bei dieser Gelegenheit wurde Brecht deutlich, weil er wußte, er sprach nicht zu Girnus, sondern zur Parteiführung, zu Ulbricht. Was er vortrug, war ein Fazit seiner Einsicht in die Kulturpolitik seit Ende der vierziger Jahre. Bei Diskussionen zu einzelnen Streitfragen, sei es die *Lukullus*-Aufführung, die *Faustus*-Debatte oder die Barlach-Ausstellung gewesen, hatte er sich stets auf den konkreten Gegenstand beschränkt. Jetzt holte er weit aus und kritisierte die Kulturpolitik insgesamt. Girnus berichtete an Ulbricht: »Er (Brecht – W. M.) überreichte mir einen Artikel zur Veröffentlichung, in dem, das ist die entscheidende Stelle, der Standpunkt vertreten wird, daß unsere gesamte bisherige Kunstpolitik, basierend auf den Beschlüssen des V. Plenums, falsch war. Den gleichen Standpunkt vertritt übrigens auch Genosse *Harich* in einer Zuschrift an uns ... Bei dieser Gelegenheit gab es eine ausführliche Auseinandersetzung mit Brecht über einige Punkte im Zusammenhang mit seiner Kritik des V. Plenums. Brecht stellte fest, seiner Meinung nach sind die Beschlüsse völlig falsch, von Anfang bis zum Ende, und zwar unter anderem deshalb, weil das, was der Genosse Shdanow seinerzeit zu diesen Fragen in der Sowjetunion gesagt hat, für uns absolut nicht in Frage kommen kann. Besonders heftige Angriffe richtete Brecht gegen unsere Auffassung von der Volksverbundenheit der Kunst und gegen den Begriff ›Volk‹ im allgemeinen. Der Begriff ›Volk‹ sei ein Nazibegriff. Die Beziehungen der Kunst zum Volk seien Unsinn. Kampf gegen Formalismus und Dekadenz sei eine nazistische Sache.«[69] Es schien so, als wolle Brecht in seinem bisherigen Diskussionsverhalten eine Zäsur setzen. Obwohl er die Auseinandersetzung mit einer Sache immer auf den kritischen Punkt gebracht hatte, war damit nichts erreicht worden, was den weiteren Verlauf der Dinge beeinflußt hätte. Nicht die einzelne Sache, die gesamte kulturpolitische Linie mußte in Frage gestellt werden. Man könne sich nicht mit der Einsicht trösten, daß die Übergangsperiode keine günstige Zeit für die Kunst sei.

Girnus, der nie ein Fan der Brechtschen Kunst und schon gar nicht seiner Theorie gewesen war, riet Ulbricht, gegenüber Brecht »elastisch« vorzugehen. Es sei auf die Dauer untragbar, so Girnus, Brecht »die Überlassung eines Theaters zu verweigern«. Wenn er ein Theater erhalte, ein richtiges, nicht »eine kleine Quetsche«, müsse er beweisen, ob er das Publikum, insbesondere die Werktätigen, gewinnen könne. Bei seinem »Primitivismus und Puritanismus« dürfte ihm das schwer fallen.

Unmut und Unruhe

Nach dem 17. Juni sollte der Neue Kurs die aufgebrachten Menschen befrieden und wieder normale Verhältnisse herstellen. Doch die Unruhe blieb, insbesondere in der literarischen und künstlerischen Intelligenz. Die Wortführer in den verschiedenen Gremien, im Kulturbund und der Akademie der Künste, sahen ihre Forderungen nicht erfüllt. Das Land befand sich in einer Situation, vor der Wilhelm Zaisser auf der Politbüro-Sitzung der SED am 8. Juli 1953 gewarnt hatte: »Der Apparat in der Hand von W(alter) U(lbricht) ist eine Katastrophe für den neuen Kurs.«[70] Inzwischen hatte Ulbricht Zaisser aus dem Politbüro und der Politik entfernt.

Brecht, neben Harich und Becher der Wortführer der literarischen Intelligenz, zeigte sich von der Entwicklung tief enttäuscht. Er fand die Weißwäscherei in vollem Gange. Zu der großen Volksaussprache, die er gefordert hatte, war es nicht gekommen. Obwohl er weiter mit konkreten Vorschlägen aufwartete und in seiner Kritik nicht nachließ, fand er kaum etwas in Ordnung. Die Welt ließ sich nicht mehr mit so viel Hoffnung betrachten wie vorher. Das kam vor allem in seiner Dichtung, in den *Buckower Elegien* und in der Wiederaufnahme des Turandot-Stoffes zum Ausdruck. Der 17. Juni hatte alles in ein anderes Licht gerückt. Die »gewaltigen Veränderungen in der Lebensweise«, herbeigeführt mit wenig Erfahrungen und auf unbequemem Gelände, verursachten Fehler und »kostspielige Umwege«. All das bewirkte jedoch kein Umdenken. Nur in einer tiefgreifenden Wandlung auf allen Gebieten sah Brecht einen Ausweg aus der Sackgasse. Doch dazu kam es nicht.

Die weltpolitische Wendung in Moskau machte Ulbricht zum Sieger des 17. Juni. Nun räumte er mit allen auf, die sich gegen ihn gestellt hatten. Bei nötigen Entscheidungen rangierte jetzt Sicherheit vor Produktivität. Was seine Politik absicherte, wurde bevorzugt. Risikobereitschaft ja, aber ohne Abstriche an der Sicherheit. Eine solche Maxime beeinträchtigte die geistigen Kräfte der Intelligenz auf dem Gebiet der Wirtschaft wie der Literatur und Kunst. Ulbricht wußte aber auch, daß er ohne einige Veränderungen nichts erreichen würde. Der Aufbau der Schwerindustrie sollte verlangsamt werden. Die UdSSR gab Betriebe zurück, die bisher ihrer Verwaltung unterstanden. Die Restriktionen gegen Handwerker, Einzelhändler und Privatbetriebe wurden zurückgenommen. Hierbei zeigte sich Ulbricht sogar sehr flexibel. Er gewährte dieser sozialen Gruppe Kredite und suchte sie später durch staatliche Beteiligung zu fördern und einzubinden. Verweise von Universitäten und Oberschulen machte man rückgängig. Von oben wurde verfügt, es dürfe keine Benachteiligung von Jugendlichen aus den Mittelschichten geben. Auch kam es zu einer vorübergehenden Entspannung im Verhältnis zur Kirche. Literatur, Kunst und Wissenschaften blieben jedoch weiter auf die Sowjetunion ausgerichtet. Deren Vorbildrolle blieb unangetastet, wurde sogar noch mehr hervorgehoben. Daß all diese Maßnahmen keine Wende auslösten, kein neues Vertrauen aufbauten, zeigten die Abwanderungen in den Westen, die 1954/55 nicht zurückgingen, sondern zunahmen. »Insgesamt ist die Republikflucht vom I. Quartal 1955 (42 366) zum IV. Quartal (98 217) um 131,8 Prozent gestiegen.«[71]

Einer Forderung, die Brecht wie auch Harich mit Nachdruck erhoben hatten, war die Regierung mit der Gründung des Ministeriums für Kultur nachgekommen. Becher trat sein Amt als Minister mit der »Programmerklärung zur Verteidigung der Einheit der deutschen Kultur« an. Noch einmal griff er die Ideen auf, mit denen er 1945 im Kulturbund begonnen hatte. Der Ruf von 1945 sollte endlich verwirklicht werden. Wieder machte er die Forderung nach der deutschen Einheit zur Leitlinie. »Wenn das deutsche Volk und seine Kulturschaffenden kühn und beharrlich die Forderung nach der Einheit unseres deutschen Staates und unserer Kultur erheben und rückhaltlos denjenigen entgegentreten, welche die Verständigung zu verhindern trachten, so kann keine Macht der Welt diese Forderung ignorieren und von der Tagesordnung absetzen.«[72] Zehn Forderungen zur Verteidigung der unteilbaren humanistischen deutschen Kultur erhob er zum Sofortprogramm, um eine Annäherung und Verständigung zwischen den Deutschen in Ost und West einzuleiten. Dazu gehörten die freie Verbreitung humanistischer Werke in ganz Deutschland, das Zusammenwirken deutscher Akademien, Hochschulen, Filmstudios, des Rundfunks, der Schriftstellerverbände usw., ungehinderte Gastspielreisen sowie die gemeinsame Beteiligung an internationalen Ausstellungen und Wettbewerben. Es war das letzte Mal, daß ein solches Angebot, das die vollkommene Verbreitungsfreiheit für alle deutschen Bücher, Zeitschriften und Filme auf dem Territorium ganz Deutschlands vorsah, auf staatlicher Ebene unterbreitet wurde. Diese Programmerklärung muß für Becher der eigentliche Antrieb gewesen sein, das Amt des Ministers, das seinem Charakter und seiner Eigenart wenig entsprach, zu übernehmen. An Walter Ulbricht schrieb er: »Die Bildung eines solchen Ministeriums würde den Vorschlag der Bildung eines gesamtdeutschen Gremiums zweifellos stark unterstützen, darüber hinaus aber vor allem dem Kulturschaffen ganz Deutschlands einen neuen Aufschwung geben.«[73] Ulbricht, der in der deutschen Frage ganz andere Pläne verfolgte, ließ Becher gewähren. Daß ein Dichter ein solches Amt übernahm, hielten Hans Mayer und viele Intellektuelle in der DDR für einen »Glücksfall«. Für Becher sollte es jedoch zu einem Verhängnis werden.

So leidenschaftlich Becher auch die deutsche Frage aufgriff, die Zeit für deren Lösung war vorbei. Noch im gleichen Jahr kam es zu Ereignissen, die seine Initiative aussichtslos machten. Im Oktober 1954 befürwortete die Londoner Außenministerkonferenz der Westmächte die baldige Aufnahme der Bundesrepublik in die NATO. Zwar bot im Januar 1955 die Sowjetunion noch einmal die Wiedervereinigung und freie Wahlen an, wenn die Bundesrepublik sich nicht der NATO anschließe, doch wurde das Angebot erneut abgelehnt. Am 27. Februar 1955 nahm der Bundestag in dritter Lesung nach vierzigstündiger Debatte die Pariser Verträge an. Die Bundesrepublik Deutschland war damit Mitglied der NATO. Drei Monate später unterzeichnete die DDR den Warschauer-Pakt-Vertrag. Auf der Rückreise von der Genfer Konferenz machte die sowjetische Regierungsdelegation im Juli 1955 in Berlin Station. Nunmehr bekannten sich die Sowjets zu der entwickelten »Zwei-Staaten-Theorie«. Die Einheit Deutschlands sei nur möglich unter Wahrung der »sozialistischen Errungenschaften«. Becher redete mit den besten Argumenten gegen den Wind.

Im Jahr seines Amtsantritts scheute Becher keine Anstrengung, um einen Dialog zwischen Ost und West zustande zu bringen. Gemeinsam mit dem Westberliner Arzt Dr. Ulrich Wallner bemühte er sich um Gesprächsrunden, die dann im Hotel »Der Sachsenhof« in Westberlin, in der Motzstraße, nahe dem Nollendorfplatz stattfanden. Am 2. Dezember 1954 nahm neben Becher auch Brecht daran teil. Man dachte von Westberliner Seite an Gäste wie Boleslaw Barlog, Wolf Völker, Oscar Fritz Schuh, Lucie Höflich, Wolfgang Staudte, Viktor de Kowa, Boris Blacher, Grete Weiser, Käthe Braun, ferner an die Maler Karl Hofer, Karl Schmidt-Rottluff und Max Pechstein. Aber selbst ein Mann wie Carl Ebert gab in seinem Brief an Dr. Wallner zu verstehen, daß er mit »beamteten Experten eines Systems« nicht diskutieren wolle. Dafür kam Melvin Lasky, jener Vertreter der amerikanischen Besatzungsmacht, der auf dem Ersten Deutschen Schriftstellerkongreß mit seiner Rede für Aufsehen gesorgt hatte und der inzwischen zu einem Experten in Sachen Antikommunismus geworden war. Ferner erschien der RIAS-Kommentator Gerhard Löwenthal, der im »Sachsenhof« seinen Stammtisch hatte. Vor Beginn der Diskussion sammelten sich am Eingang Trupps mit Schlagstöcken, um Tumulte zu provozieren. Wie vor dem Lokal ging es auch in der Diskussion zu. Man überhäufte Becher und Brecht mit Vorwürfen und hielt ihnen vor, wozu sie sich hergegeben und was sie unterlassen hätten, daß sie »voll zu diesen ungeheuerlichen Taten stehen, was in dieser Republik geschehen ist« (Lasky). Anspielend auf Bechers Exil in der Sowjetunion gab es einen Zwischenruf: »Becher ist auch kein Deutscher.« Verärgert meldete sich Brecht zu Wort: »Auch ich halte es für vollständig wertlos, mit Kriegshetzern zu diskutieren, dabei kann gar nichts herauskommen. Mit Kriegsverbrechern und Kriegshetzern kann nicht diskutiert werden. Das sind Feinde der Menschheit und sie müssen vernichtet werden, das ist im Sinne der Humanität.«[74] Die Spannungen unter den Deutschen zwischen Ost und West waren so groß geworden, daß kein Gedankenaustausch mehr möglich schien. Die eine Seite fand die andere unannehmbar. Die Verständigung, selbst die Duldung von Standpunkten, schien nicht mehr möglich. 1945 hatte Becher noch Gesprächspartner, aufmerksame Zuhörer gefunden, jetzt schlug ihm Haß entgegen. Er tröstete sich damit: »Ich bin nicht der Ansicht, daß ich die Menschen überzeuge, aber ich bin der Ansicht, daß ich die Gegnerschaft auf eine Weise reduziere, daß wir nicht aufeinander schießen. Das ist meine Aufgabe.«[75] Die Gespräche im »Sachsenhof« waren ein Spiegelbild für die abnehmende Gesprächsbereitschaft. Was sich auf der Prominentenebene abspielte, vollzog sich nicht viel anders in der alltäglichen Auseinandersetzung. Die Dialogfähigkeit erstarb.

Ein Ort des Gesprächs

Der Aufbau-Verlag Berlin, die erste Adresse für die Emigranten nach 1945, blieb auch in den fünfziger Jahren ein geistiges Zentrum. Das Haus, dem kaum ein bedeutender Schriftsteller der Gegenwart einen Besuch abzustatten versäumte, zog vor allem junge Leute an, selbst wenn sie keine Chance sahen, dort ihre Manuskripte unterzubringen. Hier trafen sie auf Schriftsteller mit anderen Erfahrungen und Einsichten. Wenn sie selber nicht mit den renommierten Autoren ins Gespräch kamen, sorgten sie dafür, daß deren Ansichten und Meinungen zum Gegenstand des Gesprächs wurden. Die Vielfalt der Gesichtspunkte, die das geistige Berlin in den ersten Nachkriegsjahren bestimmte, die aber erstarb, als der Kalte Krieg einsetzte, hatte sich hier erhalten. Dennoch ließen in diesem Hause nur wenige einen Zweifel daran aufkommen, welcher Seite sie sich verpflichtet fühlten. Zum anderen galt der Verlag als das geistige Zentrum des Literaturwissenschaftlers und Philosophen Georg Lukács, der zwar angefochtenen, aber doch dominierenden Autorität marxistischen Denkens. Was der offizielle Marxismus-Leninismus nicht erreichte, nämlich Nachdenklichkeit auch bei Menschen mit anderer weltanschaulicher Sicht auszulösen, das bewirkten seine Schriften. Keine Universitätsmeinung besaß damals einen solchen Einfluß. Als aus der Sowjetunion Kritik an seinen Ansichten durchdrang, als ihn Fadejew rügte, stärkte das nur sein Ansehen.

In diesen Verlag trat 1951 Wolfgang Harich ein. Zunächst als freiberuflicher Gutachter tätig, gab er bald die Universitätslaufbahn auf und wechselte ganz in den Verlag über. Nach Cheflektor Max Schroeder wurde er der wichtigste Mann im Verlag. Welche Anziehungskraft das Haus in der Französischen Straße 32 für ihn im Unterschied zur Humboldt-Universität besaß, beschrieb er selber: »Begab ich mich aus dieser Zuchtstätte (der Humboldt-Universität – W. M.) jedoch, zu Fuß die Linden überquerend, hinüber ins Haus der Französischen Straße 32, in den Aufbau-Verlag, so glaubte ich jedesmal, in einem Elysium intellektueller Weite, abwägender Nachdenklichkeit, fruchtbarer Toleranz, wieder zu mir selbst zu finden, und genoß es dabei, wohlgelitten zu sein.«[76] 1954 entschloß sich Harich, selbst die lose Verbindung zur Universität, wo er noch immer Vorlesungen hielt, aufzugeben. Zwischen ihm und Verlagsleiter Walter Janka entstand eine Freundschaft. Beide sahen in sich Fähigkeiten, noch Größeres zu vollbringen, und meinten sich im Verlag am rechten Ort. Harich, der anfangs Janka als Verleger nicht allzu viel zutraute, erkannte in ihm sehr bald den erfahrenen und klugen Politiker, den zupackenden, vor keinem Risiko zurückschreckenden Manager. Janka wiederum war erstaunt und schließlich begeistert über die Fähigkeiten seines jungen Mannes, der die Genauigkeit im Detail mit kühner Verallgemeinerung verband. Selbst Erich Wendt meinte zu Janka, aber schon etwas ängstlich: »Harich dürstet nach großen Taten.«[77]

1954 sah Janka die Möglichkeit, den Verlag »noch ein paar Schritte weiter bringen zu können«. Auch er dürstete nach großen Taten. Er wollte ein starkes Leitungskollektiv mit fünf selbständig arbeitenden Cheflektoren schaffen. Außerdem dachte er, eine Zeitung für Literatur-Kritik zu gründen. Die besten Leute, wie Paul Rilla, sollten hier ständig ihre Seiten haben. »Wenn wir richtig an die Sache herangehen, werden wir sofort auf Westdeutschland und in mancher Hinsicht auch auf das Ausland ausstrahlen können.«[78] Harich fühlte sich in einer solchen Umgebung am richtigen Platze. An ihm sollte es nicht liegen. »Mein Gesundheitszustand und das Verlangen, mal etwas Größeres und Solideres zuwege zu bringen als immer nur Einleitungen und Vorworte, haben mich übrigens zu dem festen Entschluß gebracht, an der Universität nach Möglichkeit ganz aufzuhören und mich fester an den Verlag zu binden. Die Vorlesungen sind doch wohl physisch die größte Strapaze unter meinen diversen Tätigkeiten, die Reibereien mit den Sektierern am Institut schlagen mir vollends auf den Magen, und die unergiebigen ewigen Sitzungen, die mit der Universitätsarbeit verbunden sind, bringen eine beispiellose Zeitvergeudung mit sich. Freilich werde ich es schwerlich verschmerzen können, von den Dienstmädchen als ›Herr Professor‹ angeredet zu werden – mir schwebte das immer als höchstes

Lebensziel vor –, und es wird auch nicht leicht sein, bei der Partei eine Zustimmung zu erwirken (weshalb ich Dich bitte, diesen Brief vorerst diskret zu behandeln): aber ich kann auf die Dauer nicht drei Berufe nebeneinander ausfüllen, ohne gesundheitlich vor die Hunde zu gehen und meine Fähigkeiten zu verzetteln. Und von diesen drei Berufen ist die Verlagsarbeit doch das, was bei weitem am angenehmsten ist und wohl auch die größte gesellschaftliche Breitenwirkung hat. Angenehm wegen der Atmosphäre, die im Hause Französische Straße herrscht, Breitenwirkung wegen der Auflagenziffern, die über das Fassungsvermögen eines Hörsaals denn doch erheblich hinausgehen.«[79]

Hier ist der Ort, etwas näher auf die Persönlichkeit Wolfgang Harichs einzugehen. Als er in den Verlag kam, war er bereits ein bekannter Mann, der als Theaterkritiker, Publizist und Hochschullehrer für Philosophie auf sich aufmerksam gemacht hatte. Im geistigen Leben der Nachkriegszeit spielte der 1923 geborene Harich eine nicht zu überschätzende Rolle. Wie er seine Meinung in der wissenschaftlichen und kunsttheoretischen Auseinandersetzung zur Geltung brachte, wurde ebenso bewundert wie kritisiert. Wo er auftrat, löste er einen Meinungsstreit, gelegentlich auch einen Skandal aus. Es gehörte zu seiner Eigenart, die Probleme so zuzuspitzen, daß sich die Leute erregten, begeisterten, empörten. Die Tugenden und Verhängnisse des Intellektuellen spiegelte Harich mit seltener Ausdruckskraft wider. Auf vielen Gebieten begabt, als Herausgeber wie als polemischer Publizist und kühn verallgemeinernder Philosoph, hätte er, wäre seine wissenschaftliche Laufbahn kontinuierlich verlaufen, der bedeutendste Philosoph nach Bloch werden können. Sein Talent zeichnete sich jedoch durch zwei unterschiedliche Eigenschaften aus, die, mit gleicher Energie zur Wirkung gebracht, zerstörerische Folgen hatten. Seine Verallgemeinerungen setzte er mit polemisch-provokatorischer Tatkraft in politische Realität um. So durchkonstruiert diese theoretischen Überlegungen auch waren, so naiv war ihre praktische Umsetzung. Er scheute dabei kein Risiko. So war es denn kein Wunder, daß sein Leben ebenso abenteuerlich wie tragisch verlief, zumal es im Privaten, im Umgang mit Frauen, nicht weniger Spannungen gab. Um eine Vorstellung zu vermitteln, welche Rolle dieser Mann in der Umbruchzeit nach dem zweiten Weltkrieg spielte, braucht es das Talent eines Balzac.

In der Verlagsarbeit von 1951 bis 1956 bildete sich die spezifische

Richtung von Harichs Literatur- und Philosophieauffassung heraus. Die Leitkultur der deutschen Klassik machte er zum zentralen Gedanken, den er mit polemischer Schärfe und leidenschaftlichem Engagement ein Leben lang verfocht. Obwohl er damals mit dieser Sicht noch in Übereinstimmung mit der SED stand, folgte er mehr dem Einfluß Lukács' als dem der Partei. 1955 konzipierte er eine neue Goethe-Ausgabe in 24 Bänden, jeder Band in einem Umfang von 500 bis 800 Seiten. Dem Verlag setzte er das Ziel, die Ausgabe bis 1959 abzuschließen. Danach sollten noch 11 Ergänzungsbände erscheinen. Ein solch ehrgeiziges Unternehmen gab es damals im ganzen deutschen Sprachraum nicht. Ab 1957 sollte der Verlag alle zwei Monate einen Band herausbringen. Allein schon wegen der Papiermenge mußte sich Harich den Beistand Bechers als Kulturminister sichern. Der fand bei aller Verehrung der Klassiker das Projekt doch überzogen.

Um die Mittelpunktstellung der deutschen Klassik zu unterstreichen, scheute sich Harich auch nicht, andere Phasen deutscher Literaturentwicklung zurückzustellen. Als die Wissenschaftliche Buchgesellschaft Darmstadt dem Aufbau-Verlag das verlockende Angebot machte, gemeinsam die erste Günderode-Gesamtausgabe herauszubringen, lehnte Harich ab, obwohl er durchaus verstand, daß er hier eine kleine Sensation vergab. Die strategische Linie war ihm wichtiger. »Daß unser Verlag sich an der Herausgabe einer solchen Ausgabe beteiligt, scheint mir für die nächsten zehn Jahre kaum in Frage zu kommen. Erst wenn wir den dringendsten Bedarf an neuen Ausgaben der Werke unserer Klassiker und zum Teil auch der Romantiker befriedigt haben – und davon sind wir zur Zeit noch sehr weit entfernt –, können wir zu einem späteren Zeitpunkt eventuell daran denken, auch einmal die dann vorliegende westdeutsche Günderode-Ausgabe, oder das, was an ihr halbwegs wichtig sein mag, zu übernehmen. Von einer positiven Beantwortung der Briefe der Wissenschaftlichen Buchgesellschaft rate ich daher ab.«[80]

Im Verlag betreute Harich das Werk von Georg Lukács, der in ihm seinen besten und kenntnisreichsten Lektor fand, wohingegen Harich mit Lukács einen Mentor erhielt, den er lebenslang verteidigte. Die enge Verbindung der beiden bewirkte, daß ihre Auffassung immer stärker die strategische Ausrichtung des Verlags bestimmte. Das veranlaßte Ernst Bloch zu der Bemerkung: Walter Ulbricht werde aus Moskau ferngelenkt, Harich aus Budapest. Auch das Werk Ernst Blochs betreute Harich. Er engagierte sich sehr dafür, daß Bloch eine große, umfassende Gesamtausgabe bekam. Die sei der Bedeutung Blochs angemessen. Das wiederum hielten Janka und Wendt keinesfalls für dringlich, weshalb sie Harichs Eifer mit Sorge betrachteten. Bloch wiederum, der Harich aus der gemeinsamen Arbeit im Redaktionsgremium der *Deutschen Zeitschrift für Philosophie* kannte, hielt den jungen Mann zwar für überaus begabt, aber doch für einen Hallodri, dem man in jungen Jahren keine solche Verfügungsgewalt einräumen sollte.

1956 erhielt Harich von Georg Lukács ein Manuskript mit dem Titel *Die Gegenwartsbedeutung des kritischen Realismus*. Das Buch entstand auf der Grundlage von Vorträgen, die der Autor in Warschau, Rom, Florenz, Mailand und im Januar 1956 in der Akademie der Künste in Berlin gehalten hatte. Lukács warf im ersten Teil des Manuskripts eine Frage auf, die ihn seit langem beschäftigte: Avantgardismus oder Realismus, Franz Kafka oder Thomas Mann? Das Buch durchzog ein weiterer Gedanke von strategischer Bedeutung, der das Gesamtwerk des ungarischen Philosophen seit 1928 geprägt hatte, aber erst jetzt politische Brisanz bekam. Lukács plädierte für den kritischen Realismus, der auch im Sozialismus seine Bedeutung habe und zur Gegenwartsaufgabe werde. Das war nicht nur ein Versuch, aus der wenig erfolgreichen Anfangsphase des sozialistischen Realismus herauszukommen. Er zielte damit ins Politisch-Strategische. Seine literarischen Ausführungen waren nichts anderes als die Übersetzung seines politischen Grundanliegens, daß die volksdemokratische Übergangsperiode als ein Trainingsfeld der Demokratie nicht leichtfertig und verfrüht aufgegeben werden dürfe. In einer langen Phase der revolutionären Demokratie sollten die bürgerlichen Freiheiten und Forderungen verwirklicht und zu einem Vehikel des Fortschritts zum Sozialismus werden. Die gegenwärtige Situation betrachtete er als eine Zeit, in der versucht werden müsse, die bürgerliche Demokratie zu vollenden. Diese Vorstellung hatte er schon in seinen Blum-Thesen 1928 begründet und nach dem Krieg als Bedingung der Volksdemokratie ausgearbeitet.

Doch davon war die Politik längst abgerückt. Einen übereilt herbeigeführten Sozialismus hielt Lukács für verfehlt, ja, wie sich in der DDR gezeigt hatte, für verhängnisvoll. Das Manuskript des Ungarn las sich wie ein Appell in letzter Minute. Obwohl Harich damals die durchgehenden theoretischen Gedanken im Gesamtwerk noch nicht überblicken konnte, machte er sie sich zu eigen, weil sie seinen eigenen Erfahrungen seit dem 17. Juni 1953 entsprachen. Hatte nicht der übereilte Aufbau der Grundlagen des Sozialismus die DDR in eine gesamtgesellschaftliche Krise gestürzt, die auch nach drei Jahren nicht überwunden war? In dem Schritt zurück erkannte er den Fortschritt, den Ausweg aus der Krise. In seinem Gutachten zur *Gegenwartsbedeutung des kritischen Realismus* an das Kulturministerium wertete er das Manuskript als einen Versuch, Lehren aus der Entwicklung zu ziehen, und bat um Druckgenehmigung, um das Werk öffentlich zur Diskussion zu stellen. Einen Tag, bevor in Budapest der Aufstand losbrach, gab Harich das Manuskript in Satz.

Auf dem XX. Parteitag der KPdSU 1956 enthüllte Nikita Chruschtschow in einer Nachtsitzung die Verbrechen Stalins. Obwohl die Rede in der DDR nicht veröffentlicht, sondern nur darüber berichtet werden durfte, wurde ihr Inhalt bekannter als alle Parteitagsreden zuvor. Im Denken der sozialistischen Intelligenz bildete sie fortan eine tiefe Zäsur. Nach diesen Enthüllungen schwanden die religiösen Züge im marxistischen Denken. Nunmehr wollte man wissen und nicht einfach nur glauben. Auch die Rituale in der Partei griffen nicht mehr, obwohl Walter Ulbricht daran nicht rütteln ließ. Die Diskussion, die mit dem XX. Parteitag einsetzte, kam nie zum Stillstand. Für die Intelligenz blieben diese Vorgänge eine Wunde, die nicht verheilte.

Die Erkenntnis darüber, daß Stalin neuesten Schätzungen zufolge mit seiner Politik den Tod von 25 Millionen Menschen zu verantworten hat, daß er zum Henker seiner treuesten Genossen und Verehrer wurde und eine grauenvolle Blutspur hinterließ, erschütterte alle Menschen, am meisten die, die sich diesem Mann in ihrem Denken verpflichtet fühlten. Spontan wurde überall diskutiert. Selbst in Gremien, in denen bisher die Rituale streng eingehalten wurden, kam es zu eruptiven Ausbrüchen, offenbarten Menschen ihre Verzweiflung, als hätten sie einen Gott verloren. Die Wortführer waren verunsichert, verzweifelt oder blieben stumm. Man hatte noch keine Sprache gefunden, um den Absturz der Gefühle und Gedanken verständlich zu machen. Zwar wußten die meisten von einigen schlimmen Vorfällen. Jetzt aber berichtete die oberste Instanz der Partei darüber. Die Fronten verschoben sich. Das Vertrauen in die parteieigenen Verlautbarungen schwand weiter.

Am meisten hatte man den Dichtern geglaubt. Die Gefühle, die diesem Mann entgegengebracht wurden, waren von ihnen geweckt worden. Nicht zuletzt sie hatten die Wandlung herbeigeführt, die aus dem von den Faschisten als Bluthund verteufelten Stalin den verehrten Genossen Stalin machte. War er jetzt doch der Schlächter? Der XX. Parteitag veranlaßte Johannes R. Becher, Klarheit über sich selbst zu gewinnen. Nach »gewissen Ereignissen letzter Zeit«, wie er die Enthüllungsrede Chruschtschows umschrieb, versuchte er, vor sich selber Rechenschaft abzulegen. Doch was er niederschrieb, erschien nicht, als es vonnöten gewesen wäre, sondern erst lange Zeit nach seinem Tode. »Diesen Mann habe ich verehrt wie keinen unter den Lebenden. Diese Verehrung hat sich in meiner Poesie ausgedrückt, und zahlreiche Dichtungen geben Auskunft, was ich an ihm geliebt und bewundert habe und wie tief diese großartige Erscheinung mich beeindruckt hat. Es wäre mehr als unaufrichtig, es wäre menschlich tief unanständig und es wäre zugleich eine Feigheit von mir, nicht offen zu gestehen, daß ich diesen Mann für einen der Genien der Menschheit gehalten habe ... Aber ebenfalls möchte ich nicht verschweigen, daß in demselben Maße, wie ich Stalin verehrte und liebte, ich von Grauen ergriffen worden bin angesichts gewisser Vorgänge, die ich in der Sowjetunion erleben mußte. Ich kann mich nicht herausreden, daß ich davon nichts gewußt hätte ... So ist in mir nun der Konflikt offen ausgebrochen, in dem ich mich, nur wenigen Menschen erkennbar, jahrelang verzehrte. Ich muß nicht mehr schweigen. Ich brauch nicht mehr das Gefühl zu haben, weiterhin mitschuldig zu werden dadurch, daß ich schweige.«[81]

Auch Brecht, der Vorsichtige, der vieles wußte und Stalin vieles verzieh, war entsetzt. Er beschwichtigte sich selber, solange Stalin die sozialistische Produktion aufbaute, denn die hielt er, einmal errichtet, für unumkehrbar. Einen großen Mann dagegen sah er schnell gestürzt und bald vergessen. Was jetzt zur Sprache kam, erdrückte ihn. So viel Mord, so viel vergossenes Blut wollte er nicht hinnehmen. Hier verlor sich die Tragik in Sinnlosigkeit. In einem Gedicht auf Stalin hieß es jetzt:

»DER ZAR HAT MIT IHNEN GESPROCHEN / Mit Gewehr und Peitsche / Am Blutigen Sonntag. Dann / Sprach zu ihnen mit Gewehr und Peitsche / Alle Tage der Woche, alle Werktage / Der verdiente Mörder des Volkes. // Die Sonne der Völker / Verbrannte ihre Anbeter. / Der größte Gelehrte der Welt / Hat das Kommunistische Manifest vergessen. / Der genialste Schüler Lenins / Hat ihn aufs Maul geschlagen.«

Brecht, der immer die volle Wahrheit verlangte, fand es nicht richtig, die Enthüllungsrede zu veröffentlichen. Ihre verheerende Wirkung, so schien ihm, würde die neu errichtete Menschenwelt nicht verkraften.

Am meisten erschütterten die Verbrechen Stalins die jüngere Generation. Sie war am wenigsten darauf vorbereitet. Ihre Abkehr vom Faschismus hatte sich über Auschwitz vollzogen. Was ihr damals enthüllt worden war, der Mord an 6 Millionen Juden, ließ sich einfach nicht mit Trauer abtun. Sie hielt es für richtig, gegen die Barbarei zu kämpfen, und zwar an der Seite derer, die Auschwitz befreit hatten. Jetzt erfuhr sie, daß sie sich wiederum an die Seite von Schlächtern begeben hatte. Das empfand diese Generation als einen so schmerzlichen Vorgang, daß er nicht durch eine neue Parteitagslinie aufgearbeitet werden konnte. Um überhaupt geistig weiter existieren zu können, mußte er erst einmal verdrängt werden. Eine Beruhigung gab es trotzdem nicht. Die enthüllten Ereignisse wühlten weiter im Denken. Stück für Stück wurde jetzt die nicht überlieferte Geschichte hervorgeholt, um zu verstehen, wie es zu einer solchen Entwicklung kommen konnte. Was künftig auch von ihr politisch verlangt wurde, die schrecklichen Vorgänge wurden mitgedacht. Das marxistische Denken bekam eine andere Dimension. Für die meisten dieser Generation bestand das Dilemma darin, daß sie jetzt nicht auf die andere Seite überwechseln konnten. Die triumphierende Argumentation des Adenauer-Staates mit seiner Verachtung für den beschrittenen Weg machte einen solchen Schritt unmöglich. Das war keine Alternative.

Am kaltschnäuzigsten verhielt sich Walter Ulbricht. Dieser »Freund der Jugend« schien sich nicht vorstellen zu können, was in den Menschen vorging, welchen Langzeitprozeß der XX. Parteitag ausgelöst hatte. Er erwies sich insofern als ein Schüler Stalins, als er meinte, man müsse den ganzen Komplex gar nicht zur Sprache bringen. Man könne ihn wie eine Nachricht behandeln, die zwar Aufregung bringt, die sich aber auch wieder beruhigt. Fortan sollte vom »Personenkult« um Stalin die Rede sein. Er ging mit der Erklärung zur politischen Tagesordnung über: »Stalin sei kein Klassiker des Marxismus-Leninismus gewesen.«[82] Zunächst gab er persönlich nicht zu erkennen, daß ihn die Enthüllungen erschüttert hatten und daß sich nunmehr eine ganz andere Politik nötig machte.

*Vierter Abschnitt*

Die Intellektuellen-Opposition und
der deutsche Marquis Posa

Von 1953 bis 1956 existierte eine Oppositionsbewegung, die wesentlich von Intellektuellen getragen wurde. Im Unterschied zu dem elementaren Ausbruch der Arbeiterschaft am 17. Juni 1953, der sich gegen die rapid verschlechternden materiellen Lebensbedingungen richtete, bei dem aber keine neuen politischen Programme, sondern nur die Losungen der anderen Seite zur Sprache kamen, entwickelte die Intellektuellenbewegung der fünfziger Jahre detaillierte Vorschläge auf verschiedenen Gebieten, wie auch übergreifende Konzeptionen. Ihr wesentliches Anliegen bestand darin, die Bevölkerung für ein alternatives Programm gegen die restaurative Entwicklung in Westdeutschland und für die Einheit Deutschlands unter neuen ökonomischen Bedingungen zu gewinnen. Die vielfältigen Vorstellungen liefen alle mehr oder weniger auf einen »besonderen deutschen Weg zum Sozialismus« hinaus. Innerhalb dieser Bestrebungen fanden sich Bertolt Brecht, Johannes R. Becher, Wolfgang Harich und Anton Ackermann mit Menschen unterschiedlicher Gesinnung zusammen. Die Zeit zwischen 1953 bis 1956 war bei aller Widersprüchlichkeit eine in sich geschlossene Phase. Die Arbeiter des 17. Juni hatten Walter Ulbricht für ihre sich verschlechternden Lebensbedingungen verantwortlich gemacht. Deshalb ihre Losung: Der Spitzbart muß weg. In diesem Punkt stimmte der Großteil der Intellektuellen mit den Arbeitern überein.

Der agilste, weitgehendste, aber auch abenteuerlichste Kopf dieser Bewegung war Wolfgang Harich. In den fünfziger Jahren, aber auch noch später, blieb der innere Zusammenhang seiner Konzeption der Bevölkerung verborgen. Der Wortlaut seines Memorandums und seiner »Plattform für einen besonderen deutschen Weg zum Sozialismus« wurden erst nach 1990 bekannt. Harich trat als konzeptioneller Denker und geistiger Anreger hervor, verfügte aber über keine organisatorische Basis. Für die praktische Umsetzung seiner Ideen suchte er nach einem erfahrenen Politiker. Er dachte dabei an Leute wie Paul Merker und Heinrich Rau. Unter den Intellektuellen brachte Harich die damalige

Stimmung und die verworrene Suche nach einem Ausweg am treffendsten zur Sprache, wenn auch oft in provokatorischer Form. Er verstand es, aus theoretischen Debatten praktische Schlußfolgerungen abzuleiten. Doch all das machte ihn noch nicht zum allseits anerkannten Wortführer. Dazu hielt man ihn für zu exzentrisch und überspannt. Seine scharfe, vor keinem Risiko zurückschreckende Polemik wurde geschätzt, weckte aber wenig Vertrauen. Für viele war er der Mann, den die nüchtern denkende Opposition gerne vorschickte, um dann auf gemäßigter Basis zu verhandeln. Von 1952 bis 1954 regte er auf drei wichtigen Gebieten entscheidende Veränderungen an. Er kritisierte die Vernachlässigung der klassischen deutschen Philosophie (1952), mahnte die Reform der Presse an (1953) und startete den Angriff auf die Formalismusdoktrin und ihre führenden Propagandisten (1953). Auf allen drei Gebieten ging er von einer kritischen Analyse der Situation aus. Abgesehen von einigen zeitbedingten Begrenzungen entwickelte er politische Vorstellungen, die in seinem Memorandum von 1956 ihren zugespitzten Ausdruck fanden.

Seine Kritik am Dogmatismus auf dem Gebiet der Philosophie, dem Fehlen einer philosophischen Kultur, erfolgte noch im Windschatten der Autorität Stalins, aber im Grunde gegen dessen Denkrichtung. Obwohl diese Kritik bereits 1952 erfolgte, war sie nicht weniger scharf als seine spätere Polemik. Ob allerdings die Vernachlässigung der klassischen deutschen Philosophie zu einem so aggressiven Urteil berechtigte, darüber läßt sich streiten. Welche Gebiete waren aus marxistischer Sicht damals, sieben Jahre nach der Zerschlagung des Faschismus, nicht vernachlässigt? Aber Harich ging es nicht ausschließlich darum. Sein Angriff richtete sich gegen den unerträglichen Dogmatismus im philosophischen Denken, der nicht duldete, was nicht mit Stalin und der Sowjetwissenschaft im Einklang stand. Harich machte dies am Beispiel der Stalinäußerung klar, derzufolge Hegel und die klassische deutsche Philosophie die aristokratische Reaktion auf den französischen Materialismus und die französische Revolution seien. Der Auslegungsstreit, ob es heiße »ist die aristokratische Reaktion« oder »ist *auch* Ausdruck der aristokratischen Reaktion«, führte dazu, daß Hegel zu einem »heißen Eisen« wurde. Der »Fall Hegel« blockierte nicht nur die philosophische Diskussion, sondern auch die Veröffentlichungen auf diesem Gebiet. Ernst Blochs Manuskript *Subjekt-Objekt* konnte im Aufbau-Verlag nicht erscheinen. Insofern griff Harich einen Zustand an, der die weitere Entwicklung der Wissenschaft hemmte und die Intellektuellen abstieß. Die politische Autoritätsgläubigkeit, so Harich, führe zur Herabsetzung des klassischen deutschen Erbes und zum Mißtrauen gegen die Intelligenz. Zwar gestand er der Arbeiterklasse Mißtrauen gegen die Intelligenz zu, in bestimmten politischen Situationen sei das sogar eine positive Erscheinung, aber es sollte nicht als Grund für die Unsicherheit der politischen Funktionäre mißbraucht werden. Diese Politik, formulierte er überspitzt, ersticke das Nationalbewußtsein. Erstmals tauchte in dieser Denkschrift von 1952 bei ihm der Gedanke auf, die unterschiedliche ökonomische und geistige Entwicklung in Ost und West könne in einen »mörderischen Bruderkrieg der Deutschen untereinander« münden. Diese Furcht sollte ihn schließlich so beherrschen, daß er sich zu radikaleren Entwürfen veranlaßt sah.

Verantwortlich für die Zustände auf dem Gebiet der Philosophie machte er Kurt Hager und Ernst Hoffmann von der Abteilung Wissenschaften im ZK der SED. Sie spielten auf diesem Sektor »die erste Geige«. Seine Denkschrift schickte er an das Politbüro-Mitglied Fred Oelßner. Hager und Hoffmann wiesen die Denkschrift als persönliche Diffamierung zurück, Hoffmann mit der damals gebräuchlichen Bemerkung, daß in den Ausführungen Harichs »eine unangemessene Einstellung sowohl zu unserer Partei als auch zur Sowjetunion« zum Ausdruck komme. Harich, so prophezeite Hoffmann, werde sich »mit seiner ›Denkschrift‹ nicht begnügen.« Hager reagierte nicht weniger entschieden, aber mit Humor. An den Autor der Denkschrift schrieb er: »Ich lege Wert darauf festzustellen, daß ich mit Genossen Hoffmann nicht identisch bin und meinen eigenen Kopf auf den Schultern habe, auch wenn Du in der Denkschrift mehr oder weniger unzweideutig erklärst, daß das eine Rübe ist.«[83]

In seinen Vorschlägen zur Verbesserung der Pressearbeit ging Harich davon aus, daß die Massenwirksamkeit der Presse minimal sei. Ihre Überzeugungskraft werde ständig geschmälert und veranlasse den Bürger, sich bei den »Feindsendern« zu orientieren; denn er bleibe sonst von den Weltereignissen ausgeschlossen. Dafür werde er mit Schönfärberei und Appellen überschüttet. Keine Zeitung gehe auf die Ansprüche der Intellektuellen ein. Harich machte Vorschläge zur Umgestaltung der gesamten Presselandschaft. Doch setzte er dabei ein zu großes Vertrauen in neue Leute, oft auch nur in Leute auf neuen Posten. Der Mangel an Demokratie wurde nur ungenügend berührt.

Da Ulbricht den »Neuen Kurs« Schritt für Schritt zurücknahm, verstärkte sich der Unwille der Intelligenz. Sie ließ sich nicht abhalten, über Reformen zu diskutieren. In Foren des Kulturbundes und der Akademie der Künste gab es einen regen Gedankenaustausch, in dem es nicht nur um die Konzeptionen von Wolfgang Harich ging. Einige Einrichtungen, beispielsweise der Aufbau-Verlag und das Berliner Ensemble, wurden zu Zentren politischer und philosophischer Diskussionen. Was die amtliche Öffentlichkeit nicht bot, fanden die Intellektuellen in diesen Häusern. Aus dem Bedürfnis nach neuen Ideen und der Umgestaltung der bestehenden Verhältnisse entstanden neue Treffpunkte wie der Donnerstag-Club in Berlin, die Klubs Junger Künstler in Berlin und Rostock.

Der Donnerstag-Club entstand nach Aussagen von Wolfgang Harich auf Initiative des Lyrikers Heinz Kahlau und des Lektors im Verlag Volk und Welt Fritz Raddatz mit Rückendeckung von Johannes R. Becher. Sie hätten keinen Hehl daraus gemacht, daß ihnen der Petőfi-Club in Budapest als Vorbild diente. Treffpunkt war das Haus des Kulturbundes in der Jägerstraße. Hier fanden sich in der zweiten Hälfte des Jahres 1956 Intellektuelle aus den verschiedenen Kulturbereichen zusammen. Da die meisten von ihnen Sozialisten waren und der SED angehörten, ging es um eine Erneuerung des Sozialismus. Zu denen, die sich dort spontan trafen, gehörten neben den Initiatoren Wolfgang Harich, Erich Arendt, Manfred Bieler, Jens Gerlach, Günter Kunert, Karl-Heinz Berger, Walter Püschel, Manfred Streubel, Günter Caspar sowie Heinz Nahke, ferner die bildenden Künstler Wolfgang Frankenstein und Herbert Sandberg, aus dem musikalischen Bereich kamen Günter Hauck und Heinz Alfred Brockhaus.[84] Man tauschte Meinungen und Erfahrungen aus, über die nichts in der Zeitung stand. Harich ergriff hier gelegentlich das Wort. Es handelte sich um keinen Geheimklub. Man scheute nicht die Öffentlichkeit. Auch war es kein Kreis von Leuten, der der DDR und dem Sozialismus »feindlich« gegenüberstand, wie später behauptet wurde. Diejenigen, die nicht einen besseren, sondern einen anderen Staat wollten, trafen sich in verschiedenen Einrichtungen jenseits der Grenze, die ja noch offen war. Die Gesinnung und Meinung der Intellektuellen in den selbstgeschaffenen Klubs war vergleichbar mit dem Standpunkt von Jo Jastram, einem jungen Künstler aus dem Klub in Rostock, der erklärte: »Ich bin überzeugungsmäßig Marxist und Sozialist, bin aber ein Gegner der Form des Sozialismus, wie ihn unsere Partei und Regierung in der DDR verwirklicht.«[85] Was die Leute beunruhigte, brachte Jürgen Teller, ein Lieblingsschüler von Ernst Bloch in Leipzig, zum Ausdruck: »Der Sozialismus befindet sich im Krisenzustand, der sich ökonomisch auswirkt. Wir halten zweifelsohne mit dem Kapitalismus nicht Schritt. Polen und Ungarn sind Höhepunkte dieser Krise. Die einzige Lösung, die hier kommen könnte, müsse von der Sowjetunion, dem Kernland, ausgehen. Jedoch habe die Sowjetunion durch falsche Richtung derart kompakte reaktionäre Züge, daß früher oder später wahrscheinlich die Sache auf die Spitze getrieben würde.«[86] Eine ähnliche Kritik am Zustand der Philosophie, wie sie Harich 1952 geäußert hatte, vertrat Gerhard Zwerenz 1956: »Wir treiben eine starre marxistische Philosophie, die langweilig wirkt. Man müßte eine interessante Philosophie schaffen, die Anklang findet unter den Akademikern und Wissenschaftlern.« Anklang fanden die Theorien Blochs. »Die neueren Aspekte dieser Blochschen Philosophie seien gegenwärtig im Keller verschwunden, aber sie würden eines Tages wieder auftauchen und die marxistische Erkenntnistheorie vervollständigen. Bloch ist als Person und Philosoph der bedeutendste Kopf der Welt.«[87] Sie alle, wie auch viele Namenlose, wollten verändern, umgestalten, wollten die bessere DDR als Alternative zur Entwicklung in der Bundesrepublik Deutschland.

Mitte der fünfziger Jahre begnügte sich Harich nicht mehr damit, die Mißstände in einzelnen Bereichen zu kritisieren. Es drängte ihn danach, die Probleme jetzt aus der Analyse der weltpolitischen Situation zu entwickeln. Das erforderte die deutsche Frage, deren Lösung ihm seit der Unterzeichnung der Pariser Verträge immer dringlicher erschien. Seine damalige Situation beschrieb er so: »Ich stieß dabei jedoch immer auf die gleiche Schwierigkeit: daß alle nur die auf dem XX. Parteitag von Chruschtschow geübte Kritik an Stalin, an dessen Irrtümern, Fehlern und Verbrechen, im Kopf hatten. Für die deutsche Frage interessierte sich niemand mehr.«[88] Die Ereignisse in Polen, die Wahl des rehabilitierten Władysław Gomułka zum ersten Sekretär der Polnischen Arbeiterpartei, veranlaßten Harich, nach einer Lösung für die DDR zu suchen. Im Oktober 1956 entstanden die »Studien zur weltgeschichtlichen Situation«, die Harich als Memorandum bezeichnete, das er dem sowjetischen Botschafter in Berlin, Georgi Puschkin, übergab und mit ihm erörterte.

Aus der Sicht der neunziger Jahre ist das Memorandum eine Mischung von sozialistischen Glaubenssätzen, scharfsichtigen Einsichten in die Schwächen des damaligen sozialistischen Entwicklungsstandes und möglichen Wegen zur Einheit Deutschlands, von ebenso kühn wie naiv anmutenden Forderungen an die Sowjetunion. Was Harich um der gemeinsamen Sache willen von der UdSSR verlangte, hat kein Politiker im Amt je gewagt. Sein Memorandum leitete er mit dem optimistischen Satz ein, daß sich die Menschheit gegenwärtig inmitten des letzten Entscheidungskampfes zwischen Kapitalismus und Sozialismus befinde. Zwar sei das kapitalistische Industriepotential so stark, daß das sozialistische System seine Überlegenheit in den nächsten zwei Jahrzehnten nicht unter Beweis stellen könne. Aber der Kapitalismus werde mit den Folgen der weiteren Steigerung der Arbeitsproduktivität nicht fertig, was dazu führe, daß er an den bestehenden Eigentumsverhältnissen nicht festhalten könne. »Denn gerade die werktätigen Massen derjenigen kapitalistischen Länder, die heute auf ihren hohen Lebensstandard pochen, werden es sich am wenigsten gefallen lassen, auf die Straße geworfen zu werden und inmitten eines ungeheuren, unabsetzbaren Überflusses an Konsumtionsgütern dem Hunger preisgegeben zu sein.«[89]

Für den Sozialismus stellte er fest, daß in dem Maße, wie der Sozialismus voranschreite, »die verschiedenen Formen des Übergangs vom Kapitalismus zum Sozialismus immer mannigfaltiger werden« müssen. Das lief auf die glatte Ablehnung des sowjetischen Modells hinaus. Mit starken Worten geißelte er den stalinistischen Nationalismus, der bisher der gegenwärtigen Situation angepaßte unterschiedliche Wege zum Sozialismus unmöglich gemacht habe. »Der stalinistische Nationalismus, primär erwachsen aus dem Sendungsbewußtsein des ersten sozialistischen Staates der Welt, gesteigert freilich durch die Reaktivierung eines russisch-nationalistischen Traditionsbewußtseins in den Jahren des Zweiten Weltkrieges, ist die direkte Fortsetzung der slawophilen Ideologie.«[90]

Zu den kühnsten Passagen des Memorandums zählen jene, in denen Harich den Verlauf der endgültigen Grenze im Osten vorschlug. Er ging davon aus, daß es keine offizielle Verlautbarung der UdSSR gebe, in der die gegenwärtige Grenzziehung zwischen der DDR und Polen als ein für allemal gegeben angesehen wurde. Harich plädierte für die Rückgabe der größeren Teile Pommerns, der östlichen Mark Brandenburg, Schlesiens und Ostpreußens an die DDR. »In demselben Sinne und aus denselben Gründen könnte eine Rückgabe des Gebiets von Kaliningrad (Königsberg) von der UdSSR an die DDR in Betracht gezogen werden.«[91] Polen sollte jedoch das oberschlesische Industriegebiet als unentbehrliche industrielle Basis behalten. Im Gegenzug müsse auch die Grenze, die bis zum Sommer 1939 zwischen Polen und der UdSSR bestand, wieder hergestellt werden. Das sei machbar, da es sich hier um Grenzverschiebungen innerhalb des sozialistischen Lagers handele. »Diese Maßnahmen würden das deutsche Volk tief befriedigen, das herzliche Einvernehmen zwischen der DDR und Volkspolen in jeder Weise festigen, die sozialistische DDR zu einer Macht gleichen Ranges und annähernd gleicher territorialer Ausdehnung neben der Bundesrepublik machen, der imperialistischen Reaktion in Westdeutschland ihr entscheidendes Argument in der nationalen Frage aus der Hand schlagen, die chauvinistische Hetze in der Bundesrepublik aufs äußerste reduzieren und die Wiedervereinigung Deutschlands auf sozialistischer Grundlage wesentlich erleichtern.«[92]

Man kann sich denken, wie der sowjetische Botschafter Puschkin diese Vorschläge aufgenommen hat. Eine solche Situation erinnert an Schillers Szene aus *Don Carlos*, in der der Marquis Posa Philipp II. seine Vorstellung von Gedankenfreiheit vorträgt.

Harich versicherte in seinem Memorandum, daß ihm jeder chauvinistische Hintergedanke in dieser Frage absolut fern liege. Das muß man ihm ohne jeden Zweifel zugestehen. Was ihn veranlaßte, die östliche Grenzregelung im Unterschied zu der bei seiner Verhaftung gefundenen »Plattform für einen besonderen deutschen Weg zum Sozialismus« in dieser Deutlichkeit aufzunehmen, mag damit zu tun haben, daß dieser besondere Weg zum Sozialismus und zur Einheit für ihn nur gangbar schien, wenn er die Grenzfrage zur Diskussion stellte. In seiner »Plattform« ging Harich so weit, daß er ein Zurückschrauben des Sozialismus in der DDR in Kauf nahm, um die westdeutsche Bevölkerung für die Einheit zu gewinnen. Wie aber aus seiner kritischen Darstellung des unterschiedlichen Lebensstandards und der Arbeitsproduktivität in den beiden Gesellschaftssystemen hervorgeht, würde die westdeutsche Seite von den Vorteilen der DDR schwer zu überzeugen sein. Spielte

Harich, wie Stalin in verschiedenen geschichtlichen Situationen, hier die nationale Karte aus? Er schien zu meinen, daß man die Einheit auf der Basis jenseits der Militärallianzen, ohne ausländische Truppen, aber mit Bodenreform, Volkseigentum in der Industrie, gleichen Bildungschancen und einer einheitlichen Währung nur erreichen könne, wenn die DDR als Bündnispartner der Sowjetunion etwas einbringe, worauf die Deutschen in beiden Teilen nur ungern verzichten wollten.

Weiter muß man fragen, was Harich veranlaßte, sein Memorandum dem sowjetischen Botschafter vorzulegen? Einfachen Leuten wie kundigen Politikern, die ihre Erfahrungen mit den Sowjets gemacht hatten, mußte dieser Schritt als unglaubliche Naivität erscheinen. Aber Harich besaß andere Erfahrungen. Seit 1945, als er erstmals auf die Sowjets traf, galt er als eine Art Lieblingskind der Besatzungsoffiziere. Was andere Deutsche nicht durften, war ihm erlaubt. Er konnte als Theaterkritiker selbst sowjetische Stücke in sowjetamtlichen Zeitungen verreißen. Bis 1955 war er bei hohen russischen Offizieren ein begehrter Diskussionspartner. An seinen Ansichten zeigte man sich höchst interessiert. Harich verlor nur aus den Augen, daß sich zu dem Zeitpunkt, als er sein Memorandum Puschkin übergab, die politische Großwetterlage gründlich verändert hatte. Obwohl er auf die Frage der Grenzregelung keine Antwort haben wollte, suchte er das Gespräch.

Es fand am 25. Oktober 1956 mit Puschkin in der sowjetischen Botschaft statt. An dem Tage wurde János Kádár zum neuen ungarischen Parteichef ernannt. Lukács hatte ihn einst Harich gegenüber als den »begabtesten unserer Politiker« bezeichnet. Das schien ihm ein gutes Zeichen zu sein. Das Gespräch mit Puschkin dauerte vier Stunden, führte aber zu keinem Ergebnis, das Harich befriedigt hätte. Der Botschafter war ein Mann, der vom Geheimdienst in die diplomatische Laufbahn gewechselt hatte. Wahrscheinlich besaß er nicht die Verbindung zur sowjetischen Partei- und Staatsspitze, die Semjonow einst gehabt hatte. Er reagierte sehr vorsichtig und ließ keinerlei Übereinstimmung erkennen. Harich war enttäuscht. »Am meisten erschütterte mich, daß in Puschkins Überlegungen die deutsche Einheit nicht mehr denselben zentralen Stellenwert zu haben schien, den die sowjetische Außenpolitik ihr bis dahin stets beigemessen hatte. Unsere nationale Frage war vollends einem auf kurzfristigen Erfolg angelegten taktischen Konzept, wie es mir vorschwebte, wie ich es da vortrug, nunmehr offenbar in weite

Ferne entrückt. Die Möglichkeit sozialistischer Wiedervereinigung Deutschlands hänge, so erfuhr ich, davon ab, ob und wann die Industrie der DDR die westdeutsche in der Arbeitsproduktivität übertroffen haben werde. Solange dies nicht geschehen sei, käme es darauf an, den auf deutschem Boden bereits errichteten Arbeiter- und Bauernstaat zu konsolidieren, notfalls mit Gewalt, jedenfalls aber ungefährdet durch irritierende Wahrheiten, an denen der Parteiintelligentsja mehr gelegen sei als am Erhalt der Macht, ohne die auch sie verloren wäre.«[93]

Entgegen Harichs Meinung gab Puschkin das Memorandum nicht an Ulbricht weiter. Aber er informierte ihn. Beim Prozeß gegen Harich lag dieses Schriftstück nicht vor. Der Text gelangte erst in den neunziger Jahren an die Öffentlichkeit. Am 7. November 1956 zitierte Walter Ulbricht Harich zu sich. Die deutsche Frage war zwischen beiden kein Gesprächsthema. Ulbricht wollte mit Harich nicht diskutieren, er wollte ihn nur warnen. »Und eines sage ich Ihnen: Wenn sich hier so etwas bilden sollte wie ein Petőfi-Club, das würde bei uns im Keim erstickt werden.«[94]

*Fünfter Abschnitt*

»… ich lasse sie ins Gefängnis sperren«.
Ulbrichts Abrechnung mit der Reform-Intelligenz

Die Oktoberereignisse 1956 in Ungarn führten in der DDR zu erregten Diskussionen. Man fühlte sich von den eigenen Medien ungenügend informiert. Die Intellektuellen verlangten von der Staats- und Parteiführung Auskunft. Im Aufbau-Verlag bedrängten Mitarbeiter und Autoren den Verlagschef Walter Janka, eine Versammlung einzuberufen. Obwohl auch er über die Vorgänge nicht genau Bescheid wußte, kam er dem Verlangen nach. Um folgende Punkte, die Janka formulierte, sollte sich das Gespräch drehen: »1. Worum geht es in der Auseinandersetzung, die in der Zeit vom XX. Parteitag bis zur Katastrophe in Ungarn geführt wurde und welche Zusammenhänge bestehen zur Lage und den Perspektiven in der DDR? 2. Das Verhältnis unserer Partei und der sozialistischen Staatsapparate zu den Arbeitern, Intellektuellen, Bauern und den übrigen Schichten. 3. Wo ist unser Standort und worauf orientieren wir uns in der DDR als Intellektuelle, Arbeiter usw.?«[95] Die Aussprache dauerte fünf Stunden und endete damit, daß ein weiteres Gespräch mit namhaften Persönlichkeiten der Partei und des Staates folgen müsse. In einem Brief an Becher schilderte Janka, was auf der Versammlung vorgetragen wurde: »Es handelte sich um junge intellektuelle Mitarbeiter, die mehr oder weniger gescheit, fortschrittlich oder in ihren Ansichten auch rückständig sind und die Auffassung vertreten, daß man unsere Gedanken an die verantwortlichen Vertreter im Partei- und Staatsapparat herantragen soll; man müsse in einem Wechselverhältnis sowohl nach oben als auch nach unten ausstrahlen können, und was nicht weniger wichtig ist, die Meinung der uns überlegenen bzw. übergeordneten Vertreter von Partei und des Staatsapparats in einem offenen Gespräch zur Kenntnis nehmen können. Ich persönlich sehe darin nichts Gefährliches.«[96] Er bat Becher, sich doch für ein Gespräch im Aufbau-Verlag freizumachen; denn das Rundfunkinterview von Ulbricht und Grotewohl habe keinen befriedigt. »Es hätte von großer Bedeutung sein können ... wenn Ulbricht und Grotewohl ein paar neue Gedanken auf neue Weise zum Ausdruck gebracht hätten und nicht nur die Feststellung treffen, daß der ungarische Weg in die Katastrophe geführt hat. Bisher habe ich auch keinen Menschen getroffen, und ich hatte Gelegenheit mit Schriftstellern, jugendlichen Intellektuellen, aber auch mit Arbeitern über das Interview zu sprechen, der das Interview nicht genau so wie ich im Grunde genommen ablehnt.«[97] Becher kam zur Diskussion in den Aufbau-Verlag an dem Tag, als die sowjetischen Truppen die ungarische Hauptstadt besetzten. Die Versammlung fand er produktiv, lobte sie und bat darum, ihn wieder einzuladen.

Die literarische Intelligenz, insbesondere die Autoren und Mitarbeiter des Aufbau-Verlages, beunruhigte das Schicksal von Georg Lukács, der als Kulturminister der Regierung Imre Nagy angehörte. Becher, mit Lukács seit vielen Jahren befreundet und sein Mentor in allen Fragen der ästhetischen Theorie, fühlte sich ein letztes Mal veranlaßt, selbständig zu handeln. Er beauftragte Janka, Lukács aus Budapest herauszuholen. Später berichtete Janka, die Idee sei von Anna Seghers ausgegangen. Auch Helene Weigel wurde genannt. Richtig wird sein, daß alle Genannten dafür waren, die Initiative aber von Becher ausging. Er gab

Janka genaue Instruktionen und stellte auch den Wagen mit Fahrer zur Verfügung. Am Tage, als die Reise beginnen sollte und die Visa bereit lagen, rief Becher an. Er habe mit Walter Ulbricht gesprochen, die Fahrt müsse unterbleiben. In Ungarn seien die sowjetischen Genossen präsent, die müßten wissen, was zu tun sei. »Bechers Stimme klang demoralisiert«,[98] kommentierte Janka das Telefongespräch.

Während dieser Zeit arbeitete Harich an der »Plattform für einen besonderen deutschen Weg zum Sozialismus«. Wie in dem Memorandum, das er Puschkin vorlegte, ging es auch hier um ein ausführliches Programm, das Vorschläge unterbreitete, wie man aus der gegenwärtigen Sackgasse herauskommen könne. Da sich Harich auf dem Gebiet der Ökonomie nicht kompetent genug fühlte, zog er Bernhard Steinberger, Manfred Hertwig und Richard Wolf hinzu. Steinberger, als Jude von den Nazis verfolgt, geriet noch vor der Gründung der DDR in den von den Sowjets inszenierten Noel-Field-Prozeß und wurde von einem sowjetischen Tribunal zu 25 Jahren Zwangsarbeit verurteilt. 1955 freigelassen, kehrte er in die DDR zurück. Als Assistent von Friedrich Behrens, einem ebenfalls gemaßregelten Reformer, hielt er auf Grund seiner wissenschaftlichen Beschäftigung mit der DDR-Ökonomik eine Veränderung des Wirtschaftssystems für dringend nötig. Wie Steinberger ging es auch Hertwig und Wolf darum, den Sozialismus lebensfähiger zu machen. Mit ihnen besprach sich Harich, aber sie arbeiteten keinen selbständigen Beitrag zur »Plattform« aus. Als ihnen Harich die erste Fassung zur Kenntnis gab, hatten sie starke Vorbehalte. Vor allem Wolf hielt Harich für einen politischen Abenteurer. Im Unterschied zum Verfasser der »Plattform«, die dieser sofort innerhalb der Partei diskutiert wissen wollte, drängte Steinberger auf Konspiration. Gegenüber den Einwänden meinte Harich, er habe mit Absicht einiges überspitzt formuliert, da bei einer Diskussion im Aufbau-Verlag sowieso noch Wasser in seinen Wein gegossen werde.

Obwohl es sich bei diesem Entwurf um eine Revolution von oben handelte, ging Harich von einer sozialistischen Demokratievorstellung neuer Qualität aus. Die führende Rolle der Partei sollte durch Überzeugung der Parlamentsmehrheit sichergestellt werden. Die Gewerkschaften als überparteiliche Organisationen hatten keine »Transmissionsriemen« der Partei mehr zu sein. Die Bevormundung der Massenorganisationen und anderer Parteien durch die SED habe aufzuhören. Die Einheitslisten bei den Wahlen beließ der Entwurf, sah aber mehr Kandidaten vor. Die Kontrolle der Presse sollte erhalten bleiben. Hierin zeigte sich eine Inkonsequenz im Denken Harichs vor allem hinsichtlich der Durchsetzung demokratischer Freiheiten. Brecht, der die Demokratie noch als unzulänglich für die Freisetzung menschlicher Produktivität fand, ging weiter. Aber er sah sich nie genötigt, seine philosophischen Vorstellungen zu konkretisieren, sie als politische Rechte auszuweisen. Harich mußte das tun.

Die »Plattform« als politisches Programm zu analysieren und zu kritisieren bringt wenig, wenn man nicht von Harichs eigentlichen Antrieben ausgeht, von seiner Furcht, die gegenwärtige Situation könne in einen blutigen Bürgerkrieg münden. Um diesen zu vermeiden und die sozialistische Perspektive aufrecht zu erhalten, müsse der sozialistische Entwicklungsstand in der DDR zurückgeschraubt werden, so daß er kein Hindernis für die Wiedervereinigung bilde. Deshalb plädierte er auf Zulassung und Förderung privatkapitalistischer Betriebe, den Verkauf unrentabler volkseigener Werke, Landwirtschaftlicher Produktionsgenossenschaften und Staatsgüter. Jede Einschränkung der Unternehmerinitiative habe aufzuhören. Auf militärischem Gebiet forderte er die Auflösung der Nationalen Volksarmee, um einen entmilitarisierten Status für das wiedervereinigte Deutschland zu ermöglichen. Wie weit sich Harich des Risikos bewußt war, damit die sozialistischen Errungenschaften preiszugeben, läßt sich schwer ausmachen. Der werbende Charakter der »Plattform« ließ es wenig zweckmäßig erscheinen, das Wagnis in allen seinen Aspekten zu beleuchten. Subjektiv hoffte Harich wohl darauf, daß auch die westdeutschen Arbeiter am Erhalt dieser sozialen Forderungen interessiert sind. Auch muß die »Plattform« in Verbindung mit dem Memorandum gesehen werden, in dem er eine Korrektur der bestehenden Ostgrenzen vorschlug. Wenigstens darauf würden die Deutschen nicht verzichten wollen. Harich übersah jedoch, daß er mit seinen Vorstellungen zu spät kam. Die Sowjetunion unter Chruschtschow hatte sich entschieden, daß eine Wiedervereinigung auf kapitalistischer Grundlage nicht mehr in Frage komme. Die Adenauer-Regierung wiederum hätte einem Austritt aus der NATO, der Preisgabe der Westintegration, nie zugestimmt. Die Wiedervereinigung war auch nicht im Sinne von Frankreich, England und den USA. Sie würden ihre Zustimmung nur geben, wenn das wiedervereinigte

Deutschland der NATO beitrete. So ist es nach 1990 dann ja auch gekommen.

Ungeachtet aller Schwächen und Grenzen, der politischen Naivität in der Wahl der Stunde, ist Harichs »Plattform« das umfassendste Programm aller Oppositionsbewegungen bis 1989 geblieben. Auch der Reformer Gorbatschow besaß zu seiner Zeit und in Anbetracht seiner Schwierigkeiten keine konkreteren Lösungen, kein besser ausgearbeitetes Programm.

Am Abend des 29. November 1956, nach seiner Rückkehr aus Hamburg, wurde Harich in seiner Wohnung verhaftet. »Es dämmerte bereits. Kaum hatte ich meine Mutter und meine Freundin begrüßt, wurde bei uns Sturm geklingelt und draußen ›Aufmachen! Kriminalpolizei!‹ gebrüllt. Hastig griff ich nach dem Manuskript meines Plattform-Entwurfs, um es in den Ofen zu stecken. Es gelang nicht mehr. Uniformierte der Stasi standen bereits in meinem Zimmer, rissen mir das Papier aus der Hand, erklärten Irene Giersch und mich für verhaftet und untersagten uns jedes Wort.«[99] Eine Woche später, am 6. Dezember, wurde Walter Janka verhaftet, im Laufe der Untersuchungen dann die ganze Gruppe um Harich. Einige Mitarbeiter des Aufbau-Verlages wurden als Zeugen geladen, um die Angeklagten zu belasten. Sie konnten aber nichts aussagen, was die Staatsanwaltschaft nicht ohnehin schon wußte. Hier ist nicht der Ort, den Verlauf des Prozesses zu schildern. Vielmehr kommt es darauf an, die Motive der beiden Seiten, die der Intellektuellen und die Ulbrichts, festzuhalten.

Ulbricht war fest entschlossen, einen Schauprozeß durchzuführen. Den Intellektuellen, den literarischen Größen des Landes sollte vorgeführt werden, wohin all die Sonderwege, die Abweichungen von der Partei, führen. Die Drohung, die von diesem Prozeß ausging, wurde noch dadurch unterstrichen, daß der als Zeuge geladene Gustav Just bei seiner Aussage verhaftet und zum Angeklagten wurde. Das alles geschah zu einer Zeit, als Schauprozesse dieser Art bereits der Vergangenheit angehörten. Die Öffentlichkeit fühlte sich an die Gerichtsverfahren unter Stalin erinnert, die nach dem XX. Parteitag als Verstoß gegen die sozialistische Gesetzlichkeit bezeichnet wurden. Aber Ulbricht ließ sich davon nicht abhalten. Zwar argumentierte er immer damit, daß in der DDR so etwas nicht stattgefunden und es keine Toten gegeben habe. Bei Verhandlungen, die meist politische Geheimprozesse gewesen waren, hatte

Ulbricht ein bürokratisches Verfahren bevorzugt, änderte sich die politische Situation, kamen die Angeklagten wieder frei, konnten sich oft ihre neue berufliche Tätigkeit selbst auswählen. Aber die falsche Anschuldigung und deren politische Hintergründe kamen nicht zur Sprache. So wurde Paul Merker von demselben Richter freigesprochen, der ihn verurteilt hatte, derselbe Zeuge, Alexander Abusch, der ihn beschuldigt hatte, entlastete ihn. Selbst bei internen Parteistrafen verfuhr man in dieser Weise. Das Parteiverfahren gegen Anton Ackermann, den Verfasser des *Deutschen Weges zum Sozialismus*, wurde gelöscht, als die Problematik keine Rolle mehr spielte und nicht, weil es unrechtmäßig gewesen wäre.

Wolfgang Harich war für Ulbricht kein politischer Rivale, wie etwa Paul Merker oder Franz Dahlem. Es kann kaum angenommen werden, daß er diesem jungen Mann auf politischer Ebene irgendwelche Bedeutung beimaß und meinte, von ihm gehe eine Gefahr aus. Und doch wandte er gegen ihn seine ganze Energie auf, bestand auf härteste Bestrafung. In Harich sah Ulbricht den Typus des Intellektuellen, der mit dem Wort und den geistigen Traditionen umgehen konnte. Für ihn besaß er etwas Frivoles. Er erkannte in ihm eine geistige Beweglichkeit, die zerstörerisch wirkte, die feste Grundsätze und unantastbare politische Prinzipien zersetzte. Von diesen Leuten ging eine Aura aus, die die langwierige, geduldige Agitation einfach überspielte, die mit Artikeln, Büchern und Reden mehr zu bewirken vermochte als die Funktionäre in ihrer tagtäglichen Kleinarbeit. Gerade Ulbricht, der sich von der Agitation alles erhoffte, wußte, wie mühselig auf diesem Gebiet der Erfolg war. Das hatte er selbst nur zu oft erfahren. Den Gegensatz zwischen faszinierendem Intellektuellen und trockenem Funktionär sah er in Harich und sich selber verkörpert. Brecht sagte von Ulbricht, daß man bei seinen Reden nur auf den nackten Inhalt angewiesen sei und von keiner Rhetorik oder geistigen Brillanz getäuscht werde. Das war von Brecht sogar positiv gemeint, in der praktischen Politik allerdings kein Vorteil. Wie ein tief religiöser Mensch eines anderen Jahrhunderts blickte der Politiker Ulbricht auf Harich, den Verführer, den Abweichler, den frivolen geistigen Abenteurer.

Gewiß, die persönlichen Motive sollten bei einem Mann wie Ulbricht keine ausschlaggebende Rolle spielen, aber sie gaben den Antrieb für die politischen. Mit dem Prozeß gegen Harich wollte Ulbricht vor allem die Debatte um die Fehler und Verbrechen Stalins zurückdrängen und verhindern, daß die Diskussion über den »Personenkult um Stalin« weitergeführt wurde zu den Grundfehlern einer Politik, die den Marxismus und den Sozialismus in Verruf gebracht hatten. Ihm war durchaus bewußt, daß Harichs »Plattform« durch die Enthüllungen auf dem XX. Parteitag angeregt worden war. Der Parteitag hatte auf Intellektuelle so elementar gewirkt, daß sie nicht besänftigt wurden, wenn man Stalin aus der Reihe der Klassiker strich. Die langanhaltende, sich im Laufe der Zeit noch steigernde Wirkung der Diskussion ließ Ulbricht zu der Erkenntnis kommen, daß ein Umdenken von lawinenartigem Ausmaß eingesetzt hatte. Chruschtschows Aussagen über Stalin, vielleicht die mutigste, wenn auch unvollendet gebliebene Tat in der Politik der zweiten Hälfte des zwanzigsten Jahrhunderts, kam einer weltanschaulichen Korrektur mit unübersehbaren Folgen gleich. Für die sozialistischen Intellektuellen war das ihr geistiges Waterloo. Ulbricht wollte diese Entwicklung mit allen Mitteln eindämmen. Der Prozeß sollte ein Zeichen, eine Zäsur setzen.

In seinen Informationen für den Parteiapparat ließ Ulbricht hervorheben, Harich habe versucht, »die Diktatur des Proletariats mit der faschistischen Diktatur gleichzustellen und so zu diffamieren. Zur Interpretation dieser Auffassung wird ausschließlich der sogenannte *Stalinismus* herangezogen, wobei die Diskussion beweisen soll, daß bestimmte Fehler der Vergangenheit prinzipieller Art sind, d.h. dem sozialistischen System anhaftende Begleiterscheinungen.«[100]

Auch in Harichs Verlangen nach freier Meinungsäußerung sahen Ulbricht und der Parteiapparat nichts anderes als die »Forderung nach Eröffnung der sogenannten Fehlerdiskussion«. An sich kein Vergehen, das gerichtlich geahndet werden mußte, aber eben ein wichtiger Punkt, der mit der Verurteilung bereinigt werden sollte.

Die Parteiführung listete an »Verbrechen« der »staats- und parteifeindlichen Gruppierung Harich/Janka« neben dem beabsichtigten Sturz der bestehenden Partei- und Staatsführung noch die geplante Änderung des politisch-gesellschaftlichen Systems auf. Außerdem hätte die Gruppe den Vorwurf erhoben, Partei und Staat würden sich gegen eine marxistische Entwicklung der Wissenschaft stemmen, ihre Politik sei intelligenzfeindlich. Letzteres traf wohl auf einige Funktionäre zu, aber bei allem Haß, den Ulbricht gegenüber einem Intelligenztypus wie

Harich empfand, konnte man ihm Intelligenzfeindlichkeit nicht vorwerfen. Er zeigte sich unerbittlich, wenn die Intellektuellen nicht wollten wie er, aber er stand der Intelligenz nicht ablehnend gegenüber. Vielmehr wollte er sie gewinnen und gewährte ihr beachtliche Privilegien unterschiedlicher Art. Doch gerade weil er sie förderte, glaubte er sich auch berechtigt, sie zu disziplinieren.

Ulbricht gelang es in diesem Prozeß, Harich klein zu machen. Er bekannte sich schuldig. Zwar sagte er nicht mehr aus als das Gericht ohnehin wußte. Einige ihn schwer belastende Punkte, wie das Memorandum mit den Vorschlägen für eine neue östliche Grenzziehung, kamen gar nicht zur Sprache. Da er seine Angst, daß die Chance der deutschen Wiedervereinigung verlorenzugehen drohe, nicht verdeutlichen konnte und durfte, machte er viele angesehene Intellektuelle für seine eigene Entwicklung mitverantwortlich. Der Ulbrichtschen Information für den Parteiapparat zufolge schrieb Harich in einer Erklärung: »In der ganzen Zeit im Oktober und November 1956 gab ich mich nämlich der Illusion hin, ganz im Sinne meines Lehrers Georg Lukács zu handeln.« Weiter führte er aus, daß Bloch in der Vorgeschichte seiner Verbrechen im Grunde eine viel stärkere und verhängnisvollere Rolle gespielt habe als z. B. die Mitbeschuldigten *Janka* und *Just*. Über den *Sonntag* und die Arbeit der Redaktion soll er in seinem Lebenslauf geäußert haben: »Und immer dann, wenn die Partei die Redaktion auf diese ihre eigentlichen Aufgaben aufmerksam machte, faselten wir davon, daß die Diskussion um den Dogmatismus objektiv nur dazu beitrüge, die Intellektuellen von den eigentlichen, den gesellschaftlich-politischen Fragen, abzulenken. Unter allen diesen Voraussetzungen hat die Redaktion des *Sonntag* dann nach dem 8. Plenum des ZK der PVAP eine direkte feindliche Haltung zur Führung der Partei eingenommen.«[101] Harich wies das Gericht aber darauf hin, daß er seine »Plattform« vernünftig mit der Partei habe diskutieren wollen. »Ich habe allerdings nicht damit gerechnet, daß ich es mit einer Bande von Verbrechern und Idioten zu tun hatte.«[102] Andererseits ließ er Reue spüren und bedankte sich noch bei den Staatsorganen, daß sie ihn durch die Verhaftung vor Schlimmerem bewahrt hätten. »… ich möchte einen Dank abstatten, und zwar an die Staatssicherheit der DDR … und ich habe da die Feststellung gemacht, sie sind sehr korrekt und anständig … ich war nämlich nicht mehr aufzuhalten … Ich war ein politisch durchgebranntes Pferd, das mit Zurufen nicht mehr aufzuhalten war ... Wenn man mich nicht festgenommen hätte, dann wäre ich heute nicht reif für die zehn Jahre, die der Herr Generalstaatsanwalt beantragt hat, sondern für den Galgen, und deshalb sage ich der Staatssicherheit dafür, für deren Wachsamkeit, meinen Dank.«[103]

Was veranlaßte Harich, sich schuldig zu bekennen? Warum stellte er alles in Frage, was ihn zu einer geschichtlichen Persönlichkeit gemacht hatte? Daß er fürchtete, gegen ihn könne die Todesstrafe ausgesprochen werden, ist nicht ganz abwegig, wenn man bedenkt, daß das Memorandum nicht oder noch nicht zur Sprache kam. Andererseits konnte sich Ulbricht zum damaligen Zeitpunkt einen Schauprozeß, bei dem die Todesstrafe verhängt wurde, nicht mehr leisten. Auch schien das nie Ulbrichts Absicht gewesen zu sein. Harichs Einsicht bestand darin, daß Lösungen in der deutschen Frage, wie er sie vorgeschlagen hatte, nicht mehr möglich waren. Die Zeit war darüber hinweggegangen. Die historische Chance, wenn sie überhaupt bestand, schien verspielt. Warum sollte er sie jetzt noch verteidigen und mit seiner Standhaftigkeit ein Beispiel geben? Da er immer in historischen Rollen dachte, stieg er in eine neue ein. Wie einst Bucharin sich zu Verbrechen bekannte, die er nie begangen hatte, weil er nur so noch eine Möglichkeit sah, sich weiterhin zum Sozialismus zu bekennen, so unterwarf sich auch Harich. Das Spiel mit dieser Rolle ist nur zu deutlich. Ein solcher Abgang schien ihm wirkungsvoller zu sein, als auf seiner Meinung zu bestehen. Insofern besaß sein ungewöhnlicher Intellekt tatsächlich etwas Frivoles.

Der Mitangeklagte Walter Janka bereute nichts. Über den Inhalt der »Plattform« gab es zwischen ihm und Harich einen Gedankenaustausch, aber gelesen oder gar zugearbeitet hatte er nicht. Von ihm kam nur die Anregung, Harich erst einmal alles zu Papier bringen zu lassen. Janka sah wie die meisten Intellektuellen Ulbricht nicht gern an der Spitze der Partei, aber die Veränderung erhoffte er sich nicht von Harich. Ihn betrachtete er nur als geistigen Anreger. Mehr als zu dessen Idee vom notwendigen Zurückschrauben des Sozialismus hätte der Praktiker Janka zu einer Tendenz geneigt, die sich in den sechziger Jahren durchsetzte, nämlich die DDR als eigenständigen Staat, als Alternative zur Bundesrepublik aufzubauen. Daß er, der nichts zu widerrufen hatte, von allem ausgeschlossen wurde, machte ihn zu einem verbitterten Mann. Ulbricht verurteilte ihn, aber im Strafmaß deutlich abgesetzt von Harich, weil er als Leiter Intellektuellen wie Harich ein Spielfeld überlassen hatte. Wolfgang Harich bekam zehn Jahre Zuchthaus, Walter Janka fünf, Bernhard Steinberger vier, Manfred Hertwig zwei.

Vor allem Walter Janka warf in den neunziger Jahren der literarischen Intelligenz ein Versagen vor, weil sie zu dem Prozeß Harich/Janka geschwiegen hatte. Janka klagte an. Aber er übersah, daß mit dem Prozeß der Auftakt zu einer umfassenden Musterung und Ausmusterung der Intelligenz, insbesondere der sozialistischen, gegeben wurde. Sich gerade zu diesem Zeitpunkt, als Chruschtschow aus innerpolitischen Gründen genötigt war, den Stalinismus nicht weiter zurückzudrängen, Ulbricht entgegenzustellen, schien nicht sehr aussichtsreich. Auch trauten die Intellektuellen Harich übertriebene, unzumutbare Forderungen zu. Das Provokative, das man bei dem Publizisten Harich schätzte, wollte man nicht ohne weiteres in der Politik tolerieren. Dennoch wurde der Prozeß nicht stillschweigend hingenommen. Zwar erreichte Ulbricht die gewollte Disziplinierung, die über Organisationen und Institutionen durchgesetzt wurde. Auf die Dauer gesehen war aber auch er gezwungen, seine Politik und seine Methoden auf einigen Gebieten zu ändern. Die Intelligenz meldete sich schon zu Wort. Janka selber führte aus, daß ihn Helene Weigel nach der Verhaftung von Harich aufgefordert habe, mit seinem Verlag in den Streik zu treten, um den Terror der Bürokratie wirksamer zu bekämpfen. Sie schrieb einen Brief an Becher, den dieser an Ulbricht weitergab. Darin wandte sie sich gegen die Verhaftung von Harich und machte darauf aufmerksam, wie die Zeitungen darüber berichteten: »Das Gedächtnis der Leute ist nicht so kurz, als daß sie diese Art nicht wiedererkennen würden und mit den berüchtigten Beriaprozessen assoziierten, viele sagen, wenn es solche Art Diffamierungen braucht, um die Verhaftung zu begründen, etwas mit der Anklage faul sein muß. Wahrscheinlich werden viele dadurch eingeschüchtert, die man gerade vor kurzem zur Offenheit und Mitarbeit gewonnen hat. Unter unseren sehr aufgeschlossenen Mitarbeitern, wie zum Beispiel Angelika Hurwicz und ebenso Erich Engel, hat es wirklichen Ekel ausgelöst. Diese Form sieht aus, als ob vor der Untersuchung das Urteil bereits gesprochen sei; ich bitte Dich, mir eine kurze Zeit zu einer Besprechung zu geben, ich brauche Deinen Rat.«[104]

Wie weit die Auflehnung gegen die von Ulbricht veranlaßten Gerichtsverfahren ging, zeigte sich selbst im Justizapparat. Der stellvertretende Generalstaatsanwalt Bruno Haid, der den »Fall Harich/Janka« bearbeitete, erklärte nach gründlichem Aktenstudium, daß er keinen Grund sehe, gegen die Gruppe Harich/Janka und deren Mitarbeiter im Aufbau-Verlag einen Prozeß anzustrengen. Das Politbüro-Mitglied Karl Schirdewan empfahl Haid, das in einem Brief Ulbricht mitzuteilen. Daraufhin wurde Haid seines Postens enthoben und als Justitiar in Industrie-Kombinate nach Karl-Marx-Stadt (Chemnitz) versetzt. 1960 beauftragte man ihn mit der Leitung der Hauptabteilung Verlage und Buchhandel, mit einem Amt, dem zugleich die Zensur oblag.

Den Prozeß gegen Harich/Janka nahm Ulbricht zum Anlaß, die literarische, künstlerische und wissenschaftliche Intelligenz auf ihre politische Verläßlichkeit zu überprüfen. Er war bereit, alle Personen ohne Rücksicht auf Verdienste und antifaschistische Vergangenheit auszusondern, wenn sie in den zurückliegenden Jahren auch nur geringste Schwankungen gezeigt hatten. Das traf auch auf die Reformkräfte im Parteiapparat zu. Zu welcher aufgeladenen Atmosphäre es kam, zeigt ein von Schirdewan überlieferter Satz Ulbrichts, ausgesprochen bei einer Beratung der SED-Führung, als er alle Beherrschung verlor und erklärte: »Wenn es wieder eine Ausnutzung dieser Ereignisse durch bestimmte Leute (er meinte reformorientierte Funktionäre) gibt, lasse ich sie ins Gefängnis sperren!«[105] Auf dem 35. Plenum des ZK der SED 1958 wurden dann Karl Schirdewan und Fred Oelßner, bisher der Chefideologe der Partei, aus dem Politbüro ausgeschlossen.

Als Ulbricht die »Plattform« Harichs in die Hände bekam, informierte er das Politbüro und erklärte triumphierend, daß er schon vor Monaten darauf hingewiesen habe, daß in Kreisen der Akademie der Wissenschaften und des Museums für deutsche Geschichte »eine organisierte feindliche Tätigkeit« durchgeführt werde. Jetzt sei bestätigt, »daß meine damalige Einschätzung richtig war, auch wenn es damals nicht gelang, das Dokument in die Hände zu bekommen«.[106]

Um die Vorgänge in der Intelligenz unter Kontrolle zu halten, ließ er eine 98 Seiten umfassende Analyse anfertigen. Darin wurden alle Personen aufgelistet, die von der Partei abweichende Meinungen vertreten hatten. Das Dokument trug den Titel: »Streng vertraulich! Analyse der Feindtätigkeit innerhalb der wissenschaftlichen und künstlerischen Intelligenz«.[107] Insgesamt eine ebenso gründliche wie denunziatorische Darstellung, die fast ausschließlich Personen der sozialistisch orientierten Intelligenz umfaßte. Die Namensliste reicht von dem Philosophen Ernst Bloch bis zum Conférencier der Schlagerparaden Heinz Quermann. Daß die Ausarbeitung genau nach den Angaben Ulbrichts erfolgte, kam schon in dem Einleitungssatz zum Ausdruck: »Die feindlichen Methoden der ideologischen Diversion unter den Losungen des Kampfes gegen den ›Stalinismus‹ und der Forderung nach ›absoluter Meinungsfreiheit‹ sollten eine allgemeine ›Fehlerdiskussion‹ entfachen, Verwirrung und Unsicherheit erzeugen und von der Lösung der auf diesen Tagungen festgelegten Aufgaben zur Sicherung des weiteren Aufbaus des Sozialismus ablenken.«[108] Charakteristisch für die Zersetzungsarbeit der Intelligenz sei, daß sie vor allem von Intellektuellen ausgehe, die längere Zeit im kapitalistischen Ausland gelebt hätten. Gemeint war die Westemigration. Hervorgehoben wurden die Namen Ernst Bloch, Jürgen Kuczynski, Alfred Kantorowicz und der Landwirtschaftsexperte Kurt Vieweg. Ihre Taktik bestehe darin, »Kommunisten durch Kommunisten zu schlagen«. Damit sollte wohl erklärt werden, warum in dieser Analyse vorwiegend Leute aus den eigenen Reihen aufgeführt wurden.

Merkwürdig konfus nahmen sich die Angaben über den Aufbau-Verlag aus, der beschuldigt wurde, ein Zentrum konterrevolutionärer Tätigkeit zu sein. Er habe großen Wert auf die Veröffentlichung von Anschauungen bürgerlicher Prägung und von »marxistisch-leninistischen Schriften mit revisionistischen Zügen« gelegt. Damit waren vor allem die Schriften von Lukács und Bloch gemeint. Die Verdienste um das große Bündnis wurden jetzt zu Anklagepunkten. Während man gegen die Lektoren nicht viel vorzubringen wußte, richtete sich die Anklage mit aller Härte gegen die im Aufbau-Verlag erscheinende Wochenzeitschrift *Sonntag*. »Die Zeitung *Sonntag* war nicht nur das ideologische Sprachrohr der Harich-Gruppierung, sie war darüber hinaus zugleich das organisatorische Element zur Zusammenführung anderer konterrevolutionärer Elemente unter den Intellektuellen, denen der *Sonntag* seine Seiten zur Verfügung stellte.«[109] Von hier seien Verbindungen nach Leipzig ausgegangen, zu den angeklagten Schriftstellern Erich Loest und Gerhard Zwerenz. Bloch habe empfohlen, den *Sonntag* stark zu machen gegen die Parteipolitik.

Angeführt wurden in der »Analyse« auch die Namen derer, die Harich in seinen Ansichten bestärkt hatten. Der Zusatz, daß sie »auf der gleichen konterrevolutionären Linie« gestanden hätten, wurde gestrichen. Spätestens hier muß der Parteiführung bewußt geworden sein, welch geistiges Armutszeugnis sie sich selbst ausstellte, wenn sie die klügsten Köpfe der Partei als anfällig für die Konterrevolution bezeichnete. Aufgeführt wurden der Schauspieler Ernst Busch, die Schriftsteller Wieland Herzfelde, Bodo Uhse (der Name Stephan Hermlin wurde wieder gestrichen), die Philosophen Georg Klaus und Alfred Kosing, die Chefredakteure der Zeitschrift *Eulenspiegel* Heinz Schmidt, der *Deutschen Zeitschrift für Geschichtswissenschaft* Fritz Klein, die Direktoren der Akademie der Wissenschaften und der Akademie der Künste Walter Freund und Rudi Engel. Auf einer Präsidialratstagung des Kulturbundes vom 9. November 1956 habe Harich unter Beteiligung von Walter Janka seine »feindlichen Anschauungen« vortragen können, und im Berliner Ensemble sei es vor allem Käthe Rülicke gewesen, die Harichs konterrevolutionäre Konzeption kannte. Im Theater sei bei der Verhaftung von Harich die Losung ausgegeben worden: »Man will uns nur Angst machen und in Wirklichkeit hat man gar nichts Ordentliches gegen Harich.«[110]

Um Intellektuelle herabzusetzen oder als wenig vertrauenswürdig hinzustellen, zog man auch Angaben über die Vergangenheit vor 1945 heran. So sei Käthe Rülicke »eine hohe BDM-Führerin« gewesen. An anderer Stelle wies man darauf hin, daß Erwin Strittmatter während des Krieges in einem Polizeibataillon als Oberwachtmeister und als Schreiber im Stab unter anderem an Einsätzen in Jugoslawien und Griechenland teilgenommen habe. Ihm wollte man das jedoch nachsehen: »Er ist einer der wenigen, der offen und ohne Aufforderung zu seinen zeitweiligen Schwankungen Stellung genommen und in der weiteren Arbeit bewiesen hat, daß er aus seiner Vergangenheit die notwendigen Schlußfolgerungen gezogen hat.«[111] Diese Notiz stammt aus dem Jahre 1959. Die strenge Musterung der Intelligenz beschränkte sich nicht nur auf das Jahr 1957, sondern setzte sich fort.

Im Staatlichen Rundfunk sei der Kommentator Karl-Eduard von Schnitzler mit parteifeindlichen Reden aufgetreten. Er habe erklärt, »daß er mit dem eingeschlagenen harten Kurs der 32. Tagung des ZK nicht einverstanden ist. Was die beiden anderen Sender machen, sei ihm egal. Aber sollte der Deutschlandsender diesen Kurs einschlagen, sieht er sich genötigt, aus dem Funk auszusteigen. Er wird, wenn er seine Arbeit wieder aufnimmt, nichts mehr tun, was gegen seine Überzeugung ist. Was sich solche Schmutzfinken wie Kuba (Kurt Barthel – W. M.) erlaubt haben zu sagen, das sei doch das letzte. Auch der Genosse Fröhlich soll sich erst einmal seine diktatorischen Methoden in Leipzig abgewöhnen, ehe er solche Reden hält ... Wenn solche Leute wie Kuba, Fröhlich u. a. in der Partei den Ton angeben, ist es zwecklos, etwas zu sagen.«[112]

Weit ausführlicher als auf den Aufbau-Verlag ging die »Analyse« auf die Universität Leipzig, auf den Schülerkreis Ernst Blochs als konterrevolutionäres Zentrum ein. In Leipzig besaß Ulbricht in dem Bezirkssekretär Paul Fröhlich einen bereitwilligen Helfer. Die Ausschaltung der Reformwilligen wirkte sich hier verhängnisvoller als in Berlin aus. Sie führte zur Zerschlagung des Blochschen Instituts. Die Leipziger Universität, die mit Gelehrten wie Ernst Bloch, Werner Krauss und Hans Mayer in den ersten Jahren der Republik einen ausgezeichneten Ruf besaß und einen begabten Schülerkreis heranbildete, verlor ihre Bedeutung. Viele, die in den Kreis der Verdächtigen gerieten, des Revisionismus bezichtigt wurden, so wie der Slawist Ralf Schröder und der Romanist Winfried Schroeder, standen, obwohl sie Marxisten blieben und die DDR nicht verließen, noch Jahre danach unter Beobachtung der Staatssicherheit.

Wollte Ulbricht eine nachhaltige Wirkung seiner Maßnahmen erreichen, mußte er auch gegen die Maestros vorgehen, gegen Brecht, Lukács, Becher und Bloch. Brecht war im Sommer 1956 gestorben. Ulbricht gab die Weisung, den Namen Brecht aus allem herauszuhalten. Umso gründlicher ging er gegen Lukács vor, der nicht in den Grenzen seines Machtbereichs lebte, in der DDR aber mit seinem Werk die größte Resonanz gefunden hatte. Lukács' Bücher, die nach 1945 dem marxistischen Denken eine Bahn brachen, wurden aus dem Verkauf genommen und nicht mehr aufgelegt. Es dauerte zwanzig Jahre, bevor wieder eine Schrift von ihm in der DDR erschien.[113] Auf Lukács konnte man sich nur noch kritisch beziehen. Für die literarische Intelligenz kam das einem Schock gleich, denn wie nur wenigen anderen verdankte sie ihm ein neues Denken.

Becher gehörte in den fünfziger Jahren im Unterschied zu Brecht, Lukács und Bloch nicht zu den geistigen Matadoren der DDR. Nach der kurzen Phase der Wiederbegegnung des deutschen Lesers mit seiner Dichtung, die ihm Achtung und Respekt eingetragen hatte, verlor sich das Interesse. Im Aufbau-Verlag, der sein Werk – zu extensiv – betreute, wurden seine Bücher zu Ladenhütern. Als man ihn dann zum literarischen Repräsentanten der DDR, später zum Kulturminister machte, gab es kaum einen anderen Schriftsteller, den die westdeutsche Presse mehr beschimpfte. Er galt als Exempel dafür, daß Politik die Dichtung ruiniere. Für sie war er der »Dichter im Dienst«. Je mehr die Ulbrichtsche Kulturpolitik Becher als den ersten sozialistischen Klassiker herausstellte, desto kritischer wurde man auch im eigenen Land ihm gegenüber. Die Abwertung setzte sich nach seinem Tod weiter fort. Biermann bezeichnete ihn als »klassizistischen Kaisergeburtstagsdichter der Stalinisten«. Auf diese Weise verschwand jede differenzierte Wertung. In Vergessenheit geriet, daß er nach dem Krieg mit dem weitreichendsten politischen Versöhnungsangebot aufgetreten war, es mutig auf verschiedenen Ebenen vertreten hatte, bis ihn auch hier die Geschichte ins Aus stellte. Bis Mitte der fünfziger Jahre riskierte er selbst als Kulturminister manches, bis ihn Ulbricht 1957 beim Portepee faßte und Becher im Dienst für die Partei alles preisgab, was ihm einst als Verdienst angerechnet worden war. Der Abbau des Ansehens seiner Person vollzog sich in einem erschreckenden Ausmaß. Er übertraf selbst das Reuebekenntnis Harichs. Ihn zwang keine Furcht vor der Todesstrafe in die Knie. Bei ihm genügte es, darauf hinzuweisen, was die Partei, was Ulbricht von ihm erwarteten. In diesem Sinne war er wirklich ein »Dichter im Dienst«. Hinzu kam, daß er Ulbricht über alle Maßen verehrte. So unbedingt, nur einem Ziel verpflichtet wie Ulbricht, wollte Becher auch gern sein. Sein letztes Werk war ein überschwengliches Lob auf diesen Mann, der ihm Demütigung abverlangte, auf Walter Ulbricht.

Diese erschreckende Preisgabe seiner Dichterpersönlichkeit ist nur zu verstehen, wenn man begreift, daß Becher eine Rolle übernommen hatte, für die er nicht geschaffen war. Er, der Bohemien aus Veranlagung, wurde zum Vorbild für einen neuen Dichtertypus. Er, der vom Charakter her labil war, sich in seiner Jugend in Exzessen verloren hatte, zu Depressionen neigte, die ihn immer wieder zu Selbstmordversuchen trieben, wählte ein Leben und eine politische Laufbahn, die Konsequenz und Mut verlangten. Mußte gerade er, der alle Höhen und Tiefen eines übersteigerten Lebens durchlitten und sich von der Maßlosigkeit des dichterischen Anspruchs hatte leiten lassen, Gefallen am Ideal einer radikalen Selbstdisziplinierung finden? Seine seelischen Krisen trieben ihn dazu, nach Erlösung zu suchen. Das Erlösungsideal übertrug er aus der Dichtung in die Politik, pries es in der befreiten Menschheit des Kommunismus. Dieses Verlangen gab seiner Dichtung jene »höllische Trunkenheit«, von der Thomas Mann sagte, daß sie die Seel auf den Schindwasen bringt. In der nüchternen Welt nach 1945 fand eine solche überspannte Sprache keinen Anklang. Sie riß nicht mit, sie zerstörte den, der sie gebrauchte. Becher war seit seinem 24. Lebensjahr Morphinist und blieb es ein Leben lang. Auch als Minister kam er nicht ohne Drogen aus. Diese Veranlagung machte ihn ungeeignet, Belastungen durchzustehen. Als er im sowjetischen Exil in den letzten Kriegsjahren an der Front eingesetzt wurde, um wie Erich Weinert und Willi Bredel zu den deutschen Soldaten auf der anderen Seite zu sprechen, verließ er seinen Posten, weil es ihm zu kalt war, und fuhr wieder nach Moskau. Dort hielt man das für Desertion. Wieder unternahm er einen Selbstmordversuch. Lukács und Bredel wurden von Dimitroff ermahnt, auf Becher aufzupassen, ihn wieder aufzurichten, denn er werde noch gebraucht.

In der Situation von 1956/57 gab es für Becher nur einen, von dem er glaubte, daß er sich ihm anvertrauen könne. Er ging zu Ulbricht. Doch der empfing ihn nicht. Schirdewan, den er antraf, gestand er, er möchte am liebsten emigrieren. In die Sowjetunion! Doch dort ging die Tauwetterperiode zu Ende. Dabei hatte er das sowjetische Exil 1933 bis 1945 nur schwer ertragen. Er war verzweifelt, ein gebrochener Mann. Er wußte, von ihm werde jetzt Selbstkritik verlangt. Zuerst suchte er in einem offenen Brief sein neues Verhältnis zu Georg Lukács darzulegen. Doch das wurde als zu zurückhaltend, als zu mild empfunden. Ulbricht erklärte es einfach für »nicht zweckmäßig«. So unterblieb die Veröffentlichung. Zuletzt gab er der massiven Kritik, die vor allem auf Parteiebene von Kuba (Kurt Barthel) und Paul Fröhlich geübt wurde, nach, distanzierte sich von Lukács und fand es in Ordnung, was mit Janka und Harich geschah. Schon schwer krank, schrieb er am 10. September 1957 einen Brief an das Zentralkomitee der SED, in dem er sich vorwarf, nicht erkannt zu haben, welche gefährlichen Tendenzen sich im Aufbau-Verlag anbahnten, so daß es nötig gewesen wäre, Janka sofort zu entlassen. Auch gegenüber Harich sei er leichtfertig gewesen: »So erschien mir auch seine Konzeption ... so infantil, daß ich mir nicht denken konnte, daß sie von irgend jemand hätte ernst genommen werden können und einen ernsthaften Schaden hätte stiften können.« Und zu Lukács: »Ich hielt es zwar durchaus für möglich, daß Lukács durch unverantwortliche Schwätzerei, die ich seiner Senilität zuschrieb, Harich in seinen partei- und staatsfeindlichen Tendenzen bestärkt hat. Es hätte mir auch zu denken geben müssen, in welch penetranter Weise sich Ernst Bloch immer auf Lukács berief und mir den Vorwurf machte und mich als Lumpen bezeichnete, daß ich nicht energisch genug für Lukács eintrat.«[114] Die Aussprache mit den Mitarbeitern des Aufbau-Verlags, die damals bei ihm so viel Verständnis gefunden hatte, bezeichnete er jetzt als »eine Falle«, die man ihm gestellt habe. Daß er einst mit Janka die Abschaffung der Zensur besprochen und sie als einen »sinnvollen Vorschlag« bezeichnet hatte, lastete er jetzt ausschließlich Janka an. Mußte er sich so aufgeben? Sicher wäre es aussichtslos gewesen, Ulbricht in den Arm zu fallen. Doch gab es für ihn nicht auch die Möglichkeit, differenzierend einzugreifen? Vor die Frage gestellt, sich vor oder gegen die Partei zu stellen, gab sich Becher auf. Er begriff als Freundschaftsdienst, wozu ihn Ulbricht drängte. In seinem Brief an das ZK bat er darum, man möge ihn von seiner Funktion als Minister entbinden, denn krank wie er sei, werde er nicht mehr arbeiten können. Als geschlagener, kranker Mann verschwand Becher aus der Politik. Doch Ulbricht beließ pro forma den krebskranken Becher bis zu seinem Tod am 11. Oktober 1958 auf seinem Posten.

Was mit Becher geschah, vollzog sich auch auf der unteren Ebene in verschiedenen Institutionen. Die große Resonanz, die Lukács' Schriften gefunden hatten, beschrieb sogleich das Ausmaß der Selbstkritik, das der literarischen Intelligenz abverlangt wurde. Sie hatte abzuschwören oder abzutreten. Eine Umschichtung der Ästhetik fand statt. Zum Zuge kamen jetzt jene, die aus wissenschaftlichen Gründen schon früher kritisch zu Lukács gestanden hatten.

Innerhalb der großen Reinigung konnte Ernst Bloch nicht verschont werden. Harich hatte ihn vor Gericht belastet. Daß von dem Philosophen eine starke Faszination auf die junge Generation ausging, war nur zu verständlich. Für Harich war er damals die bedeutendste Persönlichkeit auf seinem Gebiet. Warum sollte er das leugnen? Deshalb hatte er sich im Verlag neben Lukács für keinen anderen so eingesetzt wie für ihn. Die von ihm konzipierte Gesamtausgabe von Blochs Werken suchte er mit aller Macht auch gegen den Widerstand von Wendt und Janka durchzusetzen. Warum er ihn dennoch in dieser Weise preisgab, bleibt unverständlich. Schließlich wußte er, was seine Aussage für Bloch bedeutete. Auch später, nach seiner Entlassung aus dem Zuchthaus, blieb Harich auf Distanz zu Blochs Werk.

Daß der Fall Bloch im Kulturbund nicht behandelt worden sei und man noch immer keine Schlußfolgerungen gezogen habe, rügte Becher im Oktober 1957 auf der 33. Tagung des Zentralkomitees der SED. Er warf sich dieses Versäumnis selber vor und machte es zu einem Teil seiner Selbstkritik. Die Getretenen mußten wieder treten. Verstanden wurde diese Prozedur als Selbstreinigungsprozeß der gesamten Partei. Durch Selbstkritik fühlte man sich erneut miteinander verbunden.

Bloch war kein Mitglied der SED, fühlte sich aber als Sozialist mit ihr verbunden. Ihm kam gar nicht in den Sinn, sich außerhalb dieser Welt zu stellen. Der Präsidialrat des Kulturbundes zählte ihn zu seinen Mitgliedern. Am 13. Dezember 1957 fand die Sitzung statt, die zu einer Bloch-Auseinandersetzung werden sollte. Hier im Kreis prominenter Mitglieder, in der gepflegten Restaurantatmosphäre im 13. Stock des Hochhauses am Strausberger Platz, sollte Bloch endlich Farbe bekennen. Was man ihm vorwarf, war beträchtlich. Er sei ein Vertreter des »dritten Weges«, ein Wortführer des »menschlichen Sozialismus«, zwischen ihm und der Regierung bestehe ein Gegensatz. Man kann nicht sagen, daß Bloch auf dieser Sitzung geschickt oder gar standhaft aufgetreten wäre. Er machte eher den Eindruck eines verwirrten Gelehrten, der nicht begriff, was man von ihm wollte. Unter die Politprofis geraten, fand er sich auf dieser Argumentationsebene nicht zurecht. Immer wieder fragte er, mehr sich selber als das Auditorium, »Was ist hier geschehen?« Den Vorwurf des Revisionismus wies er zurück. Er könne alles unterschreiben, was Klaus Gysi hier gegen den Revisionismus gesagt habe. »Und dann noch der dritte Weg. Wo habe ich je ein Wort vom dritten Weg gesagt, wo steht etwas von dem Wandern zwischen zwei Welten? In diese Welt bin ich gekommen und freiwillig gekommen und fühle mich zu Hause, obwohl es mir schwer gemacht wird, und hier bleibe ich. Ein dritter Weg ist ein Nonsens. Der dritte Weg wäre dann Sozialdemokratismus und führt zum Faschismus. Und da drüben ist nichts und hier steht alles. Und hier ist die Selbstreinigung. Hier, in Moskau ist der XX. Parteitag gewesen. Hier findet die Selbstreinigung statt, die Klärung statt ... Das meiste finde ich richtig, weil es der Sache entspricht. Und wer findet denn alles richtig? Was wäre das für ein Zustand? Kurz und gut, einen dritten Weg gibt es nicht. Es gibt nur den Weg zum Sozialismus in dem großen Lager ...«[115] Bloch verstand nicht, wie man an ihm, an seiner Haltung zweifeln konnte. »Ich hatte die Ehre, als enger Bundesgenosse, als enger Verbündeter bezeichnet zu werden. Nie war daran ein Zweifel.«[116]

Man trieb den Gelehrten in der Diskussion in die Enge. Erich Wendt erinnerte an die letzte Präsidialratssitzung, in der gegen die »konterrevolutionäre Tätigkeit« Harichs und Jankas Stellung genommen worden war. Aber Bloch sei der Abstimmung ferngeblieben. Auch habe er das, was gegen ihn eingewendet wurde, als Hexenjagd bezeichnet. »Ich bin dafür, daß wir die Hexenjagd zurückweisen.«[117] Alexander Abusch warf ihm vor, er heimse den Beifall von der falschen Seite ein. »Aber, Prof. Bloch, da muß man sich als Hochschullehrer fragen: warum, wenn ich erscheine, flammt es nicht auf für unsere Republik, für unseren Arbeiter- und Bauern-Staat? Da muß man hingehen und auftreten und so eintreten für unsere Regierung und für unseren Arbeiter- und Bauern-Staat ... Das Wegbleiben nützt in diesem Falle gar nichts.«[118] Abusch erhielt für seine Worte starken Beifall. Becher meinte, Bloch spiele eine Rolle »nicht ganz unähnlich der von Lukács«. Sein eigenes Dilemma diktierte Bechers Rede. Er sprach zu ihm wie zu einem Bruder, der sich verirrt hatte, der den falschen Weg nicht wahrnehmen wollte. Aber man müsse über seine eigenen Fehler offen sprechen, sein Versagen bekennen: »Aber ich fürchte, Bloch, ich weiß nicht, kokettieren Sie damit, sozusagen ein innerer Emigrant in der Deutschen Demokratischen Republik zu sein. Meinen Sie, daß Sie nur allein dann für sich stehen, oder ob nicht die Art dieser provokativen Haltung eines inneren Emigranten auf Dutzende und aber Dutzende und Hunderte von Leuten wirkt? Ihre weißen Haare würden noch weißer werden, wenn ich Sie mit dieser Umgebung konfrontieren würde. Sie können es doch auf Grund Ihrer Vergangenheit nicht wünschen, daß dieses Gesocks und Gesindel, das sich auf Sie beruft, daß Sie diese Subjekte dadurch ermuntern, daß Sie schweigen. Das kann doch nicht Ihre Absicht sein, das ist unmöglich. Also muß bei Ihnen doch irgendwie über Ihre eigene gesellschaftlich-geistige Position etwas im Unklaren sein.« Becher argumentierte wie einer, der sich voll Reue zur Kirche bekannt hatte und nun den Verstockten bewegen wollte, ein Gleiches zu tun. Vielleicht wirkte das auf Bloch stärker als die politischen Argumente. Becher mahnte den Bruder, sein Schweigen aufzugeben, zu bekennen. »Bloch, je länger Sie schweigen ... Und ich möchte Sie aufmerksam machen, Bloch, Sie werden in diese Rolle hineingezwungen, der Sie nicht gewachsen sind, nicht gewachsen zu sein wünschen ... Sie müssen darüber nicht jetzt, nicht morgen sprechen, aber vielleicht doch in einer absehbaren Zeit überprüfen, ob nicht mindestens sehr viel von dem, was wir gesagt haben, berechtigt ist ... Hier haben Freunde mit Ihnen gesprochen, nicht ihre Gegner.«[119] Frau Sasse schloß die Diskussion mit der Bemerkung, die wie Ironie klingt, aber auch im Sinne der anderen völlig aufrichtig gemeint war: »Die Diskussion ist Ihnen, Herr Prof. Bloch, hoffentlich eine Hilfe gewesen, uns allen ist sie eine Hilfe gewesen.«[120]

Bloch distanzierte sich von Harich, Janka und Lukács, vom menschlichen Sozialismus und äußerte sich zustimmend zum bewaffneten Eingreifen der Sowjets in Ungarn. Sein Schüler, der Schriftsteller Gerhard Zwerenz, der Blochs Werk bewunderte, hielt das für eine »beschämende Selbstverleugnung«. Es war das Urteil eines Intellektuellen, der sich frei von jahrzehntelangen Bindungen fühlte, der nicht den Druck der Bruderschaft empfand, mochte sie auch eine falsche sein. Bloch kannte sich in der Geschichte aus, er wußte um das Phänomen der Bindung an Kirchen aller Art mit ihren Verpflichtungen und ihren Folgen. Man darf sicher sein, daß er sich seiner Tragik bewußt war. Für ihn bedeutete der Sozialismus, um einen Satz von ihm zu variieren, die Heimat, in der keiner war.

# DRITTES KAPITEL
# Die Haltung der literarischen Intelligenz in der geschlossenen Gesellschaft

*Erster Abschnitt*

Die neue Situation zu Beginn
der sechziger Jahre

Ende der fünfziger, Anfang der sechziger Jahre veränderte sich die Lage sowohl in der Politik als auch für die Intelligenz. Ein Generationswechsel zeichnete sich ab. In die Emigrantengeneration hatte der Tod empfindliche Lücken gerissen. 1956 starb Brecht, 1958 Becher, Eisler 1962. Bereits 1953 hatten Friedrich Wolf und Erich Weinert, zwei Jahre später F. C. Weiskopf das Zeitliche gesegnet. Von ihnen war das Bild der Nachkriegsliteratur im Osten Deutschlands geprägt worden. Wesentliche Impulse für die kulturelle Entwicklung waren von ihnen ausgegangen. Mit ihrer Wortmeldung bei allen Brenn- und Wendepunkten konnte man rechnen.

Hatten sich ihre Hoffungen erfüllt oder waren sie als enttäuschte Leute aus dem Leben geschieden? War nach anderthalb Jahrzehnten in der DDR die Gesellschaft entstanden, für die sie gekämpft hatten? Darauf wird man nur antworten können, wenn man Bilanz zieht, Hoffnung und Enttäuschung, Gewinn und Verlust gegenüberstellt.

Wie Deutschland nach den Nazis aussehen würde, ließ sich nicht voraussehen. Wer nahm kurz nach 1933 schon an, daß Hitler fast ganz Europa erobern und es zerstört hinterlassen würde? Deshalb stellten sich nach 1945 die meisten den Bedingungen, die sie vorfanden. Der schnelle Wechsel der politischen Ereignisse verhinderte, daß strategische Überlegungen bis zu Ende gedacht wurden. Konkret und ausgereift waren nur die von Georg Lukács, der für eine längere Übergangsperiode plädierte. Der Staat, den er herbeiwünschte, sollte die demokratischen Freiheiten radikal und in ihrer Gesamtheit durchsetzen. Erst danach schien ihm der Übergang zum Sozialismus möglich. Doch die SED-Politiker drangen auf eine schnellere Einführung der Diktatur des Proletariats. Lukács' philosophisch begründete Strategie blieb Utopie.

Brechts dichterisches und philosophisches Werk wurde seit den dreißiger Jahren von zwei gegensätzlichen Tendenzen belebt. Einerseits prägte Revolutionserwartung seine Sicht, das aktivistische »Heute noch!«, andererseits wollte er die Apparate, wie er sagte, an die äußerste Grenze ihrer bürgerlich-demokratischen Möglichkeiten treiben. Trotz aller Gegensätzlichkeit zu Lukács, berührte sich seine Methode folglich mit der Strategie des Ungarn. Nur drängte bei Brecht die Bewegung zur Explosion, bei Lukács eher zur Evolution. Doch die Geschichte verlief weder nach der einen noch nach der anderen Weise. Aus dem Exil zurückgekehrt, fand Brecht, man habe den Deutschen eine Revolution geschenkt, aber sie wüßten nichts damit anzufangen. Er sah kein revolutionäres Subjekt. »Die Herrschaft ergreift das Volk nur im äußersten Notfall. Es hängt damit zusammen, daß der Mensch überhaupt nur im äußersten Notfall denkt. Nur mit dem Wasser am Hals. Die Leute fürchten das Chaos«[1], so ließ er eine Figur sagen, und das war seine Meinung. Auch in das Neue werfe sich der Mensch nur im Notfall. Der vorgefundenen Situation begegnete er dennoch mehr mit Ermutigung als mit Kritik; konnte er doch von einem Notfall ausgehen. Deshalb unterstützte er eine Minderheit, von der er glaubte, sie werde den Verlauf der Geschichte beeinflussen können, denn an der Erleichterung ihrer Existenz müsse den Menschen doch gelegen sein.

Die regierende Partei ersetzte in den fünfziger Jahren das fehlende revolutionäre Subjekt durch Propaganda. Sie stattete die Arbeiterklasse mit dem aus, was sie der Theorie zufolge haben sollte. In einer Zeit, in der alles auf Beschönigung, auf Beifall hinauslief, vermochten weder Lukács noch Brecht, ihr kritisches Instrumentarium zur Geltung zu bringen. Die Regierung brauchte für die konzipierten Veränderungen Beistand und Ermutigung. Da die allseitige Zustimmung ausblieb, wurde dieselbe durch eine Propagandakulisse ersetzt, in der sich die Kritik nicht etablieren konnte. Die materialistische Dialektik, mit der Brecht eine neue Denkkultur, ein Perikleisches Zeitalter errichten wollte, kam nicht zum Zuge.

Von den einstigen Entwürfen, die die Kunst in einer veränderten Gesellschaft betrafen, konnte nicht viel fortgeführt werden. Auch hatten die modernen Künstler schon in der Emigration manches widerrufen. Obwohl zu Zugeständnissen bereit, konnten sie nur an einigen Auffassungen festhalten. Demütigungen blieben dabei nicht aus. Nicht jeder Kompromiß erwies sich jedoch als Fehlentwicklung. Eisler hatte in dieser Hinsicht am meisten auszuhalten. Aber wohldurchdachte Rückzüge von modernen Positionen vollzogen sich mit Gewinn und Verlust. Die Preisgabe von bereits erobertem Terrain mußte in Kauf genommen werden. Das politische Zugeständnis erwies sich künstlerisch als Verlust. Brecht dosierte vorsichtig, wieviel episches Theater durchgesetzt werden konnte, ohne die Verbindung zum Publikum zu verlieren. Es ging ja nicht immer nur darum, der offiziellen Kritik auszuweichen.

Am tragischsten verliefen die letzten Jahre Johannes R. Bechers. Als er seine Politik gescheitert sah, unterwarf er sich der Partei. Auch in dieser Hinsicht ging er am weitesten. Die Kapitulation und der Krebs brachten ihn um. Als er starb, wurde er von der Partei als der größte Dichter seiner Zeit gepriesen. Er selbst sah sich in seinen politischen und poetischen Bemühungen jedoch weggedrängt von dem, was ihm als Vollendung vorschwebte. Selbst Friedrich Wolf, der in keine spektakuläre Auseinandersetzung geriet, war ein enttäuschter Mann. Hatte er doch auf eine literarische und künstlerische Opulenz wie in der Weimarer Republik gehofft. Die Emigranten konnten trotz der ungleich besseren Bedingungen in der DDR das im Exil erreichte künstlerische Niveau nicht fortsetzen. Ihr Werk wurde repräsentativ herausgestellt und erfuhr die verdiente Würdigung, blieb auch nicht ohne nachhaltige Wirkung, aber ein Neuansatz fand nicht statt. Doch den gab es auch anderswo nicht.

Die Emigranten vermochten ihre Enttäuschungen nur schwer zu verbergen, aber deswegen betrachteten sie sich nicht als gebrochen. Ihr Wert und ihre Leistungen waren in der DDR zur Geltung gekommen, hatten eine Verbreitung gewonnen wie nie zuvor. Brecht leitete mit seinem epischen Theater eine neue Ära ein, nicht nur in der DDR, auch in Europa und der Welt. Die Veröffentlichung seines Werkes lieferte Denkanstöße auf Raten. Was sich in den fünfziger Jahren nicht durchsetzte, brach sich einige Jahre später Bahn. Mit ihrem Werk trugen die Emigranten am meisten dazu bei, den Faschismus aus den Köpfen ihrer Landsleute zu treiben. Das war ihr Sieg. Und sie hinterließen einen Schülerkreis, der ihr Wort, vor allem ihre Methode und ihre Denkkultur, aufnahm. Schließlich prägen sie die Literatur der DDR, bis dieses Land eine eigene hervorbrachte. Nicht vergessen sollte man, daß ihre letzte Anstrengung der Einheit Deutschlands galt. Brecht und Becher widmeten sich diesem Thema in ihrer Lyrik und Publizistik, Friedrich Wolf in seinem Stück *Thomas Münzer*. Eine gleich vernehmliche Stimme war von den Dichtern auf der anderen Seite kaum zu hören.

In den sechziger Jahren erlosch das Wirken der Emigrantendichter nicht völlig; Anna Seghers und Arnold Zweig schrieben bis ins hohe Alter hinein. Beachtung erregten jedoch mehr und mehr neue Wortführer. Das waren zunächst die jüngeren Jahrgänge der Emigranten, die erst im Exil zu Schriftstellern geworden waren. Sie machten sich zu Sprechern der neu entstandenen Literatur, von deren Nöten und Schwierigkeiten. In der Auseinandersetzung traten vor allem drei Schriftsteller hervor, die in ihrer Haltung und ihrem Engagement nicht gegensätzlicher sein konnten: Stephan Hermlin, Stefan Heym und Kurt Barthel (Kuba). Sie hatten sich bereits in den fünfziger Jahren zu Wort gemeldet und besaßen ihr Publikum. Doch damals nahm die Öffentlichkeit ihre Stimme noch im Ensemble der anderen wahr. Jetzt kam ihnen zusehends die Rolle von Solisten zu.

Stephan Hermlin hatte auf dem Ersten Schriftstellerkongreß gefragt: »Wo bleibt die junge Dichtung?« Dieser Frage widmete er sich mit großem Einsatz zeit seines Lebens. Er selber hörte sehr früh auf, Gedichte zu schreiben. Sein Werk blieb schmal. Umso entschiedener engagierte er sich in der kulturpolitischen Auseinandersetzung. Wo der Platz der Literatur bedrängt oder eingeengt schien, und das passierte nur allzu oft, verteidigte er die gefährdeten Positionen. Im Laufe der Zeit erwarb er sich den Ruf eines Praeceptor Germaniae des Ostens. Nicht laut polemisch machte er sich bemerkbar; gerade sein leiser, eindringlicher Ton wurde aufmerksam registriert. In kurzen, prägnanten Stellungnahmen wehrte er sich gegen den Überdruck der Politik. Allein schon seine stilistische Eleganz betonte die relative Eigengesetzlichkeit der Poesie. Dabei blieb er stets der politisch handelnde Schriftsteller. Seine sensiblen, differenzierten Bemühungen in Sachen Kunst und Literatur stießen mehr Freiräume auf als forsche Polemik. In dieser Hinsicht führte er die publizistische Verteidigung der Kunst fort, die Brecht in den fünfziger Jahren betrieben hatte. Er setzte sich für die neue sozialistische Literatur ein, obwohl er sich selber als spätbürgerlichen

Dichter bezeichnete. Verwunderung rief diese Kennzeichnung erst später hervor. Die Jugend vergaß seinen engagierten Einsatz nie und respektierte ihn als ihren Wortführer. Gerade weil er das politische Handgemenge nicht scheute, verlangte es ihn nach Distanz. Ständigen Kontakt zu führenden Politikern suchte er nicht, obwohl er viele aus früheren Zeiten kannte. Dieses Bedürfnis nach Distanz war wohl auch der Grund für die Stilisierung seiner Person und seiner Biographie.

Von ganz anderer Art war Stefan Heym, der Prototyp des Intellektuellen, der es für seine Pflicht hielt, immer das auszusprechen, was er für notwendig erachtete. Nichts hielt ihn davon ab, sein Werk zur Geltung zu bringen. Keine geschriebene Zeile sollte bei ihm im Tischkasten bleiben. Heym war immer auch politischer Publizist. Diesem Genre blieb er auch später treu. Einen solchen Einfluß glaubten einige Kritiker auch in seinen Romanen wahrzunehmen. Sie zählten ihn deshalb nicht zur Elite, nicht zu den »feinen Dichtern«. Heym, der erst im Exil zum Schriftsteller wurde und auch später seine Romane zuerst in Englisch schrieb, war ein Spätheimkehrer (1952). Seine im Exil entstandenen Bücher fanden schnell ein großes Publikum. Solange er in der *Berliner Zeitung* in der Kolumne »Offen gesagt« geduldig die Vorteile des Neuen gegenüber den alltäglichen Schwierigkeiten verteidigte, genoß er Ansehen auch in den Führungskreisen der SED. Aber dabei konnte es nicht bleiben. Heym, der nicht der SED angehörte, aber keinen Zweifel an seiner sozialistischen Orientierung ließ, zog frühzeitig seine Schlußfolgerungen aus dem XX. Parteitag der KPdSU. Er gab die Fiktion auf, daß das von Stalin geprägte System des realen Sozialismus das beste und einzig mögliche für die Arbeiterklasse sei. Die Entartung der Diktatur des Proletariats sah er als ständige Gefahr, der auch in der DDR begegnet werden müsse. Von da an scheute er kein Risiko, um das zu kritisieren, was den sozialistischen Ideen widersprach. Dabei blieb er ein Verteidiger der DDR. Für die Parteiführung wurde er dadurch immer mehr zu einem Typus von Schriftsteller, der Ärger machte und sich nicht disziplinieren ließ.

Kurt Barthel, der sich Kuba nannte, war der Gegentypus, der nicht dulden wollte, daß Schriftsteller aus der Linie ausscherten, die die Partei wies und die er selbst für gesetzmäßig im Rahmen der Weltgeschichte hielt. Heimgekehrt aus dem englischen Exil, wurde er Sekretär des Schriftstellerverbandes und Mitglied des Zentralkomitees der SED. In diese Partei begab er sich nicht ungern, denn in ihr sah er eine Tribüne für die Poesie. Obwohl er in seiner Lyrik den Aufstand des Menschen besang, veröffentlichte er nach dem 17. Juni 1953 im *Neuen Deutschland* einen Artikel, in dem er den Arbeitern vorwarf, auf die Straße gegangen zu sein. Sie müßten nun durch noch mehr Arbeit diese Schmach tilgen. Hier kam in grotesker Weise eine Haltung zum Ausdruck, von der sich Heym losgesagt hatte. Für Kuba war das DDR-System eben das beste und einzig mögliche für die Arbeiter, und deshalb betrachtete er es als Schmach, wenn sie es nicht verteidigten. Der Artikel Kubas veranlaßte Brecht zu dem Gedicht »Die Lösung«, in dem er fragte, ob es nicht besser sei, die Regierung löste das Volk auf und wählte sich ein anderes. Auf diese Weise der Lächerlichkeit preisgegeben, verlor Kuba jedes Ansehen. Brecht hielt ihn jedoch für einen begabten Mann, den er gern in die Dramaturgie seines Theaters geholt hätte. Die Tragödie des Dichters Kuba bestand darin, daß er selbst eine relative Selbständigkeit der Dichtung nicht dulden wollte, daß er an seiner Verheißungspoesie festhielt. Der Enthusiasmus von einst wurde ihm zum Verhängnis, führte zu seinem Fall. Was den Dichter in ihm geweckt hatte, zerstörte ihn jetzt.

Eine neue Situation zeichnete sich Ende der fünfziger, Anfang der sechziger Jahre auch in der Kulturpolitik ab. Die Formalismusattacken Shdanow-Semjonowscher Prägung hörten auf, auch wenn das Vokabular dieser Zeit noch weiterwirkte. Einige Kategorien blieben in anderen Zusammenhängen erhalten. Das hat auch damit zu tun, daß eine ausgediente ideologische Richtung niemals öffentlich aufgekündigt und niemals als falsch und schädlich widerrufen wurde. Sie starb einfach mit der Zeit.

1961 löste Hans Bentzien Alexander Abusch als Kulturminister ab. Doch als Stellvertreter des Vorsitzenden des Ministerrats nahm Abusch weiter Einfluß auf die Kulturpolitik. Von starrer Repräsentativität, bediente er sich in seinem administrativen Denken einer weihevollen pathetischen Rhetorik. Als ehemals Vertrauter Bechers wirkte er wie dessen Karikatur. Becher war am Ende seines Lebens von seinem Freunde tief enttäuscht. Er haßte ihn, während sich Abusch weiterhin als der Vollstrecker des Becherschen Vermächtnisses fühlte. Seine ängstliche, politisch anpassungsbereite Haltung erklärt sich vielleicht aus einem Vorfall in den frühen fünfziger Jahren, als er in die Field-Affaire verstrickt wurde. Man hatte ihn damals unter Hausarrest gestellt und seine Bücher und Vorhaben im Aufbau-Verlag unter Verschluß genommen, bis er als Belastungszeuge im Prozeß gegen Paul Merker wieder Verwendung fand.

Mit Hans Bentzien kam ein junger Mann zu einer hohen Funktion. Jahrgang 1927. Leute wie er, die sehr früh in hohe Ämter gelangten, hatten es schwer, sich im Apparat der alten Kader mit den Erfahrungen aus der Zeit vor 1933 zu behaupten. Entweder wurden sie zu Entscheidungen genötigt, die sie eher vermieden hätten, oder sie scheiterten und schieden aus dem Amt aus. Letzteres geschah mit Hans Bentzien.

Einen beträchtlichen Einfluß innerhalb der Ulbrichtschen Kulturpolitik übte Alfred Kurella aus, der erst 1954 aus der Sowjetunion zurückkehrte. 1957 berief ihn Ulbricht zum Leiter der Kommission für Fragen der Kultur. Damit rückte er als Kandidat ins Politbüro auf. Kurella war ein erfahrener Politiker, der schon Lenin in dessen Arbeitszimmer gegenübergestanden hatte und in den dreißiger Jahren persönlicher Referent von Dimitroff geworden war. Der künstlerisch talentierte Mann trat auch als Autor sowie als Übersetzer von Aragon, Malraux, Gorki, Wischnewskij, Ehrenburg, Twardowskij auf. Selbst auf dem Gebiet der modernen Malerei hatte er sich versucht. 1947 schrieb er aus dem Kaukasus, wohin er sich zurückgezogen hatte, an den Aufbau-Verlag, er habe den bizarren Entschluß gefaßt, sich »endlich – und von nun ab ›unwiderruflich‹ – ganz der schöpferischen Arbeit zu widmen«.[2] Er wolle sich »als altes Parteipferd« nicht wieder einspannen lassen, nur weil wieder einmal Not am Mann sei. Doch es sollte anders kommen. Er ließ sich vor den Karren von Ulbrichts Kulturpolitik spannen. Begabt wie er war, brachte er auch in diesem Gespann merkwürdige Kunststücke zustande, bis er 1963 abgelöst wurde.

Die Phase seiner Tätigkeit ist dadurch gekennzeichnet, daß er ohne jede Polemik, ohne jede Distanz die Formalismus-Doktrin von Shdanow und Semjonow aus dem Theorie-Arsenal beiseite räumte, einige Kategorien, vor allem die der Dekadenz, beibehielt, sie aber auf eine neue theoretische Grundlage stellte. Statt auf die krude Argumentation Shdanows stützte sich Kurella auf die komplizierten Theorien von Marx in den *Ökonomisch-philosophischen Manuskripten* und den *Grundrissen der Politischen Ökonomie*. Die Aufhebung der kapitalistischen Entfremdung, die die Freisetzung der vergegenständlichten menschlichen

Wesenskräfte ermögliche, machte er zum Schlüssel des sozialistischen Kunstverständnisses. Von dieser theoretischen Basis aus meinte er bestimmen zu können, was Kunst ist und was nicht. Mit der Aufhebung der Entfremdung vollende sich der Humanismus und wachse in den sozialistischen Humanismus hinüber. Auf diesem Weg gelange der Mensch zu seiner wahren Menschlichkeit. Was in der Entfremdung verblieb, könne in dem neuen Zeitalter keine große Kunst sein. Auf diese Weise löste er den alten Vorbild- und Verbotskatalog auf und erklärte, daß der Sozialismus von den Kunstleistungen vorhergehender Epochen sich alles aneigne und als sein Erbe betrachte, nicht nur Werke, in denen keimhaft das demokratische und sozialistische Gedankengut schon enthalten sei. Keiner hat diesen »Alles«-Bezug mehr betont als Kurella, aber keiner hat auch schärfere Grenzen zur Dekadenz gezogen. Für sein Theorieverständnis war das kein Widerspruch. Er löste das Problem, indem er alles Humanistische im weitesten Sinne als Erbe definierte, alles Nichthumanistische nicht als Kunst betrachtete. Insofern gab es für ihn in der DDR auch kein Verbot für Kunst.

So rigoros er als Theoretiker, als kulturpolitischer Wortführer war, so spontan äußerte er sich zu künstlerischen Werken und Ereignissen. Er zeigte sich nach der Premiere von Brechts *Arturo Ui* gegenüber Helene Weigel höchst begeistert, um einige Tage später in einer Vorlesung Stück und Aufführung zu kritisieren. In beiden Fällen war er in seiner Aussage völlig ehrlich. Der Kunstfreund stellte dem Theoretiker und Politiker immer wieder ein Bein. Er wußte um diese Schwäche und glaubte, seinem künstlerischen Temperament Zügel anlegen zu müssen. Deshalb meinte er auch, der Schriftsteller solle nicht alles veröffentlichen, was seine Phantasie ihm eingab. Als »altes Parteipferd«, einen Ausdruck, den Kurella oft und gern gebrauchte, war für ihn die Organisation, die Partei, alles. Mit einer geradezu jesuitischen Strenge und Unerbittlichkeit begegnete er bei sich und bei anderen der künstlerischen Ungebundenheit. Er konnte stundenlange Gespräche mit Künstlern führen, sich einem fairen, kameradschaftlichen Gedankenaustausch hingeben, um am Ende eine überraschend harte Entscheidung zu treffen. So im Falle Heinar Kipphardt, mit dem er unzufrieden war, den er vom Chefdramaturgen des Deutschen Theaters Berlin zum Direktor des Hygiene-Museums in Dresden machen wollte. Auf die Dauer empfand Walter Ulbricht diesen Kunstfreund an der Spitze der Kulturpolitik denn doch als Risiko.

## Der andere Ulbricht

In allen Führungskrisen der SED hatte sich Walter Ulbricht durchgesetzt. Zu Beginn der sechziger Jahre beherrschte er den Staats- und Parteiapparat mehr als je zuvor. Wilhelm Pieck, seit einigen Jahren schwer krank, starb im September 1960. Ministerpräsident Otto Grotewohl wurde von Ulbricht in den Hintergrund gedrängt. Doch mehr Macht führte in der Öffentlichkeit nicht zu größerem Ansehen. Seit dem 17. Juni 1953 galt Ulbricht als der Buhmann der DDR, auch wenn man den Unmut nicht lautstark zum Ausdruck brachte. Die Intelligenz verzieh ihm nicht, daß er stillschweigend den »Neuen Kurs« zurücknahm. Während sich Wilhelm Pieck bei großen Teilen der Bevölkerung Sympathie erwarb und von Teilen der Intelligenz verehrt wurde, auch Grotewohl Respekt genoß, stieß Ulbricht auf keinerlei Resonanz. Selbst das, was die Bevölkerung für richtig hielt, nahm sie mit Distanz und Mißtrauen auf, wenn es von Ulbricht kam. Diese Haltung steigerte sich, je mehr die Medien dem entgegenzuwirken suchten oder einen regelrechten Personenkult betrieben. Selten war ein Politiker so unbeliebt wie er. Dennoch konnte man ihn am Ende seines Wirkens mit Recht als den begabtesten Arbeiterführer seit Karl Liebknecht und Rosa Luxemburg bezeichnen.

Er selbst muß Ende der fünfziger Jahre gemerkt haben, daß er in der bisherigen Weise nicht weiterkam. In der darauffolgenden Zeit entwickelte er sich zu einem überaus geschickten Krisenmanager. Zwar wollte und konnte er die Vorbildrolle der Sowjetunion nicht aufkündigen, aber er leitete Reformen ein, mit denen er sich von einigen Fixpunkten des sowjetischen Modells löste. Was er da unternahm, betrachtete Moskau mißtrauisch. Da die DDR in allen entscheidenden Fragen unter sowjetischer Kuratel stand, vollzog sich die neue Entwicklung mit einer geradezu inflationären Verbundenheitspropaganda. Was er in der Kulturpolitik mit dem Bitterfelder Weg unternahm, strafte Moskau nur mit Nichtbeachtung. Einen riskanten Schritt vollzog er jedoch, als er das Neue ökonomische System der Planung und Leitung der Volkswirtschaft (NÖS) einführte. Das war der entschiedenste Reformversuch in der Geschichte der DDR, auch wenn er mißlang. Im Verhältnis zur Sowjetunion ging er damit bis an die äußersten Grenzen seiner Möglichkeiten. Er verlangte die Relativierung der staatlichen

Planung und die umfassende Anwendung der materiellen Interessiertheit. Das neue System sollte die »Tonnenideologie« durch Orientierung auf Qualität ablösen. Es ging ihm um die Rentabilität der Betriebe. Um sie zu erreichen, sei eine wissenschaftlich fundierte Leitungstätigkeit nötig, die ein geschlossenes System ökonomischer Hebel garantiere. Ulbricht scheute sich nicht, selbst einige seiner ehernen Grundsätze in Frage zu stellen, so die These vom Vorrang der Politik vor der Ökonomie. Dadurch sei es dazu gekommen, »daß die Pläne nicht immer technisch und ökonomisch begründet waren, daß sie nicht immer den materiellen Möglichkeiten entsprachen«.[3]

Walter Ulbrichts neuer Wirtschaftskurs stieß bei einem Teil der führenden Parteifunktionäre auf Mißtrauen. Solche Vorschläge waren bisher als Westorientierung streng zurückgewiesen worden. Rückschauend meinte ein früherer Mitarbeiter aus dem Führungsstab des NÖS, das neue System wäre von Anfang an gescheitert, wenn es nicht von einem Manne wie Ulbricht initiiert worden wäre, dem man wahrlich keine Westorientierung nachsagen konnte.[4] Dazu kam, daß sich Ulbricht neue Leute in den Apparat holte. Zum Initiator des Systems machte er beispielsweise einen Techniker, der keine Parteivergangenheit aufzuweisen hatte, einen Quereinsteiger. Es war Erich Apel, der in kurzer Zeit zum Minister und Politbüro-Mitglied aufstieg. Während des Krieges hatte er zum Mitarbeiterstab Wernher von Brauns in der Raketenversuchsanstalt Peenemünde gehört. Die Sowjets nahmen ihn 1945 mit in die UdSSR, erst 1952 kehrte er zurück. 1963 übernahm er die Leitung der Staatlichen Plankommission. Hier wie auch bei anderen Gelegenheiten zeigte es sich, daß Ulbricht keineswegs intelligenzfeindlich war. Vielmehr scheute er keine Widerstände, um Intellektuelle in höchste Funktionen zu bringen. Er ging auf sie zu, verlor aber nicht sein Mißtrauen.

Daß der Dogmatiker als Reformer auftrat, sollte nicht verwundern. Doch stellt sich die Frage, ob Ulbricht in den sechziger Jahren Stalinist blieb. Ja, er blieb es, auch wenn er jetzt eine eigenständige Politik gegenüber der Sowjetunion versuchte. Stalinsche Methoden prägten seinen Führungsstil. Keine Verbrechen haben Ulbricht veranlaßt, davon abzurücken. Für ihn war Stalin der Bezwinger Hitlers, der Befreier vom Faschismus. In der sowjetischen Führungsgarde sah er sonst keinen, der dazu fähig gewesen wäre. Ulbricht blieb Stalinist, weil er meinte, alles durchsetzen zu können, wenn er nur über eine schlagkräftige Organisation und disziplinierte Kader verfügte. Für ihn entschieden Kader alles! Nur war ein solcher Voluntarismus kein Marxismus.

Ende der fünfziger Jahre, mehr noch in den Sechzigern, wandte sich Walter Ulbricht den Schriftstellern und Künstlern zu. Während Wilhelm Pieck zu den Schriftstellern kam, um etwas von ihnen zu erfahren, ging Ulbricht zu ihnen, um sie mit seiner Politik und seinen ökonomischen Vorstellungen vertraut zu machen. Kaum ein anderer Politiker hat sich so der Literatur und Kunst zugewandt wie er. Da aber bei ihm keine besondere Neigung dazu bestand, führte das zu einer Kulturpolitik, die in gleicher Weise auf großzügige Unterstützung wie auf rigorosen Dogmatismus hinauslief. Ob Ulbricht zu den Arbeiterführern zählte, die sich mit viel Mühe und unter schwierigen Bedingungen ein Kunstverständnis aneigneten, das sie auch als unverzichtbar für das Proletariat hielten, müßte noch erforscht werden. Zu diesem Typus gehörte wohl eher Wilhelm Pieck, der, schon schwer krank, keine wichtige Premiere ausließ und sich von seinen Bodyguards die steile Treppe zur Loge im Deutschen Theater hochschleppen ließ. Pieck zeigte sich empfänglich für Kunst, suchte die Freundschaft zu Dichtern und Künstlern, empfand jedoch immer eine Scheu, ihnen in ihr Metier hineinzureden. Diese Scheu kannte Ulbricht nicht. Für Kunst eher unempfänglich, schien ihm aber früh bewußt geworden zu sein, welche verändernde Kraft von den Künsten auf Menschen ausgeht. Das beeindruckte ihn. Und diese Kraft suchte er für die Politik nutzbar zu machen. Interessiert zeigte er sich vor allem daran, daß die Literatur Vorbildcharaktere schaffe, mit denen sich die Menschen identifizierten. Das Werk, die literarische Figur, die zur Identifikation zwang, wurde für ihn zum Inbegriff der Kunstleistung. »Der Leser wird von den Helden der Romane und künstlerischen Werken oder der Schönheit der Lyrik angeregt, ihnen nachzueifern.«[5] Deshalb wollte er Literatur und Kunst auf das Positive ausgerichtet wissen. Hierin sah er sogar ein Mittel zur Steigerung der Arbeitsproduktivität. Die Identifikationskraft veranschlagte er so hoch, daß er Skeptizismus und Pessimismus zu verabscheuenden Richtungen und Tendenzen in der Kunst erklärte. Hier setzte er die Anliegen der Formalismus-Debatte der fünfziger Jahre fort. Geradezu grotesk hörten sich folgende Ausführungen an: »Ich kann nicht zulassen, daß Skeptizismus propagiert wird, und dann in den Plan hinschreiben, daß die

Arbeitsproduktivität um 6 Prozent erhöht wird. Wenn wir die Propaganda des Skeptizismus zulassen, senken wir die Erhöhung der Arbeitsproduktivität um 1 Prozent. Skeptizismus, das heißt Senkung des Lebensstandards, ganz real, so wird bei uns gerechnet.«[6]

## Der Bitterfelder Weg

Ende der fünfziger Jahre installierte Ulbricht eine Bewegung, die Künstler und Werktätige zusammenführen sollte. Sie orientierte sich nicht am sowjetischen Vorbild. Moskau ignorierte sie, was als eine milde Form der Mißbilligung betrachtet werden kann. Ulbricht kam es darauf an, der von ihm erstrebten Literatur eine breite Basis zu verschaffen. Man kann nicht sagen, daß das seine Idee gewesen wäre. Sie kam von unten, aber er machte daraus eine Bewegung, die das ganze Land erfaßte. Hans Bentzien, damals Sekretär für Kultur in Halle, beschrieb in seinen Memoiren, wie die Jugendbrigade »Nikolai Mamai« überlegte, was denn mit der abstrakten Losung »auf sozialistische Art leben« gemeint sei. Auf diese Weise kam es zu gegenseitigen Besuchen von Künstlern und Brigademitgliedern. Als dann der Mitteldeutsche Verlag, dem die Förderung der neuen Literatur in der DDR oblag, seine Autoren aufforderte, die Brigaden in den Betrieben zu unterstützen, unterbreitete Otto Gotsche, Schriftsteller und Sekretär von Walter Ulbricht, den Vorschlag seinem Chef. Darauf rief dieser am 24. Mai 1959 im Bitterfelder Kulturpalast Schriftsteller und Brigademitglieder zu einer Konferenz unter dem Titel »Kumpel, greif zur Feder!« zusammen. Die Beratung regte die Schriftsteller an, in die Betriebe zu gehen, um nicht hinter den Anforderungen der Zeit zurückzubleiben. Es bildeten sich Zirkel schreibender Arbeiter, angeleitet von Schriftstellern. Fast schien es, als solle der Typus des literarischen Intellektuellen eliminiert werden. Zugleich entstanden »Zirkel der bildenden Kunst« und eine gut organisierte Arbeitertheaterbewegung. Der nicht gerade reiche Staat wandte über die Betriebe beträchtliche Mittel auf. Insgesamt gab es 18 000 Volkskunstgruppen und 133 Theater. Die Arbeitertheater begnügten sich nicht mit Laienaufgaben, sie führten große Stücke, sogar Opern auf. Der Aufwand und die Kosten für einige dieser ständigen Ensembles blieb nur wenig hinter denen eines kleinen Stadttheaters zurück.

Daß sich jetzt die Werktätigen in der Kunst versuchten und die Schriftsteller in die Betriebe gehen sollten, wurde zwar spöttisch belächelt, stieß aber kaum auf Ablehnung, denn es gab dafür ein Honorar. Heiner Müller, der das Experiment gleichfalls nicht ausschlug und auf der Baustelle eines Industrie-Projekts Anregungen für sein Stück *Die Korrektur* suchte, schrieb später: »Die Höhen der Kultur mußten planiert werden, damit sie erstürmt werden konnten. Ich habe einmal einen Zirkel schreibender Arbeiter besucht, er bestand aus schreibenden Sekretärinnen, schreibenden Buchhaltern und zwei Renommierarbeitern. Der Zirkel wurde von einer älteren Lyrikerin angeleitet, die brachte denen bei, wie man Naturgedichte schreibt. Generationen von Schriftstellern lebten von dieser Tätigkeit. Einige ernstzunehmende Autoren sind aus diesen Zirkeln hervorgegangen, Werner Bräunig zum Beispiel. Bräunig hat einen Wismut-Roman geschrieben, der nicht erschienen ist, weil er die Realität beschrieb.«[7] Doch kamen durch diese Bewegung einige Werke zustande, die für die Entwicklung der DDR-Literatur Bedeutung erlangten, so Erik Neutschs *Spur der Steine*, Brigitte Reimanns *Ankunft im Alltag*, Franz Fühmanns *Kabelkran und Blauer Peter*. Auch den *Geteilten Himmel*, bekannte Christa Wolf, »hätte ich nicht geschrieben, ohne daß ich in einem Betrieb gewesen wäre«.[8] Werner Bräunig, wohl am engsten mit dem Bitterfelder Weg verbunden, wurde dadurch zu seinem Roman *Rummelplatz* angeregt. Die Praxis, die er beschrieb, entsprach nicht der, die Ulbricht vor Augen hatte, als er die Schriftsteller aufforderte, diese zu studieren.

Ulbricht verband mit dem Bitterfelder Weg seine eigenen Vorstellungen. Wie so oft bei ihm, handelte es sich auch in diesem Falle um eine Defensivmaßnahme. Es sollte die Wiederkehr der Arbeiterkulturbewegung aus der Zeit der Weimarer Republik verhindert werden. Auf die operativen Kunstformen jener Alternativkultur hatte Brecht 1956 auf dem IV. Deutschen Schriftstellerkongreß hingewiesen, als er davor warnte, die Agitprop-Bewegung und die mit ihr verbundene Kultur auszuschlagen. »Es bestand aber nicht der allergeringste Grund, diese kleine Art des Volkstheaters, die dem großen Theater große Impulse gegeben hat … zu verachten oder aufzulösen.«[9] Ulbricht witterte hier die Verführung zu einer Kunst, die sich anderer Gestaltungsmittel bediente als die propagierten. Und Kurella sah den Anschluß der neuen Literatur an die großen humanistischen Werke der Vergangenheit gefährdet. Insofern war der Bitterfelder Weg ein Gegenentwurf zur Arbeiterkulturbewegung der Weimarer Republik. Die Arbeiter sollten es jetzt mit der großen Kunst versuchen, mit den Klassikern und den neu entstandenen Werken. Das Bildungsbürgertum wurde proletarisch umfunktioniert. Die gebildete Nation war gefordert. Der Arbeiter sollte den *Faust* und das *Kommunistische Manifest* nicht im Tornister, sondern unter der Werkbank haben.

Als Heiner Müller nach der Wende schrieb, ein »einsichtiges Programm« sei zur »Parodie« geworden, griff er zu kurz. Zwar konnte auch die qualitative Anleitung durch Schriftsteller und Künstler Dilettantismus und Kitsch nicht immer verhindern. Aber wie so oft in der Geschichte, ging etwas anderes aus dieser Bewegung hervor, als es ihre Propagandisten gewollt hatten. Fortan wurde in der Partei wie im Wirtschaftsleben Kunst wichtig genommen. Kein Funktionär konnte es sich leisten, gegenüber künstlerischen Bedürfnissen mit den Achseln zu zucken und zu sagen, was geht mich das an. Daß sich Menschen jetzt mit Literatur, Malerei und Theater beschäftigten, wertete man als Beitrag zur Produktion, ging in die Wettbewerbsverpflichtungen der Betriebe ein. Selbst wenn das oft sehr formal betrieben wurde, veränderte es die Lebensgewohnheiten der Leute. Eine größere Bereitschaft entstand, sich Dingen zuzuwenden, denen man bisher wenig Beachtung geschenkt hatte. Am meisten profitierten davon die Schriftsteller und Künstler, die mit der Zeit wenn auch nicht auf ein kunstsinniges, so doch auf ein kunstbereites Publikum stießen. Hier entstand die Basis dafür, daß später Funktionäre vom Leseland DDR sprechen konnten. Ulbricht ging davon aus, die Produktion werde den Schriftstellern zu einem anderen Weltbild verhelfen und sie von ihren vermeintlichen politischen Ansprüchen abbringen, die er noch immer bei ihnen vermutete. Doch sie lernten eine andere Realität kennen als die, auf die Ulbricht baute. Sie stellten die Wirklichkeit dar, in die man sie mit großem Aufwand hineingeführt hatte. Das paßte der SED wieder nicht. Die Produktion disziplinierte die Schriftsteller nicht, sie setzte vielmehr rebellische Ansichten frei.

Dennoch unterschied sich das, was Ulbricht unternahm, von den fünfziger Jahren. Der Parteiführer beschritt neue Wege, mit denen er zwar nicht das erreichte, was er propagandistisch vorgab. Doch die Widersprüche, die er ungewollt der literarischen Intelligenz offenlegte, wirkten produktiv, wenn auch nicht immer in seinem Sinne. Die enge Verbindung, die er zu den Schriftstellern und Künstlern suchte, verdrängte jedoch nicht sein Mißtrauen. Noch immer meinte er, die Intelligenz hege einen Führungsanspruch. Einen solchen glaubte er schon im Zusammenrotten in irgendeinem Petőfi-Club zu erkennen. Es gelang ihm nie, sich aus dem Schatten Stalins zu lösen. Gerade das, was er an den Schriftstellern und Künstlern schätzte, bewog ihn, sich ihnen gegenüber mißtrauisch zu verhalten.

Der Mauerbau

Mehr als alles andere bestimmte ein Ereignis den weiteren geschichtlichen Verlauf der DDR: der Mauerbau am 13. August 1961. Zu Beginn der sechziger Jahre hatte sich die wirtschaftliche Situation dramatisch verschlechtert. Die Pläne mußten korrigiert werden. Der Lebensstandard zwischen der Bevölkerung in der DDR und der Bundesrepublik klaffte immer weiter auseinander. Die Industrieproduktion ging zurück. Die forcierte Überführung der Landwirtschaft in Produktionsgenossenschaften und die Übernahme sowjetischer Methoden (Rinderoffenställe, Maisanbau), die nicht den hiesigen Bedingungen entsprachen, führten zu Engpässen und Mängeln in der Versorgung. Dazu kam, daß der Wechselkurs von 1:4 zwischen DM und DDR-Mark die Republik förmlich in die Knie zwang. Die offene Grenze hatte vor allem in Berlin zur Folge, daß die Westberliner billige Grundnahrungsmittel und preiswerte Industriewaren in der DDR einkauften, wodurch sich die Versorgungslage weiter verschlechterte. Die Ostberliner, die im Westteil arbeiteten, konnten sich durch den Umtauschkurs einen ganz anderen Lebensstandard leisten als der Großteil der Bevölkerung. Das Schiebertum nahm zu und schien ein normales Leben unmöglich zu machen. Die Regierung versuchte, durch Kontrollen und durch diffamierende Kritik an den in Westberlin Arbeitenden der Lage Herr zu werden, aber vergebens. Stefan Heym schildert in seinen Memoiren, wie ihn der Chef der Zollverwaltung, Anton Ruh, ein ehemaliger Emigrant wie er, der während des Krieges vom Londoner Exil aus mit dem Fallschirm über Deutschland abgesprungen war, auf seinen Kontrollgängen in der U- und S-Bahn mitnahm. Heym gegenüber gestand er, wie aussichtslos sich alle Maßnahmen erwiesen: »Alles, was wir tun, ist Stückwerk. Die drüben ersticken uns, mit ihrer Währung, ihren Waren, ihren Farben, ihren Rhythmen, ihrer Welt. Sie laugen uns aus. Sie saugen unsere Güter ab, das bißchen, was wir produzieren, und schlimmer noch, unsere Menschen.«[10]

Mit dem wirtschaftlichen Niedergang beschleunigte sich die Abwanderung der Bevölkerung. Die Flüchtlingszahlen stiegen von 143 000 1959 auf 199 000 im Jahre 1960. 1961 waren es allein im April 30 000. Die Hauptverwaltung der Deutschen Grenzpolizei registrierte im ersten Halbjahr 1961 eine Steigerung der Abwanderung der technisch-wissenschaftlichen Intelligenz um 63 Prozent. Vor allem der Weggang von Ärzten und Zahnärzten wirkte sich katastrophal aus. Die Regierung sah sich gezwungen, die osteuropäischen Länder zu bitten, Fachkräfte zur Verfügung zu stellen, um die ärztliche Behandlung der Bevölkerung zu gewährleisten.

Am Abend des 12. August 1961 lud Walter Ulbricht die Vorsitzenden der Blockparteien und den Präsidenten der Nationalen Front nach Dölln in der Schorfheide ein. Nach dem Abendessen gab er bekannt, daß in Übereinstimmung mit den Warschauer Pakt-Staaten in der Nacht um 12.00 Uhr die Grenze zu Westberlin geschlossen werde. Kurt Hager hatte er schon vorher zu sich gebeten und ihn aufgefordert, ihn in der Diskussion zu unterstützen. Dem für den Großteil der Intelligenz zuständigen Sekretär des ZK der SED gab er zu verstehen, daß es jetzt mit der »Erpressung« durch die Professoren vorbei sei. Für das Gespräch, so Hager in seinen *Erinnerungen*, sei seine Hilfe nicht nötig gewesen. Es habe bei allen Anwesenden keine Bedenken, eher Zustimmung gegeben. Anders verhielt sich die Bevölkerung. Hier war die Meinung geteilt und heftig. Ein Großteil erhoffte sich von der Schließung der Grenzen eine verbesserte wirtschaftliche Lage, die dann auch eintrat. Daß es jetzt jedoch nicht mehr möglich sein sollte, die Verwandten auf der anderen Seite zu besuchen, erschreckte und ängstigte. Plötzlich sah man sich mit Schwierigkeiten konfrontiert, die man auf die Dauer unerträglich fand. Man fühlte sich eingesperrt. Heftig reagierten diejenigen, die in Westberlin gearbeitet hatten und sich von heute auf morgen eine andere Arbeitsstelle suchen mußten. Außerdem fürchteten sie die Schadenfreude ihrer Kollegen. Daß jetzt eine Mauer gebaut wurde, die die gewohnten Wege in den Westen versperrte, löste Empörung aus. Das zeigen auch die Informationsberichte der ZK-Abteilung Parteiorgane über die Stimmung in der Bevölkerung am 13. August und kurz danach: »An mehreren Stellen, wie z. B. Unter den Linden, am Brandenburger Tor und Friedrichstraße, traten stärkere Gruppen auf, die vor allem solche Diskussionen führten: ›Wartet nur ab, heute ist es noch ruhig, in den nächsten Tagen wird es anders aussehen‹ ... In den Abendstunden verstärkten sich die Ansammlungen in den Restaurants ... Hier provozierten die Jugendlichen mit solchen Argumenten: ›Das stinkt mir an. Ins Kino können wir nicht, ist das langweilig.‹ ›Dann müssen wir morgen ja auf Arbeitssuche gehen, in welchem Schuppen fangen wir da an.‹ ›Man sollte überhaupt nicht mehr arbeiten gehen.‹«[11]

Bei der literarischen und künstlerischen Intelligenz gab es, wie der damalige Kulturminister Hans Bentzien später schrieb, »gedämpfte Zustimmung«. Sie erhoffte von der Grenzschließung größere Freiheiten in der Meinungsbildung und in den Publikationen. So glaubte sie, nun sei der Einwand hinfällig geworden, Kritik könne von der »gegnerischen Seite« benutzt und mißbraucht werden. Man gab sich der Illusion hin, nunmehr Probleme »unter sich« austragen und Schwierigkeiten und Widersprüche zur Sprache bringen zu können. Ermutigt von der Vorstellung, im eigenen Haus nicht mehr von »äußeren« Einflüssen abhängig zu sein, erwartete man von der Regierung eine größere Souveränität in allen Fragen. Doch das sollte sich als fundamentaler Irrtum erweisen.

Mit der Schließung der Grenze, die wieder eine Defensivmaßnahme war, machte sich ein verstärktes Sicherheitsbedürfnis breit, eigentlich eine Sicherheitshysterie, wenn man einen lang andauernden Zustand so bezeichnen kann. Ein System von Kontrollmaßnahmen überzog die DDR. Die Staatssicherheit baute ihren Einfluß aus, der sich immer mehr auch auf die Literatur erstreckte. Die Grenzkontrollen nahmen beängstigende, mit ihren ausgeklügelten Maßnahmen geradezu gespenstige Züge an. Die Einfuhr von Druckerzeugnissen, von Büchern und Zeitschriften, bedurfte einer besonderen Genehmigung. Dieser »Verkehr« gestaltete sich ebenso schwierig und kompliziert wie der von Personen. Reisen ins Ausland, worunter man auch die Bundesrepublik verstand, wurden erst nach Überprüfung der politischen Zuverlässigkeit genehmigt. Sicherheit ging vor Produktivität. Bei der Besetzung von Funktionen und Ämtern stand noch vor der fachlichen Eignung die Frage, wie zuverlässig die betreffende Person ist.

Mit der Grenzziehung und ihren Auswirkungen hatte sich der Staat in eine Schlinge begeben, die sich in dem Maße verengte, wie man die Sicherungen verstärkte. Der Grenzschutz führte zu schwerwiegenden, ja tragischen Folgen. Was die Maßnahmen des 13. August auslösten, wurde im ganzen Ausmaß erst später sichtbar. Der Sicherheitswahn hatte seinen Preis. Er befreite nicht nur von Schwierigkeiten, er brachte neue, nicht weniger schwer erträgliche hervor.

Mit dem 13. August 1961 geriet auch in Vergessenheit, wie sich der östliche Teil, Regierung und nicht zuletzt Schriftsteller und Künstler für die Einheit Deutschlands eingesetzt hatten. Lange Zeit hatte die DDR keine Zugeständnisse gescheut, um die von Adenauer betriebene Westintegration zu Gunsten der Einheit des Vaterlands zu stoppen. Selbst noch, als die DDR-Regierung nicht mehr auf die Einheit setzte, gab es auf der östlichen Seite mutige Versuche, sie zu erzwingen. Wolfgang Harich saß deswegen seit 1956 im Zuchthaus. Nun, mit der Grenzschließung, betrachtete man ausschließlich die DDR-Regierung als schuldig. Sie verhindere, daß Deutsche zu Deutschen kommen können. Auch diesen Fluch hatte sie auf sich genommen.

*Zweiter Abschnitt*

Einrichten in der geschlossenen Gesellschaft.
Die junge Generation meldet sich

Die junge Schriftstellerin Brigitte Reimann, die durch ihre Bücher im Umfeld des Bitterfelder Weges bekannt geworden war, machte sich 1961 Gedanken über das Verhältnis der alten Autorengeneration zur jüngeren. Nachdem sie auf dem V. Schriftstellerkongreß »die Heroen unserer Literatur« unter Riesenbeifall ins Präsidium einmarschieren sah, notierte sie in ihr Tagebuch: »Die Alten im Präsidium hatten Angst, das spürte man auch in Zweigs Worten; sie glaubten, wenn sie gehen, stirbt die deutsche Literatur, sie erwarteten nichts von den Jungen, ja, sie wollten nicht einmal wahrhaben, daß es Talente unter den Jungen gibt. Nur

Anna Seghers schien zuversichtlich.«[12] Ob das richtig ist, mag dahingestellt bleiben. Die Literatur und die literarische Intelligenz suchte sich in jenen Jahren neu zu positionieren. Die antifaschistische Exilliteratur konnte nicht immer und für alles Richtschnur sein. Die Verheißungs- und Wandlungsliteratur, wie sie Kuba im *Gedicht vom Menschen* und Franz Fühmann in *Die Fahrt nach Stalingrad* geschrieben hatten, schien sich gleichfalls erschöpft zu haben. Aus historischem Abstand nimmt sich das Resümee über die fünfziger Jahre dürftig aus. Das wollte man sich damals nicht eingestehen, wo es doch galt, die Keime des Neuen zu hegen und zu entwickeln. Da verbot sich eine kritische Einsicht.

## Die mageren fünfziger Jahre

Nur einer wagte es damals, eine kritische Bilanz zur Diskussion zu stellen. Der Leipziger Literaturwissenschaftler Hans Mayer meldete sich am 2. Dezember 1956 im *Sonntag* zu Wort. Er sah die deutsche Gegenwartsliteratur im weltliterarischen und geschichtlichen Zusammenhang und fand ihr Niveau beklagenswert. Und zwar nicht nur das in der DDR; auch in Westdeutschland lebe »man literarisch gleichfalls in dürftiger Zeit«. Zwar gebe es einige Anzeichen von Talent, so bei Strittmatter, Franz Fühmann und Karl Mundstock, aber insgesamt müsse er feststellen: »Der Tisch unserer Literatur ist kärglich gedeckt. Wir durchleben magere Jahre.«[13] Zum Vergleich zog er die zwanziger Jahre heran. Das sei ein Jahrzehnt »literarischer Opulenz« gewesen. Hier gebe es eine Fülle von Namen und Werken, die in die Literaturgeschichte eingegangen seien. Beeindruckend fand er, nehme man diese Literatur in ihrer Gesamtheit, deren »imponierende Vielfalt«. »Die neuen Theaterstücke trugen Verfassernamen wie Hofmannsthal, Barlach, Georg Kaiser, Zuckmayer und Brecht. Das ergab eine riesige Spannweite.«[14] Auch wenn die Literatur dieses Jahrzehnts kein klassisches Zeitalter begründet hat, fällt der Vergleich mit dem ersten Nachkriegsjahrzehnt deprimierend aus. Aus dem Zusammenbruch war kein literarischer Aufbruch geworden. Dabei ließ Mayer einen Umstand aus, der die Bilanz noch fataler machte. Auch die neuen Werke der Exilautoren blieben in den fünfziger Jahren hinter dem erreichten Standard zurück. Die drei bedeutendsten Theaterstücke dieses Jahrzehnts waren Friedrich Wolfs *Thomas Münzer*,

Brechts *Turandot oder Der Kongreß der Weißwäscher* und Hanns Eislers Opernlibretto *Johann Faustus*. Aber weder Wolf noch Brecht machten die Bilanz ansehnlicher, obwohl beide auf eine Thematik ihrer Frühzeit zurückgriffen. Wohl aus Respekt vor Brecht und Eisler unterließ Mayer diesen Vergleich. Auch wenn er die drei in die Betrachtung einbezogen hätte, wäre es bei dem Urteil geblieben: »… nach literarischer Opulenz sieht auch das nicht aus.«[15]

Mayers Artikel löste Empörung aus. Vom Dezember 1956 bis März 1957 öffnete der *Sonntag* seine Spalten zur Aussprache über Hans Mayers Fazit. Doch es schien kaum jemand zu geben, der Mayers Befunde teilte. Alfred Kurella überschrieb seine Entgegnung mit »Ästhetische Restauration«. Man glaubte, die junge Literatur in Schutz nehmen zu müssen. Mit Mayers Opulenz-Begriff sah man Maßstäbe etabliert, mit denen man das Neue abwürgte.

## Die Neuen

1961 veröffentlichte der Mitteldeutsche Verlag eine gut aufgemachte Werbebroschüre über junge Autoren unter dem Titel *Demnächst im Lexikon*. In dem kleinen Bändchen wurden 79 junge Autoren vorgestellt, vorwiegend Leute im Umfeld des Jahrgangs 1927, die ihr erstes Buch veröffentlicht hatten oder gerade vorbereiteten. Der Band enthielt Namen, die schon nach wenigen Jahren vergessen waren; aber die größere Zahl machten diejenigen aus, die wirklich in Lexika eingingen und den Ruf der DDR-Literatur bestimmten, so Werner Bräunig, Günter de Bruyn, Heinz Czechowski, Adolf Endler, Günter Görlich, Werner Heiduczek, Karl-Heinz Jakobs, Bernd Jentzsch, Rainer Kirsch, Erich Köhler, Reiner Kunze, Karl Mickel, Irmtraud Morgner, Erik Neutsch, Eberhard Panitz, Max Walter Schulz, Gisela Steineckert, Alfred Wellm, Joachim Wohlgemuth und Christa Wolf.

In den sechziger Jahren entstanden literarische Werke, geschrieben von der jungen Generation, die eine breite Resonanz beim Publikum fanden. Das war durchaus ungewöhnlich, denn in der von Emigranten dominierten Nachkriegsliteratur hatten sich junge Dichter kaum Gehör und Ansehen verschaffen können. Nunmehr vollzog sich eine Ablösung. Die neue Literatur kritisierte bei aller Bejahung auch gesellschaftliche Erscheinungen. 1959–1961 schrieb Peter Hacks *Die Sorgen und die Macht*, 1961 Heiner Müller *Die Umsiedlerin*, 1963 Erwin Strittmatter *Ole Bienkopp*, Christa Wolf *Der geteilte Himmel*, 1964 Hermann Kant *Die Aula*, Erik Neutsch *Spur der Steine*, 1968 Alfred Wellm *Pause für Wanzka*, Günter de Bruyn *Buridans Esel*. Volker Braun trat als Dramatiker und Lyriker mit dem Stück *Hans Faust* (1968) und mit dem Gedichtband *Provokation für mich* (1965) hervor, Wolf Biermann mit seinen Gedichten. Während die literarisch interessierte Intelligenz sich in den fünfziger Jahren noch distanziert zur jungen deutschen Dichtung verhielt und lieber die Werke der Emigranten, später die der Schweizer Frisch und Dürrenmatt las, richtete sie ihre Aufmerksamkeit jetzt auf die Literatur des Landes. Hier nahm sie literarisch wie politisch Ungewohntes wahr. Es kamen Vorgänge und Probleme zur Sprache, die im öffentlichen Diskurs bislang ausgespart blieben. Die Literatur eroberte sich ihren Freiraum, wurde auf ihre Art politisch. Bücher und Aufführungen lösten Diskussionen aus. Einige davon waren inszeniert, aber das Publikum ließ sich auf die Dauer nicht mehr eine Meinung vorschreiben.

Nicht wenige dieser Werke stießen bei der Partei und ihren Propagandisten auf Kritik, ja auf heftige Zurückweisung. Selbst bei einem mit Jubel aufgenommenen Werk wie Hermann Kants *Aula* meinten einige Rezensenten, Anklänge an eine modernistische Schreibweise beklagen zu müssen. Merkwürdig war, daß die Dichter in keiner anderen Phase so konsequent die Losungen der Partei aufgriffen, die gesellschaftlichen Umwälzungen bejahten und dennoch von offizieller Seite brüsk abgewiesen wurden. Das traf auf Hacks wie auf Neutsch, auf Müller wie auf Strittmatter zu. Selten ist ein so furioser Auftakt mit so viel Unverständnis und Undank quittiert worden wie Peter Hacks' *Die Sorgen und die Macht*. Den Titel für sein viel gescholtenes Stück entnahm er einem Ulbricht-Zitat. Eine Figur ließ er sagen: »Wir haben unser Deutschland neu montiert. / Wir haben eine Republik begründet, / Wo sich alles hinbewegt zum Großen. / In der der Mensch hat, Platz zum Handeln. / Eine menschliche Republik.«

Von diesem Gesichtspunkt ging auch das Stück aus. Eine tragische Literaturgeschichte nahm ihren Anfang. Die Politiker waren nicht einverstanden mit dem Abbild, das ihnen geboten wurde. Dabei modellierten die jungen Dichter den Gesellschaftsumbruch in einer Dichte und Plastizität, die erstaunen machen mußte. Aber die Erstaunten erbleichten und reagierten wütend. Aus heutiger Sicht ist es unbegreiflich, wie die SED mit ihrer Kulturpolitik eine Dichtung zusammenhauen konnte, die ihre und der Menschen Anstrengungen in ein bleibendes literarisches und historisches Zeugnis faßte.

Das Unverständnis der offiziellen Kulturpolitik bestand wohl darin, daß der neue Staat meinte, nicht ohne das dichterisch gestaltete Vorbild auszukommen. Deshalb wollte man alles auf das Positive ausgerichtet wissen. Den Halt, den die Wirklichkeit nicht bot, sollte die Dichtung liefern. Zwar hat in der Literatur auch das Positive seinen Platz, aber es darf nicht zum Korrektiv der Wirklichkeit werden. Dann zerstört es die Dichtung. Daß die Hoffnung gerade von den Widersprüchen ausgeht, wollte die herrschende Ästhetik nicht gelten lassen. Als von Peter Hacks die dritte Fassung von *Die Sorgen und die Macht* am Deutschen Theater aufgeführt wurde, reagierte die Partei wieder abweisend. Ihre führenden Funktionäre schrieben, daß das Stück nicht das »ästhetisch Schöne«, »das Glück unserer Zeit« darstelle, sondern nach folgender Konzeption erarbeitet worden sei: »›Das Stück zeigt die Ursachen vieler Fehler, die bei uns gemacht wurden. Es zeigt, wie wir diese Fehler beseitigen und welche Fehler wir bei der Beseitigung der Fehler machen. Und es zeigt auch die Beseitigung dieser Fehler.‹ Dieser Standpunkt, als These formuliert oder als Theaterstück gestaltet, ist für uns unannehmbar. Wir werden uns mit ihm – wo immer wir ihn treffen – prinzipiell auseinandersetzen. Dieser Standpunkt ist die Ursache, warum in Stück und Inszenierung das Prinzip der sozialistischen Parteilichkeit verletzt wird, wie die Publikumsreaktionen beweisen.«[16]

Die »Fundierung auf Politik« (Benjamin) war eine Forderung, mit der die sozialistische Literatur antrat und der sie neues Terrain eroberte. Wenn aber die Dichtung ihre spezifische Art, politisch zu sein, verliert, büßt sie ihre poetische Kraft und auch die Möglichkeit ein, den Menschen bei der Lösung ihrer dringlichsten Aufgaben zur Seite zu stehen. In dem Bemühen zu helfen, waren die Schriftsteller weit gegangen; noch weiter zu gehen, hätte die Aufgabe ihrer Existenz als Dichter bedeutet.

Die junge Literatur begann in den sechziger Jahren mit einem Paukenschlag, mit Heiner Müllers *Die Umsiedlerin* (1961). Doch dieser Geniestreich, der zu jener Zeit ohne Beispiel war, wurde mit den härtesten Strafen belegt. Das Stück hatte erst nach 15 Jahren wieder eine Chance, aufgeführt zu werden. 32 Parteistrafen erhielten Mitwirkende und für die Aufführung Verantwortliche. Dabei zählt dieses Stück über Schicksale von Menschen während der Veränderungen auf dem Lande zu den besten, die Müller geschaffen hat. Es zeigt die Widersprüche pur, ohne deren Lösung zu propagieren oder zu erklären. Arbeiter und Bauern sind bei Müller keine Vorbildcharaktere, wohl aber eine Kraft, die jene Propheten blamieren, die das Zeitalter des Glücks herbeiführen wollen. *Die Umsiedlerin* ist nicht nur ein Stück, das sich an Shakespeare orientiert, es besitzt auch dessen Format.

Während die Kulturpolitik Müller trotz Selbstkritik in die Ecke stellte, gelang ihr das bei Hacks nicht, obwohl die Kritik noch lauter war. Mit *Die Sorgen und die Macht* hatte er ein Stück geschaffen, in dem er eine politisch lehrhafte Fabel mit gewinnendem poetischem Charme in einer sprachlich gestalteten Verfremdung vortrug, die bezauberte. Noch während er wegen des Stücks heruntergemacht wurde, schrieb er ein neues: *Moritz Tassow*. Es ist die tragikomische Geschichte eines Ästheten und Philosophen, der zu früh gesellschaftliche Neuerungen durchsetzen will und scheitert. Aber auch dessen Gegenspieler, der Parteisekretär Mattukat, ist nicht schlechthin ein positiver Held. Der Autor entläßt am Ende des Stückes beide nicht ohne Ironie aus dem Spiel. Tassow wird Schriftsteller, um sich seiner Phantasie zu ergeben. Mattukat zieht sich krankheitshalber zurück. Er muß sich erholen. Auch dieses Stück mißfiel der Partei und den mit ihr verbundenen Kritikern, trotz der glanzvollen Inszenierung durch Benno Besson und des Beifalls, den es beim Publikum fand.

Dabei unterbreitete Hacks mit diesem Stück und der Figurenkonstellation Tassow – Mattukat der SED ein Versöhnungsangebot. Richtig verstehen kann man das, wenn man Hacks' Goethe-Aufsatz *Drei Blicke auf Tasso und ein schielender* liest. Der Grundeinfall von *Moritz Tassow* ging auf Motive von Goethes *Torquato Tasso* und August Kotzebues *Bruder Moritz, der Sonderling oder Die Colonie für die Pelew-Inseln* zurück. Nach Hacks beschreibe Goethes Stück nicht einen erträglichen, sondern setze vielmehr einen vollkommenen Konflikt voraus. Auch die wünschenswerteste Wirklichkeit sei außerstande, ein Genie zu ertragen. Für die Dichter, vor allem für die begabtesten, nahm Hacks in Anspruch, schwer zu begreifen, daß die Welt kein Traum ist. Wiederum sei es für den Staat, selbst wenn man sich den »vollkommenen« denke, unerträglich, einen begabten, aber lebensuntüchtigen Schriftsteller zu ertragen, der die Geduld der Regierenden mit seinen Vorschlägen bis zur Zerreißprobe spannte. Goethes *Tasso* sei ein Vorschlag zur Gewaltenteilung: Der Staat solle sich nicht in die Gewalt der Dichtung einmischen und die Dichter nicht in die Gewalt des Staates. Ein schwer durchführbarer Vorschlag! Doch der sollte zumindest unter Gleichdenkenden die relative Selbständigkeit der Poesie zu beiderseitigem Vorteil bewirken. Ulbricht aber bestand auf völlige Indienststellung der Kunst. Sie sollte vorangehen und auf das Land weisen, das im Glück ist.

Strittmatters Roman *Ole Bienkopp* setzte eine Zäsur in der bisherigen kulturpolitischen Praxis, kritische Werke abzuweisen, auszugliedern. Doch dazu kam es nicht, weil die Regierung umsichtig geworden war. Strittmatters Held, der kauzige Eigenbrödler, der »Selbsthelfer«, wie ihn die Kritik damals bezeichnete, erregte das Interesse des Publikums wie kaum eine literarische Figur zuvor. Ole wollte seine eigenen Vorstellungen von einer neuen Welt auf dem Lande durchsetzen, scheiterte aber an den verordneten Vorbildmethoden, an der Engstirnigkeit der offiziellen Vollstrecker, an der Bürokratie und ging zugrunde. Der Roman löste eine Diskussion aus, die sich nicht mehr steuern ließ wie noch Anfang der sechziger Jahre. Das Leserpublikum wehrte sich gegen politische wie literarische Einwände und setzte das Buch durch. Es ließ sich nicht mehr vorschreiben, welcher Held »typisch« für das Dorf der Gegenwart sei. Ein Kritiker (Werner Ilberg) gestand »... denn wo sie lieben, wollen sie ganz lieben.«[17] Die gestiegene Zahl der Leser und deren couragierte Reaktionen waren auch auf den Bitterfelder Weg zurückzuführen. Man hatte inzwischen gelernt, sich in Diskussionen zu behaupten. Nunmehr legte sich die Kulturpolitik auf die Linie fest, den Roman zu vereinnahmen, ihn zu bejahen, jedoch von dieser Position aus »die zum Teil erheblichen Mängel« zu markieren, um Strittmatter zu veranlassen, den Roman zu überarbeiten. Doch das Publikum bestärkte den Autor darin, daß es am *Ole Bienkopp* nichts zu verbessern gab.

Diesen Rückhalt beim Publikum fand Heiner Müller mit seiner *Umsiedlerin* nicht. Auch nicht bei der literarischen und künstlerischen Intelligenz. Fast alle, die in der Literatur und im Theater Rang und Namen besaßen, sprachen sich gegen das Stück aus. Darunter auch einige, die sich sonst nicht scheuten, der offiziellen Meinung zu widersprechen. Sie fühlten sich von diesem Stück so schockiert, daß auch sie meinten, hier sei einer zu weit gegangen. Die Maßnahmen der sozialistischen Umgestaltung in der Landwirtschaft lasteten schwer auf der Bevölkerung. Was Müller als Komödie gedacht hatte, in der man mit Lachen von der Vergangenheit Abschied nahm, ging nicht auf. Strittmatter zeigte Widersprüche, die aus einer verfehlten, dogmatischen und wenig souveränen Politik entstanden; er führte Umstände vor, die Menschen zerstörten und die nicht hätten sein müssen. Bei Müller nahmen die Widersprüche einen eruptiven Verlauf, was sie auslösten, vermochte der einzelne nicht mehr zu überblicken. Die Menschen unterlagen der Geschichte, die sie doch machen sollten.

1963 trat Christa Wolf mit dem Buch *Der geteilte Himmel* hervor. Sie gehörte zu jenen Autoren, die der Mitteldeutsche Verlag zu Beginn des Jahrzehnts unter dem Titel *Demnächst im Lexikon* vorgestellt hatte. Ihre Erzählung erwies sich als ein Bestseller, der innerhalb eines Jahres eine Auflage von 160 000 Exemplaren erreichte, den Konrad Wolf verfilmte und der mehrere Übersetzungen erlebte. Der Erfolg ließ sich auch darauf zurückführen, daß das Buch kurz nach dem Mauerbau erschien. Die Autorin wollte zeigen, wie ein Mensch auf Grund ganz persönlicher Erfahrungen seinen Weg findet. Nach einem Selbstmordversuch überdenkt die Heldin die Trennung vom geliebten Mann, der nach dem Westen ging, während sie dort nicht bleiben möchte. Christa Wolf stellte nicht vorwiegend eine politische Entscheidung dar, obwohl sie als solche interpretiert werden kann. Vielmehr beschrieb sie den schmerzlichen Einbruch des Politischen in den persönlichen Bereich des Menschen und wie er damit zurechtkommen muß. Es ist nicht der Zugzwang des Politischen im Sinne einer »gesetzmäßigen« Perspektive, die die Heldin veranlaßt, im Lande zu bleiben. Aber es ist auch keine ganz private Entscheidung. Gerade die Sensibilisierung des Vorgangs machte den Erfolg des Buches, seine Beliebtheit aus. Es stellte sich gegen offiziellen Optimismus und gewann dadurch an Glaubwürdigkeit und Realität.

In den sechziger Jahren entfaltete die Literatur jene Vielfalt, die Hans Mayer vermißt hatte. Von Johannes Bobrowski erschienen die Lyriksammlung *Sarmatische Zeit* (1961) und der Roman *Levins Mühle* (1964). Er beschrieb das konfliktreiche Zusammenleben der Deutschen mit den Menschen des europäischen Ostens. In seiner eigenwilligen Gestaltung löste er diese Thematik aus der propagandistischen Überlagerung. In der literarischen Öffentlichkeit blieb Bobrowski ein schwer einzuordnender Autor. Dennoch gehörte er, der früh starb (1965), zum Ensemble dieser Literatur. Wieder von ganz anderer Art war Dieter Noll mit seinen beiden *Werner Holt*-Romanen (1960 und 1963), der einer handfesten Erzähltechnik verpflichtet blieb. Noll schilderte die Abenteuer einer Jugend, die im letzten Kriegsjahr verheizt worden war. Schon vom Stoff her besaß der Roman die Gunst der Leser, der heimgekehrten Generation. Immer wieder aufgelegt, erreichte der Roman in den achtziger Jahren die 36. Auflage. Noll blieb allerdings nur mit diesem einen Roman erfolgreich. Er hätte eine ähnliche Rolle spielen können wie Remarques *Im Westen nichts Neues*. Remarque hatte die Mentalität einer ganzen Generation erfaßt, die die Verschiedenheit politischer Standpunkte überspannte. Nach dem zweiten Weltkrieg schien das durch die internationale Systemauseinandersetzung in dieser Weise nicht mehr möglich zu sein.

In den sechziger Jahren begannen viele junge Autoren ihre Schriftstellerlaufbahn mit Erfolgsbüchern. Neue Namen tauchten auf: Herbert Nachbar mit *Die Hochzeit von Länneken* (1960), Karl-Heinz Jakobs mit *Beschreibung eines Sommers* (1961), Irmtraud Morgner mit *Ein Haus am Rande der Stadt* (1962) und *Hochzeit in Konstantinopel* (1968), Karl Mickel mit *Lobverse und Beschimpfungen* (1963) sowie *Vita nova mea* (1966), Claus Hammel mit *Um neun an der Achterbahn* (1964), Jurek Becker mit *Jakob der Lügner* (1968), Werner Heiduczek mit *Abschied von den Engeln* (1968), Sarah Kirsch mit *Landaufenthalt* (1967).

Erstaunlich ist, daß sich diese literarische Entwicklung, die einer Talenteruption gleichkam, in einer kulturpolitisch repressiven Zeit vollzog. Doch die Verluste ließen sich nicht übersehen. Einer der talentiertesten Autoren, der in der DDR begann, aber nicht zum Zuge kam, war Uwe Johnson. Er, ein Schüler Hans Mayers in Leipzig, legte seinen literarischen Erstling, die Erzählung *Ingrid*, dem Aufbau-Verlag vor. Cheflektor Max Schroeder, sonst ein Talentförderer, bezeichnete den Inhalt der Erzählung als »dünn und leicht verlogen«. »Als Talentprobe nicht von besonderem Belang.«[18] Johnson machte früh von den Möglichkeiten eines zweigeteilten Landes Gebrauch. Er legte sein Manuskript Peter Suhrkamp in Frankfurt am Main vor. Aber auch der fand es schwach und druckte es nicht. Dennoch ging Johnson 1959 in die Bundesrepublik, wo er mehr Chancen sah, seine Bücher zu veröffentlichen. Dort wurde er mit seinem vierbändigen Romanwerk *Jahrestage* zum Chronisten der gespaltenen Zeit. Nicht diesen Weg ging Fritz Rudolf Fries, obwohl sein Erstling *Der Weg nach Oobliadooh*, ein Buch, das seine Leser noch immer für sein bestes halten, 23 Jahre warten mußte, bis es in dem Lande erscheinen konnte, in dem es entstanden war. 1966 brachte es der Suhrkamp Verlag heraus. Fries kam mit anderen Büchern in der DDR zum Erfolg. Für den *Weg nach Oobliadooh* setzten sich verschiedene Verlage und Verleger der DDR ein, denn es war ein Talentbeweis von hohen Graden und zugleich ein authentischer Text über die Denkweise und Gefühlswelt junger Menschen in der zweiten Hälfte der fünfziger Jahre.

Von den Exilautoren erschienen in den sechziger Jahren *Das Vertrauen* (1968) von Anna Seghers und von Arnold Zweig *Traum ist teuer* (1962). Das Erscheinen dieser Bücher wurde als literarisches Ereignis gefeiert, doch fanden sie beim Publikum bei weitem nicht die Resonanz wie die Bücher der jungen Autoren. Anna Seghers stieß mit ihren Erzählungen und Novellen auf mehr Interesse als mit ihren großen Gesellschaftspanoramen. Den großen Romanen fehlte die Dichte und die Knappheit des Ausdrucks, die ihre Erzählungen *Die Kraft der Schwachen* (1965) und *Das wirkliche Blau* (1967) auszeichneten. Brecht hatte beim Wiedersehen 1947 von Anna Seghers die versprochenen 100 Novellen eingefordert. Er wußte, worin ihre Stärke bestand. Gehört sie doch zu den bedeutendsten Novellisten des zwanzigsten Jahrhunderts. 1968, ein Jahr vor dem Tod Arnold Zweigs, lagen beim Aufbau-Verlag dessen *Ausgewählte Werke* in sechzehn Bänden vor. Ausgespart blieben nur jene Texte mit ausgeprägt jüdischer Thematik. Gegen sie hatte Walter Janka schon in den fünfziger Bedenken geäußert. Man schloß mit Zweig ein Gentlemen Agreement, um ihn zu besänftigen. Galt er doch als einer der großen Klassiker des Realismus. Ihn wollte man aus der Kritik heraushalten. Den Ausfall der jüdischen Thematik versuchte der Aufbau-Verlag unter der Leitung von Klaus Gysi durch sein engagiertes Eintreten für Zweigs Romanwerk, insbesondere für den Zyklus *Der große Krieg der weißen Männer*, wettzumachen. Zweig wiederum zeigte sich dankbar für die Chance, sein umfangreiches Werk, von dem der Westen keine Notiz nahm, vollenden und einem aufgeschlossenen Lesepublikum zuführen zu können. Ausgeschlossen blieb sein großer Essay von 1927 *Caliban oder Politik und Leidenschaft*, in dem Zweig eine »Gruppenpsychologie des Antisemitismus« entwarf. Auch das Freudsche Denken, ein wesentliches Element seines Schaffens, blieb tabu. Dabei hätte Zweig ein differenzierter Vermittler zwischen der Freudschen Lehre und dem Marxismus sein können; denn bei aller Verehrung gegenüber Freud verhielt er sich kritisch zu den Auswirkungen der Freud-Schule. Er wandte sich vertrauensvoll an viele einflußreiche Leute, um Verständnis für Freudsche Gesichtspunkte zu finden, stieß aber überall auf taube Ohren. Man bestand auf der »reinen« Lehre und wollte keine »Ergänzungen« für den Marxismus. Zur Veröffentlichung seines Briefwechsels mit Freud konnte sich der Aufbau-Verlag nicht entschließen.

In dem Maße, wie die jungen Autoren von sich reden machten und ihre Bücher die literarische Diskussion bestimmten, setzte in den sechziger Jahren ein Wechsel des Leserinteresses ein. Die Nachfrage nach Werken der älteren Generation ging zurück. Auf einer Leitungssitzung des Aufbau-Verlags im Januar 1965 hieß es: »Die traditionellen sozialistischen Autoren, wie Seghers, Bredel, Uhse, (Friedrich) Wolf, wurden nach wie vor außerordentlich schwach bei den Bestellern berücksichtigt.«[19] Bereits ein Jahr zuvor hatte der kaufmännisch-technische Leiter des Unternehmens darauf aufmerksam gemacht, daß im Laufe des Jahres 1963 eine Verschiebung in der Nachfrage vor sich gegangen war. »Bei den Werken der älteren sozialistischen Literatur hat sich der Eindruck, daß der vorhandene Bedarf weitgehend gedeckt ist, verstärkt. Die Planziele konnten für die Titel dieser Gruppe nicht erreicht werden. Darin liegt die wesentliche Ursache für die geringe Untererfüllung des Absatzplanes. Der Buchkäufer wendet sein Interesse in erster Linie Neuerscheinungen zu.«[20] Im Mai 1964 beschloß der Aufbau-Verlag, die Adam-Scharrer-Ausgabe wegen Absatzschwierigkeiten einzustellen. Scharrers Bücher gehörten nach 1945 zu den ersten, die der Verlag herausgebracht hatte. Für einen Becher-Band hielt die Leitung eine Auflage von 2 000 Exemplaren für ausreichend.

Im Unterschied dazu stieg von Jahr zu Jahr die Nachfrage nach Werken der jungen Autoren. Die Verlage zogen ihre Schlußfolgerungen. »In Folge der großen Nachfrage soll die Auflage von Strittmatters *Ole Bienkopp* von 12 500 auf 25 000 Exemplare erhöht werden.«[21] Bei Dieter Noll plädierte der Buchhandel dafür, die Auflage für *Die Abenteuer des Werner Holt* Band I auf 40 000 und bei Band II auf 35 000 Exemplare festzusetzen. Die Auflagen von Hermann Kants *Die Aula* korrigierte der Verlag von 15 000 auf 20 000, dann auf 30 000. Doch dabei blieb es nicht.[22]

Wenn auch beim Absatzrückgang der Werke der Exilautoren zu berücksichtigen war, daß eine Sättigung stattgefunden hatte, so war das doch nicht der einzige, vielleicht nicht einmal der wesentliche Grund. Die jungen Autoren brachten eine neue Sicht auf die Wirklichkeit ein. In Christa Wolfs *Moskauer Novelle* ist es eine junge Ärztin, die diese Sicht artikuliert: »Ihr habt alles hinter euch und kennt keine Zweifel und wißt jede Antwort und macht uns ganz mutlos mit eurer Vollkommenheit.«[23] Der Sieg über die faschistische und kapitalistische Vergangenheit prägte die Schreibweise der älteren sozialistischen Autoren, selbst wenn sie sich neuen Themen zuwandten. Die Jungen respektierten das, aber sie konnten und wollten da nicht stehenbleiben. Sie wiesen auf ihre Schwierigkeiten hin und fanden, die Welt sei nicht im Glück. Daraus zogen einige Autoren den Schluß, daß Opfer und Entbehrungen um einer besseren Zukunft willen weiter nötig seien. Das verband sie mit der älteren antifaschistischen Literatur. In den siebziger Jahren stießen sie sich davon ab. Die Losung lautete nunmehr: Jetzt und nicht morgen. Das Selbstbewußtsein der jungen Autoren traf den Nerv einer ganzen Generation. Das machte den Erfolg der neuen Literatur aus. Sie hatte sich frei gemacht von der Bekenntnis- und Verheißungsdichtung wie von der Produktionsliteratur der fünfziger Jahre. Sie hatte ihren eigenen Ausdruck gefunden.

## Zwischen geschichtlichem Auftrag und gesellschaftlicher Verpflichtung. Die literaturwissenschaftliche Intelligenz

In den fünfziger Jahren verließ ein großer Teil der lehrenden Elite den Osten Deutschlands. An den Universitäten stützte sich die neue Ordnung vor allem auf die heimgekehrten Emigranten und Persönlichkeiten des inneren Widerstands. Es war eine kleine, dünne Schicht, aber sie besetzte wichtige Positionen an den Universitäten, in den Verlagen und Redaktionen. Sie besaß einen beträchtlichen Einfluß auf die Jugend, einen größeren, als sie selbst wahrhaben wollte. Zu den antifaschistischen Professoren, die vor die Jugend traten, gehörten Ernst Bloch, Hans Mayer, Gerhard Scholz, Victor Klemperer, Ernst Engelberg, Walter Markov, Jürgen Kuczynski, Alfred Meusel, Georg Knepler und andere. Doch sie, die dem Faschismus widerstanden hatten, gerieten in neue Konflikte. Marxisten die meisten, befanden sie sich zwar in Übereinstimmung mit der antifaschistischen Ordnung, aber es baute sich eine Spannung auf zwischen dem, was sie lehren wollten und was sie lehren sollten. Durch den Einfluß der Sowjetunion setzten sich Lehrmeinungen und ideologische Strömungen durch, die sie mit eigenen Auffassungen nicht immer in Übereinstimmung bringen konnten. Ihr Dilemma bestand darin, daß sie sich schlecht gegen die offizielle Politik und deren Repräsentanten stellen konnten. Sie wären sonst in eine Front mit Leuten geraten, die sie einst bewußt bekämpft hatten. Andererseits wurden ihnen Standpunkte abverlangt, die sich nur schwer mit ihrer Lebensauffassung vereinbaren ließen. Die Konflikte, in die sie gerieten, kämpfte jeder auf seine Weise aus. Keiner kam ohne Blessuren und geistige Rückschläge davon. Aber die Frage, ob sie in ihrer Zeit bestanden, ist nicht mit dem Tatbestand zu beantworten, ob sie im Lande blieben oder es verließen.

Hier sollen nicht die unterschiedlichen Konflikte beschrieben, sondern zwei Grundhaltungen im Verwirrspiel von Literatur und Macht analysiert werden. Keine davon verdient den Vorzug vor der anderen. Es geht um die Lebenswege und Lebensentscheidungen von Hans Mayer und von Werner Krauss.

Beide waren unterschiedliche Typen von Intellektuellen, Außenseiter im Lager der Professoren. Hans Mayer gehörte zu jenen, die es für ihre Pflicht hielten, alles auszusprechen, die keinen Trend ausließen, ohne sich dazu zu äußern. Er beanspruchte nicht nur das Katheder, ihn verlangte es auch nach der Tribüne und nach Mikrophonen. Werner Krauss konnte sich vor der Öffentlichkeit verschließen, ohne mit seiner Meinung hinterm Berg zu halten. Ihn drängte es nicht danach, Festreden zu halten, er bevorzugte die stillen Säle, Bibliotheken und Archive. Beide standen sie im Kontakt mit der zeitgenössischen Literatur. In dieser Hinsicht unterschieden sie sich von den meisten ihrer Zunft. Doch auch darin waren sie verschieden. Hans Mayer, der Flaneur im Schatten der Dichter, suchte und pflegte den Kontakt mit den Berühmtheiten seiner Zeit. Es schmeichelte ihn, ihre Bekanntschaft gemacht zu haben. Umgang mit Künstlern und Schriftstellern unterhielt Werner Krauss nur während seines längeren Spanienaufenthalts in den zwanziger Jahren, als er an der Zeitschrift *Revista de Occidente* von Ortega y

Gasset mitarbeitete. Doch er selber besaß poetisches Talent und Sprachgewalt. Er war ein Dichter, den man zu den modernen zu zählen hatte. Im faschistischen Zuchthaus, an den Händen gefesselt, schrieb er zwei Romane. Das Buch *PLN – Die Passionen der halykonischen Seele* entstand in Plötzensee. Gleich nach dem Krieg erschien es. Hermlin bezeichnete es als ein »Ereignis« von »literarischem und politischem Rang«. Krauss blieb als Gelehrter immer Dichter, aber mit dieser Seite seiner Produktivität drängte er sich nicht in den Vordergrund. In jungen Jahren gaben sich Hans Mayer und Werner Krauss bereits marxistischen Studien hin. Auf beide übte Lukács' Frühwerk *Geschichte und Klassenbewußtsein* einen nachhaltigen Eindruck aus. Die materialistisch-dialektische Methode eröffnete für sie einen neuen Zugang zur Literatur. Sie bestimmte und formte ihr Werk. Methodenkämpfe wurden für sie zu Lebenskämpfen.

Hans Mayer ging 1933 ins Exil. Werner Krauss verließ das Land auch nicht, als er gefährdet war. Er schloß sich der Widerstandsgruppe »Rote Kapelle« an. Als der Kreis um Harro Schulze-Boysen aufflog, wurde auch Werner Krauss verhaftet. Am 18. Januar 1943 erfolgte das Urteil: zum Tode. Der Kriegsverlauf verzögerte die Hinrichtung. Er überlebte. Nach dem Krieg gingen Hans Mayer von Frankfurt am Main und Werner Krauss von Marburg aus nach Leipzig. Beide lehrten an der Universität. Wenn Lehre jemals auf fruchtbaren Boden fiel, so hier. Ihre Schüler besetzten später erste Plätze in der Wissenschaft und in der Schönen Literatur. Mayer konnte auf Christa Wolf, Irmtraud Morgner und Uwe Johnson verweisen. Krauss auf Fritz Rudolf Fries. Mayer nahm den Einstieg seiner Schüler in die Literatur mit tiefer Befriedigung wahr, Krauss weniger.

Die Lehrer genossen anfangs alle Ehren, zählten zu den ersten Nationalpreisträgern in den Literaturwissenschaften, gerieten aber bald in Konflikte. Sie führten ihre Schüler in die materialistisch dialektische Methode ein, stießen aber immer wieder auf Grenzen. Die Formalismus-Diskussion und die Ulbrichtsche Kulturpolitik drängten ihre Auffassungen in den Hintergrund. Diejenigen, die zu lehren hatten, konnten sich nicht zurückhalten, wenn es um Probleme der neueren Literatur oder um das Verhältnis zur Tradition ging. Der Dekadenzbegriff, politisch instrumentiert, brachte sie in arge Bedrängnis.

Hans Mayers Meinung war in den fünfziger Jahren nicht nur an der

Universität gefragt. Brecht beriet sich mit ihm. Ministerpräsident Grotewohl nutzte seinen Rat bei der Ausarbeitung von Reden über Kultur und Literatur. Im Aufbau-Verlag diskutierte man mit ihm über die strategische Linie. Was an umstrittenen Titeln in den Plan aufgenommen wurde, hing in hohem Maße von seinen Gutachten ab. Mitte der fünfziger Jahre unterstützte Hans Mayer die Lektoren bei dem Versuch, Kafka, Musil und Proust herauszubringen und die Dekadenzkonstellation zu durchbrechen. Der Vorschlag, Proust zu verlegen, kam vom Lektor Günter Caspar. Als er bei Hans Mayer anfragte, ob er das große Romanwerk *Auf der Suche nach der verlorenen Zeit* mit einem Essay einleiten könne, antwortete er enthusiastisch. Der Kenner der Moderne glaubte, daß nun der Zeitpunkt gekommen sei, jene Autoren durchzusetzen, deren Herausgabe die Formalismusdoktrin verhindert hatte. Diese Autoren, die den weltliterarischen Trend bestimmten, nicht analysieren und kommentieren zu können, schien ihm ganz unerträglich. Bei einem solchen Vorstoß wollte er dabei sein. An den Aufbau-Verlag schrieb er: »Ihre Anfrage hinsichtlich Marcel Proust erzeugt bei mir höchstes Entzücken. Hier bin ich nicht nur bereit, eine Einleitung zu schreiben, sondern ich reiße mich sogar darum; Mitbewerber würde ich erbarmungslos niederboxen ... Eine größere Studie über die *Suche nach einer verlorenen Zeit* stand seit langem auf meinem Arbeitsplan. Wenn Sie mir nun mit einem konkreten Vorschlag kommen, so wird sich dieser Plan viel früher realisieren lassen, als ich selber vermutete.«[24] 1955 besprach Cheflektor Max Schroeder mit Mayer die Möglichkeit, Musils *Der Mann ohne Eigenschaften* ins Verlagsprogramm zu nehmen. Der Vorschlag war von Hans Mayer gekommen, denn er wollte eine bessere Ausgabe herausbringen als die, die im Rowohlt-Verlag Hamburg vorlag. Ein Jahr später ging es um Kafka, den er in seinem *Sonntag*-Artikel für unverzichtbar erklärte. Die Aufbau-Offensive unter der wissenschaftlichen Beratung von Hans Mayer war sicher der energischste Versuch, die Dekadenzbarriere zu durchbrechen und die Abkoppelung von der weltliterarischen Entwicklung zu überwinden. Was Mayer an der Universität noch nicht möglich schien, versuchte er, über den Verlag in Gemeinschaft mit den Lektoren zu erreichen. Die Pläne scheiterten. Nach der Verhaftung von Harich und Janka galt der Aufbau-Verlag als »das politisch-organisatorische Zentrum der Konterrevolution«. Als Mayer Anfang der sechziger Jahre merkte, daß es ihm nicht mehr möglich sein würde, sich mit seiner Auffassung zu behaupten, ihm sogar der Bezug auf Bloch und Lukács untersagt wurde, fand er sich in seiner Tätigkeit eingeschränkt und bevormundet. Er hatte Lukács' Romantikauffassung analysiert und Kritik geübt, dennoch fragte Verlagsleiter Klaus Gysi, ob es denn nötig sei, Lukács »gewissermaßen in einem Atemzug mit Marx, Engels und Mehring als adäquate Größe der marxistischen Literaturwissenschaft auf(zu)fassen und ein(zu)stufen«.[25] Gysi meinte, es gehe nur um »einige kleine Streichungen«, durch die der Text nur gewinnen würde. Im September 1963 kehrte Hans Mayer von Vorträgen in Erlangen und Bayreuth nicht nach Leipzig zurück. Hier hatte man erklärt, an der Universität gäbe es »eine Lehrmeinung zu viel«.

Werner Krauss war wie Hans Mayer ein Kenner der Moderne, mehr noch, als poetischer Autor bezog er von dort wesentliche Anregungen. Er wäre einer der besten und ein kritischer Vermittler der Moderne gewesen, insbesondere der französischen. Aber wie sollte das in den Zeiten der Auseinandersetzung mit dem Formalismus geschehen? Er selbst hätte vielleicht seine Position bewahren können. Wie aber stand es um seine Schüler? Wenn sich Werner Krauss über die französische Moderne referieren hörte, meinte er, seine Schüler in eine schlimme Lage zu bringen. Er gab diese Vorliebe auf und suchte eine neue, die ihm größere politische Beweglichkeit bot. Krauss führte seine Schüler in die französische Aufklärung ein und machte diese Periode zum bevorzugten Gegenstand seiner Forschung. Hier ließ sich die kritische Methode des Marxismus vorführen. Außerdem bot der Gegenstand den Vorteil, die Schüler in das diffizile Verhältnis von Literatur und Macht einzuführen. Mit der Analyse geschichtlicher Vorgänge ließ sich eine brauchbare politische Haltung demonstrieren. Angeregt zu dieser Wendung wurde er außerdem dadurch, daß sich in Halle ein Depot der aus dem verlorenen deutschen Osten zurückgeführten Bücher aus dem 18. Jahrhundert befand, darunter nicht wenige Quellenwerke zur französischen Aufklärung. Unter Krauss gewann die Aufklärungsforschung internationales Format. Auch viele seiner Schüler wurden auf diesem Gebiet angesehene Leute. Krauss blieb in der DDR.

Nicht verlassen wollte das Land auch Ernst Bloch; denn er meinte, hier gehöre er hin. Doch nach dem Mauerbau kehrte er von einer Reise nicht wieder nach Leipzig zurück. Seine Situation gestaltete sich in der zweiten Hälfte der fünfziger Jahre noch schwieriger als die von Hans

Mayer. Das Verhängnis war sein Fach. Die Philosophie hatte es schwer, weil die Partei keine Abweichung von dem von ihr vorgegebenen Marxismus duldete, den sie als den einzig wahren betrachtete. Die pluralistische Auffassung, die die Marxsche Philosophie in ihrer Entstehungsphase kennzeichnete, als sie wichtige geistige Strömungen kraft der dialektischen Methode integrierte, galt längst nicht mehr. Den führenden Leuten des Aufbau-Verlags, die Blochs Gesamtwerk betreuten, war diese Situation bewußt. Sie verhielten sich vorsichtig. Als Klaus Gysi die Leitung übernahm, sah er seine Aufgabe darin, Blochs Bücher weder zu befördern noch den Autor aus dem Haus zu treiben. Eigentlich ließ die Vertragsbindung das nicht zu: einen Autor zu halten, ohne ihn zu verlegen. Mitte der fünfziger Jahre lagen vom *Prinzip Hoffnung* zwei Bände vor, vom dritten existierte ein vollständiger Fahnenabzug. Der Band wurde aber nicht ausgedruckt. Als sich Suhrkamp für das dreibändige Werk interessierte, entschloß sich Bloch, seinen Vertrag zu kündigen. Gysi stimmte nunmehr einer westdeutschen Lizenzausgabe und der baldmöglichsten Ausgabe des dritten Bandes zu. Daraufhin nahm Bloch seine Kündigung zurück. 1959 erschien noch vor der westdeutschen Ausgabe der dritte Band von *Prinzip Hoffnung*, aber jetzt war aus der Lizenzausgabe für die Bundesrepublik ein Projekt des Suhrkamp Verlags in Frankfurt am Main geworden. Aufbau behielt nur die »Rechte für die DDR und die sozialistischen Staaten«. Die DDR vermochte Bloch, dem bedeutendsten zeitgenössischen deutschen Philosophen, keinen angemessenen Platz zu gewähren. Sie gab unter finanziellen Verlusten die Rechte an einen westdeutschen Verlag, noch bevor der Autor selbst das Land verließ.

Zu den Professoren, die wie Bloch und Mayer die DDR verließen, gehörte auch Alfred Kantorowicz, Direktor des Germanistischen Instituts der Humboldt-Universität in Berlin. Er übersiedelte 1957 in die Bundesrepublik. Zu seinen Schülern zählte Hermann Kant. Doch dieses Lehrer-Schüler-Verhältnis blieb nicht so ungetrübt wie das zwischen Hans Mayer und Christa Wolf oder Werner Krauss und Fritz Rudolf Fries.

Jede neue Gesellschaft ist daran interessiert, über eine Intelligenz zu verfügen, die auf einer eigenen Basis herangebildet wurde. In den sechziger Jahren war es in der DDR soweit. Die junge literarische und literaturwissenschaftliche Intelligenz, die ihre lebensformenden Impulse von den Emigranten und den Leuten aus dem inneren Widerstand erhalten hatte, begriff den Staat und ihre Lehrer weitgehend als Einheit. Wer ausscherte, auf die andere Seite wechselte, wurde als Abtrünniger, als Renegat, empfunden. In dieser Hinsicht verhielt sich die junge Intelligenz rigoros, wenn sie auch die Lehrer, die weggingen, nie vergaß. In die inneren Spannungen der älteren Generation blieb sie lange Zeit uneingeweiht. Sie hatte gegenüber der Parteiideologie eine gewisse Gläubigkeit und einen selbstverständlichen Gehorsam. Diese Haltung verstärkte sich in dem Maße, wie von jenseits der deutsch-deutschen Grenze alles mit Hohn bedacht wurde, was dieses Engagement ausmachte. Das blieb so bis Ende der sechziger Jahre. Der Kalte Krieg schaukelte die unterschiedlichen weltanschaulichen Positionen hoch, verstrickte sie in unfruchtbare Polemik und ruinierte die wissenschaftliche Erkenntnis. Der sozialistische Staat hatte der Jugend alle Möglichkeiten geboten, zu lernen, sich zu bilden. Sie war der Losung gefolgt, daß ihr alle Tore zu Wissenschaft und Kunst offenstehen. Sie wurde nicht enttäuscht. Vor allem für jene Jahrgänge, die als erste die neuen Bildungsmöglichkeiten nutzen konnten, eröffneten sich vielfältige Aufstiegschancen. Es waren nicht Karrieresucht und nicht Opportunismus, was die jungen Leute veranlaßte, die Angebote zu nutzen. Da das, was sie als das Neue betrachteten, noch mit Widerstand zu kämpfen hatte, wollten sie Partei ergreifen. In dieser Auseinandersetzung stellten sie sich in einzelnen Fällen auch gegen die alten Lehrer, die sie einst in die neue Welt eingeführt hatten.

In den sechziger Jahren trat nicht nur eine junge Generation von Autoren an, es gab sie auch auf den Lehrstühlen, in den Verlagslektoraten und Instituten. Auf diese jungen Leute nahm die Partei nicht weniger Einfluß als auf die älteren. Sie meinte, dazu noch ein größeres Recht zu haben. Der Umgang mit ihnen erschien ihr leichter, weil sie sich nicht auf Erfahrungen und Verdienste im antifaschistischen Kampf und in der Weimarer Republik berufen konnten. Von der jungen literaturwissenschaftlichen Intelligenz versprachen sich die SED und die Staatsführung wissenschaftlichen Beistand, eine »parteiliche« Ausrichtung von Kunst und Wissenschaft. Den Weg dahin sollte der sozialistische Realismus ebnen. Über ihn suchte die Führung die neu Ausgebildeten in die Hand zu bekommen.

## Der sozialistische Realismus.
## Leitbild und Feindbild

Der sozialistische Realismus war ein Erbstück aus der sowjetischen Besatzungszeit. Die Kulturoffiziere hatten ihn propagiert, weil er »wichtige Ausblicke auf das deutsche Kulturschaffen« enthalte. Alexander Dymschitz war wohl der erste, der die Deutschen damit bekanntmachte. In einem vierteiligen Artikel unter dem Titel »Züge einer neuen Kunst« in der *Täglichen Rundschau* beschrieb er die Grundprinzipien dieser Richtung. Der sozialistische Realismus, so Dymschitz, ermögliche, »die Geschichte mit den Augen eines neuen Menschen« darzustellen. Darin ließen sich Elemente der Romantik und des Realismus zusammenführen. Was sich in der Vergangenheit in getrennten, gegenläufigen Perioden vollzog, verbinde sich hier zu einer Einheit, die die Gegensätze auflöse. Die Nutzanwendung für das literarische Schaffen brachte Alexander Fadejew auf die handfeste Formel: Ein menschlicher Charakter müsse dargestellt werden »wie er ist« und »wie er sein soll«. Erst auf diese Weise entstehe »wirklicher Realismus«. In den ersten Nachkriegsjahren, als die Deutschen wieder mit verschiedenen Ismen bekanntgemacht wurden, nahm man solche Ausführungen noch interessiert zur Kenntnis. Dabei waren sie ein Resultat stalinistischer Entwicklung, eine grobe Verfälschung dessen, was 1934 auf dem I. Allunionskongreß der Schriftsteller über diesen Begriff gesagt worden war. Damals führte ihn Maxim Gorki in die Diskussion ein. Die eingeladenen Schriftsteller aus aller Welt, so Jean Richard Bloch, Johannes R. Becher, Albert Ehrenstein, Wieland Herzfelde, André Malraux, Klaus Mann, Friedrich Wolf u. a., legten ihn unterschiedlich aus. Selbst unter den Regierungsvertretern gab es dazu divergierende Auffassungen. Der sozialistische Realismus lief noch nicht auf ein genormtes ästhetisches Prinzip hinaus, obwohl bereits damals zu erkennen war, daß der Staat mit diesem Begriff eine Steuerung von Literatur und Kunst verband. Auf diesem Kongreß sprach auch Shdanow, dessen Auffassung nach 1945 die kulturelle Diskussion in dem von den Sowjets besetzten Teil Deutschlands bestimmte.

Das Schaffen der sozialistischen Künstler und Schriftsteller als eine eigenständige Strömung hervorzuheben, stieß anfangs auf keine Bedenken. Darin sah man das Bekenntnis zu einer anders verstandenen

Welt und Literatur. Zum sozialistischen Realismus äußerten sich die Künstler aus ihren persönlichen Erfahrungen heraus. Brecht entwickelte zehn Punkte zum sozialistischen Realismus, wie er ihn verstand. Diese Punkte gaben seine ästhetische Auffassung wieder und standen nicht im Widerspruch zu seinem Werk. Becher steuerte ästhetische Erfahrungen bei, fand sich aber auch zu plumpen propagandistischen Lobsprüchen bereit. Doch keiner betrachtete den sozialistischen Realismus als eine theoretische Vorgabe, nach der er zu schreiben und zu produzieren habe. Kein bedeutendes Werk entstand auf diese Weise. Aber gerade so interpretierten ihn in den Zeiten des Kalten Krieges westliche Publizisten und, wenn auch vereinzelter, die Kunst- und Literaturwissenschaftler an den Universitäten.

Die beiden deutschen Staaten instrumentalisierten diesen Begriff jeweils auf ihre Weise als Leitbild oder als Feindbild. Handhabte ihn die eine Seite als die fortschrittlichste Methode, galt er für die andere als dogmatische Richtschnur, als kunstfeindlich. Jahrzehntelang konnte ein sozialistischer Künstler allein schon durch die Kennzeichnung als »sozialistischer Realist« diffamiert werden.

Das Erbstück aus der Besatzungszeit machten die Politiker der DDR nach dem Erlöschen der Formalismus-Diskussion zum Kernstück ihrer Literatur- und Kunstauffassung. Doch spätestens in den sechziger Jahren löste man sich von der Russifizierung der Ästhetik. Das forcierte Propagieren der Ideen von Belinski, Tschernyschewski, Dobroljubow und Herzen ließ nach. Der Einfluß dieser bedeutenden Theoretiker blieb trotz vielfältiger Publikationen und obligatorischem Lehrstoff an den künstlerischen Lehranstalten gering. Der Nachwuchs orientierte sich lieber an dem schwierigen Hegel. Peter Hacks spottete über Belinskis Kunstauffassung als »Denken in Bildern«. Damit könne man noch eher den Dadaismus als den Realismus begründen. In den sechziger Jahren suchte man in der DDR nach einer eigenen Definition des sozialistischen Realismus. Mit der Einheit von revolutionärer Romantik und neuem Realismus wußte man hierzulande nicht viel anzufangen. Alfred Kurellas Auslegung des Marxschen Frühwerks über den realen Humanismus fand Eingang in die deutsche Auffassung. Im Vordergrund stand jetzt die Weiterentwicklung des realen Humanismus zum sozialistischen Humanismus als »gesetzmäßige« Weiterführung bisheriger Errungenschaften. Durch die Gedankenspiele in der Tradition der deutschen Philosophie wurden zwar einige dogmatische Auffassungen überwunden, aber durch utopische ersetzt. Mit der Instrumentalisierung der »historischen Gesetzmäßigkeit« entstand eine theoretische Basis, die mehr überzeugte, weil sie die Schwächen besser kaschierte. Die Theoretiker ersetzten die direkten politischen Losungen durch das Kategorienverständnis der deutschen Philosophie. Die Impulse von Kurella nahm der junge Literaturwissenschaftler Hans Koch auf. Er führte fort und systematisierte, was der sporadisch und vorwiegend politisch argumentierende Kurella in die Diskussion gebracht hatte. Hans Koch steuerte fortan die Theorie des sozialistischen Realismus. In den abstrakten Gefilden der Ästhetik vermochte er sich besser zu behaupten als in der kulturpolitischen Praxis, der er erlag. Sein Ende verlief weit tragischer als das mancher Schriftsteller, die seine Zeitgenossen waren.

Die Theorie des sozialistischen Realismus sollte vor allem der Beurteilung von Kunst dienen, verallgemeinerte sie doch, wie Kunst auszusehen habe. Für Kritiker und Historiker war sie als Meßlatte gedacht. Da sie aber immer öfter von Politikern benutzt wurde, die damit Erwartungen ausdrückten, kam der Begriff in Verruf. Künstler und Schriftsteller empfanden ihn nicht als Hilfe. Für das Publikum war er ungeeignet, sich vorurteilsfrei einem künstlerischen Werk zu nähern.

So wurde der Begriff zu einer Domäne der Literatur- und Kunstwissenschaft, die dadurch in den Ruf geriet, sich zum Fürsprecher staatlicher Kunstpolitik zu machen. Die jungen Wissenschaftler, die sich mit der Gegenwartsliteratur und -kunst beschäftigten, erkannten das Dilemma. Die Erwartungen der Partei kollidierten mit den Maßstäben und den Einsichten, die sie aus der Geschichte ihres Faches und der dialektischen Methode gewonnen hatten. Zu einem Konflikt wurde das vor allem für diejenigen, die in engem Kontakt zu den produzierenden Künstlern standen und um deren Schwierigkeiten und Probleme wußten. Angestellt an staatlichen Institutionen, konnten sie dieser Theorie nicht einfach aus dem Wege gehen und wollten das auch vielfach nicht. So versuchten sie, in den sozialistischen Realismus als Theorie und Methode ihre eigenen Vorstellungen hineinzutragen. Sie machten Vorschläge, die darauf hinausliefen, den Dekadenzbegriff aufzulösen, Brechts Verfremdung als methodischen Bestandteil einzugliedern, den Identifikationsprozeß neu zu strukturieren, die positive Wirkung auch auf die kritikfordernde Figur zu übertragen, die Kunstmittel nicht in positive und negative einzuteilen, sondern sie vielmehr nach ihrem Gebrauch und ihrer Verwendung zu befragen, den starren, undialektischen Kontinuitätsgedanken aufzugeben und mehr von Verlust und Gewinn in der Kunstentwicklung zu sprechen usw. Die Vorschläge wurden entsprechend der politischen Lage angenommen, zur Diskussion gestellt oder heftig bekämpft. Am wirkungsvollsten erwies es sich, umstrittene Gedanken in den Vorlagen für Reden führender Kulturpolitiker wie Kurt Hager unterzubringen; dann waren sie sanktioniert und konnten als Autoritätsbeweis genutzt werden. Auch kam es zu Kontakten mit Gleichgesinnten. Vorstöße des einen Instituts wurden von anderen aufgenommen. Doch gab es immer auch Einrichtungen, die die Parteilinie stur verteidigten. Innerhalb dieser Auseinandersetzung bestanden Personen und Institute darauf, daß auch sie Teil der Partei seien und ein Recht hätten, die Theorie und Kulturpolitik mitzubestimmen. Dabei kam es zu Verlusten und zu Rückzügen. Denjenigen, die sich zu weit vorwagten, wurde Revisionismus vorgeworfen; sie seien dem Westtrend erlegen. Die Abstrafung von Wissenschaftlern und Kulturpolitikern wirkte sich oft verhängnisvoller als bei Schriftstellern aus. Hatten diese Erfolg, der auch der Partei nutzte, waren die Regierenden schnell bereit, ihre frühere Kritik und Anschuldigungen zu vergessen. Dagegen verschwanden begabte Wissenschaftler oft für lange Zeit gänzlich aus der öffentlichen Diskussion. So wurde durch die Praxis des Vor und Zurück der sozialistische Realismus zu einer Art Theoriebörse. Der Eingeweihte konnte am Einsatz bestimmter Ideen oder deren Zurückweisung feststellen, welcher Stand erreicht war, auf welchen Gebieten es vor- und wo es rückwärts ging.

Die klügsten Köpfe dachten schon früh daran, den Begriff in einer sozialistischen Ästhetik aufzulösen, denn die Vielfalt der Literatur und ihrer Methoden ließ sich bisher wenig überzeugend verallgemeinern. Aber darauf ließ sich die SED nicht ein. In den achtziger Jahren beschäftigten sich nur noch einige Spezialisten an parteiinternen Instituten mit dem sozialistischen Realismus. Es gelang der marxistischen literaturwissenschaftlichen Intelligenz nicht, eine theoretische Basis zu schaffen, die eine brauchbare Verallgemeinerung ermöglichte. Was unvermindert anhielt, war die Diffamierung durch die andere Seite.

## Eine philosophische Kategorie wird zur Katharsis.
### Entfremdung – Kafka-Konferenz 1963

Erschüttert wurde die festgeschriebene Gedankenwelt des sozialistischen Realismus, die eine heile Welt in Aussicht stellte, durch ein Ereignis, das außerhalb der Grenzen der DDR stattfand. Prager Germanisten luden vom 27. bis 28. Mai 1963 zu einer wissenschaftlichen Konferenz über das Werk Franz Kafkas nach Liblice ein. Daran nahmen führende marxistische Kulturpolitiker und Publizisten wie Roger Garaudy (Frankreich), Ernst Fischer (Österreich) und Roman Karst (Polen) teil. Aus der DDR kamen Anna Seghers, die aber auf der Konferenz nicht sprach, und die jungen Germanisten Klaus Hermsdorf, Helmut Richter, Kurt Krolop und Werner Mittenzwei. Hermsdorf und Richter konnten in Liblice neue Forschungsergebnisse vorweisen. Sie hatten über Kafka promoviert. Veranstalter der Tagung waren Eduard Goldstücker und Paul Reimann. Für sie hatte die Zusammenkunft auch einen persönlichen Hintergrund. Eduard Goldstücker war im Slánský-Prozeß zu lebenslanger Haft verurteilt worden. Paul Reimann war als Zeuge aufgetreten. Am zweiten Tag jenes Schauprozesses, an dem Reimann seine Aussage machte, ging es zwar nicht um Goldstücker, doch Reimann hielt sich auch zu diesem Zeitpunkt an die vorgegebene Diktion und sprach von der »verbrecherischen Tätigkeit Slánskýs und seiner Komplizen«. Goldstücker und Reimann müssen jene Phase ihres Lebens wie einen Alptraum, wie einen gespenstischen Vorgang aus Kafkas Werken, empfunden haben. Die Entfremdung war für sie zum persönlichen Schicksal geworden, und das geschah im Sozialismus.

Die Kafka-Konferenz betrachteten die beiden Gelehrten als gemeinsamen Versuch, die unheilvolle Vergangenheit zu überwinden. Der unschuldig Verurteilte und der bestellte Zeuge wollten mit Kafka ein Signal geben. Goldstücker wies in seinem Schlußwort darauf hin, als er betonte, daß »Kafka ein Meister der Zerstörung von Illusionen« sei. Für sie bedeutete die Heimholung Franz Kafkas in ihr Traditionsverständnis zugleich auch die Abwendung von der eigenen Verblendung.

Die persönlichen wie die politischen Hintergründe waren nicht allen Teilnehmern bekannt, denn eingeladen waren sie zu einem literaturwissenschaftlichen Gedankenaustausch. Spannung rief dieses Vorhaben insofern hervor, als Kafka nach der offiziellen sozialistischen Auffassung der Dekadenz zugezählt wurde. Andererseits trafen sich in Liblice nur Leute, die Kafkas Werk schätzten. Eine emotionsgeladene Auseinandersetzung vermutete kaum jemand. Doch in der Diskussion bildete sich eine Front gegen die »kalten Analytiker« aus der DDR heraus, obwohl die jungen Germanisten ganz unterschiedliche Auffassungen vertraten und mit der Heimholung Kafkas einverstanden waren. Im Auftrag des Aufbau-Verlages wollten sie um den Beistand der Konferenz werben. Der Verlag beabsichtigte nämlich, Kafkas Werke herauszubringen, allerdings, wie in anderen Ländern auch, ohne das Nachwort von Max Brod, man orientierte sich auf eigene Kommentare. Hermsdorf plädierte dafür, Kafka historisch zu werten. Er hielt Thomas Mann für kritischer als Kafka. Mittenzwei, der bei Brecht Äußerungen über Kafka gefunden hatte, die damals kaum jemand kannte, ging von dem unterschiedlichen Gebrauch der Verfremdung bei beiden Dichtern aus. Doch gerade diese Bemerkungen lösten die Konfrontation aus. Ernst Fischer setzte dagegen, Kafka sei der größere Realist. Wo sei die entmenschte Welt schärfer, kritischer dargestellt worden, in den *Buddenbrooks* oder im *Prozeß*? »Wir sollten an Kafka nicht nur als kalte Analytiker herangehen. Es ist ein paradoxer Zustand, daß Bücher über Kafka erscheinen, während Kafka selber nicht verlegt wird. Gebt Kafka endlich ein Visum und zwar ein Dauervisum.«[26] Und Roman Karst wandte ein: »Im Namen des Historismus und der epischen Tradition wurde versucht, Thomas Mann gegen Kafka auszuspielen ... Man hat sich endlich erinnert, was Brecht über Kafka sagte, man hat Brecht pro und kontra Kafka zitiert, und dabei vergessen, daß die Meinungen über Brecht, sein Werk und sein episches Theater geteilt waren ... jetzt kann man ihn schon gegen Kafka zitieren.«[27]

Das aufgeheizte Klima hatte seinen Grund. Die ältere Generation brachte in Liblice ihre Erschütterung zum Ausdruck. Sie konnte selbst nicht mehr verstehen, wie sie angesichts der Verbrechen Stalins hatte glauben können, die entfremdete Welt mit ihren verdunkelnden Mechanismen hinter sich gelassen zu haben. Sie, die meinten, die »objektiven Gesetzmäßigkeiten« erkannt zu haben, hatten sich selbst in einer undurchdringlichen Welt befunden. In Kafkas Werk sahen die Teilnehmer die Befreiung von dieser Illusion. Noch Ende der fünfziger Jahre hatte Ernst Fischer in *Sinn und Form* ganz anders über Kafka und die Entfremdung geschrieben: »... denn die von Menschen gemachte und daher von Menschen zu ändernde gesellschaftliche Wirklichkeit in ihrer Entfremdung als das Ewige, Unwandelbare, Unbedingte zu proklamieren, ist schlimmer als der primitivste Aberglaube ... Mit solchem Unfug gibt es keine Verständigung.«[28] Damals rebellierte Fischer noch gegen die Entfremdung und hielt Kafka für einen Dichter, der »ohne Hoffnung den Zustand der Zermalmung des Menschen durch den Apparat anklagte«. Man müsse aber die künstlerische Qualität in seinem Werk berücksichtigen. Fischers Beitrag in Liblice ist ein Beispiel dafür, daß Intellektuelle sich in nur wenigen Jahren zu einem Positionswechsel genötigt sehen können. Es drängte sie, kundzutun, was in ihnen vorgegangen war, welcher Wandel sich bei ihnen vollzogen hatte. Endlich sollte eingestanden werden, daß die Erneuerung des Menschen durch den Sozialismus ausgeblieben war. Der »neue Mensch«, mit dessen Sicht auf die Verhältnisse Dymschitz Ende der vierziger Jahre den sozialistischen Realismus eingeführt hatte, existiere nicht. Von ihm auszugehen sei Heuchelei. Mit dem Pathos des Neubekehrten forderte Ernst Fischer den Bruch mit dem »falschen Bewußtsein«. Deshalb erklärte er Kafka zu einem Dichter, der uns alle angeht, der die Entfremdung mit maximaler Intensität dargestellt habe. Sie sei auch in der sozialistischen Welt keineswegs überwunden. In diesem Punkt stimmte Fischer mit Goldstücker, Reimann und Garaudy überein. Das wollten sie zum Ausdruck bringen und ein anderes Verhältnis zwischen Literatur und Politik einleiten. Darin bestand ihr Verdienst, ihre Tat, die mehr wog als neue Forschungsergebnisse, und die die Konferenz in ihrer Bedeutung über andere hinaushob. Doch hier lag auch der Grund für die überzogene, ins Mystische umschlagende Interpretation. Roman Karst machte Kafka geradezu zu einer weltlich ausgerichteten Christusfigur, zu dem, »der für uns geschrieben und gelitten« hat.

Die junge Generation blieb auf dieser Konferenz unter sich. Sie schien nicht eingeweiht. Für die älteren Marxisten war die Konferenz der öffentlich bekundete Ausbruch aus der dogmatischen Kunst- und Kulturpolitik. Insofern stellte die Tagung nicht nur eine Zäsur dar, sie kam einem Disziplinbruch großen Stils gleich. Kafka diente als Autorität, als Dolmetscher der Auffassung, daß die Aufhebung der Entfremdung eine Illusion sei. Eine philosophische Kategorie führte zur Katharsis.

Mehr als auf der Konferenz selbst kam das durch die Resonanz zum Ausdruck, die diese international auslöste. Die Kulturpolitiker der DDR zeigten sich empört. Am meisten Alfred Kurella. Offiziell brauchte er dazu nicht Stellung zu nehmen, denn er war auf dem VI. Parteitag der SED im Januar 1963 nicht ins Politbüro gewählt worden und damit aus dem Kreis der führenden Kulturpolitiker ausgeschieden. Er leitete in der Nachfolge von Stephan Hermlin die Sektion Dichtung und Sprachpflege an der Akademie der Künste. Wie Goldstücker hätte er durchaus persönliche Gründe gehabt, sich von Illusionen zu verabschieden. Sein Bruder, ein standhafter Kommunist, wurde ein Opfer Stalins. Ob er selbst aus Furcht vor einem gleichen Schicksal sich in den vierziger Jahren von Moskau in den Kaukasus zurückzog, läßt sich nicht genau sagen. Verständlich wäre es schon gewesen. Aber seine Schlußfolgerungen aus den Enthüllungen über Stalin verliefen in anderen Bahnen. Ihm lag daran, sich der Enttäuschung, der Abwendung entgegenzustellen. Wo sich Zweifel einstellte, sah er die strenge Organisation der kommunistischen Weltbewegung gefährdet. Er korrespondierte mit Aragon und Garaudy von der französischen Partei, um die von Prag ausgehenden Wirkungen einzugrenzen. Garaudy sah in der Konferenz von Liblice die »erste Schwalbe eines neuen Frühlings«, ein sicheres Zeichen für die Erneuerung des Marxismus. Kurella fühlte sich auch als Theoretiker der Entfremdung herausgefordert. In seinem Artikel »Der Frühling, die Schwalben und Franz Kafka« schrieb er: »Der Personenkult und seine Auswirkungen sind unter dem Begriff ›Entfremdung‹ überhaupt nicht zu verstehen.«[29] Die Polemik gegen die aufgehobene Entfremdung bildete für Kurella den »Kernpunkt« des Streits in Liblice. Er hielt daran fest: »Durch die ganze Praxis unseres gesellschaftlichen Lebens und die ständige wachsende Anteilnahme aller Bürger an ihm werden die gesellschaftlichen Beziehungen immer mehr transparent und übersehbar.«[30] In den neuen Prager Ideen sah Kurella seine Auffassung vom sozialistischen Humanismus, vom sozialistischen Realismus attackiert.

Im Umfeld der Kafka-Konferenz erschienen einige theoretische Werke, die in der Realismus-Diskussion neue Akzente setzten und zur Auflösung des Dekadenz-Begriffs führten. Dazu zählten vor allem Roger Garaudys *Realismus ohne Ufer*, Ernst Fischers *Von der Notwendigkeit der Kunst* und *Kunst und Koexistenz*. Ende der sechziger Jahre ließ sich eine relativ geschlossene marxistische Kunstauffassung nicht mehr durchsetzen.

*Dritter Abschnitt*

Machtspiele. Walter Ulbrichts Verhältnis
zu Schriftstellern und Künstlern. Gesuchte Nähe

In den sechziger Jahren konnte man den Eindruck gewinnen, die Politiker suchten die Nähe der Schriftsteller. Zugleich dominierte in den Beziehungen eine kleinliche Bevormundung. Je origineller die literarischen Werke, desto größer das Mißtrauen. Bodo Uhse trug 1963 in sein Tagebuch ein, die Redaktion des *Sonntag* habe den Satz bemängelt: »Er ist da, der Frühling, aber wenn man sich umsieht, fährt er einem mit eisigem Hauch ins Gesicht: Warte doch, Ungeduldiger!« Dem Autor wurde erwidert, die Leser würden das als kulturpolitische Anspielung auffassen. Uhse strich den Satz und vermerkte resigniert ironisch: »Nie mehr übers Wetter schreiben?«[31]

In der risikoreichen Zeit der Wirtschaftsreformen verstärkte Ulbricht seine Bemühungen, mit Schriftstellern und Künstlern zurechtzukommen. Es begann die Phase der Beratungen, der persönlichen Aussprachen, der Einladungen. Schriftsteller rückten in das Zentralkomitee der Partei auf, doch nicht, wie früher, wegen ihres jahrzehntelangen Kampfes an der Seite der Partei, sondern weil von ihnen Bücher vorlagen, die die Menschen bewegten. Eklatantes Beispiel dafür war Christa Wolf, die 1963 als Kandidatin in das Zentralkomitee der SED gewählt wurde. Künstler saßen in Präsidien, standen auf Tribünen, nahmen an politischen sowie wissenschaftlichen Konferenzen teil; man gewährte ihnen Einblick in ökonomische Probleme. In den sechziger Jahren bildete sich unter Ulbricht der DDR-spezifische Umgang der Politiker mit den Künstlern heraus. Im Laufe der Jahre änderte sich das Zeremoniell kaum, aber die Nähe wurde von den Künstlern unterschiedlich wahrgenommen.

In den fünfziger Jahren oblag der Umgang mit der Kunst und den Künstlern Wilhelm Pieck und Otto Grotewohl. Sie galten als Freunde der schönen Künste. Wer sich Zuspruch und Unterstützung versprach, wandte sich an sie. Ulbricht stand, trotz seiner herausgehobenen Position, im Hintergrund. Das änderte sich, als die junge Generation hervortrat. Sie zu gewinnen und zu disziplinieren, betrachtete er als eine ebenso wichtige Aufgabe wie die Leitung der Wirtschaft. Im Unterschied zu Pieck, der zuhörte, Neues wissen wollte, ließ sich Ulbricht durch den Apparat informieren, wie sich die jungen Künstler zu den neuen Aufgaben verhielten, welche Rolle sie in ihrem Kreis spielten. Ein persönliches Interesse oder gar Zuneigung schien er nicht zu haben. Alles war politisch bestimmt.

Deshalb sein Mißtrauen gegen Kulturfunktionäre, die bei aller Akzeptanz der Parteilinie persönliche Neigungen zum Ausdruck brachten. Anfang 1963 löste Kurt Hager im Politbüro Alfred Kurella als Verantwortlichen für die Kulturpolitik ab. Hager bekannte selber, daß er wenig Erfahrungen im Umgang mit Künstlern und Schriftstellern besitze und fragte sich: »Warum hatte er mich als Sekretär für Kultur vorgeschlagen? Sollte ich ausgleichend wirken? Ich gab das Hin- und Herrätseln auf und begann, meine Pflichten als Mitglied des Politbüros wahrzunehmen.«[32] In dieser Funktion blieb Kurt Hager bis zum Ende der DDR. Obwohl Kurella keine Differenzen mit Ulbricht hatte, empfand dieser den oft spontan reagierenden Kurella, der sich bei Diskussionen in spezifische Kunstprobleme verwickeln konnte, nicht immer als zuverlässig. In eine solche Lage würde sich der gebildete, vorsichtige Kurt Hager nicht bringen. Für Ulbricht schien er der richtige Mann zu sein. Hager, früh Kommunist, Spanienkämpfer, kam aus der englischen Emigration. Mit seiner erstaunlichen autodidaktisch angeeigneten philosophischen Bildung empfahl er sich als guter, nachsichtiger Lehrer für die aus dem Krieg heimgekehrte Jugend. Er wäre ein glücklicher Lehrer gewesen, nun wurde er ein unglücklicher Politiker. Als Liebhaber der materialistischen Dialektik zeigte er wenig Neugier für die Spannungen und Widersprüche, die mit dieser Methode auszumachen waren. Die Künstler sahen in ihm einen aufgeschlossenen Gesprächspartner und glaubten lange Zeit, bei ihm Gehör zu finden. In den sechziger Jahren hob er sich vornehm von ideologischen Schlägertypen wie Paul Fröhlich und Paul Verner ab. Doch in Hinsicht auf komplizierte Kunstprozesse erwies er sich als ein Blinder. Hier war er völlig überfordert. Ohne Vorbehalte gegenüber den Schriftstellern, wollte er ihre Schwierigkeiten verstehen, aber er vermochte sich nicht in ihre Situation, in ihre Produktionsbedingungen hineinzudenken. Ihm fehlte die Kühnheit, sich für umstrittene Werke einzusetzen. Deshalb schob er Entscheidungen darüber hinaus. Bei den Künstlern galt er bald als der große Zauderer.

Da er die letzte Instanz war, stellte er für viele auch die letzte Hoffnung dar. Mit den Jahren stauten sich die Vorgänge auf, die einer Lösung harrten. Hager besaß weder die Souveränität noch den Mut, Entscheidungen auch im Alleingang durchzusetzen. Immer fragte er sich, was würde man in Moskau dazu sagen; kann man das den sowjetischen Genossen zumuten? Daß die mögliche Bewältigung jedes einzelnen Problems erst in der radikalen Veränderung des Systems lag, eine solche Einsicht wehrte er entschieden ab.

Die gesuchte Nähe zu den Künstlern bedeutete aber nicht, daß Ulbricht sein Mißtrauen gegen sie aufgab. Daß sie einen Führungsanspruch erhoben, traute er ihnen nach wie vor zu, wenn er auch keine unmittelbare Gefahr sah. Eine solche habe eher bei der Emigrantengeneration in den ungefestigten Verhältnissen der fünfziger Jahre bestanden. In seinen Reden sowie in Aussprachen mit Künstlern konnte er nicht verbergen, daß er argwöhnisch jede ihrer Bewegungen und Aktionen verfolgte. Jede Abweichung erschien ihm gefährlich. Als man ihm auf einer Beratung mit Künstlern im April 1963 sagte, die »Träger falscher Auffassungen« seien nur ein »kleiner Kreis«, antwortete er: »Wie weit dieser kleine Kreis organisiert gearbeitet und ausgestrahlt hat, läßt sich jedoch nicht genau feststellen.«[33]

Die Künstler immer nur mit dem Apparat zu konfrontieren, schien Ulbricht auf die Dauer nicht zweckmäßig. Er fragte sich, wie man mit ihnen fertig werden, wie man sie eingliedern könne? Sie nur nicht sich selbst überlassen! Darin sah er die Ursache für deren Sonderinteressen, deren abweichende Haltungen. Deshalb sein Bestreben, den Künstlern Zugang zur Parteispitze und zu Gremien des Staates zu öffnen. Er wollte sie nicht den unteren Instanzen ausliefern. Der Druck des Apparats sollte jedoch bleiben. Ulbricht dachte nicht daran, ihn zu lockern. Doch müßte es für die Künstler ein Ventil geben, indem sie sich an die Parteispitze, an ihn selbst, wenden konnten. Auf diese Weise ergab sich die Möglichkeit zu differenzieren. Was dem einen gewährt wurde, wollten aber auch die anderen. Dadurch entstanden Spannungen. Die Parteiführung konnte die Zahl der Teilnehmer klein halten, sie konnte sie jedoch auch gezielt erweitern. Durch Gespräche mit bestimmten Personen ließ sich die Aufmerksamkeit auf einzelne lenken, die von anderen abgegrenzt wurden. Häufig wurden Künstler veranlaßt, ihre Probleme vor einem Spitzengremium vorzutragen. So ließ sich vermeiden, daß

Schwierigkeiten eskalierten. Da bei solchen Gelegenheiten stets die Presse anwesend war, wußte die Öffentlichkeit immer, wer und welche Werke in der Gunst standen und welche kritisiert wurden. Erst in den siebziger Jahren gab man die Personalisierung der Probleme auf, denn diese wurde oft als peinlich empfunden und führte nicht zu dem Effekt, den sich die Politiker davon versprachen.

Zu den wichtigen Besprechungen der sechziger Jahre zählten die Beratungen mit Kulturschaffenden im Dezember 1962, die des Politbüros mit Schriftstellern und Künstlern am 25. und 26. März 1963, die 2. Bitterfelder Konferenz am 24. und 25. April 1964 und die persönliche Aussprache mit prominenten Künstlern am 25. November 1965, kurz vor dem 11. Plenum. Auf allen diesen Beratungen war Walter Ulbricht der dominierende Gesprächspartner. Ihm kam es immer darauf an, die Künstler mit den großen ökonomischen Aufgaben vertraut zu machen, sie in den Kreis der Planer und Leiter einzubeziehen. Mindestens zwei Berufe sollten sie ausüben, um zu verstehen, was in der Praxis vorgeht. Ohne Veränderung ihres eigenen Lebens könnten sie nicht den Wandel im Lande gestalten. Wenn er über diese Probleme sprach, geriet er immer in Gefahr, den direkten ökonomischen Nutzen durch die belebende Wirkung der Kunst hervorzuheben. Mit Befriedigung zitierte er den Brief einer Brigade, in dem diese ihm mitteilte, daß die Beschäftigung mit der Literatur ihr viel Freude bereite und daß ihre Arbeitsproduktivität gegenüber dem Vorjahr um 30,3 Prozent gestiegen sei (*Neues Deutschland*, vom 4. April 1963). Die ihm zuarbeitenden Literaturgremien und Institute fanden die direkten Bezüge zwischen Ökonomie und Kunst zu einseitig, den Aufgaben einer sozialistischen deutschen Nationalkultur nicht angemessen. Sie suchten gegenzusteuern und empfahlen: »Es sollte über die politischen und ästhetischen Kriterien der Gegenwartsliteratur gesprochen und dabei noch einmal hervorgehoben werden, daß Menschenschicksale und nicht ökonomische und politische Prozesse Gegenstand der literarischen Darstellung sind.«[34]

Daß bei Ulbricht der Gedankenaustausch schnell in kleinliche Bevormundung umschlagen konnte, zeigte sich auf der Beratung mit Kulturschaffenden im Dezember 1962. Hier glitt die kulturpolitische Diskussion in einen Streit über die Gestaltung von Vasen ab. Dazu kam es, weil Ulbricht ungeniert seine persönliche Meinung durchzusetzen suchte. Eine Belanglosigkeit wurde zum politischen Kriterium erhoben.

Die Dresdner Ausstellung für Industrie- und Formgestaltung zeigte damals Vasen von Hubert Petras in der Bauhaustradition, die den Unmut Ulbrichts hervorriefen. Das *Neue Deutschland* sah sich veranlaßt, eine Diskussion zu starten. Auf einer ganzen Seite veröffentlichte die Redaktion Zuschriften und Stellungnahmen aus der DDR. Die Vasen, im *ND* beschrieben als weiße oder graue Röhren, oben und unten glatt abgeschnitten, ohne Dekor, wurden als Zeugnis »schrecklicher Verarmung« hingestellt. Die offizielle Kritik sah darin ein Zeichen dafür, daß die Künstler das Kampffeld aufgegeben hätten, ihnen nicht mehr einleuchte, daß die Kunst in ihrer Gesamtheit Klassencharakter trage. Die Polemik ging direkt von Walter Ulbricht aus, aber die gesamte Presse machte sie sich zu eigen, wenn auch nicht ohne Widerspruch. Für Ulbricht und seine Frau Lotte war Grau keine Farbe, die Werktätigen wollten nach ihrer Meinung so etwas nicht. Auf der Beratung fanden Künstler, Ulbricht gehe zu weit. Vor allem die Mitglieder des Berliner Ensembles entgegneten dem Staatsratsvorsitzenden mit Schärfe, was Ulbricht noch mehr empörte. Brecht hatte sie empfänglich gemacht für die Schönheit des Einfachen. Der Dichter behauptete gern von sich, ihm seien alle Farben recht, wenn sie nur grau seien. Die Schauspielerin und Sängerin Gisela May meldete sich im *Neuen Deutschland* zu Wort, weil sie einfache Formen schön finde. Sie schrieb: »Wir alle lieben den Sozialismus. Ihm gehört unsere Kraft, unsere Begabung und das, was wir gelernt haben. Aber laßt uns auch graue und weiße Vasen und asketische Stühle«.[35] Ulbricht fand das ganz und gar unmöglich und sah in dieser Diskussion eine Beeinflussung der Werktätigen durch die Intelligenz. In einer Rede brachte er das Vasenthema zur Sprache. »Jetzt verstehen wir erst, daß es Kunstschaffende gibt, die die Kunstentwicklung standardisieren wollen, die bei der Gestaltung der Räume der Werktätigen auf graue Vorhänge (…) u.a. orientieren wollen. Die Mehrheit der Werktätigen wird nicht in solchen langweiligen Räumen wohnen wollen. Sie wollen helle, freundliche Farben und geschmackvolle Vasen.«[36] Ernst Wollweber, bis 1957 Minister für Staatssicherheit, sah einen typischen Charakterzug Ulbrichts darin, daß er dem Apparat eine Tendenz aufzwang, »den Menschen sozusagen ›auf der Seele zu knien‹, ihnen alle möglichen Vorschriften zu machen, wie sie sich kleiden sollen, welche Haarfrisuren, wie sie tanzen sollen, wie sie ins Theater gehen und Ferien machen sollen, und das alles wurde firmiert als Erziehung«.[37] Ob die Ablehnung der grauen Vasen zu den Versuchen Ulbrichts zählte, die Intellektuellen zu disziplinieren, oder ob er hier einmal seinen persönlichen Geschmack zur Geltung bringen wollte, sei dahingestellt.

Sich in die Machtspiele Ulbrichts einbezogen zu sehen, war für die Künstler eine schwer zu durchschauende Angelegenheit. Man konnte Probleme zur Sprache bringen, die auf dem Weg durch die Bürokratie abgebremst oder weggedrängt wurden. Ungerechtigkeiten und Ungeschicklichkeiten der unteren Behörden konnten schneller behoben werden. Auch lernten Ulbricht und sein Apparat manches, was den Künstlern und der Kunst wieder zugute kam. Das alles hatte etwas Verführerisches. Welchen Künstler und Schriftsteller verlangte es nicht nach Publicity für sich und sein Werk. Wer von Ulbricht eingeladen oder ins Gespräch gezogen wurde, kam in die Presse und auf den Bildschirm. Kein Kreis- oder Bezirkssekretär der Partei, keine staatliche Einrichtung konnte an einem Künstler vorbeigehen, der von Ulbricht eingeladen worden war. Schikanen des unteren Apparats blieben ihm erspart. Und hatten die Künstler nicht schon immer nach direkter Mitsprache und Mitgestaltung verlangt! Sie konnten schwer ausschlagen, was sie selber gefordert hatten.

Aber zwischen Mitgestaltung und Benutztwerden gab es keine klare Trennungslinie. Das wurde erkannt. Doch der einzelne zog daraus unterschiedliche Folgerungen. Zu den Schriftstellern, die schon nach ihren ersten Büchern von Ulbricht eingeladen wurden, gehörte die junge Brigitte Reimann. In der Dezember-Beratung von 1962 saß sie neben Stephan Hermlin. Dieser wurde von Ulbricht kritisiert, sie von ihm gelobt. »Ich ... sah wie er litt. In der Tat, für die Ohren eines Mannes wie H., mit seiner Weltoffenheit, seinen Auffassungen von Literatur, mußte die eingangs von U. gehaltene Rede eine Qual sein. Offenbar soll der Roman ein Lehrbuch der Ökonomie ersetzen, die Konflikte liegen auf der Straße, man braucht nur in einen Betrieb zu gehen.«[38] Nach der II. Bitterfelder Konferenz charakterisierte sie in ihrem Tagebuch ihre Kollegen, das Spiel schon mehr durchschauend. »Auf der Konferenz war alles vertreten, was gut und teuer ist. Hauptreferate von Bentzien und Ulbricht. Ein paar kluge und witzige Reden: Neutsch, Sakowski, Strittmatter, Wolf – die Schriftsteller waren wieder groß im Rennen. Kuba war ärgerlich wie immer, der ewige Linksradikale ... Ein paar Leute wurden runtergeklatscht.«[39] Es gab Gespräche, die die Regierenden für ihre

Propaganda benutzten und die auch für die Kunst und die Künstler etwas bewirkten. Die Öffentlichkeit nahm Kenntnis von ihrem Schaffen und ihren Problemen. Wer auf dieser Ebene verkehrte, bekam Einblick in das Machtgefüge, in das Mögliche und das Aussichtslose. Einige Schriftsteller zogen daraus die Schlußfolgerung, sich zurückzuhalten, andere beobachteten nur, nicht wenige setzten in guter Absicht ganz auf die Möglichkeiten, die man ihnen bot.

## Das Oberhaus der künstlerischen Intelligenz.
## Die Akademie der Künste

In der 1950 gegründeten Deutschen Akademie der Künste sah die Regierung nach den Worten des Ministerpräsidenten Otto Grotewohl »die höchste Institution der DDR im Bereich der Kunst«. Sie sollte eine beratende Funktion haben. Doch Staat und Partei betrachteten sie sehr bald als Instrument zur Durchsetzung ihrer Politik. In den fünfziger Jahren ging von der Akademie kein großer Einfluß aus. Sie blieb eine vorwiegend repräsentative Einrichtung. Nur vor und nach dem 17. Juni 1953 unternahm sie, vor allem auf Initiative Brechts, einige energische Vorstöße. Nach dem Tod von Heinrich Mann, der ihr erster Präsident werden sollte, trat Arnold Zweig dieses Amt an. Vizepräsident wurde Johannes R. Becher. Doch zu der gewünschten aktiven Zusammenarbeit der beiden kam es nicht. Becher legte eine merkwürdige Zurückhaltung an den Tag, betrachtete sich sogar als nebensächliche Figur in diesem Hause. Ihm schien die Akademie keine Institution zu sein, mit der man etwas bewirken konnte. Vielleicht kam diese Distanz durch die Enttäuschung über seine gescheiterte Kulturbundpolitik zustande. Wie dem auch sei, er ließ sich trotz aller Klagen des Apparats nicht bewegen, stärker einzugreifen, den durch seine Augenkrankheit beeinträchtigten Arnold Zweig zu unterstützen. Die Bildung eines Parteiaktivs lehnte er strikt ab. Das Dilemma der Akademie, so Brecht, bestehe darin, daß man sie als marxistische Einrichtung betrachte und ihr dementsprechende Aufgaben stelle, ein beträchtlicher Teil ihrer Mitglieder aber keine Marxisten seien, sondern nur allgemein fortschrittlich. Die meisten betrachteten es als ihre vorrangige Pflicht, über die Kultur zur Einheit Deutschlands beizutragen. Darin hatte Grotewohl die Künstler in seiner Gründungsrede bestärkt. Die Kulturpolitik der fünfziger Jahre, die im Zeichen der Formalismus-Diskussion stand, war ja auch nicht dazu angetan, sich stärker in die Politik einzuschalten. Brecht sah in der Akademie zwar eine durchaus nützliche Einrichtung und bediente sich ihrer, wenn er bestimmten Vorschlägen Geltung zu verschaffen suchte. Doch auf ihre Mitglieder baute er dabei kaum, höchstens auf einige wenige. Er bevorzugte in solchen Situationen lieber Alleingänge und nahm nur den Namen der Akademie in Anspruch. In den sechziger Jahren wandte sich die Akademie stärker an die Öffentlichkeit, und sie bezog den künstlerischen Nachwuchs in ihre Arbeit ein. Die jungen Schriftsteller und Künstler sollten mehr zum Zuge kommen. Diese Aktivität erregte den Zorn der SED häufiger als zuvor ihre Passivität. Und das in einer Zeit, als die Akademie keine durchsetzungsbereiten Präsidenten besaß. Dem proletarischen Maler Otto Nagel war Willi Bredel im Amt gefolgt. Bredel, der begabte Arbeiterschriftsteller, vermochte sich nie aus der Vormundschaft der Partei zu befreien. Er selbst sah zwar manchen Anlaß zur Kritik. In anerzogener Parteidisziplin ließ er sich jedoch immer wieder in die vorgegebene Linie einspannen. Beunruhigt von der eigenen Schaffenskrise, besaß er keinen ausreichenden Kontakt zu den jungen Künstlern. Um sie kümmerten sich Fritz Cremer und Stephan Hermlin. Die beiden brachten die Akademie in die öffentliche Diskussion, machten sie zu einem Forum der künstlerischen Intelligenz.

Als Sekretär der Sektion Bildende Kunst organisierte Fritz Cremer im Herbst 1961 die Akademieausstellung »Junge Künstler«. Sie sollte nicht »vom Politischen« ausgehen. Vielmehr kam es Cremer darauf an, die Jungen aus ihrer »Untergrundposition« herauszuholen, in die sie durch die Kunstpolitik der fünfziger Jahre geraten waren. 326 Maler, darunter auch Laien, reichten Arbeiten ein. Eine Jury wählte 118 Bilder von 71 Künstlern aus. Noch bevor die Ausstellung eröffnet wurde, hängte Kurella einige der Bilder wieder ab, die seiner Meinung nach nicht den Ansprüchen sozialistischer Kulturpolitik entsprachen. Die offiziellen Stellen suchten über die Presse, vor allem über Leserzuschriften, zum Ausdruck zu bringen, daß die Werktätigen solche Kunst nicht wünschten. In einem Brief Berliner Betriebe an die Akademie hieß es: »Ist das Nachmachen westlicher Dekadenz überhaupt mit den Bemühungen um die schwierigen Aufgaben unserer Kunst zu vergleichen? ... Darf man denn ein ernstes Thema derart verschroben darstellen?«[40] Die

Arbeiter des VEB Elektro-Apparate-Werke Berlin-Treptow fragten: »Welcher Optimismus oder welche edlen Gefühle sollen beim Betrachter mit diesen Bildern geweckt werden?«[41] Zu den kritisierten jungen Künstlern zählten Manfred Böttcher, Harald Metzkes, Horst Sagert, Achim Freyer und Hans Vent. Es kam zu einer Diskussion, an der sich Alfred Kurella beteiligte. Er kritisierte vor allem die Veranstalter. Die Partei habe nach umfangreichen Beiträgen und langjährigen Erfahrungen eine Kultur- und Kunstpolitik ausgearbeitet; sie müsse von den Akademiemitgliedern zur Kenntnis genommen und studiert werden, auch wenn sie nicht ihrer »zufälligen Neigung« entspreche. Verbittert über die Reaktion der Partei, bat Fritz Cremer, ihn von dem Posten des Sekretärs zu entheben und eine neue Wahl zu veranlassen.

Ein Jahr später wiederholte sich die Situation mit gleichen Folgen, nur ging es diesmal um die neue Lyrik. Stephan Hermlin, der Sekretär der Sektion Dichtung und Sprachpflege, hatte seine jungen Kollegen gebeten, ihm ihre Gedichte zuzuschicken. Er erhielt 1250 Einsendungen. Im Dezember 1962 stellte er einige der Jungen im Saal der Akademie am Robert-Koch-Platz vor und las ihre Gedichte. Es waren Helmut Baierl, Wolf Biermann, Volker Braun, Bernd Jentzsch, Sarah und Rainer Kirsch. Es kam zu einer lebhaften Diskussion, in der verwundert gefragt wurde, warum von diesem Angebot guter Lyrik das *Neue Deutschland* keinen Gebrauch mache. Biermann sagte: »Was dort an Lyrik veröffentlicht wird, das kann einen nur zum Erbrechen bringen.«[42] Dafür erntete er »starken, lang anhaltenden Beifall«. Die offiziellen Stellen verstanden das als einen Angriff auf das Zentralorgan der SED und auf deren Kulturpolitik. Sie warfen Hermlin vor, diese Stimmung ausgelöst zu haben. Der Beifall brachte jedoch eher zum Ausdruck, daß der Kunstfreund mehr über das politische Niveau des *Neuen Deutschland* verärgert war als über das Ausbleiben guter Lyrik in dieser Zeitung. Die Lesung zeigte, daß die jungen Dichter zu einem anderen Funktionsverständnis von Kunst drängten. Sie wollten nicht nur den Fortschritt preisen, sondern als kritische Partner verstanden werden. Daß man sie zurückstieß, verärgerte sie und das Publikum. Ein langanhaltender Diskurs bahnte sich an. Die jungen Dichter setzten sich durch, wurden zu Publikumslieblingen. Daß sich Hermlin als feinfühliger Talententdecker erwiesen hatte, dankte ihm die Partei nicht. Auch er gab sein Amt als Sekretär ab. Nachfolger wurde sein Kritiker Alfred Kurella.

Zu einer weiteren Kollision kam es Ende 1962. Eigentlich ging es nur um einen Konflikt innerhalb der Akademie, aber der sorgte für mehr Aufsehen als die Vorgänge um die junge Kunst. Nach einer sich über Jahre hin erstreckenden Kritik an der angesehenen Akademiezeitschrift *Sinn und Form* und ihrem Chefredakteur Peter Huchel stellte dieser sein Amt zur Verfügung. Man hatte ihm einen Co-Chefredakteur zugemutet. Verbittert zog er sich zurück und schlug auch die Angebote aus, die ihm die Akademieleitung machte. Die Suche nach einem neuen Chefredakteur bereitete einige Schwierigkeiten. Als man ihn endlich gefunden glaubte, erhob die Ideologische Kommission beim ZK der SED Einspruch: »Es soll klar ausgesprochen werden, warum Genosse Uhse als Chefredakteur für *Sinn und Form* nicht bestätigt wird. Das geschieht im Interesse der vom Parteitag gestellten Aufgaben, weil er durch seine Passivität nicht die Gewähr gibt, daß sie erfüllt werden. Die Zeitschrift *Sinn und Form* hat zur theoretischen Verwirrung viel beigetragen, umso mehr ist es notwendig, daß der neue Leiter ein hervorragender Fachmann in Fragen der sozialistischen Ästhetik ist.«[43] Mit dem Fachmann für sozialistische Ästhetik meinte die Partei Hans Koch, der in seiner Haltung und in seinen literarischen Vorlieben eher als Antipode zu *Sinn und Form* gelten konnte. Im internen Kreis nannte er die Zeitschrift gern »Sinn und Unsinn«. Doch es gelang, Bodo Uhse durchzusetzen. Ihm war nur eine halbjährige Tätigkeit beschieden. Im Sommer 1963 starb er. Wieder suchte die Akademie nach einem neuen Chefredakteur. Diese Zeitschrift, deren hohes Niveau von keiner Seite bestritten wurde, schien nun zu Fall zu kommen.

Wie die 1949 gegründete Zeitschrift beschaffen sein sollte, das hatte Johannes R. Becher festgelegt. Er bestimmte, daß er und Paul Wiegler als die Begründer genannt werden und Peter Huchel als Chefredakteur eingesetzt wurde. Die Zeitschrift war Teil seiner »privaten« Kulturpolitik, die gemäßigte Variante der von ihm geplanten Zeitschrift *Die Tradition*, für die er Ernst Wiechert, Hans Carossa, Ricarda Huch, Frank Thieß u. a. gewinnen wollte. Das Projekt kam aber nicht zustande. In Zeiten zugespitzter politischer Auseinandersetzung sollte die Poesie nicht ganz verlorengehen und ihr Periodikum haben. Daß sich Becher bei der Auswahl der eigentlichen Macher für Paul Wiegler und Peter Huchel entschied, war Programm. Er selber hielt sich nicht für den Mann, eine Idee in mühseliger Kleinarbeit durchzusetzen. Diese Aufgabe fiel

Peter Huchel zu, der sie vorzüglich bewältigte. Er prägte das Profil, das ein halbes Jahrhundert standhielt. Das war keine Kopfgeburt, sondern Ergebnis kulturpolitischer Zwänge in den fünfziger Jahren. Wie sollte sich Huchel gegenüber der von Semjonow gelenkten Formalismus-Diskussion, die die Partei aufnahm, verhalten? Bei den Akademiemitgliedern fand diese keine Resonanz. Ernst Busch drang zum Beispiel in der *Lukullus*-Auseinandersetzung sogar darauf, das Werk in seiner ursprünglichen Form aufzuführen. Sich gegen die Formalismus-Diskussion zu stellen, schien Huchel nur zu bestimmten Zeiten und in den taktisch ausgelegten Formulierungen Brechts möglich. In vornehmer Distanz zum kulturpolitischen Zeitgeist und unter Nutzung des literarischen Gepäcks der Emigranten sah er die Chance, sein Programm durchzubringen. Häufig griff er auf Beiträge ausländischer Marxisten wie Ernst Fischer, Konrad Farner und Vladimir Pozner zurück. Huchel selbst als einen Marxisten zu bezeichnen, fällt schwer, aber er suchte deren Nähe und Mitarbeit, weil er ihnen bessere Argumente zutraute. Da die Akademie an ihrer Aufgabe, zur Einheit Deutschlands beizutragen, festhielt, war ihm daran gelegen, westdeutsche Schriftsteller wie Hans Henny Jahnn, Günther Weisenborn und Hermann Kasack in sein Programm aufzunehmen. Daß sie zu Wort kamen, war ebenso verdienstvoll wie schwierig, denn unter dem Druck des Kalten Krieges legten die meisten keinen besonderen Wert darauf, Beiträge in einem Publikationsorgan der DDR zu veröffentlichen. Poetische Texte aus aller Welt, gefiltert durch die Sicht auf eine veränderungsbedürftige, friedliche Welt erschienen in Huchels Heften. Auf diese Weise gewann die Zeitschrift auch an Ansehen in Westdeutschland. Die Intellektuellen stießen auf höchst anspruchsvolle Literatur, auf Namen, die sie in anderen Zeitschriften vergeblich suchten. Dadurch wuchs das Interesse.

*Sinn und Form* stand quer zu allen Periodika der DDR. Zwar gab es Zeitschriften, die zu bestimmten Zeiten mehr Mut bewiesen, diesen aber mit dem Auswechseln der Redaktionen und dem Abbruch von Entwicklungen bezahlen mußten. Huchel festigte das Profil von Heft zu Heft. Das rief schon früh Kritik hervor, und zwar nicht nur die der SED, sondern auch die der Akademieleitung. Bereits 1951 hieß es in einer Einschätzung der Kulturabteilung beim ZK der SED, die Zeitschrift weise »objektivistische, unkritische und ästhetisierende Züge« auf. Dennoch konnte Huchel seine Arbeit fortsetzen. In den sechziger Jahren änderte sich die Situation. Die Hinwendung der Akademiemitglieder Fritz Cremer und Stephan Hermlin zu den Jungen fand kaum Widerhall in *Sinn und Form*. Huchel machte die Entwicklung, die Mut verlangte und beiden ihre Ämter kostete, nicht mit. Das isolierte ihn. Selbst bei einem Mann wie Hermlin, der die Zeitschrift und deren Chefredakteur nachdrücklich unterstützte, blieb Kritik nicht aus. Im Februar 1962 betonte Hermlin in einer Sektionssitzung, »daß er von Anfang an ein leidenschaftlicher Anhänger der Zeitschrift sei. Aber dennoch sei er der Meinung, daß die Zeitschrift so nicht bleiben kann. Sie ist nicht Ausdruck der DDR. Das sei ihr stärkster Nachteil. Ihre Wirksamkeit in der Welt genüge nicht, denn sie zeige nicht das Leben der DDR ...«[44] Mitglieder äußerten, *Sinn und Form* fülle eine Lücke, sie ersetze eine Zeitschrift für Weltliteratur. Die Sektion hielt an Huchel fest. Doch die Gegner machten ihren Einfluß geltend. Kurella, Abusch und Bredel drängten auf eine Entscheidung. Das Doppelheft 5/6 1962 war das letzte, das unter Huchels Redaktion erschien. Willi Bredel nannte es »ein schlimmes Kapitel in der Geschichte der Akademie«.

Als Lyriker zählte Huchel zu den stärksten Begabungen. Seinem Vers gestand die Kritik Vollkommenheit zu. Gepriesen als »unvergleichlicher Lyriker«, blieb er dennoch zeitlebens ein glückloser Dichter. Zwar übertrug man ihm gleich nach 1945 verantwortungsvolle Funktionen im Rundfunk, aber er blieb außerhalb des Kreises der Poeten, die das literarische Gespräch bestimmten. Dabei fehlte es anfangs nicht an Anerkennung. Bereits 1951 erhielt er den Nationalpreis der DDR. Doch seine Gedichte fanden keine breite Resonanz, sie blieben ein Geheimtip für Kenner. Der im Aufbau-Verlag erschienene Gedichtband zählte zu den Büchern, die Janka bereits 1952 aus dem Bestand ausgliederte und den »Sozialämtern oder der Volkssolidarität kostenlos zur Verfügung« stellte. Die Exemplare der Huchel-Gedichte wurden von 6606 um 6000 verringert. Obwohl solche Entschlüsse auch andere Dichter von Rang betrafen, fühlte sich der Autor tief getroffen. Er warf dem Verlag vor, daß man ihn auch nicht »nur annähernd so propagiert hätte, wie er es mit anderen Autoren getan hat«. Huchel verabschiedete sich 1955 ebenso verbittert vom Aufbau-Verlag wie sieben Jahre später von der Akademie. Im Schlußteil seines Briefes an Janka zitierte er einen Seminarlehrer und Dozenten mit Bezug auf den Literaturunterricht in den Schulen: »›Wir haben (infolge der Rechtschreibschwierigkeiten) keine

Zeit für die herrlichen, sprachlich faszinierenden Landschaftsgedichte Peter Huchels.‹ Beim Aufbau-Verlag scheinen trotz aller schönen Worte, lieber Herr Janka! – die Dinge cum grano salis ebenso zu liegen. Wozu sollen wir noch lange hin und her reden? Streichen Sie mich also aus Ihrem Verlagsverzeichnis.«[45]

Das schlimme Schicksal Peter Huchels war nicht allein darauf zurückzuführen, daß man ihn aus *Sinn und Form* hinausdrängte. Die Akademie bot ihm ja neue Aufgaben an. Aber das Kesseltreiben im Zusammenhang mit der Verleihung des Westberliner Kunstpreises für Literatur setzte ihm sehr zu. Neun Jahre lebte er isoliert in seinem Haus in Wilhelmshorst, durfte nicht reisen und nur wenige Besucher empfangen. Zu Alfred Kurella, der ihn aufsuchte, sagte er: »Ich habe nicht die Absicht, die Annahme dieses Preises zu verweigern. Ich weiß, daß man beschlossen hat, mich zu vernichten. Ich werde hier zugrunde gehen.«[46] Als er um die Genehmigung einer vom S. Fischer Verlag bezahlten Italienreise bat, gab es im Plenum der Akademie eine Diskussion, in der Willi Bredel sagte: »Ich würde ihm die Ausreise gewähren, aber nicht die Wiedereinreise.«[47] Wie mit Leuten verfahren werden sollte, die im Lande blieben, aber nicht alles hinnehmen wollten, schien hier vorgezeichnet. Zugleich wurde das Konfrontationspotential des Kalten Krieges deutlich. Wen die DDR maßregelte, honorierte die andere Seite. So verschärften sich die Beziehungen Zug um Zug. 1971 übersiedelte Huchel nach Italien, ein Jahr später in die Bundesrepublik. Auch dort, mit Preisen überhäuft, blieb er ein Fremder.

Als nach dem Tod von Bodo Uhse Ende 1963 bekannt wurde, daß Wilhelm Girnus zum neuen Chefredakteur von *Sinn und Form* berufen werde, sahen die Literaturfreunde das Ende der renommierten Zeitschrift gekommen. Wilhelm Girnus, das war doch der Propagandist der Formalismus-Diskussion. Harich hatte ihn zu deren Viererbande gezählt. Die Akademie zeigte sich von der Entscheidung enttäuscht. Otto Nagel stimmte zwar zu, erinnerte aber daran, wie unheilvoll Girnus während der Barlach-Ausstellung aufgetreten sei. Auch Wieland Herzfelde, Fritz Cremer, Helene Weigel, Paul Dessau und Herbert Jhering wollten sich nicht damit abfinden. Selbst diejenigen, die Girnus näher kannten, ihm aber seine früheren Äußerungen nicht nachtrugen, hielten die Entscheidung für verfehlt. Sie wußten, daß er mit der DDR-Literatur nicht sehr vertraut war und deren Nähe auch nicht suchte, sondern als Theoretiker hochmütig über sie hinwegging. Er hielt nicht allzuviel von dem, was an Neuem vorlag. Seine Maßstäbe leitete er aus der deutschen Klassik und der französischen Literatur ab. Zwar setzte er sich für den sozialistischen Realismus ein, über das von den Jungen in der Literatur erreichte Niveau jedoch konnte er nur die Achseln zucken. Mehr noch als Huchel huldigte er einem weltliterarischen Maßstab. Alle Anzeichen sprachen dafür, daß Girnus der ungeeignete Mann für die neue Aufgabe war. Aber es sollte ganz anders kommen.

Der Girnus, der in die Akademie eintrat, hatte eine Wandlung durchgemacht. Zwar teilte er das Schicksal von Intellektuellen, die sich verändern mußten und doch gern geblieben wären, was sie waren. Seine literarischen Ansichten änderte er kaum. Über Hanns Eislers *Faustus* urteilte er später noch rigoroser als in der Diskussion von 1953. Das Werk hielt er »angefüllt von zu viel banalem Zeug«. Mag sein, daß er damals glaubte, mit dem Anknüpfen an die deutsche Klassik sei die Einheit des Vaterlandes zu erreichen. Sozusagen als letzten Ruf zum Sammeln der Kräfte. Eine Hoffnung, die nun nicht mehr bestand. Radikal verändert hatte sich Girnus jedoch in seinem Verhalten. Er war umgänglicher geworden. Seine redaktionelle Methode bestand darin, den Diskurs zu ermöglichen, die Spannweite unterschiedlicher Konzeptionen auszuschreiten, den Entwurf mit dem Gegenentwurf zu konfrontieren. *Sinn und Form* wurde von einer repräsentativen zu einer spannenden, herausfordernden Zeitschrift, zu einer Tribüne der DDR-Intelligenz. Der weltliterarische Standpunkt verschwand nicht, er zwang die jungen Autoren, damit zu korrespondieren.

Girnus setzte die Linie Huchels konsequent fort, drang unnachgiebig auf Niveau und ließ sich in diesem Punkt von keiner Seite beeinflussen. Als Chefredakteur gab er sich noch elitärer als Huchel. So blieb die Zeitschrift das, was sie war, und gewann dennoch neue Vorzüge. Geschichtlich gesehen erwies sich die Redaktionsperiode von Girnus, nicht die von Huchel, als die große Zeit von *Sinn und Form*. Huchel prägte das Profil, das Repräsentative der Neuaneignung nach 1945. Die Zeitschrift verblieb in einem kleinen Kreis der Kenner. Unter Girnus wurde *Sinn und Form* zu einer Zeitschrift, aus der sich in jeder Nummer nicht nur ablesen ließ, was es an guter DDR-Literatur gab, sondern auch, worin die dringlichsten Probleme und Schwierigkeiten der künstlerischen Produktion bestanden. Obwohl sich die Zahl der Abonnenten wegen der Papierknappheit nicht drastisch steigern ließ, sprach sich unter der Intelligenz des Landes herum, was in den Heften stand, welche Ansichten vertreten wurden, welche Texte umstritten waren. Die Spannung wuchs, wenn man glaubte, in *Sinn und Form* vorabgedruckte Stücke und Romanpassagen werde man nicht so bald auf dem Theater oder als Buch finden.

Der geglückte Übergang und das dauerhaft hohe Niveau ließen sich auch auf die gute Zusammenarbeit mit dem Stellvertreter von Girnus zurückführen: auf Armin Zeißler, der sich in seiner fast fünfundzwanzigjährigen Tätigkeit unter vier Chefredakteuren als der zuverlässige Steuermann des *Sinn und Form*-Kurses erwies. Nicht übermäßig ehrgeizig, nicht auf Veröffentlichungen bedacht, die den Beifall seiner vorgesetzten Stellen fanden, hielt er sich an die Maßstäbe und die Eigenart, die Huchel vorgegeben hatte. Er blieb ein Diener der übernommenen Aufgabe. Für Girnus wurde er zu einer unverzichtbaren Stütze. Zwar besaß er, als er 1963 unter Bodo Uhse anfing, kaum redaktionelle Erfahrungen, dafür aber kannte er die DDR-Literatur bestens. Über die Lyrik promoviert, unterhielt er persönliche Beziehungen zu Günter Kunert. Mit Franz Fühmann verband ihn eine gemeinsame Zeit in sowjetischer Kriegsgefangenschaft. An Gespräche mit Erich Arendt konnte er anknüpfen, auch an Begegnungen mit Günter de Bruyn und Johannes Bobrowski. Seine Aufgabe sah er darin, mitverantwortlich für die Gestaltung der Hefte zu sein und die persönlichen Kontakte zu den Autoren auszubauen. So war er in der Lage, Girnus neue, ausgewählte Texte vorzulegen.

Während Huchel meist allein entschied, war es eine der ersten Amtshandlungen von Girnus, sich mit einem kleinen Kreis von Schriftstellern zu beraten. Die Akademie hatte Huchel immer nahegelegt, enger mit den Akademiemitgliedern zusammenzuarbeiten. Nur so sei eine Verbesserung der Zeitschrift möglich. Davon hielt Huchel gar nichts. Girnus sah das anders. Noch im selben Jahr berief er zum ersten Mal den Redaktionsbeirat ein, den er von Uhse übernommen hatte. Ihm war an neuen Arbeiten der Mitglieder gelegen, an ihren Vorschlägen und kritischen Anmerkungen. Dafür nutzten er und Zeißler jede Möglichkeit. Franz Fühmann und Stephan Hermlin berieten die Redaktion bei der Auswahl von DDR-Lyrik und empfahlen Arbeiten junger Talente zur Veröffentlichung. Girnus stützte sich auf einen kleinen Beraterkreis von

Wissenschaftlern, von denen er sich Anregung und Neues auf den verschiedenen Gebieten versprach. Es handelte sich meist um Mitarbeiter aus seinem Institut an der Humboldt-Universität, um Robert Weimann (Anglist), Manfred Naumann (Romanist) und Nyota Thun (Slawistin). Auch Werner Mittenzwei gehörte dazu. Bei ihm hatte Armin Zeißler promoviert. Die persönliche Eigenart Girnus', seine subjektiven Meinungen und die oft schroffe Art seiner Argumentation führten dazu, daß einige Autoren auf Distanz zu *Sinn und Form* gingen. So der bedeutende Literaturwissenschaftler der DDR Werner Krauss. Unter Huchel gehörte er zu den ständigen Autoren. Mit Girnus kam Krauss nicht zurecht. Gegenüber Strittmatters Texten verhielt sich Girnus sehr reserviert, obwohl sie von Zeißler immer wieder empfohlen wurden. Das merkte der Autor und hielt sich zurück. Aus dem Redaktionsbeirat trat er aus. Später kam es zu Meinungsverschiedenheiten mit Peter Hacks, der zur *Neuen Deutschen Literatur* überwechselte. Diese Autoren zählten zu Girnus' Verlustliste.

Höhepunkte bildeten der Abdruck umstrittener Stücke, die es schwer hatten, auf die Bühne zu gelangen, so *Moritz Tassow* von Peter Hacks, *Der Bau* und *Philoktet* von Heiner Müller u.a. Auch die essayistischen Beiträge oder die Diskussionsrunden zu diesen Stücken hatten meist eine operative Funktion. Sie sollten das Publikum mit verschiedenen Lesarten bekanntmachen und die Werke aus der Verdammung der Zensurbehörden befreien. *Sinn und Form* übernahm hier eine Vorreiterrolle für die Bühne.

Girnus nannte die Zeitschrift gern eine Revue im Sinne der französischen Literaturtradition. Sie wurde zu einer Revue kontroverser Standpunkte. Im Laufe der Zeit bildete sich eine Debattenkultur heraus. Einzelne Themen oder Theorien lösten Gegenentwürfe aus, was auch dazu führte, daß kunstpolitische Grundsätze ins Wanken gerieten. Eine Debatte dieser Art löste 1971 Adolf Endler über die Lyrik aus. Andere Diskussionen wurden um Ulrich Plenzdorfs *Die neuen Leiden des jungen W.* sowie um Werner Mittenzweis Aufsatz »Brecht und die Probleme der deutschen Klassik« geführt. Mittenzwei setzte sich mit der Klassik-Konzeption auseinander, die bisher die strategische Leitlinie der DDR-Literaturpolitik bestimmte und die nach wie vor Geltung beanspruchte. Girnus ging es darum, kontroverse Konzeptionen auszubreiten. Dabei sorgte er stets dafür, daß die einzelnen Beiträge für sich standen, auch wenn sich dadurch die Diskussion über mehrere Hefte hinzog. Die einzelnen Aufsätze sollten ihre Würde behalten, sollten zu keinem Drauflosschlagen, keinem feuilletonistischen Streitgespräch mit der Lust an Provokation führen. Es wurde Wert auf bedachte, nachdenkliche Argumentation gelegt. Gerade die Klassik-Debatten gestalteten sich für Girnus zum Prüfstein, zum Test für seine redaktionelle Methode. Mit Mittenzweis Aufsatz »Brecht und die Probleme der deutschen Klassik« war er nicht einverstanden, der Beitrag widersprach seinem literarischen Credo, aber er mischte sich nicht in die Meinungen der Kontrahenten ein. Hier übte er eine Zurückhaltung, die ihm in den fünfziger Jahren ganz fremd gewesen war, obwohl er bei seiner Klassikauffassung blieb. Allerdings ließ er es sich nicht nehmen, den Schlußaufsatz zur Debatte zu schreiben, jedoch ganz in der traditionellen Distanziertheit von *Sinn und Form*. Die einzelnen Standpunkte blieben unangetastet, sie wurden nicht polemisch verurteilt.

Gegen die Zeitschrift gab es unter Girnus nicht weniger Kritik als unter Huchel. Der Druck hörte nicht auf. Allerdings war Girnus nicht so leicht auszuheben wie Huchel. In der Auseinandersetzung mit der SED-Führung erwies sich Girnus' rigorose Argumentation von Nutzen. Auch bei Kurt Hager nahm er kein Blatt vor den Mund. Ohne Einschränkung verteidigte er *Sinn und Form*. Was Parteilichkeit sei, brauche man ihm nicht zu sagen. Wenn es um wirklich existentielle politische Dinge ginge, sei er wie eh und je »aufs äußerste« entschlossen. In der Parteiführung gab es keinen, der ihm das nicht abnahm. Er verhielt sich aber, wenn nötig, listig, taktisch geschickt. Die oftmals freiere Kulturpolitik der Sowjetunion nutzte er gegen borniert Parteistandpunkte. An die Kulturabteilung des ZK schrieb er: »In unseren Verlagen und im Kulturministerium sitzen an diesen Stellen Leute, die die Hosen gestrichen voll haben und vor lauter Angstmeierei zu keiner Entscheidung kommen … In der SU gibt es zu literarischen Problemen echte Diskussionen in der Öffentlichkeit … Bei uns gibt es das de facto nicht. Dadurch entsteht der Eindruck von Stagnation, Literaturdiktatur usf. … Ohne diesen fruchtbaren Meinungsstreit kann es keine lebendige Entwicklung der Literatur geben. Der leider schon so lange zurückliegende Meinungsstreit um Christa Wolfs *Geteilter Himmel* beweist, daß so etwas bei uns objektiv möglich ist … Genosse Kurella spielt in den Vorstellungen der sowjetischen Genossen die Rolle einer Vogelscheuche der DDR-Kulturpolitik.«[48]

Girnus' Leistung, die Zeitschrift ohne den geringsten Verlust an Niveau fortzuführen, sie zu einer Tribüne der veränderungsbereiten Intelligenz auszubauen, wurde durch den Wechsel im Amt des Präsidenten befördert. 1965 übernahm der Filmregisseur Konrad Wolf die Präsidentschaft der Akademie der Künste. Mit ihm vollzog sich der Übergang von einer repräsentativen zu einer arbeitenden, eingreifenden Akademie. Daran hielt auch sein Nachfolger Manfred Wekwerth fest. Zur Vorbereitung für diese andere Art von Akademie hatten mit ihren hilfreichen Aktionen für die junge DDR-Kunst Fritz Cremer und Stephan Hermlin beigetragen.

## Verwirrspiel zwischen Ökonomie und Kunst.
## Das 11. Plenum

Als Ende des Jahres 1965 die zweite Etappe des Neuen Ökonomischen Systems (NÖS) eingeleitet werden sollte, geriet der entschiedenste Reformversuch in der Geschichte der DDR in die Krise. »Die 2. Etappe des NÖS war, von der Konzeption her, ein folgerichtiger Schritt. Er befand sich in Übereinstimmung mit dem Ursprungskonzept von 1963. Er enthielt aus diesem noch nicht gelöste Aufgaben, aber auch Elemente der Weiterentwicklung, wie insbesondere das erwähnte Prinzip der Eigenerwirtschaftung der Mittel.«[49]

Hier ist nicht der Ort, komplizierten Problemen der Ökonomie nachzugehen. Sie zu berühren, ist jedoch unumgänglich, weil sie die Perspektive des Landes und damit die Existenz der literarischen Intelligenz beeinflußten. Was 1963 begonnen wurde, war nicht ohne Erfolg geblieben. Das Prinzip der materiellen Interessiertheit fand Anklang bei der Bevölkerung. Nunmehr mußte das System gefestigt und weitergeführt werden. Man erwog, die Preise den Bedingungen des Marktes anzupassen, die Betriebe auf die Eigenerwirtschaftung der Finanzen einzustellen und den Gewinn zur Hauptkennziffer des Planes zu machen, um ein höheres Nationaleinkommen zu erwirtschaften. Eine neue Strukturpolitik war angesagt, um den führenden Industriezweigen größere Entwicklungschancen zu ermöglichen. Das alles lief auf eine Alternative zur Autorität des Planes hinaus. Es stand also viel auf dem Spiel.

Aus heutiger Sicht mag dieses System eine Geburtsschwäche gehabt haben. Damals ging es darum, die moderne Planwirtschaft mit einem ökonomischen Regulativ zu verbinden. Doch es kam nie voll zur Wirkung, weil man sich nicht an das Problem der Preise heranwagte. Man glaubte, der Bevölkerung keine Belastung zumuten zu können. Aber ohne Freigabe der Preise ließ sich der Gewinn nicht zur Hauptkennziffer für die Tätigkeit der Betriebe machen. So vermochte sich das NÖS nie aus der Gebundenheit in die administrativ-planwirtschaftliche Grundlage zu lösen. Der Reformversuch ging zwar von der DDR aus, doch die Ausrichtung auf die Erfordernisse des Marktes konnte sich nicht innerhalb der Grenzen der DDR vollziehen.

Mitte der sechziger Jahre zeichneten sich die Schranken für die Reformierbarkeit der Wirtschaft noch nicht so deutlich ab. Man hielt eine Alternative innerhalb des Systems für möglich. Auch geriet das NÖS 1965 nicht durch die Unmöglichkeit des Reformversuchs in die Krise, sondern hauptsächlich durch dessen strikte Ablehnung in der Sowjetunion, die wiederum eine Frontenbildung in der SED-Führung auslöste.

Im Oktober 1964 wurde Chruschtschow sämtlicher Ämter enthoben. Damit endete eine Ära, die einen Umschwung versprochen hatte, der nicht eintrat. Der Diskurs um ökonomische und politische Veränderungen verschwand aus der Politik. Die Zeit hatte sich wieder einmal gewendet. Den Wandel bekamen auch die Reformer in Berlin zu spüren. Mit welchem Mißtrauen die Sowjetunion Ulbrichts neue ökonomische Politik damals verfolgte, wurde erst später bekannt, als Breshnew, der Mann nach Chruschtschow, Honecker schilderte, wie ihm Ulbricht im Jahre 1964 bei einem Berlinbesuch zugesetzt habe: »Du weißt, damals 1964 Datsche (Döllnsee) – er stellt einfach meine Delegation auf die Seite (Tichonow etc.), preßt mich in ein kleines Zimmer und redet auf mich ein, was alles falsch ist bei uns und vorbildlich bei euch. Es war heiß. Ich habe geschwitzt. Er nahm keine Rücksicht. Ich merkte nur, er will mir Vorschriften machen, wie wir zu arbeiten, zu regieren haben, läßt mich gar nicht erst zu Wort kommen. Seine ganze Überheblichkeit kam da zum Ausdruck, seine Mißachtung des Denkens, der Erfahrungen anderer. Hat die SU, die KPdSU, das Sowjetvolk nicht die Welt verändert? Warum muß jetzt selbst die USA auf uns Rücksicht nehmen?«[50] Als ein Jahr später Wirtschaftsverhandlungen mit der Sowjetunion in Moskau stattfanden, mußte Erich Apel ohne Ergebnisse nach Hause reisen. Der »große Bruder« verweigerte sich den Bezugswünschen der DDR nach Erdöl, Walzstahl etc. Von da ab nahmen die Vorgänge einen dramatischen Verlauf. Auf die neuen Beratungen über einen langfristigen Handelsvertrag zu sowjetischen Konditionen besaß Erich Apel keinen Einfluß mehr. In der Politbüro-Sitzung am 2. Dezember 1965 kritisierte der Finanzminister Willy Rumpf heftig die Strategie Erich Apels, worauf dieser ihm vorwarf, er beliefere das Politbüro mit Fehlinformationen. Seit langem schon machte Alfred Neumann, der den Volkswirtschaftsrat leitete, das NÖS lächerlich. Nach Gerhard Schürer soll Neumann in internen Gesprächen Apel und Mittag als »Banditen« bezeichnet haben, ein Anzeichen dafür, daß die Auseinandersetzungen in den höchsten Führungskreisen auf den Siedepunkt gestiegen waren. Doch am meisten verletzte Erich Apel, daß sein engster Mitarbeiter Günter Mittag sich auf die Seite seiner Kritiker schlug.

Am 3. Dezember 1965, an dem Tag, an dem der langfristige Wirtschaftsvertrag mit der Sowjetunion unterzeichnet werden sollte, erschoß sich Erich Apel im Hause der Ministerien mit seiner Dienstwaffe. Es mag sein, daß der nicht nach seinen Vorstellungen ausgefallene Handelsvertrag mit der Sowjetunion nicht der Grund, zumindest nicht der Grund für seinen Selbstmord war, wie später Gerhard Schürer und Kurt Hager übereinstimmend berichteten. Aber Apel wußte, daß das von ihm vertretene ökonomische System nicht mehr erfolgreich fortgesetzt werden konnte. Der Ingenieur und Wirtschaftsfachmann schien den massiv geführten politischen Auseinandersetzungen nicht gewachsen zu sein. Ehrgeizig und erfolgreich, wie er war, sollte er jetzt zum Sündenbock gemacht werden. Das ertrug er nicht.

Schon seit Beginn des Neuen Ökonomischen Systems hatte sich in den oberen Führungsetagen ein Kreis gebildet, der diesen Kurs nicht mittragen wollte. Angeführt zuerst von Alfred Neumann, setzte sich später Erich Honecker an die Spitze der Antireformer. Von den Mitgliedern des Politbüros stellten sich Hermann Axen, Paul Fröhlich, Kurt Hager, Erich Mückenberger, Horst Sindermann und Willi Stoph gegen Erich Apel und damit auch gegen Ulbricht. Die Motive der einzelnen mögen verschieden gewesen sein. Hielten die einen das System für zu riskant und wenig erfolgreich, betrachteten es andere als eine auffällige Abweichung von den Prinzipien des sozialistischen Aufbaus nach dem Vorbild der Sowjetunion. Sie sahen darin einen Bruch mit diesem Staat, wenn nicht gar einen konterrevolutionären Versuch. Sicher hat auch wie bei Günter Mittag die Überlegung eine Rolle gespielt, daß es jetzt höchste Zeit sei, sich auf die richtige Seite zu schlagen.

In eine merkwürdige Situation geriet auch Walter Ulbricht. Er sah sich in eine Zwangslage gedrängt. Schließlich hatte er den Anstoß für die Reform gegeben und seine Hand darüber gehalten. Jetzt gab er sich in den Auseinandersetzungen bedeckt, hielt jedoch an dem System mit Abstrichen fest. Es wurde bis Ende der sechziger Jahre fortgesetzt, verlor aber alle weiterführenden Impulse. Unter Honecker verschwand es aus der Diskussion und aus der Wirtschaft. Es muß Ulbricht bewußt gewesen sein, daß er sich mit der energischen Fortsetzung seines Kurses in Konfrontation zur UdSSR begeben hätte. Er mußte damit rechnen, daß man ihn einfach aus dem politischen Spiel nahm, wie es fünf Jahre später auch geschah. So ließ er zu, daß Honecker das 11. Plenum, das die zweite Etappe des NÖS einleiten sollte, zu einem Kulturplenum umfunktionierte. Durch den tragischen Tod von Erich Apel, der tiefe Betroffenheit bei der Bevölkerung und bei den ZK-Mitgliedern auslöste, konnte auf dem Plenum keine Auseinandersetzung mit dessen Wirtschaftsreform geführt werden. Den Kritikern wäre es schwergefallen, gegen einen Toten vom Leder zu ziehen oder den Vorstoß direkt auf Ulbricht zu lenken. So rettete Apels Tod ein kurzes, eingeschränktes Weiterleben des Neuen Ökonomischen Systems, allerdings um den Preis des Kahlschlags von Kunst und Literatur. Die Empörung, die die Reformgegner gegenüber dem neuen Wirtschaftssystem empfanden, übertrug sich jetzt auf Kunst und Literatur. Sie wirkte bei deren aggressiven Protagonisten sogar echt. Wie stets in Krisenzeiten nahm man sich die Kräfte vor, von denen man den geringsten Widerstand erwartete und die dennoch wirkungsvoll zu treffen waren. Unter der Regie von Honecker holte man auf dem 11. Plenum zur Abrechnung mit der Kunst aus. Was man gegen das NÖS vorbringen wollte, die Ausrichtung nach dem »Westtrend«, bezog man jetzt voll und ganz auf die neue künstlerische Produktion. Dabei zielte man vorrangig auf Institutionen wie die DEFA, auf Werke, die das Publikum noch gar nicht kannte. Auf diese Weise versuchte man der Bevölkerung zu beweisen, welch bedrohliche Tendenzen im Film, Theater und in der Literatur vorhanden seien. Eine regelrechte Hysterie wurde entfacht, um glauben zu machen, die Gefahr gehe von der Kunst aus. Daß Honecker die Kritik vom Neuen Ökonomischen System auf die Kunst lenkte, kam Ulbricht nicht ungelegen. Er haute mit in diese Kerbe, denn er fühlte sich dadurch entlastet. Aber er verstand auch, daß ihn Honecker warnte, in der Wirtschaftspolitik nicht in der bisherigen Art fortzufahren. Den »großen Bruder« hatte jetzt Honecker an seiner Seite.

Am härtesten traf es die DEFA. Ihr wurden ein Dutzend Filme verboten. Eine Zensurmaßnahme von geradezu groteskem Ausmaß! Vernichtend kritisiert wurden nur einige Filme, während die anderen stillschweigend verschwanden. Als ein Film, der »das Ansehen unserer Justizorgane untergräbt«, galt Kurt Maetzigs *Das Kaninchen bin ich*, nach einem Stoff von Manfred Bieler. Gegen die Partei, die Republik und gegen die Jugend gerichtet galt Frank Vogels *Denk bloß nicht, ich heule*. Frank Beyers *Spur der Steine* nach dem populären Roman von Erik Neutsch gelangte zwar für einige Vorführungen in die Kinos, wurde jedoch sofort verboten, als sich in Berlin das Publikum lautstark gegen die hinbefohlenen Krakeeler der Parteihochschule mit dem Zuruf »Stalinisten« zur Wehr setzte. Auf dem Plenum sprach Politbüromitglied Paul Verner das vernichtende Gesamturteil über die kritisierten Werke. Sie »sind politisch falsch, schädlich und bedeuten einen Angriff auf unsere sozialistische Gesellschaft«.[51]

In der Literatur ging es um Heiner Müllers *Der Bau*, vorabgedruckt in *Sinn und Form*, und um Volker Brauns *Die Kipper*. In einen Kreis von Schriftstellern, deren Position nicht hingenommen werden könne, wurden Stefan Heym, Wolf Biermann sowie der Naturwissenschaftler und Publizist Robert Havemann eingeordnet. Aus Ulbrichts Reden und den Zurufen, insbesondere denen von Kurt Hager, ging hervor, daß man Havemann als Konterrevolutionär betrachtete, für den es keine Freiheit gebe. Dazu Ulbricht: »Also worum geht es? Um die Gewährung der Freiheiten in der DDR, die in der bürgerlichen Gesellschaft des Westens üblich sind. – Aber wir haben viel weitergehende Freiheiten: wir haben nur keine Freiheit für Verrückte, sonst haben wir absolute Freiheiten überall. (Kurt Hager: Und keine für solche Konterrevolutionäre!) Für Konterrevolutionäre haben wir auch keine Freiheiten, das nicht.«[52] Ulbricht folgte in seinen Ausführungen der Stoßrichtung, die Honecker gewiesen und für die Hager das Belastungsmaterial zusammengetragen hatte. Hager fiel auf dem Plenum ganz aus der Rolle des nachdenklichen Beurteilers. Ein Zeichen dafür, daß es ihm um Positionen ging, die ihm wichtiger waren als der Schutz von Kunst und Literatur. Obwohl Ulbricht – wie die anderen – auf die Kunst und die Künstler einschlug, was ihm ja nicht schwerfiel, suchte er herunterzuspielen, daß es auf diesem Plenum um Kunst und Literatur gegangen sei. Man habe Fragen der Ethik aufgeworfen. Ulbricht fiel in sein altes Agitationsmuster, als er ausführte: »Die Ästhetik wurde nur als Tarnschild (von den Künstlern – W. M.) benutzt, und die Ethik kam unter die Räder.«[53]

In der Diskussion meldete sich Christa Wolf, Kandidatin des ZK, zu Wort. Es gehörte Mut dazu, in einem so aufgeheizten Auditorium einige Richtigstellungen zu versuchen. Die Schriftstellerin verteidigte ihre Zunft und die Arbeit ihrer Kollegen, vor allem die von Werner Bräunig. Einen Ausschnitt aus dessen Roman *Rummelplatz* hatte die *Neue deutsche Literatur* abgedruckt und damit heftige Reaktionen, ja Empörung hervorgerufen. Vor allem diesen Text betrachtete man als Zeugnis dafür, daß die Literatur alle ethischen Maßstäbe außer Kraft setze. Sich der Meinung des Plenums zu widersetzen, war spektakulär. Wer hier ausscherte, machte sich verdächtig, aus dem Kreis der Gleichgesinnten ausscheiden zu wollen. Während sie sprach, konnte Christa Wolf an den Gesichtern ihrer Zuhörer ablesen: Was ist bloß in diese Frau gefahren, hier allen zu widersprechen? Es fehlte auch nicht an Zurufen, die mehr Ordnungsrufe waren, Mahnungen, doch einzulenken. Aber sie ließ sich nicht beirren. Sie wies die Anschuldigung Paul Fröhlichs, der Schriftstellerverband sei auf dem Wege, ein Petőfiklub zu werden, zurück. Allein schon der gebrauchte Begriff sei falsch. Man solle die Schriftsteller nicht dauernd in die Defensive drängen: »Genossen, wir sind nicht parteifeindlich. – Das ist nicht richtig, sondern wir müssen eine Offensive erreichen, sowohl innerhalb der Partei als auch in unserer Kunst und auch nach Westdeutschland«[54] Energisch, ohne jede Einschränkung verteidigte sie den Roman Werner Bräunigs, der als der Wismut-Roman galt. Allein schon darin sah man eine Diffamierung. »Ich bin nicht einverstanden mit der kritischen Einschätzung des Auszugs aus dem Roman von Werner Bräunig in der NDL, weil ich glaube und weiß, daß Werner Bräunig dieses Buch nicht geschrieben hat, weil er im Westen verkauft werden will – das halte ich für eine haltlose Verdächtigung, die einem Schriftsteller gegenüber, der dafür keinerlei Handhabe geliefert hat, nicht angebracht ist – und weil es kein Wismutroman ist, obwohl er als das gilt ... Meiner Ansicht nach zeugen diese Auszüge in der NDL nicht von antisozialistischer Haltung, wie ihm vorgeworfen wird. In diesem Punkt kann ich mich nicht einverstanden erklären. Das kann ich mit meinem Gewissen nicht vereinbaren. Ich glaube es nicht!«[55] Christa Wolf bestand eine schwierige Situation, in der sie sich, wie es bei Shakespeare heißt, »höchst königlich bewährt« hat. Nach dem 11. Plenum wurde sie nicht mehr für das ZK nominiert.

Wie aufgeladen, wie hysterisch aufgeheizt die Stimmung unter den Teilnehmern war, die in jedem Schriftsteller und Künstler einen Abtrünnigen sahen, bezeugt eine Episode in den Memoiren Hermann Kants, deren Komik ein wenig die schlimme Situation überspielt, in der sich damals die Künstler befanden. »Ich gehörte zu den geladenen Gästen der ZK-Tagung, jenen Leuten also, denen man vorsorglich die Dokumente und Instrumente zeigte, und in einer Pause äußerte ich freundliches Urteil über einen Film, den Maetzig nach dem Buch *Das Kaninchen bin ich* von Bieler gedreht hatte. Ich wiederholte nur, was die beiden Autoren seit einer Voraufführung in Babelsberg von mir kannten. Zu meinem nicht geringen Erstaunen packten mich zwei kräftige Mitglieder des Politbüros, der Landwirtschafts-Sekretär Grüneberg und der Leipziger Bezirkschef, der ausgerechnet Fröhlich hieß, an je einem Revers und deckten mich mit Verheißungen ein, von denen ich vor allem die des Landwirts behalten habe: ›Wenn ihr nicht schreibt, was wir wollen, dann holen wir uns welche, die es schreiben!‹ Vollends verrückt wurde die Aufführung, als zwei weitere Mitglieder des Obersten Büros zu meinem Entsatz herbeieilten. Hager suchte mich meinen Bedrängern zu entziehen, indem er sich hinter mich stellte und mir beide Hände auf die Schultern legte, und der sehr kleine Hermann Axen riß mir beinahe den Daumen aus und rief in starkem Sächsisch: ›Laßt den, das is ä Guter!‹ – klang es nicht ein wenig nach regierbarem Kind?«[56]

Weit länger als die Liste der kritisierten Schriftsteller und Künstler war die der gemaßregelten Kulturfunktionäre. Das Postenkarussell drehte sich. Nicht wenige verschwanden in untergeordnete Funktionen. Der Kulturminister Hans Bentzien und sein für den Film verantwortlicher Stellvertreter Günter Witt verloren ihre Ämter. In den DEFA-Studios räumte die Parteiführung gründlich auf. Den Regisseur von *Spur der Steine*, Frank Beyer, schickte man nach Dresden ans Theater. Dem früheren Chefdramaturgen Klaus Wischnewski legte die Leitung nahe, die Studios zu verlassen. Wolfgang Heinz holte ihn ans Deutsche

Theater. Werner Bräunig fand nicht mehr die Kraft, seinen Roman *Rummelplatz* zu vollenden.

Die Auswirkungen des 11. Plenums auf die Künstler gestalteten sich sehr unterschiedlich. Nicht alle Sparten der Kunst traf es so empfindlich wie den Film. Dennoch bewirkte das 11. Plenum eine Zäsur auf allen Gebieten der Kunst. Sie bestand darin, daß sich die künstlerische Intelligenz in ihrem Verhalten neu orientierte. Ob betroffen oder nicht, stand der einzelne vor der Frage, wie er sich verhalten, wie er langfristige Projekte anlegen und durchbringen solle? Die Unruhe, die das Plenum auslöste, ließ sich nicht vorrangig auf die Ablehnung bestimmter Werke zurückführen. Was die Intelligenz in ihrer Allgemeinheit traf, waren die unbegreiflichen Anschuldigungen. Was sollten die Künstler jetzt tun? Man hatte ihr Bemühen, die Republik zu unterstützen, der neuen Gesellschaft aus ihren Schwierigkeiten herauszuhelfen, als feindliche Tätigkeit diffamiert. Diejenigen, die helfen wollten, waren auf die Seite der Gegner gestellt worden. In eine solche Situation konnte jeder geraten, der Widersprüche aufdeckte und diese zu seinem Gegenstand erhob. Eingreifende Kunst zu machen, war ihre Absicht gewesen. Nun wurden sie zurückgescheucht, weggestoßen.

Die Schlußfolgerung, die jeder für sich zog, ließ sich auf einen gemeinsamen Nenner bringen. Klaus Wischnewski formulierte dies in seiner Rückschau auf das 11. Plenum so: »Noch schien die Utopie nicht ausgereizt, schien Hoffnung möglich: es muß doch Vernunft beginnen und sich durchsetzen. Marx ist doch Vernunft und Denken! Eine Alternative gab es nicht, weil die damalige Bundesrepublik für uns – und damals noch für viele! – keine war ... Es gab viele Kollisionen, aber das 11. Plenum war ohne Zweifel eine Katastrophe für das Land und auch international. Und man fragte sich, wir fragten uns: Wie konnte man das eigentlich verarbeiten und weitermachen? ... Wir unsererseits, jeder auf einer anderen Strecke (wir haben uns damals nicht abgestimmt), hatten ein Interesse daran, chancenlose und nicht durchzusetzende Positionen zu räumen und um diejenigen Positionen zu kämpfen, zu denen wir voll standen und für die zu kämpfen wir uns auch in der Lage fühlten ...«[57]

Diese Einsicht wurde zur Mentalität der kommenden Jahrzehnte. Sie entstand nicht aus Resignation, sondern aus den gesellschaftlichen Bedingungen. Sich darauf einzustellen, erforderte Weitsicht, Mut und Initiative. Als unklug galt, waghalsigen Projekten nachzugehen, die keine

Chance besaßen und Engagement für weitere Schritte gefährdeten. Einzelne riskante Werke sollten nicht dazu führen, daß Bewegungen zurückgeworfen, Talente sich nicht entfalten konnten. Aber mit jedem neuen Werk, jedem neuen Text wollte man über erreichte Positionen hinausweisen. Das war die Meßlatte für die, die im Lande bleiben wollten, die sich der in Schwierigkeiten steckenden Gesellschaft verpflichtet fühlten. Ein solches Kriterium verlangte politische Einsicht und künstlerische Übersicht. Doch war dieser evolutionäre Weg der Kunst angemessen? Es entstanden jetzt oft reifere und virtuosere Werke als in früheren Jahren. Insofern ließ sich dieser Kurs rechtfertigen. Aber die Hoffnung auf die große, freie Fahrt zu neuen Küsten war vorbei. Dort anzukommen, lockte einige immer noch. Doch die Lust, einer solchen Richtung zu folgen, verlor sich.

Die vom 11. Plenum ausgelöste, veränderte Haltung der künstlerischen Intelligenz war in ihrer fortdauernden Wirkung viel weitgreifender als der augenblickliche Kahlschlag. Honecker mag das Ausmaß dessen, was er angerichtet hatte, nicht begriffen haben. Er überschaute das Spiel nicht, das er eingefädelt hatte. Er begriff nicht, daß die Kosten seiner Frontenbildung gegen die Wirtschaftsreformer hoch waren und das Verhältnis zur künstlerischen Intelligenz ruiniert. Seine leichtfertigen, verantwortungslosen kulturpolitischen Aktivitäten führten vom 11. Plenum direkt zur Biermann-Affaire.

Die neue Mentalität entstand nicht schlagartig. Peter Hacks und Heiner Müller, die meistgeprügelten Dramatiker der fünfziger und frühen sechziger Jahre, hatten sich schon vorher zu Schlußfolgerungen genötigt gesehen. Sie suchten aus dem ästhetischen wie aus dem politischen Dilemma herauszukommen. Dabei hatten sie es nicht an Verständigungsbereitschaft fehlen lassen. Hacks legte drei Fassungen seines Stücks *Die Sorgen und die Macht* vor. Mit keiner zeigte sich die kulturpolitische Führung zufrieden. Heiner Müller kam auch mit seinem neuen Stück *Der Bau* nicht aus den Schwierigkeiten heraus. Je häufiger sich beide mit den großen gesellschaftlichen Problemen der Zeit beschäftigten, desto mehr gerieten sie in die Schußlinie der offiziellen Kritik. Wollten sie als Dichter bestehen und nicht von den jeweiligen Schachzügen der Politiker vom Brett gestoßen werden, mußten sie ihre Werke dauerhaft machen. Sie lösten sich, wie es Hacks ausdrückte, vom »Tendenznaturalismus« ihrer früheren Arbeiten. Das war jedoch mehr als nur ein

Abrücken vom »Produktionsstück«, dem sie nie verfallen waren. Was sie hervorbrachten, folgte anderen Vorbildern. Hacks und Müller vollzogen einen Paradigmenwechsel. Fortan ging es ihnen darum, die allgemeinsten, fortdauernden Züge der Menschheitsentwicklung herauszustellen. Sie richteten ihre Dichtung nicht mehr auf die von der Politik gewiesenen Wege, sondern auf die Emanzipation des Menschen aus. Hier meinten sie, das Grundprinzip ihrer Dichtung gefunden zu haben.

Der Ausweg aus dem Strafraum der Kritik führte über die Antikerezeption,[58] markiert durch den furiosen Auftakt von Hacks' Aristophanes-Adaption *Der Frieden* (1962). Es folgten die Stücke *Amphitryon* (1967), *Omphale* (1969/70). Heiner Müller schrieb Stücke nach antiken Stoffen: *Philoktet* (1962/64), *Ödipus Tyrann* (1966), *Herakles 5* (1964/66), *Prometheus* (1967/8), *Der Horatier* (1968). Die neue ästhetische Orientierung brachte einen Gewinn an Poesie, an theatralischem Reiz und Virtuosität. Gesellschaftliche Zusammenhänge und Widersprüche wurden auf großer historischer Ebene ausgetragen. Die Historizität verbarg nicht die Aktualität; sie erlangte durch die Verfremdung sogar eine schärfere Ausdruckskraft. Das Publikum fühlte sich von dieser Art mehr angesprochen als durch die direkte Darstellung von Gegenwartsproblemen. Die Antikerezeption brachte der jungen DDR-Dramatik den internationalen Durchbruch. Hacks und Müller wurden Dramatiker von Rang, Erfolgsautoren, der eine früher, der andere etwas später.

Die Antikerezeption war der erste größere Ausbruch aus einer dogmatischen Ästhetik, ohne Anleihen bei westlichen literarischen Strömungen zu nehmen. Hacks und Müller suchten einen eigenen Weg, wichen nicht zum international etablierten absurden Theater aus. Aber dabei blieben sie nicht stehen. Hacks ging von Aristophanes zu Goethe. An diesem Punkt angelangt, wurden aus Freunden Antipoden. Die Gemeinsamkeit zerfiel. Ihre weitere Entwicklung verlief in ästhetischer Gegensätzlichkeit. Ihr Auseinanderdriften weist zugleich auf die unterschiedlichen Versuche hin, aus einer vormundschaftlichen Ästhetik auszubrechen, ohne einen politischen Seitenwechsel auch nur in Erwägung zu ziehen. Sie blieben auf dem Weg, den sie eingeschlagen hatten, auch wenn das Ziel mehr und mehr an Konturen verlor. Mit der klassizistischen Ausrichtung seines Werkes entledigte sich Hacks zwar nicht der Kritik, aber der kleinlichen Bevormundung, wie die Welt zu beschreiben sei. Er gewann, indem er verlangte, man habe das, was er schrieb, zu respektieren, die Souveränität als Dichter. Einen anderen Weg schlug Heiner Müller ein. Er schloß sich mehr internationalen Trends an und machte sich zu deren Wortführer. Beide hatten jedoch für ihre ästhetische Befreiung zu zahlen. Ihre Frühwerke besaßen zwar nicht die virtuose Kunstfertigkeit der späteren, aber dafür die ungestüme Kraft, den Enthusiasmus und die Tragik, die von dem frühen Beginnen ausging. Aufbruch und Zusammenbruch verschmolzen in ihrer dichterischen Bildhaftigkeit. Die Utopie beflügelte die Poesie. Dagegen blieben die reiferen Spätwerke philosophische Spiele, die des einen von formvollendeter Strenge, die des anderen ein artistisches Puzzle.

## Stefan Heym – Wolf Biermann – Robert Havemann

Das 11. Plenum konstruierte eine neue Gruppierung »konterrevolutionärer Tätigkeit«. Als ihre namhaften Vertreter wurden Stefan Heym, Wolf Biermann und Robert Havemann benannt. Wieder tauchte der Vorwurf auf, die Intelligenz beanspruche die Führungsrolle im Staat. Der Alptraum Ulbrichts beherrschte jetzt auch den Apparat. Aber ihre Furcht definierten die Funktionäre anders als Ulbricht in den fünfziger Jahren. Sie wollten sich die Meinungsführung nicht nehmen lassen. Die Wirtschaftsreformer dachten gar nicht daran, bei den Reformkräften in Kunst und Literatur Beistand zu suchen. Eine solche Verbindung, so vermuteten sie, würde ihre Strategie nur gefährden. Vielmehr sahen sie in der kritischen Zurückweisung der oppositionellen Kunst die Gelegenheit, ihre Verbundenheit mit dem eingeschlagenen Kurs der Partei auszudrücken.

Stefan Heym hatte 1965 in der slowakischen Zeitschrift *Kulturni Zivot* einen Artikel unter der Überschrift »Die Langeweile von Minsk« veröffentlicht, der der Parteiführung Anlaß zu der Behauptung bot, er wende sich gegen den eingeschlagenen Weg der Regierung. Der Autor griff auf eine Bemerkung Brechts zurück, der zufolge die sowjetische Literatur erst wieder an Geltung gewinne, wenn ein Roman erscheine, der mit dem Satz beginne: ›Minsk ist eine der langweiligsten Städte der Welt‹. Die Äußerung Brechts nutzte Heym, um darzustellen, daß es die Pflicht des Schriftstellers sei, auszusprechen, was ist. »Jedes Zeitalter«, so Heym, »hat seine Sprecher, die Ängste und Hoffnungen der Menschen zum Ausdruck bringen. Im grauen Altertum waren das die Propheten. Heute, in der Ära des Atoms und der Revolution, da wir rapide Fortschritte machen auf unserer Suche nach dem Warum und dem Wie von Mensch und Universum, scheinen Schriftsteller und Naturwissenschaftler diese Funktion zu übernehmen.«[59] Die Ausführungen ließen keinen Zweifel daran aufkommen, daß hier die sozialistische Gesellschaft gemeint war. Heym schrieb, der Sozialismus sei eine gute Ordnung, aber es würden »eine ganze Anzahl sozialistischer Finger vor unseren sozialistischen Linsen erhoben«. Und das sei nicht in Ordnung, wenn sich ein Schriftsteller dauernd fragen müsse, ob er das gedruckt bekomme oder nicht. Er müsse sich gegen Tabus wehren, nur dann könnten »die Schriftsteller des Sozialismus das Recht auf moralische Führung beanspruchen und gewinnen«.[60]

Was Heym da geschrieben hatte, war kein Aufsatz, keine Schilderung persönlicher Befindlichkeit, es war ein Appell in der Tradition Zolas oder Romain Rollands. Und ein wenig lebte der Artikel von dem altväterlichen Pathos dieser Literatur, die sich als moralische Macht verstand. Auch wenn die Macht des Wortes, so Heym, noch nie einen Krieg aufgehalten und Konzentrationslager verhindert habe, so entbinde das den Schriftsteller doch nicht von seiner Pflicht, es zu versuchen. Was Heym aussprach, war zunächst nicht Ausdruck politischer Opposition, sondern eher europäisches Literaturverständnis, das nicht verlorengehen dürfte, wollten sich die sozialistischen Schriftsteller nicht selbst aufgeben.

Die SED-Führung empfand Heyms Artikel als Kampfansage. Politbüro-Mitglied Hermann Axen antwortete darauf mit dem Artikel »Braucht unsere Zeit Philosophen: Wer spricht das wahre Wort?« Die moralische Verantwortung des Schriftstellers, sonst von den Funktionären gern beschworen, wurde hier als »geistiger Hochmut« hingestellt. Axen polemisierte gegen Heym, obwohl dessen Artikel zu jener Zeit gar nicht in der DDR erschien. Man fühlte sich herausgefordert und beschimpfte Heym im Chor. Die »eingebildete Elitemission« einiger Schriftsteller ziele darauf, die »gesetzmäßige Führung durch die Partei« abzulösen. Jede kritische Äußerung der literarischen Intelligenz wurde gleich als höchste Gefahrenstufe für die Republik ausgerufen. Die entfachte Hysterie war Teil einer Kampagne, die darauf hinauslief, keine zweite Öffentlichkeit neben der von der Partei beherrschten zuzulassen.

Mitte der sechziger Jahre befand sich Heym in einer schlimmen Lage. Was er als Schriftsteller zu sagen hatte, stieß immer auf Grenzen, veranlaßte Verbote, ob er sich nun der Gegenwart oder der Historie zuwandte. Für seinen Roman über den 17. Juni, *Der Tag X*, später *5 Tage im Juni* genannt, bekam er keine Druckgenehmigung. Obwohl Heym dieses Werk aus der Sicht der DDR schrieb und deutlich machte, in welcher Zwangslage sich die Gesellschaft befunden hatte, beharrte der stellvertretende Kulturminister darauf, daß sich die Partei keine Diskussion über den 17. Juni aufzwingen lasse. Es sollte ein faschistischer Putsch bleiben. Schluß! Basta!

Nach seiner Rückkehr aus dem Exil war Stefan Heym nicht in einem großen Verlag untergekommen, nicht im Aufbau-Verlag, wo er eigentlich hingehörte. Es gab zwar hin und wieder Absprachen, die aber nicht zu festen Vereinbarungen führten. 1967 schickte Heym seinen *Lassalle*-Roman an diesen Verlag. Verlagsleiter Fritz-Georg Voigt hatte darum gebeten. Doch dem schien der Stoff zu problematisch. Da die Verlage wie das Ministerium verpflichtet waren, bei allen Veröffentlichungen zur Parteigeschichte die Stellungnahme des Instituts für Marxismus-Leninismus beim ZK der SED einzuholen, ließ er das Werk dort begutachten. Wenn sich Verlage oder die Zensurbehörde des Ministeriums unsicher fühlten, weil Texte Vorgänge der Parteigeschichte betrafen, dann zog man dieses Institut zu Rate. Die Urteile fielen meist negativ aus, weil diese Einrichtung stets auf direkter Deckungsgleichheit mit ihrer parteigeschichtlichen Sicht bestand. Insofern spielte das Institut eine verhängnisvolle Rolle. Ein Werk, das von Mitarbeitern dieser Einrichtung begutachtet wurde, war dem Scharfrichter ausgeliefert. Dabei gehörten Zensurmaßnahmen gar nicht zu ihren Aufgaben. Den Ruf, auf strenge Ausrichtung nach der Parteilinie zu achten, erwarb sich das Institut unter Ulbricht, und den behielt es bis zuletzt. So kam es, wie es kommen mußte. Heyms *Lassalle* verfiel der Ablehnung. Untragbar erschien dem Gutachter weniger Heyms Lassallebild als vielmehr die Tatsache, wie Lassalle Marx und Engels sah, die im Roman als Personen gar nicht vorkamen. Daß Engels in Manchester »den Herrenreiter spielte, Profite machte wie jeder Bourgeois, mehrere Weiber unterhielt«, sollte nicht unwidersprochen bleiben.

Im Aufbau-Verlag gab es gegenüber Heym gewisse Vorbehalte, die nicht immer politisch motiviert waren. Dieser Autor verstand sich als Journalist und Romancier. Das merkte man seinen Werken an, die mal zu jenem, mal zu dem anderen Genre neigten. Er schrieb Bücher von unterschiedlicher Qualität. Daß er neben dem Journalisten auch ein Dichter von Rang war, bewies sein *König David Bericht*.

In jener Krisenzeit sah sich Heym genötigt, seinen Vertrag mit dem List-Verlag in Leipzig zu lösen. Eine Bindung an den Aufbau-Verlag wäre ihm willkommen gewesen. Aber Cheflektor Günter Caspar zählte den *Lassalle* nicht zu den stärksten Werken Heyms. Er zeigte sich skeptisch nicht nur diesem Roman gegenüber, sondern überhaupt gegenüber einem Einstieg des Autors in den Aufbau-Verlag. Im Oktober 1968 kam es zu einer Aussprache, die einer endgültigen Abweisung gleichkam. Darüber berichtete Caspar nach einem Besuch bei Heym der Verlagsleitung: »Hauptsächlich versuchte ich, dem Autor zu erläutern, warum ich dem Verlag die Publikation seines Romans nicht empfehlen könne … Heym war natürlich nicht bereit, diese Argumente zu akzeptieren. Er blieb auch nicht immer sachlich: *Lassalle* sei für uns wohl ein heißes Eisen; oder: Ich wolle wohl, er solle die Gestalt Lassalles verfälschen und dergleichen mehr. Er konzedierte nur, daß ich mich für seine Arbeit nicht einsetzen könne, wenn ich sie für eine schwache Leistung hielt. Ich sagte Heym noch, daß ich seinen Bruch mit List sehr bedaure, zumal List für ihn außerordentlich viel getan hätte, und daß unser Verlag, selbst gesetzt den Fall, wir hätten den *Lassalle* akzeptieren können, nicht in der Lage sein würde, sein Gesamtwerk zu übernehmen. Heym schlußfolgerte, daß er, da andere Verlage für ihn nicht in Frage kämen, in der DDR nun ohne Verlag dastehe.«[61] Heym blieb keine andere Wahl, als für seinen *Lassalle* einen Verleger in der Bundesrepublik zu suchen. Für die Veröffentlichung im Westen ohne Genehmigung belegte ihn das Kulturministerium mit einer Ordnungsstrafe von 300 DM nebst 0,80 DM Portospesen.

Aus der Vielfalt der lyrischen Talente, die in den sechziger Jahren zu Wort kamen, erhob sich eine Stimme, die sich über das literarisch interessierte Publikum hinaus Aufmerksamkeit verschaffte. Ein junger Mann von seltener Begabung drängte sich vor. Das lyrische Ich erreichte in Vers, Melodie und Vortrag eine Authentizität, die das Publikum für diesen Dichter einnahm. Seine Gedichte, Lieder und Balladen waren ebenso frech und grob, wie nachdenklich und empfindungsreich. Selbst wenn er Rednerpultlöwen, Arschkriecher, Stalinisten geißelte, den Kunstschweinefraß verspottete, geschah das mit einer Überlegenheit und Souveränität, die auch die Kritischen im Publikum überzeugte. Er verfügte über Humor und Ironie. Sein Vers berührte auch das Tragische, das sich aus den neuen Verhältnissen ergab. Die Provokation paarte er mit Charme. Ein neuer Ton, ein neues Lied wurde da angestimmt. Der Verfasser stand in der großen Tradition von Villon, Heine und Brecht. Die DDR-Literatur präsentierte einen Chanson- und Balladendichter von großem Format: Wolf Biermann.

Er gehörte zu den jungen Dichtern, die Stephan Hermlin in seiner Lyrik-Lesung am 11. Dezember 1963 vorgestellt hatte. Dort war er durch das Gedicht »An die alten Genossen« und seinen aggressiven Diskussionsbeitrag über die Lyrikauswahl des *Neuen Deutschland* aufgefallen. In dem vorgetragenen Gedicht sah sich die Parteiführung auf das Altenteil verwiesen, obwohl es den Alten auch Achtung und Respekt zollte. Er, als der Wortführer der Jungen, sah sich als Fortsetzer des Werkes dieser Alten.: »Seht mich an, Genossen / Mit euren müden Augen / Mit euren verhärteten Augen / Den gütigen / Seht mich unzufrieden mit der Zeit / Die ihr mir übergebt. / (...) / Drum seid mit meiner Ungeduld / Nicht ungeduldig, ihr alten Männer; / Geduld / Geduld ist mir die Hure der Feigheit / Mit der Faulheit steht sie auf Du und Du / Dem Verbrechen bereitete sie das Bett. / Euch aber ziert Geduld. / Setzt eurem Werk ein gutes Ende / Indem ihr uns / den neuen Anfang laßt!«[62]

Das war eigentlich ein Lobgedicht in der Tradition von Brechts »An die Nachgeborenen«. So verstand es auch das Publikum in der DDR, aber nicht die Parteiführung. Sie sah darin Auflehnung, die Forderung nach Ablösung. Dabei befand sich Biermann im Einklang mit der Vergangenheit. Er besaß ihr gegenüber keine Vorbehalte, hatte aber auch keine nachholende Ehrerbietung nötig. Das hing mit seiner Biographie zusammen. »Ich hatte nun mal das schwarze Glück, daß mein Vater in Auschwitz starb und nicht in Stalingrad. Meine Kindheitsmuster sind anders, ich hatte nichts wieder gut zu machen. Und ich mußte den Machthabern gar nichts beweisen. Und das war auch der Grund, warum ich in meinen Liedern nicht in der Sklavensprache sprach.«[63]

Es war nichts Neues, daß sich die Parteiführung und ihr Apparat von Gedichten beleidigt und angegriffen fühlte. Man muß in der Literaturgeschichte lange nach großen Beispielen suchen, um den Grad der

Herausforderung mit dem zu vergleichen, was Biermann auslöste. Die Machthaber konnten sich noch mit der poetisch verspielten Hintergründigkeit, der Doppelbödigkeit von Versen abfinden, aber hier sprach einer ganz direkt, unverhüllt und unverschämt grob zu ihnen. Er drehte den Spieß um und beschimpfte die Mächtigen in der Derbheit, in der sie mit den Künstlern umsprangen. Nur daß er den Schimpf auf eine poetische Sprachebene hob, die diesen umso wirksamer machte. Das fanden sie unerhört. Das Publikum aber wertete es als mutig. Biermann genoß auch bei dem Teil der Leser Sympathie, der treu zur SED hielt, weil sie den Dichter als einen der ihren betrachteten. Daß er sich etwas traute, bewunderten sie, weil sie es für notwendig hielten. Biermann, der mit der Gitarre durchs Land reiste, genoß auch ohne Druckgenehmigung eine Popularität wie kaum ein anderer. Die Partei begriff bald, daß dieser Sänger nicht an ihre Tische zu holen war, daß sich mit ihm nicht reden ließ. Zwar hatte anfangs Kurt Hager Stephan Hermlin ermahnt, sich um Biermann zu kümmern. Doch Biermann bewegte sich bereits in einem anderen Umfeld.

Der Aufbau-Verlag wollte Biermann-Gedichte drucken, obwohl man sehr genau wußte, was man sich da für einen provokanten Dichter ins Haus holte. Zwischen März und September 1964 verhandelte Cheflektor Günter Caspar mit Biermann. Ein Gutachten war für den Druck besorgt, es empfahl aber, einige Gedichte auszulassen. Die Texte sollten unter dem Titel *Biermanns Balladenbuch* erscheinen. Caspar schrieb an Biermann: »Der Verlag ist nach wie vor bereit, den Band herauszugeben, den wir gemeinsam *Biermanns Balladenbuch* getauft haben –, in Form und Aufmachung wie besprochen. Allerdings unter der Bedingung, daß Sie uns, wie international üblich, die Rechte überlassen. Dabei versteht sich von selbst, daß wir nur die Rechte an denen Ihrer Arbeiten erwerben, die wir veröffentlichen. Ich bin übrigens von Natur aus Optimist und hoffe, daß Sie mich vielleicht in Wochenfrist aufsuchen, um mit Aufbau weiter zu verhandeln.«[64] Das liest sich recht unkompliziert, wenn man bedenkt, was in den Jahren darauf geschah. 1964 gab es Auftritte von Biermann, aber auch Verbote. Im Jahr zuvor erfolgte Biermanns Ausschluß aus der SED. Für kurze Zeit schien es, als wäre die Veröffentlichung möglich. Die Resonanz beim Publikum forderte eine Entscheidung heraus. Der Verlag nahm sie wahr, während sich der seiner Popularität bewußte Autor überlegte, ob er dem Aufbau-Verlag die Rechte überlassen sollte. Sein erster Gedichtband *Die Drahtharfe* erschien dann 1965 bei Wagenbach in Berlin-West.

Der Dritte im Bunde, den man verdächtigte, der Partei die Macht streitig zu machen, war Robert Havemann. Auch er brauchte nicht in »Hab-acht-Stellung« vor den alten Genossen zu stehen, die im Widerstand und in den faschistischen Zuchthäusern waren, er kam von dort und zählte selber zu den Alten. Während des 17. Juni 1953 versuchte er, zu den aufgebrachten Arbeitern zu sprechen. Immer wieder hatte er selbst die wenig überzeugenden Maßnahmen der Regierung verteidigt. Robert Havemanns Weg in die Opposition begann damit, daß er als Professor für physikalische Chemie den Zugang der naturwissenschaftlichen Intelligenz zum Marxismus durch eine dogmatische Philosophie verstellt sah. Was seinen Kollegen an marxistischen Erkenntnissen vorgesetzt wurde, empfand er als eine Zumutung. Ein Vulgärmarxismus wurde angeboten, der eher abschreckte als überzeugte. Um aus der Misere herauszukommen, verwies er auf Friedrich Engels, der wiederholt erklärt hatte, wenn sich die Einzelwissenschaften über ihre Stellung im Gesamtzusammenhang der Dinge klar seien, wäre jede besondere Wissenschaft vom Gesamtzusammenhang überflüssig. Von der Philosophie bliebe dann nur noch die Lehre vom Denken und seinen Gesetzen, Logik und Dialektik, übrig. Nur auf diesem Weg könne der dialektische Materialismus entwickelt werden, der in der gegenwärtigen Situation so notwendig sei.

Eine Debatte über den Gegenstand der Philosophie begann. Havemanns Vorschlag wurde strikt zurückgewiesen. Die Partei witterte darin den heimtückischen Versuch, das gesellschaftswissenschaftliche Grundstudium, Pflichtfach für jeden Studierenden, auszuschalten. Diese Debatte fand im Sommer 1956 statt.

Daran beteiligte sich auch Wolfgang Harich mit einem Artikel »Rückfragen an Robert Havemann«, der allgemein als Kritik an Havemann vereinnahmt wurde. Doch der Aufsatz war zweideutig abgefaßt. Nur dem Kenner fiel auf, daß er sich mehr mit Engels als mit Havemann auseinandersetzte. Obwohl sich Havemann auf Engels stützte und ihm Hochachtung auch auf naturwissenschaftlichem Gebiet zollte, hielt er dessen einschlägige Schriften für wenig brauchbar, heutige Naturwissenschaftler vom Marxismus zu überzeugen. Engels' Arbeiten, wie die *Dialektik der Natur*, hatten so gut wie keinen Einfluß auf die

Vertreter seines Faches ausgeübt. In dieser Hinsicht ging Harich noch über Havemann hinaus, der Engels auch in der Darstellung der Dialektik von seinem Lehrer Nicolai Hartmann übertroffen sah. Daraus zog Harich für sich den Schluß, man müsse zur Zeit die Werke des bürgerlichen Philosophen Hartmann zurückstellen, um nicht die Autorität Engels zu beeinträchtigen. Aus dieser Sicht richtete er seine Fragen an Havemann. Daß dieser sie »ohne weiteres zu beantworten vermag«, fügte er zum Schluß noch süffisant hinzu, davon sei er überzeugt.

Noch einen Schritt weiter ging Havemann in seinem Vortrag »Hat die Philosophie den modernen Naturwissenschaften bei der Lösung ihrer Probleme geholfen?«, den er im September 1962 in Leipzig hielt. Hier griff er den philosophischen Standard der Sowjetwissenschaft und ihrer deutschen Propagandisten als »breitgetretenen Unsinn« an. »Wenn auch vielleicht nicht einheitlich, aber doch mit erheblicher staatlicher und parteimäßiger Förderung, wurden sehr viele entscheidende Aussagen und Konsequenzen der Relativitätstheorie, der Quantenmechanik, der Genetik, der Kosmologie, eigentlich fast aller neuer theoretischer Systeme und Ideen verurteilt ... Welchen schonungslosen Angriffen waren die Kybernetik und Norbert Wiener ausgesetzt! Welcher Unsinn ist darüber geschrieben worden.«[65] Havemann kam in seinem Vortrag zu einem vernichtenden Fazit: »Etwas Furchtbares ist nun geschehen: Der dialektische Materialismus ist jahrzehntelang durch seine offiziellen Vertreter bei allen Naturwissenschaftlern der Welt einschließlich der führenden Naturwissenschaftler der Sowjetunion in zunehmendem Maße diskreditiert worden – wobei ich nicht den wirklichen dialektischen Materialismus im Sinn habe, sondern das, was als dialektischer Materialismus verkündet und gelehrt wurde.«[66]

Mit seinen Ausführungen enthüllte Havemann nicht nur die Misere, das neue Elend der marxistischen Philosophie, sondern auch die sklavische Übernahme sowjetischer Auffassungen auf allen ihren Gebieten. Die naturwissenschaftliche Intelligenz, auch die, die sich aufgeschlossen gegenüber der neuen Gesellschaft verhielt, ging auf Distanz zu solchen Lehren. Das führte dazu, daß kein richtiger Dialog mit den Naturwissenschaftlern zustande kam. Selbst als die schlimmsten Fehlurteile und Verdammungen überwunden waren, als sogar Ulbricht die Kybernetik als Schlüssel zum Erfolg entdeckte, blieb die massenweise Verbreitung sowjetischer Publikationen auf dem Gebiet der Philosophie bestehen.

Das Dilemma Havemanns bestand darin, daß er sich, um die Mißstände in der Zusammenarbeit von Philosophen und Naturwissenschaftlern zu beheben, immer mehr in die Politik begeben mußte. Daß es so nicht bleiben konnte, sahen auch diejenigen seiner Zuhörer ein, die nicht in allen philosophischen Fragen mit ihm übereinstimmten. Aber es änderte sich nichts. Ihm wurde bewußt, daß auch in den Wissenschaften nur etwas erreicht werden konnte, wenn breitere demokratische Reformen eingeleitet würden, wenn man nicht bei formalen Erklärungen über den »Personenkult« stehenblieb, sondern das ganze Ausmaß der gesellschaftlichen Deformation aufdeckte.

Nunmehr glaubte Walter Ulbricht, eingreifen zu müssen, zumal sich die westlichen Medien verstärkt Havemann zuwandten. »Walter Ulbricht sagte, Havemann sei nicht weiter tragbar, er habe seine Professur nach dem Westen verlegt.«[67] Dem Chemiker wurde vorgeworfen, er verletze seine Pflichten als Hochschullehrer. Daraufhin wurde er aus der Universität entfernt. Die Akademie der Wissenschaften sah sich veranlaßt, seine Mitgliedschaft zu streichen, obwohl die geheime Abstimmung nicht die erforderliche Dreiviertelmehrheit für den Ausschluß erbrachte. In Abstimmung mit der Abteilung Wissenschaft beim ZK der SED setzte das Präsidium mit juristischen Spitzfindigkeiten durch, Havemann auszuschließen. In seinen Memoiren schrieb Kurt Hager aus der Sicht der SED-Führung: »Von einer Streichung als Mitglied der Akademie der Wissenschaften war nicht die Rede.«[68]

Zuvor hatte Kurt Hager im kleinen Kreis an der Humboldt-Universität mit Havemann diskutiert. Die Gesprächsrunde stellte sich hinter Havemann und ließ sich von der Parteiautorität Hagers nicht einschüchtern. Was Havemann an Fehlentscheidungen vorbrachte, lag auf der Hand. Die Versammelten, die in ihrer Mehrzahl Mitglieder der SED waren, meinten, das müsse auch ein Mann wie Kurt Hager erkennen, zumal sie in ihm nicht nur den Parteifunktionär, sondern auch den Wissenschaftler sahen. Kurt Hager fand sich von den Argumenten so genervt, daß er die Schlüssel seines Büros im ZK auf den Tisch warf und verärgert sagte, wenn Sie alles besser wissen, sollten doch Sie es machen. Hier seien die Schlüssel. Er nahm die Schlüssel nicht. Hager steckte sie wieder ein. In seinen Memoiren schrieb er, das sei »eine lächerliche Geste« gewesen. Doch gerade sie war sehr menschlich, denn sie zeigte, wie ein gescheiter Mann, der sich fest an die von der Sowjetunion inthronisierten Glaubenssätze gebunden fühlte, in eine verzweifelte Lage geriet. In der Sowjetunion sah er nicht nur den Maßstab für die Politik, sondern auch für die Wissenschaft. Und daran sollte nicht gerüttelt werden.


*Vierter Abschnitt*


Das Schicksalsjahr 1968.
Der Einfluß, der nicht wahrgenommen werden sollte

Das Jahr 1968 führte zu einer tiefen Zäsur im Denken der DDR-Intelligenz. Zwar kam es beim Einmarsch sowjetischer Streitkräfte und von Truppen der Warschauer Paktstaaten in die Tschechoslowakei (ČSSR) nicht zu direkten Aktionen, aber dieser Eingriff veränderte die politische Einstellung vieler Menschen. Was da vorging, schlug aufs Gemüt. Obwohl es auch einzelne impulsive Reaktionen, ehrliche Empörungen gab, wurde den meisten Menschen doch erst in der darauffolgenden Zeit bewußt, wie sehr sie dieses Ereignis verändert hatte.

Die Kafka-Konferenz von 1963 hatte in der ČSSR eine erfreuliche kulturelle Entwicklung in Gang gesetzt. Die künstlerische Intelligenz befreite sich vom eingeengten Denken, von den Tabus früherer Jahre. Ein 11. Plenum schien in diesem Lande nicht mehr denkbar. Die Intellektuellen träumten davon, Prag zu einem Zentrum des erneuerten Marxismus zu machen. Dieser Prozeß vollzog sich nicht ohne Kämpfe und Rückschläge. In der Partei bildete sich unter Alexander Dubček ein Reformflügel mit dem Programm eines »Sozialismus mit menschlichem Antlitz« heraus. 1968 erzwang diese Gruppe den Rücktritt Novotnys. Neuer Parteichef wurde Dubček. Reformen auf allen Gebieten sollten in Angriff genommen werden. Die Ökonomen um den Reformer Ota Šik wollten Markt und Preis wieder zur Geltung bringen. Die Schriftsteller bestanden darauf, selbst entscheiden zu können und nicht mehr aus der Hand der Partei Weisungen zu empfangen. Ein solcher Zustand habe dazu geführt, daß in den letzten Jahren kein einziges menschliches Problem mehr gelöst werden konnte. Inwieweit mit Dubčeks Reformplänen wirkliche Veränderungen im sozialistischen Rahmen zu erreichen gewesen wären, ließ sich zu jener Zeit schwer sagen. Die Reformer spielten zunächst einmal auf Zeit. Doch ein Umbau der Gesellschaft erwies sich als notwendig. Die Sowjetunion sah darin den Versuch, aus dem sowjetischen Sozialismusmodell auszubrechen.

In der Nacht zum 21. August 1968 marschierten sowjetische Truppen im Verbund mit polnischen, ungarischen und bulgarischen Streitkräften in der Stärke von 300 000 Mann, 7 500 Panzern, 1 000 Flugzeugen und 2 000 Schwergeschützen in die ČSSR ein. Die Reformer Dubček, Oldřich Černík, Josef Smrkovský, František Kriegel und andere wurden vom KGB verhaftet und in die Ukraine verschleppt. Sie mußten aber wieder freigelassen werden, denn die Bevölkerung solidarisierte sich mit ihnen und der Reformbewegung des Prager Frühlings. In Verhandlungen mußten sie sich dem Moskauer Diktat beugen. Die Reformen wurden rückgängig gemacht, ihre Wortführer entmachtet. An die Stelle Dubčeks trat Gustav Husák. Infolge der einsetzenden Säuberungen verließen viele Intellektuelle das Land und gingen in die Emigration.

Vorbehaltlos schloß sich die DDR der Intervention an. Sie leistete logistische und propagandistische Dienste, aber ihre Truppen blieben an der Grenze stehen. Ulbricht entfachte eine wilde Kampagne und behauptete, in der ČSSR habe man sich dem Kapitalismus öffnen wollen. Dabei befand er sich selber in einer zwiespältigen Lage. Was die Wirtschaftsreformer unter Ota Šik wollten, unterschied sich nicht allzu sehr von dem Neuen Ökonomischen System. Und für dieses System wollte er ja auch Anhänger in Prag, Warschau und Budapest finden. Der wesentliche Unterschied zwischen Berlin und Prag lag nicht in den neuen wirtschaftlichen Vorstellungen, sondern im ideologischen Bereich. Was Prag in Literatur und Kunst praktizierte, war Ulbricht zutiefst zuwider. Doch für die Sowjets spielte das nicht die Rolle, die neue ökonomische Ausrichtung wog für sie schwerer. Insofern war Prag auch eine Warnung an Ulbricht. Er bekam das im eigenen Land zu spüren. Die Reformer sahen sich zu Zugeständnissen an ihre Widersacher gezwungen. Die Fraktion Breshnew-Honecker dominierte jetzt auf ganzer Linie.

Mit dem Einmarsch sowjetischer Truppen brachte die UdSSR-Regierung offen zum Ausdruck, daß es für die sozialistischen Länder nur eine »begrenzte Souveränität« gab. Jeden Versuch, einen Sonderweg einzuschlagen, verwehrte die Breshnew-Doktrin. In einer Rede vom

3. Juli 1968 erklärte Breshnew, daß die Souveränität der einzelnen Staaten dem sozialistischen Weltsystem untergeordnet sei. Seine Rechtsnormen würden sich aus dem »Gesamtrahmen des Klassenkampfes« ableiten. Die DDR bekam diese Politik früher zu spüren als die anderen sozialistischen Länder. Und nirgends wurde diese Doktrin rücksichtsloser und kleinlicher angewandt als gegenüber dem deutschen Teilstaat.

Obwohl Ulbricht durch den Einmarsch in die ČSSR einen weiteren Rückschlag in seiner Wirtschaftsreform erlitt und jeden Versuch, sie für andere sozialistische Länder attraktiv zu machen, aufgeben mußte, ging er mit unverminderter Härte gegen alle vor, die mit dem Prager Frühling sympathisierten. Diesmal hatte er es mit der Jugend zu tun, die in dem von ihm dominierten Gesellschaftssystem groß geworden war. Die jungen Leute verstanden nicht, wie sozialistische Staaten gegen eine Bewegung vorgehen konnten, die einen Sozialismus mit menschlichem Antlitz wollte. Sie fanden den Internationalismus und dessen Ideale beschmutzt. Den Prager Frühling verteidigten sie, indem sie Flugblätter verteilten und für Dubček Partei ergriffen, obwohl nicht mehr als Losungen bekannt gewesen sein dürften. Unter den Protestierenden befanden sich Kinder hoher Partei- und Staatsfunktionäre, so der begabte junge Schriftsteller Thomas Brasch, Sohn des stellvertretenden Kulturministers, die Söhne von Robert Havemann, Florian und Frank. Die Schauspielschülerin Bettina Wegner, später eine berühmte Liedermacherin, verteilte Flugblätter, auf denen stand: »Es lebe das rote Prag. Hoch Dubček.« Der Regisseur und Felsenstein-Schüler Horst Bonnet sah in dem Prager Aufbegehren die Möglichkeit, »Volkseigentum und Demokratie« zu verbinden. Daß man jetzt gegen junge Menschen vorging, die sozialistische Ideale vertraten, brachte auch jene auf, die den Einmarsch billigten, weil sie meinten, die Tschechen seien da wohl doch zu weit gegangen und Dubčeks Programm habe eine sozialdemokratische Ausrichtung. Dem Aufbau-Verlag wurde die Anthologie *Saison für Lyrik* verboten. Der Lektor Joachim Schreck mußte den Verlag verlassen. Reiner Kunze, der zunehmend Schwierigkeiten hatte, seine Gedichte zu veröffentlichen und der mit einer Tschechin verheiratet war, trat aus Protest aus der SED aus und verließ später die Republik. Das Leipziger Literaturinstitut des Schriftstellerverbandes exmatrikulierte mehrere seiner Studenten, unter ihnen Siegmar Faust.

Die Mehrzahl derer, die 1968 aufbegehrten, fühlte sich von ihrer sozialistischen Regierung betrogen. Was die wenigen öffentlich zum Ausdruck brachten, bewegte auch die Masse der Parteimitglieder und einen Großteil der Bevölkerung. Anstelle von Vertrauen und Hoffnung trat zunehmend der Zweifel. Wie stark die Prager Ereignisse die Bevölkerung erschütterten, ließ sich statistisch nicht erfassen. Das Schweigen der Massen war noch bedrohlicher als der Mut der wenigen. B. K. Tragelehn, der Regisseur der verbotenen Uraufführung von Heiner Müllers *Umsiedlerin*, sagte, daß er sich nach 1968 mit Skepsis gegen die Hoffnung gewappnet habe, aber nicht aufhören wollte, »das Versprochene einzuklagen«.

Neben diesen niederdrückenden Ereignissen vollzogen sich zur gleichen Zeit in der Bundesrepublik und im westlichen Europa Veränderungen, die die DDR-Bevölkerung mit Erstaunen wahrnahm. Die starren politischen Vorstellungen und Abgrenzungen aus der Adenauer-Ära, aus der »bleiernen Zeit«, gerieten ins Wanken. Im Dezember 1966 kam es zur Bildung der Großen Koalition zwischen SPD und CDU/CSU mit Willy Brandt als Außenminister, die zwei Jahre später, im Oktober 1969, durch das Kabinett Brandt, einer Koalition aus SPD und FDP, abgelöst wurde. Ein Machtwechsel fand statt, der Bewegung in die erstarrten Fronten der Deutschlandpolitik brachte. Die Brandt-Regierung setzte sich zum Ziel, eine Entspannung mit der Sowjetunion, mit Osteuropa und der DDR auf der Basis des Status quo zu erreichen. Der Stabschef und Planer dieser neuen Politik war Egon Bahr. Er prägte die Losung »Wandel durch Annäherung«. Ausgearbeitet wurde diese Politik in den Jahren 1967 bis 1969 unter seiner Leitung. Sie setzte auch eine Veränderung in der SPD voraus, denn nach dem Godesberger Programm von 1959 verbot sich jeder Kontakt mit der DDR. Die neue Politik kam einerseits der DDR-Regierung entgegen, die immer Verhandlungen gefordert hatte, aber damit stets abgewiesen worden war. Andererseits nährte die neue Politik Hoffnungen ganz anderer Art. Die Vorbehalte gegen diese diplomatische Offensive der Bundesrepublik brachte Otto Winzer, damals Außenminister der DDR, auf den Punkt, als er sagte: »Wandel durch Annäherung ist Aggression auf Filzlatschen.« Später, nach der Wende, meinte Egon Bahr: »Damit hatte er recht. Wir waren vorsichtig und haben nicht dagegen polemisiert in der Hoffnung, daß es schnell in Vergessenheit gerät, was auch geschah.«[69] Bahr erklärte die unterschiedlichen Standpunkte in der Deutschlandpolitik damit, daß

Winzer die Teilung aufrecht erhalten, er dagegen die Einheit wollte. Das ist nicht ganz richtig. Beide wollten die Einheit, aber jeder zu seinen Konditionen. Zu DDR-Bedingungen war sie nicht mehr zu haben. Das kapitalistische Wirtschaftssystem hatte eine nicht einholbare materielle Überlegenheit geschaffen, die die eine Seite nicht aufgeben, die andere nicht bieten konnte. Die Adenauer-Ära mit ihrer Politik der Abstoßung und Ausgrenzung (Hallstein-Doktrin) verletzte die Ostdeutschen, selbst die, die sich nicht politisch engagierten. Es waren alle betroffen. Alles, was die Ostdeutschen an sozialistischen Idealen und sozialer Praxis angenommen hatten und wovon sie geprägt worden waren, wurde von der Adenauer-Politik diffamiert, kriminalisiert. Das löste bei den sozialistischen Intellektuellen die Gegenreaktion aus: Mit Euch nicht! Wer auf Adenauer hörte, sympathisierte mit dem Kapitalismus. Doch jetzt schien es möglich, Ideen und Zielsetzungen zu diskutieren, die mit denen im Osten korrespondierten, die zumindest nicht mehr verteufelt wurden. Vertraten doch die Studenten im Westen nun Losungen, die ihnen vertraut waren. Plötzlich war ein Partner da, wenn auch kein zuverlässiger, aber wenigstens einer, der ihnen nicht den Rücken zukehrte. Das führte dazu, daß sich die Haltung gerade der politisch interessierten Menschen änderte. Die Vorbehalte, die sie gegenüber der Adenauer-Regierung hatten, schienen nicht übertragbar auf die gegenwärtige Situation. Jetzt richteten nicht nur jene den Blick nach dem Westen, die sich aus einer anderen Einstellung zum Eigentum vom sozialistischen Staat distanzierten. Die Verletzung sozialistischer Ideale durch die eigene Regierung begünstigte die Wendung. Diese Veränderungen vollzogen sich langsam, erfaßten aber immer weitere Kreise.

Die Politik allein hätte die Wendung nicht bewirkt, wäre nicht der Aufruhr der 68er in der Bundesrepublik und in Westeuropa gewesen. Ein Großteil der Studenten bestand auf eine andere Gesellschaft. Daß diese Jugend plötzlich revolutionäre Forderungen erhob, sich mit Ungestüm und Leidenschaft zu Wort meldete, erstaunte die Ostdeutschen. Sie waren von diesem Vorgang völlig überrascht. Man hatte junge Leute, vor allem die an den Hochschulen, längst abgeschrieben. Sie schienen aufgesogen von der Adenauer-Politik und dem Wirtschaftswunder verfallen. Die Intellektuellen der DDR hatten bisher mit dieser Schicht keine guten Erfahrungen gemacht. Wo es zur Berührung gekommen war, kam kein Dialog zustande. In Diskussionen wies man stets jedes sozialistische oder marxistische Denken zurück. Deshalb nahm man ihre neuen Äußerungen und Verhaltensweisen in der DDR mit Verwunderung wahr. Man sah Ereignisse abrollen, die man in der DDR einst erhofft, aber seit langem nicht mehr für möglich gehalten hatte. Daß dieser Prozeß innerhalb der Studentenbewegung sehr ungleichmäßig verlief, einige Bereiche der Universitäten stärker, andere wiederum gar nicht berührte, ließ sich vom Osten aus nicht überblicken. Auf dem Gebiet der Literatur war dieser Einfluß jedoch beträchtlich.

Die Große Koalition führte zu einem Funktionsverlust des Parlaments. Den 447 Abgeordneten der CDU/CSU und der SPD standen 49 der FDP gegenüber. Aus diesem Dilemma heraus entstand die Außerparlamentarische Opposition (APO). Die nach Veränderungen drängende studentische Jugend fand, daß, wenn im Parlament kein Gegendruck vorhanden sei, er auf der Straße erzeugt werden müsse. Der Sozialistische Deutsche Studentenverband (SDS), der keine Unterstützung mehr von der SPD bekam, wurde zum Sammelpunkt derer, die Reformen an den Universitäten verlangten. In der politischen Auseinandersetzung eskalierte diese Forderung zum Verlangen nach Reformen in der Gesellschaft. Als beim Schah-Besuch in Berlin der 26jährige Student Benno Ohnesorg von der Polizei erschossen wurde, kam es zu Demonstrationen gegen den Springer-Konzern, dessen Presse die Stimmung gegen die Studenten angeheizt hatte. Die demonstrierenden Studenten erhoben die Losung »Enteignet Springer«. Ostern 1968 kam es in fünf Tagen in 26 westdeutschen Städten zu gewaltsamen Auseinandersetzungen zwischen Demonstranten und der Polizei.

Die Jugend krempelte nicht nur die Universitäten um, sie solidarisierte sich auch mit dem Befreiungskampf des vietnamesischen Volkes gegen den USA-Imperialismus, und sie fragte ihre Väter, was sie während der Nazidiktatur gemacht haben. Der älteren Generation warf man vor, aus der Katastrophe von 1945 keine Konsequenzen gezogen zu haben, unfähig zur Trauer gewesen zu sein. War während der CDU-Regierung der Antikommunismus die bestimmende Denkweise gewesen, so kam es jetzt zu einer Wiederentdeckung des Marxismus. Die studentische Jugend verband ihn mit den modernen Strömungen des Existentialismus, der Psychoanalyse von Freud und Reich. Marx, Trotzki, Luxemburg, Korsch, Lukács und Marcuse wurden zu Leitbildern. Ein Großteil der rebellierenden Studenten nahm eine antikapitalistische

Haltung ein. Rudi Dutschke, der Mann, der aus dem Osten kam, wurde zum Aktivisten der revolutionären Praxis und zu ihrem Wortführer. Als ihn Günter Gaus in einem Interview fragte, warum er angesichts der geringen Veränderungsmöglichkeiten nicht aus der Politik aussteige, antwortete er: »Wir können es ändern. Wir sind nicht hoffnungsvolle Idioten der Geschichte, die unfähig sind, ihr eigenes Schicksal in die Hand zu nehmen. Wir können eine Welt gestalten, wie sie die Welt noch nie gesehen hat, eine Welt, die sich auszeichnet, keinen Krieg mehr zu kennen, keinen Hunger mehr zu haben, und zwar in der ganzen Welt.«[70]

Es gehört nicht zum Gegenstand dieses Buches, der Geschichte der 68er Bewegung und deren Protagonisten nachzugehen. Hier soll auch nicht erörtert werden, wie die westdeutsche Gesellschaft mit dieser Bewegung fertig wurde; daß der lange Marsch der Rebellen durch die Institutionen später oft in der Leitung dieser Institutionen endete. Vom Einstieg ihrer Akteure in die etablierte Gesellschaft läßt sich nicht darüber urteilen, was sie auslösten oder bewirkten. Hier ist zu untersuchen, welchen Einfluß diese Bewegung auf die Intellektuellen der DDR ausübte.

## Die westdeutsche Studentenbewegung

Einen sichtbaren, in Demonstrationen wahrnehmbaren Einfluß der 68er-Bewegung auf die DDR gab es nicht. Äußerlich gesehen, schwappte wenig über. Statt bloßer Nachahmung kam es aber zu Transformationen, die länger anhielten als die Bewegung in der Bundesrepublik selbst. Die Regierenden in der DDR wußten anfangs nicht, wie sie sich zu diesem westlichen Phänomen verhalten sollten. Was da ablief, vollzog sich nicht nach ihrem Revolutions-Modell. Die Arbeiterklasse blieb untätig, stand ganz im Hintergrund. So willkommen ihnen der Aufruhr erschien, sie bemühten sich kaum, diesen zu propagieren. Als eine umwandelnde Kraft spielte ihn die DDR-Presse eher herunter. Man fürchtete, die studentische Rebellion könnte auch auf die DDR übergreifen und zu Unruhen an den Universitäten führen. Die DDR war zwar eine geschlossene Gesellschaft, aber keine abgeschlossene. Jeden Tag konnte der DDR-Bürger über den Bildschirm verfolgen, was sich im anderen Teil Deutschlands abspielte.

Zu dieser Zeit wurden in der DDR einige Kommunen nach westlichem Vorbild gegründet. Diese blieben aber vereinzelt und fanden kaum Nachahmung. Es beteiligten sich daran die Söhne Robert Havemanns, Thomas Brasch und andere. Im Alltag zerbrach diese Form der Gemeinschaft sehr bald. Auch politisch strebten deren Mitglieder auseinander. Einige verließen desillusioniert das Land. »Die in der DDR verbliebenen Kommunarden distanzierten sich nicht nur von den einstigen Freunden, sondern auch von den zum Teil leiblichen ›Über-Vätern‹ Robert Havemann und Wolf Biermann ... ›Wir wollten die ‚bürgerliche Familie' zerstören‹, erinnerte sich Frank Havemann an diese Jahre, ›und die Kommune wollten wir nicht gefährden durch Feindschaft gegen die DDR, gegen den Staat.‹«[71]

Daß Walter Ulbricht dennoch ein Überschwappen der Studentenrevolte auf die DDR befürchtete, ließ sich daran erkennen, daß er zur gleichen Zeit den Anstoß zur Hochschul- und Akademiereform gab. Mit Dokumenten belegen läßt sich das freilich nicht. Auch kreuzten sich hier verschiedene Absichten. Für die vorwiegend naturwissenschaftlich ausgerichtete Akademie der Wissenschaften spielten wirtschaftliche Erwägungen eine Rolle. Zudem hielt Ulbricht die Hochschuleinrichtungen für noch wenig gefestigt, so daß sie westlichen Einwirkungen erliegen konnten. Deshalb sollten für die studentische Jugend Aufgaben gefunden werden, die ablenkten von dem, was im Westen geschah. Große Teile der Gesellschaftswissenschaften an den Hochschulen und der Akademie konnten, ohne große Vorgaben von oben, sich selbst organisieren. Man war sicher, die Vorgänge schon wieder in den Griff zu bekommen. Zunächst einmal war das intellektuelle Personal beschäftigt, die Studenten wie die Professoren. Die befürchtete politische Unruhe wurde durch eine selbsterzeugte Unruhe eingedämmt. Dennoch eröffnete die Hochschul- und Akademiereform auch Chancen, die aber von unten nicht genügend wahrgenommen wurden. Überrascht, welcher Spielraum ihnen plötzlich gewährt wurde, begriffen die Intellektuellen und die Studenten die neuen Möglichkeiten nicht. Man hatte in diesem Land, nicht zuletzt an den Hochschulen, schon allzuoft und allzuviel verändert. Die Lust darauf, wieder etwas Neues zu probieren, erwies sich nicht so groß wie bei den westdeutschen Studenten, die gegen die alten, restaurativen Strukturen rebellierten. Dennoch muß man von einem Versagen sprechen. Der aus Furcht gewährte Freiraum wurde nicht genutzt, um Neues anzustoßen. Wie auf der westdeutschen Seite verzettelte man sich in Nebenfragen, beschäftigte sich mit formalen Neugliederungen und Strukturverschiebungen. Trotzdem gab es auch einige Neuansätze für die Wissenschaften und die Wissenschaftsorganisation. Aber die zeitweilig gewährte Selbstfindung wurde bald wieder aufgehoben und durch festere Einbindungen als vorher ersetzt.

In die von den westdeutschen Studenten ausgelöste geistige Auseinandersetzung griffen die Intellektuellen der DDR nur in geringem Maße und erst nach zeitlichem Abstand ein. Strategische Überlegungen blieben bis auf eine Ausnahme aus. Auf dem Kampfplatz erschien erneut Wolfgang Harich, der Wortführer des Aufbegehrens von 1956, entlassen 1964 nach acht Jahren und 21 Tagen Haft. Ungebrochen, aber nicht bei bester Gesundheit, empfing er seine Freunde. Doch fanden sie ihn in seiner geistigen Haltung merkwürdig verändert. Auf dem Gebiet der Literatur weiterhin streng auf Lukács ausgerichtet, stand er modernen Tendenzen in Kunst und Literatur nicht nur skeptisch, sondern offensiv polemisch gegenüber, was jetzt, nachdem es in der DDR zu einigen Korrekturen und veränderten Ansichten gekommen war, befremdend wirkte. Als ihn der Literaturwissenschaftler Werner Mittenzwei zu seinem Eintreten für Brecht in der Auseinandersetzung mit Fritz Erpenbecks Meinung von »volksfremder Dekadenz« ansprach, antwortete er, damals habe Erpenbeck recht, er unrecht gehabt. Nach seiner Haftentlassung erlaubte es Ulbricht nicht, daß Harich an der Universität Philosophie lehrte. Deshalb nahm er eine Beschäftigung auf dem Gebiet der Editionen (Feuerbach-Ausgabe) im Akademie-Verlag Berlin an und arbeitete weiter an seinem Jean-Paul-Buch, das er in der Haft zu schreiben begonnen hatte.

In die westdeutsche Studentenbewegung schaltete er sich mit seiner Schrift *Zur Kritik der revolutionären Ungeduld* ein, die 1971 in Basel erschien. Es war eine Auseinandersetzung mit dem Studentenführer Daniel Cohn-Bendit, den er für einen Neoanarchisten par excellence hielt. Die Arbeit war im Frühjahr 1969 von Hans Magnus Enzensberger und Karl Markus Michel angeregt worden. Eine Kurzfassung erschien im *Kursbuch*, Heft 19, im Dezember 1969. Harich kritisierte die Studentenbewegung als Anarchismus, als ein Mischprodukt aus Wunschdenken und Ignoranz. Hier erkannte er Phänomene, die sich wechselseitig stützen und steigern. Er gab den Rebellen den Rat, sich nicht sinnlos zu verzetteln, sondern ihre Anstrengung auf die Eroberung der politischen

Macht, die Abschaffung der kapitalistischen Produktionsweise und auf die Eigentumsverhältnisse zu richten. Alles andere sei sekundär. Aber ihm blieb nicht verborgen, daß die Bewegung die politische und wissenschaftliche Kommunikation der beiden deutschen Staaten erleichterte.

Näher stand er den Auffassungen der Studenten in der ersten Fassung seines Buches *Jean Pauls Revolutions-Dichtung*.[72] Darin dominierte die rigorose Kritik an der Weimarer Klassik, an Goethe und Schiller, denen gegenüber Jean Paul eine Alternativposition bezogen habe. Besonders drastisch faßte er seine Meinung in dem »Exkurs über die unterschiedliche Haltung Jean Pauls und der Weimarer Klassik zur Revolution« zusammen. In seiner polemischen Diktion übertraf er die rebellischen Publikationen der 68er Bewegung bei weitem. So meinte er, daß Schillers Wallenstein-Trilogie, dieses mehr »astrologisch« als historisch inspirierte Werk, nicht nur uns heutigen nichts mehr zu sagen habe. »Tatsächlich hat sie niemals irgend jemand etwas zu sagen gehabt.«[73] Schillers Programm der ästhetischen Erziehung hielt er schlechthin für verantwortungslosen Ästhetizismus und dessen Dramen disqualifizierte er als formalistische Spielerei. Harich suchte in dieser Fassung einen Adressaten zu finden, mit dem er sich verbinden konnte. Er wollte einen Bogen zu einer »geistigen Öffentlichkeit« spannen, die die Revolutions-Dichtung Jean Pauls mit der Studentenbewegung in Einklang brachte. Als Gegenbild diente ihm die deutsche Klassik, die Harich in einer Weise kritisierte, die seinen früheren und späteren Auffassungen total widersprach. Er muß damals mit gegensätzlichen Vorstellungen gerungen haben, was vielleicht darauf zurückzuführen war, daß er sich nach seiner Haft fragte, auf welche Kräfte er sich künftig stützen, mit welchen Adressaten er geistig korrespondieren könnte.

Die Wiederentdeckung des Marxismus durch westdeutsche Studenten blieb nicht ohne Einfluß auf die Wissenschaften in der DDR, obwohl dieser Vorgang offiziell kaum beachtet wurde. Vielmehr betonte man, welche Wirkung das marxistische Schrifttum auf die Studenten ausübte. Die war tatsächlich beträchtlich. Die Publikationen der DDR auf den verschiedenen Gebieten wurden mehr zur Kenntnis genommen als zuvor, wenn auch durchaus kritisch. Nie zuvor gab es einen derartigen Absatz der in der DDR erschienenen Marx-Engels-Bände. Das Aufeinanderprallen unterschiedlicher Interpretationen machte den Marxismus wieder interessant. Auch für die ostdeutschen Intellektuellen. Die einseitige, staatlich vorgegebene Betrachtung der marxistischen Klassiker wurde durchbrochen. Die Tabus blieben nicht mehr unverletzt.

1956 hatte Georg Lukács im Petőfi-Club erklärt, er wage zu behaupten, daß die Lage des Marxismus in Ungarn heute schlimmer sei, als sie in der Horthy-Periode gewesen war. In der DDR verhielt es sich ähnlich, hier im Vergleich zur Weimarer Republik. Der Stalinismus verengte den Marxismus auf formalisierte Grundsätze, schloß jede Weiterentwicklung durch andere geistige Strömungen aus. Die dialektische Methode, das Kernstück des Marxismus, wurde nur in ihrer ideologisch präparierten Aussage propagiert. So verlor der Marxismus seine Anziehungskraft.

Aber zur gleichen Zeit, in der er als Pflichtlektüre verkam, wuchs bei einigen Intellektuellen die Neugier auf den unverfälschten Marxismus. In kleinen Zirkeln interessierte man sich dafür, wie er in den zwanziger Jahren eine Massenbewegung ausgelöst und unter der Intelligenz eine neue Denkkultur hervorgebracht hatte. Man wollte wissen, wie diese Faszination zustande gekommen war, die Kunst und Literatur zu neuen Ufern getrieben hatte. An verschiedenen Institutionen entstanden in den sechziger und siebziger Jahren kleine Kreise, in denen die Teilnehmer ihr Wissen und ihre Lektüreergebnisse austauschten. Ältere wandten sich den Jüngeren zu, um sie mit dem bekannt zu machen, was alles zum Marxismus gehörte, welche unterschiedlichen Strömungen es gab und welche Persönlichkeiten ihn befördert hatten. Im Berliner Ensemble war es Jakob Walcher, der Arbeiterführer. Seine wechselvolle Geschichte in der Arbeiterbewegung verzeichnete kein Lehrbuch. Er war an den großen, vielbeschriebenen Ereignissen selber beteiligt gewesen, kannte die Männer und Frauen, die aus den Geschichtsbüchern verschwunden waren, noch aus eigenem Erleben. Auch nach seinem Tode wirkten seine Einsichten unter denen fort, die ihn gar nicht mehr persönlich gekannt hatten. Man stellte ihn nicht gegen die Partei, benutzte ihn aber als Korrektiv zu den schulmäßigen Einübungen des Marxismus. Er und seine Rolle in der Geschichte wurden wie ein Geheimtip weitergegeben. Das Belebende solcher Anregungen bestand nicht darin, daß man ein Geschichtsbild durch ein anderes austauschte, sondern sich in Widerspruch zum offiziell propagierten Marxismus begab. Man gewann Gewißheit, daß nicht alles so verlaufen war, wie es verkündet wurde. Der Marxismus als kritische Methode kam zur Geltung.

Ein noch stärkerer Impuls ging von Brechts zu Beginn der siebziger Jahre erschienenem *Arbeitsjournal* (1973) und seinem *Buch der Wendungen* (Me-ti, 1965) aus. Beide kamen zuerst bei Suhrkamp in Frankfurt am Main heraus, weil sich SED und DDR-Regierung lange gegen eine Veröffentlichung sperrten. Diese Publikationen erwiesen sich als wahre Wegweiser zu einem richtigen Marxismus-Verständnis. Kaum andere Bücher haben so tiefgreifend die offiziellen Versionen korrigiert und so für den Marxismus eingenommen wie diese Werke. In anderen Kreisen, insbesondere unter einigen Schriftstellern, löste die Lektüre der Bücher von Isaac Deutscher Einsichten über die verschiedenen Lager innerhalb der marxistischen Bewegung und ihre unterschiedlichen strategischen Auffassungen aus. Zugleich entnahm man aus dieser Lektüre, was eine marxistisch intendierte Geschichtsschreibung im eigenen Land hätte leisten können.

Notwendig war diese Rückbesinnung geworden, weil die SED-Führung in den vergangenen Jahrzehnten jede Abweichung vom offiziellen Marxismus unterbunden und deren Wortführer ausgeschaltet hatte. Auf diese Weise verlor die DDR bedeutende Gelehrte oder ließ sie nicht produktiv werden. Der Soziologe Helmut Steiner benannte drei Wellen von Marxismus-Enteignung, die es in der DDR gegeben hatte. Die erste kam im Zuge der Umwandlung der SED in eine »Partei neuen Typus« zustande, die einher ging mit der Durchsetzung des sowjetischen Marxismus-Leninismus-Kanons. Philosophen wie Wolfgang Abendroth, Leo Kofler und Joseph Winternitz sowie der Soziologe Heinz Maus gingen in den Westen. Man beschimpfte sie als Trotzkisten, Titoisten oder warf ihnen Sozialdemokratismus vor. »Mit einer breit angelegten ›Revisionismus‹ Kampagne erfolgte die zweite Marxismus-Enteignung und damit eine erneute intellektuelle Selbstkastration in der DDR. Strafprozesse (Wolfgang Harich, Ralf Schröder und Winfried Schroeder u. a.), Zwangsemeritierung (Ernst Bloch), ›Versetzung‹ in die Praxis (Arne Benary, Uwe-Jens Heuer, Hermann Klenner), Ablösung aus staatlichen und wissenschaftspolitischen Funktionen (Fritz Klein, Gunther Kohlmey) mit allen dazugehörigen Parteistrafen (und inquisitorischen Befragungen) waren die Methoden, mit denen anerkannte und sich für einen entstalinisierten Sozialismus engagierende Wissenschaftler zurückgedrängt wurden.«[74] Die dritte Welle kam, als man nicht nur parteimäßig, sondern mit der Staatssicherheit gegen Robert Havemann und Rudolf Bahro vorging. Doch mit diesen Maßnahmen erreichte man keine Einschüchterung mehr. Sie hielten selbst Parteimitglieder der SED nicht mehr davon ab, sich nach einem anderen Marxismus als dem offiziellen zu orientieren. Auf Dauer ließ sich dessen Pluralität nicht mehr unter Verschluß halten.

*Fünfter Abschnitt*

Die opulente Zeit der Literatur
und der Zensur

Obwohl die literarische Intelligenz in den letzten beiden Jahrzehnten manche Demütigung hinnehmen mußte und ihre Vorstellungen wenig Beachtung fanden, existierte Ende der sechziger Jahre eine neue, junge Literatur, die sich der sozialistischen Ordnung verbunden fühlte und ihr Publikum besaß. Die jungen Autoren hielten trotz aller kleinlichen Bevormundungen zum neuen Staat wie vormals die zurückgekehrten Emigranten. Aus geschichtlichem Abstand mutet das merkwürdig ergeben an. Aber die junge Generation aus der Schule der Emigranten wollte eine neue Welt, den Bruch mit der kapitalistischen Gesellschaft. Deshalb nahm sie vieles in dem Bewußtsein hin, daß der Übergangsgesellschaft Opfer auferlegt seien, daß es in ihr nicht ohne Schwierigkeiten und Ungerechtigkeiten zugehen würde. Je geschlossener, desto schneller glaubte man diese Zeit überwinden zu können.

Die Literatur hatte bisher zwei Phasen durchlaufen: die der antifaschistischen Exil- und Widerstandsliteratur und die der Verheißungs- und Bekenntnisliteratur. Die letzte war kurz gewesen. Damit hatten sich die jungen Autoren vom Faschismus frei gemacht und einen neuen Standort bezogen. Ende der sechziger Jahre existierte bereits eine gesellschaftskritische Literatur, die bei aller Treue zum neuen Staat nicht mehr alles hinnahm. Zu ihren Autoren gehörten Erwin Strittmatter, Franz Fühmann, Christa Wolf, Hermann Kant, die Dramatiker Heiner

Müller und Peter Hacks, die Lyriker Günter Kunert, Sarah und Rainer Kirsch, Wolf Biermann und Volker Braun. Sie beherrschen die literarische Szene. In ihren Werken zeichnete sich eine neue Qualität ab. Ihre Bücher erreichten trotz ideologischer Abschottung erstmals auch die westdeutschen Leser. Der Bremer Germanist Wolfgang Emmerich schrieb in seiner Literaturgeschichte: »Bemerkenswert ist die wachsende Popularität von Teilen der neuen DDR-Literatur in der Bundesrepublik im Laufe der mittleren sechziger Jahre.«[75] In den beiden deutschen Staaten ging die Literatur auf Grund der unterschiedlichen gesellschaftlichen Bedingungen verschiedene Wege, so daß man ein Jahrzehnt später von zwei deutschen Literaturen sprach. Die DDR-Literatur konnte man auf Grund ihrer Qualität, ihrer nationalen Resonanz nicht mehr als Propaganda abtun. 1961 zum Beispiel nahm die westdeutsche Presse zwar von dem Verbot und dem Skandal um Heiner Müllers *Umsiedlerin* Kenntnis, als literarisches Werk indes interessierte es nicht. Es war für die Kritiker Laientheater, außerhalb aller künstlerischen Maßstäbe, obwohl das Stück, wie man heute weiß, zu den stärksten literarischen Zeugnissen in der zweiten Hälfte des 20. Jahrhunderts zählt.

Diese Hoch-Zeit der DDR-Literatur, die in den kommenden Jahrzehnten anhielt, war zugleich eine Hoch-Zeit der Zensur. Sie, die nicht mit Namen genannt werden sollte, sondern Druckgenehmigungsverfahren hieß, löste viel Ärger aus. In den Anfangsjahren hatte man sie eher hingenommen als später. Aus der Besatzungszeit war man manches gewöhnt. Auch die westliche Seite zögerte damals nicht mit Zensurmaßnahmen und Verboten. Diese richteten sich vor allem gegen die Verbreitung von DDR-Literatur. Im S. Fischer Verlag hatte der junge Lektor Klaus Wagenbach auf Erwin Strittmatter aufmerksam gemacht. Aber es kam weder zu einer Übernahme des *Ole Bienkopp* noch zum 1. Band des *Wundertäter*. Der Verlag makulierte eine schon gedruckte Auflage, weil der Autor Verständnis für den Bau der Berliner Mauer zeigte.

In der DDR gab es Ende der sechziger Jahre Schwierigkeiten mit der Veröffentlichung zweier Bücher. Gegen Christa Wolfs Roman *Nachdenken über Christa T.* und gegen Hermann Kants *Impressum* erhob das Ministerium für Kultur der DDR Einwände. Nach ängstlichem Zögern brachte der Mitteldeutsche Verlag 1968 Christa Wolfs Buch heraus, lieferte aber die gedruckte Auflage nur in kleinen Serien aus. Der Roman, so warf die Zensurbehörde ein, laufe auf eine elegische Abwendung von den Idealen des Sozialismus hinaus. Der Hallenser Verleger Heinz Sachs übte im *Neuen Deutschland* Selbstkritik. Der Verlag habe eine problematische Entscheidung getroffen, weil bei Christa Wolf der Pessimismus zur ästhetischen Grundstimmung geworden sei. Er forderte die »Einbeziehung des sogenannten Gesellschaftlichen Lektors« in die Entscheidungen des Verlags. Christa Wolf sah sich daraufhin in Halle nicht mehr richtig vertreten. Sie wechselte vom Mitteldeutschen Verlag zum Aufbau-Verlag Berlin.

Mit *Nachdenken über Christa T.* markierte die Autorin eine Richtungsänderung in der Literatur. Anstelle des Einsatzes für die Gesellschaft, der auch Opfer verlangte, des Weges vom Ich zum Wir, begann die Literatur, mehr die individuelle Befindlichkeit, den berechtigten Ich-Anspruch des Menschen hervorzuheben. Bei Christa Wolf scheiterte die Heldin bei dem Versuch, sie selbst sein zu wollen. Das wurde bereits als ein Ausscheren vom gemeinsamen Weg empfunden.

1969, vier Jahre nach der *Aula*, legte Hermann Kant seinen zweiten Roman vor: *Das Impressum*. Der Autor beschrieb das Leben des Chefredakteurs David Groth, der nicht Minister werden wollte. Es war die Geschichte einer Zeitung und zugleich die des Landes. Doch so, wie Kant sie sah, wollte man zu Ulbrichts Zeiten die DDR nicht dargestellt haben. Im Verlag existierten zwei äußerst kritische, ja ablehnende Gutachten. Da die Zeitschrift *Forum* einen Teil des Manuskripts bereits veröffentlicht hatte, wollte der Verlag das Werk trotzdem bald in Druck geben. Doch Kant erregte wegen eines Interviews im *Vorwärts* vom 6. November 1969 bei der politischen Führung Anstoß. Die Entscheidung über die Veröffentlichung des Romans behielt sich Walter Ulbricht selbst vor. Damit war das Schlimmste eingetreten, das einem Autor passieren konnte. Eine solche Situation machte den Verlag hilflos, er strich die Segel, tat aber so, als könne er durch kritisches Einwirken auf den Autor die Arbeit noch retten. Kant fühlte sich vom Verlag im Stich gelassen. Seine Empfindungen beschrieb er später so: »Ich sagte der Anstalt Aufbau/Rütten & Loening nach, ihre Autoren dürften zwar beliebig Honorar aus dem Gebäude tragen, niemals jedoch ein Manuskript hinein, und ich übertrieb damit nicht sehr ... Vielleicht hat es ja geärgert, daß ich die politischen Momente nicht veranschlagte, die Rütten & Loening bewogen, sich nicht in seine eigenen Angelegenheiten zu mischen und dem künftigen Schicksal meines Buches nachzufragen.«[76] Der Roman erschien dann 1972.

In den sechziger Jahren oblag die Zensur der Hauptverwaltung Verlage und Buchhandel beim Ministerium für Kultur. Die literarische Intelligenz besetzte auch dieses Amt. Sie litt nicht nur unter der Zensur, sie übte sie auch im Auftrage des Staates aus. Das bedeutete, daß die Aufgaben, denen sie nachging, zwar unterschiedliche waren. Autoren und Zensoren standen sich jedoch nicht als gegensätzliche Typen oder Gruppen gegenüber, zumindest nicht in der Regel. Sie waren austauschbar. Aus Mitarbeitern der Hauptverwaltung wurden Lektoren, Verlagsleiter, auch Schriftsteller. Lektoren wiederum wechselten in die Hauptverwaltung. Wechselreiche Beziehungen kamen auch dadurch zustande, daß die Zensur auf einem breit gefächerten Gutachtersystem beruhte. Gutachten bildeten die Basis, von der aus über Verbot oder Genehmigung entschieden wurde. Sie wurden von Schriftstellern, Wissenschaftlern, Lektoren und Mitarbeitern des Ministeriums geschrieben. So verfaßte Heiner Müller eine umfangreiche, strenge, aber hoch philosophische Bewertung eines umstrittenen Lyrikbandes von Günter Kunert. Christa Wolf umriß die Problematik der Zensur, als sie schrieb: »Zensur ist ein kompliziertes, konfliktreiches Handeln zwischen Personen, nicht nur der anonyme Eingriff einer staatlichen Institution in Publikationsmöglichkeiten.«[77]

Insofern unterschied sich die Zensur der DDR von der in anderen geschichtlichen Phasen und Systemen. In den letzten Jahren der Weimarer Republik, einer Demokratie, stand zum Beispiel Bertolt Brecht mit der Aufführung seiner Stücke unter strenger Aufsicht der Zensur. Er wurde überwacht und bespitzelt. Registriert wurden alle Reaktionen der Öffentlichkeit auf seine Stücke. Selbst an Beobachtungen aus seinem Privatleben fehlte es nicht. Auch diese Zensur griff auf Spitzelberichte zurück, in denen »vertraulich« berichtet wurde. »B. soll durch seine Schriftstellerei, die sich angeblich auf einem ziemlichen sittlichen Tiefstand bewegt, sehr viel verdienen.«[78] Doch diese Zensur unterstand dem Polizeipräsidium sowie den Landeskriminalpolizeiämtern und wurde von Polizeibeamten und Juristen ausgeübt, die ihr Amt nach gesetzlichen Vorschriften auszufüllen hatten. Wenn sich Brecht in den dreißiger Jahren mit seinem Zensor auseinandersetzte (Dreigroschen-Prozeß), standen sich unterschiedliche Welten gegenüber. In der DDR berührten sich literarische Intellektuelle bei der Ausübung gegensätzlicher Aufgaben. Die Zensur wurde so zu einer Angelegenheit, die alle anging. Sie betraf die literarische Intelligenz in ihrer Gesamtheit. Sie rückte, je mehr die DDR-Literatur an Qualität und Souveränität gewann, in den Brennpunkt der Auseinandersetzung.

Die Geschichte der Zensur in der DDR ist lang. Sie begann mit dem Neuanfang, unmittelbar nach Kriegsende. Das war auch in den anderen Besatzungszonen so. Nach der Zensur durch die Nationalsozialisten kam die der Besatzungsmächte. Gerade die demokratischen Kräfte hielten sie im Sinne der antifaschistischen Umerziehung des deutschen Volkes für notwendig. Was gedruckt werden sollte, bedurfte des Stempels der jeweiligen Militäradministration. Diese fällten ihre Entscheidungen rigoros. Da machte keine Seite eine Ausnahme. Als im Osten eine umfangreiche Buchproduktion anlief, bewältigte ein Kultureller Beirat, der sich aus Repräsentanten des kulturellen Lebens zusammensetzte, diese Aufgabe. Mit der Gründung der DDR übernahm das Amt für Literatur und Verlagswesen die Zensuraufsicht, ohne daß sowjetische Behörden und die sowjetische Botschaft Unter den Linden aufgehört hätten, in literarische und künstlerische Vorgänge einzugreifen. Im Sommer 1956 wurde dieses Amt als selbständige Hauptverwaltung Verlage und Buchhandel (HV) in das Ministerium für Kultur überführt. In dieser Form blieb die Einrichtung über mehrere Jahrzehnte bestehen. Jede Phase besaß ihre Besonderheiten. Anfangs bestanden mehr Möglichkeiten, den Apparat zu überspielen. Johannes R. Becher regelte manches über seine persönlichen Beziehungen zu den sowjetischen Kulturoffizieren. Die Verlagsleiter Wendt und Janka des Aufbau-Verlages erreichten »gewisse Sonderregelungen«, indem sie verschiedene Unterstellungsverhältnisse gegeneinander ausspielten. Es konnte aber auch passieren, daß Vorgänge ganz aus dem Apparat herausgenommen und zur Chefsache oberer Politetagen gemacht wurden.

Daß diese Ämter zunächst nicht als reine Zensurbehörden angesehen wurden, lag daran, daß man ihnen auch Aufgaben im Interesse der Schriftsteller übertrug. So setzte sich das Amt für junge Autoren ein und beschloß Förderungsmaßnahmen. Es hatte dafür zu sorgen, daß bei der Papierverteilung die Gegenwartsliteratur genügend berücksichtigt wurde. Die Mitarbeiter des Amtes für Literatur und Verlagswesen widmeten nur 20 Prozent ihrer Arbeitszeit der Zensur, das fand die spätere

Hauptverwaltung (HV) für zu wenig.[79] Seit 1964 übertrug man ihr auch die Genehmigung für Auslandsreisen und Devisen, was wiederum als Steuerungsmittel benutzt werden konnte.

Die wichtigste Verkehrsform der Verlage mit der HV war das Gutachten. Vorausgesetzt werden konnte, daß die Mitarbeiter dieser Dienststelle über die eingereichten Manuskripte meist Bescheid wußten und nicht über den Tisch gezogen werden konnten. Deshalb hatte es keinen Zweck, mit problemlosen, beschönigenden Beurteilungen aufzutreten. Auf diesem Niveau verkehrten beide Seiten nicht miteinander. Als die Leiterin des Lektorats für DDR-Literatur im Aufbau-Verlag, Sigrid Töpelmann, ein solches Gutachten, das allen Konflikten aus dem Weg ging, in die Hände bekam, schrieb sie an den Verfasser: »Ich fand Ihr Gutachten auf dem Schreibtisch …, ich habe es gleich gelesen und – ein neues in Auftrag gegeben. Es tut mir leid für Sie und für mich, beide haben wir damit größere Hoffnungen verbunden, aber Ihr Gutachten ist uns nicht hilfreich, weder im positivem noch im negativen. Es bleibt zu blaß, zu abstrakt, hat eher appellierenden als argumentierenden (und das brauchen wir!) Charakter.«[80]

Die bevorzugte Technik, Manuskripte durchzusehen, bestand darin, die Konflikte mit aller Schärfe zu beschreiben, gewisse Bedenken zu teilen, aber eine ganz andere Lesart einzuführen. Literaturwissenschaftler, die zu diesem Geschäft am häufigsten herangezogen wurden, gerieten oft ins Zwielicht, weil sie gerade das taten. Anklang fand ein solches Verfahren vor allem dann, wenn die Mitarbeiter der HV vom Gutachter wußten, daß er das Werk nach der Veröffentlichung als Kritiker begleiten werde. Erfolgversprechend erwiesen sich jene Analysen, in denen auf die Publikumssituation sowie das Leseverhalten eingegangen und dargelegt wurde, welche Einsichten der Autor mit seiner Gestaltung beim Leser auszulösen vermag. Viele Gutachten aus dieser Zeit lassen sich nicht einfach vom Blatt lesen; man muß schon wissen, auf welche Weise durch Kritik auch etwas befördert werden sollte.

Die Gutachtenflut enthielt nicht selten rigorose Ablehnungen, sei es aus politischem Gehorsam, aus Überzeugung oder mangelnder Einsicht in die Widersprüche. Die Lektoren machten wichtige Erfahrungen nicht nur mit Autoren, sondern auch mit Gutachtern. Sie fanden schnell heraus, an wen man sich in dieser oder jener Sache wenden mußte und auf wen man lieber verzichten sollte. Unter den Gutachtern gab es einige, die mit ihren engagierten Analysen mehr riskierten als die Autoren. Denn Politiker versöhnten sich unter Umständen mit mißliebigen, aber prominenten Autoren, nicht aber mit Kritikern, die durch ihre Interpretationen »Ärger« gemacht hatten. Unter den verschiedenen Haltungen, die die Lektoren bei Gutachtern wahrnehmen konnten, gab es auch ganz erbärmliche. Mancher Gutachter lieferte sein negatives schriftliches Urteil mit einem positiven mündlichen Kommentar ab!

Es drängt sich die Frage auf, warum die literarische Intelligenz die Zensur so lange ertrug und sich sogar an deren Ausübung beteiligte? Zwar gab es verschiedene Versuche, sie abzuschaffen oder wenigstens stark einzudämmen, beispielsweise vor und nach dem 17. Juni 1953, 1956 und vor dem 11. Plenum 1965. Die Verleger selbst drängten darauf, die zentrale Druckgenehmigung zu Fall zu bringen. Ob durch die Selbstzensur der Verlage jedoch eine Lockerung eingetreten wäre, bezweifelten manche Schriftsteller, die genau wußten, wie sie ihre Verleger einzuschätzen hatten. Mutige und feige Leute gab es auf beiden Seiten. Einige hatten allerdings zu wenig Spielraum, um ihre Meinung zur Geltung zu bringen.

Daß sich die Intelligenz sowohl für die Drucklegung wichtiger Werke einsetzte als auch zu deren Verhinderung beitrug, hing mit der Vorstellung von der Macht der Literatur zusammen. Der sozialistische Staat und seine Kulturfunktionäre trauten Kunst und Literatur die Fähigkeit zu, Menschen zu verändern. Eine solche umwandelnde Kraft hatten einige Intellektuelle am Ende des 19. Jahrhunderts der Literatur nachgesagt und vielleicht auch selber empfunden. Den sozialistischen Politikern leuchtete das ein. Sie nahmen diese Idee ernst, indem sie sie für ihre Zwecke verwendeten. Einen spielerischen Umgang mit der Literatur hielten sie für leichtfertig, ja für gefährlich. Kunst und Literatur konnten nach Meinung der Verantwortlichen zur Blüte wie zum Verfall der Gesellschaft beitragen, konnten Arznei oder Gift sein. Und wehe dem, der Gift mit Arznei verwechselte! Nicht einmal die Frage nach der Dosierung, die bei einem solchen Vergleich naheliegt, wurde zugelassen. Zu der hohen Wertschätzung von Literatur hatten die Intellektuellen selber beigetragen, indem sie die Theorie und die Beispiele dafür lieferten. Die Unterdrückung einzelner Kunstwerke war nur die Kehrseite der Bewunderung für andere. Wer an die umwandelnde Kraft der Kunst glaubte, mußte alles tun, die Werke zu eliminieren, von denen man meinte, daß davon ein negativer Einfluß ausgehe. Diejenigen, die ein Zensuramt ausübten, trafen, sofern sie Kunstkenner waren, ihre Entscheidungen oft mit Bedauern, aber mit gutem Gewissen. Das ästhetische Denken der Zeit lieferte dem Individuum genügend Rechtfertigungen für ein Verdikt. Die Geschichte zeigt, daß sich die Zensur immer da am strengsten erwies, wo der Glaube an eine bestimmte Weltanschauung am größten war.

VIERTES KAPITEL
# Die Intelligenz in der Honecker-Ära.
## Die siebziger Jahre

*Erster Abschnitt*

Ulbricht wird von der politischen Bühne genommen.
Zwiespältige Hoffnungen

Nach der 16. Tagung des ZK der SED verbreiteten Fernsehen und Rundfunk am 3. Mai 1971 folgende Nachricht: »Das Zentralkomitee der SED beschloß einstimmig, der Bitte des Genossen Walter Ulbricht zu entsprechen und ihn aus Altersgründen von der Funktion des Ersten Sekretärs des Zentralkomitees zu entbinden, um diese Funktion in jüngere Hände zu geben ... Das Zentralkomitee wählte einstimmig Genossen Erich Honecker zum Ersten Sekretär der SED.«[1] Die Meldung überraschte. Was breite Kreise in der Partei, in der Bevölkerung seit langem erhofft hatten, war plötzlich eingetreten. Honecker stellte noch Jahrzehnte später die Ablösung als einen ganz normalen Vorgang dar, als einen »kulturvollen Übergang von einem Älteren auf einen Jüngeren.« Aber es war ein Machtkampf, ein Komplott mit langer Vorgeschichte. Die Plattform für den Machtwechsel formierte sich auf dem 11. Plenum 1965, als Honecker gegen Ulbrichts Neues Ökonomisches System mobil machte, aber Kunst und Literatur als Manövergelände wählte, um die Politbüro- und ZK-Mitglieder hinter sich zu bringen. Als Ulbricht Ende der sechziger Jahre einen Alleingang in der deutschen Frage versuchte und im Unterschied zur Sowjetunion auf die Brandt/Scheel-Regierung setzte, spitzten sich die unterschiedlichen Auffassungen zwischen Ulbricht und dem sowjetischen Parteichef Breshnew zu. Die Sowjetunion wollte in ihrer wirtschaftlichen Orientierung nicht von Ulbricht belehrt werden und sich erst recht nicht die Fäden in der Deutschlandpolitik aus der Hand nehmen lassen. Honecker nutzte die Meinungsverschiedenheiten in der Strategie, die er als einen deutschen Sonderweg hinstellte, um bei Breshnew Ulbrichts Sturz zu verlangen. Er wußte, daß der Staatsratsvorsitzende nur über die Sowjetunion von der politischen Bühne zu holen war. Am 28. Juli 1970 kam es zu einem geheimgehaltenen Gespräch zwischen Honecker und Breshnew, in dem der sowjetische Parteichef seinem Partner erklärte: »Ich sage Dir ganz offen, es wird ihm (Ulbricht – W. M.) auch nicht möglich sein, an uns vorbeizuregieren, unüberlegte Schritte gegen Sie und andere Genossen des Politbüros zu unternehmen. Wir haben doch Truppen bei Ihnen.«[2] Doch Breshnew schob seine Entscheidung noch einmal auf. Ein halbes Jahr später, am 21. Januar 1971, wandten sich 13 von 21 Politbüro-Mitgliedern in einem Brief an Breshnew, er möge auf Ulbricht einwirken, damit dieser seinen Rücktritt erkläre. Hager kommentierte später den Vorgang mit den Worten: »Er (Ulbricht – W. M.) hatte das Vertrauen Moskaus verloren und war mit dem Politbüro in Konflikt geraten.«[3] Den Rücktritt, den die Bevölkerung erstmals am 17. Juni 1953 mit dem Ruf »Der Spitzbart muß weg!« verlangt hatte, bewirkten jetzt die konservativen, am wenigsten reformbereiten Mitglieder des Politbüros. Ihr Hauptakteur war Erich Honecker.

Ulbrichts Sturz erfolgte auf der Höhe seines politischen Ansehens. Von einem bespöttelten, selbst bei den eigenen Genossen nicht beliebten, ja verhaßten Funktionär, war er zu einem erfolgreichen, international beachteten Staatsmann aufgestiegen, der die Adenauer-Politik der diplomatischen Ausgrenzung durchbrach. Noch zu seiner Regierungszeit begann die internationale Anerkennung der DDR. Der aus dem englischen Exil zurückgekehrte westdeutsche Publizist Sebastian Haffner bezeichnete ihn sogar als »den erfolgreichsten deutschen Politiker seit Bismarck«. Die DDR war eigentlich sein Werk, die er, wie sein Biograph Norbert Podewin schreibt, dem anderen Plänen folgenden Stalin »abgelistet« hatte. Das Neue Ökonomische System, das seine ehemals Getreuen so sehr gegen ihn aufbrachte, stellte den entschiedensten Reformversuch von oben dar.

Wie ist nun dieser Mann, der sich bei der Bevölkerung keiner Beliebtheit erfreute und dennoch internationale Wertschätzung erfuhr, zu beurteilen? Auch wenn Ulbricht in seinem letzten Jahrzehnt einen eigenen deutschen Weg zum Sozialismus einschlug, blieb er bis zuletzt ein Stalinist, ein Schüler Stalins in der Handhabung der Politik. Zwar folgte er nicht blindlings dem sowjetischen Muster, doch sein Herangehen an Probleme verriet den Stalinschen Zugriff. Allerdings lautete seine Maxime entgegen der offiziellen Losung »alles für die Arbeiter, weniger durch die Arbeiter«. Nach seiner Rückkehr aus der Sowjetunion hatte er bald gemerkt, daß sich die Bevölkerung nicht durch Wahlen für seine Politik gewinnen ließ. Es muß für ihn eine bittere Erkenntnis gewesen sein, daß sie nicht für das zu haben war, was ihm für ihr Wohl nötig schien. Gegenüber dem Priester Paul Oestreicher gestand er 1962, daß die Menschen in der DDR »noch bürgerlich verseucht« seien und nicht verstünden, »was Sozialismus ist«. Die fehlende Zustimmung der Massen suchte er durch einen übersteigerten Mythos von der umwälzenden Kraft der Arbeiterklasse auszugleichen. So herausgehoben und überhöht, ließen sich die Arbeiter diese Rolle gefallen, ohne eine direkte Beteiligung an der Macht zu beanspruchen. Die Intelligenz hatte sich an der Arbeiterklasse zu orientieren, sich mit ihr in Übereinstimmung zu bringen. In dem Mißverhältnis zur Wirklichkeit lag auch der Grund für die ständige Propagierung von Erfolgen. Die scheinbare Erfolgsbilanz ersetzte die Realität und erstickte die Kritik.

Dabei erkannte Ulbricht sehr bald, daß die erhoffte höhere Arbeitsproduktivität unter den Bedingungen des Sozialismus, die Lenin in seiner Schrift *Die große Initiative* prophezeite, ausblieb. Diese Einsicht führte ihn zum Neuen Ökonomischen System. Zum Marxismus besaß er eine machiavellistische Haltung. Er paßte die Theorie seiner Politik an. Theoretische Konzeptionen, die er zur Krisenbewältigung für notwendig hielt, fügte er als Versatzstücke in den Marxismus ein. Als er mit der forcierten Klassenkampftheorie in der politischen Praxis nicht weiterkam und merkte, daß er damit die eigene Situation nur verschärfte, ging er zum Modell der »sozialistischen Menschengemeinschaft« über. Wie Stalin wollte er als Historiker und Theoretiker der Arbeiterbewegung gelten. Doch gerade hierzu fehlte ihm jegliches Vermögen.

Doch erwies sich Ulbricht als ein geschickter Politiker, der sich in den durch die Großmächte ausgelösten Widersprüchen zu behaupten wußte und kein Mittel unversucht ließ, um sein Ziel zu erreichen: den sozialistischen Staat auf deutschem Boden. Er bot Konrad Adenauer, seinem Gegner auf der anderen Seite, Paroli. In der Verfolgung ihrer gegensätzlichen Pläne erwiesen sich beide als ebenbürtig. Dafür brachten sie eine beträchtliche Energie, taktisches Geschick und skrupellose Verschlagenheit auf. So hievten sie sich gegenseitig auf die Höhe des geschichtlichen Verhängnisses. Vor nichts schreckten sie zurück, Adenauer nicht vor dem Willen zum Bruderkrieg, Ulbricht nicht vor dem Bau der Mauer und deren Folgen. Für ihre Politik des höchsten Einsatzes hatten die Deutschen auf beiden Seiten zu zahlen.

Zwei Jahre nach seinem Sturz verstarb Walter Ulbricht am 1. August 1973 achtzigjährig. Zuvor mußte er noch manche Demütigung durch seine Kampfgefährten hinnehmen. Als er seine letzte große Rede vor der Berliner Bezirksdelegiertenkonferenz der SED hielt, hatte sich die Führung schon von ihm abgesetzt. In der Pause nach seiner Rede saß er allein im Präsidium, während sich die Spitzenfunktionäre mit den Delegierten unterhielten. Niemand suchte das Gespräch mit ihm. Der Vielbegehrte und Bejubelte blätterte einsam in seinen Papieren. In der ihm noch verbliebenen Lebenszeit sah er sich mit Vorwürfen wie der »fraktionellen Tätigkeit« (Günter Mittag) oder der »Westabhängigkeit« ausgesetzt. Was er einst anderen vorgeworfen hatte, verwendete man jetzt gegen ihn.

Der Rücktritt Ulbrichts erfüllte die literarischen und künstlerischen Intellektuellen mit Hoffnung. Darin unterschieden sie sich von den anderen Teilen der Intelligenz, vor allem denen aus Wirtschaft und Technik, die sich im Laufe der Jahrzehnte mit Ulbricht abgefunden hatten. Ihnen war er zwar nicht sympathischer geworden, aber der Erfolg seiner Politik hatte viele versöhnt. Auf dem Gebiet von Kunst und Literatur verhielt es sich anders. Die Künstler und Schriftsteller fanden die Situation nach wie vor unerträglich. Nicht nur die Verbotsmaßnahmen gegen einzelne Kunstwerke brachten sie auf, mehr noch die ständige Gängelei, die Ausrichtung auf das Positive, die Bevormundung auf ihrem ureigensten Gebiet. Immer wieder wies er die Künstler darauf hin, welche Themen sie gestalten sollten. Allenthalben beschwor er ihre Phantasie und Initiative, die er in eine ganz bestimmte Richtung gelenkt haben wollte. In jedem Ausbruchsversuch aus der Enge sah die Kulturbehörde eine Abweichung vom Sozialismus. Die Künstler merkten, daß sich ihr Spielfeld mehr und mehr verengte. Die Verpflichtung auf das Positive entzog ihrer Kunst die kritische Kraft, die eingreifende Wirkung. Diese Politik traf den Lebensnerv der Kunst. Jedes neue Buch, jedes Theaterstück wurde zum Abenteuer, stellte die Künstler vor die Frage, ob sie damit in die Öffentlichkeit gelangen oder wieder in eine Fehlerdiskussion verstrickt werden.

Daß Ulbrichts Kulturpolitik den Künstlern enge Grenzen setzte, machte die Inszenierung von Goethes *Faust* – Erster Teil 1968 im Deutschen Theater unter der Regie von Wolfgang Heinz und Adolf Dresen deutlich. In den sechziger Jahren hatten sich Gängelei und Bevormundung hauptsächlich auf die Gegenwartsliteratur erstreckt. Doch auch die deutsche Klassik sollte keine Spielwiese jenseits der Kulturpolitik sein. Was sich in den fünfziger Jahren abgespielt hatte, wiederholte sich in neuer Variante. An der Faust-Figur war Ulbricht in seinen letzten Regierungsjahren in besonderem Maße interessiert. Sie empfand er – nicht ganz zu Unrecht – als die Gipfelleistung der deutschen Literatur. In ihr sah er alles Positive in der deutschen Kultur- und Geistesgeschichte aufgehoben, und das sollte in der DDR »vollstreckt« werden. Ein regelrechter Faust-Kult setzte ein. Damit erfuhr die bisherige Orientierung auf die deutsche Klassik ihren Höhepunkt. Alles, was Ulbricht anregte, wurde zur Kampagne. Wissenschaft und Theater hatten an einem Strang zu ziehen. Die Aufführung 1968 im Deutschen Theater betonte – wohl mehr aus Überdruß am verordneten Positiven als aus Provokation – die komischen Züge der Faust-Figur, wie die gesamte Aufführung als höchst vergnügliches Spiel angelegt war. Schon die Besetzung des Faust mit Fred Düren unterstrich die Absicht der Regie. Die Faust-Figur rückte dadurch stärker in eine kritische Sicht. Die Rezensenten meinten in Dürens Faust eine Auseinandersetzung mit dem »bürgerlichen und kleinbürgerlichen Intellektuellen unserer Zeit« zu erkennen. Statt den Höhenflug des Positiven bekam das Publikum die gequälte Vorsicht und verzweifelte Unsicherheit des Intellektuellen zu sehen. Wohin sollte das bei der geplanten Aufführung des 2. Teils führen?

Bei der Premiere verließ die Politprominenz vorzeitig die Aufführung. Damit war der Skandal vorprogrammiert. Am nächsten Tag unterbreitete der Kulturminister 60 Veränderungsvorschläge und riet, die Walpurgisnacht-Szene ganz zu streichen. Der Regisseur Adolf Dresen schrieb später: »Es ist heute vielleicht nur noch schwer zu verstehen – wir fügten uns dem ›Rat‹ des Ministers; wir wollten damals die weltweite Blamage der DDR vermeiden; soweit fühlten wir uns damals noch als DDR-Bürger. Der Aufführung bekam das nicht gut. Sie blieb hinfort ein Torso ...«[4] Die Aufführung wurde in allen kulturellen Gremien diskutiert und kritisiert, als sei ein nationales Unglück geschehen. Die Kampagne empfand die künstlerische Intelligenz als ein Symptom dafür, daß eigentlich nichts mehr ging.

Ulbrichts Kulturpolitik bestand aus einer eklektischen Mischung dessen, was er von der sowjetischen Kultur- und Kunstpolitik übernahm, und was er persönlich für gut und schön hielt, einer gebildeten Nation, die ihm vorschwebte, angemessen. Er zeigte sich unbeeindruckt von der Arbeiterkultur der zwanziger Jahre. Die Kunstentwürfe der Moderne blieben ihm ganz fremd. Er konnte sich auch nicht vorstellen, daß jede Künstlergeneration mit ihren Vorgängern abrechnen, ihre »Kunstväter« totschlagen mußte. Oder wie es der junge Peter Hacks ausdrückte: »Was du ererbt von deinen Vätern, verwirf es, um es zu besitzen.« Für Ulbricht war das Barbarei. Er vertrat eine Kontinuitätsauffassung, die jede provokative künstlerische Produktivität zu unterbinden trachtete. Wie ein Zuchtmeister suchte er der Arbeiterklasse das Beste aus Kunst und Literatur einzubleuen, damit sie eine gebildete Nation repräsentiere. Das war die Situation zu Beginn der siebziger Jahre. Ulbricht hatte die jungen Schriftsteller und Künstler im Laufe des vergangenen Jahrzehnts tatkräftig unterstützt. Der DDR fehlte es nicht an Talenten und Talentbeweisen. Doch wenn diese Kräfte an die Öffentlichkeit traten, stießen sie auf Grenzen. Daß die Schriftsteller und Künstler auf den Wechsel in der Politik setzten, verstand sich aus dieser Lage.

Ganz anders verlief die Wirtschaftspolitik. Dadurch fiel auch der Blick zurück anders aus. Hier hatte es Reformen gegeben, hier drängte Ulbricht auf eine grundlegende Umorientierung. Doch die hatte Honecker gestoppt und sich an die Spitze derer gestellt, die keine Änderungen wollten. Bis 1970 gelang es Ulbricht trotz Rückschlägen und Rücknahmen, am Neuen Ökonomischen System festzuhalten. Schritte für den Abbau von Subventionen für Waren des Bevölkerungsbedarf wurden eingeleitet, um Mittel für Investitionen zu ermöglichen. Aber der neue Akkumulationsschub blieb aus, der notwendig gewesen wäre, um den fehlenden Kapitalstock auszugleichen. Die Modernisierungsrückstände brachten die DDR-Wirtschaft immer mehr in Bedrängnis. Der Bundesrepublik und den kapitalistischen Staaten, die in der wissenschaftlich-technischen Revolution bessere Startbedingungen besaßen, gelang es mehr und mehr, die DDR aus dem Feld der modernen Industriestaaten auszumanövrieren. In dieser Situation, als es um den Anschluß an den durch die wissenschaftlich-technische Revolution erfolgten neuen wirtschaftlichen Standard ging, erfolgte Ulbrichts Sturz. Honecker liquidierte das NÖS, denn er wollte der sowjetischen Führung entgegenkommen, ohne die die Ablösung Ulbrichts nicht möglich gewesen wäre. Doch wurde niemals offen ausgesprochen, daß man bereit war, sich von Ulbrichts neuer Wirtschaftspolitik zu trennen. Es hieß nur, man wolle einige Subjektivismen beseitigen.

Honeckers Ehrgeiz bestand darin, sich von Ulbrichts Politik gründlich abzugrenzen, ohne eine Alternative zur wirtschaftlichen Lage zu eröffnen. Wie früher Ulbricht, so betonte auch Honecker die Kontinuität, mit der er alle Widersprüche übertünchte. Der Staatsmann von einst sollte nicht widerlegt, er sollte vergessen werden. Diese Kontinuitätslüge hat Honecker auch nach der Wende, in dem Interview-Buch *Der Sturz. Honecker im Kreuzverhör*, aufrechterhalten. Günter Gaus, der erste Ständige Vertreter der Bundesrepublik in der DDR, meinte, Honecker habe unbedingt mehr sein wollen als nur der Nachfolger. Und Gaus fügte hinzu: »Das hat er nach meiner Einschätzung geschafft.«[5] Der neue Parteichef sah seine Aufgabe darin, die Politik der SED enger mit dem »Fühlen und Denken der Massen« zu verbinden. An die Stelle des NÖS setzte er die »Einheit von Wirtschafts- und Sozialpolitik«, was propagandistisch einleuchtete. Die Mittel, die Ulbricht für einen neuen Akkumulationsschub gebraucht hätte, Mittel, über die die Betriebe selbständig verfügen sollten, verwandte Honecker für den Konsum und für soziale Leistungen. Honecker meinte, nunmehr sei die Zeit für die Bevölkerung gekommen, die Früchte ihrer Anstrengungen zu ernten. Zweifellos entsprach das den Wünschen der Bürger. Doch mit einer solchen Umverteilung der Mittel war der Modernisierungsbedarf in der Wirtschaft nicht aufzuholen. Der Abstand zum Lebensniveau der Bundesrepublik wurde dadurch noch größer. Hätte Ulbricht seine Wirtschaftsreform durchsetzen können, wäre das auf eine Roßkur für das Volk hinausgelaufen. Ob es die auch durchgestanden hätte, ist höchst zweifelhaft. Damals wollte man wissen, ob es bergauf oder bergab gehe. Der Paradigmenwechsel in der Wirtschaftspolitik führte von einer akkumulationsorientierten zu einer konsumorientierten Politik, zur »Konsumfalle«. »Die materiellen Tatsachen waren stärker. Sie fanden in der zunehmenden Verschuldung ihren konzentrierten Ausdruck.«[6]

Die durch die ökonomischen und politischen Gegebenheiten abgeforderte Entscheidung legte einen tiefen Widerspruch bloß. Weder die getroffenen Entscheidungen noch die, die Ulbricht erst durchzusetzen gedachte, lieferten eine Lösung. Schon gar keine Erlösung aus dem wirtschaftlichen Dilemma. Eine Bevölkerung, die täglich im Westfernsehen verfolgen konnte, wie man in dem anderen deutschen Staat lebte, was man sich dort leistete, ließ sich nicht mehr hinhalten. Sie war zu lange auf »später« vertröstet worden. Vor allem die junge Generation forderte: Jetzt! Doch das Jetzt eröffnete einen Wettlauf, in dem die DDR unterlag. Der westdeutsche Lebensstandard war nicht einzuholen und blieb ein ständiges Verlangen, das sich propagandistisch nicht besänftigen ließ. Ob das NÖS und dessen weiterer Ausbau zum Erfolg geführt hätten, bleibt zweifelhaft. Das System war schon von seiner Anlage her viel zu inkonsequent. Diese Tendenz nahm zu, bis es zur Auflösung kam.

Honecker griff in seiner Wirtschaftpolitik zu populistischen Maßnahmen, die einen konsequenten Sozialismus beweisen sollten. So sozialisierte er die halbstaatlichen Betriebe, die Ulbricht durchgesetzt und gefördert hatte, weil sie wichtige Zulieferer für die Großbetriebe waren. Man hatte dem neuen Generalsekretär vorgeführt, daß sich auf diese Weise eine neue besitzende Schicht herausbildete. Um seine Arbeiterpolitik zu demonstrieren, übergab er Interhotels den Gewerkschaften, damit sie die Kapazität ihrer Ferienplätze auf hohem Niveau erweitern konnten. Die Preispolitik, die Ulbricht nach einigem Zögern verändern wollte, blieb unter Honecker unangetastet. Über mehrere Jahrzehnte hinweg wurden zwei Drittel des gesamten Handelsumsatzes zu unveränderten Einzelhandelspreisen angeboten. Den Erfolg seiner Arbeiterpolitik maß Honecker daran, daß ein S-Bahnfahrschein wie in den Anfangsjahren der Republik 20 Pfennige kostete. Das alles ging nicht ohne Subventionen, die von Jahr zu Jahr dramatischere Ausmaße annahmen. Was auf der einen Seite als eine Leistung unter schwierigen ökonomischen Bedingungen erschien, erwies sich auf der anderen als wirtschaftliche Katastrophe, deren Folgen die Bevölkerung zu tragen hatte. Honecker überließ die Wirtschaft im wesentlichen Günter Mittag, der sich, um in seiner Führungsposition zu bleiben, skrupellos vom Mitinitiator des NÖS zu dessen Liquidator wandelte.

Daß sie die Ulbricht-Zeit hinter sich hatten, ließ die literarische und die künstlerische Intelligenz aufatmen. Doch ihre Hoffnungen setzten sie mehr auf den Wechsel als auf den neuen Mann. Den Zuchtmeister waren sie los. Manches würde weiter wirken, aber diese kleinlich bevormundende Art, die Ulbricht charakterisierte, die war mit ihm verschwunden.

Dabei entsprach der Neue keineswegs ihren Vorstellungen. Hatte er sich doch stets als ein eifriger Gehilfe Ulbrichts gezeigt. Wie im Politbüro die Fronten verliefen, wußten allerdings die wenigsten. Honeckers Affront gegen die Gegenwartskunst auf dem 11. Plenum hatten sie nicht vergessen. Nach der Wende erklärte Honecker, die Anregung, sich die dann verbotenen Filme anzusehen, sei von Ulbricht gekommen. Das kann durchaus der Fall gewesen sein, denn Ulbricht lag daran, die Auseinandersetzung von der Wirtschaft weg auf die Kunst zu lenken. Trotzdem sah die Intelligenz im Neuen keinen Freund der Künste, schon gar nicht einen Kenner. Doch das beunruhigte sie weniger. Ihre Erfahrungen mit Kunstkennern wie Alfred Kurella besagten, daß sie mit Kunstfreunden an der Spitze nicht unbedingt besser fuhren. Allein schon weniger Anweisungen waren ein Vorteil.

Für die meisten Intellektuellen besaß Honecker seit jeher das Markenzeichen der FDJ. Und das nahm sie keineswegs für ihn ein, weil es ihn mit politischer Stimmungsmache, mit Jubel und Hurragschrei, nicht aber mit nüchterner politischer Führung verband. Darin sollten sie recht behalten; denn in dieser Hinsicht unterschied er sich nicht von Ulbricht. Auch er bediente sich der Massenstimmung, um seine Politik zu legitimieren. Den Marxismus benutzte er wie sein Vorgänger als Propagandainstrument, nicht als kritische Methode. Auf vielen Feldern zeichneten sich Veränderungen nur in Nuancen ab. Wenn Ulbricht sich immer darauf berief, daß seine Politik »vollstrecke«, was die Klassiker beschrieben, so vermochte sich Honecker nicht von der nostalgischen Verklärung seiner Zeit in der Arbeiterjugendbewegung zu lösen. Ihr blieb er in einer rührenden und naiven Weise verhaftet. Die Person Ernst Thälmanns baute er auf, um das Bild Ulbrichts abzubauen. Insofern hörte die subjektive Ausrichtung der Geschichte nicht auf. Wie bei Ulbricht mußte die Kontinuität herhalten, um die Widersprüche zu überspielen.

Günstig wirkte sich zunächst aus, daß sich Honecker viel weniger in Kunstfragen einmischte als Ulbricht. Die Zeit, als die Partei meinte, sie müsse dem Künstler den Weg weisen, ihm Ziel und Orientierung geben, war tatsächlich vorbei. Vor Joyce, Proust, Kafka warnte man nicht mehr, und ihre Werke wurden dem Leser nicht vorenthalten. Welchen Platz diesen Autoren die Schriftsteller der DDR in ihrem eigenen Schaffen einräumten, blieb ihnen überlassen. Eine offizielle Korrektur durch die Partei erfolgte nicht. Man ließ diejenigen gewähren, die jetzt ihre eigenen Vorbilder priesen. Dadurch hörte die Auseinandersetzung jedoch nicht schlagartig auf, denn die früheren Argumente verschwanden nicht einfach aus den Köpfen. In den siebziger Jahren kamen vielfältige Traditionsbeziehungen zur Sprache. Die Romantik erlebte eine Renaissance. Sie wurde von Franz Fühmann mit großer Andacht rezipiert und von Peter Hacks sarkastisch verspottet. Die literarischen Kämpfe begannen sich mehr und mehr zu vereinzeln. Gegen verschiedene Formenexperimente gab es seitens der Partei weniger Einwände, obwohl sie weiterhin am sozialistischen Realismus festhielt. Doch auch der war ein anderer als zu Ulbrichts Zeiten.

In der persönlichen Haltung zur Kunst bestanden zwischen Honecker und Ulbricht beträchtliche Unterschiede. Zwar besaß auch Ulbricht kein tieferes Verständnis für sie. Doch gegenüber der traditionellen Literatur empfand er Ehrfurcht und Hochachtung. Honecker verhielt sich eher gleichgültig. Aber als ein von der SED, von der Ulbricht-Partei erzogener Funktionär, glaubte er, eine solche laxe Auffassung dürfe er bei sich nicht aufkommen lassen. Seine Großzügigkeit gegenüber Künstlern erklärt sich mehr aus dieser Erwägung. Das trug ihm den Ruf der Fairneß ein. Gegen weiße und graue Vasen polemisch zu Felde zu ziehen, wäre ihm nie eingefallen. Für bestimmte Kunstrichtungen besaß er genausowenig Verständnis wie sein Vorgänger, doch ließ er sie gelten, wenn sie keinen politischen Ärger machten. Es kam vor, daß Künstler ihm bzw. der Partei Bilder schenkten, mit denen er nichts anfangen konnte und von denen er meinte, sie wären eine Zumutung für das Volk. Er nahm sie an und stellte sie in den Schrank. Gelegentlich zeigte er sie kopfschüttelnd seinen Mitarbeitern. Hier zeigte er sich ratlos. Die Künstler ließ er im Glauben, daß er sich ihrer Kunst angenommen habe.

Seine persönlichen Eindrücke wirkten sich nicht auf die Kulturpolitik aus. So bekam seine Gleichgültigkeit der Kunst besser als Ulbrichts Eifer. Wenn einige seiner Funktionäre noch im Stil des Alten verfuhren, hatte es durchaus Sinn, sich bei Honecker zu beschweren. Er konnte zuhören. Ulbricht hatte die Künstler empfangen, um sie zu überzeugen, Honecker, um sie anzuhören. Der Präsident der Akademie der Künste und Intendant des Berliner Ensembles charakterisierte ihn so: »... mit Honecker konnte man verhandeln, wenn man einleuchtende Standpunkte und keine Angst hatte. Er war ein fairer Mensch, intellektuell überfordert, aber aufnahmebereit für Intelligenz.«[7] So kam er den Künstlern in ihren Vorstellungen und Wünschen mehr entgegen als Ulbricht, obwohl in seiner Politik Kunst und Literatur nicht mehr die Bedeutung besaßen wie in der Ulbricht-Ära. Die Mechanismen der Förderung liefen weiter in den Bahnen früherer Zeiten. Da er wenig vertraut war mit den Problemen, die Künstler und Schriftsteller beschäftigten, ließ er sich auf dem 4. Plenum zu der großmundigen Bemerkung hinreißen, daß es von den festen Positionen des Sozialismus aus in der Kunst keine Tabus geben könne. Damit wollte er sich von Ulbrichts rigoroser Bevormundung absetzen. Sein Wort wurde von der künstlerischen Intelligenz auch damals nicht für bare Münze genommen.

In den ersten Jahren nach seinem Amtsantritt schienen die Schriftsteller und Künstler von Honecker nicht enttäuscht. In ihren Erinnerungen hoben viele diese Phase als die glücklichste Zeit in der DDR hervor. Selbst diejenigen, die mit Honecker in Konflikt gerieten, machten da keine Ausnahme. War doch das Aufatmen allenthalben zu spüren. Damit wurden gerade jene Jahre gepriesen, in denen sich die DDR bereits auf abschüssiger Bahn befand. So schrieb Klaus Schlesinger: »Die frühen Siebziger waren ja so etwas wie eine Periode der Hoffnung in der kurzen Geschichte der DDR.«[8] Und Stephan Hermlin meinte: »Ich kann aus der Erinnerung nur sagen, daß die Schriftsteller dieses Jahr 1972 doch zunächst als einen neuen Anfang sahen und daß sie viele Hoffnungen hatten. Diese Hoffnungen haben sich zu einem Teil bestätigt, wenn man genau zurückgeht, was von diesem Jahr ab für längere Zeit bei uns erschien auf dem Gebiet der Literatur, was auf dem Gebiet der bildenden Kunst möglich wurde oder auf dem der Musik. Es war ja noch nicht lange her, daß man einen Arnold Schönberg nicht aufführen konnte. Das soll man nicht vergessen. Und es ging eine Weile ganz gut und ging dann doch wieder nicht sehr gut. Es gibt also hier eine Entwicklung mit Unterbrechungen, aber ich würde auf gar keinen Fall Honeckers Verhalten gegenüber Kunstschaffenden, gegenüber Schriftstellern, den Musikern und den Malern, auf die gleiche Stufe stellen zu dem, was vorher gewesen war.«[9]

Auch ein Großteil der Bevölkerung dürfte aus ihrer Lage heraus diese Meinung geteilt haben. Die politische Entspannung wirkte sich auf das persönliche Leben aus. Man schien sich mit der Teilung Deutschlands abgefunden zu haben. In beiden deutschen Staaten richtete man sich darauf ein, in diesem nach dem zweiten Weltkrieg entstandenen Staatengebilde vernünftig nebeneinander zu leben. Die deutsche Frage verlor ihre existentielle Bedeutung und ihre propagandistische Schlagkraft. In der Bundesrepublik bezeichneten 1972 bei einer Umfrage gerade einmal ein Prozent der Bürger die Wiedervereinigung als die für sie wichtigste Frage. Es sah so aus, als sei mit dem Rücktritt Ulbrichts die emotional aufgeladene politische Periode des Gegeneinanders vorbei.

Honecker profitierte von der internationalen Anerkennung der DDR, die schon zu Ulbrichts Zeiten begonnen hatte. 1973 nahmen Großbritannien und Frankreich diplomatische Beziehungen zur DDR auf. Die DDR und die Bundesrepublik wurden Mitglieder der Vereinten Nationen. Bonn eröffnete eine »Ständige Vertretung« in der Hauptstadt der DDR.

Die neuen diplomatischen Beziehungen zwangen beide Seiten zu einer anderen Intelligenzpolitik, die zu neuen Konflikten führte. Es verstand sich von selbst, daß die Ständige Vertretung in Berlin sich nicht auf die gebräuchlichen Amtsgeschäfte beschränken würde. Die Vertreter der Länder, natürlich auch der Bundesrepublik, luden die Schriftsteller in ihr Haus. Was früher ängstlich auseinandergehalten wurde, führte man jetzt auffällig und manchmal auch demonstrativ zusammen. Neben den amtlichen Empfängen gab es unter den Missionschefs Günter Gaus und Hans-Otto Bräutigam Einladungen zu Gesprächen, Lesungen, Vorstellungen und zu Abendessen im kleinen Kreis. Die da zusammenkamen, waren höchst unterschiedliche Persönlichkeiten, Vertreter des Staatsapparats wie der Kirche, sowie Schriftsteller unterschiedlichster politischer und literarischer Gruppierungen. Neben Funktionären, die man von den Rednerpulten und Amtszimmern kannte, trafen sich hier auch Menschen, die gesellschaftlich ein Nischendasein führten. Wer sich sonst aus dem Weg ging, traf sich hier. Schriftsteller und Künstler, die sonst eine Begegnung vermieden, sah man an diesem Ort in bemühter Konversation. Zu der spannungsgeladenen Mischung der Gäste aus der DDR kamen die der anderen Seite. Was Grotewohl in den fünfziger Jahren vergebens gewollt hatte, »Deutsche an einen Tisch«, in den Räumen der Ständigen Vertretung wurde diese Forderung zum Ereignis. Die Besucher waren sich aber durchaus bewußt, daß dieses einladende Haus auch ein Beobachtungsfeld der Geheimdienste beider Staaten war. Die SED-Führung sah anfangs darin noch eine Gefahr, erkannte aber bald, daß sich diese Normalität nicht umgehen ließ. Die Komposition der Gästeliste lief darauf hinaus, daß Funktionäre und sogenannte Randständige, Dogmatiker und Dissidenten zusammentrafen. Die Mischung war gewollt, obwohl jede Einladung höchste diplomatische Geschicklichkeit und genaue Insiderkenntnis voraussetzte. Mehr als die Diplomaten befanden sich die geladenen Gäste in einer ungewohnten Situation. Da die Ständigen Vertreter Günter Gaus und Otto Bräutigam keine Berufsdiplomaten alten Schlags waren, sondern auch am Leben der DDR und ihrer Leute sehr interessierte Menschen, kam es mit der Zeit zu einer ungezwungenen Atmosphäre.

Schriftsteller und Künstler, Wissenschaftler und Kirchenvertreter gehörten zu den häufig Geladenen. Gefragt waren kritische Geister, Leute, die über eine bloße Konversation hinausgingen. Gäste aus der DDR wahrten zwar Vorsicht, brachten aber auch Achtung und Kritik gegenüber ihrem Staat zum Ausdruck. Dieser Ton in seiner individuellen Färbung setzte sich durch. Klaus Schlesinger, der sich später veranlaßt sah, in die Bundesrepublik überzusiedeln, nahm es nicht hin, wenn westdeutsche Besucher mit dem Slogan »Wir sind doch alle Deutsche« auftraten. Die geschickte Einladungspolitik bei Lesungen, Konzerten und Begegnungen erzeugte vor allem deshalb Vertrautheit zwischen Künstlern und leitendem Personal der Vertretung, weil Respekt vor den künstlerischen und wissenschaftlichen Leistungen der Intelligenz gezeigt wurde. Natürlich gehörte vieles zum diplomatischen Auftrag. Trotzdem gewannen die Besucher den Eindruck, daß man sich für sie und ihre Probleme interessierte. Der Gegensatz zu früheren Jahrzehnten war eklatant. Doch die Belastungsproben für diese Einrichtung und ihre Gäste sollten erst noch kommen.

Daß Ulbricht von den konservativen, am wenigsten reformwilligen Kräften des Politbüros von der politischen Bühne gedrängt worden war, blieb für die weitere Entwicklung nicht ohne Folgen. Es kam zu Veränderungen auf den Leitungsebenen. Ein nüchterner, mehr an den Widersprüchen orientierter Funktionärstypus nahm Einfluß auf das kulturelle Leben. Er unterschied sich von der alten Garde der Kulturpolitiker wie Abusch, Kurella, Rodenberg, die jedoch weiterhin in Ehren gehalten wurden. Die Entscheidungen eines Großteils dieser Leute waren vorwiegend pragmatisch, weniger von abstrakten Theorien bestimmt. Kam es zu Konflikten, die immer häufiger auftraten, suchten sie zu vermitteln. Auch wenn Künstler aus der Politik ausscherten oder beabsichtigten, das Land zu verlassen, gaben sie sich konziliant, rieten zu Kompromissen, nicht zum Bruch. Sie warfen nicht mehr mit Begriffen wie Renegat, Verräter um sich, zu denen alle Brücken abgebrochen werden sollten. Bei vielen Auseinandersetzungen verhielten sie sich vernünftiger als aus der Presse zu entnehmen war. Keine Veränderungen gab es allerdings hinsichtlich der Unterordnung unter die Parteilinie. Sie bestimmte nach wie vor ihre Tätigkeit. Obwohl es keine Einbußen an Disziplin und Ergebenheit gab, wurde der Apparat mehr als zu Ulbrichts Zeiten überspielt. Wer Einfluß besaß, wandte sich gleich an höhere Instanzen, an die führenden Persönlichkeiten. Honecker galt als fair und großzügig.

Der nützliche Pragmatismus wirkte sich aber auch negativ aus. Konzeptionelle und strategische Alternativen blieben aus. Was Harich noch in den fünfziger Jahren bewirken wollte, schien nicht mehr vorstellbar. Zwar verhielten sich die Reformkräfte immer offener und weniger ängstlich, aber ihre Vorstellungen beschränkten sich auf Einzelfragen. Je häufiger sich Kräfte außerhalb der Partei in den Diskurs mischten, desto mehr rückten einzelne Probleme in den Vordergrund. Einen Wandel in der Führungsspitze des vergreisten Politbüros erhoffte man durch eine biologische Lösung. In der Breshnew-Zeit machte sich niemand Illusionen, Veränderungen oder gar eingreifende Reformen ohne Billigung der Sowjetunion durchzusetzen. Doch auf diese wartete man in den siebziger Jahren vergebens. Honecker steuerte einen strikten Erfüllungskurs.

Als der Prototyp der nüchternen Führungskräfte auf kulturellem Gebiet erwies sich Hans-Joachim Hoffmann, Jahrgang 1929, von 1971 bis 1973 Leiter der Abteilung Kultur des ZK der SED und von 1973 bis 1989 Minister für Kultur. Ihm war durch Erfahrungen im Ulbrichtschen Kulturapparat bewußt geworden, daß man durch Konzeptionen und Kampagnen auf die Dauer nicht viel bewirken kann. Seine Arbeit als Leiter der Kulturabteilung des ZK begann er mit einer schonungslosen Bilanz der materiellen Ressourcen auf kulturellem Gebiet, einer nüchternen Darstellung der materiell-technischen Basis der Kultur- und Kaderentwicklung. Auffällig an dieser Erhebung vom Mai 1972 war, daß die übliche Präambel über die bisherigen Erfolge äußerst knapp ausfiel und sie gleich in der ersten These zu der Feststellung kam: »Die Investitionsmittel und Werterhaltung in allen Fünfjahrplänen decken bisher nicht die einfache Reproduktion. Der Verschleiß der Bauten, Einrichtungen und der Ausstattung ist in einer Vielzahl der Objekte soweit fortgeschritten, daß umfangreiche Schließungen erforderlich waren bzw. die Wirksamkeit und Anziehungskraft – vor allem der Kulturhäuser, Kinos, Bibliotheken und Theater – erheblich abgenommen hat.«[10]

Der Verschleißgrad habe sich im Zeitraum von 1967 bis 1970 um rund 5 Prozent auf 51 Prozent erhöht, 1975 werde er um weitere 5 Prozent ansteigen. Allerdings gebe es zwischen den Bezirken beträchtliche Differenzierungen. Bei Gebäuden liege er in Potsdam bei 68,7 Prozent, in Berlin bei 18,4 Prozent. Für die einfache Reproduktion notwendige Mittel seien seit langem nicht mehr bereitgestellt worden. Von 70 Theaterhäusern würden sich in 15 Objekten umfassende Rekonstruktionen notwendig machen, einige seien in der Substanz so verfallen, daß man ohne Ersatzbauten nicht auskomme. »Berechnungen haben ergeben, daß zur Erhaltung des Denkmalwertes, des Nutzwertes und zur Modernisierung der genutzten Räume rd. 590 Mio. Werterhaltungs- und Restaurierungsmittel jährlich notwendig wären.«[11] Die bereitgestellten 7–8 Millionen jährlich seien viel zu gering. An Spezialkräften bei vergleichbaren Denkmalsbeständen gebe es in Polen 3500 Arbeitskräfte, in der DDR aber nur 200.

Das Papier konfrontierte die Verantwortlichen mit der Realität. Bisher hatte man immer über den sozialistischen Aufbau gesprochen, jetzt wurde auf den fortschreitenden Verfall hingewiesen, der jedoch nicht nur die Kulturbauten betraf. Das Dokument wurde nicht zur öffentlichen Diskussion gestellt. Die gelenkte Propaganda überging es. Die Parteiführung alarmierte es nicht in dem Maße, wie es Hoffmann erwartet hatte. Daß die Mängel dennoch immer wieder zur Sprache kamen, läßt sich aus der Tatsache schließen, daß drei von vier erwähnten noch immer zerstörten wichtigen Gebäuden, und zwar die Semper-Oper in Dresden, der Platz der Akademie mit dem Schauspielhaus, dem Deutschen und Französischen Dom sowie das Gewandhaus in Leipzig wieder vorbildlich auf- oder neugebaut wurden. Kurt Masur, der Dirigent des Leipziger Gewandhauses, hielt es für angemessen, sich selbst zur Wendezeit bei Erich Honecker dafür zu bedanken.

Verändert hatte sich auch die Literaturlandschaft der siebziger Jahre. Die Schriftsteller gingen nach wie vor der Gegenwart nicht aus dem

Wege, orientierten sich jedoch zunehmend auf Themen über Sinn und Wert des Lebens. Peter Hacks und Heiner Müller hatten das schon früher getan. Auch Christa Wolf schlug mit ihrem Roman *Nachdenken über Christa T.* diesen Weg ein und wurde dafür arg kritisiert. Nun markierte diese Thematik die Hauptlinie der Literatur und des Leserinteresses. Dinge, die früher als »privat«, als »abseits« von den gesellschaftlichen Interessen gegolten hatten, fanden jetzt eine größere Bedeutung. Die Leiden des »Privatlebens« beanspruchten die Aufmerksamkeit der Menschen. Der Literaturwissenschaftler Hans Kaufmann schrieb: »Der Enthusiasmus der ›neuen Zeit‹ (man denke an Brechts Erörterung über die Anziehungskraft dieses Begriffs, der ›Morgenröte am Horizont‹) kommt nicht vor: auf ihn verzichten zu können, ohne Entscheidendes, ohne sich selbst preiszugeben, darauf kommt es offenbar gerade an.«[12] Nach wie vor befand sich die DDR-Literatur auf einem beachtlichen Niveau. Sie besaß einen großen, ständigen Leserkreis. Das Publikum verfolgte aufmerksam die Entwicklung seiner Lieblingsautoren. Ihr internationaler Ruf nahm zu. Im Ausland beschäftigte man sich mit dieser Literatur. Zweifellos wurde sie als eine starke Strömung innerhalb der allgemeinen Entwicklung der Welt betrachtet. Aufsehen und großes Leserinteresse erregten Erwin Strittmatters *Der Wundertäter. Zweiter Teil*, Irmtraud Morgners *Leben und Abenteuer der Trobadora Beatriz*, Brigitte Reimanns *Franziska Linkerhand*, Volker Brauns *Unvollendete Geschichte*, Christa Wolfs *Kindheitsmuster*, Hermann Kants *Der Aufenthalt*, Helga Königsdorfs *Meine ungehörigen Träume*, Stephan Hermlins *Abendlicht*, Heiner Müllers *Der Auftrag*.

In der vielstimmigen Literatur der Arrivierten, die Ende der 50er Jahre auf sich aufmerksam gemacht hatten, ließ sich nun die junge Generation vernehmen. Sie trat nicht mit einem Paukenschlag hervor. Aber sie trug in der literarischen Diskussion ihre Differenzen mit der älteren Generation vor; denn sie meinte, die großen Entscheidungen seien ohne sie gefallen. Im öffentlichen Interesse blieben diese Autoren zunächst Randständige. Die politische Führung nahm ihre Meinung und ihr Verhalten viel zu spät zur Kenntnis. Man verkannte, daß sich die Jungen anders orientierten, sich in der Literatur ein Wandel vorbereitete.

In beiden deutschen Staaten rückte an die Stelle der »deutschen Frage« das Für und Wider um die »einheitliche deutsche Kulturnation«. In dem Maße, wie die Bundesrepublik die »Einheit der deutschen Kulturnation«

herausstellte, betonte die DDR die Eigenständigkeit der »sozialistischen deutschen Nationalliteratur«. Vor allem seit der Konferenz über Sicherheit und Zusammenarbeit in Europa (Helsinki 1975) und dem Vertrag über Grundlagen der Beziehungen zwischen der DDR und der Bundesrepublik existierte dieser Thesenstreit in der offiziellen kulturpolitischen Diskussion. Im Vergleich zu den fünfziger Jahren hatten sich auf diesem Gebiet die Fronten völlig verkehrt. Damals boten die Sozialisten in der DDR alles auf, um über die Einheit der Kultur, die Verbundenheit der Menschen in Ost und West zu ihrer klassischen Literatur die Deutschen zusammenzubringen. Die avantgardistischen sozialistischen Dichter und Künstler wurden aufgefordert, ihr »altes Gepäck« abzuwerfen. Um der Einheit willen! So Hanns Eisler in der Faustus-Debatte. In der Bundesrepublik war man seit den Studentenunruhen von 1968 dazu übergegangen, sich nicht mehr von sozialistischen Autoren und Künstlern abzugrenzen, auch wenn diese betonten, ihre geistige Heimat sei die DDR. Jetzt zählten auch der frühe, der kommunistische Erwin Piscator, John Heartfield, Johannes R. Becher und andere zur unteilbaren deutschen Kunst und Kultur. Hans Arnold, der wesentlich an der Ausarbeitung der neuen Außenpolitik der Bundesrepublik beteiligt war, definierte: »In einem entspannten Verhältnis zu unserer historischen und kulturellen Vergangenheit gehen wir (die BRD-Politiker – die Verf.) bekanntlich nach wie vor von der Einheit der deutschen Kultur aus. Das heißt, wir betrachten all das, was an deutscher Kultur auf den Gebieten der Bundesrepublik und der DDR bis 1945 an gutem und schlechtem entstanden ist, als gemeinsames und für beide deutschen Staaten gleichermaßen verfügbares und verbindliches kulturelles Erbe. Und wir betrachten das, was das deutsche Volk in der Zeit nach 1945 in den beiden deutschen Staaten kulturell verwirklicht hat, ganz unabhängig von den grundsätzlichen politischen und ideologischen Unterschieden als Teil der Kultur einer gemeinsamen deutschen Nation.«[13]

Im Gegensatz dazu sahen die DDR-Kulturpolitiker in der These von der einheitlichen deutschen Kulturnation »eine Waffe des Nationalismus und des Revanchismus«. Mit dieser Argumentation würde versucht, die deutsche Frage offenzuhalten. Sie setzten dagegen, daß die DDR keineswegs vor der Gemeinsamkeit deutscher Kultur und Geschichte »davonlaufen« wolle, aber seit dem Bestehen der DDR sei in Abkehr und in Abgrenzung von den restaurativen und imperialistischen Verhältnissen eine neue Kultur entstanden, die »Eigenständigkeit einer sozialistischen Nationalliteratur«. Seit 1973 distanzierte sich die DDR ebenso von der These einer »einheitlichen Kulturnation« wie von der Existenz einer »einheitlichen deutschen Literatur«. Was der DDR einmal zur Wiedervereinigung dienen sollte, wurde jetzt zum Gegenstand der Abgrenzung, zur Begründung von zwei deutschen Literaturen.

Doch die Zeit, als Theorien, Strategien und Thesen die Diskussion beherrschten, war vorbei. Die Leute bevorzugten nunmehr konkrete Beziehungen, orientierten sich an persönlichen Eindrücken und Erfahrungen. Man war auf beiden Seiten müde geworden, über abstrakte Fragen zu streiten, nur das Für und Wider gelten zu lassen. Hans Mayer ging von einer »Konvergenzbewegung« in beiden deutschen Staaten aus. Auch Günter Grass meinte, »etwas Gesamtdeutsches« gebe es nur noch in der Literatur. Die DDR dagegen verteidigte die unverwechselbare Eigenständigkeit der DDR-Literatur. Zu einer Neuauflage dieser Diskussion, die in den siebziger Jahren keine große Resonanz auslöste, kam es unter anderen Vorzeichen nach der Wende.

*Zweiter Abschnitt*

Das Kräftemessen – Die 13 und Wolf Biermann.
Wie den Prozeß der Polarisierung aufhalten?

Mitte der siebziger Jahre fürchteten einige Schriftsteller und Künstler, der freiere Umgang mit den Künsten werde langsam wieder zurückgenommen. Die Liberalisierung der Kulturpolitik hatte Erleichterungen gebracht, aber zu einer ungehinderten Meinungsbildung in der Öffentlichkeit war es nicht gekommen. Es mehrten sich die Anzeichen, daß die Zügel wieder angezogen werden. Die Dialogbereitschaft von SED und Regierung hörte auf, sobald beide in die Öffentlichkeit gerieten. Auf dem 6. Plenum (1972) hatte Kurt Hager die Vielfalt der Gestaltungsweisen des sozialistischen Realismus betont und dafür manches

Lob aus den Reihen der Künstler erhalten. Erwin Strittmatter telegrafierte ihm: »Dank für Deine Ausführungen auf dem Plenum.«[14] Die Malerin Lea Grundig schrieb ihm: »Ich bin sehr begeistert.«[15] Doch schon auf dem 9. Plenum (1973) meinte Erich Honecker, Schriftsteller wie Ulrich Plenzdorf und Volker Braun vor dem Gebrauch einer mißverstandenen Freiheit warnen zu müssen. Um die Möglichkeiten der Veröffentlichung von Werken im Westen einzuschränken, wurden 1973 die Devisengesetze verschärft. Im Oktober 1976 schloß der Bezirksverband Gera/Erfurt Reiner Kunze wegen der nicht genehmigten Westveröffentlichung des Prosabandes »Die wunderbaren Jahre« aus dem Schriftstellerverband aus. Er fand wenig Beistand bei seinen Kollegen. Selbst Wolf Biermann wollte nicht mit ihm verglichen werden.

Nach der Unterzeichnung der Schlußakte der »Konferenz für Sicherheit und Zusammenarbeit in Europa« (KSZE) im August 1975 in Helsinki durch die DDR und die BRD sollten Verhandlungen über den »Korb 3«, die Menschenrechte, folgen. Die Bonner Regierung ließ sich keine Gelegenheit entgehen, jede Einschränkung der Rede- und Veröffentlichungsfreiheit von Künstlern in der DDR bloßzustellen und die Betroffenen mit ihrem Werk oder ihrer Wortmeldung im Westen herauszustellen, sei es durch Einladungen, Veröffentlichungen, Auszeichnungen mit Preisen, Akademiemitgliedschaften. Kunze wurde z. B. Mitglied der Bayrischen Akademie, Hermlin Mitglied der Westberliner Akademie der Künste. Die DDR-Regierung hielt es für notwendig, solche Vorgänge unter Kontrolle zu bringen. Sie ließ die Künstler durch die Staatssicherheit beaufsichtigen und beobachten. Es wurde viel Papier über sie beschrieben. Was die Schriftsteller in westlichen Gremien äußerten, welche Einladungen von Botschaften sie annahmen, wie sie dort auftraten; all das schien diesen Organen ungeheuer wichtig. Durch die außenpolitische Anerkennung der DDR war die kulturpolitische Situation nicht einfacher geworden. Gegenüber dem Verhalten ihrer Intelligenz zur Adenauer-Regierung konnten die DDR-Machthaber ziemlich unbesorgt sein. Mit ihr suchten die Intellektuellen kein Gespräch. Doch jetzt gab es eine andere Öffentlichkeit. Einige Leute in den Führungskreisen der DDR hielten es daher für notwendig, sich neuer Maßnahmen zu bedienen.

## Die Nachricht

Im November 1976 kam es zu einem Vorfall, der alle Illusionen zunichte machte und die literarisch-künstlerische Intelligenz in gegensätzliche Lager teilte. Am 16. November 1976 meldete *ADN*: »Die zuständigen Behörden der DDR haben Wolf Biermann, der 1953 aus Hamburg in die DDR übersiedelte, das Recht auf weiteren Aufenthalt in der Deutschen Demokratischen Republik entzogen.«[16] Was war vorgefallen?

Je weniger Biermann in der DDR auftreten durfte, desto mehr bemühte man sich im Westen, ihn einzuladen. Schon 1975 gab es einen Versuch, ihn für eine Solidaritätsveranstaltung in Offenbach zum Gedenken an den spanischen Widerstand zu gewinnen. Die DDR verweigerte das Visum. 1976 lud ihn die IG Metall zu einem Konzert ein. Am 13. November 1976 trat Biermann in Köln vor 7 000 Zuhörern auf. Das Konzert übertrug die ARD in einer sechsstündigen Sendung. In der DDR konnte man die Übertragung im Fernsehen verfolgen. Im Zentralorgan der SED, dem *Neuen Deutschland*, hieß es am 17. November 1976: »Um den Grad der Unverschämtheit dieses sogenannten Liedermachers zu ermessen, muß man sich vergegenwärtigen, auf welcher Bühne sich das alles abgespielt hat, nämlich in einem kapitalistischen Land, in der BRD ... Was er dort, noch als DDR-Bürger ... an Haß, Verleumdung und Beleidigungen gegen unseren sozialistischen Staat und seine Bürger losgelassen hat, macht das Maß voll. Schon jahrelang hat er unter dem Beifall unserer Feinde sein Gift gegen die DDR verspritzt.«[17] Nach der Ausbürgerung stellte Marcel Reich-Ranicki in der *Frankfurter Allgemeinen Zeitung* fest: »Wir haben jetzt hier einen Feind mehr!«[18]

Als die Ausbürgerung Biermanns bekannt wurde, kam es zu einer eiligen Verständigung einiger Schriftsteller. Stefan Heym rief Stephan Hermlin an. Robert Havemann Stefan Heym. Der Schauspieler Manfred Krug setzte sich hin, um, wie er ironisch bemerkte, an Genossen Erich Honecker einen »schönen deutschen Hausfrauenbrief« zu schreiben. Das hatten auch andere vor. Am 17. November 1976 rief Stephan Hermlin einige Berliner Schriftsteller zu sich in die Kurt-Fischer-Straße und verlas vor den dort Anwesenden den Entwurf einer Erklärung. Der »maßvoll und beherrscht« abgefaßte Text fand Zustimmung und machte andere vorbereitete Erklärungen überflüssig. Stephan Hermlin und Gerhard Wolf gingen noch zu dem nebenan wohnenden erkrankten Bildhauer Fritz Cremer. Der wollte die Formulierung »Forderung« durch »Bitte« ersetzt wissen. Das geschah. Der endgültige Text lautete: »Wolf Biermann war und ist ein unbequemer Dichter – das hat er mit vielen Dichtern der Vergangenheit gemein. Unser sozialistischer Staat, eingedenk des Wortes aus Marxens ›18. Brumaire‹, demzufolge die proletarische Revolution sich unablässig selbst kritisiert, müßte im Gegensatz zu anachronistischen Gesellschaftsformen eine solche Unbequemlichkeit gelassen nachdenkend ertragen können. Wir identifizieren uns nicht mit jedem Wort und jeder Handlung Wolf Biermanns und distanzieren uns von den Versuchen, die Vorgänge um Biermann gegen die DDR zu mißbrauchen. Biermann selbst hat nie, auch nicht in Köln, Zweifel darüber gelassen, für welchen der beiden deutschen Staaten er bei aller Kritik eintritt. Wir protestieren gegen seine Ausbürgerung und bitten darum, die beschlossene Maßnahme zu überdenken.«[19] Unterschrieben wurde die Erklärung von 13 Personen: Sarah Kirsch, Christa Wolf, Volker Braun, Franz Fühmann, Stephan Hermlin, Stefan Heym, Günter Kunert, Heiner Müller, Rolf Schneider, Gerhard Wolf, Jurek Becker, Erich Arendt, Fritz Cremer.

Eigentlich waren es nur 11, denn Fritz Cremer zog seine Unterschrift wieder zurück und Rolf Schneider fand sich zufällig bei Hermlin ein, was zunächst Mißtrauen erregte. Ihn hatte Hermlin nicht eingeladen. Da schnell gehandelt werden mußte, wandte sich der Dichter an in Berlin wohnende und erreichbare Künstler. Dennoch überlegte er genau, wer die Unterzeichner sein sollten. Es handelte sich durchweg um Autoren, die das Publikum schätzte, und zwar nicht nur wegen ihres literarischen Talents, sondern auch wegen ihrer positiv kritischen Haltung zur DDR. An Beistand aus dem Publikum hatte es ihnen bisher nicht gefehlt. Der Großteil der Unterzeichner gehörte der Partei an oder fühlte sich seit langem mit der Sache des Sozialismus verbunden.

Die Unterzeichner vereinbarten, die Erklärung dem *Neuen Deutschland* und *ADN* zu übergeben und mit einer Sperrfrist von mehreren Stunden, bis 17.00 Uhr, Reuters und Agence France Presse. *Neues Deutschland* und *ADN* sollten einen Vorsprung haben. Stephan Hermlin gab die Petition in der Redaktion des *Neuen Deutschland* ab, Stefan Heym in der *Agentur Reuters*. Der Erklärung schlossen sich am 17. und 18. November weitere Schriftsteller und Künstler an. Die zweite Liste enthielt unter anderen die Namen Jutta Hoffmann, Ulrich Plenzdorf, Klaus Schlesinger, Fritz Rudolf Fries, Thomas Brasch, B. K. Tragelehn, Kurt Bartsch, Hans Joachim Schädlich, Rolf Ludwig, Käthe Reichel, Nina Hagen, Bettina Wegner, Eva-Maria Hagen, Angelica Domröse, Hilmar Thate. Es lag eine gewisse Bereitschaft vor, sich der Erklärung der 13 anzuschließen. Man wollte zu Hermlin und seinem Kreis gehören. »Es gab Tränen und Vorwürfe von Leuten«, schrieb Manfred Krug, »die sich nicht auf den Listen fanden.«[20]

Das *Neue Deutschland* veröffentlichte die Erklärung der 13 nicht, dafür begann die Redaktion im Auftrag der Partei, am 20., 21. und 22. November Erklärungen von namhaften Kulturschaffenden in großer Aufmachung zu veröffentlichen, die die Maßnahme der Partei und Regierung unterstützten. Die Namensliste des *ND* enthielt nicht weniger berühmte Namen wie die Erklärung der 13. Für den Beschluß der Regierung erklärten sich Anna Seghers, Ludwig Renn, Wolfgang Heinz, Konrad Wolf, Erik Neutsch, Helmut Sakowski, Ernst Hermann Meyer, Ruth Berghaus, Wieland Herzfelde, Willi Neubert, Willi Sitte, Ernst Busch, Hermann Kant, Ekkehard Schall und viele andere. Das sonst immer so einheitliche Feld der DDR-Kunstschaffenden war plötzlich aufgerissen zwischen Unterzeichnern und Gegenunterzeichnern. Die SED ließ sich auf das fatale Spiel ein, der Öffentlichkeit vorzuführen, wer über die stärkeren und zahlreicheren Bataillone verfügte. Als Stefan Heym in Anbetracht der Listen, die das *Neue Deutschland* veröffentlichte, den Verantwortlichen für Agitation und Propaganda im Politbüro der SED Werner Lamberz warnte, sich einer Täuschung hinzugeben, wenn er glaube, daß das die Mehrheit der Intellektuellen in diesem Land sei, antwortete Lamberz selbstsicher: »Das werden wir sehen.«[21] Die SED-Führung glaubte offensichtlich, die Parteinahme für Biermann werde in wenigen Wochen vergessen sein. Sie irrte, hatte sie doch eine Konfrontation erzeugt, die blieb, als Biermann von der Ursache schon längst zur Nebensache geworden war. Andererseits konnten sich beide Seiten ihrer Bataillone nicht sicher sein. Unter den 13 gab es Stimmen, die die Sache nicht weitertreiben und die Polarisierung beenden wollten. Den Gegenerklärungen war anzumerken, daß es den Unterzeichnern mehr um eine Parteinahme für den Staat ging. Auf beiden Seiten bedauerte man die entstandene Konfrontation. Fritz Cremer und Ekkehard Schall zogen ihre Unterschriften zurück. Selbst Hermann Kant, der später zum Richter ausersehen war, meinte in seiner Stellungnahme: »Ich will nicht verhehlen, dies rasch zu sagen, daß ich Herrn Biermann ganz gut ausgehalten habe und auch weiterhin ausgehalten hätte; mich brauchte man nicht vor ihm zu schützen.«[22]

Die Erklärungen im *ND* konzentrierten sich eigentlich nur auf einen Punkt: Mußten sich die 13 mit ihrem Protest an ausländische Agenturen wenden statt an die eigene Regierung? Davon glaubte man sich zu recht distanzieren oder sich darüber empören zu müssen. Hermann Kant brachte das auch sofort auf den Punkt: »Meine Sorge geht anders: Wer oder was gewinnt und wer oder was verliert etwas, wenn sozialistische Künstler eine Mitteilung zu machen wünschen, sich kapitalistischer Übermittlungs- und Verstärkeranlagen bedienen?«[23] Warum wandten sie sich nicht an Erich Honecker, zu dem, wie viele wußten, Stephan Hermlin einen direkten Draht besaß?

In der Erklärung dieses Umstandes kam zutage, worum es bei der Biermann-Affaire eigentlich ging. Es kamen die tieferen Beweggründe zum Vorschein, die Substanz der gegenseitigen Vorwürfe. Hermlin wurde danach gefragt, und er antwortete: »Darüber läßt sich diskutieren, das gebe ich zu, wie ich das gemacht habe, darüber läßt sich diskutieren. Ich bin heute noch nicht zu einem Schluß gekommen: Denn das, was ich gesagt habe, habe ich gesagt, und das ist das, was ich meine, mit den Worten, die ich auch im kleinen Kämmerlein gesagt habe ... Und in diesem Moment habe ich mir gesagt, da genügt es nicht, daß ich das fünf Leuten sage, ich muß es vielen Leuten sagen – ich muß es vielen Leuten sagen!«[24]

Bisher hatten die Schriftsteller Probleme auf der »Königsebene« vortragen können. Es fehlte ihnen dazu weder an Mut noch an der Bereitschaft der Regierenden. Aber es gab auch Grenzen. Bisher konnte über vieles gesprochen werden, nur sollte es nicht in die breite Öffentlichkeit gelangen. Doch gerade da wollten die Unterzeichner hin. Diesen Kampfplatz wollten sie betreten. Als Schriftsteller kam es ihnen darauf an, sich an ihre Leser zu wenden. Konflikte und Nichtübereinstimmungen sollten in der Öffentlichkeit ausgetragen werden. Die Rolle des Dolmetschers für die berechtigten Ansprüche des Individuums wollten sie sich nicht nehmen lassen. Franz Fühmann umriß die Funktion des Schriftstellers, als er schrieb: »Zum Begriff des Schriftstellers gehört der Begriff der Öffentlichkeit und der ist ebenso wenig teilbar wie der Schriftsteller selbst.«[25]

Nicht wenige sahen sich jetzt vor die Entscheidung gestellt, aus dem bisherigen Rollenverständnis, das Biermann als »Feudalsozialismus« verspottete, auszusteigen. Ihr Protest sollte dazu beitragen, eine Öffentlichkeit herzustellen, die nicht vorhanden war, sondern nur vorgetäuscht wurde. Die Schriftsteller fühlten sich durch den Fall Biermann zu einer Entscheidung gedrängt. Jetzt mußten sie etwas tun, wollten sie sich nicht selbst aufgeben. Es ging nicht mehr um die Freiheit der Stilmittel, der künstlerischen Richtungen. Diese Forderung hatte sich erledigt. Jetzt stritten sie um den Zugang zur öffentlichen Meinung. Christa Wolf brachte die Bedrängnis der Situation zum Ausdruck, als sie sagte: »Ich glaube, daß ich nicht mehr hätte schreiben können, wenn ich an diesem Tag nicht öffentlich hätte sagen können, was ich dachte und fühlte. Man sagt uns jetzt, es hätte uns der Weg der Aussprache mit führenden Genossen oder der Postweg an entsprechende Institutionen offengestanden. Das ist wahr! Diesen Weg ist jeder von uns in der Vergangenheit und meist mit sehr geringer Resonanz gegangen. Alle hier im Raum wissen, daß sehr viele Genossen und Bürger in diesen Tagen eben diesen Weg gewählt haben, um ihre Bestürzung, ihre Sorge, ihre Bedenken auszudrücken, keines dieser Schreiben ist gedruckt oder gesendet worden.«[26]

Im Gespräch mit Werner Lamberz erklärte Stefan Heym, er, wie auch die anderen, seien der Meinung, daß es in der DDR keine Öffentlichkeit gebe, an die sie sich hätten wenden können. Als in der Reihe der Unterzeichner die Meinung durchdrang, daß es vielleicht doch ein Fehler gewesen sei, ihre Meinung über westliche Agenturen kundzutun, da ja jetzt der Mißbrauch offenkundig sei, wies Manfred Krug in aller Schärfe auf die Ausgangssituation hin: »Wie schizophren das alles ist. Erst rechnen wir mit dem Mißbrauch, damit die Erklärung offenkundig wird und Publizität erlangt, die wir bei uns nicht erlangen konnten, und dann ... Ich glaube, jeder einzelne ist sich hier klar darüber: Wir hätten in Einzelgesprächen, in netter, freundschaftlicher Form mit euch darüber reden können. Jeder schön einzeln. Das wäre alles ganz prima gelaufen. Leise und unauffällig. Nun haben wir uns aber entschlossen, diesen für uns alle sehr schmerzhaften Weg zu gehen. Sehenden Auges, denn wir wußten vorher, daß es mißbraucht werden würde, deshalb haben wir's ja dem Klassenfeind gegeben. Der hat jetzt seine Schuldigkeit getan und wie erwartet mißbraucht, jetzt hat es Publizität, da setzen wir uns schizophrenerweise hin und hecken aus, wie wir den Mißbrauch ... äh ...

verteufeln können.«[27] Mit dieser lässig formulierten Feststellung traf Krug den Punkt, um den sich alles drehte, von dem aus die Lösung möglich gewesen wäre, aber es gab in der DDR keine Öffentlichkeit, an die man sich hätte wenden können. Die Regierenden wollten ein solches Resultat nicht und verhandelten hart. Dadurch kamen Bedenken auf. Wie weit können wir gehen?

Mitte der siebziger Jahre erwies sich die literarische und künstlerische Intelligenz als die stärkste und aussichtsreichste Oppositionskraft, weil sie über ein Massenpublikum verfügte, das sich zwar als politischer Faktor schwer einschätzen und berechnen ließ, als Sympathieträger jedoch nicht zu unterschätzen war. Diese Opposition wollte Veränderungen bei uneingeschränktem Bekenntnis zur sozialistischen Gesellschaftsordnung. Sie verkörperte, um einen Ausdruck von Marx zu gebrauchen, das kritisch Positive. Sie war sozial engagiert und frei von allen egoistischen westlichen Parteistandpunkten, die Neuerungen immer auch als Wandel der Eigentumsverhältnisse verstanden. Diese Opposition befand sich in den siebziger Jahren auf ihrem Höhepunkt und wurde noch nicht von anderen Schichten und Organisationen überlagert. Heiner Müller, der verborgene Tendenzen in provokativ aufbereiteten Übertreibungen verständlich zu machen verstand, brachte die Situation in der grotesken Überspitzung zum Ausdruck: »Wir haben hier in der DDR zwei Parteien: die SED und die Schriftsteller. Unsere jungen Leute lesen alle die Klassiker des Marxismus und entwickeln dadurch große Erwartungen. Und wenn sie anfangen Forderungen zu stellen, stößt man sie mehr oder minder sanft zurück. Darauf fühlen sie sich frustriert und werden Dichter. So gesehen, sind wir neben der Sowjetunion die größte literarische Talentfabrik, die es auf der Welt gibt. Kein Wunder, daß vor unseren Buchhandlungen die Literaturinteressierten Schlange stehen. Im Westen wird es so etwas nie geben. Die haben überhaupt keine Literatur. Die leben ja nur von unserem Ramsch. Wir können ruhig zehn Autoren im Jahr an die BRD verlieren, damit die auch etwas zu lesen haben. In der Zwischenzeit wachsen bei uns 100 neue Schriftsteller nach.«[28]

Genau betrachtet, hatte die SED die Schriftsteller in eine solche Position gedrängt. Einmal durch die Bedeutung, die sie der Poesie zumaß, und zum anderen durch die Unterdrückung einer pluralistischen Meinungsbildung. Da in der DDR über die dringlichsten Existenzschwierigkeiten nicht in aller Öffentlichkeit diskutiert werden konnte, wurden die Schriftsteller mit ihren Werken zu Dolmetschern der Volksmeinung. Eben weil es keine Ventilfunktion gab, schätzte das Publikum an den Dichtern mehr als deren Kunstfertigkeit das Vermögen, das auszudrücken, was viele bewegte und bedrückte. Hierin bestand die eigentliche privilegierte Existenz der Schriftsteller. Je häufiger die Politiker die politische Aussprache über gesellschaftliche Widersprüche einschränkten, desto mehr Gewicht und Popularität bekam die literarische Wortmeldung. Die Dichter konnten auf einen Anhang verweisen, zu dem sich zunehmend auch Leute aus dem Staats- und Parteiapparat gesellten. Sie wurden so zu den eigentlichen Volksvertretern.

Die literarische Intelligenz wuchs in diese Rolle ohne eigenes Zutun hinein. Darin fühlten sich einige zwar wohl, weil sie ihren Büchern Geltung verschaffte und ihnen selbst zu einer Stellung in der Gesellschaft verhalf, von der aus sich manches durchsetzen ließ. Einige schmeichelte es, Zugang zur »Königsebene« zu haben. Andere wieder fanden es lästig, die Interessen vieler zu vertreten, während die vielen stumm blieben. Über das »große Auge« zu verfügen, wie Jurek Becker die Eigenheit der DDR-Schriftsteller bezeichnete, das brachte aber auch Gefahren, führte zu existenzbedrohenden Situationen: »Mit dem ›Auge‹ meine ich auch die Erwartung einer Leserschaft, die eine bestimmte Lautstärke von Literatur erwartete – nebenbei gesagt, einer Gesellschaft von Feiglingen, die es gern sah, daß alles Aufbegehren an eine bestimmte Berufsgruppe delegiert wurde, die sich selbst aber still verhielt. Was ja auch wiederum viele Autoren zu großer Lautstärke angespornt hat.«[29]

Freilich, die geforderte Öffentlichkeit ließ sich nicht dadurch herstellen, daß die Erklärung der 13 veröffentlicht wurde. Das hätte nur ein Anfang sein können, ein Anfang, der zu Umwälzungen im gesamten Presse- und Medienwesen führen mußte. Ein tiefer Eingriff in die Gesellschaft wurde da verlangt. Es ging nicht um einzelne Vorfälle, nicht um Personen, nicht um Biermann, der den Stein nur ins Rollen gebracht hatte. Schlesinger umriß den Grad der Veränderungen, der erfolgen müsse, wollte man eine Einigung erzielen: »Also Presse zum Beispiel, die kriegt 'ne ganz andere Funktion. Die Rolle des Intellektuellen, die am Anfang richtig eine bestätigende Funktion hatte, ist jetzt eine andere.«[30] Biermann mag sich nach seiner Ausbürgerung, als er in Köln vor einem Wald von Mikrophonen stand und befragt wurde, als weltpolitische Person gefühlt haben. Aber in all den leidenschaftlichen Gesprächen, in den hektischen Diskussionen, die nach dem 17. November in verschiedenen Gremien in der DDR geführt wurden, ging es längst nicht mehr um Biermann.

## Zur Person Biermanns

Die 13 Erstunterzeichner hielten es für notwendig zu erklären, daß sie sich nicht mit jedem Wort und jeder Handlung Wolf Biermanns identifizierten. Manfred Krug meinte sogar, das könne man nicht einmal mit der Hälfte dessen, was er von sich gegeben habe. Unter den 13 hatte Biermann nur einen Freund: Jurek Becker. Für die anderen war er mehr ein politischer Vorgang. Ihre Ästhetik ließ sich nicht mit der Biermanns in Verbindung bringen. Eigentlich paßte er in keinen Freundeskreis, nicht in den Heiner Müllers und Volker Brauns und schon gar nicht in den Stephan Hermlins und Christa Wolfs. Hermlin war zwar der erste gewesen, der dem jungen Dichter eine Tribüne gab, aber er pflegte keine Beziehungen zu ihm. Ästhetisch und politisch blieb er ihm fremd.

Biermann stand in der Tradition von Villon und Heine. In der deutschen Literatur war jedoch eine solche Begabung selten. Leute seiner Art hatten es in der DDR schwer. Zwar behauptete er von sich, er »komme ja von der Straße ... von unten«, trotzdem gehörte er nicht in die Reihe der urwüchsigen Talente, die nur aus ihrer eigenen Erlebnissphäre produzierten. Seine Dichtung reflektierte die widerspruchsvolle geistige Physiognomie von Intellektuellen, nicht von Menschen auf der Straße. Was ihn umgab, war die Atmosphäre kleiner Zirkel, die in größere Räume drängten, an mehr Publikum. Er besaß ein feines Gefühl für sprachliche Nuancen und artistische Finessen. Das alles ließ auf Kennerschaft schließen. Daß er sich in die revolutionär-proletarische Tradition stellte, bedeutete nicht, daß er an diese Tradition der zwanziger und dreißiger Jahre anknüpfte. Von Anfang an bewegte er sich höchst souverän in der Literaturlandschaft. Die Aggressivität seiner Dichtung verband er mit einem volkstümlichen Charme. Das machte seine Beliebtheit aus. Gelegentlich gebrauchte er grobe Schimpfworte und geschmacklose Wendungen, ohne daß sein Vers dadurch an poetischem Reiz verlor. Der Schimpf diente ihm als ein Element der Katharsis. Seine Balladen und Lieder waren ebensoweit vom Volkslied wie von den Kampfliedern Eisler/Brecht entfernt. Sie luden nicht zum Mitsingen ein, sondern verlangten nur den eigenen Vortrag. Seine ästhetische Position erklärt sich auch daraus, daß er sich innerhalb der Literaturverhältnisse der DDR von keiner Tradition richtig abstoßen konnte, daß er seine literarischen Väter nicht fand, die er totschlagen mußte. So kam es bei ihm zu einem eruptiven poetischen Ausbruch, der rasch wieder verebbte. Seiner Begabung waren keine Entwicklung, keine Entfaltung, keine Neuansätze beschieden. Ein tragisches Talent! Eigentlich gab es für ihn nur einen Auftritt.

Was aber bewog Schriftsteller, die distanziert zu Biermann standen, sich leidenschaftlich für ihn einzusetzen? Wenn es in den Diskussionen nach der Biermann-Auseinandersetzung auch um andere, weit wichtigere Vorgänge ging, so führte er doch Schriftsteller zusammen, die nicht gerade zu seinen Fans zählten. Manfred Krug hat den Grund treffend in ein Bild gefaßt. Er sagte, Biermann war vor allem für die Künstler wichtig, »wie das Nebelhorn für die Seefahrer. Sein Rausschmiß war die entscheidende Beeinträchtigung der gesamten künstlerischen Arbeit in der DDR, soweit sie diesen Namen verdiente ... Nie mehr würde man ohne ihn herausfinden, wieviel Mißvergnügen noch gezeigt werden durfte. Der war unverzichtbar für die Orientierung.«[31] Biermann, den Krug für den Begabtesten, aber auch für den Unverschämtesten hielt, markierte mit seiner Dichtung das, was bei einem festen sozialistischen Standpunkt in der Kunst erlaubt sein müßte. In Köln hatte er keinen Zweifel daran gelassen, welcher Gesellschaftsordnung er bei aller Kritik den Vorzug gab. Gerade weil er alles sehr direkt aussprach, weil seine Verse nicht auf den Untertext verwiesen, weil sie Lob und Fluch des Sozialismus in einem zum Ausdruck brachten, sahen sie in ihm und seiner Dichtung die Meßlatte für die nötige geistige Bewegungsfreiheit. Nicht philosophisch wollten sie sich an ihm orientieren, aber an seiner Art. Schimpf und Hoch für den Sozialismus sollten in der Literatur zugelassen werden. Das erklärte ihre Verbundenheit. Es ging nicht schlechthin um Biermann, auch nicht um die Besonderheit seiner Dichtung. Hermlin machte das noch einmal deutlich, als er sagte: »Ich hätte nie eine Sache in die Welt gesetzt, in der ich gefordert hätte, Freiheit für Biermann in der DDR. Das wäre eine demagogische Forderung gewesen.«[32]

Die zweite Etappe des Kräftemessens, dessen Ausgangspunkt die Erklärung der 13 gewesen war, fand ihren Höhepunkt in einer Zusammenkunft von Schriftstellern und Künstlern mit dem Politbüro-Mitglied Werner Lamberz im Hause des Schauspielers Manfred Krug. Nach Aussagen von Kurt Hager war die Ausbürgerung Biermanns ein Alleingang Erich Honeckers gewesen. Hager und der Kulturminister Hans-Joachim Hoffmann hätten davon erst durch das Fernsehen erfahren. Daß Honecker ohne vorherige Absprache mit dem Politbüro die Staatssicherheit beauftragte, die Ausbürgerung einzuleiten, darüber gibt es keinen Zweifel. Es war nach dem 11. Plenum sein zweiter verhängnisvoller Fehler im Kulturbereich. Nach seinem Sturz meinte er, er hätte damals »vielleicht eine andere Entscheidung treffen können«. Die wurde jedoch nicht einmal in Erwägung gezogen. In der Politbüro-Sitzung am 16. November 1976 erklärten sich alle Anwesenden mit der Maßnahme einverstanden. Auch Kurt Hager.

Daß plötzlich Werner Lamberz zum Akteur dieser zweiten Etappe wurde und nicht Kurt Hager, mag daran liegen, daß sich Künstler, die im Fernsehen arbeiteten, an den Intendanten Heinz Adameck wandten, um eine Klärung herbeizuführen. Das Fernsehen unterstand im Parteiapparat Werner Lamberz. Der Schauspieler Hilmar Thate und seine Frau, Angelica Domröse, sollen die Zusammenkunft vermittelt haben. Von den Erstunterzeichnern waren nur Stefan Heym, Jurek Becker, Christa Wolf und Heiner Müller anwesend. Es fanden sich aber auch einige von denen ein, die sich der Erklärung in einer zweiten und dritten Liste angeschlossen hatten: der Filmregisseur Frank Beyer, die Schauspieler Hilmar Thate, Angelica Domröse, Jutta Hoffmann, der Hausherr Manfred Krug, ferner die Schriftsteller Klaus Schlesinger, Ulrich Plenzdorf und Dieter Schubert. Von den Funktionären beteiligten sich Werner Lamberz, Heinz Adameck und Eberhard Heinrich. Stefan Heym vermerkte: »Die Atmosphäre ist gespannt, der Ton betont freundlich.«[33] Die meisten der Künstler und Funktionäre sprachen sich mit dem Vornamen an. Auf beiden Seiten schien man in alle Einzelheiten eingeweiht.

Obwohl der Fall Biermann zu den bestdokumentierten und -kommentierten Literaturvorgängen gehört, fand er eine interessante Bereicherung dadurch, daß Manfred Krug das gesamte Gespräch insgeheim auf Tonband aufnahm, das er 19 Jahre lang unter Verschluß hielt.

Die Zusammenkunft schien nicht unnütz. Sie barg sogar die Chance, beide Seiten aus der Polarisierung herauszuführen, die Spannung aufzulösen. Sie hätte zu einem neuen Verhältnis zwischen Partei und künstlerischer Intelligenz führen können. Vor der Aussprache machte sich

Heym im Gespräch mit Hermlin noch einmal klar, was sich bei gegenseitiger Einsicht erreichen ließ: »Es gibt zwei Möglichkeiten, die wir durchdenken sollten. A – die ›zuständigen Behörden‹ ziehen das Ding mit Gewalt durch, dann wird noch mehr Geschirr zerschlagen werden, als jetzt schon zerbrochen wurde, und die Folgen werden unabsehbar. B – die Genossen haben an der Reaktion im Land und außerhalb gemerkt, daß man die Sache korrigieren sollte, dann muß man Biermann dazu kriegen, daß er eine vernünftige Erklärung abgibt, und vor allem muß man verhüten, was ich gestern schon andeutete, daß die Bevölkerung einen solchen Schritt der Regierung als Schwäche sieht. Dann müssen die Schriftsteller, die am 17. unterzeichnet haben, sich demonstrativ vor die Regierung stellen; in welcher Form, kann man noch besprechen.«[34] Die Bereitschaft, bei einer Zurücknahme sich demonstrativ vor die Regierung zu stellen, wäre der Schlüssel zur Auflösung der Polarisierung gewesen. Keine Seite hätte ihr Gesicht verloren. Eine solche Lösung setzte allerdings voraus, daß die Partei der literarischen und künstlerischen Intelligenz einen freieren Zugang zur Öffentlichkeit gewährte. Was Heym mit Hermlin absprach, vertraten auch diejenigen, die im Hause Krugs Werner Lamberz gegenübersaßen. Es wäre für die SED die »andere Entscheidung« gewesen, von der Honecker nach seinem Sturz sprach. Im Gespräch mit Lamberz warben die Künstler eindringlich für ein solches Ergebnis. An Werner Lamberz gewandt sagte Stefan Heym: »Dieser Brief von den Genossen enthält die Bitte an die Regierung, diese Sache noch einmal zu überdenken. Ich weiß nicht, ob es nicht möglich ist, daß Sie dies tun. Ich habe neulich – auch wieder im Fernsehen – gesagt, das wäre nicht ein Zeichen von Schwäche, sondern ein Zeichen von großer innerer Kraft. Ich meine, wenn Sie sagen würden – das ist natürlich sehr erschwert durch diese Seite voller unqualifizierter Statements heute im *ND (Neues Deutschland)* –, wenn Sie sagen würden, daß Sie auf Bitten vieler prominenter Künstler und Schriftsteller der Republik diese Entscheidung rückgängig machen …«[35] Die versammelten Künstler boten alles auf, um Lamberz zu überzeugen, eine vernünftige Korrektur einzuleiten. Beide Seiten könnten nur gewinnen. Ihr emotionales Engagement ließ keinen Zweifel daran, daß sie sich dafür einsetzen würden, danach die Reihen wieder fester zu schließen. »Becker: Ich bin überzeugt davon, daß die Rücknahme einer solchen Entscheidung nicht hämisches Grinsen zur Folge hätte bei uns und bei unseren Freunden, bei den Freunden der DDR in der DDR, sondern Sympathie und ... Wolf: Daß wir alles dazu tun würden, daß die Wirkung so wäre ... Becker: Das will ich versichern. Ich zerreiße mich dafür.«[36]

Man hätte eigentlich davon ausgehen können, daß Lamberz eine solche Entscheidung in Erwägung ziehen würde, denn so flehentlich hatten die Künstler die Partei noch nie um etwas gebeten. Er galt als der Befähigste, der Klügste unter den Funktionären der obersten Etage. Ulbricht hätte ihn zuletzt gern Honecker vorgezogen, als er merkte, welchen Kurs der von ihm bestimmte Nachfolger steuerte. Das machte Lamberz' Situation gegenwärtig eher schwierig. Heym eröffnete das Gespräch mit ihm gleich mit einem Kompliment, wenn auch ein wenig plump: »Ich möchte vorausschicken, daß es mich freut, den Genossen Lamberz auf diese Weise kennenzulernen, von dem ja – um den *König David Bericht* zu zitieren – das Gerücht geht, er sei einer der Weisesten im Lande.«[37] Das Gespräch war von Seiten der Künstler ein Verweis darauf, daß sie sich nicht mehr alles gefallen lassen wollten, und im Hinblick auf den Funktionär Lamberz zugleich ein Test, ob er die Hoffnung erfülle, die man in ihn setzte, ob er Mut und Entschlossenheit zeige, aus den eingefahrenen Praktiken im Umgang mit der Intelligenz auszubrechen. Obwohl Lamberz in diesem Gespräch keine schlechte Figur machte, den freundschaftlichen Ton durchhielt und selbst bei dem unbefriedigenden Abschluß alles noch offenhielt, fiel er bei diesem Test durch. Er erwies sich nicht als der flexible Politiker, den man in ihm sah. Auf die inständige und klug vorgetragene Bitte der Künstler reagierte er wie ein verletzter preußischer Gardeoffizier: »Glauben Sie, daß wir keine Ehre haben.«[38]

Lamberz griff in der Auseinandersetzung auf die alten Klischees zurück, die die SED stets benutzte, wenn sie Intellektuelle gefügig machen oder sich von ihnen trennen wollte: »Es handelt sich nicht mehr um Biermann, sondern es handelt sich wirklich um eine politische Plattform, die von der anderen Seite entwickelt wird ...«[39] Man habe sich mit einer »anderen politischen Konzeption« in »sehr massiver Form« in die Politik der DDR eingemischt. Er warf den Anwesenden vor, Agitation für einen solchen Standpunkt betrieben zu haben: »... *ihr* seid bei *denen* gewesen. Ihr habt insistiert bei vielen und habt versucht, sie auf eure ... Seite zu ziehen.«[40] Die Künstler wiesen den Vorwurf der Gruppenbildung, der Existenz einer Plattform entschieden zurück. Hilmar Thate sagte, wenn es eine Gruppe gäbe, dann sei es eine, die absolut für diesen Staat sei.

Lamberz erwies sich eingebunden in die Vorstellungen der SED, die auf der Disziplinierung der Intellektuellen bestand. In Dingen der marxistischen Weltanschauung wollte die Partei ihr Monopol nicht preisgeben. Wer davon abwich, schmiedete nach ihrer Ansicht Plattformen, baute Fraktionen auf. Und das galt als konterrevolutionär. Die im Hause Krugs Versammelten spürten, daß dieser Vorwurf in der Luft lag. Letztlich zielte Lamberz' Argumentation auf die Kapitulation seiner Gesprächspartner. Sie sollten sich von ihrer Erklärung lossagen. Das betrachtete er als seinen Parteiauftrag. Wie groß sein Spielraum innerhalb der von Honecker abgesteckten Grenzen war, läßt sich schwer abschätzen. Lamberz wußte natürlich, daß ein Entgegenkommen mit dem freieren Zugang zur Öffentlichkeit verbunden war. Dies hätte bedeutet, seinem Apparat eine ganz andere Aufgabe zu stellen. Im Politbüro wäre er damit auf taube Ohren gestoßen. Ähnlich wie Honecker im Umgang mit Künstlern, erklärte er sich bereit, ihnen in ihren persönlichen Anliegen entgegenzukommen, aber nicht in der Sache, um die es ging. Vielleicht war ihm auch bewußt geworden, daß bei einer freien Meinungsbildung eines das andere nach sich zog. Die Partei vertraute auf den Apparat, der schon wieder die Einordnung in die vorgegebene Linie herstellen würde. Lamberz' Mission bestand nur darin, sich flexibel genug zu zeigen, um einzelnen Künstlern die Abkehr von ihrem Standpunkt zu erleichtern.

Die im Hause Krugs Versammelten hatten keinen Zweifel daran gelassen, daß sie die weitere Polarisierung verhindern wollten. Einige von ihnen waren bereit einzulenken, aber sie wollten auch nichts zurücknehmen. Jurek Becker formulierte, worauf sich die meisten einigen konnten: »Es muß dieser Prozeß der Polarisierung irgendwann aufgehalten werden ... Und ich möchte das aus der Welt geschafft und angehalten wissen.«[41] Christa Wolf räumte gegenüber Lamberz ein, wenn sich die Unterzeichner hier bei uns zu ihrer Erklärung äußern könnten, ohne sie zurückzunehmen, würden sie sich auch »ganz scharf distanzieren von dem Mißbrauch«.

Nach der Zusammenkunft tauchte bei Krug der Journalist Karl-Heinz Gerstner auf, ein Freund der Künstler. Auch Krug zeigte sich von ihm beeindruckt, doch vermochte er ihn nicht recht einzuordnen. Auf welcher Seite stand er eigentlich? Er geistert wie ein Mephisto durch Krugs Tagebuch. Die Erstunterzeichner fand Gerstner alle sympathisch. Die Liste durchgehend, blieb er an dem Namen von Christa Wolf hängen und sagte: »Eine Frau mit so großen politischen Erfahrungen, und doch hat sie unterschrieben. Meine ganze Hochachtung.« Krug notierte: »Was ist dieser Gerstner für ein Wahnsinniger? Was für verschiedene Sachen passen in seinen Charakterkopf ...«[42] Ob der Journalist da nicht zum Ausdruck bringen wollte, daß die Erklärung für die Künstler wichtig war, es aber für die Politiker keine Lösung gab, die eigentlich allen als die einzig Vernünftige erschien?

Am Ende ging man auseinander, ohne sich geeinigt zu haben. Lamberz versprach, daß es keine Repressionen geben würde. Doch das erwies sich als trügerisch. Der Versuch, gemeinsam etwas zu klären, war gescheitert. Krug und Lamberz blieben weiter im Gespräch, das konträr verlief. Der Schauspieler bekam zu spüren, daß man ihn kaltstellen wollte. Zumindest bis über das Ganze Gras gewachsen war. Unerbittlich in der Sache, kämpfte er weiter. Doch jetzt nur noch für sich. Nunmehr wollte er weg. Er stellte einen Ausreiseantrag. Lamberz schilderte er, daß er sechs Monate lang nichts anderes erlebt habe als Repressionen. Lamberz rang um Krug wie ein wahrer Freund. Er mochte ihn und wollte, daß er im Land blieb. Daß der Schauspieler ihm die Freundschaft aufkündigte, ertrug er nur schwer. Ihm gegenüber spielte Krug seine Stärke, seinen Marktwert aus. Obwohl er sich eingestand, daß er als Schauspieler sicher kein Emil Jannings sei, wußte er doch, daß er für sein Publikum das neu gefundene Selbstbewußtsein in einem sozialistischen Land verkörperte. Wenn er klein beigab, verlor er einen Teil seiner Sympathie. Lamberz erklärte, daß er bis zuletzt um ihn kämpfen werde. Schützen wollte er ihn vor dem, was drüben auf ihn zukäme. Doch Lamberz verlor den Kampf. »Ich habe wirklich den Eindruck«, schrieb Krug, »daß er, Lamberz, mich ›behalten‹ will. Meine weiche Seele findet diesen Mann plötzlich wieder sympathisch. Das Beste an ihm ist sein Lächeln. Und sein Erröten. Und das ist wohl doch nicht Wut, die ihm das Blut in den Kopf treibt, vielleicht ist es wirklich bloß das Gegenteil von Abgefeimtheit, er muß, trotz allem, ein Herz haben. Ich bin wieder an einem Punkt, wo ich mir in meiner Unerbittlichkeit selbst gemein vorkomme, wo es mir weh tut, daß der Gegner gewinnt.«[43]

Die dritte Etappe der Biermann-Auseinandersetzung war der lange

Bußgang durch die Institutionen. Nach den Gesprächen, die Honecker, Lamberz und Hager mit einigen der Unterzeichner führten, folgte die Befragung durch Genossen und Kollegen in den Verbänden. Wiederum mußten Erklärungen und Stellungnahmen abgegeben werden. Die Organisationen berichteten dem Politbüro und dem ZK über den Verlauf der Versammlungen, wie sich die einzelnen Mitglieder verhielten, welche Positionen sie bezogen. Ein umfangreicher Briefwechsel setzte ein, um Mißverständnisse aufzuklären, Anschuldigungen zurückzuweisen, Vorgänge näher zu begründen. Dieser Teil der Prozedur war aufreibender, demütigender als die Vorgänge zu Beginn. Was die Spitzenpolitiker nicht erreicht hatten, schaffte der Apparat. Organisationen besaßen eine Kraft, die beflügeln und zerstören konnte.

Was sich hier vollzog, ging ja nicht nur die Unterzeichner, sondern alle an. Jeder mußte Stellung beziehen, ob ihm das paßte oder nicht. Innerhalb einer Organisation gab es keine Zuschauerposition. Es blieb nicht aus, in peinliche Situationen zu geraten. Einige sahen sich zu Aussagen gedrängt, die sie gern vermieden hätten, andere gerieten in Wut und rissen alte Wunden auf.

Schauplatz dieser Auseinandersetzungen waren die Mitgliederversammlungen des Schriftstellerverbandes und ihrer Parteiorganisationen, die sich vom November 1976 bis Januar 1977 hinzogen. Diese Gremien folgten in der Regel nicht blindlings dem, was die Parteiführung verlangte, obwohl die Abstimmungsergebnisse das vermuten ließen. In ihren Versammlungen trafen eigenwillige Menschen aufeinander, die an die Verbundenheit mit dem Sozialismus, an Staat und Partei Anforderungen stellten, welche von unterschiedlichen Erfahrungen ausgingen. Die gegensätzlichen Standpunkte spitzten sich vor allem zu, wenn es um die Frage ging, was sich ein Parteimitglied erlauben könne und was nicht. Es gab Genossen, die die Pflicht als »heiligen Namen« gegenüber der Partei betrachteten, obwohl sie sich dabei nicht auf Immanuel Kant beriefen. Für Bruno Apitz und Walter Gorrish, deren Leidensweg durch das KZ und den Spanischen Krieg geführt hatte, war Stephan Hermlin ein Verräter. Sie forderten seinen Ausschluß, was die Parteileitung gerade vermeiden wollte. Andere wiederum, souverän und zynisch zugleich, wischten Biermann weg wie einen lästigen Konkurrenten, so Peter Hacks und Heiner Müller. Der Erstunterzeichner Heiner Müller erklärte im November 1976 auf einer Versammlung der Humboldt-Universität: »Für mich ist Biermann heute kein Diskussionsgegenstand mehr. Es wird von ihm abhängen, wann er es wieder wird.«[44] Man könne zur Tagesordnung übergehen. Das wollten andere auch. Sie empfanden es auf die Dauer für unerträglich, ihre Haltung davon abhängig machen zu müssen, wie sie zu Biermann und seiner Ausbürgerung stehen. Sie zogen ihre Unterschrift unter der Erklärung zurück, ohne ihre Meinung zu korrigieren.

Nicht übersehen ließ sich, daß die Auseinandersetzung einige der Unterzeichner tief verletzte, daß sie Wunden davontrugen, die nicht verheilten. Sie sahen sich veranlaßt, ihr Leben einschneidend zu verändern, weil sie sich von Positionen und Inhalten abgedrängt fühlten, die sie eigentlich nie aufgeben wollten. Vor allem Jurek Becker, Christa Wolf, aber auch Klaus Schlesinger und Frank Beyer mußten sich in einer veränderten Situation zurechtfinden, obwohl sie das blieben, was sie immer gewesen waren. Christa Wolf brachte das in ihrer Stellungnahme vor der Parteileitung des Schriftstellerverbandes zum Ausdruck: »Die Entschließung der Grundorganisation fordert uns auf, unser unparteimäßiges Verhalten zu revidieren. Nun kann man zwar Meinungen revidieren, nicht aber Handlungen. Trotzdem scheint es eine billige Forderung zu sein: zuzugeben, man hat einen Fehler gemacht und dadurch das Strafmaß des Parteiverfahrens selbst mit zu bestimmen. Ich gehöre nicht zu den Leuten, denen das Eingeständnis eines Fehlers nicht über die Lippen geht, wenn nur nicht in diesem Eingeständnis für mich eine Lüge wäre ... Allerdings hoffte ich damals – wie ich jetzt sehe, vergeblich –, daß dieser unser verzweifelter Schritt außer der zu erwartenden Kritik an uns innerhalb unserer Partei vielleicht doch eine Diskussion darüber auslösen könnte, ob und wie wir bei dem gefestigten Zustand unserer Gesellschaft die sozialistische Demokratie weiter entwickeln könnten und auch darüber, welche Bedingungen Genossen wie uns in eine derartige Lage gebracht hatten ... Ich bin seit 27 Jahren Mitglied der Partei, ihr verdanke ich meine entscheidenden positiven Erfahrungen, ihr auch meine schärfsten Konflikte, die ich ebenso als zu meinem Leben gehörig empfinde. Die Prägung, die ich dadurch erfahren habe, ist durch nichts zu tilgen. Wie immer der Beschluß der Grundorganisation am Ende des Parteiverfahrens gegen mich ausfallen wird – ich werde mich immer als Genossin fühlen und auch versuchen, so zu handeln.«[45]

Die Auseinandersetzung fand mit Parteistrafen gegen jene, die den

»verzweifelten Schritt« gewagt hatten, ihren vorläufigen Abschluß. Ausgeschlossen aus der SED wurden Karl-Heinz Jakobs und Gerhard Wolf, gestrichen Jurek Becker, Sarah Kirsch, Günter Kunert. Eine Strenge Rüge erhielten Stephan Hermlin und Christa Wolf, eine Rüge Volker Braun. Sarah Kirsch, Reiner Kunze, Hans Joachim Schädlich, Thomas Brasch und Bernd Jentzsch verließen die DDR.

Die Parteiführung hatte die Regie bei der Auseinandersetzung ganz auf die Ausbürgerung Biermanns abgestellt. Dadurch verschwand das eigentliche Anliegen aus der Diskussion, eine Öffentlichkeit herzustellen, in der nicht nur das Meinungsmonopol der SED herrschte.

Durch die Abstrafung seiner besten Dichter verlor der Schriftstellerverband an Ansehen. Das gestand sich auch Hermann Kant ein, der sich vorher und danach wohl am meisten um den Verband bemühte: »Durch die Polarisierung in Pro und Kontra wurde ein Hauptstück seiner Kraft aufgezehrt ... Als die Biermann-Geschichte passierte, war mir sofort klar: Das ist für lange Zeit den Bach runter. Der Verband und der Stand des Schriftstellers – beide haben keinen Gewinn aus dieser Affaire gezogen.«[46] Kant vertrat die Meinung, der Verband sei eine Interessenvermittlung zwischen Literatur und Gesellschaft und damit auch zwischen Literatur und Partei. Aber zwischen dem Ansehen, das sich die Literatur in der Gesellschaft beim Publikum erwarb, und dem Verband existierte ein Unterschied. Über die Literatur hatte sich das Publikum in der geschlossenen Gesellschaft verständigt, sie hatte ihren Veränderungswillen befördert. Ihre Interessen waren über die Literatur zur Sprache gekommen. Auf diese Weise gewann die Poesie tatsächlich Macht, war sie zu einer Oppositionskraft gegen verkrustete Strukturen geworden. Die Eigenart der Macht, die von der Poesie ausging, bestand aber darin, daß sie sich bei der Aufnahme durch das Publikum von den Schöpfern der Werke löste. Nur in seltenen Fällen verband sie sich mit den Leuten, die diese Literatur hervorgebracht hatten. Ihre Crux war, daß sie sich kaum lenken und organisieren ließ. Sie konnte ebenso schnell anschwellen wie sich verflüchtigen. Die künstlerische Intelligenz teilte sich, wie das gesamte Volk, in einzelne Vorkämpfer und in die große Schar derer, die wenig geneigt war, etwas zu riskieren. Das hatte sich bei der Biermann-Diskussion gezeigt.

Biermann selber verschwand ganz aus der Auseinandersetzung. Er selber war naiv genug, alles auf sich zu beziehen. Davon lebte er. Von seiner Haltung und weltanschaulichen Gesinnung verabschiedete er sich in Raten. In seinem Buch der Geschichten über das XX. Jahrhundert beschrieb ihn Günter Grass so: »Kaum war er ausgebürgert, hofften wir alle, daß solch ein Mut Folgen haben, sich dieser Mut nun im Westen erproben werde. Aber da kam nicht mehr viel. Später, viel später, als die Mauer kippte, war er beleidigt, weil das ohne sein Zutun geschah. Kürzlich hat man ihn mit dem Nationalpreis geehrt.«[47] Die Poesie, der Charme seiner Persönlichkeit, seine auf Veränderung drängende Weltsicht verschwanden mehr und mehr aus seinen Texten. Fortan existierte er als der große Schimpfer, als der Thersites im anderen Lager.

*Dritter Abschnitt*

Zwei Taktiken auf einem Tribunal

Im Juli 1979 verdeutlichte ein Ereignis das Konfliktpotential, das sich in der künstlerischen Intelligenz unter den neuen Bedingungen des Abkommens von Helsinki angestaut hatte. Der Berliner Bezirksverband schloß die Autoren Kurt Bartsch, Adolf Endler, Stefan Heym, Karl-Heinz Jakobs, Klaus Poche, Klaus Schlesinger, Rolf Schneider, Dieter Schubert und Joachim Seyppel aus dem Schriftstellerverband der DDR aus. Die Probleme der Biermann-Affäre waren also keineswegs überwunden. Insofern zählt das Ausschlußverfahren gegen die neun Autoren zum dritten Kreis der Auseinandersetzung von 1975.

Das Verbot problematischer Manuskripte durch die Zensur-Behörden führte dazu, daß sich die westliche Seite in zunehmendem Maße für diese Texte interessierte. Ihr entging kein Werk, dem der Ruf vorausging, bestimmte Entwicklungen in der DDR kritisch zu sehen. Manuskripte dieser Art kamen nun immer öfter auf die Tische der Verleger. Was von ihnen zurückgewiesen wurde, gelangte in den Westen. Die Behörden suchten dem entgegenzuwirken, indem sie per Gesetz verfügten, kein Buch dürfte im Ausland, also auch nicht in der Bundesrepublik, ohne die Genehmigung des Büros für Urheberrechte veröffentlicht werden.

Schriftsteller, die ihre Arbeiten in keinem DDR-Verlag unterbrachten, sahen sich genötigt, auf die Angebote aus dem Westen einzugehen. An solchen fehlte es gerade bei umstrittenen Werken nicht. Die Regierung schob dem mit dem Devisengesetz einen Riegel vor. Die Sachlage faßte der Präsident des Schriftstellerverbandes Hermann Kant in der drastischen Formulierung zusammen: »Da kann uns nicht jemand derart eins überbraten und daran auch noch 'ne Menge Geld verdienen. Das wollen wir dann doch mal bißchen regeln.«[48]

Die Koppelung von Zensur und Strafgesetz erhöhte die Spannungen unter den Schriftstellern. Die Konflikte nahmen zu. Wegen des Verstoßes gegen die Devisengesetze wurde Stefan Heym im Mai 1975 wegen der Veröffentlichung seines Buches *Collin* im Westen mit einer Geldstrafe von 9000 Mark belegt. Gegen Robert Havemann erhob das Gericht in Fürstenwalde eine Geldstrafe von 10000 Mark. Um eine derartige Kriminalisierung von Autoren nicht zur gängigen Praxis werden zu lassen, wandten sich Kurt Bartsch, Jurek Becker, Adolf Endler, Erich Loest, Klaus Poche, Klaus Schlesinger, Dieter Schubert und Martin Stade in einem Brief an den Staatsratsvorsitzenden Erich Honecker, in dem es hieß: »... mit wachsender Sorge verfolgen wir die Entwicklung unserer Kulturpolitik. Immer häufiger wird versucht, engagierte, kritische Schriftsteller zu diffamieren, mundtot zu machen oder, wie unseren Kollegen Stefan Heym, strafrechtlich zu verfolgen. Der öffentliche Meinungsaustausch findet nicht statt.«[49] Die Absender bekamen keine Antwort, und ihr Brief wurde nicht veröffentlicht. Dafür stand tags darauf ein anderer Brief im *Neuen Deutschland*, auch der an den Staatsratsvorsitzenden gerichtet, unterschrieben von dem Schriftsteller Dieter Noll, einem Bestseller-Autor: »Angesichts der Hetzkampagne, die von den Feinden unserer sozialistischen Gesellschaft gegenwärtig mit ungewöhnlicher Intensität geführt und auch in unser Land hineingetragen wird, ist es mir ein Bedürfnis, Ihnen ein paar impulsive Zeilen zu schreiben... Die gesetzlichen Verordnungen, die sich gegen subversive Tätigkeiten der feindlichen Massenmedien richten, und die notwendige Konsequenz, die diesen Maßnahmen Respekt verschafft, wurden von mir und meinen Freunden mit Genugtuung zur Kenntnis genommen. Und ich möchte Ihnen versichern, daß die übergroße Mehrheit meiner Berufskollegen dies ebenso sieht wie ich. Einige wenige kaputte Typen wie Heym, Seyppel oder Schneider, die da so emsig mit dem Klassenfeind kooperieren, um sich eine billige Geltung zu verschaffen, weil sie offenbar unfähig sind, auf konstruktive Weise Resonanz und Echo bei unseren arbeitenden Menschen zu finden, repräsentieren gewiß nicht die Schriftsteller unserer Republik.«[50]

So »spontan« scheinen die Zeilen von Dieter Noll nicht entstanden zu sein. Neue Gegensätze taten sich auf, die die Parteiführung ebenso konsequent zu überwinden gedachte wie im Fall Biermann. Mit der Trennung von neun Autoren sollte eine Bereinigung erfolgen und wieder Ruhe einkehren. Von vornherein nahm man Verluste in Kauf. Diesmal empfahl die SED-Führung jedoch, alles genau nach den Statuten abzuwickeln und ordentlich abzustimmen. Keinem dürfe das Wort entzogen werden. Das geschah auch, obwohl die Versammlung tumultartig verlief. Etwa 60 der im Roten Rathaus in Berlin versammelten Mitglieder des Schriftstellerverbandes votierten gegen den Ausschluß, darunter so prominente Schriftsteller wie Stephan Hermlin, Christa Wolf und Günter de Bruyn.

Zwei Reden auf der Mitgliederversammlung charakterisierten die verschiedenen Denk- und Verhaltensweisen der Schriftsteller: die von Stefan Heym und die von Stephan Hermlin. Sie gaben die unterschiedlichen Einstellungen zum Verlangen des Apparats wieder, ihre kritischen Kollegen auszuschließen. Weniger als aus den parteilichen Verbundenheitserklärungen ließ sich daraus der innere Zustand der literarischen und künstlerischen Intelligenz ablesen.

Stefan Heym trat in der Zola-Geste an das Rednerpult, indem er sein sorgfältig ausgearbeitetes Redemanuskript dem Präsidium übergab, damit es im *Neuen Deutschland* veröffentlicht werde. Er klagte an! Dazu hatte er persönlich allen Grund, nachdem ihm nacheinander drei Bücher verboten worden waren. So eitel sich seine Rede im Unterschied zu der Stephan Hermlins auch anhörte, sie zeugte von Mut. Er forderte aus seinem sozialistischen Selbstverständnis heraus eine uneingeschränkte Meinungsfreiheit, das Recht auf Veröffentlichung kritischer literarischer Werke. In den siebziger Jahren trat kein anderer Oppositioneller so entschieden für Demokratie und Meinungsfreiheit auf, wie dieser parteilose Sozialist. Er scheute sich nicht, die Praktiken zur Sprache zu bringen, die der Apparat ganz selbstverständlich gebrauchte, um die Mitglieder auf sein Verlangen einzuschwören. Die Partei nahm die Genossen in die Pflicht. Daß sich Heym auch hier einmischte, empörte, ja entrüstete einige Genossen. Der Schriftsteller ging auf die Probleme der Zensur ein, auf die Willkür im Gebrauch der Devisengesetze und nannte das Büro für Urheberrechte ein »Büro zur Beschränkung der Urheberrechte«. »Es ist leider so, daß gewisse Probleme, die uns hier betreffen, in unseren Medien nicht debattiert werden. Und daß gewisse Bücher von unseren Verlagen nicht veröffentlicht werden. Obwohl der Artikel 27 der Verfassung allen Bürgern, also auch den Schriftstellern, das Recht auf freie Meinungsäußerung zusichert, gilt nur eine Meinung bei uns.«[51]

Die provokatorisch aufgefaßte Rede teilte die Verbandsmitglieder in zwei Lager. Die einen empfanden, daß man sich gegenüber solchen Angriffen »nicht leichtfertig, versöhnlerisch oder abwartend« verhalten könne. Die anderen nahmen Heyms Auftritt als ein Anzeichen dafür, daß man nicht mehr vernünftig mit der Partei reden und nicht endlos auf die Reformkräfte innerhalb der Partei warten könne. Heym schien die Sprache gefunden zu haben, in der man jetzt mit den Regierenden verhandeln mußte. Zwar wollten viele ihre sozialistische Haltung nicht aufgeben, aber sich auch nicht mehr in eine Kulturpolitik einbinden lassen, die sie für schädlich hielten. Die dauernde Beschwörung von Klassenkampf und Verteidigung der Revolution hatten sie satt. Diesem Ritual wollten sie sich nicht mehr unterwerfen. Das brachte vor allem Klaus Poche zum Ausdruck: »Wenn sich Menschen ändern, wird man nicht gleich sagen, sie werden falsch, sie werden Feinde. Man muß seine eigene Position überprüfen, muß fragen, was die Menschen dazu veranlaßt hat, diesen und keinen anderen Weg zu sehen. Wir sind in diesem Land alt geworden, man möge uns bitte mit der lehrerhaften Frage verschonen, die einem Katechismus-Denken entspricht ... Wir wurden wie die ewigen Kinder gefragt, ob wir denn nicht wüßten, daß wir eine Revolution zu verteidigen hätten. Gewiß doch, aber nicht nur nach außen und nach innen, sondern auch unter uns. Wir treten dabei als gleiche an und nicht als Schüler und Lehrer.«[52]

Obwohl sich Stephan Hermlin konsequent gegen den Ausschluß von Mitgliedern wandte, erhielt er für seine Rede nicht nur von einem Lager Beifall. Er verließ vorzeitig die Versammlung, unterrichtete aber das Präsidium, daß er gegen den Ausschluß sei. In der Kritik unterschied er sich nicht von Stefan Heym. Dennoch wurden in dem Streben nach Reform zwei Taktiken sichtbar. Hermlins Rede traf die Grundstimmung der meisten hier Versammelten, auch wenn dies nicht im Abstimmungsverhalten zum Ausdruck kam.

Hermlin wandte sich zunächst gegen die Manie, dauernd mit Erklärungen hervorzutreten: »Ich halte sehr wenig von Erklärungen und Interviews. Sie sind die Domäne von Leuten einer breiten Öffentlichkeit, von Politikern etwa, von Filmstars, von Sportlern. Es ist ein Irrtum anzunehmen, die Schriftsteller gehörten zu ihnen, selbst wenn es manchmal den Anschein hat. Hier und da seien Ausnahmen gestattet, wenn es sich um Literatur oder eine öffentliche Sache handelt.«[53] Mit diesen Bemerkungen richtete er sich vor allem gegen Heym, was von vielen mit Befriedigung aufgenommen wurde. Aber denjenigen, die aufmerksam zuhörten, dürfte nicht entgangen sein, daß sich Hermlin seiner Sache nicht so sicher war. »Kurz, mein Fall ist ein etwas abseitiger, ich halte ihn nicht für vorbildlich.«[54] Gehörte es nicht zum Typus des literarischen Intellektuellen, sich überall zu Wort zu melden, wenn es Unstimmigkeiten in der Gesellschaft gab? Heym begriff das als seine Aufgabe. In solchen Situationen hatte der Intellektuelle auf dem Kampfplatz zu erscheinen. Selbst wenn es aus Engagement und Eitelkeit geschah, blieb es doch bewundernswert. Wie sollte das Dilemma gelöst werden, daß sich, wie Hermlin sagte, Schriftsteller dort äußerten, wo sie sich nicht äußern sollten, weil sie sich oft nicht äußern konnten, wo es ihnen eigentlich möglich sein mußte. Die Frage konnte nicht repressiv gelöst werden, denn sonst würde die nächste Schraubendrehung erfolgen. Während Heym für eine uneingeschränkte Öffentlichkeit eintrat und auch den Affront mit Partei und Regierung nicht scheute, wollte Hermlin eine Lösung mit der Partei und durch die Partei noch nicht aufgeben. Er setzte auf ein breites Verständnis innerhalb der Gesellschaft, die eine reformunwillige Parteiführung zum Einlenken zwingen und besseren Lösungen zum Durchbruch verhelfen werde. In den dauernden Attacken Heyms und den darauffolgenden Repressionen des Parteiapparats sah er eine unheilvolle »Schraubendrehung«. Die Gegensätze zwischen den Vertretern der beiden Taktiken vergrößerten sich in den kommenden Jahren, und es gab keine Autorität mehr, sie zu überwinden.

Diese verhängnisvolle Sitzung des Berliner Schriftstellerverbandes steckte das politische Kampffeld ab, auf dem sich die kommenden Auseinandersetzungen vollzogen. Die beiden Taktiken, die von Heym und

Hermlin, besaßen eine übergreifende Bedeutung für die reformbereite Intelligenz. Hermlins Taktik kam bereits zu spät. Er spürte es selbst, als er meinte: »Ich weiß, daß ich da zu manchen rede wie zu einer Wand, das sind jene, die Verluste nicht hoch achten, die sie manchmal, einige, vielleicht erhoffen, weil sie die naive Erwartung haben, ihre eigene Geltung würde vermehrt, wenn andere nichts mehr gelten. Aber ich möchte doch hoffen, daß es sich dabei um sehr wenige handelt.«[55] Angesagt war die Sprache Stefan Heyms. Dieser wie auch die anderen wußten, daß jede ihrer Äußerungen, ob sie es wollten oder nicht, den Beifall der westlichen Seite nach sich zog. Um sich überhaupt Gehör zu verschaffen, hatten sie es einstmals unwillig in Kauf genommen. In der jetzigen Phase der Auseinandersetzung ließ sich die übergreifende Wirkung ihres Vorgehens nicht mehr vermeiden. Sie mußten sie sogar bewußt einsetzen. Das führte zu Verlusten und Deformationen in den eigenen Reihen. Es blieb nämlich nicht aus, daß die Kämpfenden die Seiten wechselten, nicht nur die zwischen den beiden Taktiken.

Als der eigentliche Akteur des Ausschlußverfahrens galt Hermann Kant. Alle Polemik bezog sich auf ihn. Kaum ein anderer Vorgang wurde so personalisiert wie dieser. Honecker und der Apparat, die den Verlauf vorgedacht hatten, blieben im Hintergrund. Hermann Kant wurde zur Figur, an der sich die Meinungen spalteten. Mit dieser Versammlung begann die Distanzierung, die einige zur lang anhaltenden Feindschaft steigerten. Man meinte, Kant hätte den Ausschluß verhindern können. So dachten selbst die, die um die Zwänge seiner Situation wußten, die sein Dilemma verstanden. Doch wie kam es dazu, daß er die Last auf sich nahm?

Im Mai 1978 war er, schwer erkrankt, als einer der Vizepräsidenten aus der Leitung des Verbandes ausgeschieden. Was bewog ihn, einige Zeit später das Amt des Präsidenten zu übernehmen? Er kannte die Konflikte und wußte, was auf ihn zukam. Mit gutem Grund hätte er sich zurückziehen können. Seine literarische Produktion verschaffte ihm genügend Aufmerksamkeit. Er brauchte nicht die Geltung, die dieses Amt versprach. Sein Roman *Die Aula* war zu einem Kultbuch geworden. Wenn spätere Historiker einmal wissen wollen, was die Nachkriegsgeneration mit der DDR verband, was sie zu diesem Staat hinzog, werden sie es aus diesem Roman erfahren. Mit *Der Aufenthalt* erwarb er sich den Respekt auch seiner westlichen Kritiker. Zugleich besaß er die Gabe des brillanten Polemikers. Er wußte um die Wirkung seiner Formulierungen und zeigte sich empfänglich für deren Widerhall. Mit seinem barock ironischen Stil vermochte er die sprachohnmächtige Parteiriege ebenso zu entzücken wie ihr einige Wahrheiten zu stecken, die ohne seine Kunstfertigkeit sonst nicht hingenommen worden wären. Sein Stil erlaubte ihm, vieles offener und differenzierter auszudrücken als in den üblichen Verlautbarungen. Er verstand es, selbst die gut formulierten Anträge und Ansprüche seiner Kollegen zu ironisieren oder ihnen Nachdruck und Repräsentanz zu verleihen. Sein Talent empfahl ihn für die offene Auseinandersetzung.

Warum aber ließ er sich vereinnahmen, sich zum Chorführer des Ausschlusses machen? Bloße Parteidisziplin wird es nicht gewesen sein. Dazu war er zu souverän, zu erfahren, zu eingeweiht in den politischen Kleinkrieg. Die Schwächen des Apparats und der Vorstände wie auch die seiner Kollegen blieben ihm nicht verborgen. Nur zu gern hätte er diese in seinem ironischen Stil vorgeführt. Vielleicht dachte er, wenn wir uns von den wenigen trennen, haben wir Ruhe und gewährleisten eine produktive Arbeit im Verband. Wenn wir es nicht tun, ist mit Eingriffen zu rechnen, die keine eigenständige Leitung mehr möglich machen. In einem komplizierten Balanceakt zwischen dem berechtigten Aufbegehren der Schriftsteller und dem rigorosen Zurückweisen der Parteiführung glaubte er die Souveränität des Verbandes bewahren zu müssen. Die Schriftstellervereinigung sollte nicht in die Ecke gedrängt werden. Sie mußte für die Politiker vorzeigbar bleiben. Denn wenn die Partei den Verband nicht mehr an ihrer Seite wähnte, würden die Konflikte zunehmen. Ein harter Beschluß schien ihm nötig, um weiter flexibel bleiben und etwas für die Kollegen tun zu können. Mit den neun Autoren ohne die aggressive politische Sprache der SED fertigzuwerden, traute sich Kant nur selber zu.

So machte er sich auf der Präsidiumssitzung, die dem Ereignis vorausging, zum Einüber des Ausschlusses. In seiner Rede demontierte er einige der Kontrahenten. Er betrachtete sie als Autoren, die das Interesse der Öffentlichkeit aus dem Ost-West-Konflikt bezögen. »Als ob nicht seit langem bekannt wäre, daß ein Manuskript auf dem Weg von Ost nach West Veredlung erfährt. Wenn von ihm oder seinem Autor Systemkritisches zu vermuten steht, gerieren sich manche Verbandsmitglieder wie frisch genobelt, kaum daß ihr Name in der *Zeit* Erwähnung fand.«[56] Das nahmen ihm selbst die übel, die den schriftstellerischen Rang einiger der neun Autoren nicht allzu hoch veranschlagten. In Verbindung mit der Meinungsfreiheit fanden sie das nebensächlich, ja schändlich. Hier lösten Witz und Ironie nur Haß aus.

Nach der Ausschluß-Versammlung kehrte nicht Ruhe ein, sondern es kam zu einer Polarisierung wie nie zu vor. Dabei gab es unter den Autoren nicht wenige, die zwar für eine Trennung von den Neun stimmten, aber dennoch auf Veränderungen drängten. Einen anderen kulturpolitischen Kurs wollten auch sie. Was sich Kant erhoffte, trat nicht ein. Nach der Wende gestand er ein, »ein Hauptstück seiner (des Verbandes – W. M.) Kraft wurde aufgezehrt«. Während es anderen Gremien gelang, sich zu einem Forum der Verständigung über den notwendigen kritischen Kurs auszubilden, blieb der Schriftstellerverband uneins und in seinem Reformbegehren gehemmt.

Hermann Kant war mit falschen Überlegungen in eine Rolle eingestiegen, die ihm nicht lag, die ihm von der Vergangenheit her auch nicht zukam. Hatte er sich doch selber gegen dogmatische Einsprüche wehren müssen. Ihm konnte nicht daran gelegen sein, kritische Bücher fernzuhalten. Aber bei seinem Versuch, der reformunwilligen Parteiführung entgegenzukommen, um als Verbandspräsident gegensteuern zu können, hatte er Schiffbruch erlitten. Der Verband war gespalten. In der nichtoffiziellen Literaturdiskussion begann man zwischen Dissi (Dissident) und Dogi (Dogmatiker) zu unterscheiden.

Gegen Hermann Kant richtete sich nicht nur der Haß der Ausgeschlossenen. Bereits vorher hatten sich die Verhältnisse verschlechtert. So schrieb Franz Fühmann bereits im Mai 1978 an die westdeutsche Schriftstellerin Margarete Hannsmann: »… ich habe mir gestern zum Beispiel die Rede des – nun gut, sagen wir also: des Kollegen Hermann Kant auf dem Schriftstellerkongreß im Radio angehört, und nun dasitzen zu müssen, und sich das anzuhören, Verdrehung, Verfälschung, winzige Verleumdung, kleine Dreckspritzer und großes Pathos, hohlste Phrase und ekelhafteste Sentimentalität – und das sich anhören und genau zu wissen, daß man sich dazu nicht äußern kann, daß einem sämtliche Wege dazu versperrt sind (außer im eigenen Saft einer Versammlung der Schriftsteller, wo man niedergebrüllt würde) – nein, ich mache das nicht mehr, aber es widerspricht so vollständig meinem Wesen, mich ab- und einzusperren, doch was bleibt mir übrig.«[57] Auf der Versammlung im Roten Rathaus hielt es Stephan Hermlin trotz aller Meinungsverschiedenheiten mit Hermann Kant, vor allem seiner Gegenposition zum Ausschlußverfahren, für nötig, Kant gegenüber einigen Angriffen Stefan Heyms in Schutz zu nehmen. Hermlin erwiderte: »Ich möchte meinen Freund Heym daran erinnern, daß er und ich und andere, die damals gegen Hitler standen, täglich an Menschen wie meinen Freund Hermann Kant dachten, wie wir sie retten, wie wir sie auf unsere Seite bringen könnten ... Menschen wie Hermann Kant haben uns nicht enttäuscht, sie haben unserem Kampf überhaupt erst seinen Sinn gegeben.«[58] Der Apparat fand Hermann Kant trotz dieser Ausschluß-Aktion nicht zuverlässig und bereitwillig genug. Die Leiterin der Kulturabteilung im ZK bezeichnete ihn als einen Mann, der mehr entscheiden wolle, als ihm zukomme, der mit Rücktrittsabsichten drohe, wenn man ihm das nicht zubillige.

Die Ursache für Kants Fiasko lag bei der nichtreformwilligen Parteiführung, die nicht begriff, daß sich spätestens mit den Verträgen von Helsinki die Situation verändert hatte. Die repressive Veröffentlichungspolitik früherer Jahrzehnte ließ sich nicht einfach fortsetzen. Die Partei erwies sich als unfähig und auch nicht gewillt, den Schriftstellern Meinungsfreiheit zu gewähren. Sie hielt ihr Meinungsmonopol für unkündbar. Dabei gab es in den westlichen Demokratien bereits zivilere, sanftere Methoden, Meinungen zu manipulieren, entweder hervorzuheben oder nicht wirksam werden zu lassen, ohne um die Einschränkung von ideologischen Prämissen fürchten zu müssen, während die sozialistischen Länder noch immer auf der kruden, oftmals auch brutalen Form der Zensur bestanden.

Einige Autoren warfen Hermann Kant vor, er habe in der Konfliktsituation nicht seine Vorzugsposition, die Telefonnummer zu Honecker, genutzt. Man wußte, daß sich über ihn manches klären ließ, was über den Apparat nicht mehr möglich schien. Doch die persönlichen Verbindungen der Schriftsteller zu den Repräsentanten von Staat und Partei hatten sich verändert, auch wenn Prominente noch immer von ihrem Privileg Gebrauch machten, sich mit ihren Problemen direkt an die zu wenden, die die Entscheidungsgewalt besaßen. Einflußnahmen dieser Art sind aus früheren Epochen bekannt. Zur Zeit der Aufklärung gab es Autoren, die mit den Herrschenden tafelten und zugleich mit einem Bein in der Bastille standen. Der »Voltairesche Typus« läßt sich durch die

Literaturgeschichte verfolgen. Allerdings stößt man in der französischen Literatur häufiger auf ihn als in der deutschen. Werner Krauss kam in seinen Untersuchungen über die französische Aufklärung zu dem Ergebnis, daß sich mit einer solchen Haltung mehr für den gesellschaftlichen Fortschritt tun ließ als mit dem Verhalten deutscher Dichter, die sich, sofern sie progressive Interessen vertraten, mit den Regierenden nicht einließen. Für Peter Hacks bewegten sich Männer vom »Voltaireschen Typus« auf der »haardünnen Linie zwischen Staatsfeind und Staatsdichter«, »heute willkürlich zugelassen, morgen willkürlich entfernt.« Hacks betrachtete das als den »Normalzustand jedes bedeutenden Künstlers«. Die hierarchischen Strukturen der DDR, die darauf hinausliefen, daß letztlich die Parteispitze alles entschied und andererseits die Vorstellung, daß unter Gleichen, zumal unter Genossen, alles gesagt werden könne, ließ diesen Typus auch im Sozialismus nicht aussterben. Ihn gab es in der DDR nicht in dem markanten Profil Voltaires, aber etwas davon hatten alle bedeutenden Autoren dieses Landes. Am auffälligsten vertrat eine solche Haltung der Wirtschaftshistoriker Jürgen Kuczynski, der gegenüber Ulbricht und Honecker weder mit Lob noch mit Kritik sparte. In Konfliktsituationen ging er offen und direkt auf den ersten Mann zu und erreichte auf diesem Weg manches, was sonst nicht zu machen war. Sein Buch *Dialog mit meinem Urenkel*, später ein Bestseller, hielt der Apparat für unannehmbar. Das Politbüro-Mitglied Konrad Naumann bezeichnete es als das »republikfeindlichste Buch«, das je in der DDR geschrieben worden sei. Nach sechs Jahren Wartezeit ging Kuczynski zu Honecker und erreichte, daß es gedruckt wurde. Das Ausnutzen feudaler Strukturen im Interesse der Öffentlichkeit offenbarte einerseits den undemokratischen Charakter dieses Staates, andererseits kennzeichnete es die vertrauten Beziehungen zwischen der Parteispitze und ihren prominenten Intellektuellen. So gelangte manches in die Hand des Lesers, was sonst unterdrückt wurde. Dieser Typus wurde nicht von allen geschätzt. In der Ablehnung trafen sich die konsequenten Oppositionellen mit den starren Dogmatikern. Auch diese merkwürdige Verbindung spiegelte den krisenhaften Zustand der Gesellschaft wider.

Ende der siebziger Jahre verlor der »Voltairesche Typus« an Einfluß, vor allem seine kritische Funktion. Die Partei baute die bedeutendsten Vertreter von Kunst und Literatur immer mehr in die Vorstände von Verbänden und Institutionen ein. Sie wurden Präsidenten, sie erhielten

Ämter. So verankert in die Gliederungen des Staates, verloren sich die Einflußmöglichkeiten, die ihnen der Ruhm gewährte. Zwar versprach auch diese Ebene Nähe und Vertrautheit, aber doch eine ganz andere; hier ordnete sich der Einfluß in die Belange der Organisation, des Staates ein. Prominente mit Funktionen wurden von der Parteispitze anders behandelt als der Isolierte, der abseits stand. Das Amt verlangte eine andere Behandlung. Es legte beiden Seiten eine Entfremdung, eine Distanzierung auf. Auf diese Weise begaben sich gerade einige der besten Künstler und Schriftsteller in eine selbstgewählte Gefangenschaft. Eben auch Hermann Kant.

In den achtziger Jahren ging die SED-Führung dazu über, die angespannte Situation in den Künstlerkreisen auf ihre Art zu lösen. Sie gewährte den Lautstarken, die mit ihrer Stimme über die Grenzen des Landes drangen, die Ausreise. Sie vergab Visa für ein bis drei Jahre. Auf diese Weise meinte man, die Unzufriedenen loszuwerden, ohne sich völlig von ihnen zu trennen. Diese Praxis entsprach der Vorstellung von Leuten, die, wie Stephan Hermlin sagte, Verluste gering schätzten. Die neuen Maßnahmen unterschieden sich jedoch von dem repressiven Vorgehen früherer Jahrzehnte, in denen die SED die Weggehenden als Renegaten betrachtete und alles daran setzte, ihre Namen aus dem Gedächtnis der Leute im Lande zu tilgen. Jetzt legte man sogar Wert darauf, sich von ihnen, wenn auch nicht freundschaftlich, so doch korrekt zu verabschieden. Das kam wiederum den Autoren entgegen, die ihre sozialistische Haltung auch unter anderen gesellschaftlichen Verhältnissen nicht aufzugeben beabsichtigten.

Als Günter Kunert im Oktober 1979 die DDR verließ, handelte er seine Ausreise mit Kurt Hager aus. Er gehörte zu jenen, die sich immer kritisch, immer renitent verhalten hatten, den Kontakt zu den Oberen aber dennoch nie abreißen ließen. Zum 60. Geburtstag von Kurt Hager 1972 empfahl sich Kunert mit einem Gedicht. »Auf seine Art zu gratulieren / erscheint ein ungebetener Gast / und wünscht das Alte: Glück und Segen / auch wenn's nicht in die Ära paßt.«[59] In dem Gespräch über seine Ausreise gab sich der oberste Ideologiechef nicht nur als ein ausgezeichneter Kenner des Kunertschen Werkes zu erkennen, er zeigte auch ein gewisses Maß an Verständnis für dessen Lage. »Nachdem er offenkundig eingesehen hat, daß wir nicht zum Bleiben zu überreden sind«, schrieb Kunert in seinen Memoiren, »verspricht er seine Unterstützung.

Vielleicht regt sich bei ihm eine Spur von Verständnis, vielleicht erinnert er sich an seine Exiljahre in London, vielleicht will er auch nur den Unruhestifter loswerden.«⁶⁰ Kunert erhielt ein mehrjähriges Visum für die Bundesrepublik Deutschland.

Der Weggang prominenter Autoren und Künstler verstärkte sich zu Beginn der achtziger Jahren und wuchs in der zweiten Hälfte des Dezenniums zu einer wahren Lawine an. Die Hälfte der ausreisenden Autoren ging zwischen 1984 und 1988. Es gab auch Autoren, die sich mit einem Dauervisum nach Westberlin begnügten und offiziell im Lande blieben, also schon in beiden deutschen Staaten lebten wie Heiner Müller. Mit den subtileren Maßnahmen löste die Partei nicht die Probleme. Die Schwierigkeiten nahmen eher zu. Die Ausreise des einen zog die des anderen nach sich. Als Manfred Krug das Land verließ, besuchte ihn noch einmal sein Schauspielerkollege Mueller-Stahl, dessen Frau meinte: »Ihr Mann habe noch ein wichtiges Gespräch mit einem führenden Funktionär der Partei und wenn da auf die Forderungen ihres Mannes nicht eingegangen werde, gingen sie auch.«⁶¹ Bald wurden Ausreisebewilligungen, Visa für Reisen und für einen mehrjährigen Aufenthalt in der BRD zum Kriterium für die künstlerische Bedeutung des Antragstellers. Daran ließ sich messen, welchen Nachdruck man den eigenen Forderungen verschaffen konnte. Das wiederum führte zu Spannungen zwischen denen, die sich nicht mit Ausreiseplänen trugen. Man warf den Spitzenfunktionären vor, daß sie der »Erpressertätigkeit einzelner Künstler«, die seit der Biermann-Affäre zugenommen habe, nachgeben. Der Erste Sekretär des Schriftstellerverbandes beschwerte sich: »Wir verweigern Kunert die Reisen, und dann schreibt er an Hager, und Hager wiederum ordnet an, daß wir die Reisen zu befürworten haben.«⁶² Ein Zersetzungs- und Zerwürfnisprozeß war die Folge. Die Widersprüche des Landes zeichneten sich in der geistig-politischen Physiognomie der DDR-Intellektuellen ab.

FÜNFTES KAPITEL
# Von der inneren Distanz zur offenen Opposition.
## Das letzte Jahrzehnt der DDR

*Erster Abschnitt*

Was förderte und was hemmte eine umfassende Opposition?

Bis Mitte der siebziger Jahre kannte die Wirtschaft der DDR keine ernsthafte Krisengefahr. Ganz anders gestaltete sich die Lage in den achtziger Jahren. Das Land geriet in der zweiten Hälfte des Jahrzehnts in existenzbedrohende Schwierigkeiten, die sich auf alle Bereiche der Gesellschaft erstreckten. Es schwand die Hoffnung, daß der Sozialismus aus eigener Kraft ein besseres Leben gewährleisten könne. Von dieser Stimmung blieben auch die Schichten und Gruppen nicht unberührt, die sich in der Vergangenheit mit Entbehrungen und großer Kraftanstrengung für den Auf- und Ausbau des Sozialismus eingesetzt hatten. Ein Großteil der Bevölkerung blickte nach Westdeutschland. Auch diejenigen, die das kapitalistische System nicht wollten, waren angesichts der Wirtschaftskraft, die sich dort entfaltete, und der Einsicht in die eigene Ohnmacht wie gelähmt. Der Wettlauf mit dem Kapitalismus schien aussichtslos geworden zu sein. Als die Bundesrepublik der DDR Milliardenkredite gewährte, begriffen viele Menschen dieses Dilemma. Trotzdem verschwieg man das rasante Anwachsen der Auslandsverschuldung, die bis Ende 1989 auf 38,9 Milliarden DM angestiegen sein soll. Später errechnete die Wirtschaftsexpertin Christa Luft, daß die finanziellen Verbindlichkeiten unter Einbeziehung aller Außenstände nur 15 Milliarden betragen hätten. Die Zahlen schwanken also. Trotzdem sprach man von der Schuldenfalle, in die die DDR geraten sei. Kenner meinten nach der Wende jedoch, durch sie sei die DDR nicht zugrunde gegangen. Wohl lagen die Gründe im Wirtschaftlichen, wenn sie sich auch komplexer erwiesen und sich nicht nur auf eine Ursache zurückführen lassen.

Die Schere zwischen dem produzierten Nationaleinkommen und dem, was davon im Inland zur Verfügung stand, wurde in den achtziger Jahren immer größer. Das lag unter anderem an der zunehmenden Wettbewerbsschwäche der DDR-Wirtschaft. Wie sich die technologische Lücke im Laufe der Jahre vergrößerte, zeigt der Wirtschaftswissenschaftler Harry Maier an folgenden Beispielen. »Erzielte beispielsweise der bundesdeutsche Maschinenbau im Jahre 1970 das 1,8fache an Erlösen pro Einheit Lieferung im Vergleich zur DDR, so war es bereits 1988 das 5,3fache. Hatte die DDR bei Feinmechanik/Optik 1970 noch eine vierzehn Prozent höhere Wertschöpfung pro Einheit Lieferung, so erreichte diese 1988 nur etwas mehr als zwanzig Prozent der Bundesdeutschen.«[1] Die DDR-Wirtschaft versuchte verzweifelt Anschluß an den internationalen Technologiestandard zu finden und konzentrierte ihre geringen Mittel bevorzugt auf Großprojekte wie die Mikroelektronik. Aber diese »Lösungen«, schreibt der Wirtschaftsexperte Herbert Wolf, der zu den wichtigsten theoretischen Köpfen um Erich Apel gehörte, »kosteten alle mehr, als sie einbrachten, lösten nichts und brachten meist einen Rattenschwanz neuer Probleme hervor«.[2] Dazu gehörte die extreme Unterakkumulation aller anderen Bereiche der Volkswirtschaft. Die Betriebe fielen auf eine technische Ausstattung zurück, die Jahrzehnte hinter dem Standard in Westdeutschland lag. Ein Großteil der unter diesen Bedingungen produzierten Waren wurde exportiert, um die Zinsen für die Kredite aufzubringen, mußte aber auf dem internationalen Markt meist unter den Gestehungskosten verkauft werden. Im eigenen Land durften die Preise nicht steigen, was wiederum dazu führte, daß sich die Waren verknappten. Auf die Lieferung eines Autos mußten die Leute zehn Jahre warten. Um die Verschuldung abzutragen, drosselte die Regierung den Import von Waren. Wenn auch die Löhne im letzten Jahrzehnt (1981–1988) um mäßige 2,8 Prozent im Unterschied zur Bundesrepublik von 6,6 Prozent stiegen, verfügte die DDR-Bevölkerung über eine Kaufkraft, die sie nicht in Waren realisieren konnte.

Der Frust, ja auch die Wut darüber, welche Anstrengungen es kostete, das verdiente Geld in gewünschte Waren umzusetzen, nahm zu und bestimmte den Alltag. Dabei sahen die Leute in der DDR jeden Abend in den Werbesendungen des Westfernsehens, welche Palette von Waren dort angeboten wurde. Im Unterschied dazu war die DDR eine Mangelgesellschaft, und der Mangel beeinträchtigte die Lebensqualität. Die zunehmende Diskrepanz zwischen Konsumerwartungen und den fehlenden Konsumangeboten bezeichnete der Soziologe Helmut Klages (Speyer) nach der Wende vor der Enquetekommission des Bundestags als »präreolutionäres« Element. Das trifft zweifelsohne zu. Mehr als alle ideologischen Losungen und Freiheitsbekundungen führte dieser Widerspruch zu den Veränderungen und schließlich zur Wende von 1989, die dann wiederum einer ideologischen Begründung bedurfte.

Dennoch verwundert, daß es bei dem drastischen Absinken der Lebensqualität und der wahrgenommenen Perspektivlosigkeit im Gesellschaftlichen wie im Privaten bis Mitte der achtziger Jahre nicht zu größeren Empörungen und Unruhen kam. Honecker rief in seiner Regierungszeit weniger Unwillen hervor als Ulbricht. Die außenpolitische Anerkennung verdeckte die Schwächen des Staates und die ihres Oberhauptes sowie dessen Mangel an ökonomischer Einsicht. Erich Honecker überließ dieses Gebiet ganz seinem Wirtschaftsfachmann im Politbüro, dem ersten Stellvertretenden Vorsitzenden im Ministerrat der DDR, Günter Mittag. Er lebte in der Vorstellung, alles für die Werktätigen getan zu haben. Doch glaubte er, ihnen weder die Wahrheit noch höhere Preise zumuten zu können. Mittag wußte um das Dilemma, führte aber den sozialpolitischen Kurs auf Pump fort. Als Manager nicht unbegabt, stellte er sich als Politiker auf jede Richtung ein, um an der Macht zu bleiben. Er war ein politischer Hasardeur, der wohl wußte, daß es so nicht weitergehen konnte. Dennoch setzte er seine ruinöse Wirtschaftspolitik bis zum Ende fort. Sein Einfluß sollte aber nicht überschätzt werden. Das Politbüro war ihm nicht ausgeliefert, er beherrschte es nicht. Seine ökonomischen »Lösungen« besaßen nicht die Überzeugungskraft, der sich die Verantwortlichen nicht hätten entziehen können. Letztlich erwiesen sich die Politbüro-Mitglieder als Gefangene ihrer eigenen Politik. Seit Jahrzehnten setzten sie auf die alles erzwingende Kraft der Arbeiterklasse und des Sozialismus. Sie hatten die Lobpreisungen auf diese Kraft so zu ihrer Sache gemacht, daß sie nicht mehr in der Lage waren, dem Volk die Wahrheit zu sagen. An dem Punkt angelangt, wo sich die Stärke eines Politikers zeigen mußte, versagten sie allesamt. Geübt, mit der Wahrheit hinterm Berg zu halten, versuchten sie nicht, das Ruder herumzureißen. Honecker, alt und krank, befand sich in einem Zustand, in dem er meinte, die Ideale seiner Jugend verwirklicht zu haben. Er beschwor sie immer wieder mit nostalgischen Gesten und Losungen. In dieser Welt verblieb er, während die Wirtschaft der DDR den Bach hinunterging. Was war das für eine Haltung in einer für das Land existenzbedrohenden Situation?

Da es bis in die Hälfte der achtziger Jahre keine Auflehnung, keine eingreifende Opposition gab, hat man nach der Wende die Meinung vertreten, im Leben der DDR-Bevölkerung habe die Anpassung dominiert. Dieser Staat sei eine vormundschaftliche Gesellschaft und die Menschen seien unfähig gewesen, ihre Rechte zu vertreten. Wäre es so, liefe das auf die Umkehr all dessen hinaus, was der Sozialismus bewirken wollte. Die Repressionen im realexistierenden Sozialismus, meinte der Psychologe Hans-Joachim Maaz 1990 in seinem Buch *Der Gefühlsstau*, hätten zu einem »Aufstand der Neurosen« geführt. Diese psychologischen Deutungsmuster mögen Repressionen verschiedener Art erklären, für die Analyse eines ganzen gesellschaftlichen Systems sind sie unzureichend.

Um zu analysieren, warum es so spät zu Veränderungen kam, bedarf es differenzierterer Überlegungen. Moniert man nur das Fehlen von Einrichtungen und Haltungen der westlichen Demokratie in der DDR, kommt man der Handlungsweise der Menschen nicht auf den Grund. In der sozialistischen Gesellschaft existierten andere Handlungs- und Verhaltensfelder, in denen sich der Mensch behaupten und seine Souveränität entwickeln konnte. Es gab Räume, die individuelle Entfaltung ermöglichten, in denen auch Ablehnung und Widerspruch möglich waren. Für den Arbeiter, weniger für den Intellektuellen, bestand dieser Raum in seiner Arbeitswelt, seinem Arbeitsplatz. Das war nicht das ganze Leben, aber ein beträchtlicher Teil desselben. Zwar blieb dem Arbeiter auch dort die direkte Ausübung von politischer Macht versagt. »Es wäre eine Absurdität zu behaupten«, schreibt der Soziologe Wolfgang Engler, »die ostdeutschen Arbeiter hätten die politische Herrschaft ausgeübt. Aber das soziale Zepter hielten sie in der Hand.«[3] Sie besaßen gerade dort die größere Souveränität, wo sie in der kapitalistischen Welt am geringsten ist.

Die Regierenden der DDR verfuhren nach der Devise: Alles für das Volk, nichts durch das Volk. Für das Volk stand vor allem der Arbeiter. Das setzte voraus, daß der Arbeiter als erster Gestaltungsträger des Staates aufgebaut werden mußte. Nach ihm galt es, sich auszurichten. Ihm zu dienen hatte auch der Intellektuelle. Er baute mit an dem Postament, auf dem der Arbeiter stand. Aus dieser Logik gab es keinen Ausbruch. Das führte dazu, daß sich der Arbeiter in seiner unmittelbaren Umwelt souverän und ökonomisch ungefährdet fühlte. Die wirtschaftliche Situation der DDR, vor allem der Mangel an Arbeitskräften, verlieh ihm Unabhängigkeit. Er ließ sich nicht das Maul verbieten. Seinen Unwillen, seine Wut über Mißstände unterdrückte er nicht. Gut, er konnte notfalls entlassen werden, doch wartete dann schon ein anderer Arbeitsplatz auf ihn. Was im Kapitalismus zur Disziplinierung als einer Form von Repression führte, die Furcht vor dem Verlust des Arbeitsplatzes, bildete in der DDR einen Entlastungsraum von staatlicher Repression und Bevormundung. Daß dem Arbeitsplatz eine solche Funktion zukam, war zweifellos eine zweischneidige Angelegenheit. Sie entlastete vom staatlichen Druck und ermöglichte auch verschiedene Arten von Gegendruck als passiven Widerstand, führte aber auch zu einer geringen Arbeitsproduktivität. Die »führende Rolle«, die die SED den Arbeitern zubilligte, schreibt Wolfgang Engler, »zeichnet sich nicht nur durch gefestigtes Gruppenbewußtsein, sondern auch durch grenzenloses Selbstbewußtsein aus.«[4] Zwar unterscheidet Engler zwischen Arbeitergesellschaft und einer »arbeiterlichen« Gesellschaft; von letzterer, der DDR, sagte er: »Gemessen an beiden, am Aristokraten wie am Bürger, erscheint der arbeiterliche Mensch als wahres Glückskind der Geschichte. Er mußte nichts sein, um etwas zu werden, nichts werden, um etwas zu sein, denn alles, was er sein und werden konnte, war er bereits: ein anerkanntes Mitglied des Gemeinwesens. Er war ökonomisch unabhängig, existentiell von vornherein gesichert und wußte vom Kampf um soziale Anerkennung nur vom Hörensagen. Er konnte eine bestimmte Arbeit nicht bekommen oder wieder verlieren, von einem Arbeitsverhältnis ins nächste wechseln, aber sein Dauerverhältnis zur Arbeit blieb davon unberührt. Er mochte fremde Meinungen, fremde Interessen respektieren oder mißachten, für seine gesellschaftliche Stellung war das einerlei; er ging allen Bedeutungen, Verwandlungen, Rollen voraus, die er im gesellschaftlichen Verkehr gewinnen, annehmen oder spielen konnte. Jeder Versuch, seine Stellung in Zweifel zu ziehen, seinen sozialen Status oder auch nur seinen Lebensstandard an Vorleistungen für andere zu knüpfen, traf auf seinen erbitterten Widerstand ... Solange er arbeitete, diente er nicht, sondern herrschte, beugte er sich weder Weisungen von Vorgesetzten noch Konsumwünschen.«[5] Diese Faktoren bedürfen der Berücksichtigung, will man verstehen, warum die Dinge so verliefen, wie sie verliefen. Deshalb ist es auch nicht verwunderlich, daß während der Wende von 1989 die Betriebe als ein geschlossener Bereich gar keine Rolle spielten. Warum sollten die Arbeiter den erobern, wenn sie ihn schon beherrschten? Sie traten in Demonstrationen nur als »Privatpersonen« auf, um ihre Rechte als Bürger einzufordern. Das war eine zwiegeteilte Welt. Auch eine Deformation, aber es war nicht der »anpassungswillige«, der in seine »selbstverschuldete Vormundschaft verstrickte Mensch«.

Das Verhältnis von Volk und Regierung, von Volk und SED gestaltete sich in all den Jahrzehnten recht unterschiedlich. Zu einer grundlegenden Veränderung, einer neuen Qualität kam es erst in den achtziger Jahren. Opposition, wenn man den Begriff als Verallgemeinerung vielfältiger Formen, von der Distanz, der Ablehnung bis zur Auflehnung versteht, gab es in all den Jahren seit Bestehen der DDR. Das konnte auch gar nicht anders sein. Denn die DDR verkörperte ein radikal neues Gesellschaftssystem, das nicht nur mit den faschistischen Vorstellungen, sondern auch mit jahrhundertealten Rechten und Normen gebrochen hatte. Dieser Prozeß ergriff alle Bereiche des Lebens, und deshalb gab es immer Zustimmung, Duldung und Widerstand. Der neue Staat war durch Überzeugung und Gewalt entstanden. Keiner konnte sich den daraus resultierenden Konflikten entziehen, weil sie auch in die privaten Bereiche des Daseins einwirkten. Im Osten wurden die Menschen mit weitaus größeren Veränderungen konfrontiert und in tiefere Auseinandersetzungen verstrickt als in Westdeutschland. Dort entschied man sich zwar für die Demokratie, aber unter Beibehaltung und Restauration der alten wirtschaftlichen Ordnung und Eigentumsverhältnisse, von denen alles abhing.

Insofern wurden die Menschen im Osten in stärkerem Maße durchgerüttelt, in ihren Anschauungen und Bindungen mehr erschüttert als im Westen. Gerade deshalb konnte hier am wenigstens von Anpassung, Untertanengeist und Vormundschaft die Rede sein. Hier sahen sich die Menschen mit einer neuen Lebensweise konfrontiert, die sich die einen anders vorstellten als die Regierung, die anderen zögerlich und skeptisch betrachteten und wieder andere entschieden ablehnten. Die Opposition in der DDR läßt sich nicht formal systematisieren. Es gab immer Druck und Gegendruck, der bestimmte Verhaltensweisen prägte. Im Nachkriegsdeutschland entwickelten sich zwei unterschiedliche, ja gegensätzliche Systeme. Keines der beiden ließ das andere in Ruhe. Beide wollten die Menschen des jeweils anderen Systems in ihr Lager ziehen. Beiden war jedes Mittel recht, um diesem Ziel ein Stück näher zu kommen. Die Menschen waren auf beiden Seiten einer gewaltigen Medien- und Propagandaschlacht ausgesetzt. Es kamen auch Mittel zum Einsatz, die beide Systeme aus ihrem Werteverständnis entsprechend verabscheuten und dennoch anwandten.

Um an dieser Stelle kurz zu resümieren: Bis Ende der siebziger Jahre existierten in der DDR zwei sehr unterschiedliche Gruppierungen der Opposition. Zu der einen zählten Menschen, die sich traditionell orientierten, das System in der DDR ablehnten und eine Existenzweise wie in Westdeutschland anstrebten. Die Lösung sahen sie im Weggang, in der Ausreise oder der Flucht. Die andere, die marxistische Gruppierung, umfaßte jene, die sich für das neue Gesellschaftsexperiment entschieden hatten, es aber anders als die Regierenden gestalten wollten. Die erste Gruppierung war der zweiten – vor allem in den ersten Jahrzehnten – zahlenmäßig weit überlegen. Zwischen beiden gab es zwar Überläufer, aber ideologisch existierten sie getrennt voneinander, sie lehnten sich gegenseitig ab.

Die Opposition, die aus traditionellen Bindungen und Auffassungen gegen die sozialistische Gesellschaft war, trat kaum mit eigenen Losungen und Theorien auf. Ihre Wortführer übernahmen das Repertoire der westlichen Seite. Es war eine Opposition, die nur in seltenen Fällen den direkten Widerstand wählte, die aber handelte, indem sie das Land verließ. Für ihre Entscheidung hatten diese Menschen mannigfache Gründe. Allein in der sozialistischen Umgestaltung sahen sie eine repressive Maßnahme, die sie zur Flucht veranlaßte. Der Gedanke einer Reform lag ihnen völlig fern.

Unter den zwei oppositionellen Richtungen dominierte die marxistische, obwohl sie zahlenmäßig gering war und keine größeren Massen an sich binden konnte. Historisch war sie schon deshalb bedeutsam, weil von ihr politische Programme, umfassende Konzeptionen und Theorien entwickelt wurden. Ihre wichtigsten Vertreter waren Wolfgang Harich, Robert Havemann und Rudolf Bahro. Nicht nur durch ihre Aktionen eroberte sie sich einen Platz in der Geschichte, sondern auch durch ihre theoretischen Auffassungen. So sehr sich ihre Anschauungen im Laufe der Zeit auch wandelten, es dominierte die marxistische Sicht. Allerdings gab es Brüche in ihren theoretischen Konzeptionen. Massen erreichten die Genannten mit ihren Meinungen nicht, aber um sie sammelten sich Menschen, die in kleinen Kreisen ihre Ideen trotz Unterdrückung in den gesellschaftlichen Umlauf brachten.

In der Geschichte der DDR-Oppositionsbewegung spielt Wolfgang Harich eine herausragende Rolle. Er hat die größten Opfer gebracht und die umfassendste Konzeption zur Veränderung der gesellschaftlichen Verhältnisse in Deutschland vorgelegt. In seiner Person und in seinen Theorien spiegeln sich die großen, nicht zu überwindenden Widersprüche der Zeit wider. Selbst in seiner Naivität kommt die Hilflosigkeit der Menschen in den Zeiten des Kalten Krieges zum Ausdruck. Den mutigsten Einsatz für die Einheit seines Vaterlands leistete er.

In den achtziger Jahren veränderten sich die Bedingungen grundlegend. Das starre Gegeneinander der beiden Oppositionsbewegungen löste sich auf, beider Anstrengungen richteten sich jetzt auf die Reform der DDR. Die Kräfte, die sich hauptsächlich nach dem Westen orientierten, traten in den Hintergrund. Aber auch die marxistische Opposition verlor an Einfluß, da es den regierenden Kreisen gelang, ihre Wortführer zu isolieren und deren Haltung zu diffamieren. Dennoch blieb sie weiterhin wirksam. Ihr wichtigstes Merkmal, vor allem im letzten Jahrzehnt, bestand nicht in rebellischen Aktionen, sondern in der stillen, allmählichen Veränderung der großen Zahl der SED-Mitglieder. Sie wollten sich nicht mehr in alles einbinden lassen, scheuten aber den Bruch, weil sie meinten, sich dann als Marxisten aufgeben zu müssen. Außerhalb dieser Gemeinschaft wollten sie nicht stehen. Ihre sanfte Bereitschaft verlor sich jedoch des öfteren in allzu große Geduld, auch in Gleichgültigkeit und Anpassung. Daß jedoch diese Opposition Veränderungen im Denken der SED-Mitglieder auslöste, erwies sich als ein ganz entscheidender Faktor. Teile der Bevölkerung, unzufrieden mit ihrer Situation und der allgemeinen Perspektivlosigkeit, wollten nicht ein anderes gesellschaftliches System, sondern eine bessere DDR. Zunächst suchten sie sich in die dringlichen Probleme einzumischen, deren Lenkung sich bisher die Parteiführung vorbehalten hatte: in die Friedens- und Ökologiebewegung. Sie wollten, daß hier auch ihre Stimme, ihre Vorschläge berücksichtigt wurden. Wohl hatte auf diesem Gebiet die

DDR-Führung ihre Verdienste. Doch letztlich wurde ihre Politik immer von den strategischen Interessen der Sowjetunion und den Zwängen des eigenen Systems bestimmt. Als Mitglied des Warschauer Paktes folgte die DDR der Sowjetunion bedingungslos. Sie ordnete verstärkte Wehrerziehung an, führte in den Schulen Wehrkunde als obligatorisches Unterrichtsfach ein. Die Militarisierung des gesellschaftlichen Lebens nahm bei allgemeiner Beteuerung des Friedenswillens und dem ehrlichen Bekenntnis, jede weitere Atomaufrüstung zu verhindern, zu. Da die DDR-Regierung ihr Meinungsmonopol in der Friedensbewegung nicht aufgeben wollte, ging sie gegen jede andere Initiative vor. Doch gerade dieses Recht, sich auf ihre Weise für den Frieden einzusetzen, wollten sich viele Menschen nicht nehmen lassen. Auf diese Weise entstanden unterschiedliche Aktionen, die sich zu politischen Foren ausweiteten, in denen auch andere wichtige Themen aufgegriffen wurden. Die Bewegung suchte einen Platz in der Gesellschaft. Da ihr dieser von den bestehenden Organisationen verwehrt wurde, fand sie ihn in der Kirche. Diese diente als »Gesellschaftsersatz«.

Daß sich die Kirche für die Erhaltung des Friedens engagierte, entsprach ihrer christlichen Mission. Der Historiker und Verfasser einer umfangreichen Geschichte der Opposition in der DDR, Ehrhart Neubert, ordnete die Entstehung der kirchlichen Friedensbewegung als Basisbewegung zwischen 1972 und 1978 ein. In dieser Zeit gingen aber, wie auch aus Neuberts Darstellung zu entnehmen ist, die wesentlichen Initiativen noch von marxistisch orientierten Kräften wie Robert Havemann und Rudolf Bahro aus, von denen sich der offizielle Marxismus getrennt hatte. Erst die Aktion »Schwerter zu Pflugscharen« von 1981/82 löste eine Oppositionsbewegung aus, die auch in der Öffentlichkeit wahrgenommen wurde. Sie zwang selbst marxistische Institutionen, sich mit der Rolle des Pazifismus im Atomzeitalter zu beschäftigen. Die Aktion zog die Jugend an. Der Landesjugendpfarrer Harald Bretschneider hatte einen geschickten Griff getan, als er die Abbildung der vor dem UNO-Gebäude aufgestellten Plastik des sowjetischen Bildhauers Jewgenij Wutschetisch als Symbol für die Aktion wählte. Es fand als Lesezeichen und Aufnäher weite Verbreitung. Viele junge Menschen nahmen es an und trugen es an ihrer Kleidung. Indem sie sich damit identifizierten, erwarben sie sich Respekt und Achtung in der Öffentlichkeit. Der sozialistische Staat konnte gegen die Abbildungen eines sozialistisch realistischen Kunstwerkes nicht einschreiten, zumal es eine Tendenz zum Ausdruck brachte, die sehr verschieden interpretiert werden konnte. Als Hoffnung internationaler Entwicklung wollte es auch die SED nicht ablehnen, war aber gegen jede pazifistische Auslegung.

Durch die Friedensdekaden und die Losung »Frieden schaffen ohne Waffen« bekam die Bewegung Zulauf. Aus einzelnen Aktionen wurde eine Tradition. Da sich die Friedensbewegung immer stärker politisch profilierte, entstand eine Kluft zwischen Basisgruppen und den oberen Kirchenbehörden. Wie die SED wollten auch die Kirchenleitungen die Lenkung dessen, was in der Kirche oder im Namen der Kirche geschah, nicht aus der Hand geben. Die Friedensaktionen brachten die »Kirche von unten« nun auch in der Öffentlichkeit zur Geltung.

In der DDR-Geschichte gab es keinen wirklichen Dialog zwischen Marxisten und Christen, der öffentlich ausgetragen wurde. Die Parteiführung bevorzugte Gespräche auf höchster Ebene, aber an Begegnungen und einer Debatte auf breiter Basis war sie nicht interessiert. Zwar gab es aus Anlaß kirchengeschichtlicher Höhepunkte, die zugleich nationale Ereignisse waren, eine enge Zusammenarbeit zwischen marxistischen Historikern und der Kirche, aber keinen Dialog über Marxismus und Christentum auf verschiedenen Ebenen. Die CDU sollte die Christen an die Politik des Staates heranführen, sonst aber wurden alle Verbindungen als Angelegenheit der Staatsführung behandelt. Gespräche und Lesungen von Marxisten in kirchlichen Einrichtungen waren verpönt. Trotzdem fanden sie statt. Diese sektiererische Politik, von der sich marxistische Parteien in anderen Ländern schon frei gemacht hatten, sollte sich rächen. Die marxistischen Reformer, die die Partei aus ihren Reihen ausschloß, denen sie jedes öffentliche Forum verwehrte, nahmen die Kirche als neue Plattform dankbar an.

Das beste Beispiel dafür war Robert Havemann. Durch seinen Einfluß wandte sich die Friedensbewegung der Kirche aktuellen Fragen der internationalen Politik zu. Havemann hatte man ohne statutengemäßes Verfahren aus der SED ausgeschlossen, als Hochschullehrer aus der Humboldt-Universität Berlin entlassen und als Korrespondierendes Mitglied aus der Akademie der Wissenschaften entfernt. In seinen Memoiren schrieb Kurt Hager, den Ausschluß aus der Akademie nicht veranlaßt zu haben. Der Ideologiechef stand unter dem Druck Walter Ulbrichts. Er mußte handeln. Die SED verzieh Havemann nicht, daß er seine Auffassungen in westlichen Medien verbreitete. Kurt Hager, einst mit Robert Havemann befreundet, ging davon aus, daß dieser den »Moral-Kodex« gebrochen habe. »Es verbot sich für Kommunisten, in westlichen Medien Differenzen mit der eigenen Partei auszutragen.«[6] Doch Havemann entschloß sich erst zu diesem Schritt, nachdem ihm jede Möglichkeit genommen war, sich zu äußern. Aus diesem Grunde nahm er auch die Gelegenheit wahr, mit der Friedensbewegung der Kirche zusammenzuarbeiten.

Havemann blieb bei seiner marxistischen Grundposition, trennte sich aber von allem, was einen demokratischen Sozialismus beeinträchtigte. Er gab bei aller Kritik an der DDR diesem Staat den Vorzug gegenüber der Bundesrepublik, weil hier mit dem Privateigentum an den Produktionsmitteln gebrochen wurde; eine Errungenschaft, die er nicht preisgeben wollte, von der er meinte, daß sie in der westlichen Gesellschaft noch erkämpft werden müsse. Im Westen gebe es »diese große Schicht von Mächtigen, die niemand gewählt hat und die sich der Kontrolle entziehen«.[7] Havemanns Gedanken berühren sich in diesem Punkt mit denen Harichs von 1956, wenn es auch zwischen beiden keine Verbindung gab.

1980 fand der Pfarrer Rainer Eppelmann den Weg zu dem in Grünheide völlig isolierten Havemann und leitete eine Zusammenarbeit ein, die bis zum Tode des Gelehrten 1982 fortdauerte. Beide Männer waren in ihren politischen Ansichten grundverschieden. Eppelmann besaß Erfahrungen in der kirchlichen Jugendarbeit; selbst Wehrdienstverweigerer, sah er in der Friedensarbeit ein Mittel, auf die Menschen Einfluß zu nehmen und sie zu gewinnen. Mit der DDR verband ihn nichts. Viele politische Forderungen, die er in den Jahren 1980 bis 1982 aufgriff, gingen unter anderem auf den Einfluß Havemanns zurück, aber sie blieben ihm letztlich wesensfremd. Als Politiker der Nachwendezeit kam er nie wieder darauf zurück. Seine spätere Politik stand eher im Gegensatz zu seiner Position von 1981/82.

Havemann regte eine gemeinsam abgestimmte Briefaktion an. Er war es auch, der Eppelmann veranlaßte, die Westmedien zu nutzen, um an die Öffentlichkeit zu gelangen. Eppelmann richtete 1981 ein Schreiben an Honecker, Havemann einen offenen Brief an Breshnew. Beide Schriftstücke gelangten in die Westmedien und erregten beträchtliches

Aufsehen. Der Brief Eppelmanns an Honecker entstand, nach Aussagen von Ehrhart Neubert, unter Mitwirkung von Havemann. Darin heißt es: »Werter Herr Honecker, es ist 5 Minuten vor 12. Der selbstmörderische Rüstungswettlauf der letzten Jahre hat die Gefahr einer atomaren Auseinandersetzung in Europa so groß wie nie zuvor werden lassen ... Darum ist Pazifismus heute nicht mehr nur eine Möglichkeit der Politik, sondern angesichts der großen Gefahr totaler Vernichtung allen Lebens die einzige Möglichkeit politischen Handelns ... Nehmen Sie durch unverzüglich eingeleitete Maßnahmen den Völkern in Westeuropa das Mißtrauen.« In 17 Punkten legten die beiden Verfasser die notwendigen vertrauensbildenden Maßnahmen dar, die eingeleitet werden müßten. Sie betrafen in erster Linie die Entmilitarisierung des gesellschaftlichen Lebens. Unter anderem forderten sie »ein Verbot von Kriegsspielzeug, keine Verherrlichung des Soldatentums, die Abschaffung des Wehrunterrichts, keine Benachteiligung von Wehrdienstverweigerern, den Verzicht auf militärische Demonstrationen und militärischen Kult bei Staatsfeiern. Außerdem verlangte Eppelmann, daß Honecker für ›eine kernwaffenfreie Zone in Mitteleuropa‹ und für ›den Abzug aller ausländischen Truppen aus allen Ländern Europas‹ eintreten solle.«[8]

Havemanns Brief bezog sich auf den bevorstehenden Besuch Breshnews im Oktober 1981 in der Bundesrepublik. An den sowjetischen Parteichef schrieb er: »Bei der Zuspitzung der militärischen Konfrontation in Europa spielt die Teilung Deutschlands eine wesentliche Rolle. Ursprünglich schien hierdurch ein gefährlicher Aggressor für immer entmachtet und damit der Frieden in Europa gesichert. Aber das absolute Gegenteil war die Folge ... Die Teilung schuf nicht Sicherheit, sondern wurde Voraussetzung der tödlichsten Bedrohung, die es in Europa jemals gegeben hat ... Es gilt insbesondere die beiden Teile Deutschlands der Blockkonfrontation zu entziehen ... 36 Jahre nach Ende des Krieges ist es jetzt zur dringenden Notwendigkeit geworden, die Friedensverträge zu schließen und alle Besatzungstruppen aus beiden Teilen Deutschlands abzuziehen ... Wie wir Deutsche unsere nationale Frage dann lösen werden, muß man uns schon selbst überlassen und niemand sollte sich davor mehr fürchten, als vor dem Atomkrieg.«[9]

Die Briefe Eppelmanns und Havemanns wurden im kleinen Kreis vorbereitet und fanden unter dem Titel »Berliner Appell« weite Verbreitung. Viele Menschen schlossen sich an und unterschrieben ihn. Er erwies sich als einer der wirkungsvollsten Beiträge der kirchlichen Friedensbewegung, entstanden in Zusammenarbeit mit den marxistischen Oppositionskräften.

Die Diskussion um die Erhaltung des Friedens ging in der zweiten Hälfte der achtziger Jahre in die Forderung nach mehr Demokratie über. Daraus entwickelte sich die Bürgerbewegung als eigenständige politische Kraft. Sie gab jedoch das schützende Dach der Kirche nicht auf. Bis zur Wende blieb sie das Forum, auf dem das Verlangen nach einer Reform der DDR zur Sprache kam. Daß die Opposition zwar nicht aus der Kirche hervorging, sich aber in Verbindung mit ihr entwickelte, hat Ehrhart Neubert wie folgt begründet: »Die Opposition hat sich tatsächlich in weiten Teilen und lange Zeit religiös legitimiert und statt Auflösung und Liquidation der DDR eine verbesserte DDR auf der Grundlage ihrer eigenen Staatsdoktrin gefordert. Es darf aber nicht übersehen werden, daß eine Opposition, die sich in der DDR halten wollte, zunächst die Voraussetzung politischer Handlungsfähigkeit schaffen mußte ... Weil der DDR-Marxismus eine verkehrte Säkularisierung installierte, mußte die Säkularisierung der Politik noch einmal über die religiösen bzw. die protestantischen Wurzeln modernen Denkens rekapituliert werden. Die religiösen Elemente der DDR-Opposition und auch die religiöse Kultur des Widerstands in der Wende haben dies ermöglicht.«[10] Das liest sich so, als sei zwar die Kirche notwendige Legitimation für die Opposition, die »verbesserte DDR« als Ziel aber nur Tarnung für deren Beseitigung gewesen.

Zumal Neubert weiter ausführte: »Wer die Demokratisierung der DDR forderte, stellte nicht direkt das Existenzrecht der DDR in Frage, sehr wohl aber die Herrschaft der SED und damit indirekt auch deren Staat.«[11] Das mag wohl auf den Verfasser und Personen wie Rainer Eppelmann zutreffen, ob sich damit die Bürgerbewegung im Rahmen der Kirche insgesamt charakterisieren läßt, muß bezweifelt werden. Reformer und Männer der Kirche wie Wolfgang Ullmann und Friedrich Schorlemmer haben dem widersprochen. Ullmann bestand auch später gegenüber Kritikern darauf, daß die Bürgerbewegung eine »verbesserte DDR« gewollt habe. Die Entwicklung der Reformbewegung und deren Legitimation durch die Kirche hatte aber auch Nachteile. Die Bewegung blieb eingeschränkt in ihrer spezifischen Programmatik, vermochte kaum Theorien und Strategien auszubilden, die über den engeren Kreis hinauswirkten. Auf diese Schwäche ist es auch zurückzuführen, daß sie auf Dauer nicht der Sogkraft der Bundesrepublik widerstand. Deshalb auch verschwanden sie und ihre Gliederungen so schnell von der politischen Bühne.

Verbindungen zu den kirchlichen Foren suchte auch der marxistisch orientierte Rudolf Bahro, Verfasser des Buches *Die Alternative. Zur Kritik des real existierenden Sozialismus*. Bahro zog theoretische Schlußfolgerungen aus der verzweifelten Suche kleiner Intellektuellen-Zirkel nach dem richtigen Marxismus. Doch sah er in diesen kleinen Kreisen zugleich das Potential, das eine »Machtverschiebung« vorbereiten könne. Das geistige Leben war für ihn das Kampffeld der Kulturrevolution. Denn Lösungen seien nicht mehr im »Bannkreis des parteioffiziellen Wissens« zu finden, sondern außerhalb, in kleinen Gruppen und propagandistischen Zirkeln. Die herrschende Partei, der er bisher angehörte, sah er im Widerspruch von sozialem Auftrag und politisch-organisatorischer Existenzform verfangen. Seine theoretischen Anstrengungen richteten sich auf die Organisation einer nichtkapitalistischen Industriegesellschaft, in der sich Ökonomie und Ökologie versöhnen. Einen hoffungsvollen Auftakt dazu glaubte er 1968 in der Selbstbehauptung der Menschen in der ČSSR zu finden. In seinem Denken gab es mehr Utopie als im traditionellen Marxismus. Dennoch hätten seine Vorstellungen das Dynamit sein können, um das erstarrte Gedankengebäude des offiziellen Marxismus aufzusprengen. Er, der 1997 starb, war nach Wolfgang Harich und Robert Havemann der letzte in der Reihe bedeutender marxistischer Reformer.

Insgesamt war die marxistische Reformbewegung am schwächsten, als es galt, eine Wende herbeizuführen. Dabei gab es gerade in den späten achtziger Jahren die größte Bereitschaft dazu, gleichzeitig aber wenig Initiativen für ein gesellschaftliches Handeln. Die Intelligenz reflektierte über das eingreifende Denken, unterließ aber den Bruch mit der autoritären, dogmatischen Führung. Die marxistische Opposition verblieb im geistigen Bereich, bildete keine politische Organisation, keinen Kampfbund. Große Programmentwürfe wie die Memoranden Wolfgang Harichs kamen nicht zustande. Einfluß auf die Öffentlichkeit, auf das große Publikum nahm nur die schöne Literatur. Die Theoretiker beschäftigten sich mit Spezialfragen. Hier ließ sich Kritik einbringen. All das war darauf zurückzuführen, daß man nicht mehr auf Reformen durch die überalterte Führungsriege, wie noch vor einem Jahrzehnt, hoffte. Daß eine umfassende Änderung kommen mußte, dessen war man sich wohl bewußt, wartete aber auf die biologische Lösung, die abzusehen war. Ein bequemes evolutionäres Denken beherrschte selbst die, die ihre geistige Anstrengung auf die künftige Transformation der Gesellschaft richteten, auf eine kritische Rekonstruktion des Sozialismus. Rückblickend schrieb der Philosoph Gerd Irrlitz: »Die Erwartung eines sich reformierenden und fast wie gesetzmäßig eine höhere Stufe erklimmenden Realsozialismus durchzog die Opposition ... Die geistige Opposition in der DDR bildete einen eigentümlichen kulturellen Typus aus. Eine analytisch fragende, reflektierende Haltung herrschte vor. Der methodische Weg, auf dem sich alles bewegte, war der Kontrast zwischen Gemeintem und Gelenktem.«[12]

Dabei stieß kritisches Denken und Verhalten in den späten achtziger Jahren kaum noch auf Widerspruch und Gegenwehr. Nur Mielkes Staatssicherheit war noch eine Gefahr, eine ernsthafte. Insofern hatte sich die Situation gegenüber den vorangegangenen Jahrzehnten total verändert. Damals mußten vorgeschobene Positionen geräumt werden, weil der Widerstand in den eigenen Institutionen zu stark war. Jetzt brauchte man nicht mehr listig, taktisch vorzugehen. Freilich, die reformbereiten Intellektuellen wurden nicht laut, sie bildeten eine leise Front. Gerd Irrlitz hat für sie das schöne Bild von dem »zauberischen Orchester« geprägt, das nur den drohenden, beängstigenden Hintergrund vermissen läßt. »Die geistige Opposition in der DDR, sie bildete ein zauberisches Orchester, das immer zu hören, nie zu erblicken war, in dem jeder seinen Part beherrschte, zu dem jeder hinzutreten durfte, der etwas beizutragen vermochte, und das keinen Dirigenten besaß. In Wahrheit verfügte es über mehrere, nur wurde nicht ausgesprochen, daß sie es sind.«[13] Das »zauberische Orchester« spielte am Abgrund der Zeit, einer Zeit, die einmal die ihre und so voller Hoffnung gewesen war.

*Zweiter Abschnitt*

## Gorbatschow schafft eine neue Situation

Kein anderer wurde von der Intelligenz so als Hoffnungsträger begrüßt wie Michail Gorbatschow, seit April 1985 Generalsekretär der KPdSU. Glasnost und Perestroika waren die Zauberworte der Zeit, von denen sich die Menschen mehr als von Programmen und Theorien eine Änderung der politischen Situation versprachen. Stephan Hermlin verglich bereits 1987 die Bedeutung der Perestroika mit der Oktoberrevolution von 1917. Daß dieser Mann in der Presse der DDR weniger emphatisch gepriesen wurde als in anderen Ländern, lag an der Distanz der DDR-Politiker, die einen Gegenkurs steuerten. Dafür war die Sympathie der Massen, vor allem in der Intelligenz, inbrünstiger als anderswo. Gorbatschow propagierte ein »neues Denken«, die »Praxis der sozialen Emanzipation« gegen die Stagnation, die alles zersetzende Krise. Er war nicht der erste in seinem Lande, der eine »strategische Wende« für notwendig hielt. Den Anstoß gab. J.W. Andropow, der aber durch Krankheit und Tod nicht mehr eingreifen konnte. Was Gorbatschow einleitete, beanspruchte eine zweite russische Revolution zu sein. In einem ersten Anlauf erreichte der Staatsmann tatsächlich einen politischen Klimawechsel. Der Westberliner Philosoph W. F. Haug sprach 1989 aus, was die meisten DDR-Intellektuellen in der Person Gorbatschows erblickten und sich von ihm erhofften: »Ein Alptraum weicht. Der weltgeschichtliche Horizont des Sozialismus hat sich neu geöffnet. Eine Gegenwart gewinnt ihre Zukunft mitsamt ihrer Vergangenheit.«[14] Haug zeigte sich von dieser Gestalt so ergriffen, daß er meinte, man könne Bechers Loblied auf Lenin, in dem es heißt, daß er an den Schlaf der Welt rührte »mit Worten, die Blitze waren«, auch auf Gorbatschow übertragen. In einem US-Magazin berichtete man vom »Gorbi-Fieber«. Bei Meinungsumfragen in Westeuropa erreichte der erste Mann der Sowjetunion oft mehr Punkte an Popularität als die Repräsentanten dieser Länder. Doch so kometenhaft wie er aufstieg, so abgrundtief fiel er. Zwar ist eher normal, daß Politiker auf die Dauer nicht halten, was sie versprechen. Doch bei keinem schlug die Hoffnung seiner Anhänger so in Enttäuschung um wie bei Gorbatschow. Sein Aufstieg wie sein Fall sind ohne Beispiel.

Daß Gorbatschow mit seiner Perestroika bei den verschiedenen Schichten der DDR-Bevölkerung so einhelligen Beifall fand, ließ sich letztlich auf einen alles bestimmenden Grund zurückführen. Bisher war jeder Reformversuch in den sozialistischen Ländern am Einspruch, ja am Einmarsch der Sowjetunion gescheitert. Jede eigenständige Politik endete mit der Ablösung der Personen, die sie gewagt hatten. Auch die willige Bereitschaft der DDR-Regierung, keinen Fußbreit von dem großen Vorbild abzuweichen, war nur das unausgesprochene Eingeständnis, daß ohne Moskau nichts ging. Ein deutscher Sonderweg im Alleingang schien nach den bisherigen Erfahrungen absurd. So wurde der Versuch, etwas zu ändern, zu einem theoretisch-intellektuellen Abenteuer oder zur individuellen Entscheidung, das Land zu verlassen. Letzteres kam ebenfalls einem Abenteuer gleich. Doch plötzlich hatte sich die Situation geändert. Der Ruf nach Demokratie, nach einem sozialistischen Pluralismus und revolutionärer Umgestaltung ging nunmehr von dem Land aus, das bisher jede Veränderung verhindert hatte. Jetzt mußten auch Reformen in der DDR möglich werden. Das mobilisierte selbst Kreise, die sich resigniert von der Politik abgewandt hatten. So eroberte das Perestroika-Denken die DDR-Bevölkerung und schuf Voraussetzungen für eine breite Reformbewegung. Sie stützte sich jetzt nicht nur auf Intellektuelle, die die Erneuerung des Marxismus als Voraussetzung betrachteten. Was Chruschtschow nicht gelang, die Befreiung vom stalinistischen Apparat, schien Gorbatschow in Angriff zu nehmen. Denn zum richtigen Marxismus war nur über einen sozialistischen Pluralismus zu gelangen. Zwar gab es auch schon damals Kritik an Gorbatschows eklektischem Marxismus-Verständnis, jedoch die Richtung, die er einschlug, wurde durchweg begrüßt.

Daß sich die SED-Führung dazu distanziert, ja abweisend verhielt, empörte. Die Haltung der Bevölkerung kehrte sich um. Wurde früher, was aus Moskau kam, mit Skepsis aufgenommen, fand das jetzt Zustimmung. Kein anderes Ereignis, kein anderer Politikansatz trug so zur Polarisierung innerhalb der SED bei wie die neue Moskauer Linie. Doch die Führung schien nicht geneigt, das veränderte Denken ihrer Genossen wahrzunehmen. Honecker und sein Politbüro sahen die Gefahr von Gorbatschows Perestroika vor allem im Ideologischen, weniger im Ökonomischen. Auf diesem Gebiet glaubten sie, in der Umgestaltung schon weiter zu sein als in der UdSSR. Was sie nervös machte, waren die ständigen Enthüllungen, Korrekturen, Verurteilungen im Bereich der Parteigeschichte und der Arbeiterbewegung. Bisheriger Ruhm wurde zur Schande, Verdienste wurden zu Verbrechen. Das, was die Presse zur Sprache brachte, betrachteten sie als eine Beeinträchtigung ihres Meinungsmonopols. Einen Pluralismus auf diesem Gebiet wollten sie keineswegs zulassen. Dabei ignorierten sie, daß dieser Prozeß in den inoffiziellen Diskussionen in der DDR in vollem Gange war. Auch was nicht in die Medien gelangte, wurde in den verschiedenen Einrichtungen seit einiger Zeit intensiv diskutiert. Die Intellektuellen hielten ihrer Parteiführung die Anstöße aus Moskau unter die Nase, um sie auf die Dringlichkeit von Veränderungen hinzuweisen.

Debatten gab es darüber, inwieweit Gorbatschows »neues Denken« einem marxistischen Ansatz entsprach. Hierüber existierten durchaus unterschiedliche Meinungen, die allerdings öffentlich mehr durch die Linken in der Bundesrepublik zur Sprache kamen. W. F. Haug, dessen Schriften auch in der DDR gelesen wurden und zu einem regen Gedankenaustausch beitrugen, nannte sein Gorbatschow-Buch im Untertitel *Gedanken über den Zusammenhang seiner Gedanken*. Damit nahm er Bezug auf Georg Lukács' berühmten Essay über Lenin. Diesen hohen Maßstab hatte Gorbatschow selbst herausgefordert, als er erklärte, daß das Wesen der gegenwärtigen Umgestaltung ja gerade darin bestehe, »daß sie die Leninsche Konzeption vom Aufbau des Sozialismus ... wieder voll zum Tragen bringt«. Nur war Gorbatschow kein philosophischer Kopf, ebensowenig wie sein Außenminister Schewardnadse. Beide waren mit der marxistischen Denkkultur unvollkommen vertraut. Der Umbau in der Sowjetunion stellte sich so zwingend, daß seinen Machern nicht unbedingt eine Erneuerung des Marxismus abverlangt werden konnte. Auf dem Gebiet schien Gorbatschow wirklich überfordert. Aber er stieg in diese Rolle ein, weil sie dem Ritual entsprach. Glasnost und Perestroika als »nachholende Modernisierung« (Georg Fülberth) wäre realistischer gewesen. Daß Gorbatschow die Umgestaltung auf die Tagesordnung setzte, bleibt sein Verdienst. Doch als Organisator und Stratege brachte er sie nicht voran. Je mehr sich die Schwierigkeiten häuften, je weniger sich Lösungen in der ökonomischen sowie der staatlichen Praxis und selbst in der Partei einstellten, desto mehr trumpfte er propagandistisch auf. Immer neue Ziele stellte er vor. Doch Resultate blieben aus. Zwar sprach er von nüchterner Analyse objektiver Prozesse, fand aber bei den Massen im eigenen Land keine Resonanz. Der Beifall für seine Politik in den westlichen Ländern täuschte ihn darüber hinweg, daß er mit der Perestroika keinen Boden unter die Füße bekam. Er blieb ihr Propagandist und Publizist.

Einen seiner weitgehendsten Vorschläge unterbreitete er im November 1986 auf dem Gipfeltreffen der sozialistischen Länder in Sofia. Die regierenden Kommunistischen Parteien sollten gleichberechtigt und unabhängig voneinander ihre Politik im eigenen Land und auf der internationalen Ebene verantworten. Das war als offene Erklärung eine entscheidende Maßnahme, die die volle Zustimmung aller anwesenden Parteiführer fand. Denn bisher hatte die Sowjetunion das Abhängigkeitsverhältnis nie zur Disposition gestellt, vielmehr durch die Breshnew-Doktrin befestigt. Die erklärte Nichteinmischung befreite von einem Alptraum, beschwor aber in geschichtlich so später Stunde auch Gefahren. Honecker sah darin die Billigung, sich von der Perestroika-Politik abzuschotten. Gorbatschow sprach damit aus, daß die Sowjetunion in der internationalen Arena ihre eigenen Interessen verfolgen werde, und zwar auch dann, wenn sie nicht mit denen der sozialistischen Länder übereinstimmten. Honecker übersah die Gefahr, in die jetzt die DDR geriet. Bis zuletzt glaubte er nicht daran, daß sie zum Verhandlungsobjekt mit den Westmächten werden könne. Hier wirkte sich aus, daß im Denken der Parteiführer längst ein gläubiger Marxismus an die Stelle des analytischen getreten war. Bei allen Schwüren auf den sozialistischen Internationalismus hatte für die Sowjetregierung das nationalistische Prinzip oberste Priorität. Im Rahmen einer solchen Politik stand die DDR als Verhandlungsmasse zur Disposition. Was für Stalin galt, galt auch für seine Nachfolger, selbst für die, die sich nicht mehr auf ihn beriefen. Ob der sozialistische deutsche Staat feilgeboten oder unterstützt würde, hing von der internationalen Konstellation ab. Darüber täuschten auch nicht die langen Perioden der Stabilität, der Verbundenheit in den Beziehungen, hinweg.

Die DDR, an der Nahtstelle zweier gegensätzlicher Weltsysteme, nahm manches auf sich, wofür sie später allein zur Verantwortung gezogen wurde. Honecker und sein Politbüro gingen von der Vorstellung aus, daß die Sowjetunion in der DDR ihren stärksten, vor allem aber ihren treuesten Verbündeten sah, daß sie schon deshalb nicht von ihr lassen werde. Dabei sprachen zu dieser Zeit die Mitarbeiter

Gorbatschows schon »von der DDR als dem schwächsten Glied des sozialistischen Lagers«.[15] So gesehen hatte sich in der Position der sowjetischen Parteiführer seit Stalin nichts geändert, nur sie selber waren in die Krise geraten. Gorbatschow erhob die Nichteinmischungs-Erklärung zum Prinzip des »Neuen Denkens«. Freilich ließ er auch danach zu keinem Zeitpunkt davon ab, die DDR im Griff zu behalten. Sie wurde nunmehr zum Pfund, mit dem er wucherte, um Anklang bei den Westmächten für seine Politik des »europäischen Hauses« zu finden.

Honecker begriff die Perestroika als eine innere Angelegenheit der UdSSR. Ihm entging völlig der übergreifende Charakter der Ideen Gorbatschows. Daß der erste Mann der Sowjetunion mit seinen Ideen scheiterte, spricht jedoch nicht für Honecker. Statt sich abzuschirmen, hätte er eine Reform aus eigener Initiative einleiten müssen. Er brauchte nicht unbedingt der Spur Gorbatschows zu folgen. Nichts wäre für das marxistische Denken, für die Menschen in den sozialistischen Ländern nützlicher gewesen, als ein Austausch der Erfahrungen, ein internationaler Dialog über Irrtümer, Versagen und Chancen. Die Umgestaltung der Wirtschaft wäre mit der Entwicklung der Demokratie zu verbinden gewesen, um menschliche Produktivität freizusetzen. Dialog statt Distanz. Dabei hätte der ältere Honecker mehr an Vergangenheits-Denken aufgeben müssen als der jüngere, agilere Gorbatschow. Dafür konnte Honecker in der DDR mit einer größeren Gefolgschaft rechnen als sein sowjetischer Partner in der UdSSR. Denn die überschwappende westliche Studentenbewegung von 1968 hatte das marxistische Denken unter den Intellektuellen neu belebt. Der alte ideologische Rahmen wurde schon damals durchbrochen. Diese Wiederbelebung des Marxismus fand in der UdSSR nicht statt. So gesehen hatte Gorbatschow keinen Vorlauf. Er blieb weitgehend auf seinen kleinen Beraterkreis angewiesen. Zwar entschloß sich Honecker in den letzten Stunden auch zu Reformen, die auf dem nächsten Parteitag vorgetragen werden sollten. Doch alles geschah viel zu spät, viel zu zögerlich und wiederum per Dekret. Das überalterte Politbüro besaß keine Entschlußkraft mehr. Seine Mitglieder hätten sich im Grunde von dem trennen müssen, was ihr Leben bestimmt hatte, und das vermochten sie nicht. Sie hielten an ihrem Kurs fest und verstärkten somit den Druck auf ihr System.

Ein Vorfall, der breite Kreise der Bevölkerung auf die Spannungen zwischen der Reformpolitik Gorbatschows und dem rigiden Kurs

Honeckers aufmerksam machte, war das Auslieferungsverbot der auch in deutscher Sprache erscheinenden Zeitschrift *Sputnik* im November 1988. Aus dieser Zeitschrift erfuhren die DDR-Leser, welche Veränderungen in der UdSSR stattfanden, welche Meinungen es gab, die bisherigen Auffassungen widersprachen. In den öffentlichen Verlautbarungen hieß es, das Presseorgan leiste keinen Beitrag zur deutsch-sowjetischen Freundschaft. Vielmehr bringe es »stattdessen verzerrende Beiträge zur Geschichte«, auch zur deutschen Parteigeschichte. Die *Rheinische Post* beschrieb das Verbot als eine »offene Kampfansage an Moskaus ›Neues Denken‹«.

Das Verbot kam einfach dadurch zustande, daß in der DDR öffentliche Auseinandersetzungen über den Stalinismus im Ansatz steckengeblieben waren, eine pluralistische Meinungsbildung nicht geduldet wurde. Daß die Sowjets nach dem Hitler-Stalin-Pakt jede antifaschistische Aktivität, insbesondere durch deutsche Emigranten, verhinderten, daß es sogar zur Auslieferung deutscher Exilanten an die Gestapo kam, war auch DDR-Historikern kein Geheimnis mehr. Solche Vorfälle wurden in den wissenschaftlichen Gremien diskutiert. Auch mühten sich diese oft vergebens, ihre Forschungen zu veröffentlichen. Häufig hatte man aus Rücksicht auf die Sowjetunion eine Publikation verhindert. Daß das *Sputnik*-Heft auch kritikbedürftige Beiträge enthielt, wäre eher ein Grund zur Diskussion und nicht zum Verbot gewesen. Hitler sei erst durch Stalin möglich geworden, hieß es im *Sputnik*. Hier griff die Zeitschrift, wenn auch versimpelt, eine These des deutschen konservativen Historikers Ernst Nolte auf, die den deutschen Historikerstreit ausgelöst hatte. Damit wäre eine Polemik dringend notwendig gewesen. Statt dessen kam das Verbot, welches deutlich machte, daß sich die DDR-Regierung strikt von der Glasnost-Offensive abgrenzte und nicht einmal eine wissenschaftliche Auseinandersetzung in Erwägung zog.

Die *Sputnik*-Affäre löste eine solche Empörung aus, daß aus dem Apparat und den Ministerien keiner die Verantwortung übernehmen wollte. Schließlich wurde der Postminister als Sündenbock hingestellt. Der hatte vom Verbot aber selber nur aus den Medien gehört. All das zeugt davon, wie konfus es innerhalb des Apparats zuging, daß selbst höhere Dienststellen nicht mehr hinnahmen, was die Parteiführung verlangte. In seinen Memoiren vermerkte Kurt Hager: »Wie sich herausstellte, war dies eine eigenmächtige Entscheidung Erich Honeckers gewesen. Ich und andere Mitglieder des Politbüros erfuhren von dem *Sputnik*-Verbot durch die Presse.«[16] Obwohl sich Honecker gern in der Geste gefiel, Verbote anderer aufzuheben, rastete er aus, wenn seine nostalgische Sicht auf die Parteigeschichte berührt wurde. Die Politbüro-Mitglieder dachten in diesem Punkt nicht viel anders. Kurt Hager schrieb nach der Wende: »Ich war der Meinung, daß die ständige Hervorhebung alles Negativen und das Verschweigen des Positiven zu einem Verlust aller Werte, besonders bei der Jugend führen müsse. Schließlich bestehe der Aufbau des Sozialismus nicht nur aus Fehlern. Der Sieg über den Faschismus könne nicht einfach abgetan oder nur unter dem Gesichtspunkt eventuell falscher strategischer und taktischer Entscheidungen Stalins und der Heerführer gesehen werden. Wir konnten uns nicht einigen. Ich hatte das dumpfe Gefühl, daß in ›Perestroika‹ und ›Glasnost‹ eine zerstörerische Kraft am Werke war, die noch große Probleme bringen würde.«[17]

Daß es nach so viel Entstellungen durch die eigene Seite nun auch zu einseitigen, ja falschen Darstellungen kam, die nur durch eine restlose Offenlegung aller Vorgänge und Zusammenhänge überwunden werden konnten, wollte die überalterte Parteiführung nicht einsehen.

*Dritter Abschnitt*

Veränderungen im literarischen Kräftefeld

Die DDR-Literatur wies auch in den achtziger Jahren eine erstaunliche Kontinuität auf. Ihre kritische Sicht löste nach wie vor Debatten aus, die sich als Argumentationshilfen in den politischen Diskussionen erwiesen. Ihre Anziehungskraft auf Leser jenseits der DDR-Grenzen war ungebrochen. Sie nahm in ihrem vierten Jahrzehnt eher zu. Die renommierten Autoren traten mit neuen Werken hervor, die begierig aufgenommen und zu Bestsellern wurden. Von Christa Wolf erschienen *Kassandra*, *Sommerstück* und *Störfall*, von Erwin Strittmatter zwei Bände seiner Trilogie *Der Laden*, von Christoph Hein die Romane *Horns Ende*, *Der Tangospieler*, *Der fremde Freund* und das Theaterstück *Die Ritter der Tafelrunde*, eine politische Anspielung auf die überalterte Herrenriege des Politbüros, von Irmtraud Morgner *Amanda*, von Alfred Wellm *Morisco*, von Volker Braun der *Hinze-Kunze-Roman* und das Stück *Die Übergangsgesellschaft*, von Heiner Müller *Wolokolamsker Chaussee*. Und dennoch war es wie in keinem Jahrzehnt zuvor zu einer Veränderung, ja zu einer Verwerfung im literarischen Kräftefeld gekommen.

In den achtziger Jahren machte sich die Unzufriedenheit jüngerer Schriftsteller, die bereits eine Werkentwicklung vorweisen konnten, gegen das Establishment der Spitzenautoren bemerkbar. Ihr Groll richtete sich vor allem gegen den Aufbau-Verlag. Einige sahen in der Französischen Straße, dem Sitz des Verlags, die Bannmeile, die die elitäre Literatur von der »Kuhschwanzliteratur« trennte. Dem wollte die Leitung entgegenwirken, um ein Auseinanderdriften zwischen den Arrivierten und den »Randständigen« zu verhindern. Die Letzteren fühlten sich von den Medien benachteiligt. Man meinte, die Arrivierten dominierten die öffentlichen Diskussionen, auf sie richte sich das Interesse der kulturpolitischen Leitungen, und zwar im Positiven wie Negativen. Aus der Sicht der »Randständigen« schienen sie das Feld zu beherrschen. Das warf man nicht so sehr den Autoren vor, sondern den kulturpolitischen Institutionen und den Medien. Denn schließlich wirkte sich die unterschiedliche Gewichtung auch in der Auflagenhöhe und den Honoraren aus. Solche ungleichen Verhältnisse mochte es auf dem kapitalistischen Buchmarkt geben, hier empfand man das als ungerecht, sah darin einen veränderbaren Zustand. Die Verlage fühlten sich in die Pflicht genommen und suchten das Problem zu beheben, indem sie neue Möglichkeiten erschlossen, beispielsweise neue Editions-Reihen einrichteten. Aber die Bemühungen fanden schon durch das zugeteilte Papierkontingent Grenzen. Eine größere Anzahl von Titeln führte zu kleineren Auflagen und zu weniger Nachauflagen.

In den letzten Jahrzehnten hatte die kontinuierliche Entwicklungsarbeit durch Verlage und kulturpolitische Einrichtungen viele Begabungen auf den Weg gebracht. Was auf dem Gebiet des Sports geschah, vollzog sich auch in der Literatur und der Kunst. Talente waren da, sie beanspruchten Aufmerksamkeit. Es gab einen Drang zur Literatur, der seine Gründe hatte und sich nicht nur auf die allseitige Förderung zurückführen ließ. Die eingeschränkten Möglichkeiten, sehr persönliche Einsichten und Erfahrungen mitzuteilen, führten zur Literatur. Vor allem junge Leute suchten nach einem Ausdruck für ihre Unruhe, ihren Unmut und ihre Wünsche. In der Literatur sahen sie eine Chance, die propagandistische Barriere zu überspringen und sich unbeeinflußt zu äußern. So fielen in den achtziger Jahren neue Autoren auf, die innerhalb eines Jahrzehnts Profil und Leser gewannen: Angela Krauß, Brigitte Struzyk, Richard Pietraß, Beate Morgenstern, Christiane Grosz, Joochen Laabs, Kerstin Hensel, Sigrid Damm, Jens Sparschuh, Jochen Seidel und andere.

Die Werke dieser Autoren standen durchaus in Kontinuität zu den Schriftstellern, die die spezifische DDR-Literatur begründet hatten. In ihrem Verhältnis von Bejahung und Kritik zur DDR unterschieden sie sich nicht. Unter ihnen gab es verschiedene Meinungen und Haltungen, aber den Bruch zur vorgefundenen Tradition vollzogen sie nicht.

Ganz anders verhielt es sich mit der neuen Generation, die sich von der Mentalität der Aufbaugeneration abstieß und kein Interesse zeigte, die Tradition zu wahren. Die Radikalität der Jungen in der Ablehnung der Vätergeneration bestand darin, daß sie sich nicht mit deren Idealen auseinandersetzte, sich nicht in Polemik einließ und auch nicht ihren Haß zum Ausdruck brachte, sondern der Vorstellungswelt der Alten den Rücken zukehrte. Sie ließen die Vergangenheit einfach Vergangenheit sein, so als ob sie nicht dazugehörte und sie nicht berührte. Die neue Generation suchte nach einer anderen Gemeinsamkeit, die mehr eine Entgegensetzung ohne Auseinandersetzung war. Sie beging keinen »literarischen Vatermord«, sondern ließ die Vätergeneration stehen.

Traditionsbrüche gehören zur Entwicklung der Literatur, ohne sie gibt es nichts wirklich Neues. Auch die Aufbau-Generation mußte sich vom großen Erbe der Emigranten abstoßen, um zu sich selbst zu finden. Bei Peter Hacks und Heiner Müller vollzog sich das in scharfer Polemik gegenüber der dominierenden Position Brechts, bei Christa Wolf mehr in der Umarmung von Anna Seghers. Der Traditionsbruch mit der DDR-Literatur war, obwohl er rein literarisch vor sich ging, durchaus politisch motiviert. Es war ein Bruch, den die Generation herbeiführte, die in einer geschlossenen Gesellschaft aufgewachsen war und der die Ideale der Väter nicht mehr passten. »ich sehe den konflikt so:«, schrieb einer ihrer Wortführer, »eine generation, die ihre jugendideale, die zur zeit ihrer jugendzeit innerhalb einer ungeteilten welt dieselben waren (kein faschismus – also sozialismus, frieden und keine ausbeutung) kommt an die macht und versucht mit der last ihrer unmenschlichen erfahrungen diese ideale zu verwirklichen, teilung der welt in unterschiedliche lager, tagespolitik und deren wirkung auf innergesellschaftliche prozesse, politische notwendigkeiten wie grenze, mauer, stabile zustände als notwendigkeit, all diese erscheinungen werden von der nun folgenden generation mit den idealen der väter identifiziert. keine selben erfahrungen, aber möglichkeit das leben zu erfahren, was einem in form von brennpunkten auf der welt über fernsehen, medien, schule usw. gezeigt wird, lässt diese jugend nicht nur an den begriffen der väter zweifeln (krieg, frieden) sondern lässt sie auch lebensformen suchen und probieren, die nicht in die gesetzlichkeiten einer gesellschaft passen, die von den vätern erstellt wurden.«[18]

## Die Prenzlauer-Berg-Szene

Die neue Richtung, die den Bruch mit der Tradition der DDR-Literatur herbeiführte, wurde in der Öffentlichkeit unter Prenzlauer-Berg-Szene bekannt. Für die Eigenart dieser Literatur spielt die Ortschaft, ein Berliner Stadtbezirk, nur eine sekundäre Rolle. Dieser vernachlässigte Stadtteil mit seiner heruntergekommenen Bausubstanz, seiner Bevölkerungsdichte und seiner sozialen Differenziertheit bot gute Voraussetzungen für eine unangepaßte, rebellische Jugendkultur. Hier trafen die literarischen Verbindungen aus Dresden und Leipzig aufeinander, kam es zu Gesprächen, die sich zu einer Richtung formierten, die Eingang in die internationale Presse fand. Aus aufgeschnappter Weltläufigkeit, vereinzelter Modernekenntnis und provinzieller Boheme bildete sich eine Atmosphäre, die den Gegensatz zur offiziellen Kultur und dem Alltagsleben in der DDR betonte. Homogen sei die Szene nie gewesen, vielmehr aus einzelnen Gruppen bestehend, die wiederum mit den eigentlichen Machern und großen Organisatoren nichts zu tun gehabt hätten, meinte Jan Faktor, einer dieser begabten Schriftsteller, der mit seinen »Sechzehn Punkten zur Prenzlauer-Berg-Szene« eine differenzierte, kritische Analyse schrieb. Faktor selbst hielt den Begriff »Szene« für problematisch, bekannte aber, keinen besseren zu wissen. Ebenso schwer läßt sich der literarische Kreis durch Namen eingrenzen. Hier seien nur einige genannt, deren Texte Begabung verrieten und einen Platz in der Literatur beanspruchen können. Neben Jan Faktor waren das vor allem Sascha Anderson, Rainer Schedlinski, Bert Papenfuß-Gorek, Frank-Wolf Matthies, Kurt Drawert, Andreas Koziol, Gabriele Stötzer (Gabriele Kachold) und andere.

Die junge Generation von Autoren teilte Sascha Anderson in drei Gruppen auf und umschrieb ihre Situation so: »1.: schriftsteller, die durch einen gesellschaftlichen prozess der ablehnung in ein scheinbares abseits gedrängt wurden, und eben diese situation thematisch und in den dafür entsprechenden literarischen traditionen nutzen zu schreiben und zu veröffentlichen. neumann, hilbig, rathenow, brasch, wegner, theilmann. 2.: schriftsteller, die auf ihre art als aussteiger zu bezeichnen sind. sie beschäftigen sich weder thematisch noch formal mit ddr-spezifischer realität. man kann kurz sagen, sie reagieren nicht auf repressionen oder innenpolitische (kulturpolitische) bewegung. formal breitgefächerte reduzierung auf allgemeine menschliche, elementarste und existentielle probleme. papenfuß, döring, ... anderson, berg. 3. schriftsteller, die weder mit kulturpolitik noch mit reaktion und aktion innerhalb der ddr zu tun hatten, einfach noch nicht eingestiegene. rosenthal, rom, lorek, häfner, faktor.«[19] Wie stimmig eine solche Einteilung im Bezug auf einzelne Personen ist, sei dahingestellt, aber sie differenziert und macht Beweggründe deutlich.

Hier sei noch auf einen Autor verwiesen, der eigentlich nicht zur Szene gehörte, obwohl er sich gern mit ihr in Verbindung brachte und später ihr moralischer Ankläger wurde: Lutz Rathenow. Anderson wies ihn mit dem Spruch zurück »schuster bleib bei deinen leisten«. Für Jan Faktor besaß er nicht die sprachliche Qualität, die die Szene verlangte. Rathenow war der Intellektuelle, der überall dabeisein wollte, bei den Arrivierten wie bei den Außenseitern. Im Unterschied zum engeren Kreis der Szene-Mitglieder drängte es ihn, sich bei jeder Gelegenheit in die Öffentlichkeit zu bringen. Er wollte nicht übersehen und nicht abgedrängt werden. Vergleichbar war sein Engagement mit dem Stefan Heyms, nur besaß er nicht dessen Format. Sein Anspruch eilte der Qualität seiner literarischen Arbeiten weit voraus. Seit den siebziger Jahren sandte er mit ziemlicher Regelmäßigkeit dem Aufbau-Verlag seine Texte zu und bekam sie mit gleicher Regelmäßigkeit wieder zurück. Daraufhin schrieb er an den Aufbau-Chef Elmar Faber: »Sie sollen sinngemäß geantwortet haben, Ihnen gefalle dieser Band nicht, er sei qualitativ nicht ausreichend gewesen für eine Veröffentlichung im Aufbau-Verlag. Und es sei schließlich das Recht eines Verlegers, das zu verlegen, was er verlegen wolle. Dieser hoffentlich zutreffend übermittelten Antwort wäre nichts hinzuzufügen, wenn ich Ihrem Recht ein anderes entgegensetzen könnte. Zum Beispiel das, einen Verlag zu gründen. Oder wenigstens die eigenen Texte im Selbstverlag herauszugeben.«[20]

Die Szene-Autoren besaßen keinen solchen Ehrgeiz. Sie wollten nicht unbedingt zu den Arrivierten gehören. Sie brachten ihre Texte in nichtöffentlichen Zeitschriften heraus. Die bestehenden Existenzweisen der Schriftsteller ließen sie gleichgültig. Sie protestierten auch nicht gegen die Autoren der alten Schule, nicht gegen die Literatur, die politisch überzeugen wollte. »– die Ära der plakativen politischen Kunst war einfach vorbei und langweilig gewesen (nicht nur für die Macher) ... ›Politik‹ haben eben andere gemacht: das ist ein ganz normaler Fall von Arbeitsteilung. Jeder trägt seine Begabung dorthin, wo sie etwas zählt.«[21] Für die Sprachmacht ihrer literarischen Vorgänger, für das »seelensprachliche Gewäsch«, für die »billige Auslegware der Glaubenssätze« waren sie nicht zu haben. »Wir lassen uns nicht von der Vergangenheit ficken«, hieß es bei Peter Brasch. Die gesamte Sinn-Setzung hielten sie für eine Chimäre. Sie waren nicht an Inhalten festzumachen.

So suchten sie weniger nach neuen Inhalten als nach einem neuen Sprachverständnis. Selbst einer neuen Grammatik zu folgen, schien ihnen notwendig. In ihren Texten »wurden die semantischen und grammatischen Kausalitäten auf den Kopf gestellt oder zumindest so verändert, daß die Texte alles andere sein sollten – nur keine Kunstprodukte. ›fragst du mich / kunst wars erst dann, wenns eben / aufhoert kunst zu sein‹, dichtete Bert Papenfuß-Gorek.«[22] Gepflegt wurde ein »Freistil«, der seine Impulse aus dem Auflösen des gemeinhin bekannten Dichtungsbildes und übernommener Konvention bezog. Mehr als literarischen Vorbildern folgten diese »Andersschreibenden« den Einflüssen der Rockmusik. Sie wollten Sprache erlebbar machen, wollten sie »zertanzen«. Aus der Popkultur leitete sich ihr internationaler Bezug her. Was vor allem die literarisch Begabten zusammenfinden ließ, war die Faszination, die Sprache als »Gegengift« zur Ideologie entwickeln und gebrauchen zu können. So schrieb Leonhard Lorek: »Für die Literatur aus der Szene fällt bis heute zuerst der Gebrauch von Sprache als der am ehesten authentische Artikulationsmechanismus auf. Stefan Döring und ich haben Ende der siebziger Jahre Gedichte von Bert Papenfuß zu lesen bekommen. Und wir waren mehr als überrascht ... Und ohne Papenfuß hätte es wohl auch noch eine Weile gedauert. Der aber schrieb bereits Gedichte aus einer Konsequenz heraus, für die ich selbst zuvor meinte, erst durch eine Art Schallmauer zu müssen.«[23] Die Szene suchte nach einer Richtung, die ihr nicht kontrollierbar erschien. Sie meinte sie in der Sprache gefunden zu haben. »Rein« sollte sie sein. »Uns dahin zu bewegen, machte Sprache möglich.«[24] Das kleine Wort »rein« wurde zum Kriterium, trieb sie in der Handhabung der Sprache zu abseitigen Anstrengungen und artistischen Konsequenzen, verleitete sie aber auch zu einer Arroganz gegenüber allem, von dem sie meinten, in diesem Bestreben nicht mithalten zu können. Als »schreiende Stille« wollten die Szenedichter wahrgenommen werden. Politisch kamen sie für Volker Braun »auf Hasenpfoten«.

Gerade in ihrem extremen Bemühen, eine Kunstautonomie herzustellen, wirkten sie in einer ideologisierten Welt auch politisch. Allein schon die Betonung, in der Sprache »rein« zu bleiben, nicht zu dulden, was einfärbt, was auf andere Ansprüche schließen läßt, konfrontierte sie mit den Ideologen, machte sie zu Gegnern der Politik. Denn eine solche absolute Trennung ist nicht einmal im Theoretischen, schon gar nicht in der Realität durchzuhalten. Widersprüche mußten sich da bemerkbar machen. Gerade diese Konsequenz rief sie hervor. »Die feine Trennungslinie von Machtopportunismus und Kunstautonomie herauszufinden«, schrieb rückblickend Durs Grünbein, der nicht zur Szene gehörte, »ist die Hausaufgabe jedes künstlerischen Eigensinns in unendlich vielen Zwangslagen.«[25]

Obwohl es die Szene-Autoren nicht danach verlangte, ihre Werke in den renommierten DDR-Verlagen herauszubringen, wollten sie dennoch wahrgenommen werden. Die Berühmtheiten der älteren Generation empfanden sie nicht als Konkurrenz. Sie betrachteten sie so, als wären sie nicht vorhanden. Sie wollten Gleichgesinnte erreichen, um den Austausch zu fördern und die Zusammengehörigkeit zu verstärken. So entstanden nichtoffizielle Zeitschriften, Grafik- und Siebdruckeditionen in Kleinstauflagen von 50, in Ausnahmefällen von 200 Exemplaren. Sie blieben den staatlichen Behörden nicht unbekannt, wurden aber weitgehend geduldet. Durch verbesserte Möglichkeiten kamen aber in den späten achtziger Jahren auch größere Auflagen zustande. Jan Faktor veröffentlichte unter anderem in *Mikado*, *ariadnefabrik*; Leonhard

Lorek war der Initiator der Zeitschrift *schaden*; Henryk Gericke Mitherausgeber von *braegen* und *caligo*. Auf diese Weise entstanden höchst reizvolle Editionen, die auch außerhalb der Szene ihre Liebhaber fanden. Der Aufmerksamkeit der Kenner entgingen sie nicht, aber sie erreichten keinen größeren Kreis von Lesern.

Einige von ihnen fanden schon in den achtziger Jahren Zugang zu westdeutschen Verlagen. Allen voran Sascha Anderson. 1982 erschien dort sein erster Gedichtband *Jeder Satellit hat einen Killersatelliten*, 1983 *Totenreklame*, 1988 *brunnen randvoll*; von Bert Papenfuß-Gorek 1985 *Harm*. Die Qualität der künstlerischen Erzeugnisse war recht unterschiedlich. Es mischten sich Talentproben mit dilettantischen Kunstübungen. Von Anfang an gab es aber eine strenge Kritik und heftige Auseinandersetzungen. Es existierte ein Wetteifer von Miteinander und Gegeneinander. Eine kritische Bilanz zog Jan Faktor in seinen »Sechzehn Punkten«: »Was man aber künstlerisch zum großen Teil wird abschreiben müssen (vom Marktwert der Objekte spreche ich nicht) sind viele der Graphik-Mappen.«[26]

Die Szene besaß in ihren Reihen einige talentierte Macher, die sich nicht nur als begabte Schriftsteller erwiesen, sondern auch als Top-Manager. Daß die Autoren vom Prenzlauer Berg einen Ruf bekamen und später in Verruf gerieten, ist in hohem Maße auf Sascha Anderson und Rainer Schedlinski zurückzuführen. Zu den Lyriker-Entdeckungen der achtziger Jahre zählte zweifellos Sascha Anderson. Wenn nicht der herausragende Lyriker, so war er doch die herausragende Persönlichkeit der Prenzlauer-Berg-Szene. Eine doppelbödige, zwielichtige Figur der Literatur war er allemal. Er markierte mit all seinen Fähigkeiten und seinen riskanten Schritten den äußeren Rand der Gefahrenzone des literarischen Intellektuellen. Nicht in seiner dichterischen Begabung, wohl aber in seiner Haltung ist er mit Gottfried Benn vergleichbar. Über sein Talent ist sicher noch nicht das letzte Wort gesprochen. Lyriker gehen nur mit wenigen Gedichten in die Literaturgeschichte ein. Jan Faktor, der bei aller Kritik den Lyriker Anderson nie ganz preisgab, kritisierte in dessen Gedichten die »unerträglichen Metaphern«, von denen er nicht lassen könne, seine »großen Worte«. Faktor meinte: »Nur für seine eigene Lyrik hätte er aber trotzdem nie viel Bewunderung bekommen. Ihn hat nur selten jemand nachgemacht – und in Dichterkreisen ist das schon ein wichtiges Kriterium.«[27]

Anderson war auch als Außenseiter alles andere als ein Dachstubengenie, sondern ein Macher, ein Organisator. Begabt, geschickt, ja raffiniert im Umgang mit Leuten, von denen er sich etwas versprach. Er zog Menschen an und stieß sie wieder ab. Leonhard Lorek faßte Andersons Umgang mit ihnen in das Bild: »Andersons Rangierbahnhof hatte viele Abstellgleise – aber eben nicht nur diese.«[28] Daß Anderson wegen seiner Managerqualitäten respektiert wurde, billigte ihm auch Jan Faktor zu. Dennoch stellte er nicht das Oberhaupt der Szene dar. Eine solche Position war dort nicht denkbar. Auch hielten ihn – wie auch Schedlinski – typische Szenen-Mitglieder noch für viel zu bürgerlich. Aber er vermochte es, ohne Widerspruch herauszufordern, andere zurückzuweisen oder zurückzustellen. Sein Einfluß ging nicht von seiner Vorbildwirkung als Dichter aus. Er war kein Stefan George des Prenzlauer Berg, kein »Vordichter« (Jan Faktor). Man ließ ihn wegen seines organisatorischen Geschicks gewähren. Selber nicht geldgierig, verstand er etwas vom Geld, wußte es zu verschaffen und zu verteilen.

War Anderson der brillante Manager, so Schedlinski der Herausgeber und Essayist, der das Image der Szene zusammenbastelte, das schwer auf einen Nenner zu bringen war. Über seine Arbeit und die Bemühungen schrieb er: »Hier entstehen textuale formen, die den blick von der sache auf das zeichen wenden, die nicht ermitteln, sondern vermitteln, die keine wahrheit nahelegen, sondern mit wahrheitsgefügen brechen.«[29] Das Dilemma der Andersschreibenden sah Schedlinski darin, daß sie der Instrumentalisierung durch die DDR und die BRD (Vermarktung und Vermarktbarkeit als Opportunismusdokument) entgehen müßten. Doch gerade das vermochten sie eben nicht. Je mehr sie das »Pathos der Distanz« einübten, desto mehr gewannen ihre Texte an Gewicht für die Westmedien, also als »Oppositionsdokument«. Mehr noch: gingen sie in die Öffentlichkeit und in die Literaturgeschichte ein.

Jan Faktor, der ein feines Gespür für künstlerische Qualität, für Umschwünge und Leerlauf in der Szene besaß, hat frühzeitig die Widersprüche erkannt und sie auch in Diskussionen ausgetragen. Bereits im Sommer 1987 prangerte er mit Annette Simon die Kritiklosigkeit und das mangelnde Unterscheidungsgefühl für das, was echt und was unecht ist, an. Darauf gab es eine »wütende Reaktion von Rainer Schedlinski«. Bert Papenfuß wiederum fand die Texte von Sascha Anderson »ein bißchen eskapistisch, ideenflüchtig«; seine eigenen Texte betrachtete er noch am ehesten als politisch. »Ich falle immer wieder auf Engagements rein, das entsteht in jeder Situation neu.«[30] Gabriele Stötzer (Kachold) empörte sich gegen die Frauenfeindlichkeit der Szene: »Es fiel dabei fast niemandem auf, daß immer Männer die Überzahl hatten und dominierten (an der literarischen PrenzlauerBergSzene ist das am auffälligsten). Außerdem wurden, wie die Geschlechter, auch die verschiedenen literarischen Gruppen und Städte gegeneinander gehetzt. So war es für einzelne Frauen oft mehr ein Amoklauf als ein fürsorgliches Ankommen bei Kollegen. Frauen wurden sexualisiert, umgenietet, dienten als Matratze oder Medium für die Männer.«[31]

Für Jan Faktor war die »produktive, innovative, kollektiv erlebbare Zeit« bereits 1984 zu Ende. Danach sei weiter an geschwätzigen theoretischen Texten gebastelt worden, die aber mit dem eigentlichen Anliegen nichts zu tun gehabt hätten. Mit zunehmendem Abstand wurden die Urteile immer härter, ja vernichtend. So schrieb der Dichter Peter Wawerzinek, die Szene sei eine von den Westmedien hochgespielte »oberarrogante Schicht« gewesen: »Im Prinzip konnten sich alle nicht leiden, sondern standen in einer Art Kampfverhältnis zueinander, eben so rudelmäßig.«[32]

Die Prenzlauer-Berg-Szene signalisierte nicht nur den Bruch mit der Tradition der DDR-Literatur, sie machte auch mit ihrem betonten Anderssein der Öffentlichkeit klar, daß eine neue Generation herangewachsen war, die ein ganz anderes Realitätsverständnis besaß. Das Verhältnis der jungen Leute zum Staat und zur sozialistischen Gesellschaft hatte sich grundlegend geändert. Darüber hätte die ältere Generation eigentlich erschrecken müssen. Doch merkwürdigerweise nahm sie das kaum oder viel zu spät wahr. Sie bemerkte wohl die Unstimmigkeiten, betrachtete diese jedoch als Ausdruck gegnerischen Denkens, nahm sie nicht als Verfall der eigenen Ideologie wahr. Dabei stand das Lebensgefühl der jungen Leute in purem Gegensatz zur Aufbau-Generation. Die Prenzlauer-Berg-Szene hätte Anlaß sein müssen, die gesamte Politik, insbesondere das Verhältnis zur Jugend, neu zu überdenken. Doch nichts geschah.

Es gab zwar einige nachdenkliche Schriftsteller und Verleger, die mit Erstaunen zur Kenntnis nahmen, was da nachwuchs. Sie sahen sich zunächst verpflichtet, die Jungen an die Arrivierten heranzuführen, ihnen Publikationsmöglichkeiten in renommierten Verlagen und

Zeitschriften zu eröffnen. Auf diese Weise engagierten sich vor allem Franz Fühmann und Stephan Hermlin. Doch Hermlin meinte einschränken zu müssen, er begreife die neue Lyrik nur bis zu Volker Braun. Aber er setzte sich für den begabten Wolfgang Hilbig ein, während er zur Prenzlauer-Berg-Szene kaum Kontakt besaß. Diese Welt mußte ihm fremd bleiben. Fremd blieb sie auch Volker Braun, obwohl er Verbindungen und auch Auseinandersetzungen suchte. Die Schranken ließen sich schwer überspringen. Beide Seiten hielten auf Distanz. Für den Szene-Autor Papenfuß waren das alles Vertreter der »Hochkultur«, während er sich und die seinen zum »underground« zählte. Franz Fühmann verwandte sich für den Lyriker Uwe Kolbe, der wie Wolfgang Hilbig nicht zum engeren Kreis, sondern mehr zu dessen Vorläufern zählte. Als er 1986 mit *Bornholm II* im Aufbau-Verlag auftrat, einem Band, der sofort von Suhrkamp übernommen wurde, erlebte er einen Aufstieg, der anderen Begabungen versagt blieb. Fühmann fragte sich verwundert, wie ihm das Lebensgefühl dieser jungen Leute völlig entgehen konnte, obwohl er doch eine Tochter im gleichen Alter hatte. Für die Szene-Autoren blieben jedoch Uwe Kolbe wie auch Wolfgang Hilbig nur brauchbare Sympathisanten.

Anfang der achtziger Jahre entschloß sich Franz Fühmann, etwas für einen größeren Kreis der Andersschreibenden zu tun. Er beauftragte Uwe Kolbe und Sascha Anderson mit der Sammlung von Texten für eine Anthologie. Um der Sache ein größeres Gewicht zu geben, sprach er darüber mit dem Akademiepräsidenten Konrad Wolf. Der aber kannte keinen der Namen, die Fühmann ins Gespräch brachte. Um das Projekt ohne großen Aufwand in Gang zu setzen, schlug Konrad Wolf vor, die *Arbeitshefte* der Akademie als Publikationsmöglichkeit zu nutzen. Fühmann selbst war sich über die Qualität der ausgewählten Arbeiten nicht im klaren. Von seinem lyrischen Credo her besaß er keinen Zugang zu dieser Poesie. Doch die Anthologie sollte ja enthalten, was die junge Generation für wichtig hielt. Bei den Akademiemitgliedern fand sie kein Verständnis. Sie sahen darin mehr das Gegnerische als das Andere. Ob man aber aus der Ablehnung der Akademie-Anthologie auf ein Scheitern der Vermittlung zwischen den verhärteten Kulturfronten schließen kann, wie Klaus Michael meint, bleibt fraglich. Die Bemühungen gingen weiter.

Einen erneuten Versuch unternahm Elke Erb in Zusammenarbeit mit

Sascha Anderson. Die Anthologie hieß jetzt *Leila Anastasia* und war für den Verlag Kiepenheuer & Witsch in Köln gedacht. Elke Erb schickte das Manuskript Elmar Faber, weil sie auch an einer Veröffentlichung im Aufbau-Verlag Berlin interessiert war, obwohl sie nicht daran glaubte. »Ich sehe die Situation so«, schrieb sie an Faber, »daß sich auf dem Boden der DDR, unter ihren positiven Voraussetzungen und besonderen Bedingungen, eine Literatur entwickelt hat, von der eine Ernte, wie sie das Buch geborgen hat, fällig war ... Die Anthologie zeigt ein Generationsbewußtsein, das nach Möglichkeiten sucht, in unserer durch sich selbst gefährdeten Zivilisation zu bestehen und zu reifen ... Dazu gehört, daß diese Autoren die aggressiven Positionen der Opposition und Konfrontation tendenziell und in einem entscheidenden Grad auch real überwunden haben ... Ich verwahre mich außerdem im Vorwort ausdrücklich dagegen, daß man die Autoren als Dissidenten verwertet, und ich meine, eine Darstellung erreicht zu haben, der gegenüber die Schamlosigkeit und die Lüge eines solchen Versuchs nicht übersehen werden kann.«[33]

Das Manuskript kursierte im Verlag und stieß auf einhellige Ablehnung; obwohl man sich einig war, das es »sehr schöne und poetische Stücke« enthielt. Da die Anthologie in der Zusammenstellung von Elke Erb für den Aufbau-Verlag nicht in Frage kam – zu unterschiedlich sei die Qualität der Texte –, suchte Faber das Angebot zu selektieren. Dabei unterschied er drei Gruppen, betonte jedoch, diese Einteilung nicht apodiktisch aufzufassen; die Übergänge seien fließend. Nicht zu veröffentlichen wären eine ganze Reihe von Texten, weil sie literarisch belanglos seien, sie wirkten »manchmal geradezu wie schlecht gemachtes Kunstgewerbe«. Dazu zählte er Arbeiten von Lutz Rathenow, Andreas Röhler, Katja Lange, Detlef Opitz, Gabriele Kachold (letztere bekam später bei Aufbau sogar einen eigenen Band), Leonhard Lorek und andere. In einer zweiten Gruppe führte er Autoren an, die aufhorchen ließen und ernst genommen werden müßten. Es waren dies Peter Brasch, Jan Faktor, Michael Wüstefeld, Sascha Anderson, Stefan Döring und Cornelia Schleime. In einer dritten Abteilung faßte er Autoren »von beträchtlichem und hohem literarischen Niveau, von provozierender Gegenwärtigkeit, von unaufdringlicher Schönheit« zusammen. Hier nannte er die Autoren Uwe Kolbe, Rüdiger Rosenthal, Christa Moog, Thomas Böhme, Bernd Igel, Fritz Hendrik Melle und Bert Papenfuß.

Einige davon nahmen in den neunziger Jahren eine erstaunliche Entwicklung.

Die Diskussion um dieses Manuskript blieb im Verlag nicht ohne Wirkung. Faber machte den Vorschlag, die jungen Leute einfach in das Haus einzuladen. Dieser Schritt erschien einigen Verlagsmitarbeitern eingedenk der Haltung der Andersschreibenden riskant; denn wenn sie überhaupt kommen würden, mußte danach etwas geschehen. Daß diese Einladung durch einen Politbüro-Beschluß der SED veranlaßt worden sei, wie Gerhard Wolf in einem Interview vermutete, ist ein Irrglaube. Es war Faber, der die Idee entwickelte, und der wurde dafür gerügt. Zwar wird Minister Höpcke über sie informiert gewesen sein, sonst aber beruhte die Einladung auf der Initiative des Verlags. Zirka 20 junge Autoren wurden angeschrieben. Da Faber keine Verbindungen zu ihnen besaß, wirkten Uwe Kolbe, Richard Pietraß und Bert Papenfuß bei der Auswahl mit. Faber empfing sie ohne Lektorenanhang. Die Eingeladenen wollten erst einmal sehen, was man ihnen zu bieten gedachte. Sie gingen nicht von vornherein auf Distanz, brachten aber zum Ausdruck, daß man sich nicht mit Versprechungen abspeisen lassen werde. Als Faber vorschlug, sich für Publikationsmöglichkeiten in Zeitschriften einzusetzen, wurde gemurrt. Deswegen waren sie nicht hierher gekommen. Sie wollten sich nicht mehr mit Anthologien zufriedengeben. Sie bestanden auf eigenen Büchern. So kam Faber auf die Idee, eine neue Reihe zu etablieren, die fortan Verlagsleitung und Lektorat beschäftigte.

Fabers Vorschlag wurde von seinen Mitarbeitern mit wenig Begeisterung aufgenommen. Ihnen war diese Poesie ebenso fremd wie den Akademiemitgliedern. Selbst Lektoren, die einen engen Kontakt zu jungen Autoren besaßen und sich für sie einsetzten, sahen hier einen Gegensatz, den sie nicht noch fördern wollten. Außerdem schätzte man die neuen Autoren, die man in den Verlag holen wollte, nicht gerade als »Durchreißer« ein, weder literarisch noch politisch und schon gar nicht vom Verkauf her. Der Reiheneffekt werde diesen Autoren nicht zu einer größeren Lesergemeinde verhelfen. Dennoch bot Faber alles auf, um den Neuen einen wirkungsvollen Start zu ermöglichen. Sie sollten nicht eingeschmuggelt, sondern großzügig präsentiert werden. Von der buchkünstlerischen Seite wurden keine Anstrengungen gescheut. Der erste Band zählte dann auch zu den »Schönsten Büchern des Jahres 1988«. Als man keinen guten Titel für die Reihe fand, bat Faber alle Kollegen, ihren Vorschlag in einen geschlossenen Umschlag zu stecken. Die Ausbeute blieb so mager, daß man sich abermals nicht entschließen konnte, bis die Cheflektorin Ruth Glatzer resigniert meinte: Nennen wir sie doch *Außer der Reihe*. Dabei blieb es. Bei genauer Kenntnis der Sachlage erschien dieser Titel vieldeutig und hintergründig. Der Verlag machte deutlich, daß das, was hier vorgelegt wurde, außerhalb der Tradition des Hauses stand. Aber auch die Autoren wollten sich nicht einreihen lassen.

Gerhard Wolf, der bisher mit dieser Sache nicht befaßt war, aber die Szene genau kannte, wurde zum Herausgeber bestellt. 1987 konnte der erste Titel *dreizehntanz* von Bert Papenfuß-Gorek in die Druckerei gehen. Zwei weitere Titel befanden sich in Vorbereitung, *die rationen des ja und des nein* von Rainer Schedlinski und *Zügellos* von Gabriele Kachold. Insgesamt bewies der Verlag einen guten Griff bei der Auswahl der Talente. Für die folgenden Jahre lagen ausreichend Manuskripte vor. Faber umriß die Aufgabe dieser Edition auf einer Leitungssitzung so: »Die Reihe verfolge ein integratives Konzept für alle jungen Literaturformen, wobei sie auch Literatur der sogenannten ›Szene‹ mit aufnimmt, ohne eine ›Szenenreihe‹ zu sein.«[34] Ein verlegerischer Erfolg wurde sie nicht. Da sie keine Sonderpreisgenehmigung erhielt, mußte sie mit gestützt werden.

Hier ist der Ort, der Geschichte vorzugreifen. Anfang der neunziger Jahre stellte sich nämlich heraus, daß die Prenzlauer-Berg-Szene von der Staatssicherheit unterwandert wurde. Von heute auf morgen erschien die Szene in einem anderen Licht. Die Öffentlichkeit empörte sich, als bekannt wurde, daß die hochgelobten Akteure Sascha Anderson und Rainer Schedlinski fleißige Zuträger der Stasi gewesen waren, verpflichtete IM. Jetzt wurden aus den Top-Managern die Top-Spitzel. Den Angriff eröffnete der Thersites der deutschen Literatur Wolf Biermann. Für ihn war Sascha Anderson jetzt der »unbegabte Schwätzer Sascha Arschloch«. Für »spätdadaistische Gartenzwerge mit Bleistift und Pinsel« hielt er sie allesamt. »Die angestrengt unpolitische Pose des Prenzlberg war eine Flucht vor der Wirklichkeit, sie war eine Stasi-Züchtung aus den Gewächshäusern Hauptabteilungen HA-XX/9 und HA-XX/7.«[35] Einige Jahre später fühlte sich Biermann genötigt, sich zu korrigieren: »Ich habe damals von Sascha Arschloch gesprochen, das war falsch, Sascha Anderson ist ein Verbrecher.«[36]

Artikel auf Artikel häuften sich jetzt, eine Enthüllung folgte der anderen. Am härtesten schlugen die früheren Szene-Mitglieder zu. Lutz Rathenow sprach von der »Ästhetik des Verrats«, von dem »hinreichend verkümmerten Wahrnehmungsvermögen« der Szene. Die Medien und die früheren Mitglieder arbeiteten jetzt Seite an Seite an der Zerstörung des Mythos vom Prenzlauer Berg, dem einst alle verfallen schienen. In der *Frankfurter Allgemeinen Zeitung*, die für sich in Anspruch nahm, das Genie Sascha Anderson entdeckt zu haben, stand jetzt: »Die Vorstellung, daß der in mancher Hinsicht sich als Biermann-Erbe verstehende Sascha Anderson für die geheime Staatssicherheit gearbeitet hat, zerstört den letzten Glauben an eine genuine DDR-Kunst. Auch die subversive Literatur war eine Literatur der Staatssicherheit – so wie die einhundert Kilometer Akten in Berlin.«[37] Frank Schirrmacher meinte, nach der Aufarbeitung der Akten über den Verrat werde »die literarische Kultur der DDR vielleicht nicht mehr wiederzuerkennen sein«. Von den alten Freunden wollten nur Frank-Wolf Matthies und Bert Papenfuß-Gorek den Dichter Anderson nicht geschmälert wissen. Jan Faktor gab zu überlegen, ob sich die ungeheure Spannung, in die sich Anderson gebracht habe, nicht auch produktiv entladen könne. Aber letztlich sah auch er in der Zerschlagung des Mythos die Rache für die »Hochnäsigkeit«, »die falsche Zelebration«, für die »Unreife und den infantilen Trotz«.

Wie steht es nun mit dem Verrat dieser Leute? Ist auch er wiederum ein Mythos?

Die Prenzlauer-Berg-Szene war eine Gemeinschaft, die nur ein Tabu kannte, sich mit der Stasi einzulassen, so formulierte es Uwe Kolbe. Insofern war Sascha Anderson, wie es seine früheren Freunde ausdrückten, ein Verräter. Die Beweise für seine Zusammenarbeit mit der Stasi unter den Decknamen »David Menzer« und »Fritz Müller« sind eindeutig. Andersons Berichte über seine Kollegen kann man als aufschlußreich in literarischer Hinsicht bezeichnen. Sie kamen in den meisten Fällen keiner Diffamierung gleich, suchten vielmehr Verständnis für Talente unter den Szene-Mitgliedern und für deren Situation zu wecken. Über Bert Papenfuß schrieb er: »gilt in fachkreisen als einer der modernsten und klarsten lyriker der jungen ddr-literatur. B. Papenfuß ist ein ruhiger und konstruktiver charakter, der fähig ist sehr konzentriert zu arbeiten. seine sprache ist modern aber nicht modernistisch.

die basis seiner lyrik ist die mythologie der wörter, die er in freien zusammenhängen und assoziationsketten verwendet. damit hinterfragt er nicht die sprache, wie man meinen könnte, sondern die befähigung der sprache im verhältnis zur zeit.« Und über Lutz Rathenow heißt es: »nach l. rathenows theorie, muss man, um wirksam zu sein, überall auftauchen, wo die literatur auftaucht, so verhält sich auch sein erscheinen zu seinem leben. er ist ein, und das charakterisiert ihn treffend, literat mit bürokraten-mäppchen. seine geistige passfähigkeit lässt ihn, mit einer leicht sensiblen ausstattung überall dort erscheinen, wo literatur auf dem programm steht.«[38] Informationen dieser Art lieferten selbst die Feuilletons der westdeutschen Zeitungen. Auch sie schreckten nicht davor zurück, Charakterdetails, intime Bindungen preiszugeben. Die Stasi hat bestimmt nicht alles gewußt, was Anderson mitteilte, der auf diese Weise auch Vorurteile über die Szene-Dichter zerstörte. Durch ihn war die Stasi besser informiert als die Kultureinrichtungen, Verlage und germanistischen Institute, bekam sie ein lebendiges Bild von den Menschen, die eine andere Kunst, nicht unbedingt einen anderen Staat wollten. Wie die Berichte zeigen, hat sich Anderson gegenüber der Stasi nie eingeschüchtert gefühlt oder gar reuevoll gezeigt. Seine distanzierte, abweisende Diktion ist auch hier zu finden. In den Gesprächen mit deren Mitarbeitern hat er aber auch versucht, das Bild zu korrigieren, das die Stasi von der Szene hatte, vor allem in den Porträts, die er lieferte. Peter Böthig erkannte den Widerspruch in Andersons Verhalten, dieser habe sich zwar in deprimierender Ausführlichkeit mit der Stasi eingelassen, zugleich diese Macht auch heftig attackiert, so in den Rock-Songs.

Sascha Anderson war eine gespaltene Persönlichkeit, die leicht in psychopathologische Zustände geriet. Er wollte sich stets einer Identität vergewissern, die er dann doch nicht fand. Allein schon seine unklaren, ja falschen Angaben über seine Kindheit, seine frühen Ortschaften zeigen, daß er stets ein anderer sein wollte als er gegenwärtig war. Er konnte keines der Bilder seiner Vergangenheit annehmen, denn immer meinte er, sich darin nicht zu finden, sie nicht mit sich in Übereinstimmung bringen zu können. Wirklich fühlte er sich nur in dem Augenblick, in dem er einem anderen gegenüberstand. Das konnte einmal die Stasi, ein andermal konnten es seine Leute sein. Auch sein Talent wollte er nicht an einer Aufgabe festmachen. Er erfuhr immer andere Seiten seiner Befähigung und spielte damit, reizte sie aus und entdeckte, wie schwer sich da Grenzen abstecken ließen. Das machte aus ihm eine abenteuerliche Figur. Jan Faktor hat schon recht mit seiner klugen Bemerkung, daß sich dadurch eine Spannung ergab, die sich poetisch entladen mußte. Faktor wollte das nur theoretisch gelten lassen. Aber Sascha Anderson war das praktische Beispiel. Er schaute in mehr Abgründe als die anderen, die sie vielleicht nur theoretisch wahrnahmen. Bei vorhandener Begabung kann auch die Verruchtheit eine Triebkraft der Poesie sein. Wer wollte sie Anderson absprechen. In seinen Wutanfällen macht Biermann nur klein, was vorher groß und talentiert genannt wurde. Anderson gehört zu den literarischen Intellektuellen, die sich selber nur schwer ertragen können und deshalb den Wechsel der Standorte und Standpunkte brauchen. Eigentlich kannte er gar keine, nur noch Möglichkeiten.

Was hat er denn nun wirklich verraten? Was sollte denn ein Mann preisgeben, der die neue Poesie jenseits der Politik, des Staates, der Ideologie und der Geschäfte angesiedelt wissen wollte. Für die Staatssicherheit war diese Literatur nicht subversiv, nicht staatsgefährdend. Sie entsprach nur nicht der Auffassung von Poesie, die dieser Staat haben wollte. Aus der Beobachtung konnte er nach ihrer Meinung nicht entlassen werden, denn wo es keine politische Überzeugung gab, witterte man Gefahr. Ernsthaft gab es gar nichts zu verraten. Anderson war nicht einmal ein Aussteiger, denn er war gar nicht eingestiegen. Der innere Kern der Prenzlauer-Berg-Szene wollte eine Poesie jenseits der Ideologie, jenseits der vom sozialistischen Staat geprägten Existenzweise. Wie diese Leute eine Zugehörigkeit ablehnten, so versagten sie auch jede Gegnerschaft. Es ging ihnen um eine Nicht-Loyalität, die zugleich auch eine Nicht-Legalität sein sollte. Auf einem solchen Terrain meinte Anderson einen Bewegungsraum für sich und die seinen gefunden zu haben, einen Spielraum für die Poesie und das Anderssein.

Zu seiner Begabung gehörte auch ein gewisses strategisches Denken. Ihm war klar, daß es für das Kunstwollen der Szene keine Basis gab, die toleriert wurde. Es mußten Zwischenräume gesucht werden. Um die Szene am Leben zu erhalten, dafür war Anderson der richtige Mann. Gabriele Dietze näherte sich diesem Gesichtspunkt, als sie schrieb: »Anderson ist in diesem Zusammenhang als Agent einer Gewährleistungsstrategie denkbar, der als unehrlicher Makler mit kulturellem Aktionismus Räume öffnete und in eigner Optik damit kompensierte, was er auf der moralischen Seite verfehlte.«[39] Auf diese Weise setzte er für Autoren vom Prenzlauer Berg eine Entwicklung frei, die Frank-Wolf Matthies so beschrieb: »Nicht wenige von ihnen verdanken es in erster Linie dem Dichter Anderson, daß eine wenn auch begrenzte Öffentlichkeit zu einem für sie so lebensnotwendigen Dialog inspiriert werden konnte. All die zahllosen Underground-Zeitschriften und -Bücher … gab und gibt es doch tatsächlich.«[40]

Eine andere Frage ist, warum sich die Stasi für die Szene interessierte, wenn diese so apolitisch, so entfernt von Staat und aller Ideologie wirken wollte? Der Verdacht liegt nahe, daß die Stasi an einer solchen Kunsthaltung interessiert war. Wenn der Staat schon nicht die junge Generation für seine Auffassung gewinnen konnte, musste er doch an ihrer Neutralität interessiert sein. Auf diese Weise entstand die Vorstellung, die Staatssicherheit habe diesen unpolitischen Kurs bewußt gesteuert, als ihr durch Anderson und Schedlinski erklärt wurde, was die Szene-Dichter künstlerisch eigentlich wollten. Für Jan Faktor war es sonnenklar, daß sie von der Stasi »geschont« wurden. »Darüber streitet auch niemand.«[41] Noch deutlicher wurden Biermann und Rathenow. Sie vermuteten, daß die unpolitische Richtung der Prenzlauer-Berg-Szene eine Erfindung der Stasi sei und von ihr gemanagt wurde. Man war davon umso mehr überzeugt, als Schedlinski aussagte, die Stasi habe die Untergrundzeitschrift *ariadnefabrik* mit 300 Mark gesponsert.

Hier überschätzt man die Staatssicherheit. Die 300 Mark für die Hefte der *ariadnefabrik* zahlte sie, wie Papenfuß richtig vermutete, um frühzeitig in den Besitz des Heftes zu kommen. Es hatte für sie einen Informationswert, den sie sich etwas kosten ließ. Dahinter aber eine bewußte Strategie zu vermuten, scheint verfehlt. Die Aufgabe der Stasi bestand darin, alles zu überwachen, um sich zu vergewissern, daß die Szene nicht politisch explodierte. Um sie steuern zu können, wären strategische Einsicht, ein langer Atem und ein Wissen, wie Kunst wirkt, nötig gewesen. Die Stasi hatte ihre eigenen Anweisungen, aber nicht ihre eigene Kulturpolitik.

Die erweiterte Form der Prenzlauer-Berg-Szene war die Boheme-Bewegung junger Leute in den siebziger und achtziger Jahren. Für diese Subkulturen lassen sich keine Grenzen festmachen. Die Beweggründe ihrer Akteure sind schwer zu bestimmen. Ihre fließenden Übergänge erklären sich auch dadurch, daß sie als zeitgeschichtliche Erscheinung erst nach der Wende auf den Begriff gebracht wurden. Und zwar durch die Ausstellung »Boheme und Diktatur« (1997) im Berliner Historischen Museum und durch den sorgfältig recherchierten Katalog von Paul Kaiser und Claudia Petzold. Was zufällig aus bloßem Spaß und Vergnügen wie aus dem Mißvergnügen an der offiziellen Kultur entstand, erhielt nach mehr als einem Jahrzehnt theoretische Begründung und Zusammenhang. Man zog Helmut Kreuzers Buch *Die Boheme*, eine gründliche Untersuchung über die intellektuelle Subkultur seit dem 19. Jahrhundert, heran, um diese Mischung aus rebellischem Faschingsvergnügen, Künstlerfest und neuer Spaßgesellschaft als historische Erscheinung zu erfassen. Auf diese Weise erschlossen die Katalogautoren aufschlußreiche Parallelen. Inwieweit sie dabei zeitkritische soziologische Zusammenhänge erfaßten oder spätere theoretische Erkenntnisse hineintrugen, läßt sich schwer ausmachen. Der Regisseur Leander Haußmann erinnert sich, man habe damals Henri Murgers Roman *Die Boheme* regelrecht verschlungen. Während die Prenzlauer-Berg-Szene, zumindest ihr innerer Kreis, die literarische Anstrengung auf die Sprache, auf eine vorgestellte Reinheit ausrichtete, gab es etwas Vergleichbares, das die Boheme charakterisierte, nicht. Dazu war sie zu vielfältig, zu zufällig und auf den bloßen Spaß orientiert. Sie markierte mehr eine alternative Lebensweise als eine Kunstrichtung. Auch hat sie weniger Kunstleistungen hervorgebracht als vielmehr ein Milieu geprägt, aus dem Vertreter einer neuen Kunstrichtung wie Frank Castorf und Leander Haußmann hervorgingen. Etwas hochgegriffen war es eine ästhetische Vorschule für jene Kunst, die Castorf und andere an der Berliner Volksbühne machten. Daß Castorf für seine Bühnenkunst ein neues Publikum fand, daß sich dadurch eine neue Zuschaukunst herausbildete, ist vielleicht auch auf die Vorarbeit dieser Subkultur zurückzuführen. Freilich mischt sich hier soziologisch Aufschlußreiches mit ganz profanem Vergnügen, das es seit eh und je gab.

Die Boheme eroberte sich Räume für ein unangepaßtes Leben, frei von staatlicher Bevormundung und Anleitung. So entwickelte sich die ostdeutsche Subkultur. Wie sie entstand und wie sie sich äußerte, hat seinen Grund im politischen System der DDR. Die kulturellen Bemühungen der sozialistischen Gesellschaft schlugen um in Überdruß. Eine speziell durch diese Subkultur geprägte Kulturleistung kam aber nicht zustande. Bei der Untersuchung dieses Gegenstandes muß man unterscheiden zwischen Künstlerfest-Aktionen, wie es sie zu allen Zeiten gab, und kulturellen Alternativen, die ein rebellisches Aufbegehren gegen die etablierte Kunst und Lebensweise anzeigten. Aufschlußreich ist ein Vergleich. In den fünfziger Jahren brachten die Meisterschüler der Akademie der Künste anläßlich eines Faschingsfestes Wandmalereien in der Manier Picassos im Heizungskeller des Gebäudes am Pariser Platz an. Sie blieben merkwürdigerweise erhalten. Die ehemaligen Schüler Harald Metzkes, Manfred Böttcher und Horst Zickelbein opponierten mit ihren Bildern wie die Boheme der achtziger Jahre gegen die neu etablierte Kunstrichtung. Doch was damals ein folgenloser Faschingsscherz blieb, wurde in den späteren Jahrzehnten zu einer soziologisch bestimmbaren Subkultur.

Entstanden ist sie durch den zunehmenden individuellen Ausstieg junger Menschen aus dem vorgegebenen Lebensablauf. Dem massenhaften Ausstieg ging eine massenhafte künstlerische Ausbildung voraus. In den siebziger und achtziger Jahren kollidierte diese mit der sinnvollen Beschäftigung der gut ausgebildeten Kräfte. Auch dadurch kam es zu einer polemisch ablehnenden Haltung gegenüber den etablierten Künstlern, obwohl diese keineswegs mehr nach der vorgegebenen Methode des sozialistischen Realismus produzierten. Aber die Lebensweise der Etablierten und der Jungen unterschied sich. Die Älteren hatten zu ihrer Zeit andere Aufstiegsmöglichkeiten vorgefunden und sie genutzt. Die weniger günstige Situation der Jungen veranlaßte sie zu der Meinung: Nur nicht so zu werden wie sie. Man suchte nach einer Lebensweise, die den gesellschaftlichen Normen widersprach. Die staatlichen Einrichtungen sahen sich in der Pflicht, den jungen Menschen einen Platz in der Kunstszene zu verschaffen, aber statt einer künstlerischen Karriere konnten sie nur eine Beschäftigung gewähren. Das jedoch genügte ihnen nicht. Sie fanden es nicht sinnvoll, sich in die vorhandenen Möglichkeiten einzugliedern. Lieber zogen sie es vor, sich als Hilfs- oder Friedhofsarbeiter zu betätigen. Andere betrieben einen florierenden Handel mit Szene-Kleidung, um so über mehr freie Zeit zu verfügen. Der unmittelbare Lebensunterhalt ließ sich in der DDR leicht verdienen. Nahrungsmittel und Mieten waren billig. Was die Boheme des 19. Jahrhunderts in die Armut trieb, war in der DDR kein Problem. So konnten einige sagen: »Über Geld haben wir uns keine Gedanken gemacht, wir hatten es!«[42]

Die Gründe für den Ausstieg junger Leute waren vielfältig. Sie lassen sich nicht auf einen Nenner bringen, zumal es kein gemeinsames Kunstverständnis gab, das anziehend, schulemachend gewirkt hätte. Die Katalogautoren definieren die DDR-Boheme so: »Unter Boheme wird nachfolgend im Anklang an den von Helmut Kreuzer verwendeten Begriff eine intellektuelle Subkultur verstanden, die sich dem Kollektivdruck des DDR-Systems weitgehend entzog. Im Zentrum ihrer erlangten individualistischen Spielräume standen künstlerische und symbolische Aktivitäten, die sich vor allem in der Herausbildung eines zu den Paßformen der ›sozialistischen Persönlichkeit‹ konträr verhaltenden Lebensstils manifestierten.«[43]

In den Boheme-Gruppen spielten die bildenden Künstler eine dominierende Rolle. Da sie durch ihre Kunstausübung über größere Räume, Ateliers und Gebäude auf dem Land verfügten, wurden ihre Wohnungen zu Treffpunkten und damit zu Keimzellen bestimmter Aktionen. Hier spielte sich vorwiegend die Festkultur der DDR-Boheme ab, bildeten sich, wie es in ihrem Sprachgebrauch hieß, einzelne Biotope heraus. Die Literatur scheint nicht die gleiche Rolle wie die bildende Kunst, die Rockbands und Performances gespielt zu haben. Literarische Auftritte und Lesungen wurden meist von Personen bestritten, deren Namen schon von der Prenzlauer-Berg-Szene bekannt waren. Hier zeigte sich deutlich, daß die DDR-Subkultur eine zwar weit verzweigte, aber nicht voneinander isolierte Bewegung war. Die Prenzlauer-Berg-Szene hob sich nur durch einige von der westdeutschen Presse favorisierte literarische Leistungen heraus.

Mit Politik beschäftigte man sich auch in diesem Kreis nicht. Eindeutige politische Äußerungen, so heißt es, seien selten gewesen und wurden nicht ernst genommen. Gegenüber der politisierten offiziellen Kunst strebte man nach Kunstautonomie. Ihr Anderssein genügte ihnen als politischer Protest. »Der lebensweltliche Konsens der Boheme bezog sich zwar unter anderem auf ein gemeinsames Feindbild, einer als unzulänglich, kunstfeindlich und kleinbürgerlich empfundenen Administration – über reelle Alternativen zum Sozialismus ostdeutscher Provenienz disputierte man in den Gruppen, Zirkeln und Kreisen aber kaum. Ein wichtiges Motiv für diese thematische Ausblendung war die im Vordergrund stehende Festigung der Binnenstruktur, deren Haltbarkeit und Resistenz gegenüber der ›feindlichen‹ Außenwelt man nicht durch folgenlose Planspiele gefährden wollte.«[44]

Die strenge Abgrenzung von der staatlich unterstützten Kultur begann jedoch in der zweiten Hälfte der achtziger Jahre zu bröckeln, als immer mehr kulturelle Einrichtungen der Gesellschaft der Subkultur ihre Türen öffneten. Es begann mit den Galerien. Eine Vielzahl der vom Kulturbund unterhaltenen Galerien stellten in Abhängigkeit von der Haltung ihrer Leiter Außenseitern die Räume zu Ausstellungen und Veranstaltungen zur Verfügung. Diese Tendenz nahm zu und erstreckte sich auch auf die Musikszene. Einzelne Bands schlossen Förderverträge mit den FDJ-Leitungen ab. Paul Kaiser und Claudia Petzold schreiben dazu: »Ein entscheidender Grund für diese Akzentverschiebung war zweifellos die Öffnung der zahlreichen Jugendklubs und Kulturhäuser ab Mitte der achtziger Jahre für die bis dahin aus den staatlichen Veranstaltungsmechanismen ferngehaltene Subkultur. Fortan mußten Punkbands, Theatergruppen und Literaten nicht mehr auf das eingespielte Veranstaltungsnetz aus Wohnungen, Ateliers und Kirchenräumen ausweichen und erhielten sogar noch ein Honorar.«[45] Durch die Inanspruchnahme der staatlich geförderten Kultureinrichtungen kam es zwar zur Auflösung des strikten Gegensatzes, des sogenannten ›Feindbildes‹, aber auch zu einer zunehmenden Abwanderung nach dem Westen. Nach Wasja Götze verließen etwa 80 Prozent der Hallenser Boheme das Land. So begann sich schon vor der Wende die Boheme der DDR aufzulösen.

### Die Nischengesellschaft?

Wenn ein Staat allzuviel Aufwand betreibt, um die Staatsbürger von der Richtigkeit seiner Politik zu überzeugen, behauptet sich das Private als Gegenkraft. SED und DDR-Regierung haben einen beharrlichen, aufdringlichen Dialog mit ihren Bürgern geführt, und zwar nicht nur über die Medien, sondern auch durch den Kontakt der Überzeugten zu den Nichtüberzeugten oder, wie die SED meinte, zu den Noch-nicht-Überzeugten. Die Parteimitglieder sollten jeden und bei jeder Gelegenheit von der Richtigkeit des sozialistischen Weges überzeugen. Die Dialogbereiten rückten Nichtüberzeugten förmlich auf den Leib, was als unangenehm und lästig empfunden wurde. Denen, die die Agitation betrieben, ging es oft ebenso, aber sie betrachteten es als ihre Pflicht, keinen im Unklaren zu lassen. Zu keiner Zeit gab es einen so großen

Dialogdruck wie unter Ulbrichts »sozialistischer Menschengemeinschaft«. Da in die sozialistische Ideologie immer mehr religiöse Mentalität einfloß, nahm auch der Eifer zu. Es war nur zu verständlich, daß die Menschen nach einem Freiraum für das Private suchten. Die »Nischengesellschaft« wurde von Günter Gaus, dem ersten Ständigen Vertreter der Bundesrepublik in der DDR, entdeckt und zu einem gängigen Begriff gemacht. Der kluge Beobachter, der als Publizist auch Anteil an den Dingen nahm, die er beschrieb, fand die Nischengesellschaft ganz sympathisch, weil eben menschlich. Die Politiker im Lande verhielten sich distanziert zu einer solchen Beschreibung. Die Neudogmatiker nach der Wende wollten sie nicht gelten lassen. Die DDR-Gesellschaft sei allein schon durch die Stasi bis in den letzten Winkel ausgeleuchtet gewesen. Für Nischen habe es keinen Platz gegeben.

Günter Gaus beschrieb das Phänomen so: »Was ist eine Nische in der Gesellschaft der DDR? Es ist der bevorzugte Platz der Menschen drüben, an dem sie Politiker, Planer, Propagandisten, das Kollektiv, das große Ziel, das kulturelle Erbe – an dem sie das alles einen guten Mann sein lassen, Gott einen guten Mann sein lassen und mit der Familie und unter Freunden die Topfblumen gießen, das Automobil waschen, Skat spielen, Gespräche führen, Feste feiern. Und überlegen, mit wessen Hilfe man Fehlendes besorgen, organisieren kann, damit die Nische noch wohnlicher wird ... Nischen sind manche Wohnungen, in denen alte Möbel und andere Antiquitäten gesammelt werden, bei deren Erwerb man dem devisenhungrigen staatlichen Antiquitätenhandel zuvorkommen konnte. Eine der schönsten Nischen ist die eigene Datsche, wie man – mit ›e‹ am Ende – das russische Wort ›datscha‹ gewöhnlich ausspricht: die Weiterentwicklung der Gartenlaube, zum Sommerhaus am Waldrand oder Seeufer, möglichst winterfest ausgebaut.«[46]

Die Datsche wurde für die literarische Intelligenz tatsächlich zu einem bevorzugten Lebensraum. Zwar ließen sich die Dichter der DDR nicht mehr in die mit Landhaus und die mit Auto einteilen, wie das noch Ernst von Salomon aus einem bestimmten ideologischen Hintergrund für die Literaten der Weimarer Republik für typisch hielt. Die Schriftsteller der DDR pendelten zwischen Stadt und Land, wie westdeutsche Künstler vielleicht zwischen der Toskana und der deutschen Großstadt. Die Datsche bildete für sie Arbeitsraum und Treffpunkt für Gäste. Sie ermöglichte die ungezwungene Diskussion. Christa Wolf hat das in ihrem Buch

*Sommerstück* wunderbar beschrieben. Insofern waren die Datschen keine unpolitischen Orte, eher ein Distanzpunkt zum Offiziellen.

In den achtziger Jahren änderten diese Freiräume ihren Charakter. Unter Honecker ließ die überzogene Agitation nach. Nicht zuletzt hatte die Literatur dafür gesorgt, daß das Private, das Individuelle mehr Platz in der Gesellschaft bekam. Die Verteidigung des menschlichen Innenraums war nicht ohne Wirkung geblieben. Dabei spielte noch ein anderer Grund eine beträchtliche Rolle. Der immer stärker empfundene Reformstau löste ein Bedürfnis nach Verständigung über den Weg aus der Krise aus. Wo aber konnte man sich am ehesten verständigen? Doch erst einmal im kleinen Kreis, in der Nische. So wurde diese in den achtziger Jahren zu einem politischen Ort. Das geschah auf unterschiedliche Weise, denn die Nischen wurden von verschiedenartigen Menschen bevorzugt, von der Boheme ebenso wie von unpolitischen Kleinbürgern. Dort sammelten sich die vielfältigsten Gruppierungen. Auch wenn sie weiterhin ein Platz für politikabgewandte Leute blieb, vollzog sich insgesamt eine Politisierung.

Die Verständigung in kleinen Kreisen und Gruppen vollzog sich in den achtziger Jahren auf allen Ebenen der Gesellschaft. Die offiziellen Großstrukturen bestanden weiter, verloren nicht ihre Funktion, wurden auch nicht gemieden. Die kleinen Gemeinschaften bildeten sich oft innerhalb der offiziellen Institutionen heraus. Nicht nur mit deren Duldung, oftmals auch mit materieller Unterstützung. Diese Entwicklung glich einer Individualisierung der staatlichen Apparate. Nicht die Institutionen und Hierarchien wurden in Frage gestellt, vielmehr deren Arbeitsweise als erweiterungsbedürftig empfunden. Im Unterschied zu den Biotopen der Subkultur vollzog sich die Bildung von Gruppen der Hochkultur, um hier den Gegenbegriff zur Subkultur zu gebrauchen, nicht in der strikten Abgrenzung beziehungsweise bewußter Distanzierung zu den offiziellen Einrichtungen, sondern im Kontakt und kritischen Austausch mit ihnen. Als Beispiel sei die Akademie der Künste genannt.

Im Unterschied zum Schriftstellerverband, der nach der Biermann-Affäre nicht mehr als Verständigungsbasis angenommen wurde, gewann die Akademie in dieser Hinsicht an Bedeutung. Unter ihren Präsidenten Konrad Wolf und dessen Nachfolger Manfred Wekwerth wurde sie zur Relaisstation zwischen den oft spontan und ungeduldig diskutierenden

Künstlern und der SED-Führung. Über notwendige Reformen auf verschiedenen kulturellen und politischen Gebieten wurde zuerst in der Akademie debattiert, tauschte man unter den Mitgliedern Meinungen aus und überlegte, wie man die Führung zu Veränderungen veranlassen könne. Der Dialog mit SED und Staatsführung blieb auch in Zeiten großer Spannungen erhalten. Der Staat wiederum nahm selbst in den Jahren finanzieller und wirtschaftlicher Not keine Abstriche in der Unterstützung der Künste vor. So bezog die Akademie noch in den letzten Jahren ihr restauriertes Haus und ein völlig neues Archivgebäude. Das wurde mit Respekt quittiert. Die Auseinandersetzungen fanden auf ideologischem Gebiet statt. Hier ging man oftmals nicht weit genug. Es bestand eine Kluft zwischen der Reformbereitschaft der Mitglieder und ihrem Durchsetzungsvermögen. Viele meinten, ihre Vorschläge nur an die richtige Adresse richten zu müssen, um die versteinerten Zustände zum Tanzen zu bringen. Zu spät kam die Einsicht, daß diejenigen, denen sie ihre Vorschläge unterbreiteten, an Veränderungen gar nicht interessiert waren.

Auch in der Akademie der Künste entstanden kleine Kreise und Gruppen. Am bekanntesten und von Dauer waren die, die sich um Franz Fühmann, Christa Wolf und Peter Hacks bildeten. In ihren Absichten wie in ihrer Zusammensetzung grundverschieden, gab es zwischen ihnen in der künstlerischen Auffassung eigentlich keine Berührung, dominierte eher der Gegensatz. Das literarische Credo der Leiter war der Punkt, der interessierte und zusammenführte. Aber an eine Annäherung oder gar Gemeinsamkeit der Standpunkte dachte man nicht. Vielmehr ging es darum, unterschiedliche Positionen zu umstrittenen Problemen kennenzulernen. In den achtziger Jahren existierte keine staatlich angestrebte einheitliche Ausrichtung der Künste mehr. Auch hier war die Individualisierung der Künste total. Gerade unter den Mitgliedern hatte jeder seinen eigenen Weg zu Marx oder auch von ihm weg gefunden. Diese Gruppierungen und ihre Existenzweise ließen sich nicht mit dem Nischenbegriff erfassen. Nicht abseits von der Politik wollten sie Probleme erörtern, sondern eher Lösungen zu deren Veränderung finden. Die Widersprüche, die die Gesellschaft verschwieg, kamen hier zur Diskussion. Das führte auch dazu, daß sehr gegensätzliche Meinungen zur Sprache kamen.

Der Kreis, der sich um Franz Fühmann sammelte, bestand vorwiegend aus Leuten, die Fühmann für talentiert hielt. Ihm ging es um die Förderung des künstlerischen Nachwuchses. Einige seiner Schützlinge kamen aus der Prenzlauer-Berg-Szene. Was außerhalb der traditionellen DDR-Literatur existierte, wollte er bekanntmachen und fördern. Dazu nahm er die Möglichkeiten in Anspruch, die ihm als Akademiemitglied zur Verfügung standen. Sein Engagement war bewundernswert, weil ihm selber vieles fremd blieb, was er entdeckte und fördernswert fand. Durch die lange Krankheit Fühmanns erreichte sein Kreis nicht die Kontinuität der anderen. Der um Christa Wolf war durch ihr vielfältiges Interesse an anderen Wissensgebieten entstanden, an denen die Literatur einfach nicht vorbeigehen konnte. Schon früh hatte sie Diskussionen mit Psychologen, Biologen und Physikern geführt. In ihrem Kreis sammelten sich deshalb an der Literatur interessierte Naturwissenschaftler. Das Zusammenfinden der zwei Kulturen, deren Problematik der englische Naturwissenschaftler und Romancier C. P. Snow beschrieben hatte, fand gerade bei ihr statt. Christa Wolf legte Wert darauf, daß wissenschaftliche Erkenntnisse und künstlerische Erfahrungen, die in der offiziellen Diskussion abgedrängt wurden, bei ihr zur Diskussion standen. Ihr Zirkel überlebte durch die private Initiative selbst die Wende.

Wohl am merkwürdigsten in Zusammensetzung und Themenstellung muß die Gruppierung um Peter Hacks empfunden werden. Die Zusammenkünfte kamen schon Ende der siebziger Jahre zustande. Nicht jeder, der dabeisein wollte, fand Zugang. Hacks suchte sich seine Gäste aus. Er wollte Leute um sich haben, die etwas von künstlerischer Technik verstehen. Die Leitung und Lenkung der Diskussion lag immer in seinen Händen. Dabei erwies sich dieser blendende Polemiker als ein kluger und strenger Pädagoge. Bei ihm konnte man in dem kleinen Kreis von sechs bis acht Personen nicht einfach dasitzen und gelegentlich drauflosschwatzen. Verlangt wurden gute Vorbereitung und exakte Standpunkte. Thematisch ging es neben Fragen des künstlerischen Handwerks um ästhetische Grundprobleme. Hacks' ästhetisches Credo wurde damals mit Verwunderung wahrgenommen. Er konzentrierte sich, um es etwas polemisch auf einen Nenner zu bringen, auf Goethe und Lukács. In der Dichtung gab es für ihn nach der klassischen Periode nicht viel Nennenswertes. Was dennoch seine Runde begehrenswert machte, war das exzellente Vermögen des Dichters, Vorgänge so zugespitzt auf den Punkt zu bringen, daß sich in dieser Extremdarstellung noch eine Palette von Hintergründen abzeichnete. Hacks stritt für Georg Lukács und wandte sich zuletzt auch kulturpolitischen Köpfen zu, von denen sich andere mit gutem Grund verabschiedet hatten. Was ihn Ende der siebziger und in den achtziger Jahren zu einer solchen Position veranlaßte, mag zu einem guten Teil seinem polemischen Temperament geschuldet sein. In der Abwehr der späten Moderne, in der er etwas Zerstörerisches, eine Vernichtung von Werten sah, mobilisierte er alles, um einen Damm aufzurichten, um eine geistige Kraft entgegenzusetzen.

Mit diesem Bemühen stand er damals in der künstlerischen Elite der DDR allein, hatte sie sich doch mit viel Mühe und reichlich Niederlagen von dem antimodernen Kurs befreit. Aus dieser Zeit konnte Hacks mehr als mancher andere Wunden vorweisen. Doch Hochachtung versagte man ihm schon wegen seiner sprachlichen Brillanz nie. Stephan Hermlin nannte Hacks' Standpunkt gutmütig etwas »altfränkisch«. Wie Goethe gegenüber einigen Vertretern des Sturm und Drangs, empfand Hacks gegenüber Erscheinungen und Persönlichkeiten der späten Moderne geradezu eine körperliche Abneigung.

Die Teilnehmer seiner Runde teilten einen solchen Standpunkt in keiner Weise, schon gar nicht in dieser Ausschließlichkeit. Wie Wolfgang Kohlhaase, Günther Rücker, Wieland Herzfelde, Rainer Kerndl, Robert Weimann und andere gehörte auch Werner Mittenzwei zu dieser Runde. Mittenzwei hatte 1967 mit seiner *Brecht-Lukács-Debatte* (Neufassung 1975) die Dekadenzkonstellation Lukács' kritisiert und in dieser Frage für Brecht Partei ergriffen. In den siebziger Jahren bemühte er sich um einen angemessenen Platz der beiden in der marxistischen Ästhetik, als deren äußerste Pole er sie betrachtete. Als Hacks eine Diskussion über die Gültigkeit von Lukács' Ästhetik ansetzte, war er herausgefordert. Obwohl Mittenzwei eine scharfe Polemik Hacks' fürchten mußte, zog er zur Diskussion noch Wolfgang Harich hinzu, der einen ähnlichen Standpunkt wie Hacks einnahm. Eigentlich ein masochistisches Unterfangen! Aber Mittenzwei ging es darum, den völlig isolierten Wolfgang Harich in die Kreise der Akademie einzuführen. Hier ist nicht der Ort, den Verlauf dieser Diskussion zu schildern. Um jedoch den Dialogcharakter und den Geist der Auseinandersetzung kenntlich zu machen, seien hier die einleitenden Worte von Hacks wiedergegeben; alle Diskussionen wurden wortwörtlich protokolliert: »Lieb und werte Kollegen! Wir haben in diesem Winter nur Themen, die uns weit überfordern. Trotzdem habe ich den Eindruck, daß die letzte Unterhaltung nicht nur überflüssig gewesen ist. Es ist ja doch gelungen, bei uns jedermann mit den Problemen zu befassen und überhaupt mit den Problemen bekanntzumachen. Lösen muß sie ohnehin jeder selbst. Heute wird es vielleicht noch ein bißchen schwieriger werden, als es das letztemal war. Unter den vielen bleibenden und großartigen Theorien von Lukács gibt es auch die vom gemeinsamen Kampfboden der Gegner, ohne den Dramatik im Ernst nicht stattfinden könne. Ich bin ziemlich fester Überzeugung, daß wir feststellen werden, daß uns dieser gemeinsame Kampfboden fehlen wird, und daß wir ein schlechtes Drama abgeliefert haben. Ich muß dazusagen, daß ein Akt von Ritterlichkeit stattgefunden hat zwischen Mittenzwei und mir. Wir haben nämlich, bevor das Bombardement losging, einander erlaubt, die jeweiligen Arsenale zu besichtigen. Er hat mir seine Bücher über die Sache gegeben, ich habe ihm meine über die Sache gegeben. Ich nehme an, die Einschläge werden blutig fallen, aber sie werden wenigstens nicht unerwartet fallen, was vom Standpunkt der dramatischen Ruhe positiv zu sagen ist. Der Vorgang wird sein: Mittenzwei liefert Thesen, von denen er sagt, daß sie überspitzt seien, als ob es irgend nötig wäre, daß er das hinzufügt. Harich hat sich bereit erklärt, diese Thesen vielleicht wieder etwas zu entspitzen oder ihnen die Spitze abzubrechen oder die Spitze gegen den Autor zu kehren. Und dann werden wir, ich glaube ohne viel Methode, für die der Gegenstand zu groß ist, sondern nach Lust und Laune in den Gegenstand treten.«[47]

Zu einer Neuauflage der Lukács-Diskussion kam es anläßlich des 100. Geburtstags von Georg Lukács. Die Akademie lud am 22. April 1985 zu einer öffentlichen Veranstaltung ein, auf der Mittenzwei die Festrede hielt. Im Anschluß daran gab es ein Rundtischgespräch, an dem sich Günter de Bruyn, Peter Hacks, Hermann Kant, Werner Mittenzwei und Heiner Müller beteiligten. Die Einladung hatte einen voraussehbaren Zulauf. Das Publikum erwartete die längst fällige Auseinandersetzung zwischen Peter Hacks und Heiner Müller, deren extreme Standpunkte bekannt waren. Man versprach sich ein Duell der beiden Toppolemiker. In seinem Vortrag mühte sich Mittenzwei um eine historisch angemessene Position von Georg Lukács in der Philosophie- und Ästhetikgeschichte des zwanzigsten Jahrhunderts. Gespannt waren die Zuschauer auf das Rundtischgespräch. Doch Heiner Müller ließ sich kein Wort abringen, und Peter Hacks stürzte sich nicht auf Heiner Müller, sondern auf Mittenzwei, zu dessen einleitender Rede er bemerkte, sie sei keine Lukács-Ehrung, sondern eine Lukács-Schändung gewesen.

In der letzten Phase der DDR gab es auf künstlerischem und ästhetischem Gebiet eigentlich alles, nur keine Eingleisigkeit.

*Vierter Abschnitt*

Aktionen der letzten Stunde

In der zweiten Hälfte der achtziger Jahre hatte sich die politische Landschaft in ihrer Gesamtheit stark verändert. Noch funktionierten die Apparate, hörte man auf die Organisationen. Doch die Haltung der Leute in den Institutionen war nicht mehr dieselbe wie in den Jahrzehnten zuvor. Der große, festbegründete Anspruch schien verlorengegangen zu sein. Was auch verkündet wurde, nahm man nicht einfach hin. Die Mitglieder und Besucher zeigten sich selbstbewußt, widersprachen und kritisierten. Diese neue Diskussionskultur unterschied sich deutlich von der Art und Weise, wie in Zeitungen, im Rundfunk und Fernsehen die Probleme dargeboten und diskutiert wurden. Die Öffentlichkeit hatte sich gespalten. Neben der offiziellen, der Medienöffentlichkeit, existierte eine zweite, in der Leute in kleinen und größeren Gremien ihre Meinung zum Ausdruck brachten. In immer mehr Foren ging die Bevölkerung dazu über, ohne Scheu ihre vom offiziellen Meinungsmonopol abweichende Meinung auszusprechen, ihre Sorgen und Ängste vorzutragen. Das geschah keineswegs mehr in Nischen, sondern in den Versammlungen der gesellschaftlichen Einrichtungen und nicht zuletzt in den unteren Gliederungen der SED. Allerdings vollzog sich das im Lande nicht gleichzeitig und nicht gleichmäßig. Während in einigen Institutionen noch streng darauf geachtet wurde, nicht von der vorgegebenen Linie abzuweichen, herrschte in anderen ein Diskussionsklima, das erlaubte, sich frei zu äußern und kritische Fragen zu stellen. Hier attackierte man die offizielle Propaganda, ihre Beschönigungen und Entstellungen. Die Leute machten sich Luft, befreiten sich von jeglicher Vormundschaft. In Intellektuellenkreisen war das an den wissenschaftlichen und künstlerischen Akademien früher und kräftiger zu spüren als an den Universitäten, an der Akademie der Künste wiederum stärker als an der Akademie der Wissenschaften. Waren es in den früheren Jahren nur einzelne Inseln, so bildeten sich immer mehr Inselketten heraus. Diese Gebilde wurden von Jahr zu Jahr dichter.

Die zweite Öffentlichkeit bediente eine Ventilfunktion, die es in den früheren Jahrzehnten in der DDR nicht gegeben hatte. Doch das war nur die eine Seite, die andere bestand darin, daß es dadurch zu einer psychologischen Spannung kam, besonders unter den Intellektuellen. In den Foren der zweiten Öffentlichkeit konnte man immer wieder den Satz hören: Hier kann ich alles sagen, aber was ich hier sage, ist undenkbar in den Zeitungen, im Rundfunk oder Fernsehen. Sie diskutierten, sie kritisierten, sie forderten, sie machten Vorschläge, aber nichts änderte sich in der großen Politik. Das ging soweit, daß man mit scharfer Kritik in den Ämtern, bei den Funktionären, sogar bei einzelnen Ministern Verständnis fand, doch die Politik des Politbüros blieb davon unberührt.

Auch wenn der politische Meinungsumschwung die verfestigten Strukturen nicht aufsprengte, blieb er doch nicht ohne Einfluß auf die Haltung der staatsleitenden Intelligenz. In den Verlagen und künstlerischen Einrichtungen handelte man jetzt nach anderen Grundsätzen, als es die politischen Leitlinien vorschrieben. Die Verleger mußten auf die zweite Öffentlichkeit reagieren, wollten sie nicht den Kontakt zu ihrem Publikum verlieren. Andererseits konnten sie die offiziellen Verlautbarungen nicht einfach beiseiteschieben. Das zwang sie nicht selten zu einem Spagat. Sie mußten die angestaute Kritik berücksichtigen, durften aber auch die staatliche Argumentation nicht aus ihrem Gesichtsfeld verlieren.

Innerhalb des Staatsapparats wirkte sich die Meinungsoffensive der Bevölkerung auch auf die Druckgenehmigungspraxis, also auf die bisher gehandhabte Zensur aus. Selbst die oberen Instanzen schienen jetzt geneigt, großzügiger zu verfahren. Allerdings hatte eine solche Haltung ihre Grenzen. Denn der Apparat wußte nur zu genau, was mit der

Parteiführung nicht zu machen war, welche Texte sie nicht durchließ. Bei ihr hatte sich ja nichts geändert.

Der Meinungsumschwung wurde nicht zuletzt durch die Schriftsteller selber bewirkt. Sie wollten die Zensur zu Fall bringen. Ein solches Unterfangen hatte seine Vorläufer. Doch die früheren Versuche waren stets gescheitert. Jetzt schien die Zeit günstiger zu sein. Vor allem Günter de Bruyn und Christoph Hein engagierten sich in dieser Frage. Ihre Kritik richtete sich nicht mehr auf den Einzelfall, die Durchsetzung eines Manuskripts, sondern auf den Gesamtvorgang, auf die Zensur als politischen Vorgang. In seinem Briefwechsel mit dem Verleger Elmar Faber führte Hein aus: »Die Zensur ist menschenfeindlich, feindlich dem Autor, dem Leser, dem Verleger und selbst dem Zensor ... Die Zensur ist überlebt. Sie hatte ihre Berechtigung in den Jahren nach dem 2. Weltkrieg, als der deutsche Faschismus von den Alliierten militärisch vernichtet, aber die geistige Schlacht um Deutschland, um die Deutschen damit noch nicht entschieden war ... Den Leser entmündigt die Zensur. Er kann ihr folgen und die Beschränkungen akzeptieren oder ihr widerstehen und sich mit dem dann nötigen größeren Aufwand entziehen, um dann das nicht genehmigte Buch zu lesen ... Die Zensur zerstört den Verleger, sie zerstört seine Autorität, seine Glaubwürdigkeit.«[48] Die Zensur hat allen geschadet. Sie bewirkte nicht, daß ein bestimmter Text die Leser nicht erreichte. Im geteilten Deutschland blieb nicht unbekannt, was unbekannt bleiben sollte. Auch zeigte die Praxis, was man verbot, kam nach einigen Jahren oder selbst nach kurzer Zeit doch noch auf den Markt. Nicht weil sich die Zensur, sondern weil sich die politische Situation geändert hatte. Dann fragten sich selbst die linientreuen Leute, wieso man eine solche Entscheidung hatte treffen können. Die Einsicht und die Proteste der Schriftsteller führten 1988, reichlich spät, nun doch noch zum Erfolg. Ende 1988 kam es zwischen Klaus Höpcke, den Ministeriumsmitarbeitern und den Verlagsleuten zu einer Neuregelung des Druckgenehmigungsverfahrens. Ab Januar 1989 brauchten Manuskripte nicht mehr bei der Hauptabteilung Verlage eingereicht zu werden. Die an dieser Veränderung Beteiligten sahen darin nur die Hälfte dessen, was wirklich angestrebt worden war. Die Liquidation der Zensur vollzog sich zögerlich und nicht als öffentlicher Akt. Noch am 2. November, zwei Tage vor der Großdemonstration auf dem Alexanderplatz, kritisierte Kurt Hager in einem Brief an Kulturminister Hans-

Joachim Hoffmann, daß es für Höpcke offenbar keine Ordnung mehr gebe. Andererseits gilt es zwischen der bürokratischen Genehmigung und der politischen Aufsicht zu unterscheiden. Eine Erlaubnis mußte noch immer eingeholt werden, weil in der Planwirtschaft das zur Verfügung stehende Papierkontingent aufzuteilen war. Im Dezember des gleichen Jahres wurde in der Leitungssitzung des Aufbau-Verlages mitgeteilt: »Die Druckgenehmigungspraxis wird ganz abgeschafft. Die volle Verantwortlichkeit der Verlage wird hergestellt, ohne jede Einschränkung. Es ist anzunehmen, daß die HV (Hauptverwaltung – W. M.) personell verringert und zu einem Konsultations- und Koordinierungsorgan wird. Die Informationspraxis gegenüber der HV wird sich gravierend entbürokratisieren.«[49] Noch unmittelbar danach belieferte man die HV in alter Gewohnheit mit Gutachten. Es konnte ja nicht schaden! Doch bald ließ man auch das sein.

Die Schriftsteller hatten lange Zeit ihren Veränderungswillen in ihren Büchern, Schriften und Reden zum Ausdruck gebracht. Erst zuletzt gingen sie auf die Straße. Am 4. November 1989 kam es zu der Großkundgebung der Künstler auf dem Alexanderplatz. Sie bekundeten damit ihre Bereitschaft, das Land zu verändern. Die Protestdemonstration richtete sich gegen die Führung, die sich gegen jede Reform sperrte, aber sie war auch ein Bekenntnis zu dem Land, in dem sie lebten. »Ich hatte dann das Bedürfnis«, sagte die Schauspielerin Jutta Wachowiak, »es zu einem Ort zu machen, an dem ich gern wohnen bleibe ... Ich wollte es ja nicht abschaffen.« Und Roland Gawlik, Ballettmeister an der Deutschen Staatsoper: »Ich wollte einfach nicht, daß unser kleines Ländchen, das sich kulturpolitisch in der Welt nicht zu verstecken brauchte, ganz ausblutet.«[50] Insofern war die Demonstration auch eine Antwort auf die Ausreisewelle, die von Tag zu Tag mehr anschwoll.

Die Organisation der Demonstration lag hauptsächlich in der Verantwortung der Berliner Bühnen. Sie bildeten eine Initiativgruppe, die die Veranstaltung vorbereitete. Zu ihr gehörten der Bühnenbildner Henning Schaller vom Maxim-Gorki-Theater, der Schauspieler Wolfgang Holz, der Bühnenbildner Lothar Scharsich vom Berliner Ensemble, Marion van de Kamp von der Volksbühne und andere. Auf einer Zusammenkunft von 400 Theaterschaffenden schlug Jutta Wachowiak vor, sich am 4. November zu einer Demonstration zu versammeln. Sie machte sich zum Sprecher eines Vorschlags, der von Bärbel Bohley kam. Es war das erste Mal, daß Künstler, darunter viele Mitglieder der SED, etwas veranstalteten, was bis zu diesem Zeitpunkt nicht geduldet worden war. Sie vereinbarten mit dem Präsidenten der Volkspolizei, daß sie die Demonstration selber organisieren und auch selber für die Sicherheit sorgen. Die Polizei sollte fernbleiben. Sie stellten Ordner auf, die grüne Schärpen mit der Aufschrift »Keine Gewalt« trugen.

An jenem Tag fanden sich auf dem Alexanderplatz mehr als eine halbe Million Menschen ein. Auf keiner anderen Demonstration vorher und nachher gab es so vielfältige Transparente, so witzige, bissige und provokative Losungen und Karikaturen. »Mein Vorschlag für den 1. Mai, die Führung zieht am Volk vorbei.« »Rücktritt ist Fortschritt«. Man las aufmerksam, was auf den mitgeführten Plakaten stand, nahm es mit Beifall oder mit nachdenklicher Skepsis auf. Was sich am 4. November ereignete, kam für die Künstler und Schriftsteller einem Befreiungsschlag gleich. Nun endlich schienen sie erreicht zu haben, daß ihr Wort politisches Gewicht bekam, etwas bewirkte. Die Menschen begrüßten sich wie zu einem Fest, man freute sich, den anderen hier zu treffen, als habe man über Streit und Gegensätze hinweg nun doch zueinander gefunden. Dabei ließen die mitgeführten Plakate auch erkennen, daß man in verschiedene Richtungen aufzubrechen gedachte. Aus der Sicht von später fällt auf, daß es unter den vielfältigen Losungen kaum einen Hinweis auf soziale Probleme gab. Es ging fast ausschließlich darum, einen politischen Alleinanspruch zu brechen. Es schien so, als sei das eine erreicht und es gelte nun, das Fehlende hinzuzufügen.

Die Initiativgruppe bestand darauf, daß nicht nur die Vertreter der Bürgerrechtler, sondern auch die SED-Leute reden sollten. Es sprachen Marion van de Kamp, Ulrich Mühe, Gregor Gysi, Marianne Birthler, Markus Wolf, Jens Reich, Ekkehard Schall, Stefan Heym, Friedrich Schorlemmer, Heiner Müller, Christoph Hein, Lothar Bisky, Christa Wolf und andere. Was Christa Wolf vor allem bewog, auf die Tribüne zu steigen und zu sprechen, war ihre Empörung darüber, daß sich die Regierung auch durch die Massenflucht von DDR-Bürgern nicht veranlaßt sah, ihre Politik zu ändern. Auf dem Alexanderplatz sagte sie: »Also träumen wir mit hellwacher Vernunft: Stell Dir vor, es ist Sozialismus und keiner geht weg! Wir sehen aber die Bilder der immer noch Weggehenden und fragen uns: Was tun? Und hören als Echo die Antwort: Was tun! Das fängt jetzt an, wenn aus den Forderungen Rechte, also

Pflichten werden.«[51] Und Christoph Hein schrieb eine Woche zuvor im *Sonntag*: »Es macht mich krank, in einer Stadt zu wohnen, aus der sich immer wieder Mitbürger mit einem Lebewohl statt mit einem Aufwiedersehen verabschieden. Und ich bin darüber verzweifelt, daß der Staat offensichtlich diese Verluste für bedeutungslos hält, jedenfalls für so bedeutungslos, daß er es nicht für notwendig erachtet, die Ursachen für diesen ständigen Verlust zu bekämpfen.«[52] Wie Christa Wolf ging es ihm um »unser Land«, um die DDR. Auf der Rednertribüne erklärte er seinen »mündig gewordenen Mitbürgern«: »Die Strukturen dieser Gesellschaft müssen verändert werden, wenn sie demokratisch und sozialistisch werden sollen. Dazu gibt es keine Alternative.«[53] Stefan Heym sah das Volk in einer Phase, in der der Umschwung gelingen könne. Er, der Jahrzehnte als ein Einzelner aufgetreten war, der aus dem Abseits gesprochen hatte, agierte jetzt vor Massen: »Laßt uns lernen, zu regieren. Die Macht gehört nicht in die Hände eines einzelnen oder ein paar weniger oder eines Apparats oder einer Partei. Alle müssen teilhaben an der Macht, und wer immer sie ausübt und wo immer, muß unterworfen sein der Kontrolle der Bürger, denn Macht korrumpiert, und absolute Macht, das können wir heute noch sehen, korrumpiert absolut.« Seine Rede schloß er mit der Aufforderung: »Freunde! Mitbürger! Übernehmt die Herrschaft.«[54]

Nicht alle Redner erhielten Beifall. Markus Wolf wurde von der Menge ausgepfiffen. Seit seinem Rücktritt als Stellvertreter des Ministers für Staatssicherheit hatte er, der Sohn des Schriftstellers Friedrich Wolf, Bruder des verstorbenen Regisseurs und Akademiepräsidenten Konrad Wolf, Verbindung zu den Reformkräften gesucht. Aus dem Chef der »unsichtbaren Front« war ein Mann der Öffentlichkeit geworden. Auch publizistisch trat er hervor. Sein Buch über die Freundschaft von Emigrantenkindern, die später unterschiedliche Wege in politischer wie geographischer Hinsicht gingen, *Die Troika*, wurde ein Bestseller. Wolf setzte sich für eine andere Entwicklung der DDR ein als die, die er bisher unterstützt hatte. Aus der Führungsriege der Spätzeit war er der erste, der ausbrach, der entschiedene Reformen wollte. Doch am 4. November auf dem Alexanderplatz honorierten ihm die Massen das nicht. Vor ihm standen Demonstranten mit der Losung: »Neue Männer braucht das Land!« Auf dem Alexanderplatz waren weder die Künstler noch die Bürgerrechtler unter sich. Hinter der geschlossen vorgetragenen Forderung nach Reform verbargen sich unterschiedliche Interessen. Die Aufbruchstimmung drängte die Frage nach dem »Wohin?« zurück.

Für die Künstler gestaltete sich dieser Sonnabend zu einem Tag ungeteilter Freude, ja des Jubels. An diesem 4. November waren sie so gewesen wie die Gestalten ihrer Bücher oder die Helden, die sie auf der Bühne darstellten. Sie hatten sich für alle sichtbar in Übereinstimmung mit einer revolutionären, sozialistischen Kunst gebracht. Die Schauspielerin Steffie Spira, Antifaschistin, Emigrantin, zitierte auf der Rednertribüne Brecht: »So, wie es ist, bleibt es nicht ... Wer seine Lage erkannt hat, wie soll der aufzuhalten sein ... Und aus Niemals wird, heute noch!« Dieser Satz charakterisierte die Hochstimmung und die Illusion dieses Tages, über den der Schauspieler Ulrich Mühe sagte: »Es war einfach wunderbar.«[55]

An dem Tage, an dem die Schriftsteller zu Politikern wurden, hatten sie zwar ihr Wort eingelöst und ihren ethischen Rigorismus, vormals viel gescholten, zur Tat werden lassen, aber ihren untergründigen Einfluß auf breite Schichten der Bevölkerung verloren. Die geheime Kraft ihrer Wirkung büßten sie auf der Höhe ihrer politischen Initiative ein. Christoph Hein besaß dafür ein feines Gespür. Als er Wochen später an die Großdemonstration zurückdachte, die ihn so in Hochstimmung versetzt hatte, da meinte er: »Ich glaube, der Konsens ist dieser Tage zerbrochen. Das war der Höhepunkt, und Gemeinschaften pflegen immer dann zu zerbrechen.«[56]

Drei Wochen nach der Kundgebung vom 4. November kam es zu einer letzten Aktion von Intellektuellen. Sie wollten fortsetzen, was auf dem Alexanderplatz begonnen hatte. Eine Gruppe von ihnen initiierte den Aufruf »Für unser Land«, der vor allem durch die Namen der beiden Erstunterzeichner Christa Wolf und Stefan Heym bekannt wurde. Hier muß jedoch zeitlich vorgegriffen werden. Denn zwischen dem 4. November und dem Aufruf vom 26. November 1989 kam es zu Ereignissen, die die Lage der Menschen veränderten. Am 8. November trat das Politbüro der SED geschlossen zurück. Egon Krenz wurde zum neuen Generalsekretär gewählt. Am 9. November öffnete die DDR die Grenzen. Jeder Bürger konnte frei nach dem Westen fahren. Eine Republik begab sich auf Reisen. Am 13. November wurde Hans Modrow mit der Bildung einer neuen Regierung beauftragt. Die Parteien und die neuen politischen Gruppierungen führten den Runden Tisch ein.

Etwa zehn Personen, darunter Generalsuperintendent Günter Krusche, Konrad Weiß und Volker Braun, fanden sich am 25. November zusammen und verfaßten nach mehrstündiger Diskussion den Aufruf, den Tags darauf Christa Wolf zum Redigieren erhielt und der dann abermals diskutiert wurde. Stefan Heym erklärte sich bereit, ihn auf der Pressekonferenz am 27. November vorzustellen, versehen mit der Unterschrift von 31 Personen als Erstunterzeichner. Darin hieß es:

»Unser Land steckt in einer tiefen Krise. Wie wir bisher gelebt haben, können und wollen wir nicht mehr leben. Gewaltfrei, durch Massendemonstrationen, hat das Volk den Prozeß der revolutionären Erneuerung erzwungen, der sich in atemberaubender Geschwindigkeit vollzieht. Uns bleibt wenig Zeit, auf die verschiedenen Möglichkeiten Einfluß zu nehmen, die sich als Ausweg aus der Krise anbieten.

Entweder

können wir auf der Eigenständigkeit der DDR bestehen und versuchen, mit allen unseren Kräften und in Zusammenarbeit mit denjenigen Staaten und Interessengruppen, die dazu bereit sind, in unserem Land eine solidarische Gesellschaft zu entwickeln, in der Frieden und soziale Gerechtigkeit, Freiheit des einzelnen, Freizügigkeit aller und die Bewahrung der Umwelt gewährleistet sind.

Oder

wir müssen dulden, daß, durch starke ökonomische Zwänge und durch unzumutbare Bedingungen, an die einflußreiche Kreise aus Wirtschaft und Politik in der Bundesrepublik ihre Hilfe für die DDR knüpfen, ein Ausverkauf unserer materiellen und moralischen Werte beginnt und über kurz oder lang die Deutsche Demokratische Republik durch die Bundesrepublik vereinnahmt wird.

Laßt uns den ersten Weg gehen.«[57]

Obwohl der Text durch die sich überstürzenden Ereignisse in Eile verfaßt wurde, basierte er auf dem erstrittenen Konsens über drei andere Entwürfe.[58] Alle drei Texte betonen die Notwendigkeit, eine bessere Gesellschaft auf demokratischer Grundlage zu schaffen. Noch immer ging es um »unser Land«. Von der Wiedervereinigung war noch nicht die Rede. Was mit der »besseren Gesellschaft« gemeint war, betonte der Entwurf des Kirchenmanns Günter Krusche. Sie müsse eine sozialistische sein.»Laßt nie wieder zu, daß die menschlichen Züge des Sozialismus durch Bürokratie, Gewissenszwang und Dogmatismus verzerrt werden! Wir haben jetzt eine einmalige geschichtliche Chance: den Sozialismus mit dem menschlichen Gesicht zu schaffen.«[59] Der Entwurf einer Gruppe von Wissenschaftlern der Humboldt-Universität unter Dieter Klein orientierte vor allem auf die Überwindung wirtschaftlicher Krisenerscheinungen. »Die ökonomische Krise wird schnellen Aufstieg nicht erlauben. Die Entscheidung für Reisefreiheit ist endgültig – aber mit Gefahren für ökonomische Stabilität verbunden. Wirtschaftsreformen können den Weg zu effektivem Wirtschaften frei machen. Aber der Weg wird hart sein. Er darf nicht in den Ausverkauf führen.«[60] Schon mehr Distanz zu den anderen Vorschlägen enthielt der Entwurf von Konrad Weiß. »Zuerst müssen wir in unserem Teil Deutschlands eine demokratische und solidarische Gesellschaft aufbauen. Das wird uns allen Opfer abverlangen. Wir werden Mut und Geduld und die Hilfe unserer Nachbarn brauchen. Zugleich sollen die Deutschen in der Bundesrepublik beginnen, ihr Land zu verändern und die Fehlentwicklungen in ihrer Gesellschaft zu überwinden. Erst so wird dann in ferner Zukunft eine neue Einheit Deutschlands möglich sein.«[61] Dennoch konnte man sich einigen. Der gemeinsame Text bekam in der redaktionellen Überarbeitung von Christa Wolf sogar noch eine Verschärfung, indem sie die politische Willensbildung der Initiativgruppe in einer stilistisch wirkungsvollen Gegenüberstellung von »Entweder Oder« zusammenfaßte.

Der Aufruf wurde von den Medien verbreitet. Innerhalb kurzer Zeit erreichte er eine Zustimmung von 1 167 048 Personen bei 9 273 Ablehnungen. Immerhin waren das 10 Prozent der wahlberechtigten Bürger des Landes. Die Initiatoren zeigten sich überrascht von der Wirkung, die ihr Aufruf auslöste. »Wir haben ja viel erwartet, aber was gegenwärtig los ist, übersteigt all unsere Erwartung.«[62]

Es gab aber auch ablehnende, ja aggressive Reaktionen auf den Aufruf, die deutlich machten, daß die Meinungen der Intellektuellen in allen wichtigen politischen Fragen weit auseinandergingen. Für die albernste Angelegenheit, die ihm je untergekommen sei, hielt ihn der Schriftsteller Rolf Schneider, Helga Schubert für ein Agit.-Prop.-Papier, das die Realität vergewaltige und einer Ergebenheitsadresse an die alte Macht gleichkomme.[63] Werner Heiduczek und Heinz Czechowski veröffentlichten eine Gegenerklärung von 27 Leipziger Persönlichkeiten, in der sie sich für eine Konföderation der beiden deutschen Staaten erklärten.[64]

Wie im ganzen Land spiegelten sich Resonanz und abweichende Meinungen auch im Aufbau-Verlag wider. Im Verlagshaus von Christa Wolf fand der Aufruf ein besonderes Interesse. Gleich am ersten Tag unterzeichneten ihn 80 Mitarbeiter. Dabei kam es zu Diskussionen. Man fand die politische Entscheidung zu einseitig dargestellt. Es gebe doch auch die Möglichkeit einer schrittweisen Annäherung im Sinne einer Konföderation. So entstand ein zweites Positionspapier. In einem Brief an Christa Wolf verschwieg Christoph Links, der sich für ihre Initiative im eigenen Haus einsetzte, den Vorgang nicht, wies aber auch auf die Relationen hin, in denen die Diskussion verlief. »Dieses zweite Positionspapier wurde von vier Kollegen unterzeichnet. Ich denke, daß damit eine reale Widerspiegelung der politischen Situation in unserem Haus gegeben ist.«[65]

Im nachhinein zeigten sich selbst die Erstunterzeichner des Aufrufs weniger euphorisch. Friedrich Schorlemmer charakterisierte ihre Bemühungen als ein »Spucken gegen den Wind«. Zur Zeit, als der Appell zustande kam, schlug die Stimmung der Massen nämlich um. Die »Wende in der Wende« setzte ein. Nach der Öffnung der Mauer wollten die Menschen so leben wie im Westen. Als Hunderttausende das Papier unterschrieben, wurden auf der Straße bereits neue Losungen skandiert. Aus »Für unser Land« wurde zunehmend »Für die Wiedervereinigung«, aus »Wir sind das Volk« wurde »Wir sind ein Volk«. Dazu kam, daß am Tage, als der Aufruf in die Presse gelangte, Helmut Kohl sein »Zehn-Punkte-Programm zur Überwindung der Teilung Deutschlands und Europas« vorstellte. Darauf reagierte Stefan Heym auf der von ihm einberufenen Pressekonferenz. Er erklärte Kohls Vorschlag als »Ouvertüre zur Vereinnahmung« der DDR. Doch Kohls Meinung bekam Zulauf. Gegen den Aufruf wurde argumentiert, es gebe nicht nur ein »Entweder – Oder«, sondern durchaus auch noch andere Alternativen. Zum Beispiel die Konföderation.

Historisch gesehen war der Aufruf ein Zeugnis für die Bereitschaft der Intelligenz, die DDR zu demokratisieren und als sozialistische Gesellschaft zu erhalten. Doch diesen Weg wollte ein Großteil der Bevölkerung in der Euphorie des Mauerfalls nicht mehr gehen. Bisher waren die Schriftsteller und Künstler feinfühlige Dolmetscher ihrer

Unstimmigkeiten mit der bestehenden Situation gewesen. Was sich das Volk nicht zu sagen getraute, trugen sie in der Sprache der Literatur vor. Sie hatten eine Mission ausgeübt, und mit der war es jetzt vorbei. Zwar verloren die Dichter nicht ihren Anhang, aber die Literatur ihre bisher wahrgenommene Funktion. Die Masse wechselte zu anderen Bedürfnissen über. Literatur und Kunst wurden wieder zurückgeworfen auf den kleinen Kreis der Kenner.

## SECHSTES KAPITEL
Die Demütigungen und die neuen Möglichkeiten.
Wende und Nachwende.
Die neunziger Jahre

*Erster Abschnitt*

Die Wende in der Wende

Anfang der neunziger Jahre änderte sich die Meinung über den Anteil der literarischen Intelligenz an dem, was fortan als Wende oder Revolution bezeichnet wurde. Der Lyriker Uwe Kolbe meinte: »Im deutlichen Gegensatz zur damaligen Lage in den sozialistischen Staaten Polen, ČSSR, Ungarn, UdSSR gab es in der Deutschen Demokratischen Republik keine antisozialistische Opposition.«[1] Ihm ist insofern zuzustimmen, als es unter der literarischen Intelligenz keine nennenswerte Systemopposition gab. Um dem inflationären Gebrauch des Begriffs Opposition zu entgehen, ist es zunächst notwendig, die verschiedenen Etappen der Revolution und die darin vertretenen Losungen und Ziele zu analysieren. In der ersten Zeit traten außer der literarischen Intelligenz auch die zahlreichen Gruppierungen der Bürgerbewegung für eine »bessere DDR« ein. Doch war das nur eine kurze Etappe. Schon 1989 erhoben prominente Schriftsteller ihre Stimme für eine veränderte DDR. Sie opponierten auch gegen die SED, antisozialistisch waren sie deshalb nicht. Warum sollten sie auch für eine bessere DDR eintreten, argumentierte Stefan Heym, wenn sie nicht sozialistisch sei. Einen eher gleichgültigen Standpunkt gegenüber dem Sozialismus bezog die junge Schriftsteller- und Künstlergeneration der Prenzlauer-Berg-Szene. Ihr Anteil an den politischen Großdemonstrationen und Aktionen der letzten Stunde blieb eher gering. Sie wollten subversiv, aber nicht politisch sein. Entsprechend ihrer gewollt nichtpolitischen Haltung gaben sie sich auch nicht antisozialistisch.

Ende 1989 kollabierte die DDR. Die literarische Intelligenz wurde in ihrer bisherigen Existenz erschüttert und durchgerüttelt wie kaum in einer anderen Phase des zwanzigsten Jahrhunderts. Sie sah sich veranlaßt, ihren eigenen Weg zu überdenken. Doch nicht nur sie, viele Menschen, die ihr Leben in der DDR verbracht hatten, fragten sich, ob sie nicht einer Illusion zum Opfer gefallen waren. Hoffnung schlug in Verbitterung um. Feste Standpunkte von gestern gerieten ins Wanken. Die andere Seite der Wendewut war die krampfhafte Verteidigung der Vergangenheit. Brecht hat solche Phasen in der Geschichte eindrucksvoll beschrieben: »Der Anstrengung folgt die Erschöpfung, der vielleicht übertriebenen Hoffnung die vielleicht übertriebene Hoffnungslosigkeit. Die nicht in Stumpfheit und Teilnahmslosigkeit zurückfallen, fallen in Schlimmeres; die die Aktivität für ihre Ideale nicht eingebüßt haben, verschwenden sie nun gegen dieselben! Kein Reaktionär ist unerbittlicher als der gescheiterte Neuerer, kein Elefant ein grausamerer Feind der wilden Elefanten als der gezähmte Elefant.«[2]

Die literarische Intelligenz war in einer besonders schlimmen Lage. Von einem Großteil ihrer Leser verlassen, vermochte sie sich weder mit der neuen Situation zu versöhnen, noch fühlte sie sich imstande, die Vergangenheit zu verteidigen. Selbst diejenigen, die bis zuletzt an der Seite der SED geblieben waren, billigten nicht, wie diese mit Literatur und Kunst umgegangen war. Zu viele Verletzungen hatte es gegeben. Die nun alt gewordene Generation erinnerte sich an die Jahre des Beginns. Das Anfangsgefühl wehrte sich gegen die Vorwürfe, Anklagen und Ächtungen, die die Niederlage bereit hielt. Doch welcher Weg war jetzt einzuschlagen? Einen ähnlichen Sturz ihrer Hoffnungen erlebten auch viele Aktivisten der Bürgerbewegung. Sie sahen sich in eine Richtung gedrängt, in die sie nicht gehen wollten. In einer solchen Situation geraten Ideologien durcheinander, verkehren sich Haltungen. Ansichten fielen wie Börsenkurse. Die Verzweiflung machte die einen stumm, anderen führte der Haß die Zunge. Hiervon wird jetzt die Rede sein.

Will man den Mentalitätssturz der literarischen Intelligenz weiter verfolgen, müssen die historischen Ereignisse, die ihn auslösten, vorgeführt werden. Doch wird es nicht möglich sein, die Geschichte von Wende und Nachwende in ihrer Gesamtheit zu skizzieren. Einer komplexen Betrachtung sind Grenzen gesetzt. Zunächst ist es notwendig, sich der rasch aufeinanderfolgenden Ereignisse zu erinnern, die mehr oder weniger alle Menschen im Osten berührten, ihre bisherige Existenz erschütterten und neue Möglichkeiten erschlossen.

*9. November 1989* Zufall und Irrtum lösen manchmal Ereignisse aus, die den geschichtlichen Verlauf nachhaltig verändern. So auch der 9. November, ein Schicksalstag in der deutschen Geschichte. Nach einer Tagung des Zentralkomitees der SED gab das Politbüro-Mitglied Günter Schabowski der Presse die Information, daß es nunmehr jedem Bürger der DDR möglich sei, über die Grenzstellen auszureisen. Auf die Frage der Journalisten: »Ab wann?«, antwortete Schabowski, sein Papier hin und her wendend, »ab sofort«, »unverzüglich«. Das galt jedoch nach Ablauf der Sperrfrist 10. November, 4.00 Uhr. Viele DDR-Bewohner wollten die neugewonnene Freiheit sofort ausprobieren und begaben sich an die Grenzübergangsstellen. Dort zeigte man sich völlig überrascht. Eine amtliche Anweisung lag nicht vor. Als der Druck der Massen immer stärker wurde, gab 23.20 Uhr ein Offizier die Anweisung: »Wir fluten jetzt!« In der Nacht und am nächsten Tag ergoß sich ein Menschenstrom nach Westberlin. Arbeiter und ganze Arbeitskollektive verließen bereits am Mittag ihre Betriebe und begaben sich in den Westen. Auf der Tauentzienstraße meldete man stehenden Publikumsverkehr. Vor den Sparkassen bildeten sich Menschenschlangen, die auf das Begrüßungsgeld von 100,– DM warteten. Das meistgebrauchte Wort war damals »Wahnsinn«, das sonst Jugendliche für überraschende, sie faszinierende Erlebnisse gebrauchten. Jetzt bekam es eine vielfältige, hintergründige Bedeutung. Ein »ozeanisches Gefühl« habe die Menschen erfaßt, schrieb ein Journalist. Fortan verliefen die Dinge anders. Nichts ließ sich mehr voraussagen. Die Ereignisse nahmen einen überstürzten Verlauf. Durch den anhaltenden Reisestrom setzte ein rapider Verfall der Währung ein. Am 16. November wurde die DDR-Mark schon 1:20 gehandelt.

*17. November 1989* Nach eingehender Diskussion kam es zur Bildung einer Koalitionsregierung unter Hans Modrow. Sie versprach eine demokratische Erneuerung des gesamten gesellschaftlichen Lebens. Noch besaß die SED Einfluß. Doch für das Neue Forum galt das Kabinett Modrow bis zu freien Wahlen als eine Übergangsregierung mit eingeschränkter Kompetenz. Die Vertreter von 14 Parteien und politischen Organisationen versammelten sich am Runden Tisch, um politische Entscheidungen zu treffen. In der Zeit vom 7. Dezember 1989 bis zum 13. März 1990 fanden 16 Sitzungen statt. Modrow schlug eine Vertragsgemeinschaft zwischen den beiden Staaten vor. Seinem Kabinett gelang eine relative Stabilisierung. Doch alle wichtigen Fragen blieben offen.

*28. November 1989* Bundeskanzler Helmut Kohl schlug einen Zehn-Punkte-Plan für eine schrittweise Annäherung der beiden deutschen Staaten vor. Voraussetzungen seien unter anderem freie Wahlen, Abbau der Planwirtschaft und marktwirtschaftliche Verhältnisse. Diesen Plan, der konföderative Strukturen vorsah, gab Kohl jedoch sehr bald wieder auf. Gedacht war er als Vorsichtsmaßnahme gegenüber der Sowjetunion. Für sie sollte die deutsche Einheit erträglich gemacht werden. Nur mit Duldung der Sowjetunion, nicht gegen sie, sei der Weg zur Einheit begehbar. Das war für Kohl der alles entscheidende Beweggrund für seinen Zehn-Punkte-Plan. In der alten SED-Führungsschicht (Egon Krenz), aber auch bei Vertretern der Bürgerbewegung und der Kirche stieß er auf Ablehnung. Der Generalsuperintendent der Evangelischen Kirche von Berlin-Brandenburg, Günter Krusche, erklärte im Saarländischen Rundfunk: »Wir sollten den Gerechtigkeitsaspekt nicht aufgeben zugunsten des Aspekts des freien Marktes.«[3] In der Bevölkerung blieb der Kohl-Vorschlag nicht ohne Wirkung.

*3. Dezember 1989* Das Zentralkomitee und das Politbüro der SED erklärten geschlossen ihren Rücktritt. Erich Honecker, Willi Stoph, Harry Tisch, Horst Sindermann, Erich Mielke und andere Funktionäre wurden wegen schwerer Verstöße aus der Partei ausgeschlossen. Am 9. Dezember wählten die Delegierten den Rechtsanwalt Gregor Gysi mit 95,3 Prozent zum neuen Parteivorsitzenden. In den folgenden Monaten verlor die SED 80 Prozent ihrer früheren Mitglieder. Nach zehn Jahren verblieben nur noch 4 Prozent in der zur PDS gewandelten Partei. Ihren Wähleranteil konnte sie jedoch im Osten auf 20 Prozent steigern. Die literarischen Intellektuellen, die in der SED stark vertreten waren, spielten in der neuen Partei und ihrer Führung kaum eine Rolle, weder die oppositionellen Schriftsteller und Künstler noch die aus den leitenden Gremien. Die neue Situation zu Beginn des Jahres 1990 charakterisierte der amerikanische Historiker Charles S. Maier folgendermaßen: »Kaum heraus aus dem Machtfeld der SED, geriet das Land in die Gravitation der Bundesrepublik. Die Phase des Dialogs – eines Dialogs auf der östlichen Seite der Mauer und nicht über diese hinweg – sollte tatsächlich nur kurz dauern.«[4]

*18. März 1990* Die ersten freien Volkskammerwahlen wurden auf den 18. März vorgezogen. Im Vorfeld kam es zu Wahlbündnissen. CDU, DSU (Demokratische Soziale Union) und Demokratischer Aufbruch schlossen sich zur »Allianz für Deutschland« zusammen. Neues Forum, Demokratie Jetzt, Initiative Frieden und Menschenrechte vereinigten sich zum Bündnis 90. Völlig überraschend erzielte die »Allianz für Deutschland« die meisten Stimmen und verfehlte nur knapp die absolute Mehrheit. Allein die CDU kam auf 40,82 Prozent, die SPD auf 21,88 Prozent, die PDS auf 16,40 Prozent, Bündnis 90, die Favoriten der ersten Etappe, vermochten nur enttäuschende 2,9 Prozent auf sich vereinen. Neuer Ministerpräsident wurde der Rechtsanwalt Lothar de Maizière. Erwartet hatte man einen Wahlsieg der SPD. Doch die ostdeutschen Arbeiter wählten die CDU. Die Mehrheit der Bevölkerung wollte die schnelle Einheit.

*1. Juli 1990* An diesem Tag trat der Vertrag über die Währungs-, Wirtschafts- und Sozialunion in Kraft. Die D-Mark wurde alleiniges Zahlungsmittel in den beiden deutschen Staaten. Die Industrieproduktion im Osten sank 1991 auf ein Drittel des Wertes von 1989. Dazu bemerkte Innenminister Wolfgang Schäuble: »Es war Lothar de Maizière genauso klar wie Tietmayer und mir, daß mit Einführung der Westwährung die DDR-Betriebe schlagartig nicht mehr konkurrenzfähig sein würden. Wir konnten uns auch ausmalen, in welch dramatischer Weise dieser Eingriff sichtbar würde.«[5]

*16. Juli 1990* Helmut Kohl kam bei einem Treffen im Kaukasus mit Präsident Gorbatschow überein, daß das geeinte Deutschland Mitglied der NATO wird. Der Runde Tisch zur Zeit der Modrow-Regierung hatte eine NATO-Mitgliedschaft des künftigen Deutschlands strikt abgelehnt. Gorbatschow sah in der Bundesrepublik den Schlüssel für seine Europapolitik und gab die frühere Vision von einer stufenweisen Konföderation auf. Die Sowjetunion unternahm keinen Versuch, Neutralität für die Einheit zu fordern. »Die Sowjets waren einst die Herren in der DDR gewesen. Gegen Ende des Jahres 1990 überließen sie die Initiative und Kontrolle der Macht, die Gorbatschow für den Schlüssel zu Europa und überhaupt seiner internationalen Politik hielt: der Bundesrepublik.«[6]

*3. Oktober 1990* Um 0.00 Uhr trat die Deutsche Demokratische Republik gemäß Artikel 23 des Grundgesetzes der Bundesrepublik bei. Am 31. August 1990 hatten Günther Krause als Parlamentarischer Staatssekretär beim Ministerpräsidenten der DDR und Wolfgang Schäuble als Innenminister der Bundesrepublik im Berliner Kronprinzenpalais den Vertrag zwischen der Bundesrepublik und der Deutschen Demokratischen Republik über die Herstellung der Einheit Deutschlands unterzeichnet. Das Drehbuch für diesen Vertrag gemäß Artikel 23 schrieb Wolfgang Schäuble.

*2. Dezember 1990* Aus den ersten gesamtdeutschen Bundestagswahlen ging die Regierungskoalition von CDU/CSU und FDP unter Helmut Kohl als Sieger hervor. Die CDU/CSU erhielt 43,8 Prozent, die FDP 11 Prozent der Stimmen. Die Sozialdemokraten unter ihrem Spitzenkandidaten Oskar Lafontaine erzielten mit 33,5 Prozent ihr schlechtestes Wahlergebnis seit 1957. Die PDS kam mit 2,4 Prozent durch Direktmandate in den Bundestag. Die Grünen verfehlten die 5-Prozent-Hürde. Lothar de Maizière schied aus der Regierungsverantwortung aus. Die kapitalistische Übernahmepolitik der Treuhandgesellschaft führte zum Ruin der ostdeutschen Wirtschaft und zu einem rapiden Rückgang der Beschäftigungszahlen. Zu den Folgen des »Vereinigungsfiebers« schreibt der westdeutsche Autor Heinrich Senfft: »Man rückte aus, die DDR zu besetzen und die Ernte einzufahren. Zwar schob das Vereinigungsfieber die Rezession in Westdeutschland um wenigstens zwei Jahre hinaus – andere europäische Länder waren früher schlechter dran –, aber der größte Ausverkauf an Menschen, Industrie und Grund und Boden, den es je gegeben hat, geriet der Treuhandgesellschaft, begleitet von Stasi-Enthüllungen der Gauck-Behörde, zu einem großen Fehlschlag. Massenarbeitslosigkeit und Entindustrialisierung im Osten waren die Folgen.«[7]

Welche Kraft bewirkte den Umschwung?

In den vierzehn Monaten seit dem 9. November 1989 hatte sich die politische Landschaft gründlich verändert. Nichts blieb beim Alten, nichts hielt stand. Die Meinungen, was zu tun sei, veränderten sich mit der Abfolge der Tage. Die Menschen erlebten ein Wechselbad der Gefühle. Der Freude folgte das Entsetzen. Das Unvorstellbare nahm man im Laufe der Zeit gelassen hin. Die Vergangenheit erschien den einen so fremd wie anderen die Gegenwart. Das Nachdenken darüber, wie das Leben zu gestalten sei, wurde erstickt von den Entscheidungen des Tages. Doch welche Kraft hatte die Veränderungen ausgelöst? Die Wortführer des Umschwungs verwiesen auf ihren Anteil. Doch ihre Physiognomien verschwammen im Wechsel der Zeiten. Sollten es die Losungen gewesen sein, denen so viele folgten? War es die Macht der Straße?

Um das herauszufinden, sollte man nicht die Ideen und Weltanschauungen befragen, sondern nach den schwer festzumachenden Triebkräften suchen, die Menschen in neue Verhältnisse führen. Als das auslösende Element, das sich aus vielen Einzelwillen zusammensetzte, erwies sich die Ausreisewelle, die in den achtziger Jahren beängstigend anwuchs und weder durch rigorose Maßnahmen noch flexiblere Regelungen aufgehalten werden konnte. Der Wille, so zu leben wie im Westen, war zu einer Triebkraft geworden, die Menschen veranlaßte, alles aufzugeben, die DDR zu verlassen. Was der eine wahr machte, veranlaßte den anderen, darüber nachzudenken. Man wollte sich nicht mehr mit der bestehenden Situation abfinden. Dabei war es eine Minderheit, die Ende der achtziger Jahre auch die beunruhigte, die im Lande blieben. Was die einen veranlaßte, in den Westen zu gehen, trieb die anderen auf die Straße. Ihr Ruf »Wir bleiben hier!« war nicht Ausdruck einer Gegenkraft, sondern nur die andere Seite der gleichen Erscheinung.

Die Abwanderung nach dem Westen beunruhigte die DDR seit ihrem Bestehen. In den achtziger Jahren erreichte sie jedoch eine dynamische Wucht, die Institutionen und Verordnungen ins Wanken brachte. Mehr als die stetig steigende Zahl der Ausreisenden erschreckte die Art und Weise, wie die Ausreise gefordert und vollzogen wurde. Eine politisch explosive Lage entstand. In früheren Jahren trieben Einschränkungen und Verletzungen die Leute zur Ausreise. Sie mußten sich noch von etwas losreißen. Andere sahen sich dazu gezwungen. In den letzten Jahren jedoch wurde jede sich bietende Gelegenheit genutzt, auf die andere Seite zu wechseln. Sich von der alten Existenz zu trennen, nahm man unbeschwerter, kurz entschlossen auf sich. Wie sich die Dinge geändert hatten, zeigte der Vorfall bei Sopron an der ungarisch-österreichischen Grenze. Als aus Anlaß des Paneuropäischen Picknicks Ungarn die

Grenze öffnete, nutzten Hunderte von DDR-Urlaubern die Gelegenheit, sich in den Westen zu begeben. Es schien ein fröhliches Weggehen zu sein. Der Wechsel in eine andere Existenzweise vollzog sich wie ein Happening.

Im Sommer 1989 nahm die Ausreisewelle dramatische Formen an. Vom 30. August 1988 bis zum 30. September 1989 beantragten 160 785 Bürger die Ausreise, 86 150 wurde sie genehmigt. Der Ausreisedrang nahm weiter zu und schien sich zur Hysterie zu steigern. Dabei war die Regierung schon 1987 dazu übergegangen, Reisen in den Westen großzügiger zu gewähren. 1987 reisten 2 475 804 DDR-Bürger in den Westen, 1988 2 790 582.[8] Im Sommer 1989 führte die Ausreiseoffensive zu diplomatischen Verwicklungen, weil die DDR-Bürger die für sie zugänglichen sozialistischen Länder Ungarn, die ČSSR und Polen benutzten, um in den Westen zu gelangen. Von Ungarn aus wollten 150 000 Menschen aus der DDR über die Grenze. Nachdem der ungarische Außenminister Gyula Horn und sein österreichischer Amtskollege in einem symbolischen Akt den Stacheldraht zwischen Ungarn und Österreichisch durchtrennt hatten, gingen am 19. August 1989 bei Sopron mehrere hundert DDR-Bürger über die Grenze. In Budapest drängten 2 000 in die Bonner Botschaft. Am 25. August konferierten der ungarische Ministerpräsident Miklós Németh und sein Außenminister Horn auf Schloß Gymnich bei Bonn mit Kanzler Kohl und Außenminister Genscher. Es ging um die Ausreise von DDR-Bürgern. Ungarn meinte, es nicht mehr verantworten zu können, daß die ungarische Grenze und die Bonner Botschaft in Budapest zu Sammelplätzen für die zur Ausreise entschlossenen DDR-Bürger würden. Kohl und Genscher ermunterten die ungarische Regierung zu einer entschiedenen Lösung und boten ihr einen Kredit von 500 Millionen DM an. Eine Woche später suchte Horn den DDR-Außenminister Fischer auf. Doch der lehnte jede Abweichung von früheren Vereinbarungen ab. Am 10. September 1989 öffnete Ungarn die Grenze.

Auch in Prag spitzte sich die Situation zu. Während der Ferienmonate kamen immer mehr DDR-Bürger in die tschechische Metropole. Insgesamt wollten 17 000 Menschen über die Bonner Botschaft nach dem Westen. Am 3. Oktober 1989 untersagte die DDR-Regierung die Ausreise in die ČSSR. In der polnischen Hauptstadt verlangten 5 000 die Ausreise. In die Ständige Vertretung in Berlin flüchteten 131 Menschen.

Markus Wolf notierte: »Die Ausreisewelle über Ungarn und die Botschaften der BRD in Budapest, Prag und Berlin schwillt weiter an und entwickelt sich zum Dauerkrimi im Westfernsehen. Unsere Führung ist wie gelähmt. Honecker krank, die Medien reagieren mit Krampf, sie bringen Treue-Bekundungen und angebliche Leser-Proteste gegen einen Vorgang, über den sie bislang gar nicht berichtet haben ... Was Wunder, daß der Glaube vor allem junger Menschen an die Zukunft des ›real existierenden Sozialismus‹ schwindet und Bundeskanzler Kohl wie ein Sieger der Geschichte schwadroniert.«[9] Der Schriftsteller Thomas Rosenlöcher überlegte, ob er nicht doch einen Fuß in den Westen setzen sollte. »Freilich hinsichtlich dieser Entscheidung auch ein schlechtes Gewissen. Ist ja doch eine Flucht aus der schlichten Lebenspraxis, da im Westen vieles viel geschmierter geht, die Entfremdung des zu Hause hockenden Künstlers daher gewiß größer ist. Hier brauche ich nur in die sogenannte Kaufhalle (eigentlich kein ehrlicher Name) zu gehen, um einigermaßen Bescheid zu wissen. Hinzu käme dieses Im-Stich-lassen der anderen. Ein Fuß drüben ist früher oder später sowieso der ganze Kerl, siehe Uwe Kolbe, Hilbig usw. Aber der Entschluß steht fest, falls sich hier nicht bald eine Änderung anläßt.«[10] Das Politbüro diskutierte hilflos und verworren die Lage und fand keinen Ausweg. Günter Mittag schlug vor, das Loch nach Ungarn zuzumachen. Die Ausreise sei zu einer »Weltkampagne« und das Bruderland Ungarn zum Verräter geworden. Kurt Hager erwog, den Botschafter aus Budapest zurückzurufen. Andere sahen in solchen Vorschlägen keine Lösung.

Inzwischen erhöhte sich die Zahl der DDR-Flüchtlinge auf dem Gelände der Bonner Botschaft in Prag auf 3 500. Die Menschen kletterten über den Zaun des Botschaftsgeländes, um ihre Ausreise zu erzwingen. Das Botschaftspersonal stellte im Garten Zelte zur Unterbringung der Leute auf. Am 30. September traf Hans-Dietrich Genscher in Prag ein und verkündete vom Balkon des Botschaftsgebäudes: »Ich bin heute zu Ihnen gekommen, um Ihnen zu sagen, daß heute ihre Ausreise ...« Der Rest seiner Rede ging in Jubel unter. Mit der DDR-Führung hatte er vereinbart, daß die Flüchtlinge mit Sonderzügen über das Gebiet der DDR in die BRD gebracht werden. Die offiziellen Stellen der DDR reagierten verbittert. In einem *ADN*-Kommentar hieß es: »Sie alle haben durch ihr Verhalten die moralischen Werte mit Füßen getreten und sich selbst aus der Gesellschaft ausgegrenzt. Man sollte ihnen deshalb keine Träne nachweinen.«[11] Auch danach hielt die Fluchtwelle weiter an. Allein zwischen dem 4. bis 6. November 1989 überschritten 23 000 DDR-Bürger die Grenze zwischen der Tschechoslowakei und Bayern.

Der Drang der Menschen, so zu leben wie im Westen, war die stärkste Triebkraft. Sie löste die Veränderungen der Jahre 1989/90 aus. Es war vor allem der materielle Faktor, auf den sich die sogenannte friedliche Revolution zurückführen ließ. Dieser Faktor spielt in jeder Revolution eine Rolle, wenn auch in jeweils anderer ideologischer Verkleidung. Die Massen brechen nicht mit ihren bisherigen Lebensverhältnissen, weil sie richtigen oder falschen Losungen folgen. Das Volk, das oftmals eher gerissen als weise ist, läßt sich nicht auf neue politische Bedingungen ein, ohne daß seine materielle Existenz es dazu zwingt. Wenn sich das bisherige Leben nicht mehr meistern läßt, finden die Ideologen der verschiedenen politischen Richtungen dazu die entsprechenden Erklärungsmuster, die wiederum ihre eigenen Interessen wiederspiegeln. Vom materiellen Faktor ausgehend, gibt es keine geradlinige Verbindung zu den kontroversen Ideen. Nichts ist oberflächlicher, als in den gängigen ideologischen Kämpfen die wahren Ursachen für gesellschaftliche Umwälzungen zu sehen. Ihnen liegt meist ein falsches Bewusstsein zugrunde. Wie sagte doch der englische Historiker Eric Hobsbawm: »Wenn es keine passende Vergangenheit gibt, läßt sie sich stets erfinden.«[12] Das geschieht umso leichter, als die materiellen Interessen nur selten pur zur Sprache kommen, sondern der ideologischen Einkleidung bedürfen. Mehr als jede andere Umwälzung hat die von 1989/90 der hehren Losungen bedurft. Und dies gerade deshalb, weil von ihren Wortführern keine tiefgreifenden Wirkungen ausgingen. Revolutionen von unten, auch wenn die Aufstände mehr Volksfesten und Jahrmärkten gleichen, sind, um nochmals Hobsbawm zu zitieren, in gewisser Hinsicht »Naturerscheinungen«. Naturerscheinungen aber lassen sich nicht ideologisch ausrichten. Sie ereignen sich eruptiv und sind nicht die Folge von Reden, Predigten und Strategien.

Die Revolutionen der Vergangenheit wurden stets danach befragt, in welchem Verhältnis die »Magenfrage« zur »Ideenfrage« stand. Das gilt auch für 1989/90, obwohl es nicht die leeren Mägen waren, die die DDR-Bürger auf die Straße und in den Westen trieben. Die »Magenfrage« als Synonym für die materiellen Faktoren veränderte sich im Verlauf der

Geschichte, aber sie verschwand nicht. Wenn sie übersehen wird, so Marx, blamieren sich die Ideen vor der Wirklichkeit. Das wurde von der DDR-Regierung, die vorgab, der materialistischen Geschichtsauffassung zu folgen, nicht beachtet. Aber in diesem Punkt blamierte sich 1989/90 auch die Bürgerbewegung. Weder die verlorenen Ideale des DDR-Staates noch die neuen Hoffnungen der Opposition, auch nicht die Losung von »Freiheit und Democracy« veranlaßten die Ostdeutschen, eine veränderte gesellschaftliche Existenz zu wählen.

Worin bestand nun die Modernisierung der »Magenfrage«, so daß sie, wie einst der Hunger, zu einem revolutionären Element wurde. In ihrem ursprünglichen Sinn hatte sie als auslösender Faktor damit zu tun, daß die sozialistische Gesellschaft trotz nicht zu leugnender Vorzüge immer eine Mangelgesellschaft geblieben war. Keiner mußte hungern, keiner lag auf der Straße und suchte in den Containern nach Abfällen. Für die Lösung der »Magenfrage« in ihrer ursprünglichen Form wandte die DDR sogar beträchtliche Mittel auf. Diese Bemühungen verdienen vom menschlichen Standpunkt aus Lob, wenn auch nicht vom ökonomischen. Die Gewerkschaftszeitung *Tribüne* meldete am 21. November 1989, daß mehr als vier Fünftel der tatsächlichen Kosten für die Herstellung oder den Import von Lebensmitteln in der DDR vom Staat getragen wurden. Allein im Jahre 1989 wurden dafür 33,1 Milliarden Subventionen gebraucht. Das waren 84 Prozent der tatsächlichen Kosten. Der Mangel machte sich vor allem im schwierigen Erwerb bestimmter Waren bemerkbar. In einer Leserzuschrift vom Januar 1990 hieß es: »Wenn ich die Stunden addieren könnte, die ich vor den Geschäften gestanden habe, um für meine Familie mal was Gutes zu bekommen, dann würden Jahre herauskommen. Dann der ganze Ärger, der mit dieser Steherei verbunden war. Soll das so weitergehen? Ich habe keine Hoffnung mehr für diesen Staat und sehe den einzigen Ausweg nur in der Wiedervereinigung.«[13] Der Schriftsteller Günter Kunert schrieb in seinen Erinnerungen von den »sinnlos und rastlos verbrachten Stunden«. »Und solche Stunden bilden den Teil vergeudeten Daseins, über dem die Patina der Tristesse liegt.«[14] Der amerikanische Historiker Charles S. Maier führte in seinem schon mehrfach zitierten Buch an, daß das Schlange-Stehen in der DDR Ende der siebziger Jahre die Reallöhne praktisch um 13 Prozent senkte.

Die zeitgemäße Fassung der »Magenfrage« wirkte sich vor allem auf einigen Gebieten aus, auf denen die DDR mit der Bundesrepublik nicht gleichzuziehen vermochte. Die immer größer werdenden Unterschiede provozierten den Unmut. Der Besitz eines Autos und die Möglichkeit zu reisen, wohin man wollte, gehörten im Westen zum alltäglichen Leben. Darauf glaubte niemand mehr verzichten zu können. Das Auto galt als »wichtiges Lebensmittel«. Es gab den Menschen die Illusion, sich überall frei bewegen zu können. Ohne Auto sahen sie ihre Möglichkeiten verbaut. Denn Mobilität vermittelte ihnen erst das richtige Selbstgefühl. Goethe hatte im *Faust* über die Pferdestärken geschrieben: »Wenn ich sechs Hengste zahlen kann, / Sind ihre Kräfte nicht die meinen? / Ich renne zu und bin ein rechter Mann, / Als hätt' ich vierundzwanzig Beine.« Goethes Bild von den Pferdestärken traf in gleicher Weise auf das Auto zu. Erst mit ihm war man der rechte Mann. Ohne Fahrzeug galt man entweder als Außenseiter oder doch irgendwie deklassiert. Das Auto verschaffte die Mobilität, um sich über die Misere der Realität zu erheben. Diese neue Lebensweise kam einer anderen Art von Kulturrevolution gleich. Der DDR-Bürger konnte jeden Abend im westlichen Werbefernsehen verfolgen, was das kapitalistische System an Angeboten bereithielt. Das sozialistische konnte diese Bedürfnisse nicht befriedigen. Jeder Vergleich enthüllte die Ohnmacht. Wohl besaß man in der DDR dafür meist das nötige Geld, aber mit Geld allein war man noch nicht im Besitz der Ware. Man mußte sich anmelden und lange warten. Zuletzt betrug die Wartezeit für ein Auto zehn Jahre. So war es geboten, im Kindesalter anzumelden, was man als Erwachsener haben wollte. Der erworbene Besitz wurde gleich wieder mit Erzeugnissen aus dem Westen verglichen. Als im Sommer 1989 die Massenflucht einsetzte, fragte man die Ankömmlinge oft, was sie denn bewogen habe, alles zu verlassen und aufzugeben. Von denen, die keine politischen Floskeln parat hatten, hörte man häufig: Sie wollten endlich einmal ein richtiges Auto fahren.

Ähnlich verhielt es sich mit dem Reisen, das ja mit dem Auto in Zusammenhang stand. Die fernen Welten blieben dem DDR-Bürger versperrt. Je aussichtsloser das Bedürfnis, desto stärker wurde es. Der Neid auf diejenigen, die durch ihren Beruf, sei es als Sportler oder Künstler, reisen konnten, wuchs. Barrieren taten sich da in der Bevölkerung auf, die Haß schürten, der dem Klassenhaß früherer Zeiten gleichkam. Nicht nur die jungen Leute empfanden, daß ihnen eine Welt vorenthalten, ein elementares Lebensgefühl abgeschnürt wurde. Welche Dynamik sich da aufstaute, zeigte sich nach der Öffnung der Grenzen. Zwar konnten die DDR-Bürger in die sozialistischen Länder fahren, die als Reiseziele attraktiv und beliebt waren. Doch traf dort ein DDR-Bürger mit einem Westler zusammen, sah er sich wieder durch die Möglichkeit erniedrigt, die das Westgeld seinem Gegenüber verschaffte. So wurde die DDR-Identität auf eine harte Probe gestellt. Daraus entstanden innere Spannungen, die den Systemvergleich für den Sozialismus zu einer verlorenen Sache machten.

Als bei den ersten freien Volkskammerwahlen nicht nur die sozialistischen Kräfte, sonder wider Erwarten auch die Sozialdemokraten und Bürgerrechtler beträchtliche Stimmenverluste erlitten, meinten Otto Schily und Bärbel Bohley, die Ostdeutschen hätten die »Bananen« gewählt. Auch Oskar Lafontaine drückte sich ähnlich aus. Der Wahlsieger Lothar de Maizière hielt das zehn Jahre später in einem Interview für eine »furchtbare Überheblichkeit, die aus einem falsch verstandenen Elitebewußtsein« resultiere.[15] Mit der Bananen-Begründung, die verächtlich klingt, war der materielle Faktor in seiner Gesamtheit gemeint. Der Historiker Charles S. Maier vertrat die gleiche Meinung, als er schrieb, das Volk habe mit falschem Bewußtsein gewählt. Man mag es verwerflich finden, wenn der materielle Faktor gegenüber gut begründeten gesellschaftlichen Einsichten den Ausschlag gibt. Revolutionen von unten blamieren oft die vernünftigeren Ideen. Die Erfüllung ihres Verlangens nach Reisen und Autos trauten die Wähler von 1990 eben nur dem kapitalistischen System und seinen entschiedenen Vertretern zu.

Die Etappen der Revolution und
des Meinungsumschwungs

In der Zeit zwischen dem 9. November und den ersten Monaten des Jahres 1991 erlebten die Ostdeutschen eine tiefe Sinnkrise. Selbst in den programmatischen Erklärungen der Reformer und Bürgerrechtler wechselten bisweilen die Standpunkte, schlugen in ihr Gegenteil um. Es gibt kaum einen anderen Abschnitt in der deutschen Geschichte, in dem sich in einem so kurzen Zeitraum von anderthalb Jahren derartig tiefgreifende Meinungsumschwünge vollzogen. Und zwar in allen Teilen der

Bevölkerung. Die Wortführer des Umbruchs spiegelten nur wider, was im ganzen Volk vor sich ging. Verfolgt man von Monat zu Monat ihre Verkündigungen, so erscheinen eigentlich sie, die engagierten Vertreter des Umbruchs, als die eigentlichen Wendehälse. Am deutlichsten wird das am Beispiel des Pfarrers und Bürgerrechtlers Rainer Eppelmann, Mitbegründer des Demokratischen Aufbruchs. Sein Programm war der Programmwechsel. Noch am 24. Oktober 1989 erklärte er sich gemeinsam mit Friedrich Schorlemmer in einem Brief an Egon Krenz zum partnerschaftlichen Dialog für Demokratie und Sozialismus bereit. Er, der Wehrdienst und Fahneneid verweigert hatte, wurde Verteidigungsminister der Regierung von Lothar de Maizière. Er, der kurze Zeit später alles verdammte, was mit dem »Unrechtsstaat DDR« in Zusammenhang stand, verpflichtete seine Soldaten mit dem Eid: »Ich schwöre, meine ganze Kraft der Erhaltung des Friedens und zum Schutze der Deutschen Demokratischen Republik einzusetzen.« Er, der den Abzug aller Besatzungstruppen aus beiden Teilen Deutschlands forderte, schloß sich der Partei an, die die NATO-Zugehörigkeit im vereinten Deutschland durchsetzte. Er, der noch im November 1989 für eine Zusammenarbeit mit der erneuerten, reformierten SED eintrat, wurde Vorsitzender der Enquete-Kommission des Bundestags, die die Folgen der SED-Diktatur aufzudecken hatte. Andere, wie die Bürgerrechtlerin Vera Lengsfeld und das SPD-Mitglied Angelika Barbe, lösten sich von ihren früheren Bindungen und wechselten zur konservativen CDU. Sie hielten auch dann noch fest zu Helmut Kohl, als sich dieser wegen der Spendenaffaire den Unmut seiner Partei zuzog. »Ich bin und bleibe Kohlianer – in politischer und menschlicher Hinsicht«, sagte der Bürgerrechtler und Chronist der Opposition Ehrhart Neubert zehn Jahre nach der Wende.[16] Die einen rutschten willig in das westdeutsche Führungssystem hinein, während andere aus der Bürgerbewegung gerade das nicht wollten. Doch wäre es etwas leichtfertig, die Wendefähigkeit als individuelle Charakterschwäche zu begreifen. Die Leute brachten nur zum Ausdruck, was sich im ganzen Volk vollzog. Bärbel Bohley hatte recht, als sie erklärte: »Das Neue Forum ist die Widerspiegelung dessen, was in der Gesellschaft da ist.«[17]

Es geht hier um den Wandel und die Wendebereitschaft der Reformer, nicht um ihre Verdienste. Das ist ein anderes Kapitel. Daß sie sich als politische Laienspieler oft naiv in entscheidenden Fragen verhielten, sollte man ihnen nicht vorwerfen. Menschen diese Art waren nötig, um die langlebigen, verkrusteten Strukturen der beiden deutschen Teilstaaten aufzubrechen. Rainer Eppelmann wurde von seinen neuen Parteifreunden »als ein exotischer Typ in der Politik empfunden«. Doch das wäre ihm am wenigsten nachzutragen.

Die Reform- und Oppositionsbewegung hatte nicht viel Glück in der Auswahl ihrer Wortführer. Kurz vor den Märzwahlen wurde Wolfgang Schnur, der Spitzenkandidat der von Helmut Kohl angeregten »Allianz für Deutschland«, als zuverlässiger Zuträger der Stasi entlarvt. Durch ihn war sie über die Gründung des Demokratischen Aufbruchs bestens informiert. Was ihn aber nicht davon abhielt zu verkünden: »Ich bin Ihr künftiger Ministerpräsident.« Ebenso erging es der Ost-SPD. Aus ihrem Gründungsmitglied und Hoffnungsträger Ibrahim Böhme wurde der »Genosse Judas«. Auch er, der mit Willy Brandt in den Wahlkampf zog, hatte die Stasi über alle Gründungsschritte der sozialdemokratischen Partei Ost unterrichtet. Der Lebenslauf dieses Mannes, der seine Identität nicht fand, ist eher tragisch, denn er schien auf dem für ihn neuen Gebiet nicht unbegabt gewesen zu sein. »Seine Politikerlaufbahn gleicht einer Sternschnuppe: ein kurzes Glühen, dann nichts«, konnte man in der Zeitung *Neues Deutschland* lesen.[18]

Große Talente hat die friedliche Revolution nicht hervorgebracht. Wenn es auch einige eigenwillige Persönlichkeiten gab, die mit ihren Auftritten überraschten und sich nicht dem von der westlichen Seite vorgegebenen Polittrend beugten: Gregor Gysi, Friedrich Schorlemmer, Wolfgang Ullmann. Eher schien sich allerdings das zu wiederholen, was Heinrich Heine über die Mitglieder der provisorischen Regierung von 1848 notierte. Nie habe das Volk miserablere Nieten aus dem Glückstopf der Revolution gezogen. Das mag auf einzelne und ihr Verhalten während und nach der Wende trefflich passen. Insgesamt aber war es erstaunlich, wie selbstbewußt und unerschrocken die Oppositionellen auftraten, die das Land und die Gesellschaft durch Erneuerung retten wollten und es doch nicht konnten.

1989 nahm die Bürgerbewegung mehr und mehr organisatorische Formen an, was zur Reorganisation und Neubildung von Parteien führte. Zu den Plattformen, die sich bildeten und Einfluß gewannen, zählt das Neue Forum mit Jens Reich und Sebastian Pflugbeil; dessen populärste Gestalt war Bärbel Bohley. Einfluß auf die Politik nahmen ferner Demokratie Jetzt mit Wolfgang Ullmann und Konrad Weiß sowie der Demokratische Aufbruch mit Wolfgang Schnur, dann Rainer Eppelmann und Angela Merkel. Gerade diese Neugründungen erregten nach Überwindung des Einparteien-Systems das Interesse vieler Menschen, vor allem auch der künstlerischen Intelligenz. Doch so schnell wie die Anteilnahme anstieg, so rasch nahm sie auch wieder ab. 1989 existieren ungefähr 160 Ortsgruppen von Oppositionellen und zehn Dachorganisationen. Die Zahl der wirklich politisch Aktiven schätzte man auf 2500 Personen. Zwar verstand es die Bürgerbewegung, sich an die Spitze der Massendemonstrationen zu stellen, aber sie verfügte über keine breite Basis. In den ersten Monaten des Jahres 1990 formierten sich die Plattformen und Parteien neu. Die Ost-CDU vereinigte sich mit dem Demokratischen Aufbruch (DA) und der Deutschen Sozialen Union (DSU) zur Allianz für Deutschland. Das Neue Forum, die Gruppierung Demokratie Jetzt und die Initiative für Frieden und Menschenrechte schlossen sich zum Bündnis 90 zusammen. Die SED/PDS trennte sich von einem Teil ihres Namens, um ihre Erneuerung zu betonen.

Wie die Menschen ihre Meinungen, so veränderten die Organisationen zwischen 1989 und 1991 ihr Profil. Deshalb ist es schwer, ihren politischen Standpunkt während der Wende auszumachen. Man muß schon von ihrer Entwicklung ausgehen, um sich orientieren zu können. Drei Etappen lassen sich unterscheiden.

*Die erste Etappe: Vom Oktober 1989 bis zum 9. November 1989* In dieser Etappe verkündeten die verschiedenen Gruppierungen und ihre Wortführer noch, die DDR zu reformieren. Ihnen ging es um die Demokratisierung des öffentlichen Lebens. Rolf Henrich, Mitbegründer des Neuen Forums und Autor des Buches *Der vormundschaftliche Staat*, erklärte sich für eine sozialistische DDR, die aus Reformen hervorgeht. Demokratie Jetzt hielt an einem reformierten Sozialismus fest: »Was die sozialistische Arbeiterbewegung an sozialer Gerechtigkeit und solidarischer Gesellschaftlichkeit angestrebt hat, steht auf dem Spiel. Der Sozialismus muß nun seine eigentliche demokratische Gestalt finden, wenn er nicht geschichtlich verloren gehen soll. Er darf nicht verloren gehen, weil die bedrohte Menschheit auf der Suche nach überlebensfähigen Formen menschlichen Zusammenlebens Alternativen zur westlichen Konsumgesellschaft braucht, deren Wohlstand die übrige Welt bezahlen muß.«[19] Entschieden lehnten diese Bürgerbewegungen die Wiedervereinigung der beiden deutschen Staaten in Form des Anschlusses der DDR an die Bundesrepublik ab.

Es gab aber auch andere Standpunkte. Der Demokratische Aufbruch stellte die deutsche Einheit in den Vordergrund seines Programms. »Der erste Schritt auf diesem Weg ist die Währungsunion mit der Bundesrepublik ... Nur mit einer ökologisch verantwortlichen Marktwirtschaft kann wirtschaftlicher Aufschwung erreicht werden.«[20] Weniger entschieden gingen die Programme auf die wirtschaftliche Entwicklung und den Sozialismus ein. So ließ das Neue Forum diese Frage weitgehend offen. In seiner Programmerklärung hieß es salomonisch: »Das NEUE FORUM tritt für eine Marktwirtschaft ein, die soviel Markt wie notwendig und soviel soziale Sicherheit wie möglich beinhaltet.«[21] Dagegen setzte sich die Deutsche Soziale Union (DSU) vorbehaltlos für die Übernahme des politischen Systems der Bundesrepublik und für das christlich-liberale Modell der Marktwirtschaft ein. Doch diese im Jahre 1990 gegründete Partei besaß keine Wurzeln im Herbst 1989.

In der ersten Etappe lagen die Bürgerbewegungen noch nicht im Gravitationsfeld der Bundesrepublik. Man versuchte, noch innerhalb der neugegründeten Gruppierungen und Parteien aufeinander zuzugehen und Gemeinsamkeiten auszumachen. So wurde diskutiert, ob nicht Mitglieder der SED/PDS auch dem Neuen Forum angehören können, solange das Neue Forum eine Bürgerbewegung und keine Partei sein wollte. Ibrahim Böhme, Mitbegründer der Ost-SPD, zeigte sich Anfang November – wie Rainer Eppelmann – zu einer Zusammenarbeit mit einer reformierten SED bereit, deren theoretisches Potential er schätzte. »Wir müssen aber erkennen, daß wir an den über zwei Millionen Parteimitgliedern ... nicht vorbeikommen und daß in der mittleren Ebene die meisten sachkompetenten Leute zu finden sind, die zum überwiegenden Teil der SED angehören. Ich glaube, daß wir uns die Option mit einer Reform-SED schon auch deshalb offenhalten müssen, weil keine oppositionelle Gruppe und auch alle Gruppen zusammen nicht über eine abgeschlossene, den Perspektiven dieses Landes entsprechende Programmatik verfügen.«[22]

Böhme erkannte die Schwächen der Opposition, die sich auch später nicht durch umfangreiche Darstellungen und Dokumentationen verdecken ließen. Doch er überschätzte das aktuelle theoretische Arsenal der SED. Die innerparteiliche Opposition war in den letzten Jahren zum Stillstand gekommen. Die allgemeine Unzufriedenheit, die immer kritischer werdende Sicht auf die strategische Orientierung der Partei wie auch die längst stattgefundene Einbeziehung von modernen Theorien in das marxistische Denken hatten zu keinem Konsens geführt. Das Reformdenken war auch nicht bis in die Mehrzahl der Gliederungen vorgedrungen. Erst im letzten Jahr der Republik kam es zu Konzeptionen einzelner Personen und Gruppen von Wissenschaftlern der Humboldt-Universität und anderen Einrichtungen, so von Michael Brie, Dieter Klein, Dieter Segert, Rosemarie Will und anderen. Sie entwickelten in ihren »Sozialismus-Studien« den Entwurf eines »Konzepts des modernen Sozialismus«. Darüber schreibt Stefan Bollinger: »Ausgehend von der Einsicht, daß die Welt unter den Bedingungen der Wissenschaftlich-technischen Revolution, der technischen Möglichkeiten und Risiken zusammenrückt, die Staaten und Gesellschaften in ihrer Entwicklung nicht mehr isoliert, sondern miteinander verwoben sind, suchten sie einen Neuansatz auch für die sozialistische Gesellschaft ... Ihnen (den Autoren – W. M.) ging es um eine systemübergreifende zivilisatorische Entwicklung, in der moderne Gesellschaften entstehen, in denen nicht allein die Produktivkräfte entwickelt werden, sondern ebenso die gesellschaftlichen Rahmenbedingungen in Gestalt demokratischer Gestaltungsmöglichkeiten, zivilgesellschaftlicher Strukturen und des Funktionierens nicht politisch-administrativer, sondern selbstlenkender, etwa wirtschaftsimmanenter Regulierungsmechanismen.«[23] Diese Entwürfe übten in der Endphase der Republik einen beachtlichen Einfluß auf die Intelligenz aus. Die Ausarbeitungen von Michael Brie wurden an der Akademie der Künste diskutiert. Doch die Ideen verblieben in der akademischen Debatte. In der SED betrachtete man sie nur als Konzept des dritten Weges, gegen den man seit Jahrzehnten heftig polemisierte. Jetzt hielten andere dagegen, der dritte Weg führe in die dritte Welt.

*Die zweite Etappe: Vom 9. November 1989 bis zum 18. März 1990* Bestimmt wurde diese Phase durch die Politik der Modrow-Regierung und des Runden Tisches, ohne daß es zu einer Art Doppelherrschaft gekommen wäre. Die Reformbereitschaft dieser Zeit war beträchtlich, vollzog sich jedoch überstürzt. Die Neugründungen und reformierten Parteien festigten ihre Strukturen. Ihre politischen Richtpunkte blieben weiter vage und unübersichtlich. Schlagartig veränderte sich der Charakter der Großdemonstrationen. In deren Mittelpunkt stand jetzt der Wille zur Einheit. Dieser Umschwung wirkte sich auch auf die politische Richtung der Bürgerbewegungen und der Parteien bis hin zur PDS aus. Auf einer Demonstration pfiffen die Teilnehmer Michael Arnold vom Neuen Forum aus, als er von seinen Ängsten vor der Wiedervereinigung sprach. Die Absagen an den Sozialismus häuften sich. Die Stimmung im Lande kippte. Auf einer Montagsdemonstration in Leipzig, an der sich wieder 100 000 Menschen beteiligten, dominierten Losungen zur Wiedervereinigung: »Wiedervereinigung ja – sozialistische Armut nein«. Der Demokratische Aufbruch forderte: Keine sozialistischen Experimente mehr – für Marktwirtschaft und Einheit. Das Neue Forum sprach sich am 28. Dezember 1989 für eine stärkere Annäherung der beiden deutschen Staaten aus. Der aktivste Teil der Bürgerbewegung ließ die Alternative zum Kapitalismus fallen. »Der weitere Verlauf der ›DDR-Oktoberrevolution‹ drängte die Initiatoren der Massenbewegung aus der künstlerischen und wissenschaftlichen Intelligenz in den Hintergrund, das Wort nahmen stärker die Politiker.«[24]

Bei den ersten freien Volkskammerwahlen im März 1990 kam das Neue Forum, vereinigt im Bündnis 90, nur noch auf 3 Prozent.

*Die dritte Etappe: Vom 13. März 1990 bis Anfang 1991* In der dritten Etappe dominierte der Einfluß der Bundesrepublik. Kanzler Kohl hatte lange gezögert, auf welche Kräfte er im politischen Umbruch der DDR setzen sollte. Sein Innenminister Schäuble riet ihm zur Ost-CDU, die über ein intaktes Organisationsnetz verfügte. Der Wahlsieg von de Maizière machte den Zögernden sicher. Kohls Taktik in der Frage des richtigen Zeitpunkts für die deutsche Einheit lief darauf hinaus, die Initiative nicht von der westdeutschen Seite ausgehen zu lassen. »Die Menschen in der DDR«, so zitierte Schäuble Kohl, »müßten die Drängenden sein.«[25] Kohl wollte Rücksicht auf das Ausland und die Zwei-plus-vier-Gespräche der Siegermächte mit den beiden deutschen Staaten nehmen. Deshalb dürfe Bonn die Entwicklung nur flankieren. Dieses Vorhaben zahlte sich aus. Die Ungeduld der Ostdeutschen übertraf alle Erwartungen. Kohl gab sein Zehn-Punkte-Programm auf und forcierte die Wiedervereinigung. Mit dem Inkrafttreten des Vertrags über die Währungs-, Wirtschafts- und Sozialunion war die Einheit praktisch schon vollzogen. Im August erfolgte die Unterzeichnung des Einigungsvertrags. Im ersten Monat nach der Währungsumstellung stieg die Zahl der Arbeitslosen auf 272 000. Lothar de Maizière drängte auf einen raschen Beitritt und zu gesamtdeutschen Wahlen. Auch die Sozialdemokraten in beiden Teilen Deutschlands sprachen sich jetzt für einen baldigen Zusammenschluß aus. Vorher wollten sie die Einheit nicht überstürzen und hielten eventuell 1992 für den geeigneten Zeitpunkt. Sieger der Wahl vom Dezember 1990 wurde die Regierungskoalition von CDU/CSU-FDP. Das Bündnis 90, in dem sich die Bürgerrechtler sammelten, erreichte 6 Prozent.

Doch zu Beginn des Jahres 1991 vollzog sich in der ostdeutschen Bevölkerung abermals ein überraschender Stimmungswechsel. Die Meinungsforscher sprachen von einem Phänomen, das seit Beginn der fünfziger Jahre ohne Beispiel sei. »In knapp zwei Monaten nach der Bundestagswahl vom 2. Dezember 1990 registrierten die Wickert-Institute unter den Ostdeutschen eine ›quantensprungartige Meinungsänderung‹. Sie sei seit der Gründung dieser Institute (1951) ohne Parallele: 81,3 Prozent aller Befragten sind von der Bundesrepublik enttäuscht, nur 18,7 Prozent sind mit ihr zufrieden – zwei Monate zuvor wurden noch 62,4 Prozent Zufriedene, 36,6 Prozent Unzufriedene ermittelt (Enttäuschung über Bonn in den neuen Bundesländern 1991).«[26]

In der dritten Etappe und in der nachfolgenden Zeit verlor die Bürgerbewegung rasant an Einfluß. Als Interessenvertreterin der Ostdeutschen verschwand sie ganz aus der Politik. Ihre populären Wortführer richteten nunmehr ihr Engagement auf die Entlarvung der Staatsicherheit, auf die Sicherung und Auswertung der Stasi-Akten. Schäuble kommentierte den Rückzug der »Träger der Revolution« auf diese Domäne ironisch, aber zutreffend: »Wenn uns auch sonst nichts mehr bleibt, dann sollen uns wenigstens diese Piesackereien durch die Stasi gehören. Die Akten gehören uns, die kommen hier nicht weg!«[27]

Die Arbeiterklasse, in der DDR zur alles entscheidenden Kraft stilisiert, ging in dieser Zeit im Strom der Demonstranten mit den Losungen »Wir sind das Volk« und »Wir sind ein Volk« auf. Zwar wehrten sich Arbeiter in einzelnen Aktionen gegen die Schließung ihrer Betriebe, aber gegen den Staatsvertrag, der keine Hilfen und keinen Schutz der

DDR-Industrie und Landwirtschaft vorsah, erhoben sie sich nicht. Brecht hatte noch geschrieben, wo ein Arbeiter ist, sei noch nicht alles verloren. Doch sie hatten verloren. Im folgenden Jahrzehnt stieg die Arbeitslosigkeit in Ostdeutschland auf 17,8 Prozent.

Wie ist nun dieser Umbruch von 1989/90 zu kennzeichnen? Welche Bezeichnung wäre die gemäße? Die Historiker und Publizisten sind sich darüber nicht einig. Das beweist schon die verwirrende Vielzahl von Titeln, die für dieses Ereignis gefunden wurden: Die friedliche Revolution – Die Konterrevolution – Die unvollendete Revolution (Wolfgang Schäuble) – Eine abgetriebene Revolution (Stefan Bollinger, Michael Schneider) – Die nachholende Revolution (Jürgen Habermas). Die Aufzählung ließe sich fortsetzen. Zweifellos hatten die Ereignisse von 1989/90 Merkmale einer klassischen Revolution. Sie entsprachen einer Situation, in der die oben nicht mehr konnten und die unten nicht mehr wollten. Zudem kam es zu einer krassen Umverteilung der Besitzverhältnisse, wie sie in so kurzer Zeit in keiner anderen Revolution vor sich gegangen war. Das Auswechseln der Eliten und Ideologien vollzog sich nicht weniger radikal. Andererseits war der Einfluß von Außen, von der westdeutschen Seite und den Siegermächten des Zweiten Weltkrieges so stark, daß Fremdbestimmung und Fernsteuerung die Revolution von unten in eine ganz andere Richtung lenkten. Da sich die verschiedenen Einflüsse nicht auf einen Nenner bringen lassen, scheint es angebracht, von einer deformierten Revolution zu sprechen.

## Ein Thermidor der Intelligenz?

Wie verhielt sich die literarische Intelligenz in den einzelnen Etappen? In der Novemberhochstimmung hatte Volker Braun vor einer Entwicklung gewarnt, die in die »erbarmungslose Konkurrenz« kapitalistischer Verhältnisse führe. »Besinnen wir uns, überlegen wir. In wenigen Monaten, nach den freien Wahlen, wird guter Rat teuer sein.«[28] Er sollte recht behalten. Auf guten Rat, zumal von Schriftstellern, hörte bald niemand mehr. Aus der Hochstimmung fielen viele Dichter in Verzweiflung. Aus dem überschwenglichen Lob für die Massen wurde Trauer und Zynismus. Wie tief die Stimmung der oppositionellen Schriftsteller förmlich über Nacht sank, kam in der Meinung Stefan Heyms zum

Ausdruck. Er, der im November das Volk im Aufbruch sah, verfolgte jetzt seine Spur in die Warenhäuser. »Aus dem Volk, das nach Jahrzehnten Unterwürfigkeit und Flucht sich aufgerafft und sein Schicksal in die eigenen Hände genommen hatte und das soeben noch, edlen Blicks, einer verheißungsvollen Zukunft zuzustreben schien, wurde eine Horde von Wütigen, die Rücken an Bauch gedrängt, Hertie und Bilka zustrebten, auf der Jagd nach dem glitzernden Tinnef ... Welche Gesichter, da sie, mit kannibalischer Lust, in den Grabbeltischen, von den westlichen Krämern ihnen absichtsvoll in den Weg plaziert, wühlten; und welch geduldige Demut vorher, da sie, ordentlich und folgsam, wie's ihnen beigebracht worden war zu Hause, Schlange standen um das Almosen, das mit List und psychologischer Tücke Begrüßungsgeld geheißen war von den Strategen des Kalten Krieges.«[29] Selten hat sich bei einem Schriftsteller in so kurzer Zeit ein derartiger Stimmungsumschwung vollzogen. Aus dem Volk, das er am 4. November noch so überschwenglich gelobt hatte, weil es ein »Fenster aufgestoßen«, »die Jahre der Stagnation« durchbrochen hatte, war jetzt eine »Horde von Wütigen« geworden. Vom äußerlichen Eindruck her konnte man ihm allerdings kaum widersprechen, sein sprachliches Bild stimmte mit der Realität überein. Kaum zu bändigen wußte Helga Königsdorf ihre Verzweiflung. Ebenso überspannt wie vorher ihre Worte über die Erneuerung waren nunmehr die der Trauer über das, was sie jetzt vorfand. Völlig aufgelöst vor Schmerz und Wut schrieb sie: »Nach diesem Jahr werden Gedichte unmöglich sein. Nach diesem Jahr wird es keine Liebe und keine Revolution mehr geben. Wenn ich könnte, würde ich den Frühling verbieten. In diesem Moment, da waren wir alle schön ... Diese Revolution war ein Kunstwerk. Sie begann sanft und ein wenig traurig. Später waren da auch noch schrille Töne. Jetzt erst, da alles vorüber ist, möchte ich schreien. Das Spiel mit den Masken ist zuende. Ich taumle mit ungelenken Schritten in die Freiheit. Und es ist die Freiheit der anderen. Ich habe keine Verwendung mehr dafür ...«[30] Beklommen teilte im November 1990 Christa Wolf ihrem alten Lehrer Hans Mayer in Tübingen mit, was jetzt zu fürchten war: »Es wäre jetzt so wichtig, die richtigen Fragen zu stellen. Selten geschieht es. Ich verhehle meine Furcht nicht, daß in dem Vakuum, das durch Desorientierung entsteht, die Dämonisierung des unbekannten Wesens DDR weiter um sich greift, die teils mit Bedacht, teils aus Mangel an Kenntnissen in vollem Gang ist.

Zu ihr gehört auch die Monsterschau, in der Bürger der ehemaligen DDR in manchen Medien jetzt vorgeführt werden. Der Ansturm der Ereignisse hat die Differenzierungsfähigkeit überrannt. Wir müssen auf Konkretheit bestehen und aufpassen, daß uns nicht das Leben genommen wird, das wir wirklich geführt haben, und uns stattdessen ein verzerrtes Phantom untergeschoben wird.«[31] Daß ihre Befürchtungen nicht übertrieben waren, zeigte sich sehr bald. Nach dem Verlust der Differenzierungsfähigkeit folgte die Bosheit. Nichts fürchten und sich viel gefallen lassen, wurde nun auch ihr Los. Auf hoher Verallgemeinerungsstufe brachte Volker Braun zum Ausdruck, was mit ihm und den Ostdeutschen geschehen war. Sein Gedicht, eines der besten der Nachwendezeit, erfaßte den gesellschaftlichen Zustand, in den die DDR-Bürger geraten waren. Der Sozialismus seiner Erfahrung blieb für ihn, wie ihn Ernst Bloch begriff, die Heimat, in der keiner war.

> »Da bin ich noch: mein Land geht in den Westen.
> KRIEG DEN HÜTTEN FRIEDEN DEN PALÄSTEN
> Ich selber habe ihm den Tritt versetzt.
> Es wirft sich weg und seine magre Zierde.
> Dem Winter folgt der Sommer der Begierde.
> Und ich kann bleiben, wo der Pfeffer wächst.
> Und unverständlich wird mein ganzer Text
> Was ich niemals besaß, wird mir entrissen.
> Was ich nicht lebte, werd ich ewig missen.
> Die Hoffnung lag im Wege wie eine Falle.
> Mein Eigentum, jetzt habt ihrs auf der Kralle.
> Wann sag ich wieder mein und meine alle.«[32]

Diese Zeugnisse der Schriftsteller gehören zu den aufschlußreichen Dokumenten der Revolution. Sie zeigen, was aus ihr und denen, die sie einleiteten, wurde.

In seiner Geschichte über das Verschwinden der DDR schreibt Charles S. Maier, daß der amerikanische Historiker Robert Darnton, der während der März-Wahlen in Berlin lebte, diese Phase als »die Möglichkeit einer Reaktion wie im Thermidor« empfand. Obwohl sich Darnton sehr vorsichtig ausdrückte, ist eine solche Parallele zu einem Ereignis der Französischen Revolution wenig angetan, den Umschwung von 1990 zu verstehen, wohl aber geeignet, analoge Vorgänge und

Unterschiede hervorzuheben. Der 9. Thermidor, der Sturz Robespierres, beendete nicht die Revolution, lediglich ihre Aufstiegsphase (Markov/Soboul). Das Datum markiert einen tiefen Einschnitt. Das Volk wurde »nach Hause geschickt«. Darin besteht der analoge Vorgang. Doch der 9. Thermidor leitete in Frankreich keine Wiederkehr der feudalen Verhältnisse ein. Die Thermidorianer verblieben im Rahmen der bürgerlichen Revolution. Die Ergebnisse der Wahlen von 1990 machten jedoch den Weg in kapitalistische Verhältnisse frei, und zwar in einem Tempo, für das es in der Geschichte kein Beispiel gibt.

Das ist auch der Grund, warum der historische Begriff des Thermidor ungenau bleibt. Worin lag nun aber der tiefe Einschnitt für die literarische Intelligenz? Darin, daß sie ihre bisherige Arbeit als gesellschaftlichen Auftrag verstanden hatte. Obwohl die SED in dieser Hinsicht theoretisch mit den Künstlern übereinstimmte, geriet sie durch ihre kulturpolitische Praxis in Widerspruch dazu. Aus dieser Situation heraus entstand das besondere Verhältnis der DDR-Bevölkerung zu ihren Schriftstellern. Sie betrachtete die Literatur nicht nur als eine Quelle der Unterhaltung, sondern auch als ein Feld, das Orientierungsmöglichkeiten bot. Damit war es nach der ersten, vor allem aber nach der zweiten Etappe der Wende vorbei. Der gesellschaftliche Auftrag wurde durch die Umstände der Wende in der Wende von der Leserschaft aufgekündigt. Der große Kreis der Anhänger schied aus, es blieb der kleine Kreis der Kenner. Die »Literaturgesellschaft« hatte aufgehört zu existieren.

Dadurch gerieten viele Schriftsteller und Künstler nicht nur in materielle Existenznot, das wird an anderer Stelle noch zu erörtern sein, sondern sie wurden auch innerhalb des politischen Spektrums an den Rand gedrängt. Aus den Wortführern wurden Randständige. Sie galten als gescheitert. Das bekamen sie zu spüren, als die westlichen Feuilletons sie aus der bevorzugten Position des kritischen Schriftstellers entließen und jetzt die Kritik auf sie richteten. Sie hätten bisher einen »Sonderstatus« genossen und die von der Partei gewiesene Rolle einer Elite und Avantgarde angenommen. Ihre vorher so gerühmte kritische Sicht auf die DDR-Verhältnisse wurde nun ausgeblendet.

Die Bedeutung der literarischen und künstlerischen Intelligenz während der Wende wurde auch von den Vertretern der Bürgerbewegung eher heruntergespielt als hervorgehoben. Insbesondere ihre Wortführer ließen sich auf die Rolle ein, die ihnen die neuen Machthaber zuwiesen. Wolfgang Schäuble bestätigte ihnen: »Träger dieser Revolution waren ohne Zweifel die Bürgerbewegungen, auch die Kirchen.«[33] Der westdeutsche Politiker hob 1990 noch einen Tatbestand hervor, den er und seine Parteifreunde später verdrängten: »Aber die Revolution fand auch innerhalb der SED statt.«[34] Ohne die reformbereiten Mitglieder der SED, selbst ohne die stille Bereitschaft der Partei für Veränderungen wäre die friedliche Revolution nicht zustande gekommen. Aber auch in ihren Reihen gab es während der Wende Verständigungsschwierigkeiten zwischen der älteren und der jüngeren Generation. Es bestanden Aversionen gegen neue Ideen und gegen die früheren Reformer. So kamen Wolfgang Harich und Rudolf Bahro, die ihre marxistische Position verändert, aber nicht aufgegeben hatten, in dieser Partei nicht zum Zuge.

Die reformorientierten Schriftsteller und Künstler haben in der ersten Etappe keine Möglichkeit ausgelassen, mit den verschiedenen Gruppierungen der Bürgerbewegung zusammenzuarbeiten. Zwar gab es zwischen ihnen Differenzen, sie konnten jedoch während der großen Aktionen in den Hintergrund gedrängt werden. Prominente oppositionelle Schriftsteller wie Stephan Hermlin, Christa Wolf, Christoph Hein, Volker Braun, Helga Königsdorf, Fritz Rudolf Fries und Heiner Müller waren keine Systemoppositionellen, sie standen in einer marxistischen Tradition. In der Bürgerbewegung hingegen gab es diesen gemeinsamen Nenner nicht. Gegner des Sozialismus fanden da durchaus ihren Platz. Wenn sie es in der ersten Etappe noch nicht waren, wurden sie es in der zweiten und dritten. Eine vorsichtig distanzierende Meinung zu den Künstlerintellektuellen brachte Wolfgang Templin zum Ausdruck. »Es wird mir viel zu oft und viel zu schnell ein Gleichheits- oder Näherungszeichen zwischen kritischen DDR-Intellektuellen und Opposition gesetzt ... Zu den kritischen Intellektuellen – ich denke an Heym, Christa Wolf, Müller – hatte es bestenfalls lockere Beziehungen gegeben. Die Mehrzahl von denen lehnte es strikt ab, sich auch nur in der Nähe der Opposition zu engagieren. Insofern gab es keine Annäherung, sondern eine zunehmende Entfremdung und Distanz – und die hat sich auch durch die Ereignisse von '89 nicht generell aufgehoben. Der Nostalgie-Schub, der dann diese Intellektuellen zunehmend ergriffen hat, war bei der Opposition weit weniger stark.«[35] Templin warf den Schriftstellern vor, daß sie noch im nachhinein den Versuch machten, die »wahre« DDR und die »wahren sozialistischen Werte zu reklamieren«. Deshalb habe es sich auch jeder aus der Bürgerbewegung dreimal überlegen müssen, ob er mit dem Appell »Für unser Land« klarkommt. An Schriftstellern wie Heiner Müller störte ihn, daß dieser nicht von der »Klassenkampf-Rhetorik« und dem »sozialistischen Pathos« loskam.

Templin verkannte den unterschiedlichen, andersartigen Beitrag der Künstler zu den Umwälzungen. Sie traten nicht als verborgene Oppositionelle, nicht in verdeckten Gemeinschaften auf, sondern wirkten im vollen Licht der Öffentlichkeit, und zwar durch die mit ihrem schriftstellerischen Werk erworbene Autorität. Der Unterschied hatte nichts mit Mut zu tun, er kam durch die unterschiedlichen Wirkungsweisen von kritischer Literatur und oppositioneller Politik zustande. Die Literatur wirkte nicht in jedem Fall direkt politisch, band aber gerade dadurch viele Menschen an die Schriftsteller und die von ihnen vertretene Position. Das wiederum erwies sich als eine politische Kraft, über die die Bürgerbewegung in ihren Gemeinschaften nicht verfügte. Dafür konnte sie aber politisch konkreter agieren, wodurch auch Systemoppositionelle angezogen wurden. Der Schriftsteller nahm Einfluß auf die Gesamtheit der Menschen, ihre Interessen und Wesenskräfte. Darin bestand von jeher die Macht der Literatur, die sie auch gegenüber der Vormundschaftspolitik der SED ausspielte. Das geschah, obwohl viele Autoren der SED angehörten und auch nicht mit ihr brachen. Es ist jedoch ein Irrtum, wenn Templin in bezug auf Heiner Müller meint, daß, als der sozialistische Gesellschaftsentwurf scheiterte, Müller wie auch andere seiner Zunft ins Leere gelaufen seien. Müller hingegen schrieb vor seinem Tode: »Der Weg ist nicht zu Ende, wenn das Ziel explodiert.«[36]

*Zweiter Abschnitt*

Gorbatschow: Der Mann, der enttäuschte

Gorbatschow war die Hoffnung der reformbereiten ostdeutschen Intelligenz. Kaum ein anderer Politiker ist so überschätzt worden wie er. Ihn stellte man in die Reihe der ganz Großen des zwanzigsten Jahrhunderts, erwartete von ihm die zweite Oktoberrevolution. In ihm sah man einen Umwälzer wie Lenin. Vor allem die sozialistische Intelligenz meinte, mit ihm nicht nur die Reform des gesamten gesellschaftlichen Lebens zu erreichen, sondern auch die Erneuerung des Marxismus. Gorbatschow pries man als »philosophische Tatsache«. Ihm traute man zu, was Gramsci Lenin nachsagte, daß er ein neues ideologisches System begründen, eine Reform des Bewußtseins und der Erkenntnismethoden einleiten werde. Doch zu Beginn der neunziger Jahre meinte der Mann, der am Schlaf des sowjetischen Staatsvolkes rühren wollte, daß es unrealistisch sei, ein sozialistisches System zu schaffen. Noch ein wenig später betrachtete er die Zerschlagung des Kommunismus als sein Lebensziel. Enttäuscht war die ostdeutsche Intelligenz von ihm nicht deshalb, weil er sich nicht als der philosophische Kopf erwies, den man in seiner Person sah, sondern weil man geglaubt hatte, mit ihm werde die Reform der DDR gelingen. Doch er gab der DDR den letzten Stoß.

Bis Ende der achtziger Jahre betrachtete Gorbatschow die Lösung der deutschen Frage nicht als sein Problem. Dann allerdings überschlugen sich seine Entscheidungen. Im November 1989, auf den Straßen skandierten die Massen »Wir sind das Volk«, überbrachte der Sowjetdiplomat Nikolai Portugalow ein Schreiben seines Chefs Valentin Falin an den Leiter der Außen- und Sicherheitspolitik im Kanzleramt Horst Teltschik. Falin hielt es für angebracht, die Bonner Politiker davon zu überzeugen, den Druck auf den kochenden Kessel DDR nicht noch mehr zu erhöhen. Die Ereignisse könnten sonst leicht außer Kontrolle geraten. Bei dieser Unterredung entglitt Portugalow die Bemerkung: »Wie Sie sehen, denken wir in der deutschen Frage alternativ über alles mögliche, sogar (über) quasi Undenkbares nach.«[37] In Bonn horchte man auf. Der Satz wies zwar auf noch nicht Verhandlungsreifes hin, aber auch darauf, daß man weitreichende Überlegungen anstellte. Der Hinweis »quasi Undenkbares« lieferte den Schlüssel. Gorbatschow war mit seiner Perestroika in Schwierigkeiten geraten. Der ideologische Streit nahm zu. Aber in dem großen Land bewegte sich nichts. Gorbatschow suchte die Agonie in seiner Politik durch außenpolitische Erfolge auszugleichen. Doch in der deutschen Frage besaß die sowjetische Regierung keine Strategie. Nikolai Ryshkow, der damalige Regierungschef, vertrat die Meinung, wenn die deutsche Vereinigung auf der Tagesordnung stehe, müßten alle 35 Teilnehmerländer des KSZE-Vertrags von

Helsinki zusammenkommen und beraten. Sie hatten 1975 die Unantastbarkeit nationaler Grenzen besiegelt. Die Situation spitzte sich Ende 1989 zu und verlangte nach Lösungen. In der Geheimsitzung vom 26. Januar 1990 erfolgte die entscheidende Wendung. Zur Sprache kam die Umorientierung auf die BRD. Der Kremlchef hielt die Wiedervereinigung der beiden deutschen Staaten für unvermeidlich. Gorbatschow baute seine Beziehungen zu Helmut Kohl aus. Ihm lag daran, zu dem Mann, der ihn einst mit dem Propagandisten Goebbels verglichen hatte, freundschaftliche Beziehungen zu entwickeln. Es müsse ein Übereinkommen mit Kohl angestrebt werden. »Er (Gorbatschow – W. M.) entschied in Abwesenheit der DDR ungeniert über deren Liquidation und unterließ es sogar, auch nur einen ihrer Repräsentanten nachträglich über diese Geheimsitzung zu informieren. Nicht einmal der sowjetische Botschafter in der DDR war über diese Ergebnisse offiziell unterrichtet worden.«[38] Die Liquidation der DDR wurde von sowjetischer Seite mit der Losung eingeleitet, daß die Sowjetunion das Recht der Deutschen auf Selbstbestimmung achte. Unter dem Druck der Massen in Leipzig und anderen Städten, die auf die Wiedervereinigung drängten, sah sich selbst das derzeitige Kabinett Modrow genötigt, die Losung »Deutschland, einig Vaterland« aufzunehmen, von der Gregor Gysi bei seinem Besuch in Moskau gegenüber Gorbatschow meinte, sie komme ihm schwer über die Lippen. Worauf dieser erwidert haben soll, da werde er wohl noch üben müssen. Inzwischen hatte Modrow sein Projekt einer Vertragsgemeinschaft zwischen beiden deutschen Staaten zugunsten einer Konföderation aufgegeben, die sich in mehreren Etappen vollziehen sollte. Der Vorschlag wurde von Falin unterstützt. Gorbatschow und sein Beraterstab drängten die Falin(-Modrow)-Linie jedoch zurück. Sie sollte sehr bald keine Rolle mehr spielen. Die westdeutschen wie auch ein Großteil der sowjetischen Politiker hielten eine Konföderation zu diesem Zeitpunkt für überholt. Diese Chance sei verpaßt.

Nunmehr schien es nur noch darum zu gehen, ob das ganze, das wiedervereinigte Deutschland der NATO angehören sollte. Bisher hatte Gorbatschow das strikt abgelehnt. Entscheidend war die Frage, wie sich England, Frankreich und die USA zur Wiedervereinigung verhielten. Die Engländer unter Thatcher lehnten sie so lange ab, bis sie nicht mehr zu verhindern war. Mitterrand ging der Vereinigungsprozeß viel zu schnell. Eine ganz andere Position bezogen die Amerikaner. Die Bush-

Administration sah in der sich schnell vollziehenden Annäherung beider deutscher Staaten eine Chance, die bipolare Weltsituation aufzulösen. Die USA bestanden darauf, daß das vereinte Deutschland uneingeschränkt der NATO angehöre. Bei einem Abzug der russischen Besatzungstruppen aus Europa fiele der USA die ungeteilte Weltmachtrolle zu. Ein solches Zugeständnis der Russen schien unwahrscheinlich. Doch für die Amerikaner war die Situation zu verlockend. Sie stärkten Kohl den Rücken, auf diesem Punkt zu beharren. Der Kanzler war klug genug, nicht allzu forsch aufzutreten, sondern abzuwarten, bis Gorbatschow von innenpolitischen Schwierigkeiten getrieben in die Falle tappte und sein Einverständnis zur NATO-Zugehörigkeit des vereinten Deutschlands erklärte. Daß Kohl Gorbatschow »rumkriegte«, wie sich Ryshkow ausdrückte, war zweifellos sein Erfolg. Der Abzug der sowjetischen Besatzungstruppen aus Deutschland signalisierte, wie es um die UdSSR stand. Dieser Schachzug und seine Folgen waren der persönlichen Eigenart Kohls zuzuschreiben, seiner bescheidenen Unauffälligkeit und seiner Kunst des Abwartens. Später hat er sein Verdienst auf geschichtliche Höhe gehoben, indem er auf Bismarcks Erläuterung verwies, wie historische Ereignisse zustande kommen. »Der Staatsmann kann nur abwarten und lauschen, bis er die Schritte Gottes durch die Ereignisse hallen hört, dann vorspringen und den Zipfel des Mantels erfassen.«

Die Einheit kam durch verschiedene Faktoren zustande, die Kohl dann auf sich vereinte beziehungsweise ihm zugeschrieben wurden. Sein Verdienst ist weit geringer. Richtig auf den Punkt gebracht hat es Teltschik, der später zum Ärger seines Chefs meinte, der Kanzler habe nur »den Schlüssel zur Einheit Deutschlands ab(ge)holt«. Ohne die treibende Kraft der USA, die Kohl in Fragen der Zugehörigkeit zur NATO den Rückhalt einer entschlossenen Weltmacht versprachen, wäre die Einheit nicht zustande gekommen. »Letztlich war die Einheit«, so der ehemalige Finanzminister Walter Romberg, »nur Nebenergebnis der Entscheidung des bis dahin bestehenden Hegemonialkonflikts.«[39] Der amerikanische Historiker Charles S. Maier fragte: »Warum sollte Moskau seine Zustimmung dafür geben, daß ein neues vereintes Deutschland oder innerhalb eines gesamtdeutschen Staatenbundes auch nur Westdeutschland Atomwaffen auf seinem Territorium hätte? Wäre es nicht verständlich, wenn die Sowjets der Einheit stattgäben, um dafür die Neutralität Deutschlands und den Abzug aller ausländischen Truppen einzuhandeln? Ganz eindeutig hätten die Sowjets in die Speichen greifen können, wo es um die NATO ging.«[40] Gerade das tat Gorbatschow nicht. Der vorsichtige Kohl, immer ängstlich bemüht, sich nicht zu verkalkulieren, konnte jubeln. Ryshkow gestand zehn Jahre nach der Vereinigung: »Wenn Gorbatschow eine harte Position bezogen und die Unterzeichnung des ›Zwei-plus-Vier‹-Vertrags abgelehnt hätte, bis klargestellt ist, daß die Deutschen nicht in der NATO verbleiben, wäre das kein Unheil gewesen.«[41] Gorbatschow machte seinen verhängnisvollsten Fehler, der die Erosion einer Weltmacht einleitete und zur Auflösung der Sowjetunion führte, die einmal für viele Menschen in der Welt eine Hoffnung gewesen war. Kohl hob damit Ergebnisse des Zweiten Weltkrieges auf. Es war weniger sein Verdienst als vielmehr das Versagen Gorbatschows, das den Bundeskanzler zum Sieger machte. Wenn der sowjetische Botschafter in Bonn, Kwizinskij, meinte, das Todesurteil der DDR sei in dem Moment gesprochen worden, als man die Mauer öffnete, dann kann man das nur als Schutzbehauptung werten. Was im Hinblick auf die Einheit vielleicht zutreffen mag, weil die Ostdeutschen in ihrer Ungeduld nach der Wiedervereinigung drängten, läßt sich nicht auf die Zugehörigkeit zur NATO übertragen. Mit seiner Nachgiebigkeit gab Gorbatschow auch den Schlüssel für das von ihm angestrebte europäische Haus aus der Hand. Seine verfehlte Politik leitete jene Entwicklung ein, die die Russen als ihre nationale Erniedrigung empfinden, die westdeutschen Politiker aber als ihren Sieg.

Die rasche, vollständige Beseitigung der DDR, schreibt Charles S. Maier, sei nicht unvermeidlich gewesen. »Im Gegenteil, sie war erstaunlich.«[42]

Aus der Sicht der nationalistischen, imperialen Außenpolitik der Sowjetunion war die DDR immer nur ein Äquivalent für Lösungen gewesen, die im Interesse der Weltmacht UdSSR lagen. Stalin überlegte 1953, ob es für die Sowjetunion nicht günstiger wäre, die DDR und ihre sozialistische Perspektive preiszugeben. Konzeptionen dieser Art gehörten zum gedanklichen Arsenal der sowjetischen Außenpolitik. Daran ändert auch nichts, daß es lange Phasen gab, in denen eine solche Lösung nicht in Frage kam. Aber in Krisenzeiten blieb die DDR der Notgroschen der sowjetischen Außenpolitik. Darauf griff Gorbatschow zurück.

Die erstaunlichen Wendungen in der Politik des Michail Gorbatschow veranlaßten Menschen unterschiedlicher politischer Haltung zu der Frage, was diesen Mann bewogen haben mag, einen Weg einzuschlagen, der zur Zerstörung der sozialistischen Weltmacht führte, die über Jahrzehnte die imperialistischen Großmächte in Schach gehalten und ein Gleichgewicht der Kräfte garantiert hatte. Nach dem Abgang von Gorbatschow schrieb der ostdeutsche Historiker Dietrich Eichholtz, der den Aufstieg dieses Mannes wie die Mehrheit der Bevölkerung lange mit größter Sympathie verfolgt hatte, irritiert: »Ist das Gorbatschows neues Denken, ist es totale Resignation oder Verrat an der eigenen Überzeugung? Gleichviel, diese Bilanz ist erschütternd. Welch ein Persönlichkeitsabbau muß dem Machtabbau vorausgegangen sein!«[43]

Wer von den sozialistischen Intellektuellen nicht entsetzt über den geschichtlichen Verlauf war, verfiel in Gleichgültigkeit. Andere hielten den vorher so verehrten Mann, der als Retter gepriesen worden war, jetzt für einen Verräter. Doch das war er im Grunde nicht. Selbst zu machiavellistischen Schachzügen fehlte ihm das geistige Format. Innerhalb der Nomenklatur und im Kräftespiel der sowjetischen Hierarchie war ihm ein geschichtlicher Auftrag zugefallen, dem er nicht gewachsen war. Die aus der »geschichtlichen Gesetzmäßigkeit« abgeleitete Auffassung, daß für große historische Aufgaben zum richtigen Zeitpunkt auch die richtigen Männer bereitstehen, gehört zu den Irrtümern des Marxismus. Nicht nur das Volk zieht Nieten aus dem Glückstopf der Revolution, sie werden auch vom Schicksal serviert. Gorbatschow agierte als Politiker auf abschüssiger Bahn. Mit jedem Zug, den er tat, rutschte er tiefer und vergab die Chancen. Er stieg groß in die Geschichte ein und versuchte, eine globale Erneuerung des sowjetischen Systems einzuleiten. Dieser Ansatz bleibt sein geschichtliches Verdienst. Alles weitere war Dilettantismus und Schwäche. Zuletzt bewegte er sich in der internationalen Politik wie ein Traumtänzer, der nach Beifall hascht. Den spendeten ihm die westlichen Politiker reichlich. Und die Historiker der Bundesrepublik schrieben ihm, der eine Weltmacht an den Abgrund führte, historische Größe zu. Natürlich darf dabei nicht vergessen werden, daß sich die sowjetische Wirtschaft in der Krise befand und vor dem Staatsbankrott stand. Doch ein Weltreich macht nicht so schnell bankrott. Gerade auf die Wirtschaft, auf die Innenpolitik übte Gorbatschow keinen nachhaltigen Einfluß aus. Wie auch andere angeschlagene Politiker suchte er sein Heil in der Außenpolitik. Mit der Leichtfertigkeit und der Frivolität, mit der er den internationalen Beifall für seine preiswerten Angebote, die Niederlagen gleichkamen, entgegennahm, vergab er auch die tragische Rolle, die die Geschichte für ihn bereithielt. So blieb ihm nur die des großen Versagers im zwanzigsten Jahrhundert.

Das »quasi Undenkbare«, das Gorbatschow einleitete, löste bei der Intelligenz einen Schock, einen Mentalitätssturz aus. Er brach sich nicht in einem Aufschrei, sondern in einer Agonie Bahn. Obwohl die Einheit dem Wunsch der oppositionellen wie auch der systemtreuen Intelligenz entsprach, sollte sie sich nicht so vollziehen, wie sie sich vollzog. Eine Bindung war zerbrochen, die früher ihr Leben bestimmt hatte. Für die Aufbaugeneration war sie der kategorische Imperativ gewesen, den sie sich in einer schwierigen, komplizierten Zeit zu eigen gemacht hatte. Über die Hinwendung zur großen Sowjetunion, ihren Opfergang im Zweiten Weltkrieg, erfolgte die Auseinandersetzung mit dem Faschismus. Diese Generation befreite sich von einer verhängnisvollen Vergangenheit, indem sie in dem einstigen Feind den Freund erblickte. So entstand ein Zusammengehörigkeitsgefühl, das vielfältige Facetten besaß, das in den Anfangsjahren zum Stalinismus führte, aber auch Achtung vor den Aufbauleistungen dieses Landes und Bewunderung für seinen Widerstand gegen den Faschismus erzeugte. Daraus entwickelte sich ein Schuldgefühl gegenüber den Menschen in der UdSSR, die soviel auszuhalten hatten. Es war nicht nur ein Resultat der Propaganda, die in ihrer Eingleisigkeit mehr nervte als etwas bewirkte. Viele DDR-Bürger waren selber in Vorgänge von Schuld und Scham verstrickt gewesen und wollten mit sich ins reine kommen. Und die Dichter schrieben sich und ihnen diese Regung von der Seele. Doch auf die, die erst in den siebziger und achtziger Jahren ins gesellschaftliche Leben traten, ging diese Haltung nicht über. Sie blieben ihr gegenüber unempfindlich und gleichgültig. Die jungen Leute konnten in den Läuterungskanon nicht einstimmen. Sie betrachteten ihn als etwas, das nichts mit ihrem Leben zu tun hatte.

Für die literarische Intelligenz fiel die Bindung an die Sowjetunion mit ihren schriftstellerischen Anfängen und der Entstehung wichtiger Werke zusammen. Darüber wurde in den vorangegangenen Kapiteln berichtet: Franz Fühmann *Der Weg nach Stalingrad*, *Kameraden*, Kurt Barthel (Kuba) *Gedicht vom Menschen*, Christa Wolf *Moskauer Novelle*, Dieter Noll *Die Abenteuer des Werner Holt* und andere. Sie begannen ihren Weg mit bedrückenden Rückblicken. Zwar gab es auch entgegenwirkende Tendenzen, ausgelöst durch die dogmatische Kulturpolitik. Die dauernden Hinweise auf die Vorbildrolle der Sowjetunion lähmten mehr, als daß sie etwas beförderten. Vor allem die Statthaltermanieren von Botschaftern wie Abrassimow trübten das Verhältnis, vermochten es aber zu keiner Zeit aufzulösen oder in eine Gegnerschaft zu verkehren.

Im Laufe der Zeit kam es nicht nur zu festen offiziellen, sondern auch zu sehr persönlichen freundschaftlichen Bindungen. In den siebziger und achtziger Jahren, als die sowjetischen Schriftsteller mit kritischen Werken von weltliterarischem Rang hervortraten, geriet die Sowjetliteratur sogar wieder, jetzt auf ganz andere Art und Weise, in eine Vorbildrolle. In den neunziger Jahren erlosch das in den vergangenen Jahrzehnten entstandene Verhältnis. Es brach nicht plötzlich ab, es versiegte.

Offiziell bekam die deutsch-sowjetische Freundschaft in diesen Jahren eine neue Richtung. Für kurze Zeit wurde sie durch die »Männerfreundschaft Helmut – Michail« zur neuen Staatsdoktrin. Der Großteil der traditionell antikommunistisch eingestellten westdeutschen Bevölkerung sowie die Presse und die Geschichtsschreiber nahmen sie begeistert auf.

Hatte die Führungsriege der DDR mit ihrer Skepsis gegenüber Gorbatschow und seiner Perestroika-Politik am Ende doch recht behalten? Nein und abermals nein! Statt der Zurückweisung hätten sie eine eigene Reformpolitik mit doppelter Energie betreiben müssen. Was in der Sowjetunion nicht ging, wäre vielleicht in der DDR möglich gewesen. Ob man damit verhindert hätte, daß Gorbatschow die DDR für die Interessen der Weltmacht preisgab, muß jedoch bezweifelt werden. Das »quasi Undenkbare« hielt das alte Politbüro eben für undenkbar. Kein noch so unfreundlicher Schritt des großen Bruders konnte es von seiner Verbundenheit mit der Sowjetunion abbringen. Die Leute um Honecker glaubten letztlich, sich auf ihre sowjetischen Genossen immer verlassen zu können. Als Kommunisten für die UdSSR und ihre Politik einzutreten, selbst wenn sie eigene nationale Belange beeinträchtigten, galt für sie als unumstößlicher Grundsatz. Daran hielten sie über Enttäuschungen hinweg bis zuletzt fest. Aus dieser Haltung erklärt sich auch ihre Selbstsicherheit und Rücksichtslosigkeit gegenüber anderen Einsichten und Entwicklungen. Selbst der kleine Funktionär agierte, als stünde eine Weltmacht hinter ihm. Die Führungselite kannte ihre Feinde, ihren großen Bruder kannte sie nicht, zumindest nicht gut genug. Das Dilemma dieser Politiker bestand darin, daß sie ihren Glauben an die Sowjetunion über alle Erfahrungen stellten. Die tragischen Figuren sind diejenigen, die in der Politik auf die unzertrennliche Brüderschaft bauten, statt sich mit der Einsicht von Marxisten in den Widersprüchen zu bewegen.


*Dritter Abschnitt*


Die Instrumente

Die Einigung stieß überall auf Zustimmung. Auftretende Schwierigkeiten hatten mit dem zu tun, was die Deutschen aus der neuen Situation machten, wie die regierenden Kräfte die beiden deutschen Teilstaaten mit ihren unterschiedlichen Existenzweisen zusammenfügten. Hier begann die negative Rolle Helmut Kohls. Zugestanden werden muß, daß es schwer überbrückbare Widersprüche gab. In den zurückliegenden Jahren des Kalten Krieges waren die beiden deutschen Staaten darauf ausgerichtet worden, daß der eine den anderen nicht brauchte. Am Ende dieser Entwicklung hatte die Bundesrepublik ihr Ziel erreicht. Sie bedurfte der DDR nicht, schon gar nicht wirtschaftlich. Zwei Hindernisse wurden zum Stolperstein der Einheit. Vereinigen sollten sich das größere Westdeutschland mit seinen antikommunistisch gesinnten Bürgern und das kleinere unterlegene Ostdeutschland mit seiner sozialistisch ausgerichteten Bevölkerung. Diesen Gegensatz hatten die revolutionären Ereignisse von 1989/90 keineswegs eingeebnet. Die Abstriche am Sozialismus, die zu machen ein Teil der Ostdeutschen bereit war, um die Mangelwirtschaft zu überwinden, verband sich nicht mit der unwidersprochenen Ablehnung der früheren Gesellschaftsform. Vielmehr hätte man gern die sozialistischen Vorzüge mit dem riesigen Warenangebot der westdeutschen Marktwirtschaft vereint. Bestimmte Eigenheiten des Sozialismus, auch wenn sich dieser nicht bewährt hatte, ließen sich nicht so schnell vergessen.

Doch die andere, weitaus größere Schwierigkeit bestand darin, daß die westliche Seite nicht das brauchte, was die östliche mitbrachte. In den 45 Jahren der Teilung hatte der Osten mit großer Anstrengung aufgebaut, woran es durch die Abtrennung fehlte. Das reichte von der Schwerindustrie bis zu einer eigenständigen Kultur und einer mit dem neuen Staat verbundenen Intelligenz. Alles dies und noch weit mehr war jetzt nicht nötig. Während die anderen östlichen Gesellschaften, die einst das sozialistische Lager bildeten, sich aus eigener Kraft erneuern mußten und weder auf ihre Industrie noch auf ihre Intellektuellen verzichten konnten, hatte man im geeinten Deutschland das Problem, mit dem Überflüssigen fertigzuwerden. Gregor Gysi hat diese Situation sehr eindrucksvoll beschrieben: »Und die (Bundesrepublik – W. M.) brauchte aus der DDR existenziell nichts, gar nichts. Nicht ein Betrieb, nicht ein Theater, nicht eine Universität war existenziell notwendig für die Bundesrepublik und schon gar nicht die Eliten aus der DDR. Sie hatten doch genügend Schlagersänger, Wissenschaftler und erst recht Politiker.«[44] Dieses zusätzliche Potential zu integrieren, beschwor wirtschaftliche und ideologische Konflikte herauf.

So begann der Vereinigungsprozeß damit, das zu vernichten, plattzumachen, was die Westdeutschen nicht brauchten. Die wahren Sieger, meinte der Philosoph Robert Gibbs, sehen ihre Aufgabe darin, die Vergangenheit zu tilgen und damit auch die Verlierer. Die stärkere Seite zeigte sich nicht bereit, das neu Hinzugekommene gleichberechtigt zu dulden oder gar auf ihr Niveau zu heben. Entwicklung fand nur durch Vereinnahmung statt. Interessiert war man am Verbraucher, am Käufer, nicht am Produzenten.

Das war die Situation, vor der Helmut Kohl, der Sieger, stand. In den fünfziger Jahren konnte Konrad Adenauer, der alles Östliche wie die Pest haßte, noch großzügigere, duldsamere Angebote für die Wiedervereinigung machen. Damals gab es noch nicht alles doppelt. Eine Ergänzung schien sinnvoll und sich zu lohnen. Für Kohl war dieser Weg nicht gangbar; er mußte überführen und liquidieren, wofür die westdeutsche Wirtschaft keinen Bedarf hatte, was sie nicht wollte. Nie hat ein deutscher Staatsmann vor einer solchen Aufgabe gestanden. Nie hat einer die existentiellen Bedingungen eines Teiles seines Volkes zugunsten des anderen so radikal und rücksichtslos dezimiert wie Helmut Kohl. Nie ist die Intelligenz eines beigetretenen Volksteils so zur Ader gelassen und an den Rand gedrängt worden. Wenn Kohl aus einer bestimmten Sicht heraus ein Verdienst um die Einheit zuzuschreiben ist, dann ist es die Selbstverständlichkeit, mit der er sich zum gesetzmäßigen Vollstrecker dieser Aufgabe machte. Er selbst stellte sich dabei nicht in den Vordergrund, er wälzte sie vielmehr auf viele Schultern ab. Ja, er fand ungefragt und ungebeten in vielen Volksschichten, vor allem in der westdeutschen Intelligenz, bereitwillige Helfer. Um diesen Liquidationsprozeß zu bewältigen, mußten bestimmte Instrumente geschaffen werden. Auf einige soll hier kurz eingegangen werden, weil sie das Leben der Intelligenz und des Großteils der Bevölkerung beeinträchtigten.

### Der Vertrag

Den Beitritt der DDR zum größeren Teil Deutschlands regelte der Einigungsvertrag zwischen den beiden deutschen Teilstaaten. Es war eine Vereinbarung zwischen zwei ganz ungleichen Partnern. Daß ein wirtschaftlich überlegenes System der beitrittswilligen Seite keinen großen Spielraum gewährte, darin bestand das objektive Problem. Verwundert werden spätere Historiker nur darüber sein, in welcher Weise das geschah. Das Drehbuch zu diesem Vertrag schrieb Wolfgang Schäuble, damals Innenminister und engster Vertrauter Helmut Kohls. Zwischen beiden brauchte es keine langwierige Verständigung. Was beide dachten und wollten, faßte Schäuble in Paragraphen. Wenn es bei ihm auch keinen Zweifel darüber gab, welche Interessen er zu wahren hatte, so sorgte er doch dafür, daß die Begehrlichkeit der Sieger nicht allzu offen zu Tage trat. Schließlich war er Innenminister und mußte den inneren Frieden wahren. Doch in der damaligen Situation gab es zu dieser Sorge kaum Anlaß.

Eine bessere Ausgangsposition hätte die DDR bei einem Beitritt nach Artikel 146 des Grundgesetzes der Bundesrepublik gehabt. Danach wäre es möglich gewesen, eine neue Verfassung vorzulegen und beschließen zu lassen. Bemühungen in diese Richtung gab es. Der Beschluß zur Ausarbeitung einer neuen Verfassung wurde am Zentralen Runden Tisch Anfang 1990 gefaßt. Maßgebend daran beteiligt war der Bürgerrechtler Wolfgang Ullmann. Christa Wolf schrieb die Präambel. Eine der letzten Initiativen der oppositionellen literarischen Intelligenz, bevor sie damit beschäftigt wurde, sich ihrer eigenen Haut zu wehren. Paragraph 1 dieses Dokumentes lautete: »Jeder schuldet jedem die Anerkennung als Gleicher.« »Die DDR-Bürger«, sagte Ullmann zehn Jahre später, »wären aktiv am Einigungsprozeß beteiligt worden und hätten Mitverantwortung getragen.«[45] Aber die Mehrheit der Volkskammer stimmte für den Beitritt nach Paragraph 23. Bei einem ersten Antrag entschieden sich 267 Abgeordnete für Paragraph 23 bei 92 Gegenstimmen und 7 Enthaltungen. Ungeduldig waren nicht nur die DDR-Bürger. Auch Wolfgang Schäuble meinte, die Alternative zu Artikel 23, die Ausarbeitung einer neuen Verfassung nach Artikel 146, würde viel zu lange dauern.

Die Begehrlichkeit der westdeutschen Industrie staute sich zu Beginn der neunziger Jahre so aggressiv auf, daß selbst einsichtsvolle Leute im Westen meinten, es bedürfe einer starken DDR-Verhandlungsposition, um diesem Druck standzuhalten. Verantwortlich seitens der DDR waren Ministerpräsident Lothar de Maizière und sein Staatssekretär Günther Krause. Zwei Menschen ganz unterschiedlichen Typs und Charakters. Daß diese Aufgabe beide überforderte, konnte in Anbetracht der Lage gar nicht anders sein. Lothar de Maizière trug schwer an seiner Verantwortung und hat eigentlich nie den Vorwurf verwunden, ein Liquidator gewesen zu sein. Er fühlte sich noch zehn Jahre später von den Bonner Politikern »unglaublich gelinkt«. »Was Kohl gemacht hat, habe ich als vorsätzliche Zerstörung dieser Vertrauensbasis erlebt. Ich fühlte mich richtig unfair behandelt. Das habe ich leider nicht so wegstecken können, daß man mir das nicht angesehen hat.«[46] An de Maizière störte Kohl und die Bonner Politiker nach Schäubles Worten, daß dieser noch durchaus positiv von den sozialistischen Errungenschaften der DDR reden konnte. Davon wollte er im Vertrag einiges erhalten wissen. So plädierte er für eine neue Nationalhymne und einen neuen Namen für das Land. Als Nationalhymne sollte Bechers Text zu Haydns Melodie gelten. Daß dies ging, hatte er als Musiker schon ausprobiert. Nun waren das nicht gerade die entscheidenden Fragen. Vielmehr hätte er sich darauf konzentrieren müssen, was aus dem Eigentum wird, damit es den Bürgern der DDR nicht verlorengeht und sie nicht mehrfach enteignet sowie ihrer kulturellen, wissenschaftlichen und sozialen Leistungen beraubt würden. Später meinte de Maizière, solche Fragen wie die Nationalhymne zur Diskussion zu stellen, sei von ihm ein Schachzug gewesen. »Und als Anwalt, der ich nun mal bin, schnürt man in so einer Situation ein Verhandlungspaket und packt da auch gleich Spielmaterial rein, das man aufgeben kann, damit man wesentliche Forderungen durchkriegt.«[47] Zu einem der wenigen Verdienste de Maizières rechnete ihm Wolfgang Ullmann an, daß er die durch die Bodenreform bewirkten Veränderungen im Vertrag festschrieb. Auch Schäuble bestätigte, daß es für de Maizière in dieser Frage keine Kompromißbereitschaft gab. Die DDR-Regierung werde keinen Vertrag unterschreiben, der die Bodenreform zurücknehme. »Das wird keine politische Gruppierung in der DDR jemals unterschreiben. Dafür gibt es keine Mehrheiten.«[48]

Als ein Mann ganz anderer Art empfahl sich Günther Krause. Daß er zum direkten Verhandlungspartner von Wolfgang Schäuble wurde, kam für die DDR-Bürger einem nationalen Unglück gleich. Verwunderlich ist nur, wie wenig die Öffentlichkeit und die Geschichte das folgenreiche Versagen dieses Mannes zur Kenntnis nahm. Da schrieb niemand, ihm möge bei der Unterzeichnung im Kronprinzenpalais die Hand verdorren. Krause verschwand später aus der Politik nicht wegen seiner politischen Fehlleistung, die Millionen von Ostdeutschen die berufliche Existenz, ihre Grundstücke und Häuser kostete, auch nicht, weil er seinen Regierungschef »unglaublich gelinkt« hatte, als die westliche Seite ihre Stärke gnadenlos ausspielte, sondern wegen einer mickrigen Bereicherungsaffäre. Zum Partner von Schäuble avancierte nicht einer aus der Bürgerbewegung, sondern eben Krause. Als oppositionelles Verdienst konnte er nur in Anspruch nehmen, die Jugendweihe »verweigert« zu haben. »Krause widerstand«, schrieb der Journalist Ernst Elitz und machte ihn damit zum Helden. In Krause hatte Schäuble keinen Partner, sondern einen Gehilfen, der von ihm gute Noten bekam, der im Unterschied zu de Maizière »als einer von uns« auffiel. »Im Gegensatz zu dem Ministerpräsidenten ließ Krause nie den Drang verspüren, irgend etwas aus der alten DDR in das neue Deutschland retten zu wollen. Das erleichterte mir die Kooperation mit ihm. Mit de Maizière geriet sie zuweilen zäher. Er wollte erst sein Land in Ordnung bringen, ehe er mit einer sanierten, geläuterten DDR den Beitritt wagte.«[49] Allein schon das Bonmot, daß Schäuble mit sich selbst verhandelt habe, zeugt von Krauses hündischer Ergebenheit, die die Bürger des zweiten deutschen Staates viel gekostet hat. In der DDR war er kein Außenseiter gewesen, sondern hatte unbeeinträchtigt schnell Karriere gemacht:

Oberschule, Abitur, Studium, Diplomingenieur, Promotion, Hochschullehrer. Er erwies sich als ein aufschlußreiches Beispiel für die rasche Bereitschaft des Intellekts, sich veränderten Zeiten anzupassen. Nur vollzog sich das bei ihm auch im Negativen ohne Format. Während der Vertragserarbeitung intrigierte er gegen den SPD-Finanzminister im Kabinett de Maizière, Walter Romberg, und verlangte mehrfach dessen Rücktritt. Dem Sozialdemokraten unterstellte er in angelernter Manier Sabotage. Dafür kam er gut mit Richard Schröder aus. Wenn er nicht schnell genug vorankam, drohte er, seine Koffer zu packen und sich in die BRD zu begeben. Kulturminister Herbert Schirmer sagte von seinem Kabinettskollegen: »Krause war der erste Bundesbürger in der DDR.«[50] Bei Wahlversammlungen trat er demagogisch auf und verkündete, was er alles im Einigungsvertrag zur Sicherung des Eigentums der DDR-Bürger getan habe: »Wenn jemand von drüben an Ihre Tür klopft und sagt, ihm gehöre das Haus, dann schmeißen Sie ihn raus.«[51] Dabei war die Eigentumsfrage im Vertrag der schwächste und deshalb folgenschwerste Punkt.

Zugestanden werden muß, daß die Einspruchsmöglichkeiten zur Verteidigung von Rechten der DDR-Bürger während der Verhandlungen gering waren. Wolfgang Ullmann meinte dazu, daß, wenn die DDR-Regierung bestimmte Dinge durchsetzen wollte, sie diese auch hätte erreichen können. Sollte das wirklich so gewesen sein, dann hat Krause davon den denkbar geringsten Gebrauch gemacht. Sobald es um entscheidende Dinge ging, konterte Schäuble damit, »... daß aus der Sicht der Bundesrepublik überhaupt kein Einigungsvertrag erforderlich sei«. Die DDR könne beitreten, und danach sei es Sache des gesamtdeutschen Gesetzgebers, die notwendigen Überleitungsgesetze zu erlassen. Und an anderer Stelle: »Ich wies darauf hin, daß der Artikel 23 des Grundgesetzes eine einseitige Erklärung für den Beitritt vorsehe. Wir brauchten keinen Vertrag, der Beitritt kann einfach erklärt werden.«[52]

Bei der Ausarbeitung des Vertrags ging Schäuble davon aus, ihn nicht allzu detailliert anzulegen, nicht alle Probleme hineinzupacken. Nur auf diesem Wege werde man die Zustimmung erhalten. So wurde auf wichtige Fragen nur verwiesen, die eigentliche Klärung sollte später erfolgen.

Kernpunkt des Vertrags, auf den die DDR-Seite alle Anstrengung hätte konzentrieren müssen, wurde die Regelung der Eigentumsverhältnisse: die Überleitung des Volkseigentums in Privatbesitz. In dieser Frage machte sich Schäuble zum konsequenten Anwalt einer Gesellschaft, die auf dem Privateigentum beruht und es als höchstes Gut betrachtet. Er hielt es für eine Illusion, die nach 1945 entstandenen Verhältnisse »wieder ungeschehen« zu machen. Dabei geriet er unter erheblichen Druck der eigenen Seite. Die Bodenreform wollte er unangetastet lassen. Das stieß auf heftige Kritik von Politikern und Wirtschaftsvertretern wie Graf Lambsdorff. Schäuble sah sich eingeengt zwischen zwei Richtungen, der einen, der die Wiederherstellung alter Eigentumsrechte zu weit, und einer anderen, der sie nicht weit genug ging. Doch in dieser Frage gab es für den Innenminister kein Schwanken. Festgeschrieben wurde, daß Eigentum vor Entschädigung geht. Die praktische Bewältigung des Problems schrieb der Vertrag nicht vor, sondern übertrug sie der Treuhand. Mit der Festlegung »Rückgabe vor Entschädigung« wurde eine Lawine von Ansprüchen in Bewegung gesetzt. 2,13 Millionen Rückübertragungsanträge gingen ein. 1999 gab es noch 200000 offene Fälle. Meistens wollten die Kinder und Enkel, die Immobilien zurückforderten, gar nicht in die Orte ihres zugesprochenen Besitzes zurückkehren. Sie verkauften ihn umgehend an Immobiliengesellschaften, die ihn mit allen zur Verfügung stehenden Mitteln einklagten. Für die betroffenen Ostdeutschen kam das oft einer seelischen Folter gleich. Obwohl sich Schäuble, als er den Vertrag ausarbeitete, wenig in die konkrete ostdeutsche Situation hineindenken konnte, vermochte er sich doch vorzustellen, wie sich die »westdeutschen Spekulanten und Grundstückshaie« nun auf DDR-Immobilien stürzen würden, um Gewinne abzuschöpfen. Solche Leute hatten die Ostdeutschen jetzt zu fürchten. Hilfesuchend sahen sie sich nach Rechtsanwälten um, die die meisten von ihnen in den vergangenen 40 Jahren kaum benötigt hatten.

Eine Aussöhnung, die die innere Einheit garantiert hätte, rückte in weite Ferne. Welche Folgen diese Entscheidung auslöste, beschrieb 1991 der sozialdemokratische Politiker Egon Bahr: »Wenn man die Übergabe des Eigentums verspricht, können die Eigentümer gar nicht anders als denn als Fordernde, als Herren gegenüber den sich verteidigenden Ostdeutschen auftreten. Das heißt, die Mentalität der Spaltung, der Übernahme, des Übergeordneten oder des Untergeordneten wird fortgeschrieben, ich weiß nicht wie lange, zehn, zwanzig Jahre. Eine Ideologie, die dem Eigentum einen so hohen Stellenwert einräumt, daß sie über dem Gesamtziel des Aufbaus oder der Aussöhnung steht, ist fatal. Die Mentalität des Anschlusses hat eine gewisse Gnadenlosigkeit ... Für mich gibt es nur ein Prinzip, und das heißt: Aussöhnung statt Recht.«[53] Nach diesem Grundsatz war der Einigungsvertrag nicht angelegt. Vielmehr wurde er zur Keimzelle aller künftigen Konflikte, die sich im Ideologischen widerspiegelten, so daß nach zehn Jahren die Trennungslinie in den Köpfen der Menschen schärfer verlief als vor 1990.

Ein weiterer folgenschwerer Problemkomplex, der in eine Zusatzvereinbarung verwiesen wurde, war der Umgang mit den Stasi-Akten. Hierzu gab es bereits Festlegungen durch die Volkskammer. Schäuble bezog in dieser Frage einen erstaunlich objektiven Standpunkt und hielt den im Interesse der DDR-Bürger gefaßten Beschluß nicht für weise. Jens Reich meinte zwar in einer Besprechung von Schäubles Buch *Der Vertrag*, seine Objektivität sei »eine Pose«. Doch woran Schäuble dachte, das ließ sich mit den Bürgerrechtlern nicht machen. Er setzte sich für einen »möglichst restriktiven Umgang und Zugang« zu den Stasi-Akten ein. »Manchmal habe ich darüber nachgedacht, ob man sie nicht unbesehen alle vernichten könnte. Umgekehrt wurde vor allem in der Volkskammer massiv das Verlangen laut, die Opfer müßten in ausreichendem Umfang Zugang zu den Akten haben. Außerdem müsse anhand der Akten die Vergangenheit der SED und der DDR politisch-historisch aufgearbeitet werden. Ich bin bis heute nicht sicher, ob dieses Verlangen nach einem möglichst weitgehenden Zugang zu den Akten den wirklichen Interessen der Menschen in der früheren DDR entsprach und entspricht ... Sie (die Akten – W. M.) sollten der Verfügungsgewalt des Bundesarchivs unter strenger Aufsicht des Datenschutzbeauftragten überstellt werden ... Ich bin nach wie vor überzeugt: dies war ein guter Ansatz. Mit den Akten wäre verantwortlich und sorgsam umgegangen worden.«[54]

Aus später Sicht liest sich das sehr weise, obwohl Schäuble damit in den Bonner Führungskreisen eine sehr vereinsamte Position bezogen haben dürfte. Ob auch dieser Standpunkt nur »eine Pose« war, läßt sich schwer überprüfen. In seinem Buch vertrat Schäuble den Standpunkt, man könne die weit über zwei Millionen SED-Mitglieder nicht grundsätzlich von der Teilnahme am öffentlichen Leben und auch nicht vom öffentlichen Dienst ausschließen. Über den Umgang mit den Stasi-Akten dachte Helmut Kohl nicht viel anders als sein Innenminister. Er schien ebenfalls nicht abgeneigt, sie unter Verschluß zu nehmen. Mit seinem skeptischen Blick auf die Beweiskraft solcher Papiere brachte er sich, was sonst selten geschah, als studierter Historiker in Erinnerung. Doch den Ausschlag gaben politische Überlegungen. Die Bürgerrechtler paßten nicht in seine Politik, aber er brauchte sie als Zeugen und Agitatoren gegen den »SED-Unrechtsstaat«. So mußte er ihnen schon ihr einziges verbliebenes Machtinstrument lassen, die Verfügung über die Stasi-Akten. Diese Entscheidung sollte sich für seine Regierung als nützlich erweisen. Indem der Stoß auf die Stasi und ihre Informanten gelenkt wurde, konnten Menschen viel zielgerichteter und auch in größerem Ausmaß aus dem politischen Leben ausgegrenzt werden, ohne die Empörung der Bevölkerung fürchten zu müssen. So wurde festgelegt, daß die politische, historische und juristische Aufarbeitung der Stasi-Tätigkeit zu gewährleisten und von einem Sonderbeauftragten zu leiten und zu lenken sei. Die Bürgerrechtler, die in den politischen Entscheidungskämpfen der neunziger Jahre völlig an den Rand gedrängt wurden, die ihren Einfluß in der Bevölkerung verloren und mehr und mehr zum Gegenstand von Gedenkstunden und Ehrungen wurden, hatten sich ein Refugium gesichert, das sie mit großer Selbstverständlichkeit als das ihre empfanden.

Dadurch schränkte sich ihr politisches Aktionsfeld ein. Ihre Bedeutung bestand vorwiegend darin, mit dem Stasischwert zu drohen. Ihre Aktionen verschonten auch Reformkräfte nicht. Der aus der Bürgerbewegung kommende Wolfgang Ullmann hat das bedauert, aber auch verständlich zu machen gesucht. »Ich kenne einige Kolleginnen und Kollegen aus der Bürgerbewegung, wo ich manchmal gedacht habe, die gehen mir mit ihrem Anti-PDS-Fanatismus auf die Nerven. Aber wenn man sie erzählen hört, dann ist das doch die Folge einer bleibenden Verwundung, wo sogar noch Narben sehr schmerzen. Ihnen darf man nicht verübeln, wenn sie sagen, das war ein verlorenes Leben. Man darf ihnen nicht sich selber als Gegenbeispiel entgegenhalten.«[55]

Der Vertrag wurde von beflissenen Publizisten als »Jahrhundertwerk« gepriesen. Jene, die sich in den vergangenen vier Jahrzehnten konsequent für die Einheit ihres Vaterlands eingesetzt und in der DDR die größten Opfer gebracht hatten, konnten diesen Einigungsvertrag mit seinen horrenden Konsequenzen für die Ostdeutschen nicht anders als anfechtbar finden. Nach Wolfgang Harichs Meinung mußte er neu verhandelt werden, und zwar auf Grund eines Urteilsspruchs des Internationalen Gerichtshofs in Den Haag. In seinem Mängelkatalog führte er auf: »... das programmierte, von allen kompetenten Experten prophezeite Wirtschaftsdesaster, die gefährliche Unverbindlichkeit der Mietenregelung, die Festlegung auf entwürdigende Praktiken gegenüber dem öffentlichen Dienst, auf diskriminierende Behandlung des überwiegenden Teils der Intelligenz, empörende Mißgriffe und Einseitigkeiten bei der Berechnung öffentlicher Schulden, die Unterbewertung des volkseigenen Vermögens der DDR, katastrophale Weichenstellung im gesamten kulturellen und wissenschaftspolitischen Bereich und – wieder und wieder sei das angeprangert – Mißachtung des Rechtsanspruchs aller Deutschen auf eine neue Verfassung, um nur einiges zu nennen.«[56]

Am 20. September 1990 stimmten beide Parlamente in Berlin und Bonn dem Einigungsvertrag mit der erforderlichen Zweidrittelmehrheit zu. In der Volkskammer lehnten ihn die PDS und Vertreter von Bündnis 90/Grüne ab. Es standen 80 Gegenstimmen 299 Ja-Stimmen gegenüber. Gegen diesen Vertrag, so der Abgeordnete Werner Schulz vom Bündnis 90/Grüne, sei keine »Schafsgeduld« angebracht, man brauche da »eine demokratische Wut«. Doch die blieb aus. Die Euphorie über die Einheit verdeckte, was verlorenging.


Die Treuhand


Der Gesellschaft, deren heiligstes Gut und höchster Wert das Privateigentum ist, oblag es, über das Besitzvolumen der DDR zu befinden. Da der Sinn des Eigentums darin besteht, sich zu vermehren, wurde aus dem Volkseigentum Westeigentum. Mit dem Hinweis, daß der Staat ein schlechter Geschäftsmann sei, übergab er die Eingliederung der DDR-Industrie und Landwirtschaft in das kapitalistische Wirtschaftssystem der Treuhand. Obwohl merkwürdig zurückhaltend, enthielt ein Passus im Vertrag die entscheidende Anweisung. Die Treuhand betrachtete ihre Arbeit als »Jahrhundertaufgabe«, die sie jedoch relativ rasch erledigte. Richtig verstanden, war die von ihr übernommene Regulierung ein Freibrief an das westdeutsche Kapital, das seinen Anteil am Sieg, an der Wiedervereinigung haben wollte.

Banken und Industrie warteten jedoch nicht, bis die Treuhand sie an ihren Tisch lud. Blitzkriegartig drangen sie in die vielversprechenden Märkte ein. Über ihre Handelsketten lieferten sie die begehrten Waren in den Osten. Bis zur Währungsumstellung hatten sie das Gebiet der DDR bereits fest in ihrer Hand. Der ehemalige Regierende Bürgermeister von Berlin (West), Heinrich Albertz, sprach von einer »brutalen Invasion der Westdeutschen«. »Manchmal denke ich, ein Einmarsch von Truppen ist ehrlicher als das, was jetzt geschieht.«[57] Früher folgte dem Einmarsch der Militärs das Kapital, jetzt ging es voraus. Detlev Karsten Rohwedder, der die Leitung der neugeschaffenen Behörde übernahm, beklagte, daß sich westdeutsche Unternehmer wie »Kolonialoffiziere« benehmen. Gegen die Kolonialisierungsthese einzelner Wissenschaftler wehrte sich später die Treuhand, obwohl sie alles tat, sie zu bestätigen.

Ein erstes Treuhandgesetz beschloß die Volkskammer der DDR. Die Reformer leiteten zwar die Privatisierung ein, ihre führenden Köpfe jedoch dachten an vielfältige, unterschiedliche Eigentumsformen. Aber selbst sozialistisch orientierte Kräfte wie die PDS-Abgeordnete Christa Luft, Vizepräsidentin der Modrow-Regierung, gingen von einem »prinzipiellen und unabdingbaren Bekenntnis zum Privateigentum« aus. Doch bei der Privatisierung hatten die DDR-Bürger kaum Gelegenheit, sich als gleichberechtigte Subjekte zu beteiligen. In dieser Zeit verging vielen Ostdeutschen der Spaß am Eigentum. Das ostdeutsche Industrievermögen ging zu 85 Prozent in westdeutsche Hände über, 10 Prozent wurden von Ausländern erworben und nur 5 Prozent verblieben den Ostdeutschen.

Über die Eigentumsfrage nachzudenken, erwies sich schon als notwendig, hatte sich doch die vollständige Vergesellschaftung der Produktionsmittel in den vergangenen Jahren nicht gerade produktiv ausgewirkt. Die Enttäuschung darüber scheuchte viele Intellektuelle auf alte oder wenig entschiedene Standpunkte zurück. Gerade wo zwingend neue theoretische und praktische Lösungen nötig gewesen wären, gab es keine.

Die DDR-Wirtschaft hatte es nicht fertiggebracht, die Bedürfnisse der Bevölkerung zu befriedigen. Der Mangel nährte das Verlangen nach Westwaren. Dennoch galt dieses Land bis 1989 als eine führende Industrie-Nation. In der Weltwirtschaft nahm es einen geachteten Rang ein. Einige Statistiken setzten es auf den zehnten Platz. Die Praktiken der Treuhand führten jedoch zu einer Deindustrialisierung des Ostens. Nach Einschätzung des Deutschen Instituts für Wirtschaftsforschung (DIW) fielen 1993 die neuen Bundesländer auf das Niveau von Entwicklungsländern, beispielsweise von Sri Lanka, zurück.

Nach dem Attentat auf Detlev Karsten Rohwedder übernahm Birgit Breuel im April 1991 die Leitung der Behörde. Unter ihr bekam die Treuhand den Ruf, die ostdeutsche Industrie plattgemacht zu haben. Die unterschiedlichen Akzente, die beide Leiter setzten, verdeutlichen zwei Zitate. Rohwedder: »Rasch privatisieren, entschlossen sanieren, behutsam stillegen.«[58] Breuel: »Privatisierung ist die beste Sanierung.«[59] Durch ein großzügiges Bonussystem für die Treuhandmitarbeiter wurde die schnelle, überstürzte Privatisierung zur Hauptaufgabe. Da sich eine solche Praxis als außerordentlich risikoreich erwies, setzte die Chefin gegen die Bedenken des Finanzministers durch, daß der Verwaltungsrat und der Vorstand der Treuhandanstalt in vollem Umfang von jeder persönlichen Haftung freigestellt werden. Diese Maßnahme, die anfangs nur für die erste Zeit gedacht war, blieb bis 1994 gültig. Breuel hielt sie selbst bei grober Fahrlässigkeit für erforderlich. Rohwedder war noch von einem für lange Zeit bestehenden Sektor »Öffentliches Eigentum in privater Rechtsform« ausgegangen, um den Erhalt der ostdeutschen Industriestandorte zu gewährleisten. Sie hingegen favorisierte den schnellen Verkauf der volkseigenen Betriebe. Das erwies sich jedoch als die ruinöseste Art der Privatisierung. Die Treuhand, so schreibt der Wirtschaftswissenschaftler Jan Priewe, habe die wohl teuerste Industriewüste der Welt hervorgebracht. Das Treuhandvermögen, das Rohwedder bei der Übernahme auf 600 Milliarden Mark schätzte, verwandelte sich unter Breuel zu einem Defizit von annähernd 250 Milliarden.[60] Selbst wenn man berücksichtigt, daß Rohwedder keinen allzu großen Spielraum besaß, unterschied er sich von Breuel wie der Holzschneider vom Holzhacker. Der führende Mitarbeiter der Treuhand und spätere Minister in Sachsen-Anhalt, Klaus Schucht, bekannte von sich in einem Tagebuch selbstkritisch: »Ich galt als Plattmacher. Das war zu erwarten. Die Tätigkeit bei der Treuhand konnte freilich nicht nur Jubelstürme bei Belegschaften auslösen. Für Bischofferode bin ich gehaßt worden.«[61]

Für die Transformation der ostdeutschen Wirtschaft in die Marktwirtschaft, die einer Zerstörung wirtschaftlicher Substanz gleichkam, wurde gern auf die Formulierung Joseph Alois Schumpeters von der »schöpferischen Zerstörung« als notwendige und fruchtbare Voraussetzung für den Neubeginn zurückgegriffen. Auch Günther Krause operierte beim Einigungsvertrag damit. Doch Schumpeter hatte eher eine Entwicklung im Sinn, wie sie Rohwedder vorschwebte. Um einen plötzlichen Zusammenbruch und eine »wilde Flucht« zu vermeiden, »die zum Ausgangspunkt kumulativer, depressiver Wirkungen werden kann«, dachte er an einen geordneten Rückzug. Die Privatisierung unter Birgit Breuel erfolgte in einem Tempo, das einer »wilden Flucht« nach vorn gleichkam und dazu führte, daß die ostdeutschen Betriebe regelrecht verschleudert wurden. Das Überangebot auf dem Markt drückte die Preise und ermöglichte potentiellen Käufern Einsicht in die Firmeninteressen. Einen der skandalösen Fälle führte 1993 der Wirtschaftswissenschaftler Jan Priewe an: »Der bislang schwerste Korruptionsfall war der ›Verkauf‹ der Geräte- und Reglerwerke Teltow an den Frankfurter Milliardär Claus Wisser für eine Mark; nachdem dem ›Spiegel‹ interne Informationen zugespielt worden waren, erwies sich die Firma schlußendlich als 170 bis 270 Millionen DM wert. Niemand weiß, wie groß der Eisberg ähnlicher Fälle unterhalb dieser Spitze wirklich ist.«[62] Welche kriminellen Praktiken im Spiel waren, ist längst noch nicht aufgeklärt. Das wird möglicherweise auch die spätere Forschung nicht an den Tag bringen. Hans Richter, bis Ende 1992 Leiter der Treuhand-Rechtsabteilung, meinte: »Es hat in Ostdeutschland gar keiner großen Kriminalität bedurft. Jeder bekam, was er wollte.«[63] Daß es aus Konkurrenzgründen auch zur Schließung von Betrieben kommen werde, darüber gab sich Wolfgang Schäuble keiner Täuschung hin, als er den Vertrag ausarbeitete und die Verantwortung der Treuhand übertrug. Aufsehen erregte die Stillegung der Kaligruben in Bischofferode. Dort kam es zum Widerstand, der zum Hungerstreik der Kalikumpel führte. Vertreter der Bürgerbewegung und der künstlerischen Intelligenz solidarisierten sich mit den Arbeitern. Doch die Treuhand zog ihr Konzept durch. Bis 1989 war die DDR der drittgrößte Kaliproduzent der Welt und der zweitgrößte Kaliexporteur gewesen. Die BRD folgte auf den Plätzen vier bzw. drei. Es gehe nicht um Bischofferode, schrieb Gregor Gysi damals, es gehe um die Kunden von Bischofferode.

Ein Resümee über die geschichtliche Mission der Treuhand zog der hier schon zitierte Jan Priewe. »In die kritische Geschichtsschreibung wird sie (die Treuhand – W. M.), so prognostiziere ich, als Symbol von unkontrollierter Macht und Machtmißbrauch eingehen, von fortgesetztem Zentralismus unter umgekehrten Vorzeichen. Sie ist ein Denkmal des ebenso starren wie hochmütigen Glaubens an die segensreichen Wirkungen des Privateigentums ...«[64]

Die Arbeit der Treuhand erstreckte sich auch auf die Arbeitsbedingungen der literarischen Intelligenz. Der Treuhand oblag auch die Privatisierung der Verlage. Die Eingliederung der Buchproduktion der DDR in die freie Marktwirtschaft wurde zu einem Liquidationsprozeß. Nach dem kurzen Winter der Illusion (1989/90) begannen die Schwierigkeiten. Die Befreiung von Zensur, Bevormundung und Papierknappheit fiel zusammen mit dem Zwang, sich gesundschrumpfen zu müssen, um sich auf dem Markt zu behaupten. Die Entlassung des Großteils der Mitarbeiter wurde kontrastiert von Freiräumen, die es vorher nicht gab. Neue kleine Verlage entstanden. Der Existenzvernichtung standen Existenzgründungen gegenüber. Zu kaum einer anderen Zeit vermischten sich so urplötzlich neue Möglichkeiten mit neuen Zwängen und Hindernissen.

1987 hatte der Autor Lutz Rathenow an Elmar Faber geschrieben, dem Recht des Verlegers, ein Manuskript abzulehnen, müsse er aber auch das Recht entgegensetzen können, einen eigenen Verlag zu gründen. Diese Möglichkeit hatte er jetzt. Und davon wurde reger Gebrauch gemacht. Vom 1. Dezember 1989 bis 1990 entstanden ca. 200 neue Verlage. Meist kleine Unternehmen auf 1-Mann- oder Familienbasis. Viele von ihnen konnten sich mangels einer ausreichenden Kapitaldecke und eines fehlendenden intakten Vertriebssystems auf Dauer nicht etablieren. Nach einigen Jahren existierte von diesen Neugründungen nur noch die Hälfte. Auch deren Profil änderte sich unter dem Druck der materiellen Bedingungen. Davon blieben auch größere Unternehmen nicht verschont. Sie mußten sich in Nischenbereichen eine Existenz suchen. Die Produktion blieb auf wenige Bücher beschränkt. Doch verdienen diese Initiativen, von unterschiedlichen Motiven ausgelöst, Respekt. Einer dieser kleinen erfolgreichen Verlage war Schwarzkopf & Schwarzkopf. In die Lust, die Oliver Schwarzkopf bei diesem Geschäft verspürte, mischte sich auch etwas von der optimistischen Variante der neuen

Situation. »Philosophie? Habe ich nicht. Was ich habe ist Neugier. Das ist wirklich der Schlüssel für alles. In der DDR war man ständig gezwungen, seine Neugier ins Verhältnis zu sehr beschränkten und reglementierten Möglichkeiten zu setzen, diese Neugier, worauf auch immer, zu befriedigen. Das war ein unmenschlicher Vorgang, das war die eigentliche Mauer. Das ist vorbei. Jetzt kann ich mein Interesse für dieses oder jenes in Bücher umsetzen.«[65]

In der DDR gab es 76 zugelassene Verlage. Ihre Zahl blieb in den letzten beiden Jahrzehnten ziemlich konstant. Zu Neugründungen gab es schon wegen des nicht ausreichenden Papierkontingents und der Druckkapazitäten keine Veranlassung. Neben spezialisierten Kleinverlagen existierten Großunternehmen wie der Aufbau-Verlag Berlin und der Verlag für ausländische Literatur Volk und Welt. Aufbau beschäftigte zuletzt 180 Mitarbeiter, darunter 70 Lektoren, bei Volk und Welt waren es 130 Mitarbeiter. In diesen Häusern dominierte eine ausgezeichnete, mit Aufwand betriebene Lektorenarbeit, von der Christoph Links, damals Assistent des Verlagsleiters bei Aufbau, meinte: »Er (der Aufbau-Verlag – W. M.) hielt sich nahezu für jede Sprache eines ›Bruderlandes‹ seinen eigenen Lektor, der im Jahr ein Buch bis zwei Bücher zu betreuen hatte, regelmäßig in ›sein‹ Land fuhr, die Literaturzeitschriften von dort auswertete und in der Regel sachkundiger war als sein Kollege ein paar Schritte weiter am betreffenden Institut der Humboldt-Universität.«[66]

Aufgabe der Treuhand war es, diese Verlage zu privatisieren. In den alten Bundesländern existierten 5 000 solcher Unternehmen. »1988 standen dem Belletristik-Anteil der Buchproduktion von 28,1 Prozent in der Bundesrepublik Deutschland 36,5 Prozent der DDR gegenüber, doch die 19 299 Titel der bundesdeutschen Verlage übertrafen das belletristische Buchangebot aller DDR-Verlage um mehr als das Achtfache: um genau 16 889 Titel.«[67] Wie auf allen anderen Gebieten, besaßen die alten Bundesländer auch im Verlagswesen eine hochentwickelte, technisch überlegene Buchproduktion. Sie brauchten die DDR-Verlage eigentlich nicht, ihnen ging es nur um den neuen Markt. Insofern gestaltete sich die Privatisierung schwierig. Es bestand die Gefahr, daß die großen Verlage aus dem Westen die Ostverlage einfach als Filialen ihres Stammhauses übernahmen. Das lag schon deshalb nahe, weil es in der DDR Verlage gab, deren Stammhäuser sich im Westen befanden. Brockhaus, Reclam, Kiepenheuer und Insel sind nur einige Beispiele. Andererseits waren die früheren DDR-Unternehmen auf Käufer und Investoren angewiesen. Erschwerend wirkte sich aus, daß die Treuhand Geschäft und Immobilie trennte. Nunmehr konnten sie nicht mehr auf ihren oft umfangreichen Immobilienbesitz verweisen und damit auch keine Kredite bei Banken aufnehmen. Das erwies sich als existenzgefährdend. Kein westdeutscher Verlag, erinnerte sich Rolf Hochhuth, der in den Nachkriegsjahren als Lektor tätig war, hätte die Währungsreform von 1948 ohne die feste Basis einer Immobilie überlebt. Die auf diese Weise schwer angeschlagenen Betriebe sahen sich zu drastischen Einschränkungen gezwungen; sie mußten Mitarbeiter entlassen. Bei Volk und Welt blieben von 130 nur noch 14. Ähnlich vollzog sich der Abbau in den anderen Verlagen. Doch das genügte nicht. Um Betriebsmittel in die Hände zu bekommen, war es nötig, Käufer zu finden. So wurden im ersten halben Jahrzehnt nach der Wende von den 76 Unternehmen insgesamt 54, das sind 71 Prozent, an Verlage der Bundesrepublik verkauft. In den meisten Fällen existierten sie dann als Dependenzen der Stammhäuser ohne eigenes Profil oder hielten sich, wie Reclam, nur für kurze Zeit.

Christoph Links, der nach der Wende einen eigenen Verlag gründete, hob bei der Privatisierung drei Gruppen hervor. 1. Verlage, die von branchenfremden Betrieben aufgekauft wurden. Sie konnten sich am besten auf dem Markt behaupten. 2. Eine kleine Gruppe, »die im Management-Buyout an die Belegschaften gegangen sind bzw. von Belegschaften und Beteiligungsorganisationen übernommen wurden«. Eine dritte Gruppe bildeten die Verlage, hinter denen ostdeutsche Parteien und Organisationen standen, deren finanzielle Existenz jedoch für lange Zeit im Unklaren blieb. »Eine weitere Gruppe«, schrieb Links 1994, »umfaßt Verlage, die in Konkurs bzw. Liquidation gegangen sind.« Sie fielen zum Teil abenteuerlichen Konstruktionen der Treuhandanstalt zum Opfer, wie z.B. der Greifenverlag Rudolstadt, der in die Hände eines Hasardeurs geriet, oder wurden, wie der Tribüne-Verlag, von anderen Unternehmen übernommen, dann aber liquidiert. Es sind zumeist kleinere Betriebe davon betroffen gewesen. Der auffälligste und spektakulärste Fall passierte in diesem Zusammenhang bei Edition Peters Leipzig. »Das traditionsreiche Leipziger Unternehmen war von Peters Frankfurt am Main übernommen worden, damit es liquidiert werden konnte. In einem Rundschreiben aus Frankfurt am Main wurden sogar die

Buchhändler aufgefordert, die Peters-Noten aus Leipzig zu vernichten oder die Titelseiten herauszureißen und zwecks Gutschrift an den Frankfurter Verlag zu schicken. Die Peters-Noten aus Leipzig waren billiger als die Peters-Noten aus Frankfurt am Main. Den Bachschen Fugen ist es zwar egal, nach welchen Peters-Notenblättern man sie spielt. Die Frankfurter wollten aber, daß man nach den teuren Noten ihres Verlags spielt.«[68]

Ein Unternehmen, das 1994, als Christoph Links seine Bilanz verfaßte, noch hoffen konnte, war Volk und Welt. Nachdem sich einige Schriftsteller für das Weiterbestehen des Verlags eingesetzt hatten, kaufte ihn Dietrich von Boetticher für eine symbolische Summe von der Treuhand. Die gewährte ihm eine Förderung in Millionenhöhe, damit das traditionsreiche Haus erhalten blieb, verhalf es doch nach der Wende dem jungen unbekannten Thomas Brussig zu einem Start, der ihn in die Bestseller-Listen katapultierte. Doch Schritt für Schritt ging Volk und Welt in den Besitz von Boettichers Luchterhand-Verlag über. 2001 liquidierte Boetticher das Unternehmen. Es war ein langsames vorbedachtes Sterben. Unter dem Label Volk und Welt erscheinen keine Bücher mehr.

Da hier nicht der Ort ist, den Schicksalen der DDR-Verlage nachzugehen, sei nur auf ein Beispiel verwiesen, nämlich darauf, wie die Treuhand mit dem Flaggschiff der DDR-Buchproduktion, dem Aufbau-Verlag, umging. Sein Leiter, Elmar Faber, hatte im Winter 1989/90 den Betrieb gründlich reformiert und ein neues Verlagsmodell etabliert. Innerhalb einer Holding existierten Aufbau, Rütten & Loening und Aufbau Taschenbuchverlag mit einem jeweils unverwechselbaren Profil. Vor allem der Taschenbuchverlag erwies sich als die Rettung. Das so gestaltete Unternehmen mußte im Jahr 300 bis 350 Titel produzieren. Jeder Lektor hatte dann im Jahr 10 bis 12 Manuskripte zu betreuen. So glaubte Aufbau, in der neuen wirtschaftlichen Situation bestehen zu können. In »Der Verlag. Modell und Aufgaben« formulierte Faber der allgemeinen Resignation entgegen: »Das Schlimmste an allen Dingen ist die Unentschlossenheit.«[69] Aber auch er brauchte, nachdem ihm die Immobilie nicht mehr zur Verfügung stand, einen Käufer. Als sich Elmar Faber und Gotthard Erler in das Treuhand-Gebäude in der Leipziger Straße begaben, empfing sie der Chef Rohwedder persönlich. Bei der Nachfolgerin Birgit Breuel geschah das nie wieder. Aus dem Gespräch entnahmen die

Verlagsleute, daß sich Rohwedder für den Erhalt ihres Hauses persönlich zu engagieren gedachte. In einem Interview in der *Frankfurter Allgemeinen Zeitung* erklärte der Treuhandchef, wenn von der DDR etwas unbedingt erhalten werden müßte, so seien es Carl Zeiss Jena, die DEFA und der Aufbau-Verlag. Als Faber und Erler das Haus in der Leipziger Straße verließen, war das Schicksal des Verlags noch ebenso unklar wie vorher; aber sie hatten einen verständnisvollen Mann vorgefunden. Bei den Verhandlungen mit Rohwedder schien noch ein Management-Buyout als Privatisierungsvariante möglich. Daß Aufbau-Mitarbeiter und Autoren mit interessierten Teilhabern den Verlag in eigene Regie übernähmen, wäre zwar die beste Garantie für seine Weiterführung im Sinne der bisherigen weltliterarischen Tradition gewesen, aber ohne größere Kapitaldecke hätten die neuen Gesellschafter das nicht durchgestanden. Faber setzte auf einen Eigner, der nicht aus der Branche kam. Gegenüber der Presse erklärte er: »Es gibt vermutlich keinen Verlag auf dem Gebiet der ehemaligen DDR, der so hoch bewertet wird wie wir.« Auf die Frage: »Mit wieviel?« antwortete er: »Jedenfalls jenseits von 5 Millionen Mark, für'n Appel un'n Ei sind wir nicht zu haben.«[70]

Unter der Regie von Birgit Breuel forcierte die Treuhand die Privatisierung. Eine wilde Zeit begann, in der bestimmte Vorstöße und Sondierungen von Interessenten gelegentlich auch an der Verlagsleitung vorbei unternommen wurden. Selbst bei Autoren erkundigte man sich nach den Verhältnissen und Möglichkeiten.

In der zweiten Jahreshälfte 1991 verliefen die Gespräche zwischen der Verlagsleitung und der Treuhand keineswegs mehr so sachlich wie zu Rohwedders Amtszeit. Von dessen Sympathie und Engagement für den Erhalt des Hauses war nichts mehr zu spüren. Wie die ehemaligen DDR-Verleger einzugruppieren seien, hatte bereits die *Frankfurter Allgemeine Zeitung* vorgegeben. Ihr Rezensent Thomas Rietzschel schrieb: »Haben die Verlagsleiter wirklich vergessen, daß sie einst zur ›Kaderreserve‹ ihrer Partei gehörten, daß sie von der Hauptverwaltung Verlage und Buchhandel auf die Posten gestellt wurden, von einer Behörde, deren Aufgabe es war, Entscheidungen vorzubereiten, die dann schließlich im Politbüro, von Kurt Hager zumeist, gefällt wurden.«[71] Diese Diktion griffen auch die Treuhand-Mitarbeiter auf. Die geschäftlichen Erörterungen glitten immer wieder in ideologische Auseinandersetzungen ab. Besonders übel nahm die Treuhand eine Neuerscheinung des

Aufbau-Verlages, die Memoiren von Günter Mittag, deren Einband den Verfasser im vertrauten Gespräch mit der damaligen niedersächsischen Finanzministerin und jetzigen Treuhandchefin Birgit Breuel zeigte. Der Treuhand-Berater Albrecht Greuner wollte wissen, wer der Erfinder dieses Schutzumschlages sei.

Als die Verhandlungen über die Privatisierung im September 1991 vor dem Abschluß standen, brachte der Treuhandvertreter noch zwei Gesichtspunkte zur Sprache, die bisher »vergessen« worden seien. Faber müsse noch unterschreiben, daß er nicht für die Staatssicherheit gearbeitet habe, und aus dem Privatisierungsvertrag vom 18. September 1991 müsse der Passus zurückgenommen werden, in dem Faber vom Hauptgesellschafter zum Erwerb eines Minderheitsanteils eingeladen werde. Der Passus ging auf eine Idee Rohwedders zurück, als noch die Möglichkeit eines Management-Buyout bestand. Faber sah darin keinen Konfliktstoff, wollte aber die Gründe wissen, die nur politischer Natur sein könnten. Die Erklärung, nicht für die Stasi gearbeitet zu haben, unterschreibe er sofort, aber er wolle eine Erklärung der Treuhand, daß es hier nicht nur um geschäftliche Dinge in Sachen Privatisierung gehe, sondern auch um ideologische Überprüfung, um »Gesinnungsschnüffelei«. Als das Gespräch unerquicklich wurde, reichte der Treuhandberater Molinari den Verleger an den Personalchef Dr. Metz weiter. Faber wiederholte hier seine Meinung. Daraufhin kam es zu einem heftigen Wortgefecht, das Faber in seinen Notizen festhielt: »26.9.91: Ich sage: Man kann es mir schlecht verübeln, daß ich mich als linker deutscher Verleger fühle. M(etz) daraufhin heftig: Ich wüßte doch überhaupt nicht, was ein linker deutscher Verleger sei, ich wäre doch bestens ein treuer Staatsdiener des DDR-Sozialismus und hätte eh nur Marx und dergleichen verlegt. Ich kann mir die sarkastische Bemerkung nicht verkneifen, ob er, M(etz), je ein Programm des Aufbau-Verlages in den Händen gehabt hätte und ob er noch nicht wahrgenommen hätte, daß dies weltliterarisch sei und auch gerade viele linksbürgerliche Autoren unseres Jh. von H. Mann bis A. Zweig aufgenommen hätte. Die Debatte verliert zunehmend an Qualität. Alles sei unbedeutend, so M(etz), es ginge um ein Personalproblem, und er möchte mir geradeheraus sagen: Ich wäre meinem sprachgewaltigen Vokabular nach eine zwar höchst liebenswürdige, aber unverbesserliche rote Socke.«[72]

Nunmehr wurde Faber mitgeteilt, er sei ab morgen, dem 27. September 1991, beurlaubt und habe zu Hause zu bleiben. Am 30. September 1991 kam es nochmals zu einer Aussprache in der Treuhand, in der Faber die Erklärung unterschrieb, nicht für die Stasi gearbeitet zu haben. Daß dies so war, er sich sogar geweigert hatte, für die Stasi tätig zu werden, hat später Joachim Walther in seinem Buch *Sicherheitsbereich Literatur* mit Akten belegt. Faber versah das zu unterschreibende Papier noch mit folgendem Zusatz: »Ich fände es empörend, wenn sich deutsche Verleger in der früheren DDR für eine Zusammenarbeit mit der Stasi verpflichtet hätten. Was mich betrifft, so hat es so etwas nicht gegeben. Ich finde es ebenso bedenklich, wenn deutsche Verleger in den neuen Bundesländern heute bei der Treuhandanstalt unterschreiben müssen, nicht für die Stasi gearbeitet zu haben, um überhaupt in ihrem Beruf zu bleiben. Diese Vorgänge sind mit meiner Auffassung vom Verlegerberuf unvereinbar.«[73] Nachdem dieses »Personalproblem«, wie sich Dr. Metz ausdrückte, abgewickelt war, delegierte er das Gespräch wieder an den Treuhandberater Albrecht Greuner. In Fabers Notizen heißt es: »Dr. Greuner freut sich, daß die Formalität erledigt sei. Er würde aber vorschlagen, daß ich nun selbständig von meinem Geschäftsführerposten zurücktrete. Ich bin erschrocken über diese unerhörte Zumutung und lehne ab.«[74] Daraufhin versuchte man Faber klarzumachen, daß er die Privatisierung »verzögere bzw. ganz und gar gefährde«. Komme es in dieser Angelegenheit zu keinem gegenseitigen Einverständnis, so Albrecht Greuner, werde er Faber eben entlassen. Da die Treuhand die Entlassung zur conditio sine qua non für die Privatisierung machte, unterschrieb Faber 1991 den Aufhebungsvertrag.

Der Immobilienunternehmer Bernd F. Lunkewitz aus Frankfurt am Main, mit dem die Treuhand als neuen Eigentümer abschloß, stellte Faber sofort wieder ein. Faber verließ später Aufbau und gründete einen eigenen Verlag: Faber & Faber.

## Die Gauck-Behörde

Am 24. August 1990 beschloß die Volkskammer zur Zeit der de Maizière-Regierung mit nur einer Gegenstimme bei wenigen Enthaltungen, eine Behörde einzurichten, der »die politische, historische und juristische Aufarbeitung« der Tätigkeit des Ministeriums für Staatssicherheit

(MfS) obliegen sollte. Damit begann die Öffnung der 190 Kilometer von Akten. Doch was zu einer Straße in die Freiheit werden sollte, so Friedrich Schorlemmer aus der Bürgerbewegung, wurde zur »Schlinge um uns«. Wolfgang Schäuble hielt Leute, die eine solche Einrichtung forderten, für nicht gut beraten. So wenig die Bürgerbewegung ihre Gesichtspunkte im Einigungsvertrag auch durchzusetzen vermochte, an diesem hielt sie fest. Die Stasi war ihr unmittelbarer Gegner gewesen. Die Furcht, immer beobachtet und belauscht zu werden, hatte selbst bei denen, die keine Repressionen zu erdulden hatten, zu einem Trauma geführt. Der aufgeblähte Apparat dieser Institution verärgerte selbst die, die treu zur DDR standen. Jetzt wollte man hinter die Kulissen der einst hochgeheimen Institution blicken. In einem erneuerten Staat sollte es eine solche Einrichtung nicht mehr geben.

In der Stasi-Frage zeichneten sich innerhalb der Opposition drei Gruppierungen ab. Ein kleiner konsequenter Teil der Bürgerbewegung wollte eine derartige Überwachungsinstitution überhaupt abschaffen. Eine offene Gesellschaft brauche keine Geheimdienste. Das erwies sich bald als Illusion. Doch dieser utopische Anspruch blieb der sympathische Teil der Bewegung, dem zuliebe selbst ihre radikalen Vorstöße mit Verständnis aufgenommen wurden. Eine andere Gruppierung versprach sich von der neuen Behörde Aufklärung über geschehenes Unrecht und die Möglichkeit, die Opfer zu entschädigen. Zu der dritten Gruppierung gehörten Leute, für die die Akten im Laufe der Zeit zum »Kampfmittel« für eine personelle Umschichtung auf allen Ebenen wurden. Sie wollten etwas in der Hand haben, um die alten Eliten von jeder Mitarbeit auszuschließen, und benutzten die Akten im Verteilungskampf um Machtpositionen. In besonderem Maße engagierten sich die Bürgerrechtler hier, weil man sie weitgehend vom politischen Feld verdrängt hatte. Teilweise vermischten sich diese drei Gruppierungen im Laufe der Jahre. Was anfangs noch Ausdruck einer Bewegung gewesen war, wurde mehr und mehr zur Passion einer kleinen Schicht, die sich politisch zu profilieren suchte.

Innerhalb der Bonner Führungsebene verschwand der Schäuble-Standpunkt sehr bald, wenn er überhaupt ernst genommen worden war. Aus dem möglichst restriktiven Umgang mit den Stasi-Akten wurde ein repressiver. Schäuble hatte bereits während der Arbeit am Einigungsvertrag mit seinen Kollegen darüber gesprochen, daß man jene Ostdeutschen, die im Staats- und Parteidienst gestanden hatten, nach der Wiedervereinigung nicht einfach vom öffentlichen Leben, auch nicht vom öffentlichen Dienst, ausschließen könne. So auch nicht die über zwei Millionen SED-Mitglieder. Wie aber sollten diese Leute in den verschiedenen Apparaten ausgewechselt werden, wie die Ablösung der Eliten vor sich gehen? Vor allem mit welchen Argumenten? Da bot sich die Einrichtung an, nach der die Bürgerrechtler aus damals verständlichen Gründen gedrängt hatten. Mit Hilfe der Akten konnte man gezielt aussondern und jederzeit unerwartet eingreifen, wenn es Bedarf für politisches Handeln gab. So wurde die Behörde zu einem Instrument, mit dem man die Diffamierung und Liquidierung der sozialistischen Intelligenz betrieb.

Nun wäre es unklug gewesen, eine solche Position durch westdeutsche Spitzenpolitiker und Beamte wahrnehmen zu lassen. Während sonst die Chefposten meist von Westdeutschen besetzt waren und höchstens die Stellvertreter aus den neuen Bundesländern kamen, verfuhr man hier umgekehrt. Zwar stellte Bonn die Fachleute, die die Behörde nach Gesichtspunkten des Bundesnachrichtendienstes und des Verfassungsschutzes aufbauten, aber die Wortführer und Propagandisten sollten Vertreter der Bürgerbewegung sein; denn das war ein Dienst fürs Grobe. Zugleich verlangte ein solches Amt Leidenschaft und Unduldsamkeit, ging es doch auch um die Delegitimierung und Kriminalisierung des untergegangenen Systems. Hinter juristisch begründeten Festlegungen verfügte die Organisation nämlich über einen Freiraum für Gefühle wie Feindseligkeit. Der Mann in dieser Spitzenposition mußte sich einbilden, eine Mission zu erfüllen. Er fand sich merkwürdigerweise unter den Pfarrern. Joachim Gauck gab der Behörde seinen Namen.

Eine riesige Institution mit Zweigstellen in den einzelnen Ländern wurde aufgebaut. Sie beschäftigte 3000 Mitarbeiter und kostete pro Jahr zweihundert Millionen DM. Die Publizistin Daniela Dahn schrieb 1998, diese Behörde habe seit ihrem Bestehen den Steuerzahler 1 390 455 000 DM gekostet. Aus den 15 250 Säcken mit zerrissenen Stasi-Akten ließ Gauck 236 750 Einzelblätter rekonstruieren. Eine nichtssagende Postkarte wurde aus 96 Schnipseln zusammengesetzt. Der Staat, der aus Geldmangel in seinen Archiven die Bevölkerung zu Spenden aufrief, um die Originalpartituren von Johann Sebastian Bach vor dem

Tintenfraß zu retten, scheute keine Kosten, wenn es um die Rekonstruktion von Stasi-Akten ging.

Worin die Funktion der Gauck-Behörde bestehen soll, formulierte die Präsidentin des Bundesverfassungsgerichts Jutta Limbach. Der Einrichtung obliege es, den »Abschied von den alten Eliten« einzuleiten und zu begründen. Mit den Akten ließ sich die Aussonderung öffentlich betreiben. Denn sie standen laut Gesetz Medien, Dienststellen und Redaktionen zur Verfügung, wenn es sich um Personen der Zeitgeschichte handelte. Auf diese Weise wurde eine wahre Hysterie entfacht. Gauck ging es vor allem um jene, welche die Stasi als Informanten, als inoffizielle Mitarbeiter (IM) gewonnen hatte, um die, die sich »bereit erklärt hatten, konspirativ mit dem MfS zusammenzuarbeiten«. Ihre Enttarnung war geeignet, Abscheu in der Bevölkerung hervorzurufen. Neugier verschaffte dem Verfahren Zulauf. Ein Großteil der Bevölkerung wollte wissen, ob auch er bespitzelt worden war. Die Presse brachte regelmäßig Enthüllungen über prominente Persönlichkeiten. Bei Personen, die wie Gregor Gysi und Manfred Stolpe im Mittelpunkt der politischen Öffentlichkeit standen, zogen sich die Verdächtigungen und Widerlegungen über Jahre hin. Die Presse bekam immer neues Futter.

Zugang zu den Akten sollten die Opfer haben, was einleuchtend erscheint. Aber es blieb jedermann unbenommen, bei der Gauck-Behörde anzufragen, ob über ihn etwas festgehalten worden ist, die Stasi auch auf ihn ein Auge geworfen hatte. Gauck konnte das rege Interesse der Bevölkerung an seiner Behörde vermelden. Täglich gingen 400 Anfragen ein. 1,6 Millionen seien es bis 1999 gewesen, davon hätten seine Mitarbeiter 1,4 Millionen bearbeitet. Wegen der dauernden Anfragen gebe es noch immer eine Wartezeit bis zu fünf Jahren. Auf diese Weise durchzog die Nachwendezeit eine Verdachtsatmosphäre. Keiner sollte sich sicher fühlen, vor allem nicht jene, die Führungspositionen besetzt hielten oder in solche gewählt oder berufen wurden.

Die Professorin Gesine Schwan sprach von einer »Verdachtskultur«, die »die Demokratie zerstöre«. Peter Steinbach von der »Gedenkstätte Deutscher Widerstand« wies auf Hegel hin, der in der »Politik des Verdachts« das »Vorspiel zum Terror« sah.[75] Gauck, der sich als ein Propagandist seiner Behörde erwies, betrieb nicht nur die Verteufelung der Stasi, sondern übertrug sie auch auf die SED und das gesamte gesellschaftliche Dasein in der DDR. Nichts aus diesem Leben sollte der erfreulichen Erinnerung wert sein. Für ihn war alles belastet, beschädigt, von Angst überdeckt. Da in der Demokratie der politische Gegner nicht einfach eingesperrt werden konnte, mußte er verteufelt werden. Der englische Historiker Eric Hobsbawm sah hier einen Defekt der Demokratie: »Wie die Erfahrung gezeigt hat, erfordert Demokratie eine Verteufelung des Gegners. Das leistet einer Barbarisierung Vorschub, wie wir aus der Zeit des Kalten Krieges wissen.«[76]

Die Medien waren hauptsächlich an der Enthüllung der IM-Tätigkeit prominenter Schriftsteller und Künstler interessiert. In dieser Hinsicht erwiesen sich die Presseleute als die besten Kunden der Gauck-Behörde. Standen doch die Dichter bei den Ostdeutschen noch immer in hohem Ansehen. Ihre Autorität mußte abgebaut werden; denn sie sollten nicht länger Richtpunkte sein, wenn es darum ging, wie die Deutschen nach vollzogener Einheit miteinander leben. Auch sie mußten delegitimiert werden. Die Gauck-Behörde fand reichlich Material, um das Sensationsbedürfnis der Presse zu befriedigen. Die IM-Tätigkeit einiger Schriftsteller wurde unter ihrem Decknamen reißerisch herausgestellt. Auf diese Weise charakterisiert, vermutete das Publikum häufig mehr, als es dann wirklich erfuhr. Die Stasi-Tätigkeit der literarischen Intelligenz wurde zu einem herausgehobenen Genre der Literaturwissenschaft. Bücher über diese Thematik ersetzten die Erörterung ihrer Werke. Den Prominenten wurde das Fürchten gelehrt. Nicht jeder der in die Ecke Gedrängten konnte so souverän darüber hinweggehen wie Heiner Müller, und nicht jeder war in der Lage, die Nichtigkeit seiner Akte zu beweisen, indem er, wie Christa Wolf, Teile daraus veröffentlichte. Die meisten fühlten sich beschädigt und in ihrer Schaffenskraft gelähmt. Sie sahen sich damit aus der Öffentlichkeit gestoßen und unterlagen so der beabsichtigten Wirkung. Der Schriftsteller Jürgen Borchert nahm sich noch zehn Jahre nach der Wende wegen Stasi-Vorwürfen das Leben. Daß nach den IM-Enthüllungen die Literaturgeschichte der DDR neu geschrieben werden müßte, ist eine der unsinnigsten Behauptungen, die nur illustriert, was man zu erreichen suchte. Was Literatur ist, werde auch Literatur bleiben, argumentierte Hermann Kant.

Die Akteneinsicht und ihre Veröffentlichung förderte viele Nichtigkeiten zutage, aber auch persönliche Mißgunst und Vermutungen. Vieles davon wäre in der westlichen Gesellschaft der Boulevardpresse und den Feuilletons vorbehalten gewesen. Daß es auf diese Weise zutage kam, schuf eine Atmosphäre des Verdachts, der gegenseitigen Verunsicherung und des Mißtrauens. Je mehr die Presse enthüllte, daß diese und jene prominente Persönlichkeit sich der Staatssicherheit zur Verfügung gestellt hatte, desto größer wurde die Enttäuschung und auch die Unlust, sich an der Auseinandersetzung mit der Vergangenheit zu beteiligen. Nach zahlreichen »Enthüllungen« schien es, als sei eigentlich auf niemand mehr Verlaß, die Vergangenheit eine Schlinge, die sich um alle legte, die gelebt hatten. Die Bürgerrechtler, die die Enthüllungen zu ihrer Passion machten, ließen kaum noch etwas von ihren ursprünglichen politischen Absichten erkennen. Einige ihre Wortführer wechselten die Seiten und traten in Parteien ein, von denen sie sich mehr Einfluß versprachen. Selten wurde öffentlich so viel Haß artikuliert wie im Umgang mit den Akten. So geriet die erstrebte Aufklärung zur Verunglimpfung. Kaum zur Sprache kam, was eigentlich die literarische Intelligenz veranlaßt hatte, mit dem MfS zusammenzuarbeiten. Die entstandene Atmosphäre ließ keine Gründe zu. Schuldbekenntnisse wurden verlangt.

Kaum eine andere Einrichtung hat das Bild von der DDR so getrübt wie die Staatssicherheit. Gerade ihre perfekte Organisation und ihr talentierter Spürsinn brachte sie in Verruf. Selbst wenn man davon ausgeht, daß andere Staaten über ebensolche Dienste verfügten und es auch dort nicht an Fleiß und Talent fehlt, muß man die Entwicklung dieser Institution aus der Besonderheit der DDR-Geschichte ableiten. Obwohl über diese Einrichtung nach der Wende mehr geschrieben und publiziert wurde als über jede andere, ist die Aufklärung darüber mißlungen. Es wird einer späteren Zeit jenseits des Hasses und der Instrumentalisierung bedürfen, um herauszufinden, warum es in den Diensten des MfS zu einer solchen Barbarei kam, warum sie sich so ausbreiten konnte. Die Stasi-Gründung ging auf das sowjetische Vorbild zurück, daher kamen die Methoden. Des Geheimdienstes und der Bespitzelung bedienten sich auch die Demokratien. Daß deren Dienste ohne Barbarei auskamen, läßt sich schwerlich behaupten. Der amerikanische Geheimdienst überwachte während des Krieges und in der Nachkriegszeit den Schriftverkehr und die Äußerungen der literarischen Emigration fast lückenlos. Das FBI arbeitete nach dem Motto: Keiner entgeht uns, keiner kommt davon, nicht Thomas Mann, nicht Bertolt Brecht, nicht Carl Zuckmayer, nicht Oskar Maria Graf, nicht Leonhard Frank, nicht Klaus und Erika Mann, nicht Lion Feuchtwanger und die anderen. Selbst über Anna Seghers, die nicht in die USA emigrierte, sondern in Mexiko lebte, existierte ein Dossier von 1 000 Blatt. Ein kleines Heer von FBI-Angestellten sei damit beschäftigt gewesen, Briefe abzufangen und Zeitschriften auszuwerten, mit denen Anna Seghers in Verbindung stand, schreibt der Forscher Alexander Stephan. Das FBI las und übersetzte die Novelle *Der Ausflug der toten Mädchen* von Anna Seghers noch bevor sie veröffentlicht wurde. Die Aktenbestände über Schriftsteller waren hier ähnlich umfangreich und nichtssagend wie bei der Stasi. Dabei galten die Emigranten zur Zeit der Anti-Hitler-Koalition für die Amerikaner doch als Verbündete, keinesfalls stellten sie ein Sicherheitsrisiko dar.

Die DDR litt seit ihrem Bestehen an einem Sicherheitstrauma. Die Frage nach der Verläßlichkeit beschäftigte nicht nur das MfS, sie dominierte auf allen Gebieten und in allen Institutionen. Selbst bei der Suche nach Begabungen, bei der Besetzung wichtiger Funktionen, sei es in der Politik, der Wirtschaft, der Wissenschaft und Kultur, entschied man sich für den Sicheren vor dem Begabteren. In den ersten Jahrzehnten war das keine Doktrin, sondern eine Notwendigkeit aus bitterer Erfahrung. Durch die offene Grenze riß der finanziell stärkere deutsche Teilstaat alles an sich, was seiner Meinung nach dorthin nicht gehörte. Dabei hatte er auch in der DDR viele Helfer. Die Probleme vervielfachten sich, als sichtbar wurde, daß sich mehr und mehr Menschen für die westliche Lebensweise entschieden. So in eine Zwangslage geraten, entwikkelte sich das Sicherheitsbedürfnis zur Perversion. Nicht nur die Arbeit der Staatssicherheit veränderte sich. Im Gedächtnis der Bevölkerung wandelte sich auch das Bild von dieser Institution. In den ersten beiden Jahrzehnten sah der Teil, der sich am Aufbau des Sozialismus beteiligte oder ihm nicht gleichgültig gegenüberstand, keine Veranlassung, mit dieser Behörde nicht zusammenzuarbeiten. Das sagte die eigene Erfahrung. Wachsamkeit war damals ein vielgebrauchtes, oft auch mißbrauchtes Wort, aber noch keine Phrase. In den ersten Jahren spielten Literatur und Kunst im Aufsichtsbereich der Staatssicherheit zudem kaum eine Rolle. Wenn sich die Stasi mit Fragen an Schriftsteller und Künstler wandte, fanden diese deren Nachforschungen meist legitimer als die der kulturpolitischen Zensurbehörden. Die Sicherheitsleute schienen sich nicht dafür zu interessieren, ob ein Text dem sozialistischen Realismus entsprach, was die Schriftsteller als anmaßend empfanden, sondern ob er gegen die Gesetze der DDR verstieß. Ob man sich allerdings, wie Wolfgang Harich und Heiner Müller meinten, über bestimmte Probleme der Literatur und Philosophie mit den Stasi-Mitarbeitern vorurteilsfreier unterhalten konnte als mit den Kulturfunktionären, bleibt dahingestellt; über ausgewiesene Fachleute auf diesem Gebiet verfügte das Ministerium zu keiner Zeit.

Ein ganz anderes Bild entstand in den letzten beiden Jahrzehnten, als die Stasi dazu überging, immer mehr Schriftsteller und Künstler zu observieren, ganze Institutionen und neue Gruppierungen zu unterwandern. Dem ehemals nebensächlichen Bereich schenkte man nun besondere Aufmerksamkeit. Das löste Unverständnis und Empörung aus. Einzelne Schriftsteller, die allzu offensichtlich und allzu lästig überwacht wurden, litten psychisch unter einer solchen Praxis, zumal wenn sie sich auch weiterhin mit dem Land und seiner Gesellschaftsordnung verbunden fühlten. Die Atmosphäre des Mißtrauens und der Verdächtigung zerstörte Bindungen. Zur Mitarbeit erklärten sich Künstler und Wissenschaftler oft deshalb bereit, um korrigierend einzugreifen, wenn Kollegen ins Beobachtungsfeld gerieten. Sie glaubten, würden sie jetzt genauer Auskunft geben, könnten Menschen vom falschen Verdacht erlöst und die Situation entspannt werden. So gab es IMs, die über observierte Personen nur Gutes berichteten. Die Bereitschaft dazu blieb jedoch nicht ohne Risiken. Häufig hatte es mit dem Charakter zu tun, ob ein IM einem Beobachteten nützte oder schadete. Doch danach wurde nach der Wende gar nicht gefragt. Wer sich bereit erklärt hatte, galt als schuldig, als Täter.

Die Stasi zog immer mehr Menschen in ihre Tätigkeit hinein. Sie glaubte, »feindliche« Gruppierungen zersetzen zu können, indem sie die Unterwanderten und die Dazugehörigen gegenseitig ausspielte. Doch mit dieser Praxis zersetzte sie die gemeinschaftsbildenden Fundamente der Gesellschaft, die sie zu schützen vorgab.

Wie war nun die geistige Physiognomie des Mannes beschaffen, der die Stasi formte und daraus das machte, was sie zuletzt war? Auch wenn diese Dienste nach sowjetischem Vorbild entstanden, hatte Erich Mielke an ihrer Prägung wesentlichen Anteil. Die unsägliche Ausdehnung des Feindbilds auf immer mehr DDR-Bürger betrieb er mit einer geradezu perversen Konsequenz. Er stellte das dekonstruktive Ambivalenzverhalten zur dauernd beschworenen inneren Geschlossenheit der sozialistischen Gesellschaft dar. Zugleich verkörperte er das übersteigerte Sicherheitsbestreben der DDR in einer absurden Konsequenz. Man muß ihm zugute halten, daß er innerhalb der Führungsschicht der SED dafür verantwortlich war, den nicht ausreichenden Grad von Zustimmung der Bevölkerung zum sozialistischen Staat nicht zur Gefahrenquelle werden zu lassen. Als bestinformierter Mann der Regierung kannte er die Realität in ihren erschütternden Einzelfällen wie in der Verallgemeinerung. Er war kein dummer Mensch, aber ein Fanatiker, der alle kritischen Elemente des Marxismus verdrängte und eine idealisierte Geschichtsauffassung zur Basis seines Handelns machte. Einen deformierten Sozialismus, für den er mitverantwortlich war, hielt er für erhaltenswerter als jeden reformierten, dem er mißtraute. Dazu bedurfte es einer Gläubigkeit, die alles rechtfertigte. Daß der Sozialismus auf diese Weise Anhänger verlor, wollte er mit Gewalt verhindern. Jeder Zweifel an der Allmacht desselben war ihm verdächtig. Jeden, der von dem von der Sowjetunion gewiesenen Weg abwich, meinte er bekämpfen zu müssen. Deshalb richtete sich sein Mißtrauen nicht zuletzt gegen die Leute seiner eigenen Partei. Der Zweifel am Sozialismus sollte an der Wurzel ausgerottet werden.

Die Behörde, die geschaffen wurde, um die Stasi-Vergangenheit aufzuarbeiten, nahm eine Entwicklung, die immer mehr von den ursprünglichen Zielen abwich. Wenn eine Persönlichkeit ins Zentrum der Politik rückte, die nicht den Ansichten der herrschenden Schicht entsprach, wurde die Stasi-Keule hervorgeholt. Auch wenn es sich dabei um Leute handelte, die sich um die friedliche Revolution verdient gemacht hatten. Als zum Beispiel der Schriftsteller Stefan Heym für die PDS in den Bundestag gewählt wurde, und er traditionsgemäß als ältester Abgeordneter die neu zusammengesetzte parlamentarische Versammlung eröffnen sollte, tauchten rechtzeitig Meldungen auf, auch er habe sich mit der Stasi eingelassen. Die Anwürfe erwiesen sich als haltlos. Der Verdacht genügte jedoch. Denn die Akten waren, wie Peer Pasternack schrieb, »nicht vergesellschaftet, sondern (erneut) verstaatlicht worden«.[77]

Die Delegitimierung alles dessen, was mit der DDR zusammenhing, konnte nicht von Leuten durchgesetzt werden, die Meinungen wie Schäuble verfochten. Als nützlich erwiesen sich Personen, die am Sturz der SED-Regierung teilgenommen hatten und sich nunmehr bereit fanden, die Wortführer und Anhänger des alten Systems mit der gleichen Unversöhnlichkeit zur Rechenschaft zu ziehen, wie das vorher die Stasi mit ihnen getan hatte. Gerechtigkeit bestand für sie darin, alle

Verbindungen zum MfS aufzudecken. Für die Lösung dieser Aufgabe sahen sie einen Zeitraum von zehn bis zwanzig Jahren vor. Es ging darum, eine permanente »Verdachtskultur« zu etablieren. Erneut entstand eine Atmosphäre wie vor der Wende. Die Akten erzeugten bei den Menschen die Furcht, selbst darin vorzukommen. Wo warst Du, Adam? Diese Frage richtete sich an die Mehrheit der Intellektuellen. Jetzt lehrten die das Fürchten, die sich früher fürchten mußten.

So erschien es nur folgerichtig, daß am 18. Februar 1998 im *Tagesspiegel* zu lesen stand: »Die Gauck-Behörde, Fuchs sagt es nicht, aber es klingt deutlich an, das ist die Fortsetzung der Stasi mit anderen Mitteln.« Der Behörde diese Richtung gegeben zu haben, kann der Pfarrer Joachim Gauck für sich in Anspruch nehmen. Den organisatorischen Aufbau übernahm Hansjörg Geiger, ein Verwaltungsjurist mit Erfahrungen und Spezialkenntnissen aus dem bayerischen Landesamt für Verfassungsschutz, denn Gauck war auf allen Gebieten, denen er sich nach der Wende widmete, ein Dilettant. Es charakterisiert die Behörde, daß Hansjörg Geiger nach seinen Dienstjahren als Stellvertreter Gaucks Präsident des Bundesnachrichtendienstes wurde. Die Ziele, die die Institution unter Joachim Gauck verfolgte, beschrieb der frühere Ministerpräsident Lothar de Maizière so: »Ab einem bestimmten Augenblick ist das Stasi-Thema mit Hysterie betrieben worden, die eine klare nüchterne Betrachtung gar nicht mehr zuließ ... Es gab da so Geschichten, die sofort verallgemeinert wurden: Alle Ärzte, besonders wenn sie in der Geburtshilfe tätig waren, steckten kleine Kinder mit dem Kopf nach unten ins Wasser, alle Pfarrer waren Stasi-Spitzel. Man diskreditierte die gesamten Eliten Ostdeutschlands.«[78]

Gauck war weniger der Organisator als mehr der Agitator der nach ihm benannten Behörde, der mit dem Eifer eines Bußpredigers vom Typus Savonarolas der Reinigung der Gesellschaft von der Stasi nachging. Mit enormer Energie betrieb er das Spiel der Enthüllungen, das bestimmten politischen Kräften diente, sich aber auch ständig weiter verselbständigte. Joachim Gauck muß selber erstaunt gewesen sein, welchen Einfluß er mit seiner Tätigkeit auszuüben vermochte. Nicht wenige aus der Bevölkerung wiederum nahmen verwundert wahr, welche Dienste da ein Mann der Kirche übernahm. Nach Ablauf seiner Amtsperiode wollte er auch nicht wieder zurück ins Pfarrhaus. Das Fernsehen bot ihm eine Talkshow an. Der amerikanische Publizist Eric Hoffer, der eine merkwürdige Auffassung von der Intelligenz vertrat, zählte diese Intellektuellen zu den Unzufriedenen, die keine Sinnerfüllung in ihrer Arbeit finden, sich nach Einfluß verzehren, die aber, wenn sie auf ein Gebiet stoßen, das Erfolg verspricht, zu heftigen Extremisten im Dienst ihrer Sache werden. Als Charakteristikum für die ganze Schicht erscheint eine solche Ansicht verfehlt, auf Joachim Gauck mag sie zutreffen.

Natürlich rief die Entwicklung der Gauck-Behörde Widerspruch hervor. Nicht zuletzt auch von Mitgliedern der Bürgerbewegung. Friedrich Schorlemmer kritisierte Gauck und sein Amt heftig. Zum eigentlichen Gegenspieler wurde jedoch Peter-Michael Diestel, der frühere Innenminister im Kabinett von Lothar de Maizière. Er gehörte zur CDU, war aber wegen seiner Meinung und seines polemischen Talents dort nicht wohlgelitten. Als ehemaliger Innenminister kannte er sich in den Aktenbeständen aus und war empört, was Gauck damit betrieb. Mit dem Stasi-Schwert füge dieser Mann der Gesellschaft immer neue Wunden zu. Mit seinen Entscheidungen habe er mehr Menschen in den Freitod getrieben als jemals Opfer an der deutsch-deutschen Grenze zu beklagen gewesen seien. Dabei habe Gauck unter dem Decknamen »Larve« selbst in Verbindung zur Stasi gestanden und sich Vergünstigungen für Familienangehörige verschafft. Diestel warf Gauck nicht seine Vergangenheit vor, er wollte nur zeigen, daß Menschen mit einer vergleichbaren Beziehung zum MfS aus dem öffentlichen Dienst entfernt oder in den Freitod getrieben wurden. Gauck verklagte Diestel vor Gericht, aber Diestel bekam das Recht, seine Meinung zu sagen.

*Vierter Abschnitt*

Helmut Kohl: Die deutsche Einheit
und die zweite Spaltung

Die Wiedervereinigung fand unter Helmut Kohl statt. War er der Kanzler, auf den die ostdeutsche Opposition setzte? Den unterschiedlichen Richtungen dieser Bewegung erschien er vor 1989 ungeeignet für diese

Aufgabe wie früher Konrad Adenauer. Kohl galt als Fortsetzer jener Spaltungspolitik, die Adenauer mit seiner Westorientierung ausgelöst hatte. Daß von ihm eine Faszination ausgegangen wäre, kann wahrlich nicht behauptet werden. Die Einigung der Deutschen traute man ihm am wenigsten zu. Ein erster Anstoß für die DDR-Opposition ging von der Ostpolitik Willy Brandts aus. Seit dieser Wendung hatte man wieder einen Partner, dem man Nachdenklichkeit über die Existenzfrage der Deutschen zutraute, die man von der eigenen Regierung nicht mehr erwartete. Selbst innerhalb der SED entstand eine neue Situation. Man empfand fortan die Lage nicht mehr so alternativlos wie früher. Kohl stellte sich gegen die von Brandt eingeleitete Entwicklung, wenn er sie auch nicht ganz rückgängig machen konnte. Aus späterer Sicht schrieb Kurt Biedenkopf in seinem Tagebuch: »Kohl hatte weder die Größe noch die Weitsicht, die SPD einzubeziehen. Wäre ich an seiner Stelle gewesen, hätte ich Brandt gelobt, die Ostverträge und Helsinki hervorgehoben, zum Letzteren die Fehlentscheidung der Union anklingen lassen und dann die Sozialdemokraten voll in die Bewältigung der Revolution eingebunden.«[79]

Die Opposition wußte mit Kohl nicht viel anzufangen, wie er nicht mit ihr. Die Bürgerbewegung glaubte, mit dem Rückhalt der Volksmenge ihre noch nicht deutlich artikulierten und abgesprochenen Ziele wirksam vertreten zu können. Das änderte sich, als auf der Straße skandiert wurde »Wir sind ein Volk!«. Bisher hatte sich die Bürgerbewegung zum Wortführer der Massen gemacht. Doch nunmehr gewann diese Bewegung eine Eigendynamik. Die verschiedenen oppositionellen Gruppierungen verloren ihren politischen Einfluß. Sie gerieten in Zugzwang und mußten sich mit ihren Forderungen einordnen, wollten sie nicht einfach beiseite geschoben werden. Für den Großteil des Volkes, das so leben wollte wie im Westen, war Kohl keineswegs der ungeeignete Kanzler für die Wiedervereinigung. Er entsprach in vieler Hinsicht ihrer Mentalität. Mit ihm meinten sie, am ehesten ihren unmittelbaren Vorstellungen näher zu kommen.

In Kohl sahen die Menschen auf der Straße den pragmatischen Politiker, der mehr auf Geld als auf Ideologie setzte, den Mann, der ohne Faszination auskam. Für die meisten Intellektuellen war er das schlichte Gemüt, der antitheoretische, antivisionäre Typ. Die Leute, die mit Hoffnung nach dem Westen blickten, sahen in ihm den Praktiker, der über all das verfügen konnte, was ihre Regierenden nur versprachen, in die Zukunft verlegten. Was Kohl in einem Gespräch mit Günter Gaus sagte: »Alles, was im privaten Leben gut ist, ist gut in der Politik; und alles, was im privaten Leben schlecht ist, ist auch schlecht in der Politik«[80], entsprach in seiner unpolitischen, altmodischen Art viel besser ihrer Mentalität als alle weltanschaulichen Perspektiven. Komplizierte politische Situationen suchte Kohl in der Öffentlichkeit nicht durch anspruchsvolle Erörterungen und Strategien zu meistern, sondern mit dem schlichten Hinweis, jetzt müsse man »vernünftig« handeln. Kein Wunder, daß ein Journalist schrieb: »Wenn der Politiker über eine besondere Kompetenz verfügt, ist er dadurch auch verpflichtet, ist haftbar zu machen. Solche Lästigkeit hat Kohl immer zu meiden gewußt ... Die Deutschen haben bis jetzt noch kein Interesse an den Tag gelegt, von einem anderen Politikertyp regiert zu werden.«[81] Seine Eindimensionalität verschaffte mehr Vertrauen als brillantes politisches Denken. Dieser Habitus machte ihn unauffällig, undeutlich. So schien er nicht so leicht, nicht so offensichtlich zu vereinnahmen. Obwohl er Industrie und Banken mehr zuschanzte als je ein Kanzler vor ihm, vermied er, ihnen das Wort zu reden oder gar der Propagandist ihres Kurses zu sein. Der Kampf zwischen ökonomischen und politischen Mitteln war für ihn kein Thema. Die Herrschaft der Wirtschaft verdeckte er hinter einem scheinbar ideologiefreien Pragmatismus. Er war nicht zu dämonisieren, eher schon ein Rätsel, »hinter dem vielleicht aber auch gar nichts steckte ... Gedanken, die der näheren Erörterung lohnten, sind von ihm nicht bekannt geworden.«[82] An der Spitze eines geordneten Staatswesens, meinte Bertolt Brecht, brauche kein großer Mann zu stehen, ein einfacher Mensch tue es auch. In der Negativform traf das auf Kohl zu. Denn Brecht meinte ein Staatswesen der Zukunft, in der der Staat nicht mehr Gegensätze auszubalancieren und niederzuhalten hatte. Kurzum: Ein Land, das keine Helden benötigte. Ob die Deutschen bei der Wende den außergewöhnlichen Mann gebraucht hätten, sei dahingestellt. Fakt ist, sie hatten ihn nicht. Fakt bleibt aber auch, die Einheit vollzog sich unter Helmut Kohl. Das war der größte Triumph, den die Mittelmäßigkeit zustande brachte.

Etwas muß es aber doch gegeben haben, was Kohl diesen Rückhalt in der Bevölkerung verschaffte, was ihn bei den Bundestagswahlen nach der Wende wieder an die Spitze brachte. Daß er die unterschiedlichen

Interessen auf sich vereinen konnte, lag an seinem jahrzehntelangen Antikommunismus, der ihm eine breite Basis verschaffte. Zumal er ihn nicht aufdringlich, nicht propagandistisch in die Tagespolitik einführte, sondern ihn als etwas Selbstverständliches, geradezu Naturgegebenes verstand. Der Kalte Krieg hatte aus den Westdeutschen ein Volk von Antikommunisten werden lassen. In Kohl sahen sie ihren Vertrauensmann, der gegen jegliche Anfechtungen gefeit war, aber ideologische Feldzüge möglichst vermied. Die aggressiven ideologischen Auftritte überließ er anderen. Der latente, alltägliche Antikommunismus blieb in Westdeutschland die dominierende Mentalität; er formierte die politische Mitte, die Kohl repräsentierte. Diese Tendenz hielt über Jahrzehnte die verschiedenen Interessengruppen zusammen. Wer sich dagegen zur Wehr setzte, galt als Außenseiter. Für Kohl war der Marxismus kein Gegenstand der Auseinandersetzung, sondern einfach das, was man nicht an sich herankommen ließ, weil es nicht zum bürgerlichen Leben gehörte. Für ihn galt nur, was für alle gelten konnte. Aber darunter fielen weder Marxismus noch Sozialismus. Selbst die Sozialdemokraten, die »Sozis«, wie er sie gelegentlich nannte, bekamen diese abweisende Haltung zu spüren. Der unerwartete Zusammenbruch des Sozialismus als Weltsystem erhob den Antikommunismus zur überzeugenden politischen Mentalität, zur einzig richtigen Lebensform. Es schien, als sei die Menschheit zur Normalität zurückgekehrt. Den Repräsentanten dieses durch die Geschichte bestätigten Zeitgeistes sahen die Menschen in Helmut Kohl. Politische Theoriebildner und Visionäre waren nicht mehr gefragt. Daß eine solche politische Normalität zur Einheit geführt hatte, meinten die Menschen der Beharrlichkeit Kohls zu verdanken. Und er glaubte das auch selber.

Daß die Partner der Anti-Hitler-Koalition der Einheit so schnell zustimmten, ist auch der Erscheinung Kohls zu verdanken. Im wechselnden Kreis der Politiker galt er nicht als ein Vertreter Deutschlands, das wieder gefährlich werden konnte. Ein deutsches Herrschaftsgehabe ging von ihm nicht aus. Selbst dort, wo er bestimmend auftrat, galt er als freundlicher Geldgeber. Die Bescheidenheit im ehrgeizigen außenpolitischen Spiel sollte man ihm durchaus honorieren. Sie verbarg nicht nur Machtansprüche, sie trug auch dazu bei, daß die Bundesrepublik nicht als aggressives Land erschien und so alte Vorbehalte dämpfte. Auf diese Weise vermochte es Kohl, um Vertrauen für Deutschland zu werben.

Nachdem die Wiedervereinigung unter Dach und Fach war, meldeten sich Stimmen, die zu verstehen gaben, daß man ihn unterschätzt habe.

Das eigentliche Hauptproblem nach vollzogener Einheit bestand jedoch darin, daß Kohl die Interessen derer bedienen mußte, auf die er sich gestützt hatte. Das waren nicht nur die Banken, die Industrie und Landwirtschaft, sondern auch verschiedene Teile der westdeutschen Bevölkerung. Den Ostdeutschen hatte er versprochen, daß keiner etwas verlieren, aber jeder besser leben würde. Den Westdeutschen durfte er nichts versprechen, ihnen mußte er etwas geben. Sie hatte er in der Meinung zu bestärken, die Sieger zu sein. Das konnte nicht nur rhetorisch geschehen. Ein gleichberechtigtes Zusammenführen beider Teile Deutschlands ließ sich nicht machen. Es galt Instrumente zu schaffen, mit deren Hilfe die bisherigen Besitzstände der Ostdeutschen aufgelöst und eine Neuverteilung vorgenommen werden konnte. Was der alten Bundesrepublik zugefallen war, galt es zu verteilen, und zwar unter möglichst viele Menschen, so daß das Bewußtsein gefestigt wurde, die Einheit sei ihrer politischen Haltung zu verdanken. Auch deshalb konnte es ein gleichberechtigtes Zusammenführen der beiden Staaten nicht geben. Der Zugriff der Banken und der Industrie auf das Volksvermögen der DDR mußte juristisch gelenkt und abgesichert werden. Die alten Eliten waren abzulösen, um einer breiten westdeutschen Schicht zu ermöglichen, Führungspositionen zu besetzen. Jede Einrichtung, sei es der Lehrkörper einer Universität oder anderer Institutionen, sollte gut »durchmischt« werden. In der Praxis hieß das, die Dominanz der Westdeutschen herzustellen. Kohl drängte darauf, daß von der DDR nichts übrig blieb, schon gar nichts Sozialistisches. Eine derartige radikale Ausgrenzung früherer Eliten hatte es in der deutschen Geschichte noch nicht gegeben. Mit unvorstellbarer Schnelligkeit wurde den Ostdeutschen das westdeutsche System in Politik, Wirtschaft, Recht und Kultur übergestülpt. Kohl machte sich keineswegs die Gefahren bewußt, die eine solche Politik heraufbeschwor. Die Wiederherstellung alter Besitzstrukturen vollzog sich in der Geschichte nie ohne Haß und Rache. Deshalb suchten kluge Sieger immer eine Balance zu wahren, die Ansprüche auszugleichen, um Entwicklungen in die Zukunft zu ermöglichen. So zum Beispiel Napoleon, der mit viel innenpolitischem Geschick nach einem Ausgleich zwischen Revolution und Restauration strebte. Davon profitierte die französische Gesellschaft. Diese Klugheit besaß

Kohl nicht. Ihm ging es darum, diejenigen nicht zu enttäuschen, die seine Politik mitgetragen hatten. Sie sollten in die neuen Länder einrücken, sich als Helfer und Anweiser betätigen. Auf einen Ausgleich zielte seine Politik nicht. Der Kanzler stellte sich gegen jeden Versuch, die Wiedervereinigung zur Veränderung auch der westdeutschen Gesellschaft zu nutzen, was den Zusammenschluß erleichtert hätte. Auf diese Weise beglich er den Preis der Einheit. »Wer die DDR komplett delegitimiert sehen wollte«, sagte Gregor Gysi bei seiner Abschiedsrede im Bundestag im Jahre 2000, »der delegitimiert irgendwie immer auch deren Bevölkerung, ob er das wollte oder nicht.«[83]

Durch diese Politik entstand eine tiefe Kluft zwischen Ost- und Westdeutschland, die man durch die erkämpfte Einheit eigentlich aufgehoben glaubte. Plötzlich war wieder etwas da, das trennte. Eine unsichtbare Mauer schien sich durch Deutschland zu ziehen. So kam es unter Kohl zwar zur staatlichen Einheit, aber zugleich zur zweiten Spaltung nach Adenauer. Gregor Gysi meinte, sie werde in seiner Generation nicht aufgehoben, die Einheit bleibe so unvollendet.

Die politische Umsetzung von Kohls Einheitspolitik führte im Osten zu unvorhergesehenen Veränderungen im Bewußtsein der Bevölkerung. Eine merkwürdige, schwer bestimmbare Mentalität entstand, die sich von der im Westen unterschied. Eine Ostidentität bildete sich heraus. Aber auch in den alten Bundesländern setzte sich eine Westidentität durch, die es früher nicht gab, die in der Öffentlichkeit nicht wahrgenommen wurde. Stefan Heym sprach von einer »mißlungenen Einheit ohne Einigung«. Nun gab es in dem Jahrzehnt nach der Wende keineswegs eine Stimmung, die den alten Verhältnissen nachtrauerte. Leben wie in der DDR, das wollte kaum jemand. Die frühere Lebensweise war bei aller sozialen Ausgewogenheit vom Mangel an lebenserleichternden Gütern und Möglichkeiten bestimmt gewesen. Dahin wollte niemand zurück. Doch das radikale Überstülpen der kapitalistischen Lebensweise auf eine Gesellschaft, die vierzig Jahre versucht hatte, sich anders zu organisieren, führte zu Verletzungen. Die Ostdeutschen hatten eben nicht nur eine bessere Lebensqualität gewonnen, sie hatten auch viele soziale Errungenschaften verloren. Die sozialen Unterschiede, die Kluft, die jetzt sichtbar wurde, nicht nur zwischen Ost und West, auch innerhalb der neuformierten Gesellschaft, schreckte auf, verbitterte. Was man gewollt hatte, vermochte man jetzt nicht mehr uneingeschränkt zu bejahen. So entstand eine Mentalität der Verunsicherung, der Unbestimmtheit, die feste ideologische Bindung scheute und zu einer Meinung des Einerseits-Andererseits tendierte, die sich aber auch einen gefährlichen irrationalen Freiraum zu schaffen suchte. Die Medien, die mit dem Anspruch der Vergangenheitsbewältigung auftraten, förderten eher diese Mentalität als ein demokratisches Bewußtsein. Das geschah vor allem dadurch, weil sie eine Diktion bevorzugten, die alles verächtlich machte, was mit der DDR zusammenhing. So bekam die oben erwähnte Mentalität eine Dynamik, die die Spaltung förderte. Gegenläufige Reaktionen wurden als DDR-Nostalgie verkannt. Doch die Nostalgie war oft nur die sublimere Form für den aufgestauten Zorn.

Durch die Wende kam es zu einer neuen Lebensweise. Alles war anders als zuvor. Das Neue forderte zum Vergleich mit dem Früheren auf. Förmlich über Nacht standen die Ostdeutschen einem schier unerschöpflichen Warenangebot gegenüber, das sie in den sich bietenden Dimensionen nicht kannten. Eine Kauflust setzte ein, die auch verwirrte. Die Eßgewohnheiten änderten sich und führten zu einer neuen Lebensqualität. In der ersten Zeit ließ man die Ostprodukte liegen, sofern sie überhaupt noch zu finden waren. Man stürzte sich auf die neuen, die Westwaren. Gleichzeitig entstand eine Arbeitslosigkeit von einem Ausmaß, das man früher als SED-Propaganda verlacht hätte. Der Osten verlor in diesen Jahren vier Millionen Arbeitsplätze, während im Westen zwei Millionen neue entstanden. Christoph Schroth, nach der Wende Intendant des Theaters in Cottbus, einem Gebiet mit bis zu 25 Prozent Arbeitslosigkeit, in dem ganze Industriezweige wegbrachen, fragte: »Braucht die Gesellschaft den Menschen noch? Das Gefühl, wie ein Tier um seinen Arbeitsplatz kämpfen zu müssen, ist doch die bedrückende Erfahrung, die man hier hat ... Menschen, die eine solide Ausbildung hatten, konnten sich ja gar nicht vorstellen, die Arbeit zu verlieren. Jetzt rasiert die Arbeitslosigkeit ganze Berufsgruppen wie mit dem Rasenmäher ab.«[84]

Ein neues Lebensgefühl bescherte den Ostdeutschen das Auto und das ungehinderte Reisen. Beide waren die eigentlichen Einheitserzwinger. Jetzt brauchte man nicht mehr zehn Jahre auf ein Auto zu warten. Es stand in allen Ausführungen zum Kauf. Am Anfang tat es auch ein Gebrauchtwagen. Die Ostdeutschen begaben sich auf Reisen. Nunmehr konnte auch der Nachbar davon reden, daß er in Italien, in Paris und in den USA gewesen war, was früher nur einige Privilegierte von sich sagen konnten. Gegenüber diesen Möglichkeiten versank die DDR in eine graue Vorzeit, in der nichts möglich gewesen war. Einige meinten, sie seien um das wahre Leben betrogen worden. Aber auch jetzt verließen Menschen die neuen Länder, gingen in die alte Bundesrepublik; sie fanden in ihrer Heimat keine Arbeit mehr. Die Flucht aus dem Osten hörte nach der Wende nicht auf. Sie setzte sich unter den neuen Bedingungen ungebrochen fort.

Die Städte veränderten sich. In der DDR war die alte Bausubstanz verfallen. Die Bauindustrie war nur darauf ausgerichtet gewesen, Altes durch Neues zu ersetzen. Oftmals auch das gute Alte durch das schlechte Neue. Es war traurig, mit ansehen zu müssen, wie alte Städte ihre Schönheit verloren, wie viele Lücken es nach Jahrzehnten noch immer in den Innenstädten gab. In den neunziger Jahren erhielt vieles ein neues Gesicht. Altes wurde restauriert, Baulücken geschlossen. Das Neue war nicht immer schön, aber imposant durch Masse und Material. Wohnungen entstanden, so daß es in den neuen Bundesländern bald zu einem Leerstand von einer Million Wohnungen kam. Daß sich der Wohnungsmarkt so verändern konnte, schien zu DDR-Zeiten unvorstellbar. Freilich, in den neuen Ländern, vor allem in Berlin, bauten finanzkräftige Unternehmen aus aller Welt. Die internationalen Stararchitekten gaben sich ein Stelldichein, denn hier sahen sie ein Betätigungsfeld, einen Freiraum wie nirgendwo. Den Menschen aus der DDR fiel auf, wie arm die DDR gewesen war, wie begrenzt ihre Möglichkeiten. Die neuen Gebäude und Wohnviertel gehörten, wie die Ostdeutschen sagten, den Wessis. Die Wohnungen, in die sie einzogen, besaßen westdeutsche Geldgeber. Man konnte ganze Stadtteile, Wohnparks finden, derer Besitzer in Hamburg, in Ludwigshafen oder in anderen Teilen des Westens wohnten. Die Ossis kamen in den Städten als Käufer kaum in Betracht. Auch die Dörfer veränderten ihr Gesicht. Hier konnten die Einheimischen Eigenheime bauen oder ihre Häuser sanieren. Wenn man das äußere Bild nahm, dann ließ sich in einigen Gebieten schon von »blühenden Landschaften« sprechen, die Kohl versprochen hatte. Trotzdem, durch die Privatisierung, das juristisch sanktionierte Prinzip »Rückgabe vor Entschädigung«, verloren viele Ostdeutsche ihre Häuser und Grundstücke. Sie waren langwierigen Rechtsstreitigkeiten ausgesetzt, in denen sie kaum eine Chance besaßen. Andererseits floß viel Geld aus dem Westen in den Osten. Ein Großteil gelangte wieder in die Hände der Westdeutschen, die hier Besitzer geworden waren und die Entwicklung bestimmten.

Die Demokratie eröffnete Möglichkeiten, sich einzumischen, sich zu Wort zu melden. Zugleich bekamen die Beigetretenen die Übermacht der Medien zu spüren, die vorgaben, wie die Welt sein sollte, was als überholt galt, von welchen Vorstellungen man sich trennen müsse. So auch von »der bösen Kraft der Utopie«. Die Ostdeutschen versuchten, mit diesem neuen Leben zurechtzukommen. Es war nicht wenig, was ihnen willkommen war. Aber es wurde ihnen auch zu verstehen gegeben, daß sie falsch gelebt hätten. Sie wollten nicht zurück, wollten aber auch ihr vergangenes Leben nicht preisgeben, das der Erinnerung wert war. Was die Ostdeutschen von den Westdeutschen unterschied, waren die Erfahrungen, die gesellschaftlichen wie die individuellen, die sie gemacht hatten. Sie konnten vergleichen. Angekommen in den neuen Verhältnissen, war keiner ohne Demütigungen geblieben, selbst jene nicht, die sich an die Spitze der Einigungsbewegung gestellt hatten.

## SIEBENTES KAPITEL
Einstieg in neue Verhältnisse
Die Schriftsteller suchen die ihnen gemäße Position

*Erster Abschnitt*

Was tun? Jenseits der Zensur –
aber die schreibenden Akteure stehen verloren da

In den neunziger Jahren vollzog sich ein grundsätzlicher Wandel der gesellschaftlichen Verhältnisse. Die Schriftsteller standen vor neuen, ungewohnten Existenzbedingungen. Gefallen war, was sie als ärgste Behinderung ihrer literarischen Arbeit empfunden hatten. Aber sie wollten nicht nur die Zensur abschaffen. Die reformbewußten Schriftsteller strebten nach Veränderung der politischen Beziehungen in Ost und West. Darin sahen sie die Chance der Einheit. Doch in den neunziger Jahren erkannten sie, daß sich in dieser Richtung nichts bewegte. Wieder einmal waren sie die Enttäuschten. Wie die Ostdeutschen insgesamt, hatten sie gewonnen und verloren. Obwohl die Freiheit des Wortes ein schwer erkämpftes und nicht hoch genug zu schätzendes Gut war, unverzichtbar für ihren Beruf, trafen sie die Verluste noch härter als andere Schichten der Bevölkerung. In den früheren Jahrzehnten hatten sie die Rolle eines Dolmetschers für die Massen übernommen. Diesen Dienst brauchte das mündig gewordene Volk, wie es die Reformer selbst bezeichneten, nicht mehr. Wenn auch nur für ganz kurze Zeit, bis es sich wieder fester in der Hand der Union kapitalistischer Kräfte befand. Die Führenden der DDR, an die sich die prominenten Künstler mahnend gewandt hatten, waren aus allen Entscheidungsebenen entfernt. Auf sie warteten die Gerichte. Westdeutsche Intellektuelle beschrieben die Stimmung ihrer Kollegen als Melancholie, betrachteten sie als Gekränkte, als Verbitterte. »Wie nur enttäuschte Eltern und Erzieher, straften nach der Wende gerade die bis dato als Fürsprecher einer Sozialismusreform geschätzten Literaten ihre Mitbürger mit Liebesentzug, Anklagen und Wehmutsgesten.«[1]

Eine solche Einschätzung mag auf die Befindlichkeiten einiger zutreffen, als Verallgemeinerung einer historisch konkreten Situation ist sie verfehlt. Die Intelligenz im Osten machte Erfahrungen, die ihren Kollegen im anderen Teil Deutschlands erspart blieben. Eine Selbstüberprüfung war angesagt, die einem Gerichtstag mit dem eigenen Ich glich. Schmerzliche Eingeständnisse mischten sich mit Empörung über die neuen Zumutungen. Wieder sollte sich die Intelligenz in neue, ungewohnte Verhältnisse einfügen. Wieder sah sie sich genötigt, sich zu verändern. Und doch gab es genügend Gründe, an den bisherigen Richtpunkten ihres Lebens festzuhalten. Als schreibende Akteure gehörte es zu ihrem Metier, sich stets zu offenbaren. Im Unterschied zu den enttäuschten Massen konnten sie sich nicht aus allem heraushalten, wollten sie nicht aus der schreibenden Zunft ausscheiden.

Die existentiellen Bedingungen der Autoren änderten sich nicht weniger drastisch als die anderer Berufe, die jetzt nicht mehr gebraucht wurden. Zwar gab es eine kurze Phase, in der die Wendeliteratur die gespannte Aufmerksamkeit der Öffentlichkeit erlangte. Nunmehr konnte ja veröffentlicht werden, was früher zurückgehalten wurde oder nicht gesagt werden durfte. Allerdings war der Schreibtischvorrat an unveröffentlichten Manuskripten nicht so umfangreich, wie man nach Aufhebung der Zensur erwartete.

Die Wendeliteratur basierte auf politischen Begebenheiten, über die die lesende Bevölkerung Auskunft verlangte. Noch einmal konnten die ostdeutschen Verlage tief durchatmen. Titel wie *Schwierigkeiten mit der Wahrheit* von Walter Janka, *Der vormundschaftliche Staat* von Rolf Henrich, *Fünf Tage im Juni* und *Collin* von Stefan Heym beherrschten die öffentlichen Diskussionen. Lesungen der Bücher von Janka und Henrich füllten ganze Theatersäle. Doch dann kam die Welle der westdeutschen Unterhaltungs-, Ratgeber-, Hobby- und Reiseliteratur, die alles an den Rand drängte, was früher in der DDR gelesen wurde. Ob es im Rahmen der politischen Verhältnisse, die zur Einheit führten, noch einen anderen Weg für das Verlagswesen der DDR gegeben hätte, bleibt fraglich. Dem Verleger Elmar Faber kamen im September 1990 offenbar schon erste Zweifel: »Wir hätten die Chance gehabt, im Zuge der deutschen Einheit innezuhalten und auf dem Hintergrund einer kontroversen geschichtlichen Erfahrung auch im Buchbereich nach Modellen für die Zukunft zu suchen. Wir scheinen die Chance zu verpassen.«[2]

Der weltanschauliche Orientierungsprozeß der Schriftsteller ist nicht von den Veränderungen ihrer materiellen Existenzbedingungen zu trennen. Wenn sich die Autoren auf den Weg zu ihrem Verlag machten, fanden sie in den neunziger Jahren entweder einen neuen Besitzer, eine Immobilie in Verwaltung der Treuhand oder ein provisorisches Gremium, das sich verzweifelt bemühte, das Unternehmen über Wasser zu halten. Die Verlage durchlebten in dieser Zeit einen raschen Wechsel von Aussichten und Einsichten. Die kurze Zeit der Illusion führte in die gesamtdeutsche Normalität. Sorgfältige Planungen verloren schlagartig ihre Realisierbarkeit. Zu Beginn der neunziger Jahre gingen die Verleger noch von einer möglichen Zweistaatlichkeit, von einer Konföderation aus. Am deutlichsten spiegelte sich das in dem Briefwechsel zwischen Günter Grass und Elmar Faber wider. Faber wollte den zu DDR-Zeiten aus politischen Gründen arg vernachlässigten Grass als Stammautor des Hauses in der Französischen Straße gewinnen. An eine Wiedervereinigung dachte Grass Ende 1989 nicht. Damals muß er fest überzeugt gewesen sein, daß die Entwicklung eher auf eine Konföderation hinauslief; denn in einem Brief vom Dezember 1989, in dem es um die Publikation seiner Aufsätze und Reden über zwei Staaten einer Nation bei Aufbau ging, schrieb er: »Da ich ein strikter Anhänger einer ›Vertragsgemeinschaft‹ bis hin zur Konföderation zweier deutscher Staaten bin und mich vehement gegen einen deutschen Einheitsstaat im Sinne von Wiedervereinigung ausspreche, ist dieses Buch für die Leser in beiden deutschen Staaten gleichermaßen aktuell.«[3] Grass zeigte sich zu dieser Zeit daran interessiert, sein Gesamtwerk bei Aufbau zu plazieren, denn er ermutigte Faber, mit diesem Vorhaben schnell voranzukommen. »Ich habe zu lange auf Veröffentlichung in der DDR warten müssen, um heute mit vagen Versprechungen zufrieden sein zu können. Zudem machen die politischen Veränderungen in der DDR alle bisherigen Bedenken zunichte; einer guten Zusammenarbeit zwischen Autor und Verleger steht also nichts mehr im Wege. Ich freue mich, lieber Herr Faber, auf diese Zusammenarbeit.«[4] Grass wünschte sich endlich eine stabile Verbindung, eine gute Zusammenarbeit, aber dazu kam es nicht. Wieder stellte die Politik die Weichen.

Als die existentiellen Nöte der Verlage durch die Bedingungen der Treuhand zunahmen, setzte eine umgekehrte Tendenz ein. Nunmehr konnte keine Rede davon sein, westdeutsche und ausländische Autoren an die ehemaligen DDR-Verlage zu binden. Vielmehr suchten die Ost-Autoren einen Verlag im Westen. Einigen fiel das schon deshalb nicht schwer, weil sie bereits früher Lizenzen ihrer Bücher an Verlage im Westen vergeben hatten. Am empfindlichsten traf es wohl den Aufbau-Verlag als einstigen Repräsentanten der DDR-Literatur. Hier gingen die weg, die in diesem Hause zu Erfolgsautoren geworden waren. Doch nicht aus Undankbarkeit. Die Verhältnisse zwangen sie dazu. Sie sahen, daß auch ihr altes Verlagshaus bald ein kapitalistisches Unternehmen sein würde, nur belastet mit einem viel größeren Risiko als die Häuser in den alten Bundesländern, die über ein eingespieltes Vertriebssystem verfügten. Zudem waren Beziehungen zwischen Autor und Verleger meist Zweckbündnisse, auch wenn gelegentlich daraus Freundschaften entstanden. Da es nicht wenigen Autoren ums Überleben ging, mußten sie Entschlüsse fassen, die keinen beschaulichen Rückblick zuließen.

Eine der ersten, die den Aufbau-Verlag verließ, war Christa Wolf. Im August 1990 teilte sie mit, daß sie die bisher gesplitteten Titelrechte ganz an den Luchterhand Literaturverlag zu vergeben gedenke. Unterschiedliche Auffassungen zwischen ihr und Aufbau bestanden bereits über den Taschenbuchverlag. Gegenüber dieser Neugründung verhielt sie sich skeptisch und plädierte für eine gemeinsame Verwertung der Rechte zwischen Aufbau und Luchterhand. Danach sollten die Taschenbuchrechte Luchterhand zufallen, der über ein »intaktes Vertriebssystem« verfüge, Aufbau die Hardcover-Ausgaben vertreiben. Aufbau-Chef Faber zeigte sich von der Entscheidung seiner Erfolgsautorin tief betroffen. Er warb um sie, suchte ihr die komplizierte Lage des Verlags verständlich zu machen. »Ich möchte Dir heute einmal sagen, daß mir alles viel näher geht, was im Moment geschieht, als es mir anzumerken ist. Aber ich brauche auch eine gewisse Distanz zu den Boshaftigkeiten des täglichen Geschäfts, sonst würde ich diese aufreibende Zeit selbst nicht überstehen. Was Aufbau betrifft, so wird im Moment viel Gutes und viel Schlechtes gesprochen. Es wird geredet über das, was mutig angepackt wird und das, was man als falsch empfindet. Aber von selbstzerstörerischer Atmosphäre im Verlag kann an keiner Stelle die Rede sein, und man darf bei der Einschätzung eines so komplizierten Unternehmens, wie es ein Verlag ist, nicht allein von der Stimmungslage der von Kündigung betroffenen Kollegen ausgehen. Und wie, liebe

Christa, soll man es anders machen? Überlebenskunst in unserer Branche heißt mit Rigorosität die Effektivität herzustellen, die der Konkurrenz ebenbürtig ist.

Liebe Christa, ich wünsche mir eine weitere freundschaftliche Zusammenarbeit. Ich betrachte Dich als Flaggschiff der Autorengemeinschaft des Aufbau-Verlages. Ich möchte viel dazu beitragen, daß sich diese Hochachtung täglich erneuern kann.«[5]

Christa Wolf ließ Faber zwar wissen, daß sie daran interessiert sei, »daß der Aufbau Verlag als anerkannter Verlag weiter besteht«, aber sie selbst entschied sich für die Trennung. Am 23. Oktober 1990 gab sie nach einem Gespräch mit Faber noch einmal schriftlich zu Protokoll, »daß ich mir für den Fall des Verkaufs des Aufbau-Verlags die Kündigung meiner Autorenrechte vorbehalte. Ich berufe mich dabei auf den Autorenvertrag und auf die Vereinbarung mit dem Autorenbeirat des Verlages.«[6] Sie wechselte dann ganz zum Luchterhand Literaturverlag über.

Den Aufbau-Verlag verließen auch Autoren, die erst in den letzten Jahren auf sich aufmerksam gemacht hatten, so Markus Wolf und Sigrid Damm. Gerade an ihren Erfolgen hatte das Haus in der Französischen Straße in verschiedener Weise seinen Anteil. Hier hatte man, wie sich Faber ausdrückte, die »Lektoratskissen« geschüttelt, um die Autoren gut zu betten. Die Westverlage waren zwar auf deren Erfolgsfahrt aufgesprungen, aber am Ende konnte der Stammverlag noch immer mit besseren Ergebnissen aufwarten. Nun gingen auch sie zur Konkurrenz über. Der Aufbau-Verlag war es gewesen, der den Geheimdienstchef und Generaloberst a. D. als Literaten oder wenigstens als »halb literarischen Autor« herausgestellt hatte. Zwar bedurfte es bei Markus Wolf keiner großen Werbung, aber Faber sorgte dafür, daß diesen Autor ein künstlerisches Flair umgab, daß er in Zirkeln und Feuilletons Aufnahme fand. Sein Buch *Die Troika* wurde als literarische Novität serviert. Jetzt sah sich Faber zunehmend genötigt, die Entschlüsse seiner Autoren nicht als Kränkung zu empfinden. Er suchte alles zu vermeiden, was ihn bitter darauf reagieren ließ. An Markus Wolf schrieb er: »Ich bin in meinem Leben genug mit Verlegerschicksal beglückt und geschlagen worden ... Das deutsche Verlagswesen hat eine lange Geschichte. In dieser Geschichte hat es viele produktive Verbindungen zwischen Autoren und Verlegern gegeben und vielerlei Freundschaften. Es hat auch manche schmerzhafte Stunde gegeben, wenn man an Punkten oder zu Einsichten kam, daß man sich trennen mußte. Eine solche schmerzhafte Stunde war unser gestriges Gespräch. Deshalb zuallererst: Ich bedauere Beweggründe und Entscheidungen, mit Deinen neuen Büchern nicht oder wenigstens nicht mehr bei Aufbau zu sein. Ich bedauere es doppelt und dreifach, einmal wegen der gewonnenen Autor-Verleger-Freundschaft, dann wegen der verblassenden Hoffnung, mit Dir einen produktiven Autor im Aufbau-Hafen geankert zu haben. Schließlich wegen der Erkenntnis, daß mit Deinem Ausstieg dem Verlag ein Zeitzeuge verlorengeht, dessen verstecktes Wissen und die Botschaften, die daraus entstehen können, gerade von Berlin und vom fortschrittlichen Aufbau-Verlag aus am besten zu vervielfältigen gewesen wären.«[7]

Sigrid Damm teilte nach einer Zeit des Überlegens dem Verlag lakonisch mit: »Mit dem heutigen Datum kündige ich meine Verlagsverträge mit dem Aufbau-Verlag zu *Vögel, die verkünden Land* und *Cornelia Goethe*. Ich bitte Dich, meine Entscheidung zu verstehen und danke für die Jahre der Zusammenarbeit.«[8]

Das sollten nicht die einzigen Autoren bleiben, die zu Beginn der neunziger Jahre das Haus in der Französischen Straße verließen. Auch Stephan Hermlin, einer der Autoren und Mitarbeiter aus den Anfangsjahren, ging weg, obwohl der Verlag gerade eine gutausgestattete Gesamtausgabe seines Werks begonnen hatte. Hermlin wechselte ganz zu Wagenbach über, der sich in schwierigen Zeiten für ihn eingesetzt hatte und dem er sich verpflichtet fühlte. Peter Hacks, von dem Aufbau 1991 eine exzellent aufgemachte und gestaltete dreibändige Ausgabe *Ascher gegen Jahn* in Kassette herausbrachte, literarisches Gold, das jetzt wie Blei im Vertrieb lagerte, verabschiedete sich. Einige Autoren meinten, in dem schmaler gewordenen Verlagsprogramm gar nicht mehr vorgesehen zu sein, und suchten nach anderen Möglichkeiten. Nicht wenige standen bald ohne Verlag da. Die Programme schrumpften, ihre Titel kamen seltener oder gar nicht mehr vor. Das Kaufverhalten der Ostdeutschen änderte sich. Sie erwarben weniger Bücher, griffen auch hier wie bei den anderen Waren zu Westprodukten. Die Nachholelektüre, das, was für die DDR-Bürger früher nicht erreichbar war, verdrängte die DDR-Literatur. Die Nachfrage nach Belletristik insgesamt ging zurück. Ein Rückgang an schöner Literatur setzte ein. Das Kaufinteresse richtete sich auf Fachliteratur, die die Leser in veränderten Lebens- und Berufsverhältnissen beriet.

Der Einzug der Normalität auf dem Buchmarkt bedeutete, daß ein erbitterter Konkurrenzkampf um Lizenzen einsetzte. Ein weltliterarisches Angebot hatten die DDR-Verlage nur gewährleisten können, indem sie Lizenzen für den Vertrieb von Büchern erwarben. Nach 1945 hatte sich Ernst Bloch noch gewundert, daß Werke eines deutschen Autors von verschiedenen deutschen Verlagen in Ost und West gedruckt, Lizenzen nach der einen und der anderen Seite vergeben wurden. Im Verlauf eines halben Jahrhunderts war das zur allgemeinen Praxis geworden. Mit einem Schlag hörten diese Verhältnisse auf. »Die deutsch-deutsche Lizenzpolitik, die bislang von der Praxis der Zweistaatlichkeit ausgegangen war, geriet ins Wanken. Ein deutscher Autor brauchte nur noch einen Verlagsort: Leipzig oder München, Berlin oder Frankfurt am Main, Hamburg oder Rostock reichten ihm zur Verbreitung seiner Wahrheiten und Irrtümer. Er mußte fortan nur noch in einer deutschen Buchmetropole seßhaft sein. Auch die übersetzten Dichter, für die die deutschen Rechte zu erwerben waren, wurden nun von einem Verleger für das gesamte deutsche Sprachgebiet reklamiert. Mehr denn je kamen sich Werkausgaben gleicher Autoren aus unterschiedlichen deutschen Verlagen ins Gehege.«[9] Die neue Lizenzpolitik traf Verlage wie Volk und Welt, dessen internationales Programm hauptsächlich auf Lizenzen beruhte, die westdeutsche Häuser besaßen, an der Wurzel ihrer Existenz. Aber auch Aufbau verlor einige seiner Stammautoren. So Heinrich Mann, der das Profil des Verlags geprägt hatte. In früheren Zeiten zeigte kein Westverlag Interesse an diesem Autor, jetzt wurde er wieder zurückgeholt. Im Lizenzpoker bemühten die Verlage zunehmend die Gerichte. Die Presse schaltete sich ein, lieferte Prognosen, wer die größeren Aussichten zu haben schien. Der gesamte deutsche Buchmarkt befand sich im Umbruch. Neben dem Aufbruch stand der Abbruch. Der Abbruch dauerte länger. Nach einer ersten radikalen Bereinigung vollzog er sich langsamer. Die Autoren standen betroffen und verloren da.

*Zweiter Abschnitt*

Das Leseland entledigt sich seiner Literatur
auf der Müllkippe

Am Anfang war die Büchervernichtung. Wie auf allen Gebieten vollzog sich im Osten der Einzug der neuen Waren mit der Verdrängung und Vernichtung der bisher üblichen. Auch das Buch ist eine Ware, aber eben nicht nur, es ist auch ein Kulturgut. Deshalb erregte zwar nicht die Verdrängung, die ja nicht ohne das Verlangen der Ostdeutschen zustande kam, wohl aber die Art ihrer Vernichtung Empörung in Ost und West. Einen spektakulären Fall brachte der Pfarrer Martin Weskott aus Katlenburg bei Göttingen an die Öffentlichkeit. In der Zeitung sah er ein Foto von Büchern auf einer Müllkippe. Da er die für einen zivilisierten Menschen selbstverständliche Meinung vertrat, daß Bücher nicht auf die Müllkippe gehören, faßte er den Entschluß, diesen Ort der Vernichtung aufzusuchen. Was er entdeckte, übertraf die schlimmsten Erwartungen. Auf dem Gelände einer stillgelegten Ziegelei in Plottendorf bei Leipzig lagen ganze Stapel von verlagsfrischen Büchern aus den Ostverlagen, oft noch eingeschweißt. Tonnenweise hatte man hier Bücher abgeladen und der Vernichtung preisgegeben. Ein riesiger Bücherfriedhof tat sich vor dem Pfarrer auf. So etwas hatte er bisher noch nicht gesehen, sich nicht einmal vorstellen können.

Nun handelte es sich bei diesen Büchern nicht um Publikationen, die die veränderten Verhältnisse überflüssig gemacht hatten. Was da lag, waren keine ausgedienten Dienstvorschriften, keine überholte Rechtsliteratur und keine in Leinen gebundene Reden der früheren Politiker, sondern, literarisch gesehen, das Beste vom Besten. Klassiker von Aristoteles bis Lew Tolstoi, Dostojewski, der einst so begehrte *Hinze und Kunze-Roman* von Volker Braun, Werke von Heinrich Böll in Lizenzausgaben, Bücher von Heinrich Mann, Arnold Zweig und Ernesto Cardenal. Sie stellten keine unabsetzbaren Lagerbestände aus früheren Zeiten dar, sondern gehörten oftmals zur neuesten Produktion, die aber jetzt als schwer verkäuflich galt, weil sie aus dem Osten kam. Die Essays von Karl Mickel als Band 1363 der Reclam-Bibliothek landeten, kaum ausgedruckt, auf dem Müll. Eine Helferin von Pfarrer Weskott beschrieb den Anblick der Bücherberge so: »Unter freiem Himmel lag tschechische Literatur mit Versen des Literaturnobelpreisträgers Jaroslav Seifert. Dem Regen waren ausgesetzt lateinische Fabeln von Phaedrus. Von Schimmel bedroht waren Essays von Stefan Heym. Von Hitze gekrümmt der Bildband vom Dresdner Zwinger. Von Ratten benagt die Grabbe-Edition der Bibliothek der Klassiker. Vom Winde zerstreut Kinder- und Jugendbücher. Als er Heinrich Manns Roman *Im Schlaraffenland* entdeckte, sagte Weskott, habe er sich geschämt. Schon einmal war diesem Schriftsteller Unrecht angetan worden.«[10] Pfarrer Weskott machte aus dem Fund eine Aktion. Danach lud er die Bücher mit Hilfe seiner Dorfbewohner auf Lastwagen und brachte sie in einer bereitgestellten Scheune und im Kloster von Katlenburg unter. Er lud die lesefreudige Umwelt zur Besichtigung und zu Lesungen ein. Schriftsteller, deren Bücher nun in der Scheune von Katlenburg lagerten, kamen zu Lesungen. Kolloquien fanden statt. Der kleine Ort im westlichen Harzvorland wurde zu einem Treffpunkt der Literaturfreunde. Die Besucher konnten sich gegen eine Spende für »Brot für die Welt« aus dem geretteten Bücherschatz bedienen.

Die moralische Empörung über diese Art der Büchervernichtung war groß. Die Presse nahm sich des Vorfalls an. Die geäußerte Entrüstung stieß bei den Lesern auf Zustimmung. Weniger Aufmerksamkeit schenkte man hingegen den konkreten wirtschaftlichen Umständen, die dazu geführt hatten. In den Ostländern sahen sich die Betriebe und der Handel genötigt, »Altlasten« als Ballast abzuwerfen, ganz gleich in welcher Weise und wohin. Es mußte Platz für die Waren aus dem Westen geschaffen werden. Daran beteiligten sich fast alle Institutionen, die nach dem Währungsumtausch unter wirtschaftlichen Druck gerieten. Nicht nur Bibliotheken und Buchläden warfen ihre Altbestände förmlich auf die Straße. Buchhandlungen offerierten nunmehr in ihren Regalen Bücher über das Steuerrecht, Reiseführer, Konsalik, Rosamunde Pilcher und Memoiren aller Schattierungen. Es war die demütigendste Phase, die die Schöne Literatur durchlebte.

Die Vernichtung geschah mit Hilfe derer, die früher die DDR-Literatur vertrieben und propagiert hatten, aber sie war nicht allein auf den Leipziger Kommissions- und Großbuchhandel (LKG) zurückzuführen. Der Chef dieser Einrichtung, Jürgen Petry, hat in einer Geschichte des LKG geschildert, wie es zu diesen Vorgängen kam. Mitte des Jahres 1990 hatte die Hälfte der Verlage die Verträge mit dem LKG gekündigt, aber die dort lagernden Makulaturpaletten nicht abgeholt. Wegen benötigter Mieteinnahmen verpachtete der LKG Lagerhallen in Pötzschau an den Springerverlag, der die eingelagerten Bücher mit 70 LKW-Ladungen in eine Papiermühle nach Köln brachte. Bereits zu DDR-Zeiten hatte der LKG die nicht absetzbaren Bücher an den VEB SERO überführt, den Recycling-Monopolisten der DDR. In der zugespitzten Lage nach 1990 verkippte SERO die Bücher in die Tagebaue bei Leipzig. Als die Kosten für die Entsorgung auch bei SERO stiegen, gingen Mitarbeiter des LKG dazu über, die nicht mehr absetzbaren Bücher selbst auf die Müllkippe zu fahren. Es läßt sich nicht genau feststellen, wieviel Tonnen Bücher insgesamt vernichtet wurden. Nach Zeitungsberichten sollen es im Osten 30000, 50000, ja sogar 80000 Tonnen gewesen sein. Die Presse trieb diese Zahlen mehr und mehr in die Höhe. 1991 war bereits von 500000 Tonnen die Rede. Nach Angaben von Jürgen Petry wäre das die achtfache Jahresproduktion aller ehemaligen DDR-Verlage gewesen, also pure Spekulation. Doch abgesehen davon, die Vernichtung war enorm. Was nicht auf der Müllkippe entsorgt wurde, kam auf die Roste des Heizkraftwerkes Lichtenberg oder in die Reißwölfe deutscher und ausländischer Papiermühlen. Die Verlage waren gar nicht in der Lage, ihre Bücherbestände aus Leipzig zurückzuholen. Sie hatten ihre Immobilien an die Treuhand verloren und mußten nun teure Mieten zahlen, sich also »heruntergesunden«. Verlage, die vorher ganze Häuser und Etagen belegten, zogen sich unters Dach zurück. Sie mußten selbst ihre umfangreichen Bibliotheken und Archive abstoßen.

Nicht weniger einschneidend änderten sich die Lebensbedingungen der Käufer, insbesondere der Intelligenz, die mit dem Buch lebte. Viele ihrer Angehörigen sahen sich durch hohe Mieten bei gekürzten Renten oder dem Verlust des Arbeitsplatzes gezwungen, in kleinere Wohnungen zu ziehen, ihre umfangreichen Bibliotheken aufzulösen oder zu verkleinern. Sie, die ein Leben lang Bücher gekauft hatten, wurden zu Verkäufern von Büchern.

Die Nutznießer der Aktion, die sich in den neunziger Jahren abspielte, traten nicht als Akteure auf, gaben keine Anweisungen. Westdeutsche Politiker sind für diese Ereignisse nicht verantwortlich zu machen, erst recht nicht die Verleger. Das System der kapitalistischen freien Marktwirtschaft zeigte Folgen, die sich nicht personalisieren lassen. Was

Empörung auslöste, war eigentlich nur der zugespitzte, in seiner Konkretheit erschreckende Vorfall, der diesem System immanent ist. Die Konkurrenz, wenn sie stark genug gefragt ist, schiebt rücksichtslos beiseite, was ihr im Weg steht. Die westdeutschen Verlage profitierten von der politischen Niederlage des DDR-Systems, die nicht zuletzt durch die überlegene kapitalistische Produktionsweise herbeigeführt wurde. Die Auswirkungen bedauerte man allseits, Personen aber waren nicht haftbar zu machen. Die moralische Empörung richtete sich auf die Art und Weise des Vorfalls, nicht auf die Ursachen.

Ab dem zweiten Halbjahr 1990 vollzogen sich im Osten einschneidende Veränderungen im Kaufverhalten der Bevölkerung, was dazu führte, daß ein ganzer Markt wegbrach. Die Ursachen lassen sich nicht nur darauf zurückführen, daß die Leute jetzt ihre Blicke auf andere, lange entbehrte und begehrte Waren richteten und nicht auf das Buch. Auf den von der DDR-Literatur leergeräumten Regalen der Buchhändler stand jetzt die sogenannte »Westliteratur«. Die neuen Bücher der früheren DDR-Verlage konnten den Ladentisch kaum erobern, sie wurden im wahrsten Sinne des Wortes in die Ecken gedrängt. Mit den steigenden Ladenmieten gaben viele Buchhändler auf. Diejenigen, die durchhielten, orientierten sich unter ökonomischem Druck auf das schnell Verkaufbare. Einige meinten, jetzt sei die Zeit gekommen, den Verlagen zu zeigen, daß sie nicht mehr um Ware betteln müssen. Es kam vor, daß Buchhändler Unternehmen wie dem Aufbau-Verlag die kalte Schulter zeigten. Früher mit gutgehenden Titeln nicht ausreichend beliefert, wollten sie nun nichts mehr mit ihm zu tun haben. 1991 wurden vom Gesamtumsatz des Aufbau-Verlages zirka 78 Prozent in den alten Bundesländern und nur 22 Prozent in den neuen abgesetzt. Die Verlage bekamen jetzt mit aller Härte zu spüren, was es hieß, Bücher zu verkaufen. Ihr Verkaufs- und Vertriebssystem zeigte sich den neuen Anforderungen nicht gewachsen. Diese Situation wurde von der westdeutschen Konkurrenz gnadenlos ausgenutzt. Daß infolge der Räumungswut auch ihre Lizenzausgaben mit verschwanden, störte in diesem Umwälzungsprozeß wenig. Es ging um zukünftige Marktanteile. Die Verlage aus den alten Bundesländern konnten sich mit ihren besser ausgebauten und ausgerüsteten Vertriebssystemen eher durchsetzen. Doch das gute Buch beider Seiten gewann in den Jahren nach der Wende keinen Boden. Die leergeräumten Regale wurden nicht mit der Eliteliteratur von Suhrkamp und anderen Häusern aufgefüllt.

Die Entsorgung der DDR-Literatur auf der Müllkippe stellte das »Leseland DDR« in Frage. Mit Recht glaubte man sagen zu können, daß es nie existiert hat, daß es eine Erfindung des Buch-Ministers Klaus Höpcke gewesen sei. Die Wendung soll erstmal von den Erfolgsautoren Hermann Kant und Erwin Strittmatter gebraucht worden sein. Höpcke propagierte sie. Statistiken über Leseverhalten sind nicht immer ein zuverlässiger Maßstab, weil sie nur kurzzeitige Entwicklungen erfassen und von vielen zeitweiligen Interessen beeinflußt werden. Eine Lesekultur entwickelt sich langsam, sie braucht viel Zeit und günstige Voraussetzungen. Oft zieht sich ein solcher Vorgang über Generationen hin. Günstige Voraussetzungen waren in der DDR vorhanden, obwohl sich in den achtziger Jahren ein Mentalitätswandel, insbesondere unter der Jugend, vollzog, der auch einen Einbruch auf dem Buchmarkt auslöste. Was die Einzigartigkeit der Lesergesellschaft in der DDR ausmachte, ließ sich weniger in Statistiken erfassen. Sie bestand vor allem darin, daß über die Literatur Befindlichkeiten der Bevölkerung erfaßt und diskutiert wurden. Was sonst nie zur Sprache kam, sie brachte es in die Öffentlichkeit. Selten als politisches Pamphlet, mehr durch die Kunst, Stimmungen und Unbehagen zu beschreiben. Der der Literatur eigene Untertext konnte oftmals von großer, auch politischer Wirkung sein. Mehr als der Protestschrei, weil er auch die Menschen erreichte, die die herrschende Gesellschaftsordnung nicht antasten wollten. Die Botschaft, die auf Taubenfüßen kam, fand Resonanz unter den Lesern. Deshalb wurde diese Literatur über ihren Kunstwert hinaus geliebt.

Der Warenwechsel rief auch die Erinnerung wach, was die Buchkultur der DDR gewesen war, was sie trotz materieller Schwierigkeiten geleistet hatte. So schrieb der Stuttgarter Literaturwissenschaftler Volker Klotz: »Weniger einläßlich, wenn überhaupt, war die Rede von den andern Andersartigkeiten des literarischen Lebens in der DDR. Davon, daß auch im weiten Bereich des Buchmachens und Bücherlesens die potentiell großzügige Kulturpolitik – diesseits besagter Widersinnigkeiten und Perversitäten – ungewöhnlich günstige Möglichkeiten bot. In mancher Hinsicht sogar bessere als irgendwo sonst in der alphabetisierten Welt. Was frühere Jahrhunderte an deutschsprachiger Literatur hervorgebracht haben, nahm die DDR ungleich ernster als die BRD. Sie nahm es als etwas, das prinzipiell allen deutschen Lesern gehört, mithin auch prinzipiell allen zugänglich zu machen sei: in erschwinglichen Ausgaben, sorgfältig erläutert, so daß der befremdliche historische Abstand keine Hürde, sondern dem Leser womöglich gar ein Anreiz ist ... Noch beachtlicher als die Vermittlung von inländischer war die ausländische Belletristik. Hier hat die DDR, Goethes Parole der Weltliteratur aufnehmend, bewußter und ertragreicher als die BRD die deutsche Dichtungsgeschichte auch als eine der weltoffenen Übersetzungen fortgeführt; die Tradition von Herder und Wieland, Schlegel und Tieck, Eichendorff und Rückert, Régis und Grice. Nirgends in unserer zweiten Jahrhunderthälfte, sieht man ab vom Zürcher Manesseverlag, wurde der deutschsprachigen Leserschaft ein so breites und vielfältiges Panorama dessen verschafft, was Europa und Asien, Amerika und Afrika im Laufe der Jahrhunderte poetisch hervorgebracht haben: dank der Verlage Volk und Welt, Rütten & Loening, Aufbau, Insel.«[11]

Auf der Müllkippe fand Pfarrer Weskott auch 1 500 verlagsfrisch eingeschweißte Exemplare einer Broschüre des damaligen Bundespräsidenten Richard von Weizsäcker, die ein DDR-Verlag herausgebracht hatte. Dieser Band enthielt eine Rede, die Weizsäcker 1988 auf dem PEN-Kongreß in Hamburg gehalten hatte, in der er sagte: »Die Welt bezeugt, daß Wort und Ehre deutscher Sprache durch die Literatur aus der DDR gemehrt werden. Alle Menschen, die zur Literatur deutscher Sprache eine eigene Beziehung haben, danken es ihnen.«[12]

*Dritter Abschnitt*

Der Literaturstreit

Wie kam nach der Wiedervereinigung der vorwiegend antikommunistisch gesinnte deutsche Teilstaat mit dem früheren, vorwiegend sozialistisch orientierten aus? Diese Frage interessierte zu Beginn der neunziger Jahre die Masse der ostdeutschen Bevölkerung überhaupt nicht. Wohl aber die Intellektuellen. Was dominieren sollte, konnte nicht länger in der Schwebe gehalten werden, das mußte man eindeutig entscheiden. Damit war eine Auseinandersetzung zwischen den Intellektuellen aus den zwei verschiedenen, ja gegensätzlichen Systemen vorprogrammiert. Doch die Trennungslinie verlief nicht nur zwischen Ost und West. Die Meinungsführer schlossen die westdeutsche Linke in diese Polemik mit ein. Ausgetragen wurde sie als Literaturstreit.

Den äußeren Anlaß gab eine schmale Erzählung der bisher in Ost und West geschätzten Schriftstellerin Christa Wolf. Sie veröffentlichte 1990 die Geschichte *Was bleibt*, ein Manuskript aus dem Jahre 1979, das sie im November 1989 überarbeitete. Darin schildert sie einen Tag im Leben einer Schriftstellerin, die von der Staatssicherheit beobachtet wird. Obwohl sie sich bemüht, den Vorgang mit Ironie zu betrachten, gelingt ihr das nicht. Sie ist davon tief betroffen und leidet psychisch darunter. Doch dem Leser drängt sich nicht die Frage auf, wie lange man ein derartiges Leben aushalten kann, sondern was nach einer solchen Erfahrung von der Gesellschaft bleibt, die bisher Richtschnur des Lebens gewesen ist. Kann man den Kindern eine solche Zukunft wünschen? Die Antwort darauf bleibt offen und zugleich nicht offen. In der Erzählung wirft nämlich die Teilnehmerin einer Lesung das Problem auf, ob es Fragen gibt, »von denen wir leben und durch deren Entzug wir sterben können«. Die Ich-Erzählerin bekennt, für die Sache, die sie beunruhigt, noch nicht die richtige Sprache gefunden zu haben. In Zukunft aber will sie sie in einer neuen Sprache benennen. Wie in vielen anderen Texten der Dichterin findet auch hier eine Selbsterforschung statt. In dieser Hinsicht beschreibt die Erzählung die Befindlichkeit der Christa Wolf.

Kurz hintereinander erschienen in den großen Zeitungen *Frankfurter Allgemeine Zeitung* und *Die Zeit* Kritiken von Ulrich Greiner[13] und Frank Schirrmacher[14]. Das waren Verrisse, die, wie Günter Grass diese später sarkastisch charakterisierte, einer »Hinrichtungsvorbereitung« gleichkamen. Was warf man der Autorin vor? Greiner meinte, 1979 wäre die Veröffentlichung des Textes eine Sensation gewesen, 1990 sei er nur noch peinlich und verlogen. Warum jetzt, fragt er, nachdem die Stasi-Debatte in vollem Gange ist, »ein solches Getöse«? Mit »Getöse« ist die Erzählung fehlinterpretiert. Handelt es sich doch um die sensible Schilderung einer Befindlichkeit. Schirrmacher warf der Autorin vor, daß die Sätze der Erzählung nicht die des Jahres 1979, sondern die von 1989 seien: »Befremdlich genug. Wenn eine Diktatur zu Ende ist, reden die

Beteiligten nicht von Schuld und Mitverantwortung, sondern von der Notwendigkeit einer neuen Sprache.« Das Buch »ist sentimental und unglaubwürdig bis an die Grenzen des Kitsches«. Es sei »bedeutungslos, anachronistisch« und habe die »Züge des Lächerlichen«. Auch andere Kritiker scheuten sich nicht, abwertende Vokabeln für dieses Werk zu gebrauchen. Da ist vom »Gejammer einer Heuchlerin« die Rede, die »einer kriminellen Vereinigung« angehört habe, was da vorliege, sei das Credo der »gesamtdeutschen Heulsuse«.

Die Verteidiger der Autorin meinten, Christa Wolf sei das falsche Objekt für diese Vorwürfe. Doch aus der Sicht der großen auflagenstarken Zeitungen war gerade sie die Richtige. Sie, die Vertrauensperson der ostdeutschen Leser, wollte man treffen. Ihre Autorität sollte ausgelöscht und ihre Stimme zum Verstummen gebracht werden. Deshalb der vereinte Angriff der beiden großen Zeitungen, so daß der Publizist Thomas Anz von der »großen Koalition« schrieb, die der Feuilletonchef der *Zeit* und der Leiter des Literaturteils der *FAZ* eingegangen wären. Sie erreichten ihr Ziel. Christa Wolf verstummte für längere Zeit, andere fühlten sich gewarnt. Doch die Feuilleton-Attacke zielte weiter. Sie wollte Richtpunkte setzen, nicht nur für die Literatur, sondern für die allgemeine Diskussion. Wie Christa Wolf in ihrer Erzählung nach der eigenen Sprache für die erlebten Vorfälle suchte, so lag dem Feuilleton daran, dafür eine Sprache vorzugeben. Es sollte nicht mehr vorkommen, daß die Ost-Intellektuellen den Versuch machten, »die Verhältnisse im demokratischen Westen gleichsam als die andere DDR, als die Unfreiheit mit anderen Mitteln erscheinen zu lassen«.[15] Reich-Ranicki, der als der Vorläufer und Spiritus rector der Debatte gilt, hatte schon früh zum Ausdruck gebracht, was von Autoren wie Christa Wolf und Stefan Heym verlangt werden müsse, nämlich das ausdrückliche Bekenntnis, daß die DDR im Vergleich zur BRD nicht der »bessere«, sondern der »schlechtere Staat« gewesen sei. Und Ulrich Greiner formulierte ungeduldig: »Es müssen die Zelte abgebrochen werden. Gab es je einen freieren Augenblick?«[16] Greiner stellte die Intellektuellen vor die Entscheidung. Selbst Günter Grass, der Christa Wolf entschieden verteidigte, wollte da nicht widersprechen. »Die Frage an Christa Wolf, die mich auch interessiert, ist die, warum es bei ihr so lange dauert, sich von der zweiten ideologischen Bindung zu lösen, sich in deutlichere Distanz zu bringen.«[17] Dieser Eifer richtete sich über Christa Wolf hinaus an die

Gesamtheit der Intelligenz. Uwe Wittstock formulierte das Anliegen der Debatte ganz unumwunden: »Es geht nicht um die Literatur, sondern um eine exemplarische Abrechnung mit exemplarischen Lebensläufen. Die Schriftsteller sind nur Stellvertreter.«[18] Eine ostdeutsche Identität sollte es nicht mehr geben. Im Unterschied zu breiten Kreisen der ostdeutschen Bevölkerung hielt man die Intellektuellen noch immer für die »Hüter der Zweistaatlichkeit« (Jens Jessen). Jetzt aber wollte man, wie Brigitte Seebacher-Brandt formulierte: »Die vorbehaltlose Anerkennung der Bundesrepublik und die ebenso vorbehaltlose Ablehnung der DDR.«[19]

Das waren die Richtpunkte, die das Feuilleton ebenso entschieden für Literatur und Gesellschaft setzte wie früher ein Plenum des ZK der SED. Doch abgesehen von der abwertenden Diktion gegenüber der Autorin Christa Wolf, war diese Debatte ehrlicher als der Einheitsenthusiasmus des Volkes und der Medien, denn sie spiegelte in den meisten Stellungnahmen exakt und ohne Beschönigung wider, was man von den Beitrittswilligen verlangte und welches geistige Gepäck sie abzulegen hatten. So klar und eindeutig war das bisher nicht gesagt worden.

Doch gegen diese Front stand Christa Wolf nicht allein. Sie fand namhafte Verteidiger. Darunter oft bedeutendere Namen als sie die Gegenseite aufweisen konnte. Freilich, die Zahl der Stimmen aus dem Osten war gering, denn die hier lebenden Intellektuellen fühlten sich mit angegriffen. Die Mehrzahl verfügte kaum noch über wirkungsstarke Publikationsmittel, mit denen sie sich wehren konnte. Nicht wenige waren durch die Methoden der Gauck-Behörde mehr eingeschüchtert als die Autorin selbst. Daß Christa Wolf ihre Befürchtungen auf diese Weise zum Ausdruck gebracht hatte, fanden einige nicht klug. Heiner Müller brachte das in einem Interview zum Ausdruck: »Das Irritierende an dem Buch von Christa Wolf ist ja, daß sie so aus allen Wolken fällt. Es war ja das Selbstverständliche, daß überwacht und kontrolliert wird, sobald man mit dem Westen zu tun hatte und hier lebte. Aber es gibt mit Sicherheit beim Bundesnachrichtendienst auch eine Akte, da steht sicher auch sehr Schönes drin.«[20] In der Stasi-Frage vertraten Heiner Müller und Christa Wolf unterschiedliche Meinungen. Christa Wolf empfand die Beobachtung durch diesen Apparat immer als einen Vertrauensbruch, als etwas, das nicht in ihr sozialistisches Weltbild paßte, das sie veranlaßte, vieles zu überdenken und in Zweifel zu ziehen. Sie litt darunter, sie quälte sich. Das hat sie in ihrer Erzählung verständlich zu machen gesucht. Heiner Müller dagegen hielt die Überwachung derer, die der Staat für bedeutende Leute hielt, die gar von bestimmten Schichten als Vertrauenspersonen aufgefaßt wurden, für selbstverständlich und in aller Welt üblich. Daß hier ein sozialistischer Staat anders handeln könnte, kam ihm gar nicht in den Sinn. Auch war ihm klar, daß eine solche Praxis in bestimmten Fällen nicht ohne Gemeinheiten auskommt.

Im Herbst 1990 nahm die Debatte eine überraschende Wendung von der Moral zur Ästhetik. Aufmerksame Kritiker verstanden sie als »Kehrtwendung« (Thomas Anz). Hatte Ulrich Greiner am 27. Juli 1990 in der *Zeit* noch geschrieben: »Der Streitwert ist hoch: Er heißt intellektuelle Moral«, so propagierte er im November das verächtlich gebrauchte Schlagwort von der »Gesinnungsästhetik«. Mit dem Ersetzen der ästhetischen durch moralische Kriterien sei es jetzt vorbei, eine solche Praxis gehöre in die Vergangenheit. Doch eine »Kehrtwendung« war dieser neue Richtpunkt nicht, eher eine Konkretisierung dafür, wie Schöne Literatur künftig gewertet werden solle. Der erste Teil der Debatte – die moralisch ausgerichtete – bezog sich auf die gesellschaftskritischen Intellektuellen schlechthin. Davon wurde nichts zurückgenommen. Nunmehr ging es um Literatur, und zwar nicht um die von heute, sondern um die kommende, um ihren Übertritt aus dem ideologischen Zeitalter in das neue, in dem nur »wirkliche Literatur« zählte.

Wieder waren Frank Schirrmacher und Ulrich Greiner die Wortführer. Sie gaben jetzt der Debatte einen größeren strategischen Rahmen. Schirrmacher schien sogar Christa Wolf ganz aus den Augen verloren zu haben. Die Überschrift seines Artikels im Oktober umriß sein Anliegen: »Abschied von der Literatur der Bundesrepublik«. »Die Literatur der Bundesrepublik Deutschland wurde dreiundvierzig Jahre alt. Wie jener in der DDR steht auch ihr das Ende bevor. Nicht heute vielleicht, aber morgen.«[21] Und Greiner: »Gesinnungsästhetik war das herrschende Merkmal des deutschen Literaturbetriebs, in der DDR sowieso, aber auch in der Bundesrepublik ... Diese Gesinnungsästhetik hat eine zutiefst deutsche Tradition ... Sie ist eine Variante des deutschen Sonderwegs. Sie läßt der Kunst nicht ihr Eigenes, sondern sie verpflichtet sie (wahlweise) auf die bürgerliche Moral, auf Klassenstandpunkt, auf humanitäre Ziele oder neuerdings auf die ökologische Apokalypse.«[22] Wie mit dem deutschen Sonderweg, sollte es nun mit dieser Ausrichtung auch in der Literatur vorbei sein. Sie sei im Ergebnis der Nachkriegszeit entstanden und zur Legende geworden. Diesen Mythen müsse gekündigt werden. Eine neue Entwicklung habe begonnen, in der weder Christa Wolf, Stefan Heym, noch Günter Grass, Heinrich Böll, Martin Walser, Peter Weiss und Heinar Kipphardt vordere Plätze einnehmen würden. Eine aufgeklärte Gesellschaft brauche keine »Priester-Schriftsteller« mehr. Ausgerichtet war diese Vorschule der Ästhetik an den Anschauungen Karl Heinz Bohrers.

Nun sind Ästhetik und Moral ein Thema, das sich seit Gottfried Herder durch die Literaturgeschichte zieht. Die Literatur brauchte lange, sich von der Vorherrschaft der Moral zu lösen. Der Gebrauch traditioneller Begriffe und Kategorien durch Schirrmacher und Greiner verdeckt, worum es ihnen eigentlich geht: um die Liquidation und das Verdrängen einer engagierten sozialkritischen Literatur. Im zwanzigsten Jahrhundert spielte sie die dominierende Rolle und prägte das, was Literatur ist. Davon wollte man sich verabschieden. Politik und Sozialkritik sollten Sache der Politiker sein, die Dichter bei ihren ästhetischen Leisten bleiben. Die Moral kann in einer gesellschaftskritischen Literatur nicht ausgeschlossen werden. Doch das Gewicht, das sie einnimmt, ist in den Werken der Dichter verschieden, anders in denen von Christa Wolf und Heiner Müller, von Heinrich Böll und Peter Weiss. Eine moralische Überlast mindert den ästhetischen Wert, keine Moral schwächt den Inhalt. Vor der Wende hatte man in der DDR damit begonnen, davon abzusehen, von Literatur und Kunst zu fordern, was ihre Wesenskräfte übersteigt, aber ihre gesellschaftliche Mission wollte man damit nicht in Frage stellen.

## Die Akademie der Künste oder »Der Krieg der Künste«

Der Literaturstreit, den die Macher des Feuilletons in Gang setzten, war das Szenarium für die Auseinandersetzung in den Institutionen, die im Osten vor der Abwicklung oder dem Zusammenschluß mit westlichen Einrichtungen standen. Was sollte aus der Akademie der Künste der DDR werden, die sowohl ein Forum der oppositionellen Mitglieder als auch der Künstler war, die mit SED und Regierung auskommen wollten? Dort hatten Heiner Müller und Dieter Noll, Christa Wolf und Hermann Kant Sitz und Stimme. Dort war man bisher keinem politischen Thema ausgewichen und dennoch miteinander ausgekommen. Die Gemeinsamkeit in dieser Einrichtung stand nie in Frage.

Mehr oder weniger war allen klar, daß man sich in Berlin nicht zwei Akademien leisten konnte. Welche sollte bleiben und welche verschwinden? Im vereinten Deutschland waren die Akademien Sache der einzelnen Länder, in der DDR hatte es dagegen nur eine gegeben. In den Diskussionen zu Beginn der neunziger Jahre kam noch einmal, wenn auch in konträren Meinungen, zum Ausdruck, was den Mitgliedern die Akademie gewesen war. Jurij Brězan sprach im Juli 1990 zu der Entscheidung, vor der die Mitglieder standen: »Aber wenn wir aufgeben, was hier geschaffen worden ist, dann geben wir weit mehr auf als ein Ensemble von Kunst. Wir geben eine Lebenshoffnung auf, (die Hoffnung), daß das Leben anders sein kann als im Kapitalismus ... Das wäre der Grund, weswegen ich für die Akademie kämpfen würde, solange es geht, und ich würde lieber mit fliegenden Fahnen zugrunde gehen, als mich Stück für Stück den Forderungen zu ergeben, die kommen werden ... (Beifall).«[23] Dagegen wollte der Komponist Udo Zimmermann ein Zeichen setzen, indem er die Mitglieder aufforderte, sich von »dieser Staatsakademie« zu trennen. »Das wird das Zeichen sein, kein Hilferuf. Da wird man sagen: Alle Achtung!«[24] Friedrich Goldmann fragte nach den Chancen, die eine Fusion mit der Westberliner Akademie haben werde, denn an die Existenz einer gesamtdeutschen Akademie glaube er nicht. »Das können wir, glaube ich, vergessen.«[25] Christa Wolf erinnerte daran, daß die Akademie für die Schriftsteller und Künstler auch dann eine Heimstätte geblieben war, wenn diese von Regierung und Partei kritisiert und ins Abseits gedrängt wurden. »Auf meine Wahl 1974 habe ich nicht emphatisch, eher skeptisch reagiert. Später, nach dem November 1976, wurde die Akademie jahrelang für mich der einzige Raum, in dem ich mich noch mit Kollegen treffen, diskutieren, Vorschläge einbringen, halböffentliche Kritik üben und sogar öffentlich lesen konnte. Das hatte ich Konrad Wolf zu danken, aber nicht nur ihm, auch anderen Kollegen, auch vielen Mitarbeitern der Akademie.«[26]

Im Oktober 1991 kam es auf einer Plenartagung zu einer Kontroverse zwischen zwei Schriftstellern, die sonst immer ihre Stimme im Gleichklang erhoben, wenn es darum ging, Maßnahmen der SED zu kritisieren, die nach ihrer Meinung den Sozialismus beschädigten. Stefan Heym fragte, was denn die Akademie eigentlich gewesen sei. Er, kein Akademiemitglied, habe sie beobachtet und sich immer wieder gewundert. »Jedesmal, wenn es an der Zeit gewesen wäre, daß diese Akademie ihre Stimme erhebt und etwa protestiert gegen einen Schritt der DDR-Regierung oder der anderen Führungsorgane, welche die Kultur betrafen, hat diese Akademie brav geschwiegen. Wie ist diese Akademie überhaupt zusammengekommen, wie ist sie zusammengesetzt worden? Gab es ein einziges Mitglied dieser Akademie, das nicht von den entsprechenden Organen gebilligt worden wäre? Nein. Diese Akademie ist also eine Schöpfung der entsprechenden DDR-Organe. Ob man sie als Partei bezeichnet oder als Regierung oder wie auch immer, ist jetzt gleichgültig. Diese Akademie zu erhalten, das ist jetzt außerordentlich schwierig, besonders, da sie auch noch Geld haben will, und zwar von Leuten, die einen Teil dieser akademischen Tradition nicht mögen. Ich bin gegen die Abwicklung all dessen, was DDR gewesen ist. Ich halte das für eine Schurkerei. Aber es gibt gewisse Sachen, gewisse Institutionen, die in der Vergangenheit uns vorgeführt haben, was sie eigentlich sind, und die man nicht erhalten kann, auch beim besten Willen nicht. Und wir müssen uns überlegen: Ist die Akademie eine solche Institution?«[27]

Hermlin empörte diese Haltung. Andere in dieser Runde dürften ebenso empfunden haben. Was Heym in aller Schärfe ausdrückte, lag jenseits der Erfahrung der meisten hier Anwesenden. So ergriff Hermlin noch einmal das Wort in diesem Hause, wie er es in den vergangenen Jahrzehnten oft getan hatte. Nicht immer waren die Mitglieder seiner Meinung gefolgt, auch wenn er immer Nachdenken ausgelöst hatte. »Es tut mir leid, ich muß aber meinem alten Freund Stefan Heym ein Wörtchen sagen. ›Alter Freund‹ ist wirklich eine Tatsache, denn wir kennen uns immerhin seit rund 63 Jahren. Das heißt, wir waren noch Kinder, als wir uns kennenlernten. Stefan Heym sagt oft sehr wichtige, sehr notwendige, sehr begründete Sachen. Aber hier hat er einmal ungeheuer danebengehauen. Denn wenn er sozusagen von DDR-Institutionen spricht, die die schlechten Seiten der DDR besonders deutlich repräsentieren und deshalb weggeräumt werden müssen, so liegt er bei dem, was die Deutsche Akademie der Künste, später die Akademie der Künste der DDR genannt, genau im Argen. Das, lieber Stefan Heym, hat nun mit deiner eigenen – das muß ich dir mal sagen in der Öffentlichkeit – Disposition zu tun, andere nicht wahrzunehmen, sondern dich wahrzunehmen. Wenn Du über die Akademie sprichst, sprichst du über die Akademie Heinrich Manns, denn er war der erste Präsident dieser Akademie. Und daß er seinen Posten nicht mehr ausfüllen konnte, lag an seinem Tod. Aber es war auch eben die Akademie von Brecht, von Seghers, von Hanns Eisler, von Becher, von sehr vielen bedeutenden Künstlern, Palucca nicht zu vergessen, die zu den Gründungsmitgliedern gehörte, die das einzige noch lebende Gründungsmitglied ist, usw. Du hast die Akademie, wie du behauptest, sehr genau beobachtet. Ich glaube nicht, daß du sie beobachtet hast. Sonst wüßtest du, daß die Lebensdauer dieser Akademie in DDR-Zeiten seit dem Jahre 1950 – ich trat ihr 1952 bei, habe sie also wirklich sehr genau beobachten können – ein ununterbrochener Konflikt war, auf sämtlichen Kunstgebieten. Der Konflikt bestand darin, daß auf Druck des Staates einige Leute in die Akademie gewählt wurden im Laufe der Jahre. Ohne die Zuwahl solcher Mitglieder hätten wir andere, von uns gewünschte Mitglieder nicht zuwählen können ... Die Akademie war hier im Grunde genommen für die führenden Leute immer ein Fremdkörper. Sie war unerwünscht. Man hat ein paarmal versucht, sie zu korrigieren, auf Linie zu bringen. Das ist mißlungen. Die Akademie hat sich immer wieder aus sich selbst entscheidend erneuert. Und das ist die ganze Wahrheit, die du, lieber Stefan, absolut nicht kennst. Wenn du wirklich darauf aus bist, die Wirklichkeit dieser Akademie kennenzulernen, dann mußt du dich jetzt mal auf den Hosenboden setzen, ausnahmsweise, und dich mit anderen Leuten beschäftigen als mit dir selbst.«[28]

Hier trafen – wie zum Abschluß – zwei unterschiedliche Oppositionshaltungen, bei großer Übereinstimmung in den Grundpositionen, aufeinander. Wenn Heym früher eine andere Meinung als die SED-Führung vertrat, versuchte er immer, eine Tribüne zu erklimmen. Sein mutiges Auftreten verband sich gelegentlich mit seiner Eitelkeit, die andere abstieß und verletzte. Hermlin ging gleichfalls keinem Konflikt aus dem Wege. Aber er legte immer Wert darauf, Verluste und Einbußen bei Entscheidungen zu bedenken. Auch wenn er widersprach, vermittelte er das Gefühl, sich in beide Seiten hineindenken zu können. Bei Heym stand immer der zugespitzte eigene Standpunkt im Vordergrund. Er überzeugte die, die schon überzeugt waren. Ihnen machte er Mut. Hermlin dagegen appellierte an die Nachsicht, mahnte diejenigen, die die herrschenden Argumente propagierten, die Folgen zu bedenken. Erfolgreicher war Hermlin.

1990 wählte die Akademie Heiner Müller zu ihrem Präsidenten. Einerseits ein Glücksfall. Der Dichter befand sich auf der Höhe seines Ruhms, galt als der moderne Dramatiker. Auf dem Theater wurde er viel gespielt, kannte viele berühmte Leute und vermochte Verbindungen zu knüpfen. Obwohl er in der DDR lange im Abseits gestanden hatte, war er mit allen Einrichtungen des Landes und deren Besetzung vertraut. Trotzdem konnten sich ihn viele nicht als Präsidenten vorstellen. Sie fanden ihn zu sporadisch, zu verliebt in verrückte Ideen, zu schwankend im Urteil. Daß er bei Verhandlungen mit staatlichen Stellen lange am Ball bleiben würde, trauten ihm die wenigsten zu.

Am Anfang der Überlegungen über die weitere Existenz der Akademie standen zwei Konzeptionen. Heiner Müller plädierte für eine Europäische Künstler-Sozietät Berlin. Er und die seinen sahen Europa im Umbruch und verwarfen deshalb die traditionellen Akademievorstellungen. »Vor dem Hintergrund einer über vier Jahrzehnte angehäuften Erblast von Spaltung, Konfrontation, Mißverständnissen, Desinteresse und Vorbehalten zwischen Osteuropa und Westeuropa und im Angesicht einer im Nord-Süd-Konflikt heraufziehenden Zivilisationskrise der Welt sind kulturelle Dialogformen ganz neuer Art ein geschichtliches Erfordernis.«[29] Für eine andere Variante setzte sich vor allem Christa Wolf ein. Sie hielt das Projekt »Länderakademie« für am aussichtsreichsten. Doch wollte sie diese nicht auf Berlin und Brandenburg beschränkt wissen. Als Trägerländer dachte sie auch an Sachsen-Anhalt, Mecklenburg-Vorpommern und, wenn möglich, Rheinland-Pfalz. »Eine sang- und klanglose Auflösung der Ostberliner Akademie der Künste«, schrieb sie an Manfred Stolpe, »erschiene mir unter dem Gesichtspunkt ihrer Geschichte, deren genaue Aufarbeitung sich lohnt … kurzsichtig und unangemessen. Über koordinierte Wirkungsmöglichkeiten von Künstlern und Kunst gerade in den neuen Ländern nachzudenken, halte ich für zwingend notwendig.«[30] Ohne allzu große Rücksicht auf seine Kollegen und deren Vorstellungen favorisierte Müller seine Variante. Er hatte mit Künstlerkollegen aus aller Welt gesprochen, von Pierre Boulez über Robert Wilson bis Wole Soyinka. Von ihnen versprach er sich Unterstützung. Doch von Geldgebern und regierenden Politikern war nicht die Rede. Seine Akademie schien ein luftiges Gebilde zu sein, geboren in Diskussionen unter Künstlern, aber nicht wirklich organisatorisch vorbereitet.

Die Politik und die hämischen Kommentare in den Feuilletons schränkten den Spielraum für Planungen neuer Art immer mehr ein. Die Politiker setzten den Akademiemitgliedern zu und verwiesen sie in ihre Schranken. Die Künstler sahen sich zum Kompromiß gezwungen, der ihnen schwer fiel. Auf ein solches Terrain begaben sie sich ungern. In der Plenarsitzung am 10. Oktober 1991 wurde mit 52 zu 4 Stimmen beschlossen, ein Gremium von maximal fünf Mitgliedern pro Sektion zu bilden, das beauftragt werden sollte, über die weitere Perspektive der Einrichtung mit der Westberliner Akademie zu verhandeln. Mit der Wahl dieses Gremiums sollten alle ihre Mitgliedschaft zur Diskussion stellen. »Vorrangige Aufgabe des Gremiums ist es, ein Konzept für die Erneuerung der Akademie der Künste vorzubereiten, die sowohl eine Verkleinerung wie eine Verjüngung der Mitgliedschaft zum Ziel hat. Das Gremium wird ein Verfahren für Neuwahlen und den Entwurf für ein neues Statut den Mitgliedern zur Beratung und Entscheidung vorlegen.«[31]

Einige Schriftsteller und Künstler erklärten sich mit Heiner Müllers Idee einverstanden. Thomas Langhoff meinte: »Ich finde, daß das der einzige Weg ist.«[32] Christa Wolf sprach sich dafür aus. Erik Neutsch erklärte sich bereit, seine Mitgliedschaft zur Disposition zu stellen, nicht aber sich selbst als marxistischen Schriftsteller. Widerspruch kam unter anderen von Stephan Hermlin, Hermann Kant, Siegfried Matthus, Ekkehard Schall, Karl Mickel. Stephan Hermlin führte aus, er stünde für eine solche Prozedur, die den Ausschluß von Mitgliedern zur Folge habe, nicht zur Verfügung, da sie an die schändlichste Stunde der Preußischen Akademie erinnere, an das Jahr 1933. Schon bei früheren Tagungen hatte er den Standpunkt vertreten, daß er, sollte er zu einer solchen Entscheidung gezwungen sein, auch nicht gegen die Mitglieder stimmen werde, deren Berufung in die Akademie er nicht zugestimmt habe. Der Bildhauer Jo Jastram sah in Müllers Vorschlag ein Zeichen der »Entsolidarisierung«. Hermann Kant erklärte: »Aber ich möchte es denen, die sie (die Akademie – W. M.) weghaben wollen, nicht gar so einfach machen. Deshalb stelle ich meine Mitgliedschaft nicht zur Disposition.«[33] Für eine Auswahl von Mitgliedern wollten sich Rainer Kirsch und Volker Braun nicht zur Verfügung stellen. Dennoch führte die Neuwahl der

Mitglieder am 9. Dezember zu einer reduzierten Akademie, die in die vereinte Akademie der Künste Berlin-Brandenburg aufging.

So stand am Ende ein Kompromiß. Im Vergleich zu anderen Abwicklungsverfahren war er noch am ehesten vorzeigbar. Doch er wurde mit Verlusten, Schädigungen und Demütigungen erkauft. Darauf wies am Ende des Wahlausgangs Wolfgang Kohlhaase hin: »Ich habe das Gefühl, wir haben für diese Wahl einen sehr hohen Preis gezahlt. Austritte sehr vieler wichtiger Mitglieder und, die Unwägbarkeiten eines solchen Verfahrens mit unklaren Kriterien, den Verlust wichtiger anderer Mitglieder. Eine Sache, zu der man sich überhaupt nur mit äußerstem Unbehagen stellen kann ... In dem Sinne habe ich jetzt ganz für mich das Gefühl: Was wir uns vorgenommen haben mit dieser 20er Gruppe, ist sehr unvollkommen erledigt worden, eigentlich sind wir mit dem, was wir vorhatten, gescheitert.«[34] Er fühle sich nicht in der Lage, in diesem Gremium weiter mitzuarbeiten; er sei sozusagen an der Grenze seiner privaten Handlungsfähigkeit angekommen. Die Intellektuellen, und zwar nicht nur dieser Akademie, wurden durchgerüttelt und gegeneinander aufgebracht wie zu Zeiten des Kalten Krieges, den man gerade für beendet erklärte. Wieder wurden Wunden geschlagen, wieder ging man mit Vorwürfen und Anklagen auseinander. Die Verständigung wurde schwerer als sie es in vergangenen Zeiten gewesen war.

Die Vereinigung beider Akademien konnte nicht ohne Mitwirkung der Akademie der Künste in Westberlin vollzogen werden. Ihr Präsident war zu jener Zeit Walter Jens; auch ein Glücksfall. Bereits vor der Einheit nahm er Verbindung zu der Einrichtung im Osten auf. Viele der dortigen Mitglieder kannte er persönlich. Es gab Gespräche mit dem damaligen Ost-Präsidenten Manfred Wekwerth. Doch das war nur die eine Seite. Den Politikern in Westberlin, insbesondere der CDU-Führung, gefiel ihre eigene Akademie noch weniger als der SED-Führung die ihrige. Uwe Lehmann-Brauns, der kulturpolitische Sprecher der CDU im Berliner Abgeordnetenhaus, meinte 1992 in einer Erklärung: »Aber auch die Akademie der Künste war zumindest in den letzten 10 Jahren kein Bollwerk im Kampf gegen den Sozialismus.«[35] Einen prinzipiellen Unterschied zwischen Walter Jens und Heiner Müller sah er nicht. Aber eben mit diesen Politikern mußte Walter Jens auskommen wie auch mit seinen Kollegen am Hanseatenweg. Er gab sich über die Unterschiede beider Akademien keiner Täuschung hin, die ja nicht nur in politischen und verfassungsrechtlichen Grundfragen bestanden. Aus der Sicht der Weimarer Republik war die Westberliner Akademie eine repräsentative, die im Osten eine arbeitende. In der einen traf man sich im Frühjahr und im Herbst einmal zu einer Mitgliederversammlung, in der anderen gab es monatliche Sitzungen in den einzelnen Sektionen und Tagungen im Plenum. Dadurch entstand ein intensiver Gedankenaustausch unter den Künstlern. Die Mitglieder wußten voneinander und diskutierten miteinander. Man sprach sich über gemeinsame Initiativen ab, einigte sich darüber, was man ablehnen, was man fördern müsse. Die Ostkollegen luden die besten Spezialisten auf allen Wissensgebieten zu sich ein, um über Probleme, die die Öffentlichkeit interessierten, besser informiert zu sein. Zwar gab es auch Mitglieder wie Erwin Strittmatter, die sich nur gelegentlich, meist bei festlichen Anlässen, sehen ließen. Doch das war nicht die Regel.

Jens konnte nicht voraussehen, daß ein Teil seiner Kollegen gegen jede Übernahme von Ost-Akademiemitgliedern Sturm lief, daß man sich nicht scheute, die Medien für dieses Anliegen einzuspannen. Die »en-bloc«-Übernahme der neugewählten Ostmitglieder dürfte Heiner Müller mit Walter Jens abgesprochen haben. Denn beide mußten bedenken, was sie ihren Mitgliedern zumuten konnten. Im traditionellen Akademieverständnis war es eigentlich unvorstellbar, sich noch einmal wählen zu lassen. Jens stellte ihren Plan daher mit folgendem Zusatz zur Diskussion: In rechtlicher Hinsicht entbehre die vorgesehene »en-bloc«-Zuwahl der gesetzlichen Grundlage. Was die Akademien hier vorschlügen, sei eine Absichtserklärung, aber der Senat sei bereit, eine solche gesetzliche Regelung baldmöglichst zu schaffen. In der Diskussion erklärte Rolf Szymanski für die Abteilung Bildende Kunst: »Das Pro und Kontra unserer Abteilung ist ein Kontra, die Abteilung Bildende Kunst ist entschlossen, dem Vorschlag ›En-bloc-Übernahme der Mitglieder der Akademie der Künste zu Berlin-Ost‹ nicht zu folgen.«[36] Der Schauspieler Otto Sander, dem seine Kollegen in der Ost-Akademie nicht ganz unbekannt waren, meinte: »Was lädt man sich ein, wenn man die ganze Akademie ›en bloc‹ rüberholt – und plötzlich sitzt ein Stasispitzel neben mir, was macht man mit so einem Gefühl?«[37] Doch am 2. Februar 1992 sprachen sich die Mitglieder der Akademie der Künste mit einer Zweidrittelmehrheit für das Zusammengehen der beiden Akademien aus. Darauf trat ein beträchtlicher Teil der bildenden Künstler aus der Akademie aus. Mit dem Austritt von 18 Mitgliedern unterstrichen sie ihren Protest. Aus der Abteilung Literatur waren es Peter Demetz, Michael Hamburger, Zbigniew Herbert, Günter Kunert und Reiner Kunze.

Nun mußte aber noch die Hürde der Politik genommen werden. In einem Gespräch vom 26. Juni 1992 erklärte Uwe Lehmann-Brauns, er sei genötigt, auf die Zuwahl einer Gruppe von Künstlern zu bestehen, ohne die er seine Fraktion nicht zur Zustimmung zu dem in Aussicht genommenen Staatsvertrag bewegen könne. Die überreichte Liste enthielt 35 Namen, darunter verdiente Künstler, aber vorwiegend die Namen derer, die sich während der Wende gegen das SED-Regime hervorgetan hatten. So unverfroren bestand nicht einmal das SED-Politbüro auf Kandidaten, die es in der Akademie sehen wollte. Darauf schrieb Walter Jens an Uwe Lehmann-Brauns: »Im Gegensatz zu Ihnen, die Sie uns – ist dem wirklich so? – offenbar bestimmte Personen oktroyieren wollen, verweigern wir uns, absolut und konsequent, jedem Eingriff von außen, der uns zumutet, Künstler nicht nach eigenem, sondern fremdem Ermessen zuzuwählen ... Es liegt mir fern, Sie und Ihre Partei, verehrter Herr Lehmann-Brauns, mit der Einheitspartei von gestern, der Partei jenseits der Mauer, inhaltlich auch nur annäherungsweise in Beziehung zu setzen; aber bedenken Sie bitte, daß das von Ihnen vorgeschlagene Verfahren sich formal von den Praktiken der drüben einst Regierenden nicht unterscheiden würde ... Vom Regen in die Traufe? Nicht mit uns!«[38] Nach vielem Hin und Her, die *Berliner Zeitung* schrieb von »Marathonläufern mit Blasen an den Füßen«, kam es am 20. September 1993 zur Ratifizierung des Staatsvertrags zwischen den Ländern Berlin und Brandenburg über die Bildung der Akademie in der Trägerschaft von Berlin und Brandenburg.

## Die Abwicklung und Aussonderung geht weiter

Der Streit durchzog alle Institutionen und Verbände, die sich nach der Wiedervereinigung auf den Prüfstand begeben mußten. Die Verfahren verliefen unterschiedlich, obwohl die in den Feuilletons vorgegebenen Argumente dominierten. Die Presse veröffentlichte 1991 eine Liste von 23 Ost-Autoren, die im Verband deutscher Schriftsteller (VS) nicht er-

wünscht seien. Über Jahre zogen sich die Auseinandersetzungen im
P.E.N. hin. Auch diese Einrichtung gab es nach vollzogener Einheit doppelt. Gegen einen Zusammenschluß der beiden Verbände wehrte sich
der West-P.E.N. Die Mitglieder im Osten hätten die Unterdrückung
von Autoren geduldet und damit gegen die P.E.N.-Charta verstoßen.
Dabei wurden niemals Mitglieder ausgeschlossen, selbst die nicht, die
den Staat wechselten wie Günter Kunert. Auch Stefan Heym blieb Mitglied, als er nach der Biermann-Affäre den Schriftstellerverband verlassen mußte. Zu Beginn der neunziger Jahre schlug der West-P.E.N.
vor, eine Kommission zu bilden, die darüber entscheiden sollte, welche
DDR-Autoren im Club nicht geduldet werden könnten. Darüber sollten vor allem Mitglieder befinden, die die DDR verlassen hatten. Der
Vorschlag stieß auf Widerspruch. Schließlich verständigten sich beide
Verbände darauf, daß der Ost-P.E.N. selber die Mitglieder aussondern
sollte, die sich der Stasi zur Verfügung gestellt hatten. Man ließ keine
Ruhe, bis auch der Leipziger Verleger Hans Marquardt, der viele von der
Partei kritisierte und zurückgedrängte Dichter mit beträchtlichen Auflagen an die Öffentlichkeit gebracht hatte, den P.E.N. verließ.

## Die Kritiker
### Moralische Demontagen – historisierende Standpunkte

Der Einfluß der Schriftsteller auf das politische und ästhetische Denken
von Menschen war in der DDR groß, besonders von Autoren, die sich
in ihren Äußerungen, ihrem Image, nicht in die von der SED vorgegebene Vorbildrolle einbinden ließen und dennoch dieser Partei verbunden blieben. Ein solcher Mann war Stephan Hermlin. Nicht von seinem
Werk, das im Umfang schmal war, wohl aber von seiner Persönlichkeit
ging Wirkung aus. Im literarischen Leben der DDR war er die zentrale
Gestalt. In einer Zeit, in der das deutsche Feuilleton mit der DDR-Literatur aufräumte, konnte man sicher sein, daß auch seine Autorität
nicht unangetastet bleiben würde. In den neunziger Jahren fanden sich
viele Publizisten zu allem bereit, im Bewußtsein des Sieges sogar mit
gutem Gewissen. Diese Phase wird man später einmal mit Erschrecken
studieren. Der Mann, der Hermlin demontierte, der aus der ›Lichtgestalt‹ einen Heuchler und Hochstapler machte, war Karl Corino mit der

biographischen Studie *Außen Marmor, innen Gips – Die Legenden des Stephan Hermlin*. Vor diesem Buch hatte er sich bereits eine andere Gestalt der DDR-Literatur vorgenommen: Hermann Kant.

Karl Corino zählte nicht zu dem Typus des oberflächlichen Schreibers. Für sein Buch hatte er ausgezeichnet recherchiert; was er im Leben von Hermlin aufhellte, ist wissenswert und kann nicht beiseite geschoben werden. Die DDR-Literaturwissenschaft muß sich hier Versäumnisse eingestehen, an denen auch Hermlin nicht schuldlos gewesen sein mag, denn gegenüber Fragen, die sein persönliches, familiäres Leben betrafen, verhielt er sich sehr reserviert. Dennoch ist Corinos Buch biographisch verfehlt, weil auch er die ausgelöste Kampagne bediente, den von ihm selber aufgeworfenen Widersprüchen jedoch nicht nachging. Man merkt seiner Darstellung bis in die Wortwahl an, daß er Hermlin kleinmachen, ihn herabsetzen wollte. Er sei eben kein Widerstandskämpfer gewesen, sondern habe sich in der Etappe aufgehalten. In den Fragebögen der Alliierten aus dem Jahre 1946 finde man falsche Angaben. Auch sei er nicht als Sproß eines Großbürgers geboren worden, der in einem prächtigen Haus, umgeben von einem Park, gelebt habe. Hermlins Darstellung des Elternhauses mit seinem Luxus, den Gemälden großer Künstler und den vielen Büchern stimmt nach Corinos Recherchen nicht. Hermlin sei der Sohn eines jüdischen Kaufmanns gewesen, der mit Woll- und Baumwollresten handelte, aber Ende der zwanziger Jahre schon ein spürbar Deklassierter gewesen sei. Doch bleibt hier vieles ungewiß. Selber weist Corino darauf hin, daß der Vater eine erstaunliche Bildersammlung besaß, die Hermlin so nie beschrieben hat. Corino faßt seine Untersuchung auf folgende Weise zusammen: »Es gab Phasen, in denen ich manchmal zu glauben geneigt war, dieser ganze Mann Stephan Hermlin löse sich in ein Phantom auf, und es stimme buchstäblich gar nichts mehr. All diese Details einer imaginären Biographie – sie waren teils komisch, teils ärgerlich, sie waren Ausfluß von Ruhmredigkeit, Eitelkeit, Maulheldentum, Selbststilisierung. Sie waren Teil einer Wunsch-Biographie oder genauer gesagt: zweier Wunsch-Biographien.«[39] Autobiographien und autobiographische Einblendungen sind immer Selbststilisierungen. Das liegt am Genre. Doch sie erklären manchmal mehr als die nackten Tatsachen, gelegentlich führen sie auch in die Irre. Das aufzuhellen und zu begründen ist Sache der Literaturwissenschaft. Für Hermlin waren die Selbststilisierungen ein Mittel der Distanzierung. Er wollte nicht in intime Nähe zur genormten Geschichtsschreibung gerückt werden. Obwohl er ein Leben lang für das Proletariat eintrat, lehnte er die propagierte proletarische Lebensweise für sich ab. Der Dichter wehrte sich dagegen, austauschbar zu sein, besonders auf literarisch-künstlerischem Gebiet. Ihm ging es darum, etwas aus der bürgerlichen Kultur herüberzuholen, und das wollte er am eigenen Lebenslauf kenntlich machen. Deshalb auch bezeichnete er sich als »bürgerlichen Schriftsteller«, was man damals mit Verwunderung aufnahm. Geheimnisvoll sollten Dichtung und Leben sein. Corino jedoch begriff diese Ebene als die des Hochstaplers. Die Stilisierung als Lüge.

In den neunziger Jahren fand die DDR-Literatur nicht viele Verteidiger. Die Schriftsteller mochten sich wehren, ausrichten konnten sie wenig. Was nach Rechtfertigung aussah, besaß kein Gewicht, keine Geltung. Doch einer, der aus dem Lande geekelt worden war, trat als ihr Verteidiger auf: Hans Mayer. Der bei Marx in die Lehre Gegangene betrachtete Literatur und Autoren in ihrer historischen Entwicklung. Mayer machte sich zum Zeugen dafür, was dieser Literatur gelang, wofür sie angetreten war und wo sie versagte. Kein anderer hat sich in seinen alten Tagen so gegen den Strom gestellt wie er. Mit seinem Buch *Der Turm von Babel* und seinen zahlreichen Aufsätzen verweigerte er sich dem Richtungskurs der Feuilletons und der eiligst von Politikern einberufenen Enquete-Kommission. Ihm ging es vor allem um die Frühphase der DDR-Literatur, die er miterlebt und mitgestaltet hatte, in der er aufgeben mußte wie später andere. »Ich sage unbequeme Dinge; aber man kann sie mir nicht widerlegen.«[40]

Hans Mayer polemisierte vor allem dagegen, die DDR von ihrem Ende her zu verstehen und erklären zu wollen; denn damit nehme man auch ihren Entstehungsgrund und negiere die Hoffnungen, die für viele Menschen mit diesem Staat verbunden gewesen waren. »Auf allen Gebieten waren große Möglichkeiten, denn es gab ein großes menschliches Potential. Vergessen Sie bitte nicht die Autoren, die die DDR geprägt haben im ersten Jahrzehnt. Es waren Antifaschisten, die aus dem Exil zurückkamen und aus den Zuchthäusern, die mit dem Leben davongekommen waren und die nur einen Gedanken hatten: Das darf sich nicht wiederholen. Dieser antifaschistische Grund gehörte zu dem Besseren des Anfangs.«[41] Hans Mayer verband nicht nur die Erinnerung an den Anfang mit der Literatur der DDR und ihren Autoren. Wie diese ging er Ende der achtziger Jahre von der Möglichkeit einer Konföderation, einem Staatenbund aus. Mit den DDR-Schriftstellern teilte er auch die Enttäuschung, daß diese Idee in Anbetracht der finanziellen und materiellen Misere keine Chance hatte. Im Februar 1991 sagte er in einem Interview: »Ich bin nach wie vor der Meinung, die freie Marktwirtschaft, sprich Kapitalismus, wird kein einziges unserer Probleme lösen, sondern uns immer nur in neue Krisen und neue Unglückssituationen stürzen. Eine Alternative wird immer und überall in der Welt gestellt werden.«[42] Aber auch seine Stimme verlor sich gegenüber dem Chor derer, die diese Vergangenheit bewältigen wollten, indem sie sie der Verächtlichkeit preisgaben.

Wie sah nun das Meinungs- und Haltungsspektrum unter den Schriftstellern außerhalb der Verbände aus? Ein Teil der oppositionellen Intelligenz hatte sich, unterschiedlich in der Gewichtung, zuletzt für die Konföderation, für eine Vertragsgemeinschaft der beiden deutschen Staaten engagiert. Da die Massen eine solche Entscheidung nicht mitvollzogen und sich für eine schnelle Einheit entschieden, geriet das Wort der Intellektuellen ins Abseits. Eine Isolierung setzte ein, die es vorher in diesem Ausmaß nicht gegeben hatte. Das lag auch daran, daß viele Schriftsteller aus den Gremien ausschieden, in denen sie sich früher regelmäßig getroffen hatten und wo sie sich austauschen konnten.

Eine Homogenität unter Künstlern vorauszusetzen, wäre fatal. Die gab es auch früher nicht. Vom Literarischen her gesehen ist jeder Autor seine eigene Partei. Aber es bestand eine innere Zusammengehörigkeit und gegenseitige Verbundenheit, auch wenn diese in den jeweiligen historischen Phasen durch Unterschiede gekennzeichnet waren. In den sechziger Jahren traten sie anders in Erscheinung als in den Achtzigern. Zu Beginn der neunziger Jahre meinte Helga Königsdorf, Menschen wie Schriftsteller könne man in zwei Gruppen aufteilen, »die einen, die schon immer Gesamtdeutsche waren und die diese DDR nie als ihr Land akzeptierten, und diejenigen, die in diesen vierzig Jahren eine DDR-Verbundenheit entwickelt hatten.« Tatsächlich trat unter den Schriftstellern der Gegensatz zwischen denen, die das Land verließen – sei es mit oder ohne DDR-Paß – und denen, die im Lande blieben – ob oppositionell oder parteitreu – mit aller Schärfe hervor. Die Weggegangenen überschütteten diejenigen, die an dem Staat und seinem Gesellschaftssystem festhielten, mit Vorwürfen, die bei einigen in Haß und wüste Beschimpfungen ausarteten. Eine Verbitterung auf beiden Seiten brach sich Bahn. Als man meinen konnte, nun sei alles vorbei, wurden die Gräben noch tiefer. Ausgetragen wurden die Meinungskämpfe vor allem in der Presse. Wolf Biermann, Günter Kunert, Sarah Kirsch, Joachim Schädlich und Siegmar Faust machten nach 1990 deutlich, daß sie mit denen, die in den alten Strukturen verblieben waren, nichts zu tun haben wollten. Ein umgekehrter Prozeß setzte ein. Hatte 1976 der Schriftstellerverband Mitglieder ausgeschlossen und dazu beigetragen, daß sie außer Landes gingen, so wollten die Weggegangenen jetzt dafür sorgen, daß den einstigen Zustimmern kein Platz in der schreibenden Zunft mehr eingeräumt wird. Während der P.E.N.-Debatte erklärte Sarah Kirsch in der *Frankfurter Allgemeinen Zeitung* vom 28. Juli 1990: »Solange ich mich jedoch als Mitglied des P.E.N.-Zentrums der Bundesrepublik betrachte, will ich nicht nachlassen, als eine von jenen, die aus dem anderen Landesteil kamen, zu wiederholen, daß man zu keinem Zeitpunkt etwas zusammenführen sollte, das sich trotz gleichklingenden Namens in keiner Weise entspricht ... Meine Freunde da in einem Topf mit Werkzeugen der Geheimpolizei und staatlichen Schreiberlingen – das frißt mir das Herz ab.« Und in der gleichen Zeitung schrieb am 29. Juli 1990 Günter Kunert: »Das DDR-Leichengift wirkt fort und fort. Wir stecken in dem Dilemma, es den Subjekten unter deren Ungeist, Handlangerschaft und Rufmordbereitschaft wir gelitten haben, jetzt mit gleicher Münze heimzahlen zu können.« Gerhard Zwerenz, der aufgrund seiner schlimmen Erfahrungen frühzeitig die DDR verlassen hatte, aber nicht dieser Gruppierung zuzuzählen ist, bekannte im Jahr 2000: »Nach dem Wechsel von 1957 von der DDR in die BRD brauchte ich sieben Jahre, den Bruch und den Neuanfang soweit zu objektivieren, daß ich wieder analysefähig wurde.«[43] Vielleicht sollte die Geschichtsschreibung denen, die im Zorn weggingen und diesen nach der Wende neu belebten, einen noch längeren Zeitraum zur Analysefähigkeit einräumen.

Die oben Erwähnten verhielten sich auch gegenüber den sozialistisch orientierten Oppositionellen nicht anders. Günter Kunert vergaß Stefan Heym nicht, daß er ihn ein »Sensibelchen« genannt hatte, fühlte er sich doch als einer, der unter den allgemeinen Bedingungen der Diktatur gelitten hatte und deshalb wegging, nicht aber nur wegen persönlicher Schwierigkeiten. Viele Bürgerrechtler, die von den politischen

Entscheidungen weggedrängt wurden, sympathisierten mit den Weggegangenen. Sie wetteiferten mit ihnen in ihrer Argumentation gegen die alte DDR-Schriftstellerelite. All jene, die einmal Wortführer gewesen waren, ganz gleich welcher Richtung, wurden angeprangert und herabgesetzt, so daß objektive Betrachter der Szene von den »Haß-Produzenten«, der »Fraktion der Wadenbeißer« sprachen. Die Vergangenheit als etwas Abgetanes zu betrachten, bemühte sich Heinz Czechowski mit zorniger Intensität. Ihn zog es erst nach der Wende in den Westen, ins Westfälische. Für den begabten Lyriker wurde die Auseinandersetzung mit der Vergangenheit zur Identitätskrise. Daß ihn die Entwicklung im Osten und die hier entstandene literarische Welt geprägt hatte, leugnete er auch nach 1989 nicht, sah darin aber sein eigentliches Dilemma. Er war stolz darauf, sein literarisches Handwerk von der Pike auf am Johannes-R.-Becher-Institut in Leipzig gelernt zu haben. Aber nach der Wende kam er mit sich selber und seinen früheren Kollegen nicht mehr zurecht. Aus dem Autor, der gemeinsam mit Adolf Endler die Lyrik-Anthologie *In diesem besseren Land* herausgegeben hatte, wurde der Verfasser von *Dreimal verfluchte DDR*. Mit der untergegangenen DDR verfluchte er seine Kollegen, besonders Christa Wolf und Volker Braun, mit denen er einstmals als Lektor im Mitteldeutschen Verlag verbunden gewesen war. Vergangenheitsbewältigung als Rundumschlag!

Noch heftiger als bei den Schriftstellern vollzog sich die Auseinandersetzung bei den bildenden Künstlern. Hier verfuhr man noch pauschaler. Der Maler Georg Baselitz, der aus der DDR kam und früh wegging, bemühte sich weder um eine politische noch um eine künstlerische Argumentation, ihm genügten Ausdrücke wie »Staatskünstler«, »Hofkünstler«, »Auftragskünstler« nicht, er beschränkte sich darauf, die DDR-Künstler einfach als »Arschlöcher« zu bezeichnen.

Unter den schriftstellerischen »Haß-Produzenten« tat sich Monika Maron hervor. Sie kam mit ihrem Buch *Flugasche* in den achtziger Jahren nicht durch die Zensur. In einer Funktionärsfamilie aufgewachsen, verließ sie 1988 mit einem Dauervisum die DDR. In den siebziger Jahren arbeitete sie unter dem Decknamen »Mitsu« zeitweise als IM für die Stasi. Ihr Haß richtete sich nicht allein gegen die Schriftsteller und den Literaturbetrieb, sondern auf die Menschen in der DDR insgesamt. Vor allem in ihrem Aufsatz »Zonophobie« überschüttete sie ihre Landsleute mit einer Flut von abstoßenden Charakteristika. In einer nicht unbegabten Schreibweise entledigte sie sich ihres Ekels über die »absurde DDR« und die Verhaltensweisen ihrer Bewohner. Da es im Osten kein Bürgertum gegeben habe, sei die Alltagskultur des Landes völlig zerstört worden. Die, die von Kultur nichts verständen, hätten bestimmen können, »was unseren Menschen« zu gefallen hatte. Reich-Ranicki nannte sie, sich auf eine Romanfigur der Autorin beziehend, die »Rachegöttin an der Schreibmaschine«. Wenn künftige Historiker einmal dem fanatischen Haß dieser Zeit nachgehen und ihn zu analysieren suchen, werden sie verwundert und erschrocken auf Monika Maron schauen. Im Unterschied zu Christa Wolf, die 1990 über ihr Leben in der DDR bekannte, »40 Jahre kann man nicht so einfach wegschmeißen«, warf Monika Maron ihre DDR-Vergangenheit in den Dreck und spuckte noch darauf. In einem hysterischen Tanz der Worte zerstampfte sie alles, von dem sie meinte, daß es mit dieser Vergangenheit zusammenhänge.

Innerhalb der beiden Gruppen, in die Helga Königsdorf die Schriftsteller geteilt sah, gab es ebenfalls keine Homogenität. Nicht alle Weggegangenen, ganz gleich, ob sie an ihren alten Wohnsitz zurückkehrten oder nicht, ließen sich den »Haß-Produzenten« zuordnen. Einige behielten ihre Analysefähigkeit und suchten trotz veränderter Positionen das Gespräch mit den Kollegen von früher. Sie gingen nicht davon aus, daß alles verstehen auch alles verzeihen heißt, sondern suchten die Gründe dafür, daß in dem Land, das sie verlassen hatten, so vieles schiefgelaufen war. Zu ihnen gehören Gerhard Zwerenz, der früh verstorbene Rudolf Bahro, der Autor und Filmregisseur Egon Günther, Klaus Schlesinger, Wolfgang Hilbig und andere. Die sieben Jahre, die Rudolf Bahro, schwer krebskrank, noch verblieben, wirkte er als Professor an der Humboldt-Universität Berlin. Auf dem Sonderparteitag der SED im Dezember 1989 meldete er sich zu Wort. Er riß keine Fronten auf, sondern sagte von sich, auch er sei SED gewesen, im Guten wie im Bösen. Das Visionäre seiner Theorie zog vor allem Schriftsteller wie Volker Braun an. In einer Zeit des Theorieschwunds, der Verketzerung der Utopien, fand er aufgeschlossene Zuhörer. Er vermochte zwar keine Orientierung durchzusetzen, aber er wirkte durch sein Beispiel. Der prophetische Zug seiner Ansichten irritierte und faszinierte. Volker Braun, der ihn 1986 in Worms besuchte, als Bahro an der *Logik der Rettung* schrieb, nannte ihn einen »fröhlichen Buddha«. Seine letzte Entwicklung beschrieb er so: »*Die Alternative* mündete in einen Bund der

Kommunisten, die *Logik der Rettung* mündet in einen Orden ... Mich irritiert an dem Propheten der heilige Zug ... Er macht nun nach Marx den Engel. Ich warne ihn, sich nicht so sehr zu verglauben.«[44]

Einer, der auf den linken Flügel der Reformer zuging, war Gerhard Zwerenz. Verändert, aber nicht im Zorn, suchte er das Gespräch. Ihm kam es darauf an, die Gesellschaft anders einzurichten, als sie die Beigetretenen vorgefunden hatten. Deshalb hielt er es für notwendig, auch auf die Schriftsteller zuzugehen, die andere für mitschuldig an verfehlten kulturpolitischen Entscheidungen erklärten. So trat er in der Öffentlichkeit in einen Dialog mit Hermann Kant ein, ohne dabei zu verletzen und auszugrenzen. In der Zeit, in der der Zorn dominierte, Beschimpfungen ausgeteilt wurden, übte er Nachdenklichkeit ein.

Ein Bonner Verwaltungsjurist, der sich bereit erklärt hatte, in den neuen Bundesländern zu arbeiten, kam außerhalb seines Dienstes auf die Idee, die DDR-Schriftsteller zu befragen, wie es in ihren Reihen mit der Solidarität bestellt sei. Er selber gab sich als »Leihbeamter« aus. Eine etwas biedermeierliche Bezeichnung für die Hilfsdienste, die bei der Auswechselung der Eliten notwendig wurden. Doch der Mann war ein Liebhaber und Kenner der DDR-Literatur. Schon 1990 äußerte sich Christa Wolf in einem Rundtischgespräch dazu: »Was wir jetzt erleben, ist eine sehr starke De-Solidarisierung. Das ist nicht anders möglich in einem solchen katastrophalen Zusammenbruch. Da wird jetzt sehr vieles mit hineingerissen, und ich glaube schon, daß das Trauer und Reue wert ist. Das wird auch noch eine gewisse Zeit (dauern, bis einige) DDR-Autoren einen anderen Ton hervorbringen.«[45] Von Ulrich Plenzdorf bekam der Leihbeamte Wilhelm Boeger zur Antwort, daß Schriftsteller nicht unter einen Hut zu bringen seien, auch nicht unter den der Solidarität. Ernsthaft und ausführlich ging Stephan Hermlin auf die Frage nach der Solidarität ein: »Die gibt es nicht. Statt ihrer schlägt einem aus einer kleinen, aber einflußreichen Gruppe blanker Haß entgegen, und zwar durchweg von der Seite derer, für die ich mich in DDR-Zeiten einsetzte. Eine Ausnahme bildet Wolfgang Hilbig ... Die Undankbarkeit mancher Kollegen macht mir schwer zu schaffen. Ich will am Telefon keine Namen nennen, aber ich kann einfach nicht verschweigen, daß ich ganz besonders einem, auch im Westen recht bekannten Kollegen geholfen habe, daß er ausreisen durfte. Mit einem großen Möbelwagen, in dem er alle seine Habseligkeiten mitnehmen konnte. Und was macht dieser Mensch? Kaum ist er in Westdeutschland angekommen, da schreibt er einen widerlichen Artikel gegen mich, seinen Wohltäter. Das habe ich bis heute nicht verwunden.«[46] Eine hintergründige, nur im Untertext ganz zu verstehende Antwort gab Peter Hacks: »Die Solidarität unter deutschen Schriftstellern von jeweils gleicher politischer Richtung ist, wie immer, ausgezeichnet.«[47] Wer aber zählte nach der Wende zur gleichen politischen Richtung? Hermann Kant berichtete von einer Lesung, in der ihm ein Zuhörer vorgeworfen habe, selbst Peter Hacks vertrete in der Frage des Eigentums an Produktionsmitteln eine entschiedenere Meinung als er.

An dieser Stelle sei die Meinung zweier grundverschiedener Schriftsteller über die Zeit nach der Vereinigung wiedergegeben. Peter Hacks: »Die Vorstellung einer Niederlage der DDR im Krieg gegen die BRD war von allen möglichen Vorstellungen die schlimmste. Gottseidank ist es ja dann in Wirklichkeit noch schlimmer gekommen.«[48] Ernst Jünger: »Auch eine Art von Parasitismus: den Achtungsverlust eines anderen, besonders bei tiefem Sturz, ausbeuten. Die meisten reiben sich die Hände, viele leben davon.«[49]

*Vierter Abschnitt*

Die Literatur am Ende der neunziger Jahre oder
Der Ertrag des freien Wortes

Gegen Ende des Jahres 2000 erschien in der Reihe »Text + Kritik« ein Sonderband unter dem Titel *DDR-Literatur der neunziger Jahre*. Sie war also noch immer da, die Literatur des nicht mehr existierenden Staates. Freilich rief diese Auffassung unterschiedliche Reaktionen hervor, aber abseitig, vereinzelt war sie keineswegs. Ihr lag nicht nur die Neugier der Leser und der Öffentlichkeit zugrunde, die wissen wollten, wie die repräsentativen Schriftsteller der DDR die einschneidende Zäsur von 1989/90, den nachhaltigsten Epochenumbruch im 20. Jahrhundert, überstanden hatten, was aus ihnen geworden war.

Eine Analyse oder aufhellende Bilanz, aus der sich entnehmen läßt, welche Richtung diese Literatur genommen hat, wäre ebenso vermessen wie die Beschreibung der intellektuellen Physiognomie einzelner Autoren. Die neunziger Jahre mit ihren ungewöhnlichen politischen Umbrüchen und existentiellen Verunsicherungen gaben zwar reichlich Anlaß für extreme Urteile und Gesichtspunkte, aber aus den neuen literarischen Werken lassen sich kaum Verallgemeinerungen ableiten, und Auskunft über die vorgenommene Orientierung geben sie auch nicht. Ein Jahrzehnt ist keine Zeitspanne für eine Bilanz. Die literarischen Umbrüche folgen den politischen nicht auf dem Fuß.

Nun könnte man einwenden, daß es zehn Jahre nach dem ersten Weltkrieg und dem Untergang des Kaiserreichs, im Übergang von den zwanziger zu den dreißiger Jahren, eine ganz neue literarische Situation gab. Es existierte eine einflußreiche nationalkonservative Richtung, besonders auf dem Gebiet des Romans, und es entwickelte sich eine neue sozialistische Literatur. Die Kunstszene wurde von weltanschaulich unterschiedlichen Strömungen auf allen Gebieten gekennzeichnet. Eine Umgruppierung vollzog sich. Derart eingreifende Veränderungen lassen sich im ausgehenden zwanzigsten Jahrhundert nicht feststellen. Es gab einzelne Aufschreie, aber keine Bewegung. Im lauten politischen Geschäft blieb die Literatur, wenn auch nicht still, so doch leise. Den Autoren fehlte es nicht an Mut, sich zu äußern, aber es gelang ihnen nicht, das literarisch auszudrücken, was ihnen und der ganzen Gesellschaft widerfuhr.

Deshalb läßt sich noch keine Bilanz ziehen. Es kann nur darum gehen, die einzigartige Situation zu schildern, vor der die Schriftsteller im Osten am Ausgang des Jahrhunderts standen. Daß aus dem real existierenden Sozialismus kein wirklicher Sozialismus geworden war, hatte weitreichende Folgen. Denn dadurch entglitt der Gesellschaft auch ihr kollektives Gedächtnis, das zu überliefern ein vorrangiges Anliegen der Dichter gewesen ist. Die Ostdeutschen sahen sich ihrer Biographien beraubt und fanden keine Hilfe mehr in der Literatur. So lockerte sich der Zugang zu ihr. Die Vergangenheit neu zu erschließen erforderte eine Neubestimmung der Utopie, nicht aber deren Abschaffung oder Verdrängung. Dazu bedarf es der Anstrengung mehrerer Generationen, denn dieser Vorgang kann nur kollektiv bewältigt werden. Wie die Menschen ihre Geschichte begreifen, läßt sich nicht verordnen, am wenigsten von der Politik und den Medien.

Erschwert wurde dieser Prozeß dadurch, daß es mit der Wiedervereinigung nicht zu einer Vermischung der beiden deutschen Kulturen kam, wodurch sich auch die alte Bundesrepublik verändert hätte. Die Hoffnung auf Besserung, die auch westdeutsche Schriftsteller hegten, fand keine Erfüllung. Vielmehr kam es zu einem Rückschlag, zu einem verfestigten Kapitalismus, der keine tiefgreifenden Veränderungen mehr zuzulassen schien.

Aber auch auf ihrem ureigensten Gebiet erlebten die Schriftsteller eine enttäuschende Verwandlung von Literatur und Kunst, die Günter Kunert so beschrieb: »Insbesondere die Literatur scheint von einem eigentümlichen Zersetzungsprozeß befallen, der die Zeitresistenz des Veröffentlichten reduziert, wenn nicht gar ganz auslöscht.«[50] Das Zeitalter der Lektüre, in der Bücher zu den Taten von morgen Anlaß gaben, schien »vorbei, erledigt, gewesen«.

So läßt sich über die neunziger Jahre kein festkonturiertes Bild vorstellen, das eine Orientierung ermöglicht. Nur einzelne Stimmen, Wendungen und Haltungen können festgehalten werden.

In diesem Chor von Stimmen gab es auch Meinungen, die die DDR-Literatur, wie sie sich in vier Jahrzehnten herausbildete, völlig verwarfen. Sie kamen vor allem aus dem Lager einiger Bürgerrechtler. Ihnen schlossen sich diejenigen an, die sich von ihren früheren Auffassungen trennen wollten. Auf einer Sitzung der Enquete-Kommission wurde von Bernd Faulenbach die Frage gestellt: »Inwieweit würden Sie diese Literatur – wenn ich das einmal so sagen soll – als bleibend und für den gesamtdeutschen Literaturzusammenhang betrachten?« Darauf antwortete der Bürgerrechtler Siegmar Faust, selbst ein Schriftsteller: »Da bin ich am Ende bißchen hart. Ja, was bleibt? Eine kleine Fußnote. Von dem, was ›Literatur‹ genannt wurde, bleibt überhaupt nichts. Wahrhaftig waren die DDR-offiziellen Schriftsteller nur im Unwesentlichen und mutig nur auf Nebenschauplätzen. Sie haben korrumpiert ganz oben im Elfenbeinturm gesessen, haben sonst was geschrieben. Diese Art Literatur wurde ja im Westen völlig überschätzt. Ich will keine Namen aufzählen. Das hat es uns schwer gemacht, mit unserer erlebten Wahrheit überhaupt anzukommen; denn die Bundesbürger hatten ein DDR-Bild, das von den offiziellen Schriftstellern geprägt worden war. Davon bleibt – meine ich – nur ein Misthaufen übrig.«[51]

Es gab unterschiedliche Vorstellungen, wie die zukünftige Literatur aussehen sollte. Wolfgang Harich meinte, in einer Zeit so blanker kapitalistischer Gier, unverhohlenem Egoismus und politischer Heuchelei werde ein Romantypus von der Art Balzacs zur Geltung kommen.[52] In Rezensionen wurden die Erwartungen allgemein auf den großen »Wenderoman« gesetzt. Wo sich ein thematischer Zusammenhang ergab, orakelten die Kritiker, ob es sich um ein Werk des gesuchten Typus handelt.

Wenn es um Bilanzen geht, sind Literaturhistoriker gefragt. Einer der ersten, der sich an eine solche Aufgabe machte, war der Bremer Germanist Wolfgang Emmerich. Er schrieb seine frühere Literaturgeschichte um und ergänzte sie durch eine Darstellung über die neunziger Jahre (bis 1995). In diesem letzten Teil charakterisierte er die Gemütsverfassung der reformsozialistischen Dichter nach 1990 »als Furor melancholicus«. Als Beispiel für seine Analyse führte er die Lyrik von Volker Braun an, mit der er die Haltung der literarischen Intelligenz zu kennzeichnen suchte. »Gewiß, es gab auch Maniker unter den enttäuschten Künstlern der DDR, die tatsächlich alles von sich warfen und mit fliegenden Fahnen zum Feind überliefen – man sprach von Wendehälsen – aber die Melancholiker waren entschieden in der Mehrzahl und blieben es lange.«[53]

Emmerich verallgemeinerte, was schwer auf einen Nenner zu bringen ist. Überhaupt gehen hier die Meinungen auseinander. Welche Wendung die DDR-Schriftsteller machten, brachte Achim Geisenhanslücke im Titel seines Aufsatzes zum Ausdruck: »Abschied von der DDR«. Ohne Fragezeichen! An drei Romanen überprüft er, wohin die Autoren Monika Maron, Thomas Brussig und Brigitte Burmeister steuern. Doch seine Analysen sind differenzierter als die gewollte politische Verallgemeinerung. Diese trifft eigentlich nur auf Monika Marons Roman *Stille Zeile sechs* zu, schon weniger auf Thomas Brussigs *Helden wie wir* und schon gar nicht auf Brigitte Burmeisters *Unter dem Namen Norma*. Über das letztgenannte Werk sagte er: »Der Preis, den Burmeister für ihr Geschichtstribunal entrichtete, ist allerdings hoch. Der Abschied von der DDR gerinnt ihr zu deren symbolischer Wiedergeburt unter dem doppelten Namen Norma.«[54]

In Übereinstimmung mit der Überschrift steht allerdings der Roman von Monika Maron. Hier kann man sogar noch einen Schritt weitergehen und Marcel Reich-Ranicki zustimmen, der über das Werk schrieb: »Das Buch *Stille Zeile sechs* ist eine Auseinandersetzung nicht mehr mit der DDR, sondern mit dem Kommunismus.«[55] Der Roman basiert auf einer interessanten, erzählerisch produktiven Grundsituation. Ein Altkommunist diktiert einer Sekretärin seine Memoiren. Bei dieser Arbeit enthüllen sich die Legenden des Diktierenden. Zugleich wächst der Widerwille, ja die Abscheu der Frau, der er seinen Lebenslauf diktiert. Die Abneigung steigert sich zum Haß, so daß sich die Sekretärin vornimmt, den Mann zu erschlagen. Eigentlich wird in diesem Roman der traditionelle Vater-Sohn-Konflikt abgehandelt, für den es in der Literatur große Vorbilder gibt. Monika Maron nutzt diese Konstellation, um mit der Generation der Gründungsväter der DDR abzurechnen. Der Roman hat einen autobiographischen Hintergrund. Der Pflegevater der Autorin, Karl Maron, war ein prominenter Politiker und Mann der erste Stunde. Auch wenn man über die persönlichen Verhältnisse nichts weiß, kann man verstehen, daß hier eine Abneigung entstand, die lebensprägend wurde. Wie schon in ihren publizistischen Arbeiten und Interviews macht sie der Gestalt des Altkommunisten den Vorwurf, daß er das Bildungsstreben der Menschen unterdrücke, »Hirne konfisziere« und jede Form von schöpferischer Entwicklung verfolge. Da Monika Maron über eine bildhaft entblößende Sprache verfügt, versteht sie es, den Haß ihrer Gegenfigur auf die schlimmstmögliche Wendung zu bringen. Dagegen bleibt die geistige Substanz des Grundkonfliktes leer und phrasenhaft. In der 1999 veröffentlichten Familiengeschichte *Pawels Briefe* sucht sie der anderen Seite ihres Lebens nachzugehen, indem sie den Spuren ihrer eigentlichen Familie folgt. Es ist, als wolle sie sich einer Vergangenheit entledigen und eine neue schaffen.

Wie Wolfgang Emmerich, so geht auch der Herausgeber Heinz Ludwig Arnold davon aus, daß es nach dem Ende der DDR noch eine durch diese Gesellschaft geprägte Literatur gegeben habe und noch gibt. Einer solchen Aussage kommt literaturgeschichtliche Bedeutung zu, obwohl nicht alle Beiträge in diesem Band dem Titel gerecht werden. Ganz im Zeichen der Leitthese faßt Iris Radisch in ihrem Überblicks-Essay die Grundtendenz der neunziger Jahre zusammen: »Wenn es stimmt, daß Kunst im Verhältnis zum Leben im Wesentlichen ein Trotzdem ist, wird die genuine Kraft der Literatur, ihre Leidenschaft zur Negation, ihre Kraft zur Verwandlung und vor allem ihre Fähigkeit zur literarischen Erkenntnis nicht verfallen wie ein Fahrschein. Und doch fahren im Augenblick die Züge der Literatur auf zwei getrennten Streckennetzen.

Das ist kein Grund zur Klage und auch kein herzzerreißender Widerspruch. Im Gegenteil. In einer Zeit, in der das Verlangen nach Schlußstrich und Normalität beinahe schon zum Staatsziel avanciert ist, ist die Zerrissenheit der Literatur trotz alledem eine ziemlich gute Diagnose.«[56]

Der letzte Satz des Bandes, verfaßt von Peter Walther, lautet jedoch: »Aus der Perspektive eines Literaturbegriffs, der die Eigengesetzlichkeit ästhetischer Entwicklung in den Vordergrund stellt, hat es ... eine ›DDR-Literatur‹ ohnehin nie gegeben.«[57] Doch von welcher ästhetischen »Eigengesetzlichkeit« geht dieser Autor aus? Die Eigengesetzlichkeit gibt es nicht. Gegen die Titeltendenz des Bandes polemisieren die Germanisten, die die DDR-Literatur als eigenständiges, historisch legitimiertes Ensemble verschwinden lassen möchten. Auch einige der DDR-Germanisten meinten, die Literatur ihres Landes sei in den letzten Jahrzehnten ohnehin bereits auf dem Marsch nach dem Westen gewesen. Volker Braun nannte diese Historiker »Abbrucharbeiter«. »... die letzten Gestalten, die wir erblicken auf der Suche nach dem verlorenen Ort, einstige Instandbesetzer des Sozialismus, die jetzt ihre eigene Spur verwischen.«[58]

Wie sieht nun die Literatur in diesem Jahrzehnt einer sich verändernden Welt aus? Wo stehen die Autoren, die die DDR-Literatur formierten, welche Position nehmen sie am Endes des Jahrzehnts ein?

Zunächst muß vermerkt werden, daß in den neunziger Jahren drei der bedeutendsten Dichter starben: Stephan Hermlin, Erwin Strittmatter, Heiner Müller. Im Jahr 2000 war der Tod des 65jährigen Karl Mickel zu beklagen. Hermlin galt als die vielleicht wichtigste Gestalt für den inneren Zusammenhalt der DDR-Literatur, die er durch seine unangefochtene Autorität mitgeprägt und gegen Eingriff und Bevormundungen jeglicher Art verteidigt hat. Zuletzt war es schwer für ihn, seine Dichterkollegen aus der Enttäuschung herauszuführen, zumal diese auch ihn niederdrückte. Erwin Strittmatter besaß von jeher eine erstaunlich große literarische Gemeinde, die ihn auch nach der Wende nicht verließ und in der er sich geborgen fühlen konnte. 1992 schloß er seine Trilogie *Der Laden* ab, die ihm im Westen ein Publikum erschloß, das sich ihm bisher verweigert hatte. Strittmatter blieb in den neunziger Jahren das, was er immer gewesen war, ein Bestseller-Autor. Als Schriftsteller wurden er und Hermlin vom Publikum unterschiedlich wahrgenommen. Obwohl Strittmatter drei Jahre älter als Hermlin war, galt Letzterer als der Dichter, der die Vergangenheit, Faschismus und Emigration, mit dem Neuanfang verband, während Strittmatter mehr der jungen Aufbau-Generation zugezählt wurde, den Neubeginnern. Er, der das Leben der DDR so authentisch in seinen Werken festgehalten hatte, zog sich relativ früh aus dem politischen Leben und dem Literaturbetrieb zurück. Wäre nicht der ständige Kontakt zu seinen Lesern gewesen, könnte man ihn als einen inneren Emigranten bezeichnen, der zuletzt nicht viel von ideologischen Bindungen hielt, selbst wenn sie noch so gut gedacht waren. In seinen letzten Lebensjahren wollte er sein soziales Engagement lieber mit der Sozialdemokratie verbunden sehen als mit der Partei, der er seit 1947 angehörte.

Im Unterschied zu der Mehrheit seiner Kollegen stieg Heiner Müller mit der Wende erst richtig in das politische Leben und in den Literatur- und Kunstbetrieb ein. Man könnte meinen, in den Jahren der Isolierung, in die er durch sein Stück *Die Umsiedlerin* geraten war, hätte er sein wirkliches Wesen, seinen Ehrgeiz verborgen. Er avancierte nicht nur zum meistgespielten Dramatiker, er wurde auch zum Lieblingskind des Feuilletons. Wie Brecht die Notate, so machte Müller das Interview zum bevorzugten Genre. Seine Bemerkungen über Politik, Ästhetik und Geschichte bekamen mit ihren dunklen, verschieden deutbaren Sentenzen etwas Geheimnisvolles. Er wurde zu einem vielbefragten Mann, der wechselnde Standpunkte bediente, doch sich paradoxerweise immer treu blieb. Als Intendant des Berliner Ensembles schlüpfte er in die überlieferte Figur Brechts mit allen ihren Gewohnheiten. Dabei, das war die Überraschung, erwies er sich als ein ausgezeichneter Regisseur. Doch das couragierte Engagement auf den vorderen Plätzen kam seinem dramatischen Spätwerk nicht zugute. Daß er auf dem internationalen Theater schon vor der Wende zum Trendmacher wurde, schwächte eher seine dichterische Substanz. Er stürzte sich in eine tollgewordene Moderne und wollte sich darin immer neu beweisen. Seine letzten Stücke ertrinken in der Vielfalt seiner Gedanken, Andeutungen und Visionen. Man könnte annehmen, daß er sich aus Furcht, einen Entwurf nicht auf den Punkt und zu Ende zu bringen, gezwungen sah, Einfälle auf Einfälle zu häufen. Seine späten Stücke erreichten stilistische Brillanz, waren gespickt mit Weisheiten, verloren aber ihr dramatisches Format. Es schien, als bekäme er für seine Aussage die Welt nicht mehr in den Griff. Der geniale Zug seines Frühwerks *Die Umsiedlerin*, die

Shakespearesche Kraft, verlor sich. Was blieb, war der Ruhm des modernen Theaters.

Die Schriftsteller aus der DDR standen nach 1990 vor beträchtlichen Schwierigkeiten. Sie mußten sich gegen eine Kritik wehren, die sie herabsetzte. Doch die Kontinuität brach nur bei wenigen ab. Christa Wolf war nach dem Erscheinen ihrer Erzählung *Was bleibt* damit beschäftigt, sich gegen Mißdeutungen und Verleumdungen zu wehren. Die Ehrungen (1990 Ehrendoktorwürde der Universität Hildesheim und der Freien Universität Brüssel) gingen in Beschimpfungen über. Sie, die vor 1989 im Westteil Deutschlands die größte Aufmerksamkeit genoß, wurde jetzt von dort am meisten angegriffen; ihr Engagement für eine andere Republik (Für unser Land) als naiv und albern geschmäht. Sie veröffentlichte ihre *Reden im Herbst*. In dem Band *Auf dem Weg nach Tabou* (1994) erschienen publizistische Texte aus der Zeit zwischen 1990 und 1994. Für eine so sensible Dichterin wie sie war diese Zeit keine produktive Phase. 1996 erschien ihr Text *Medea. Stimmen*, der nicht mehr die spannungsvolle Erwartung hervorrief wie ihre Romane zur DDR-Zeit. Während sie früher dadurch auffiel, daß sie nicht das Muster des vorangegangenen Werkes fortstrickte, blieb sie nun mit *Medea* auf der Linie der *Kassandra*, die ihr Erfolg gebracht hatte. Aufmerksamkeit verdient ihr Festhalten an der Utopie in einer Zeit, in der Grabgesänge auf dieselbe angestimmt wurden.

Volker Braun, der in der Bürgerbewegung keine aktive Rolle spielte, in seiner Dichtung aber den radikalen Reformgeist artikulierte, brachte nach der Wende seinen Standpunkt auf die Formel: »Volkseigentum plus Demokratie«. Für ihn war dies das noch nicht Probierte, ein Weg, den das Land gehen sollte. Doch gerade dieser Doppelschritt besaß nach 1990 keine Chance. Braun begriff das als Niederlage und beklagte in rebellischen Versen den Wiedereintritt der Geschichte in das alles beherrschende »Mein«, das nicht mehr das »Mein« aller, sondern einzelner war. In Erkenntnis dieser Lage gelangen ihm Verse, die mehr als alle Dokumente und Bekenntnisse den widerspruchsvollen Prozeß der Einheit auf den Punkt brachten und zum Volksjubel eine kritische Distanz erzeugten. Gegenüber dem, was nach 1990 als Literatur der Einheit ausgegeben wurde, verhalten sich seine Verse wie antike Inschriften. Sie dürften zu verläßlichen Wegweisern für die Historiker werden. Braun wurde von den Medien weniger beschimpft als seine Dichterkollegen, aber man betrachtete ihn als einen, der es sich selber schwer macht. Vor allem warf man ihm vor, daß er nicht in die Grabgesänge auf die Utopie einstimmte. Er bevorzugte die konkrete Utopie im Sinne Walter Benjamins. In ihr sah er »Volkseigentum und Demokratie« eingeschlossen. Da er auf der Bühne kaum eine Chance besaß, widmete er sich mehr der Lyrik und der Erzählung *Die Zickzackbrücke. Ein Abrißkalender*, 1991; *Das Nichtgelebte* und *Der Wendehals*, 1995; *Tumulus*, 1999; *Das Wirklichgewollte*, 2000. Seine Kurzerzählungen wurden von der Kritik als nachsozialistische kafkaeske Texte charakterisiert. Sie erinnern jedoch mehr an die frührevolutionäre Prosa eines Isaak Babel. Nur ist hier die Gewalt, die einmal eine andere Welt hervorbringen sollte, sinnlos und zu einem Vorgang geworden, der sich nicht mehr begreifen und zuordnen läßt.

Zu den meistbeschimpften DDR-Autoren dieser Jahre zählte Hermann Kant. Es gab keinen Verband, keine Einrichtung die ihn nicht ausgeschlossen wissen wollte. Bereits vor der Wende verfügte Franz Fühmann in seinem Testament, daß er bei seiner Beerdigung nicht geduldet werden dürfe. Diese Haltung wurde nun willig aufgegriffen. Nur sein Verlag hielt ihm die Treue. Kant stellte sich jedem Angriff, verteidigte sich, gestand Fehler und Fehlverhalten ein. Aber er schrieb weiter. 1994 den Roman *Kormoran*, 1994 *Escape. Ein Word-Spiel*. Erfolge wie früher waren ihm nicht beschieden. Seine Werke aus der DDR-Zeit wurden weiter verlegt, was ihre Haltbarkeit beweist und seine These bestätigt, was Literatur ist, bleibt Literatur.

Kant gehörte zu den ersten, die mit einer Autobiographie hervortraten: *Abspann. Erinnerungen an meine Gegenwart*. Darauf waren seine Leser gespannt, denn Kant galt als ein Autor, der Situationen von verschiedenen Seiten zu schildern vermochte und ironisch zu differenzieren verstand. Außerdem hoffte man von ihm als Intim-Kenner der DDR-Literatur-Szene, Interessantes zu erfahren, meinte man von ihm doch zu wissen, daß er über Oben und Unten des untergegangenen Staates genau Bescheid wußte. Obwohl die Kant-Leser auf ihre Kosten kamen, enttäuschte das Werk wie die meisten Autobiographien dieses Jahrzehnts. Kant ging kritisch auf seine Rolle während und nach der Biermann-Affaire ein. Drückte sich um nichts herum. Dennoch erwartete man von ihm mehr. Fand doch die Biermann-Ausbürgerung in den neunziger Jahre ein reges publizistisches Interesse. Kaum ein Standpunkt oder eine seelische Erregung blieben unerwähnt. Von Kant wollte man wissen, was die Zustimmer, die ja auch von Zweifel geplagt wurden, zu ihrer Haltung veranlaßt hatte. Warum hielten sie, oft mit schlechtem Gewissen, an dem fest, was die Parteiführung beschloß? Kant gab keine Antwort darauf. Doch lag hier der Schlüssel zum Verständnis für die damalige Situation der Intellektuellen.

In dieser Hinsicht enttäuschten alle Biographien der neunziger Jahre. Es schien, als wären sie den Vorgaben der Feuilletons gefolgt. Die Autoren beschrieben ihr Leben nach Gesichtspunkten, die die Medien interessierten. Zu einer wirklichen Aufhellung ihrer Vita kam es nicht. Die Brüche und Konflikte blieben in plakative Formeln gefaßt, die die Presse aufgeworfen hatte. Weder der Gerichtstag über sich selbst noch der innere Drang zur Wandlung, auch nicht der Zauber einer Idee, der sie einmal mitgerissen hatte, fanden eine angemessene Darstellung. Der Mehltau des Feuilletons lag auf dem Dichterwort und ließ die große Kunst der Erinnerung verkümmern. Das traf ebenfalls auf Heiner Müllers *Krieg ohne Schlacht* zu, die eigentlich keine Autobiographie war, sondern ein Produkt seiner Interviewkultur. Günter de Bruyn trat gleich mit zwei autobiographischen Büchern hervor, und zwar mit *Zwischenbilanz. Eine Jugend in Berlin* (1992) sowie *Vierzig Jahre – Ein Lebensbericht* (1996). Wenn man dem Autor glaubt, hat er immer auf Distanz zur DDR gelebt. Doch er besaß eine enge Bindung zu seinen Kollegen und zu den literarischen Einrichtungen des Landes. Aber wie er damit zurechtkam, erfährt der Leser nicht. Günter Kunerts Autobiographie *Erwachsenenspiele* (1997) ist nur dort dicht und aufschlußreich, wo er die eigene geistige Situation in den unmittelbaren Nachkriegsjahren, die Berührung mit einer anderen Welt schildert. Die Autobiographien so unterschiedlicher Autoren hätten authentischen Einblick in literarische und weltanschauliche Entwicklungen in der zweiten Hälfte des zwanzigsten Jahrhunderts geben können. Doch das blieb weitgehend aus.

Zu den Großen der DDR-Literatur, deren Haltung nach der Wende interessiert, gehört Peter Hacks. Er hatte schon vorher eine merkwürdige Außenseiterposition bezogen. Eigentlich blieb er in unterschiedlichen Lebenslagen immer ein Außenseiter. Seine Antiposition zur Moderne, die in ihrer extremen Profilierung in der deutschen Literatur einmalig sein dürfte, brachte ihn bereits in den achtziger Jahren an die Seite von Ästhetikern und Kulturpolitikern, die ihm Jahrzehnte zuvor am meisten zugesetzt hatten: Ulbricht, Kurella, Abusch und Koch.

Doch mit ihnen verband er sich nicht politisch, benutzte sie vielmehr als theoretische Verweise. Doch suchte er nicht ihre politische Nähe, benutzte aber einige ihrer kulturpolitischen Richtungsentscheidungen. Dadurch isolierte er sich von vielen seiner Zunft. Aber er begab sich weder in die Gedankenverließe der Moderne noch der Antimoderne. Er behielt seine ästhetische Souveränität und spielte mit dem Instrumentarium der verschiedenen Lager. Deren Ansichten dienten ihm als Polemikfeld, mit ihrer Hilfe plazierte er seine eigene Ästhetik. Die gezielte Provokation war ihm Herzenssache. »Exzellent begabt, brillant, aber autoritär ... schwierig, preziös und verbiestert ... mokant verliebt in seine eigene hochgezüchtete Ironie ... seine Urteile haben Blattschuß-Charakter, ihre Unerbittlichkeit ist niederschmetternd«, so charakterisierte ihn 1994 die Literaturkritikerin Sigrid Löffler. Seine Unerbittlichkeit richtete sich nach 1990 auf die neuen politischen Zustände. Die Wende war für ihn nichts anderes als Konterrevolution – was sonst. In der Edition Nautilus fand sein Werk eine neue Heimstatt. In die Neuausgaben gingen auch Texte ein, die er nach 1990 schrieb oder veröffentlichte. Er blieb ein streitbarer Autor mit vernichtenden Urteilen. Gelegentlich veröffentlichte er in der Zeitschrift *Konkret*. Er blieb einsam, für ihn die gemäße Position des Dichters.

Die Wende herbeigesehnt und dafür als Dichter und politisch engagierter Bürger gestritten zu haben, dafür stand der Name Christoph Hein. Ihm war bereits auf dem Höhepunkt dieser Ereignisse bewußt, daß die Entwicklung nicht in die Richtung gehen würde, für die er eintrat. Auch merkte er, daß, wie es Wolfgang Emmerich ausdrückte, »der Status literarischer Intelligenz als Avantgarde und Elite im Nu verfiel«. Hein gehörte nicht zu den zahlreichen Autoren, die ihren Verlag, den Aufbau-Verlag, verließen. Gerade von ihm, der in seinen Werken die Endzeit der DDR so treffend erfaßt hatte, meinten viele Leser den gesellschaftskritischen Roman der Nachwendezeit erwarten zu können. Galt er doch als der herausragende Chronist der Zeit. 1993 erschien von ihm der Roman *Das Napoleon-Spiel*, 1994 *Die Exekution eines Kalbes*. Für Leser, die sich an seine früheren Romane erinnerten, waren beide Bücher eine Enttäuschung. Erst als er in *Von allem Anfang an* die Geschichte seiner Kindheit erzählte, fand er größere Aufmerksamkeit. Im Jahre 2000 stellte sich Hein mit seinem Roman *Willenbrock* als ein Autor vor, der sich nicht scheute, dem Unterhaltungsbedürfnis seiner Leser weit entgegenzukommen, bis an die Grenze des Kriminalromans. Obwohl *Willenbrock* dem Romantypus zu entsprechen schien, den sein Verlagschef Lunkewitz in seinem Hause haben wollte, ging Hein damit zum Suhrkamp Verlag, der immer mehr DDR-Autoren anzog.

Der intellektuelle Anspruch seiner Romane hat der Popularität des Autors Fritz Rudolf Fries von jeher Grenzen gesetzt. Doch gab er ihn auch nach der Wende nicht auf. 1994 erschien von ihm *Die Nonnen von Bratislava*, 1999 *Der Roncalli-Effekt*. Die Autoren aus der Schule von Werner Krauss verarbeiteten in ihren Romanen (siehe auch Brigitte Burmeister) viele Ereignisse aus der spanischen und französischen Geschichte. In den *Nonnen von Bratislava* ist es der Lebensweg des spanischen philosophischen Schriftstellers Baltasar Gracián, der schon im Romanwerk seines Lehrers Werner Krauss eine Rolle spielte. Fries selbst hatte in einem frühen Essay auf die Nähe von Krauss' *PLN* zu Graciáns Lebenslehre hingewiesen. Nun diente diese Figur Fries dazu, über das Verhältnis des Schriftstellers zur Macht zu reflektieren. Darum geht es in poetischer Verfremdung auch im *Roncalli-Effekt*. Keinem Künstler, wenn er etwas zu sagen hat, kann das Verhältnis zur Macht gleichgültig sein. Wie aber behält er seine Souveränität? Muß er letzten Endes immer stolpern und lang hinschlagen? Die Presse hatte Fries mit Stasi-Vorwürfen so malträtiert, daß ihn das Thema nicht losließ. Steffen Richter schrieb über Fries: »Die DDR als Bezugspunkt des romanesken Spektakels ist in Fries' Nachwendeproduktion nicht stärker und nicht schwächer präsent als zuvor. Sie erscheint nur in einem grelleren Licht ... Den Einigungsprozeß selbst hat Fries essayistisch mit heftigem Sarkasmus und bissigen, bisweilen gekränkten Bemerkungen begleitet. Allerdings hat er den kritischen Impetus nicht eigens aufsetzen müssen, seine Schreibhaltung braucht nicht ›nachzuschärfen‹, weil sie nie eine andere gewesen ist. Auch heute, da viele Texte aus der DDR ›unverständlich‹ geworden sind, behalten die Fries'schen Romane ihre ästhetischen Qualitäten und geben klar zu erkennen, was sie immer waren: klug arrangierte Literatur und Konterbande obendrein.«[59]

Zu den Autoren, die die DDR verließen und nach der Wende wieder zurückkehrten, gehört Klaus Schlesinger. Er verfügte über Einsichten in zwei unterschiedliche Gesellschaftssysteme. Sein Leben teilte sich in zwei Biographien auf, denen er in seinen Büchern immer wieder nachging (*Fliegender Wechsel*, 1990; *Die Sache mit Randow*, 1996; *Von der*

*Schwierigkeit, Westler zu werden*, 1998; *Trug*, 2000). Dabei kam er zu dem Ergebnis, daß er eigentlich in keines der beiden deutschen Teilländer hineinpaßte. Die Wahl zwischen DDR und BRD, heißt es in einem seiner Bücher, sei ihm immer vorgekommen wie die zwischen Pest und Cholera.

Vielleicht lag das auch daran, daß er trotz aller Enttäuschung ein DDR-Sympathisant blieb. Die neunziger Jahre gestalteten sich für ihn im Unterschied zu manchem seiner Kollegen zu einer fruchtbaren Schaffensperiode, die ihn wieder ins literarische Gespräch brachte wie in den siebziger Jahren in der DDR, während er in Westdeutschland als Schriftsteller nicht Fuß zu fassen vermochte.

Lang wäre die Liste derer, die nach 1990 keinen Verlag mehr fanden oder deren Namen aus der Öffentlichkeit verschwanden. Dazu gehörten keineswegs nur jene Autoren, die bei den Verlagen als die »Randständigen« galten, sondern auch große Begabungen wie Alfred Wellm und Günther Rücker. Bei Wellm vollzog sich der Entstehungsprozeß seiner Romane langsam. Er brauchte stets viel Zeit für Änderungen, Umgestaltung und Neufassung. Sein Werk bleibt gültig auch nach der Wende. Günther Rücker, der auf vielen Gebieten Anerkennung erlangte, vor allem als Hörspiel- und Filmautor, profilierte sich in den achtziger Jahren als ausgezeichneter Erzähler. Seine Erzählweise lag jenseits des literarischen Trends, sonst wäre sie eine Entdeckung gewesen. Die Wende unterbrach dieses hoffungsvolle Spätwerk oder ließ ihn zögern, neue Texte zu veröffentlichen.

Die Dramatik verzeichnet den auffälligsten Rückgang. Was sie einmal ausmachte, wurde in der Nachwendezeit fast völlig ausgelöscht. Ihre führenden Vertreter verschwanden mit ihren Werken aus den Spielplänen. In der ersten Hälfte der neunziger Jahre trumpfte zwar Heiner Müller mit seinen Stücken noch einmal auf. Er versprach, Hitler und Stalin auf die Bühne zu bringen. Als er 1996 starb, veranstaltete das Berliner Ensemble eine Marathonlesung seiner Texte. Sie sollte zum Grabgesang des Dichters werden, der in den letzten Jahren den stärksten Einfluß auf die Repertoirebildung besaß. In der zweiten Hälfte des Jahrzehnts verschwand auch er aus den Spielplänen. So schnell hatte man das nicht erwartet. Peter Hacks, der Erfolgsdramatiker früherer Jahrzehnte, spielte schon vor der Wende kaum noch eine Rolle. Aber auch Braun und Hein nicht, ein Block im zeitgenössischen Theater, auf den man setzte, ging doch von ihren Stücken eine Erwartung aus. Doch weder Braun noch Hein kamen zum Zuge. 1994 trat Christoph Hein mit *Randow* hervor. Das Stück mit seiner ostdeutschen Thematik nahm sich seltsam fremd aus und wurde von den Theatern bald vergessen. Volker Brauns Marc-Aurel-Stück, von dem die Theaterleute schwärmten, gelangte in dem Jahrzehnt nicht auf die Bühne. Natürlich wurde weiter für das Theater geschrieben, auch einiges ausprobiert. Es gab neue Namen, doch keinen Durchbruch. Eine ganze Gattung schien zum Stillstand gekommen zu sein. So niedergestreckt wie die DDR-Dramatik wurde nach der Wende keine andere Gattung. Die Gründe dafür lassen sich nicht aufzeigen, ohne den Zustand des Theaters zu analysieren. Doch dazu ist hier nicht der Ort.

Vom dramatischen Genre weggedrängt wurden auch Armin Stolper und Rainer Kerndl. Stolper, als Dramaturg durch Zusammenarbeit mit vielen großen Theaterleuten ein intimer Kenner des DDR-Theaters, schrieb einen sehr persönlichen Rückblick auf frühere Jahrzehnte *Wir haben in der DDR ein ganz schönes Theater gemacht* (1999). Der letzte Satz des Buches lautet: »Heute allerdings, also mehr als vierzig Jahre später, falls mich irgendein Beamter nach meinem erlernten und – wie ich hoffe – auch nicht verlernten Beruf fragen würde, könnte ich ihm, ohne mit der Wimper zu zucken, darauf antworten: DDR-Dramaturg. Und ich denke, ich hätte allen Grund dazu.«[60] Rainer Kerndls Schicksal als Dramatiker ist insofern bemerkenswert, als von den Repressalien gegen ihn nach dem Verbot seines Stücks *Der Georgsberg* weder vor und erst recht nicht nach der Wende jemand Aufsehen machte. Dabei war es eines der drastischen Verbote der Spätzeit, mit schikanösen Folgen für den Autor. Kerndl verlor seine Stelle als Theaterkritiker im *Neuen Deutschland*, die er zwanzig Jahre ausgeübt hatte. Die Veröffentlichung des Dramentextes mußte aus der Zeitschrift *Theater der Zeit* herausgetrennt werden. Nach der Wende, als jeder vorwies, was ihm nicht erlaubt worden war, kam sein Fall nie zur Sprache. Kerndl blieb, obwohl er weiter schrieb, ein Autor ohne Theater und ohne Verlag.

Die Lyrik war am Ende der DDR zu einem schwer überschaubaren, aber ertragreichen Genre geworden. Je mehr sie nach der Wende aus den Buchhandlungen und der Öffentlichkeit verschwand, desto üppiger fielen die Preise für die Dichter aus. Unter den Preisträgern »dominierten Autorinnen und Autoren aus der DDR«.[61] In der ersten Hälfte der neunziger Jahre wurden Sarah Kirsch, Wulf Kirsten (neun Preise), Wolfgang Hilbig, Uwe Kolbe (acht Preise) und Durs Grünbein (sieben Preise) ausgezeichnet. In der zweiten Hälfte war es Adolf Endler (fünf Preise seit 1995). »Durs Grünbein und Wolfgang Hilbig setzten ihren erfolgreichen Zug durch die Festsäle der Literaturpreis-Verleihungen ebenso fort wie Reiner Kunze und Sarah Kirsch.«[62] Als auszeichnungswürdig galten vor allem die Autoren, die sich entschieden von der DDR distanzierten oder betonten, ihre Dichtung beruhe nicht auf DDR-Erfahrung. So verwundert es nicht, daß der ungehemmteste DDR-Beschimpfer, der Thersites der deutschen Literatur, Wolf Biermann, auch die meisten Preise bekam (unter anderem den Friedrich-Hölderlin-Preis, den Büchner-Preis, den Heinrich-Heine-Preis, den Nationalpreis). Diese Praxis wurde erstmals im Jahr 2000 durchbrochen, als Volker Braun den Büchner-Preis erhielt. Auf ihn traf keines der bisherigen Bewertungskriterien zu. Vor der Wende galt Uwe Kolbe als das große lyrische Talent, danach Durs Grünbein. Ob sie den ihnen zugeschriebenen Rang behalten werden, läßt sich noch nicht sagen.

Poetische Entdeckungen, etwas ganz Neues, erhoffte man sich von den Autoren der Prenzlauer-Berg-Szene. Hatten doch manche prophezeit, aus diesem Biotop werde eine Wende in der Literatur hervorgehen. Zehn Jahre danach überschrieb Jan Faktor einen bilanzierenden Aufsatz mit »Warum aus uns nichts geworden ist. Betrachtungen zur Prenzlauer-Berg-Szene zehn Jahre nach dem Mauerfall«. Faktor war ein Prominenter dieser Szene, zugleich auch ihr Chronist, der Dolmetscher einer schwer lesbaren Poesie. Im Unterschied zur literarischen Produktion, auch der seinen, nimmt man das, was er über die Dichter vom Prenzlauer Berg schrieb, als gut lesbar, verständlich, einleuchtend, ja geradezu kulinarisch wahr. Bevor auf die generalisierende These Faktors eingegangen werden kann, gilt es zu honorieren, daß einige Akteure der Szene nach der Wende kontinuierlich veröffentlichten und eine beachtliche Produktion vorlegten, vor allem Bert Papenfuß und auch Jan Faktor selber. In der ersten Hälfe der neunziger Jahre erschien von Papenfuß jedes Jahr ein neuer Gedichtband. 1993 kamen *Gesammelte Texte* in drei Bänden heraus. Aber es gab auch andere Beispiele: »Für Dörings außergewöhnliche Ansprüche an den reinen und zweckfreien Sinn seiner Arbeit, für seine klaren Ansprüche an die Autonomie seiner anspruchslosen dichterischen Existenz gab es in dieser neuen Gesellschaft einfach keinen Platz. Dies erkannte er sofort nach der Wende. Er hörte auf zu schreiben, machte eine Kneipe auf und verzichtete auf jegliches Verdienen und Kräftemessen im Literaturbetrieb.«[63] Ob Begabungen wie Sascha Anderson und Rainer Schedlinski nach dem Halali von Wolf Biermann gegen »Sascha-Arschloch« wegen ihrer Stasi-Tätigkeit ihre Talentchancen verloren, muß nach größerem Abstand überprüft werden.

Faktor geht davon aus, daß die Akteure der Szene ihre Texte zu DDR-Zeiten so geschrieben haben, daß »sie einfach ohne weiteres nicht angenommen werden konnten; letztlich auch nicht angenommen werden *SOLLTEN*«. Das verlangte ihr Anspruch auf einen reinen, zweckfreien Text. Was damals als Abwehrstrategie gedacht war, wurde nach der Wende zum »Fluch der Verweigerung«, zur »Selbstsabotage«. Eben deshalb sei nichts aus ihnen geworden. »Es kann nämlich kein Zufall sein, daß sich die Nach-Wende-Bücher aller wichtigen Autoren des Prenzlauer Bergs nicht nur *nicht verkauft* haben – sie sind zudem *schwer lesbar bis ungenießbar*, obwohl man sich mehrheitlich von der konsumunfreundlichen Lyrik abwandte und Prosa schrieb. Einen gewissen Anteil an der Misere hat zwar auch die Wahl der Verlage in der Wendezeit, der Kern des Problems liegt aber eindeutig woanders. Denn auch diejenigen Autoren wie Bert Papenfuß oder Detlef Opitz, die beim Steidl Verlag untergekommen sind, hatten mit der Rezeption im Laufe der neunziger Jahre vergleichbare Probleme ... Auf den Büchern der Prenzlauer-Berg-Autoren liegt meiner Meinung nach der Fluch der Verweigerung. Mein Eindruck: *Man will sich im Grunde nicht mitteilen.* Unser literarisches Scheitern in diesem Punkt kann man wirklich schwer nur durch unzureichende Begabung, fehlendes Können oder durch so etwas wie ›Kiez-Enge‹ erklären ...«[64] Literatur aber muß sich mitteilen. Darin besteht ihr eigentlicher Sinn. Wenn es gar keinen Adressaten gibt, wenn niemand angesprochen wird, verliert sich der Text in Wortakrobatik.

Faktors Befund ist richtig und bestätigt nur, daß Dichtung ohne ein Mindestmaß von gesellschaftlichem Engagement nicht denkbar ist. Das gilt auch dann, wenn die Dichter im politischen Leben durchaus eine engagierte Haltung einnehmen, wie Papenfuß, den Faktor links von der PDS einstufte. Aber Faktor übersieht, daß die gewählte Abwehrhaltung der Szene zu DDR-Zeiten einem Engagement gleichkam. Nicht zuletzt wegen der Kulturpolitiker, die diese Literatur als subversiv und bekämpfenswert auffaßten. Als jedoch die Feuilletonisten Schirrmacher und Greiner Anfang der neunziger Jahre eine gesinnungsfreie, zweckfreie Literatur forderten, verlor die Prenzlauer-Berg-Szene ihre subversive Kraft und wurde zur Gefälligkeitsadresse. Auch wenn Schirrmachers und Greiners Meinungen von einem apolitischen Text sich von den Meinungen der Prenzlauer-Berg-Szene unterschieden, der Erfolg ging doch an der einst hoch gelobten Szene vorbei. Ein Durchbruch fand nicht statt. Erfolg wurde nur jenen zuteil, die sich am Rande aufgehalten hatten oder mehr aus Unkenntnis dazu gezählt wurden wie Reinhard Jirgl und Wolfgang Hilbig.

Reinhard Jirgls Erstauftritt fand noch zu DDR-Zeiten mit dem Band *Mutter Vater Roman* statt. Der Aufbau-Verlag gruppierte das Werk in seine Edition »Außer der Reihe« ein. Danach erfolgte eine erstaunlich kontinuierliche Entwicklung (*Abschied von den Feinden*, 1995; *Hundsnächte*, 1997; *Die atlantische Mauer*, 2000). Trotz seiner eigenwilligen Kunstsprache und seiner eigenen Rechtschreibung folgte der Autor nicht der Prenzlauer-Berg-Losung »Nur keine Geschichten, bloß nicht erzählen!«. Seine Schreibeigenheiten sind Störfaktoren für den Leser, insofern verweisen sie noch auf die Szene, aber Jirgl setzt sie dramaturgisch ein.

Wolfgang Hilbig ging 1985 mit einem Visum bis 1999 in den Westen. Da Stephan Hermlin sein außergewöhnliches Talent erkannte und sich um ihn kümmerte, kam er noch mit einem Band bei Reclam in Leipzig in der DDR zur Wirkung. Hilbig ist vielleicht die bedeutsamste Entdeckung am Ende des Jahrhunderts. Als er zum Zuge kam, war er bereits ein Fünfzigjähriger. Die Eigenheit seiner Lyrik überspannte die Dichtergeneration von Volker Braun bis zu Durs Grünbein. In den neunziger Jahren widmete er sich mehr der Prosa (*Grünes Grab*, 1993; *Ich*, 1994; *Das Provisorium*, 2000). Die Kritik versuchte an Hand seines Werkes immer wieder zu beweisen, daß er im Westen angekommen sei. Dagegen hat ein kluger Kritiker (Horst Haase) festgestellt, der Mann sei als Statue ungeeignet. Der Westen vermochte ihn als Dissidenten nicht zu vereinnahmen. Er gehörte auch nicht zum Dichterkreis des Prenzlauer Bergs, er wohnte nur nach 1990 dort. Obwohl er in seinem Werk die Darstellung menschlicher Finalsituationen bevorzugte, nicht aber politische Ereignisse, hielt er es für eine »große (atemberaubende) Aufgabe«, die DDR zu beschreiben. Die Ästhetik des späten Heiner

Müller stand ihm näher als die der Prenzlauer-Berg-Szene. Identitätsfindungen waren von ihm nicht zu erwarten. Den Typus des Schriftstellers hat kaum ein anderer so erbarmungslos, so vernichtend beschrieben wie er *(Das Provisorium)*. Seine Sprache hebt alles über die konkrete Situation hinaus. Fritz Rudolf Fries bezeichnete ihn als den »sprachmächtigsten Autor der deutschen Gegenwart«.

Hilbigs Urteil über die Wiedervereinigung ist ebenso kritisch negativ wie das über bestimmte Zustände in der DDR. In seiner Dankrede bei der Verleihung des Lessingpreises (1997) nannte er die Wiedervereinigung den Punkt einer Sache, »an der nichts zu ändern ist, erst recht nicht mehr, seit wir sie gewählt haben. Indem wir etwas ändern wollten, haben wir einen Zustand gewählt, der nun von hinten und vorn nicht mehr zu ändern ist. Wir haben eine Welt gewählt, die vollkommen ohne Alternative erscheint. Es gab da, zu Beginn des letzten Dezenniums in diesem Jahrhundert, einen Moment, in dem wir glaubten, mündig zu sein, es war ein glücklicher Moment, aber er führte uns in eine Unmündigkeit zurück, die wir uns so nicht im Traum vorgestellt hatten. Dieser Moment entgrenzte die Herrschaft des Profits und seiner Mechanismen bis zur Ausweglosigkeit...Vielleicht wird uns eines Tages die Erkenntnis kommen, daß erst jener Beitritt zur Bundesrepublik uns zu den DDR-Bürgern hat werden lassen, die wir nie gewesen sind.«[65]

In den neunziger Jahren setzten sich einige junge Talente durch, so Kerstin Hensel, Ingo Schramm und Brigitte Burmeister. Unter ihnen war Thomas Brussig mit seinem Roman *Helden wie wir* die auffälligste Erscheinung. Sein Erfolg mag darauf zurückzuführen sein, daß er das ideologiebeschwerte Thema des Mauerfalls in phantasievoller Art aufgriff, es poetisch verfremdete. Seine Geschichte erschien als der gewünschte Wenderoman und zugleich als dessen Ironisierung. Der Held ist ein Jüngelchen, das aus der sexuellen Aufsicht der besorgen Mutter ausbricht und mit seinem entblößten Penis die Maueröffnung erzwingt. Brussig greift verschiedene literarische Traditionen auf, verwendet den antiken Phalluskult, die Erzählweise Rabelais', orientiert sich an Vorbildern wie J. D. Salingers *Fänger im Roggen* und Ulrich Plenzdorfs *Die neuen Leiden des jungen W.* Den Zugriff auf traditionelle Erzähltechniken, besonders in Hinsicht auf Rabelais, könnte man eher zu zaghaft als zu aufdringlich empfinden. Was hier stattfand, war die verzögerte Abstoßung der Jungen von der Vätergeneration der DDR-Dichter. Einen solchen Versuch hatten schon die Autoren vom Prenzlauer Berg unternommen. Doch mit ihrem apolitischen Instrumentarium konnte er nicht funktionieren. Bei Brussig vollzog er sich direkt. Er stieß sich von seinen Übervätern und Übermüttern (hier ist es Christa Wolf) in einer heiteren, nicht verbiesterten Weise ab, aber in der Gewißheit: jetzt sind wir dran. Der Roman wurde ein Bestseller und bekam Beifall von allen Seiten. Doch als ein Produkt der Spaßgesellschaft konnte er nicht richtungsweisend wirken. Dafür wurde er als zu leicht empfunden. Als Talentprobe verdiente er Beifall.

Die Erfolgsautorin der neunziger Jahre war zweifellos Sigrid Damm mit ihrer Recherche *Christiane und Goethe* (1998). Durch sie kam die literarisch wie wissenschaftlich angesehene Biographie wieder zu Ehren. Sie beruht bei ihr auf akribischer Forschung und besticht durch literarische Gestaltungskunst. Was ihr gelang, bezeichnete die Kritik als ein »Kunstwerk aus Akten« (Andreas Nentwich, *Neue Zürcher Zeitung*). Das Buch von 1998 war die Summe ihrer Erfahrungen, die sie mit Büchern über Jakob Michael Reinhold Lenz und über Cornelia Goethe in den achtziger Jahren gesammelt hatte.

Neue Namen gab es nach der Wende in der Publizistik: Daniela Dahn, Friedrich Schorlemmer. Mutig brach Daniela Dahn mit ihren Büchern in die Einheitsfront der Medien ein, indem sie zur Sprache brachte, was die Bürger im Osten durch die Wiedervereinigung verloren hatten (*Wir bleiben hier oder Wem gehört der Osten* 1994; *Westwärts und nicht vergessen. Vom Unbehagen in der Einheit*, 1996; *Vertreibung ins Paradies*, 1998). Als Bürgerrechtlerin stand sie jenseits der Verteilungskämpfe um Einfluß und politischen Zugriff.

Das Fazit: Obwohl die DDR seit zehn Jahren nicht mehr existierte, gab es noch immer eine Literatur, die aus ihr hervorgegangen war und die von ihr geprägt wurde. Nicht einmal das Jahrzehnt der Schmähungen, wie man die neunziger Jahre bezeichnen kann, hat das verhindern können. Wie vor der Wende vertraten ihre Autoren auch danach unterschiedliche Standpunkte, weder dominierte Nostalgie noch der fliegende Wechsel. Auf die Seite derer, die die neuen gesellschaftlichen Bedingungen formulierten, sind nur wenige übergegangen, keine Leute von Bedeutung. Wendehälse waren die DDR-Schriftsteller nicht. Sie haben ihre enttäuschten Hoffnungen zum Ausdruck gebracht und über ihre unzureichende Eingriffsbereitschaft reflektiert. Ihre geschärfte gesellschaftliche Einsicht richtete sich auf die eigene Vergangenheit wie auf die vorgefundenen neuen Zustände. Von ihnen, die den schweren Anfang und die auf andere Art so große Hoffnung beschrieben hatten, zu verlangen, nun auch die Niederlage in ihrer Tragik und Groteske darzustellen, das sollte man nicht erwarten. Das wird Aufgabe einer anderen Dichtergeneration sein. In einem Jahrzehnt, in dem die Kunst der Verächtlichkeit geübt wurde, ist es selbst für große Begabungen kaum möglich, die Tragik in der falschen Entscheidung und die Posse in der Redlichkeit vorzuführen, so daß die historischen Anstrengungen wie die Entscheidungszwänge deutlich werden. Eine solche Literatur ist zur Zeit nicht in Sicht.

Trotz aller Unterschiede in der Beurteilung der in den neunziger Jahren entstandenen Werke konnten selbst Kritiker der DDR-Literatur eine gewisse Dominanz und ein öffentliches Interesse nicht in Frage stellen. Doch ein so gewichtiges und zentrales Werk wie *Ein weites Feld* von Günter Grass kam nicht zustande. Die DDR-Literatur ist ein abgeschlossenes Gebiet innerhalb der deutschen Dichtung. Allerdings keines, das schnell vergessen sein wird, mit dem sich künftig nur Literaturwissenschaftler in ihrer Funktion als »Abbrucharbeiter« beschäftigen werden. Für zukünftige Leser bleibt das versunkene Atlantis interessanter als das lebendige Manhattan. Aber auch hier gilt die Erkenntnis: Alles, was entsteht, ist wert, daß es zugrunde geht.

Das Ende der DDR-Literatur ist dadurch bedingt, daß für ihre Eigenart Bedingungen weggefallen sind. Die frühere Verbindung von Autor und Leser, verallgemeinert ausgedrückt, die Dialektik von literarischer Produktion und Konsumtion, gibt es nicht mehr. Sie prägte die DDR-Literatur. Damit hatte ihre ästhetische Spezifik und Bedeutung, ihr eigentlicher Wirkungsradius zu tun. Mit der Bezeichnung »Leseland DDR« ist dieser Vorgang nicht zu erfassen. Der Adressatenbezug des DDR-Schriftstellers war ein anderer als der des westlichen Autors. Er bildete sich dadurch heraus, daß sich im Laufe der Zeit zwischen Autor und Leser eine Art Komplizenschaft entwickelt hatte. In einer geschlossenen Gesellschaft mit eingeschränkten Informationsmöglichkeiten ergab sich eine intensivere Verständigung, erwartete der Leser vom Dichter bestimmte Impulse und Signale. Dieses Beziehungsgeflecht bestand keineswegs nur darin, daß die Dichtung mehr Informationen zu liefern hatte als ihr gut tat. Vielmehr formten sich andere Mechanismen zwischen literarisch-künstlerischer Produktion und Konsumtion. Diese Konstellation bewirkte Veränderungen in der literarischen Produktion und der Aufnahme von Kunstwerken durch das Publikum. Der Autor stellte sich entsprechend seiner künstlerischen Individualität auf diesen Vorgang ein. Das wirkte sich wiederum auf seine literarische Technik, seine künstlerische Eigenheit aus. Die Ausrichtung auf den Adressaten war keine bloße politische Einstellung, sondern hauptsächlich ein ästhetischer Vorgang, der wiederum eine bestimmte Bereitschaft beim Leser auslöste. Dabei spielte nicht einmal eine Rolle, wie intensiv und wie groß der Leserkreis war. Nach 1990 gingen diese Voraussetzungen verloren. Die Gesellschaft formierte sich anders und veränderte damit auch die Beziehungen zwischen Autor und Leser.

Die Literatur der DDR als die einer geschlossenen Gesellschaft war nicht abgetrennt von der des anderen Teils der Welt; sie war zu keiner Zeit völlig isoliert. Deren Tendenzen und Einflüsse berührten auch sie. Aber die gesellschaftlichen Grundlagen des sozialistischen Systems gewährten einen bestimmten Schutz, der die Literatur einerseits behinderte, in Zwänge verstrickte, sie andererseits aber auch relativ unabhängig machte. Die Tendenz der internationalen Kulturentwicklung, die in der zweiten Hälfte des zwanzigsten Jahrhunderts eine neue Qualität und globale Wirkung erreichte, berührte sie nicht in dem Maße wie die Literatur in der westlichen Welt. Man nahm diese Vorgänge sehr wohl zur Kenntnis, die künstlerische Produktion beeinflußten sie jedoch weniger. In der Gesamtheit blieb diese Literatur ihrem Credo treu. Erst in den achtziger Jahren nahm, vor allem bei den jungen Künstlern, die »Fremdeinwirkung« zu. Doch die Auseinandersetzung mit der eigenen gesellschaftlichen Problematik überlagerte diese Einflüsse. Um deutlich zu machen, mit welcher künstlerischen Entwicklung, welchen grundlegenden Veränderungen sich die DDR-Kunst und Literatur mit der vollzogenen Einheit und ihrem Eintritt in die westliche Welt konfrontiert sah, soll hier auf das Fazit der Kunstentwicklung im zwanzigsten Jahrhundert eingegangen werden, das Eric Hobsbawm in seinem Buch *Das Zeitalter der Extreme* zog. Das Werk ist deshalb so wichtig, weil sein Autor Kunst innerhalb eines universalen Zusammenhangs analysiert und sie nicht nach ihren eigenen Maßstäben beurteilt. Er selbst zeigt sich im Unterschied zu den Fachkritikern in diesen Fragen weniger engagiert.

Einigen seiner Wertungen mag man nicht folgen. Doch seine Gesamtsicht ist ebenso einleuchtend wie erschreckend. Er urteilt kühl und interessenlos als Historiker, nicht als Kunstfreund.

Bevor darauf eingegangen wird, sei jedoch auf seine Bewertung der DDR-Literatur verwiesen, die er trotz ihrer Isolierung in seiner Gesamtsicht äußerst positiv herausstellt. »Natürlich war Deutschland zwischen 1945 und 1990 geteilt. Der Kontrast zwischen beiden Teilen ... illustriert einen merkwürdigen Aspekt der Kulturmigration: nämlich ihre relative Blüte unter dem Kommunismus, zumindest in gewissen Perioden ... Autoren aus der DDR, die wesentlich mehr interessante Talente hervorbrachte als die prosperierende Bundesrepublik ...«[66]

Hobsbawm geht davon aus, daß die Technologie die Welt der Künste transformiert habe. Nach dem zweiten Weltkrieg seien die kulturellen Hauptströme nicht mehr von Europa ausgegangen. Westeuropa habe den Hauptsitz der Schönen Künste verloren. Der Historiker konstatiert deutliche Anzeichen von schweren Kriegsneurosen in den europäischen Ländern. Und er stellt sich die Frage: »Können wir erraten, wie die Kulturgeschichte im 21. Jahrhundert die künstlerischen Leistungen der Schönen Künste in der zweiten Hälfte des 20. Jahrhunderts beurteilen wird? Natürlich nicht, aber sie wird wohl kaum den (zumindest regionalen) Verfall der charakteristischen Genre übersehen können, die ihre Blütezeit im 19. Jahrhundert gehabt hatten und bis zum ersten Teil des 20. Jahrhunderts überleben konnten.«[67] Die Bilanz, die er im einzelnen auflistet, ist wahrhaft schockierend, aber nicht von der Hand zu weisen. Die Malerei habe nicht einmal die Bedeutung zurückgewinnen können, die sie in den Zwischenkriegszeiten gehabt habe. Wieviel Opern, die nach 1950 geschrieben wurden, hätten sich denn im Repertoire der internationalen oder auch nur der nationalen Bühnen etablieren können? Wenn nach den großen Romanen und Romanciers der zweiten Hälfte des Jahrhunderts Ausschau gehalten werde, würden wir sie nur außerhalb der bedeutendsten westlichen Kulturregionen finden (Gabriel García Márquez). Nicht weniger kritisch, ja vernichtend, ist sein Fazit über die Moderne, die Avantgarde. »Diese Avantgarden waren vom Geruch des Todes begleitet. Sie hatten keine Zukunft, auch wenn niemand wußte, was eigentlich überhaupt noch Zukunft hatte. Ihnen war selber klarer denn je, daß sie eine Randerscheinung waren ... Rückblickend betrachtet ist klar, daß das Produkt der avantgardistischen

Revolution von Anfang an zum Scheitern verurteilt war, was nicht nur an seiner intellektuellen Willkürlichkeit lag, sondern auch an den Produktionsweisen, die die kreativen Künste in einer liberal-bürgerlichen Gesellschaft repräsentierten.«[68] Man fragt sich, ob die traditionellen Künste wie auch die Moderne nur noch eine Heimstätte in den »Eliteghettos« finden. Oder wehrt sich hier nur das Verständnis derer, die über vierzig Jahre bemüht waren, gerade diese Kunst an die Massen heranzutragen?

Hobsbawm konstatiert die Entwicklung nüchtern. Am Beispiel der Pop- und Rockmusik macht er klar, welche Veränderungen durch die Technologie im Ensemble der Künste eingetreten sind und welche Auswirkungen sie auf das Publikum, auf die Entgegennahme von Kunst haben. Die Massenkonsumgesellschaft akzeptiere auch auf kulturellem Gebiet nur das, was dem Mann und der Frau auf der Straße gefalle. Bedeutung finde jetzt, was beim Verbraucher ankomme. Die »technische Reproduzierbarkeit« habe nicht nur das künstlerische Schaffen verändert, sondern auch die Art und Weise, in der der Mensch Realität wahrnehme und schöpferische Arbeit erlebe.

Die massiven kulturellen Umbrüche in der zweiten Hälfte des zwanzigsten Jahrhunderts bergen noch andere Konsequenzen als die, die Hobsbawm anführt. Daß die neuen kulturellen Richtungen von den europäischen Traditionslinien wegführen, wird auch durch die Voraussagen des amerikanischen Kulturhistorikers Neal Gabler bestätigt. Er sieht die Überlebensfähigkeit dessen, was die Menschen unter Kunst fortführen, in einer Entertainmentkultur. »Kunst ist die Antithese von Entertainment, weil sie schwierig, fordernd, auf den Intellekt und auf den Verstand gerichtet ist. Entertainment dagegen ist einfach, zugänglich, unterhaltsam, ja sensationell und verlangt nichts weiter, als daß wir uns zurücklehnen und zuschauen ... Sie (die neue Richtung des Entertainments – W. M.) bringt eine Ablehnung von Eliten zum Ausdruck, appelliert an das Einfache, Unkomplizierte, Begreifbare und beschwört die Hochherzigkeit der einfachen Leute.«[69] Ob sie aber Ausdruck, wie Neal Gabler meint, des amerikanischen Demokratieverständnisses ist, das sich jetzt Bahn bricht, das wird die Zukunft zeigen. Doch die Gefahren, die sie in sich birgt, sind jetzt zu bedenken. Sind sie nicht auch zu fürchten?

Die internationale kulturelle Entwicklung in der Massenkonsumgesellschaft, in die die DDR-Kunst eingetreten ist, wird auch sie verändern. Und das vor allem deshalb, weil gegenwärtig keine Zeichen wahrnehmbar sind, wie eine andere Kunst aussehen und eine andere Welt entstehen wird. Das braucht nicht das Ende der Kunst zu sein, an der die Menschen über zweitausend Jahre festgehalten haben. Es ist ja so unrichtig nicht, daß sich das Volk seine Kunst selber macht. Wenn Talente und der Zuspruch einer Massenbewegung aufeinandertreffen, wird es auch zu Höhepunkten kommen, die die weitere Entwicklung markieren. Ermattungsperioden, in einer solchen scheinen wir uns zu befinden, hat es auch in den vergangenen Jahrhunderten gegeben.

## EPILOG
## Der Umgang mit der Vergangenheit oder
## Das Schicksal des Marxismus am Ende des Jahrhunderts

*Erster Abschnitt*

Das Tui-Spiel. Die Intellektuellen aus West und Ost
treffen in neuen Rollen aufeinander

Einen wesentlichen Vorgang der Umwälzungen von 1989/90, der weniger deutlich in die Öffentlichkeit drang, hielt der amerikanische Historiker Charles S. Maier in seinem Buch *Das Verschwinden der DDR und der Untergang des Kommunismus* fest: »Tatsächlich war 1989 eine Revolution gegen den Marxismus, der 1918 Teile der Arbeiterklasse begeistert hatte, ihnen 1945 aber von außen aufgezwungen worden war.«[1] Obwohl gerade das ein wichtiger Faktor war, von dem die gesamte Abwicklungspolitik der DDR-Intelligenz bestimmt wurde, argumentierte man damit nicht. Dabei hatte dieser Aspekt für die herrschende Schicht nach vollzogener Einheit eine große Bedeutung. Ein fortdauernder Dialog zwischen antikommunistischem Denken im Westen und marxistischem im Osten lag nicht in ihrem Interesse. Vielmehr galt es, die östliche Denkweise zu eliminieren oder in eine Randerscheinung zu verwandeln. Zwar konnten die Politiker zu Recht annehmen, daß der DDR-offizielle Marxismus keine Anziehungskraft mehr besaß und wenig Verteidiger finden würde. Außerdem steckte der Marxismus weltweit in der Krise. Doch das beruhigte sie nicht. In das Denken der marxistisch gebildeten DDR-Intelligenz vermochten sie nie so recht einzudringen, weil sie es mit dem offiziellen Marxismus gleichsetzten. Aber einige ihrer führenden Leute schienen bemerkt zu haben, daß es in den letzten Jahrzehnten eine starke Rückbesinnung auf einen Marxismus gegeben hatte, der sich vom offiziellen unterschied. Ob sie jedoch erkannten, daß sich dieser zu einer eigenständigen Denkkultur ausgeweitet hatte, auch wenn er die Opposition nicht anzuführen vermochte, muß bezweifelt werden. Deutlich kommt das in den Überlegungen des Münchner Germanisten Wolfgang Frühwald zum Ausdruck, denen zufolge man wieder in eine Auseinandersetzung wie in den frühen fünfziger Jahren oder gar wie in den Zeiten der Weimarer Republik geraten könnte. Frühwald spielte bei der Abwicklung der geisteswissenschaftlichen Intelligenz der DDR eine wichtige Rolle und besaß später als Präsident der Deutschen Forschungsgemeinschaft Einfluß auf die Politik. Ihm lag daran, vor der »Nostalgie«, vor einer Besinnung auf einen als undogmatisch geltenden Marxismus, wie den des Romanisten Werner Krauss, zu warnen. Sein Denken besaß nach wie vor Anziehungskraft auf die jüngere Generation, die es nach der Wende als »fröhlichen Marxismus« begriff und vom offiziellen abgrenzte. Bedenklich war nach Frühwald ein solcher Denkansatz schon deshalb, weil er stracks in die fünfziger Jahre zurückführte. Mit einer solchen Nostalgie wurde versucht, »einen im Kalten Krieg endgültig gerissenen Gesprächsfaden wieder aufzunehmen, als habe es die rezeptions- und sozialgeschichtliche Weiterentwicklung der Literaturwissenschaft (und auch der Germanistik) über Kunstwerkphänomenologie, Interpretationsmode und New Criticism hinaus nie gegeben.«[2] Im Klartext heißt das, man wollte keine dem Pluralismus eigentlich gemäße fortwährende Debattenkultur mit dem Marxismus. Die im Westen während des Kalten Krieges entstandene Gesinnungsgemeinschaft, deren antikommunistische Prägung nicht zu übersehen ist, sollte erhalten bleiben. Innerhalb dieser meinte man genügend Richtungskämpfe ausmachen zu können, um den pluralistischen Anspruch aufrechtzuerhalten. Der spanische, aber seit langem in Deutschland lebende Philosoph und Publizist Heleno Saña hat das Schwinden der Pluralität so verallgemeinert: »Es gibt noch Meinungsverschiedenheiten und politische Debatten, aber nur gradueller, nicht fundamentaler Art. Wenn es darum geht, das System gutzuheißen oder in Schutz zu nehmen, sind sich fast alle einig.«[3] Frühwald beschreibt Entscheidungen, die Politiker und die von ihnen ausgesuchten Fachleute zu treffen hatten. Daß diese dann zu den praktisch-organisatorischen Ausgrenzungsstrategien wurden, mußte ein Großteil der DDR-Intelligenz erfahren.

Im Anschluß an seine Bemerkung über die »Revolution gegen den Marxismus« schreibt Charles S. Maier: »Insofern war der Umbruch im Jahre 1989 weit weniger doktrinär und polarisierend, viel toleranter und ziviler als die Revolution von 1918.«[4] Das wird zu untersuchen sein.

Das offizielle Zusammentreffen zwischen der Ost- und der Westintelligenz in neuer Rollenverteilung fand während der Evaluierung und Abwicklung der wissenschaftlichen Einrichtungen der DDR statt, die 1990 begannen. Was da vor sich ging, hat der daran beteiligte Westberliner Germanist Eberhard Lämmert als eine »nie dagewesene Situation« charakterisiert. In der Tat war das ein Vorgang, der in seiner ganzen Dimension erst in späteren Zeiten beschrieben werden kann. Mit ihm begann ein Tui-Spiel in großer Inszenierung. Für die Intellektuellen beider Seiten kam dieses Zusammentreffen einer Niederlage gleich, auch wenn ihnen diese zu unterschiedlichen Zeiten bewußt wurde. Einigen überhaupt nicht.

Im August 1990 bat die damals noch nicht beigetretene DDR-Regierung im Verein mit der Bundesregierung den Wissenschaftsrat, die außeruniversitären Forschungseinrichtungen zu überprüfen. Für die Universitäten war eine »Selbstreinigung« angesagt, für die gesetzliche Regelungen erst im nachhinein geschaffen wurden. Der Vorsitzende des Wissenschaftsrates, damals der Frankfurter Rechtshistoriker Dieter Sommer, berief eilig eine Arbeitsgruppe von Wissenschaftlern, die sich der Aufgabe annehmen sollte. Ihr gehörten namhafte Gelehrte wie der Historiker Jürgen Kocka, der den Vorsitz führte, Wolfgang Frühwald, Eberhard Lämmert, Christian Meier, Wolfgang Raible und andere an. »Die ein oder zwei ›Ostler‹ unter ihnen hatten dabei nicht den leichtesten Stand«[5], bemerkte Eberhard Lämmert. Ob sich Wissenschaftler einer solchen Aufgabe verweigerten oder gar gegen das gesamte Programm protestierten, ist nicht bekannt. Diese Kommission nahm ihre Arbeit zusammen mit Ministerialräten verschiedener Bundesministerien auf.

Was mit den außeruniversitären Einrichtungen werden sollte und welche Kriterien für die Abwicklung galten, hatte der Einigungsvertrag weitgehend offen gelassen. Darüber sollten die dazu berufenen Kommissionen selber entscheiden. Die Vereinigungsstrategie Helmut Kohls ging davon aus, möglichst große Teile der westdeutschen Bevölkerung an der Aufteilung des DDR-Besitzes und der Auflösung ihrer Institutionen zu beteiligen. Verschiedene Schichten sollten auf ihre Kosten kommen, denn schließlich hatte der Westen für die Einheit auch zu zahlen. Wie den Banken, der Industrie, den Handelsketten galt es, der Intelligenz Vorteile zu sichern. Ging man doch davon aus, daß »die herbeigerufenen westdeutschen Wissenschaftler bald nicht nur Berater, sondern auch die Herren der östlichen Institutionen wurden«.[6] Inwieweit den einzelnen Beteiligten damals diese Zusammenhänge bewußt gewesen sind, ist schwer zu sagen; es gab genügend Verlautbarungen, um diese Vorgänge zu verschleiern. Aber eines dürfte nicht zu übersehen gewesen sein, daß eine staatlich instruierte Gruppe in Gemeinschaft mit Beamten der Ministerien antrat, die frühere Staatsnähe von DDR-Intellektuellen zu untersuchen, einen Großteil als belastet zu klassifizieren und dessen Ausgrenzung zu begründen.

Obwohl jedem klar gewesen sein dürfte, daß es bei diesem Verfahren um die berufliche Existenz der DDR-Intellektuellen ging, versuchte man die Evaluierung als etwas völlig Normales hinzustellen, als einen Vorgang, der zum wissenschaftlichen Leben der Bundesrepublik gehört. Was westdeutsche Gelehrte unter Evaluation verstanden, veröffentlichte die Akademie-Zeitschrift *spectrum*: »Wenn wir von Evaluation sprechen, dann gehen wir natürlich davon aus, daß der wissenschaftliche Input, der in eine zu evaluierende Arbeit eingebracht worden ist, dem Stand der Forschung entspricht ... Wenn wir von Evaluation sprechen, dann meinen wir die Prüfung von Arbeitsergebnissen darauf, daß sie für den Außenstehenden verständlich konsistent sind, daß es also keine Argumentationsbrüche gibt ...«[7] Die durchgeführten Schnellverfahren hatten einschneidende Konsequenzen zur Folge. Sie führten zur Abwicklung von Forschungskapazitäten und schließlich zur Auflösung der Wissenschaftsbereiche in den Akademien. Was sich im Ergebnis dieser Evaluation und Abwicklung vollzog, war nicht ein Elitenwechsel, den nun einmal jede Umwälzung auf die Tagesordnung setzt, sondern die Ausgrenzung einer intellektuellen Schicht in einem nie gekannten Ausmaß. Noch Ende der neunziger Jahre sah sich ein UNO-Gremium veranlaßt, die Bundesrepublik auf verletzte Menschenrechte hinzuweisen; denn von den Wissenschaftlern der DDR seien nur zwölf Prozent weiterbeschäftigt worden. Der Eindruck, daß die Wissenschaftler nicht aus fachlichen, sondern aus politischen Gründen entlassen wurden, sei nicht zu übersehen.[8] Wie die Evaluation in der Öffentlichkeit beurteilt wurde, beschrieb die Wochenzeitschrift *Freitag*. Der unsachliche Verlauf und die Fehlorientierung lasse den Verdacht aufkommen, »daß die ganze

Evaluation nur den demokratischen Schein wahren soll für Entscheidungen, die ganz woanders und nach anderen Kriterien getroffen werden. Ein Mäntelchen von Pseudoobjektivität um grobe Politik. Das sollten sich auch die unvoreingenommenen Bewerter fragen. Ihre Autorität, ihr Gewissen könnte manchem Übel Einhalt gebieten. Sie werden entweder Mittäter an der Vernichtung geistiger Potenzen oder Mithelfer einer Rettungsaktion. Aber haben sie die Wahl?«[9]

Eine Wahl hatten sie nicht, so wenig wie früher die DDR-Wissenschaftler. Doch konnten sie bestimmte Entscheidungen beeinflussen, so wie jene, über die sie jetzt zu befinden hatten, früher auch. Wie aber dachten die, die nicht unmittelbare Bewerter waren? Wie sah das Meinungsspektrum unter den Intellektuellen in den alten Bundesländern aus? Im Ergebnis der Wende fielen die meisten in die alte Mentalität zurück, die seit jeher die Staatsmeinung prägt. Sie folgten der Einladung Helmut Kohls, die östliche Gesellschaftsordnung zu überprüfen und sie illegitim, ja verbrecherisch zu finden. Die westliche Intelligenz zog aus unterschiedlichen Motiven mit. Nicht wenige fanden es gerechtfertigt, daß Stellen und Positionen mit nicht gerade lauteren Mitteln freigeräumt und von ihnen besetzt wurden. Dem einstigen Partner im wissenschaftlichen Dialog galt es jetzt »Mores« zu lehren. Andreas Graf beschrieb die Stimmung jenes Teils, der jetzt unverhohlen aggressiv auftrat, so: »Jetzt wird ›reiner Tisch‹ gemacht. Tabula rasa in der akademischen Landschaft der Ex-DDR. Das Evangelium für diese frohe Botschaft heißt ›Abwicklung‹.«[10] Eine solche Haltung nahmen auch die ostdeutschen Bürgerrechtler ein, die jetzt zum Zuge kommen wollten. Einige davon suchten die westdeutschen Vorgaben an Radikalität noch zu übertreffen, was den vorsichtigen Teil der westlichen Intelligenz darin bestärkte, hier durchaus rigoros mittun zu können. Ein kleiner Kreis fühlte sich davon allerdings abgestoßen. Das nichtoffizielle, intime Meinungsspektrum läßt sich vielleicht erst später erhellen. Daß es jedoch selbst in privater Umgebung Bekundungen gab, beispielsweise die Kürzung der Renten, die Strafrenten wegen zu »großer Staatsnähe« zu rechtfertigen, zeigt, wie weit man mitzugehen bereit war. Mit Erstaunen konnte man zur Kenntnis nehmen, wieviel Haß vorhanden war, der sich politisch verwerten ließ.

Die Zahl der linksorientierten Forscher in der Bundesrepublik war viel zu gering, um eingreifen zu können. Auch saßen sie nicht in einflußreichen Gremien. Sie brachten ihre Solidarität zum Ausdruck, standen zu Unrecht kritisierten Kollegen bei. Mehr vermochten sie nicht zu tun.

Es gab Wissenschaftler, die einfach ihren Vorteil wahrnahmen und im Meinungsstrom der Medien mitschwammen. Andere Wissenschaftler entschieden sich für eine Mitwirkung, weil sie die Entwicklung in vernünftige Bahnen lenken wollten. Sie haben die allgemeine Linie zwar nicht korrigiert, aber dafür gesorgt, daß grobe Ungerechtigkeiten und Fehlentscheidungen vermieden wurden.

Die unterschiedlichen Haltungen spiegelten sich auch in den Gremien wider, denen die Evaluation oblag. Ihnen muß zunächst zugestanden werden, daß sie mit dieser Aufgabe völlig überfordert waren. Die ostdeutschen Kollegen nahmen die Evaluation ernst, sie protestierten nicht, kamen ihren Überprüfern sogar etwas unterwürfig entgegen. Erstaunt waren sie allerdings darüber, daß die umfangreichen Papiere über den Stand ihrer Forschung nicht gründlich zur Kenntnis genommen wurden. Sie merkten sofort, daß die andere Seite über sie nicht so informiert war wie man angenommen hatte. Dagegen schienen die Ostdeutschen über das wissenschaftliche Profil ihrer westdeutschen Bewerter besser informiert zu sein. Das anhaltende Interesse für die DDR-Literatur und -Wissenschaft hatte in früheren Jahren zu der Annahme geführt, man wisse gegenseitig über sich Bescheid. Doch das erwies sich als eine Fehleinschätzung. Die Evaluatoren haben später eingestanden, wie wenig vertraut sie mit den Verhältnissen in der DDR waren. Dieter Simon, damals Vorsitzender des Wissenschaftsrates und oberster Leiter der Überprüfung, räumte Jahre später als Präsident der Berlin-Brandenburgischen Akademie der Wissenschaft »eklatante Fehleinschätzungen« ein. Doch distanzierte er sich schon 1991 vom Urteil seines Amtsvorgängers Hans Zacher, der die DDR-Forschung als »wissenschaftliche Wüste« bezeichnete. Simon stellte fest: »Ich habe dieses Urteil nie geteilt.«[11] Daß die Betroffenen ihren Beurteilern oft Arroganz und Vorurteile vorwarfen, war bei einer solchen Prozedur nicht verwunderlich. »Auch Gutachter sind Menschen aus Fleisch und Blut«, meinte Dieter Simon dazu. »Und unter ihnen gab und gibt es auch den Typ der Primadonna, die den Raum mit herrischem Blick betritt, sofort feststellt, daß sie von lauter inkompetenten, minderwertigen Figuren umgeben ist, und die sich entsprechend arrogant verhält.«[12] Daß es arrogantes Auftreten gab, ist keine Feststellung von geschichtlichem Belang. Meist vollzogen sich die Evaluationsgespräche korrekt. Vielmehr geht es um den entscheidenden Grund: den politischen Auftrag.

In eine schwierige Situation geriet Jürgen Kocka, der als Historiker vor 1989 – wie viele seiner Kollegen auch – Kontakt zu ostdeutschen Kollegen besaß und in deren Einrichtungen aufgetreten war, die er jetzt als Kommissionsvorsitzender abzuwickeln hatte. Noch 1987 sagte er dort: »›Thematisch, methodisch und bei vielen Einzelurteilen haben heute die Historiker in der Bundesrepublik und in der DDR mehr gemeinsam als vor 10 oder 20 Jahren. Die Kontakte nehmen zu. Das gegenseitige Verhältnis ist einerseits durch mehr Aufmerksamkeit, andererseits durch mehr Sachlichkeit bestimmt als früher. Vieles gerät in Bewegung.‹ Und in mündlicher Rede. ›Vielleicht bewegt sich in der DDR mehr, als wir zu sehen vermögen.‹«[13] Nunmehr hatte er die Einrichtungen, in denen er früher gesprochen hatte, zu liquidieren, seine einstigen Gesprächspartner auszugrenzen und einige wenige evaluierte jüngere Mitarbeiter für ein neues Institut auszuwählen, dessen Gründungsdirektor er wurde. Die Frage ist hier nicht, ob sich Jürgen Kocka in seiner Haut wohlfühlte. Er spielte die Rolle in einem politischen Lehrstück so, wie sie Wissenschaftler im Osten früher in den Kulissen der DDR gespielt hatten. Später meinte er, in Hinsicht auf das Abwickeln und Kündigen sei »des Guten zuviel getan worden«. Er selber geriet wieder in die Kritik der Kräfte, die auf einer noch radikaleren Ausgrenzung von DDR-Wissenschaftlern bestanden als er. Sein neugegründetes Institut wurde in seiner personellen Zusammensetzung für inakzeptabel befunden, weil es Forscher aus der liquidierten Akademie der Wissenschaften beschäftigte. In Artikeln der *Frankfurter Allgemeinen Zeitung* warf man ihm vor, eine unheilvolle Kontinuität von Ost-West-Seilschaften installiert und die »realsozialistischen Faultierfarmen« fortgeführt zu haben. Die Polemik zielte darauf, die ostdeutschen Historiker aus der Geschichtsschreibung, vor allem der jüngsten Geschichte, auszuschließen. Jürgen Kocka hielt dagegen und meinte, daß man von der DDR-Historiographie auch lernen könne. »Wenn sie (die DDR-Historiker – W. M.) den für sie neuen Kontext von radikaler Pluralität und Kritik akzeptieren, können sie in die Forschung Wichtiges einbringen, was der Neuankömmling aus dem Westen leicht übersieht und nur schwer erkennt.«[14]

Aber wollte man denn eine »radikale Pluralität«? Lief doch die Abwicklung letztendlich auf die Ausgrenzung des Marxismus hinaus. Der politische Auftrag hatte die Abwickler in Widersprüche und Konflikte geführt, die sie als Wissenschaftler kaum zu bewältigen vermochten. Schließlich waren wieder die Parteigänger gefragt. Dabei spielten die parteipolitischen Unterschiede kaum eine Rolle.

Einige der Evaluatoren entwickelten die Idee, daß die Auflösung des DDR-Wissenschaftssystems Veränderungen auf der eigenen Seite im Gefolge haben müßte. Die »östliche Verholzung« müsse ebenso überwunden werden wie die »westliche Behäbigkeit«. Am weitesten ging in dieser Hinsicht wohl Eberhard Lämmert. Aber auch Jürgen Kocka hielt Korrekturen im eigenen Lager für notwendig. Nur so, meinte Lämmert, werde eine Chancengleichheit zwischen Wissenschaftlern in Ost und West möglich sein. Lämmert plädierte für »durchgreifende Veränderungen«, die vor allem in der »Einführung eines Angestelltenstatus« anstelle des professionellen Beamtendaseins für Professoren bestehen müßte, dann wäre es »sofort leichter gewesen, qualifizierte Wissenschaftler der Ost-Akademien mit Universitätsstellen zu versehen, und für alle künftig einzustellenden Professoren gäbe es die Gelegenheit zur Bewährung in Lehre und Forschung während einer Probezeit, die wiederum ihre Ersteinstellung für die Fakultäten nicht zu einer Entscheidung ›auf Leben und Tod‹ machte.«[15] Doch solche Reformen, solch eine »kaum wiederholbare Chance«, erkannte Lämmert, hätte es nur geben können, wenn die Vereinigung »nicht im Beitritt steckengeblieben« wäre. Insofern zählten auch die westlichen Reformer zu den Verlierern. Ihr Einfluß reichte nur aus, um einzelne Einrichtungen und Forscher vor schneller rigoroser Abwicklung zu bewahren. Lämmert kritisierte, daß die Bundesregierung für den Prozeß der Liquidation, den sie auslöste, nicht die mindesten Auffangpläne vorbereitet hatte. Ob es sich dabei allerdings um »Nachlässigkeit« handelte, darf bezweifelt werden. Hier ging es um die Eliminierung eines Potentials, das als überflüssig und der Gesinnung der alten Bundesrepublik nicht zumutbar empfunden wurde. Deshalb stand nicht die Integration, sondern die Ausgrenzung im Vordergrund.

Es gab auch Kommissionsmitglieder wie den Münchner Germanisten Wolfgang Frühwald, die die Abwicklung als »Transformationsprozeß« bejahten. Frühwalds Standpunkt ließ sich schon in der gebrauchten Terminologie erkennen. Er sprach von »Personalreduktion«. Es handle sich um »Bedarfs- nicht um Säuberungskündigungen«. Auch seien die meisten »mehr oder weniger freiwillig« ausgeschieden. Härtefälle gingen letzten Endes auf das »Diktat des Finanzministers« zurück. Für Frühwald war der Prozeß des »Aufbruchs und der Reform von oben« (Renate Mayntz) »weitgehend gelungen«. So hielt er es für nötig, dem sächsischen Ministerpräsidenten Kurt Biedenkopf »höflich, aber entschieden« zu widersprechen, weil dieser den Prozeß der Evaluation in den neuen Bundesländern dahingehend charakterisiert hatte, daß die westdeutschen Besitzstände nach Ostdeutschland transferiert worden seien, um »die Dinge hier möglichst schnell genauso wie im Westen zu machen, damit sich keine Alternativen entwickeln«[16].

Die andere Seite, die die Evaluation über sich ergehen lassen mußte, hat durch ihre und ihrer Landsleute selbstverschuldete Hilflosigkeit diese Prozedur eher erduldet als widerstanden. Auch wenn es an Protesten nicht fehlte, verhielt sie sich in der Regel naiv. Die ostdeutsche Bevölkerung gar nahm es ohne Bedauern hin, daß die Intelligenz der DDR abserviert wurde. Selbst für einzelne Führungsmitglieder der oppositionellen PDS waren die abgewickelten Wissenschaftler als Privilegierte keines Beistands wert. Von den Intellektuellen selber wurde die Evaluation mit Illusionen und Befürchtungen aufgenommen. Der Literaturwissenschaftler Karlheinz Barck von der Akademie der Wissenschaften ging 1990 auf einem Kolloquium in Siegen noch von einer »deutschdeutschen Wissenschaftsunion« aus, durch die in einem wechselseitigen Lernprozeß eine Neuordnung der Gesellschaftswissenschaften der DDR erreicht werden müsse. Er beendete seinen Vortrag mit dem Satz: »Ich schließe in der Hoffnung, daß es uns ... gelingen möge, die zwischen uns in Gang gesetzten Formen der Zusammenarbeit in die zur Zeit noch unter wenig günstigen Auspizien stehende deutsch-deutsche Wissenschaftsunion hinüberzuretten.«[17] Das war noch vor Abschluß des Einigungsvertrags. Barck stellte in seinem Beitrag auch die Frage: »Ist die Krise der Wissenschaften in der DDR eine Folge der Krise des Marxismus?«[18]

Die östliche Seite befand sich in einer schwierigen Situation. Die Betroffenen waren uneins mit sich selber. Einerseits empfanden sie es durchaus als nötig, daß die Bevormundung aufhörte. Jeder meinte, berechtigte Kritik am DDR-System vorbringen zu können. Andererseits fühlten sie sich einem Überprüfungsverfahren ausgesetzt, das für sie ungünstig ausgehen mußte. Im Laufe der Zeit nahmen die Befürchtungen zu. Es fehlte nicht an Selbstkritik, die oft bis zur Selbstzerstörung ging. Doch eine wirkliche Auseinandersetzung fand kaum statt. Der westdeutsche Forscher Christoph Kleßmann, ein Spezialist auf dem Gebiet der doppelten Staatsgründungen und ihrer Entwicklung in Deutschland, vermerkte aus seinen Erfahrungen mit der ostdeutschen Intelligenz, »daß es häufig eine sehr schnelle Flucht nach vorn gab, eine eilig und scharf formulierte plakative Stalinismuskritik, aber vergleichsweise wenig Selbstreflexion und gründliche Analyse«.[19] Ein solcher Eindruck verwundert nicht. Wissenschaftler und Schriftsteller der DDR stießen sich im Unterschied zum offiziellen Marxismus frühzeitig vom Stalinismus ab. Obwohl dieser Vorgang ein individueller war, kam er einer neuen Qualität im marxistischen Denken gleich. Insofern konnte die Stalinismuskritik weder überstürzt noch, vom Ausdrucksvermögen des Einzelnen abgesehen, plakativ empfunden werden. Was nicht stattfand, war eine kollektive Verständigung darüber, wie mit dem offiziellen Marxismus zu verfahren sei, wie er einer radikalen Kritik unterzogen werden könne. Dazu hätte es einer eingreifenden Opposition bedurft.

Die Zeit unmittelbar nach der Wende erschien den meisten Marxisten ungünstig, sich mit Genossen und Kollegen auseinanderzusetzen, ihnen Fehler vorzuwerfen. Es hätte so ausgesehen, als kämen sie einer Aufforderung der Medien nach. Man fürchtete sich, in den Ruf eines »Wendehalses« zu kommen. Vor der Abrechung mit dem Marxismus und seinen Vertretern scheute sich allerdings nicht der neugegründete »Verband unabhängiger Historiker«. Seine Mitglieder bedienten sich einer Sprache, die durch ihre aggressive Verurteilung abstieß. In ihren Verunglimpfungen übertrafen sie selbst die primitivsten Abwicklungsbegründungen der Boulevardpresse. »Auf dem Gebiet der Geisteswissenschaften herrschte eine erschreckende Situation. Jahrzehntelang erstickte ein ungenießbarer Brei aus Lüge und Halbwahrheit jede freie geistige Regung. Scholastische Albernheiten und abgestandene Gemeinplätze wurden als ›einzige wissenschaftliche Weltanschauung‹ ausgegeben. Pseudowissenschaftler schwangen sich auf den Richterstuhl marxistischer Allwissenheit und diffamierten in dümmlicher Arroganz ganze Epochen der modernen Geistesgeschichte. Während man sich über Bücherverbrennungen der Nazis moralisch entrüstete, fand in der

DDR vierzig Jahre lang unter der Diktatur der SED eine ›kalte Bücherverbrennung‹ viel größeren Ausmaßes statt. Wichtige Werke der Vergangenheit und Gegenwart verschwanden hinter den Panzertüren von Giftschränken und Speziallesesälen. Wie eine tödliche Krankheit legten sich Provinzialismus und eine oft bis ins Lächerliche gehende fachliche Inkompetenz über die sogenannten Gesellschaftswissenschaften, Philosophie, Soziologie, selbst Kunst- und Literaturwissenschaften wurden zu Bestätigungsinstanzen der SED-Beschlüsse. Das traurigste Los aber traf die Geschichtswissenschaft.«[20] Wortführer des Verbandes waren junge Leute, die ihren Konflikt mit der älteren Generation austrugen. Und der vollzieht sich immer emotional und (in seinem gerechten Anliegen) ungerecht. Das war so und wird so bleiben. Hinsichtlich der Geschichtsschreibung über die DDR und die der Arbeiterbewegung hatten ihre Akteure sogar recht. Nur hat ihr Vorstoß die notwendige Klärung und Aufarbeitung eher verhindert als in Gang gebracht. Zumal sich ihre Wortführer in den neunziger Jahren auch noch als Richter über die positiv Evaluierten aufspielten und die Evaluatoren der Kritik der konservativen Presse zutrieben.

Wie war es nun mit dem Marxismus unter den DDR-Intellektuellen bestellt? Blieb er bis zuletzt die herrschende geistige Strömung? Ihm hatte sich vor allem die Aufbau-Generation über Irrungen hinweg verbunden gefühlt. Von ihm war ihr Leben und ihr Lebenswerk geprägt worden. Anders sah das schon die junge Generation, deren Denkweise von unterschiedlichen Strömungen und Erfahrungen beeinflußt wurde. Sich in diese differenzierten Zusammenhänge hineinzudenken, war keineswegs einfach. Die profilierten Intellektuellen in Kunst und Wissenschaft hatten in den vergangenen Jahrzehnten ihren eigenen Weg zu Marx gefunden, dabei allerdings versäumt, Schranken beiseite zu räumen, die den wahren Marxismus im gesamtgesellschaftlichen Raum verhinderten. Doch barg in den Jahrzehnten des Kalten Krieges ein solcher Versuch auch erhebliche Risiken. Dieser wäre von der anderen Seite genutzt worden, so daß selbst Brecht seinen Rosa-Luxemburg-Plan mit der Bemerkung zurückstellte, ich hacke mir doch nicht ins Bein, um zu zeigen, daß ich ein guter Hacker bin. Unter diesen Umständen wurde die Anwendung des Marxismus individualisiert und büßte an gesellschaftlicher Kraft ein. Das marxistische Denken der einzelnen Intellektuellen, der Wissenschaftler und Künstler, existierte neben dem offiziellen Marxismus.

Die jüngere Generation sah sich nicht in gleichem Maße genötigt, einen eigenen Weg zu Marx zu finden. Sie blieb mehr dem offiziellen Marxismus ausgesetzt, dem sie kritisch gegenüberstand. Doch wäre es falsch, nicht auch dort Veränderungen zu konstatieren. Sie lassen sich in die Phasen einordnen, die Alexander Fischer und Günther Heydemann vorgeschlagen haben. Ihnen ging es zwar um die Geschichtswissenschaft der DDR, doch treffen die von ihnen markierten Wendepunkte die Gesamtheit der geistigen Entwicklung. Eine Übergangsphase sahen sie zwischen 1945 bis 1948/49. Danach folgte die Konsolidierung der marxistisch-leninistischen Geschichtswissenschaften bis Ende der sechziger Jahre. Ab den siebziger Jahren setzte eine Verwissenschaftlichung ein, deren besonderes Kennzeichen »ein dialogisches Verhältnis zur Partei und erweiterte Freiräume« gewesen seien.[21] In der letzten Phase hätten Wissenschaftler den Marxismus für ihr Fach, Künstler für ihre Kunst genutzt, ohne sich in ein starres System eingebunden zu fühlen. In der materialistisch-dialektischen Methode geschult, nutzten auch Intellektuelle, die sich nicht als Marxisten bezeichnen würden, den Marxismus wie andere geistige Strömungen auch.

Seit den siebziger Jahren mußte man zwischen marxistischem Denken und offiziellem Marxismus unterscheiden. Doch die Evaluationskommissionen gingen darauf gar nicht ein. Wie sollten sie das auch anstellen? Zwar wurden ganze Institute abgewickelt, aber nicht mit der Begründung, sie seien marxistisch orientiert. Dazu hätte sich vielleicht ein Teil der Wissenschaftler nicht bereit gefunden. So kam es, daß der Marxismus gar nicht zur Debatte stand, obwohl es allenthalben darum ging. Ihn wollte und konnte man nicht offiziell in das vereinigte Deutschland übernehmen. In der fünfzigjährigen Geschichte der Bundesrepublik hatte es an den Universitäten nur wenig profilierte Marxisten gegeben, deren Forschungen auch als solche begriffen wurden. Diese sorgfältig eingegrenzte Proportion wäre ins Wanken gekommen, hätte man statt der Ausgrenzung eine Integration marxistischer Forscher betrieben. Auch aus diesem Grunde erwies es sich als notwendig, das Wissenschaftssystem der DDR als Ganzes abzuwickeln und den Wissenschaftlerbestand drastisch zu reduzieren. Daß die Wende »den Sieg über den Marxismus« gebracht hatte, wie Charles S. Maier formulierte, wurde kaum erwähnt, aber durch Evaluation und Abwicklung festgeschrieben.

Hier ist nicht der Ort, die Abwicklung in ihrer Gesamtheit darzustellen. Sie war in ihrem Ausmaß und in ihrer Art und Weise ein einmaliger Vorgang in der Geschichte. Die ältere Wissenschaftlergeneration wurde fast vollständig aus den Universitäten und Akademien ausgeschlossen. Dieser radikale Schritt machte verschiedene Verdunklungspraktiken notwendig. So schickte man Wissenschaftler in die »Warteschleife« und etablierte das »Wissenschaftler-Integrations-Programm« für zunächst zwei Jahre. In dieser Zeit sollten sich die Betroffenen selber bei den Universitäten in den neuen Bundesländern bewerben. Doch diese entließen die eigenen Leute, um eine »Durchmischung« mit westdeutschem Personal durchzuführen. Bald waren die Leitungspositionen von Institutionen, Lehrstühlen und akademischen Einrichtungen mit westdeutschen Gelehrten besetzt. Die noch verbliebenen Ostler mußten sich mit untergeordneten Stellen begnügen.

Wie die Mitglieder der Akademie der Künste, so wollte man auch die der Akademie der Wissenschaften nicht übernehmen. Bei den neuen Politikern galt dieses Gremium, im Einigungsvertrag als Gelehrtensozietät benannt, als ein Ärgernis. Sie betrachteten es weniger als eine traditionelle Einrichtung, sondern mehr als »staatstragendes« Gebilde. Da die Akademiemitglieder in keinem arbeitsrechtlichen Verhältnis standen, sie wurden gewählt, konnten sie weder entlassen noch abgewickelt werden. Vorerst. Von ihnen verlangte man ein eindeutiges Schuldbekenntnis wegen Staatsnähe, ohne ihre Leistungen zu berücksichtigen. »So nahm die Bereitschaft der Akademiemitglieder, sich mit der Vergangenheit kritisch und selbstkritisch zu beschäftigen, zusehends in dem Maße ab, wie der politische Druck von außen wuchs und sich – am deutlichsten bei der öffentlichen Diskussion um die Akademie der Künste – herausstellte, daß Aufarbeitung und Bekenntnis in der Öffentlichkeit nur zu ausgedehnten, emotional aufgeladenen Personaldiskussionen führten, die meist in inhaltlosen Schuldzuweisungen endeten und oft nur politische Rachegefühle bedienten.«[22]

Im Frühjahr 1991 stellten sich die Akademiemitglieder einer gewählten Evaluierungskommission, der auch auswärtige Gelehrte angehörten. Doch von diesen positiv Evaluierten wurden dann nur 5 Prozent in die neue Berlin-Brandenburgische Akademie übernommen. Eine merkwürdige Rolle spielte dabei der Münchner Althistoriker Christian Meier als Vorsitzender der Planungsgruppe. Sein Verhalten ist aufschlußreich für den Typus des westdeutschen Intellektuellen in der Zeit der Vereinigung. Er gehörte zu denen, die vorsichtig operierten und sich von allzu forschen Beurteilern unterschieden. Meier ging es darum, deutliche und übermütige Verletzungen des Einigungsvertrags zu vermeiden. Innerhalb seiner Kreise hegte er sehr starke Zweifel, »ob es gelingen werde, die Auflösung der bisherigen Gelehrtensozietät samt der ›Entlassung‹ all ihrer Mitglieder notfalls vor Gericht« durchzuhalten. Doch selbst er, der vielen Ostdeutschen als fairer Gesprächspartner galt, fand sich letztlich im Einklang mit den Politikern, die den Ausschluß wollten. Er zeigte sich gesprächsbereit, befürwortete aber nicht das kleinste Maß von Integration. Helmut Kohl dürfte gewußt haben, daß er selbst auf diesen Typus vertrauen konnte. Der letzte Präsident der Akademie der Wissenschaften Horst Klinkmann übergab ihm die Liste der positiv evaluierten Mitglieder. Nicht nur, daß er diesen Vorgang später als eine »intellektuelle Posse« empfand, verfuhr er mit dieser Liste als Vorsitzender der Planungsgruppe in einer höchst eigentümlichen Art, die er selbst beschrieb: »Ich lege diese Liste hierhin. Wobei mir eine Szene aus einem früher weitverbreiteten Bilderbogen vor Augen steht: Der Alte Fritz für Jung und Alt. Dort steht ein preußischer Offizier vor Bürgermeister und Ratsherren der schlesischen Stadt Grüneberg und verlangt die Schlüssel zu den Stadttoren: Der Bürgermeister erwidert darauf: ›Hier auf dem Ratstisch liegen die Schlüssel; aber ich werde sie Ihnen unter keinen Umständen geben. Wollen Sie sie sich selber nehmen, so kann ich es freilich nicht verhindern‹. Will sagen: Ich erfülle eine Zusage an Herrn Klinkmann, indem ich diese Liste hier postiere. Zu Ihrer Kenntnis. Aber ich verbinde damit keinerlei Empfehlung.«[23] Den 95 Prozent der positiv Evaluierten wie auch den Mitgliedern, die sich gar nicht erst dieser Prozedur unterzogen, schickte der Berliner Senator für Wissenschaft, Manfred Erhardt, das Entlassungsschreiben, darunter weltbekannten Gelehrten. Der Präsident Horst Klinkmann, ein international geschätzter Experte für Nierenheilkunde und künstliche Organe, der bis zuletzt etwas retten wollte, ging durch alle Höllen der Enttäuschung. Die ausgegrenzten Wissenschaftler gründeten die Leibniz-Sozietät e. V. und betrachteten sich als Erben der Gründung von 1700. In der Tradition der alten Akademie entwickelte sie mit Zuwahlen neuer Mitglieder aus Ost und West eine kontinuierliche wissenschaftliche Tätigkeit, die keinen Vergleich zur offiziellen Einrichtung zu scheuen brauchte.

Daß die Geisteswissenschaftler, so Eberhard Lämmert, mit ihren Projekten nicht die großen Verlierer der Evaluierung geworden sind, sei der Max-Planck-Gesellschaft zu danken, unter deren Patenschaft einzelnen Projektgruppen eine vorläufige Weiterarbeit ermöglicht wurde. Aber die großen Verlierer waren die Geisteswissenschaften schon. Es ist der Fürsprache solcher Berater wie Eberhard Lämmert zu danken, daß vor allem junge Wissenschaftler in diesen Einrichtungen aufgefangen wurden und sich weiter entwickeln können. Doch diese Möglichkeit erhielt nur ein verschwindend kleiner Teil. Kein Trost für die vielen Ausgegrenzten! In diesen Forschungseinrichtungen herrschte meist ein besseres geistiges Klima als an den Universitäten, wo die, die alle Überprüfungen bestanden hatten, sich als Randständige fühlten, die sich zu bewähren hatten. Zudem besaßen sie meist nur zeitgebundene Verträge. Eine solche Situation kam einer politischen Aufsicht gleich. Um ihre Existenzchancen nicht zu gefährden, standen sie erneut unter Anpassungsdruck. Das führte dazu, wie selbst Kollegen in den alten Bundesländern feststellten, daß viele defensiv argumentierten und kaum mehr wagten, frühere Richtungen und Ansätze, die über die DDR hinaus Interesse gefunden hatten, offensiv zu vertreten. Die Möglichkeiten, Gedankengebäude, die auf anderer Grundlage entstanden, weiter auszubauen, war geringer geworden. Hierin unterschieden sich die Wissenschaftler von den meisten Schriftstellern, die an ihrem Credo festhielten.

Mit der Abwicklung vollzog sich eine Publikationsoffensive von nie gekanntem Ausmaß, um das DDR-System zu delegitimieren. Da wurde wahrlich nicht gekleckert, sondern geklotzt. Man wollte es bei der Ausgrenzung des marxistischen Forschungspotentials nicht belassen. Nach dem Aufgebot von Widerlegungsliteratur zu urteilen, bedurfte es mächtiger Anstrengungen, um zu erklären, daß der Marxismus wirklich tot sei. Die vollständig erhaltenen Archive der DDR-Regierung, der SED und der verschiedenen Organisationen standen für die Wissenschaftler, Publizisten, Journalisten und Studenten bereit. Jeder Doktorand konnte sich jetzt mit den Protokollen des Politbüros, den Dossiers der Staatssicherheit usw. befassen. Doch eine Goldader wurde in den Aktenbergen nicht entdeckt. Kein Winkel der DDR und der Lebensweise des Landes blieb unbeleuchtet. Dieser Sturm auf die DDR-Akten führte zu einer eklatanten Schieflage in der Forschung. Die Politik der alten Bundesländer fand keineswegs das gleiche Interesse, wurde auffällig vernachlässigt. Das mag auch daran gelegen haben, daß keine Öffnung der Archive in der alten Bundesrepublik stattfand. Dafür füllten im Laufe der neunziger Jahre Bücher und Aktenveröffentlichungen über das DDR-Regime, die Tätigkeit der Staatssicherheit, Vorgänge im DDR-Sport, im Kulturbund sowie den Anteil der Kirche am Widerstand usw. ganze Regale. Innerhalb kurzer Zeit entstanden Lexika über Personen der DDR-Geschichte, über die Terminologie der Staatssicherheit usw. Für die Veröffentlichungen der Enquete-Kommission unter der Leitung von Rainer Eppelmann *Aufarbeitung von Geschichte und Folgen der SED-Diktatur* brauchte man 9 Bände in 18 Teilbänden; eine zweite Reihe *Überwindung der Folgen der SED-Diktatur im Prozeß der deutschen Einheit* umfaßte 8 Bände in 14 Teilbänden.

Neue Institute entstanden, die als direkte Gegengründungen zur Ideologie des Sozialismus und der marxistischen Denkweise angelegt waren. Die Gauck-Behörde unterhielt eine eigene Wissenschaftsabteilung mit einer Schriftenreihe, die sich im Ch. Links Verlag Berlin innerhalb eines Jahrzehnts zu einer umfangreichen Bibliothek ausweitete, so daß das eigene Verlagsprofil verlorenging. 1992 wurde der Forschungsverband SED-Staat an der Freien Universität Berlin gegründet, der sich mit »Geschichte und Folgen der DDR« befaßte. In Dresden entstand das Hannah-Arendt-Institut für Totalitarismusforschung. Hier wurde die DDR mit in die Totalitarismustheorie einbezogen, obwohl Hannah Arendt die poststalinistische Entwicklung und erst recht die DDR außerhalb ihrer Theorie ließ. In Potsdam etablierte sich das Zentrum für Zeithistorische Forschung, das ursprünglich dem Diktaturenvergleich dienen wollte. Das waren nur einige der Neugründungen. Schon ihre Namensgebung verriet das erwartete Ergebnis. Nicht wenige dieser Publikationen förderten jedoch Tatsachen und Vorgänge zutage, die nicht nur für die Forschung, sondern auch für die politische Aufklärung unverzichtbar waren. Trotzdem: Argumentation und Weltsicht vieler Verfasser offenbarten eine Einseitigkeit, als habe es den Pluralismus im geistigen Leben nie gegeben. Wie auch in anderen Zeiten, hatte der politische Auftrag seinen Preis.

Unter diesen Bedingungen konnte sich der Marxismus, der sich nicht in bester Verfassung befand, kaum erneuern. Selbst die Aufarbeitung der Geschichte, die Analyse der Niederlage, gestaltete sich schwierig. Der Großteil der Wissenschaftler aus Ost und West erlag durch den

Triumph der Einheit den Vorgaben der Politik und dem Durchsetzungsvermögen der Medien. Wie verhielten sich die Marxisten in dieser Situation? Die etwas vorschnelle Meinung von Guntolf Herzberg, Mitglied des Unabhängigen Historikerverbands und Mitarbeiter der Abteilung Forschung und Bildung bei der Gauck-Behörde, lautet, der Marxismus habe sich nach 1989 schnell verflüchtigt. »Fast alle Marxisten behaupten jetzt, er sei falsch oder steril oder unmodern, dogmatisch sowieso, man habe mit ihm nur gespielt, ihn nicht ernst nehmen können.«[24] Natürlich führte der Untergang der DDR auch zu Erschütterungen in den Weltanschauungen. Doch was Herzberg beschreibt, trifft mehr auf die Anhänger des offiziellen Marxismus zu, weit weniger auf das marxistische Denken der in der DDR aufgewachsenen Intelligenz. Nach der Niederlage mußte vieles auf den Prüfstand. Die Glaubenssätze von früher gerieten ins Wanken. Eine Erneuerung war weltweit nicht in Sicht. Die Skepsis überwog, wenn neue Losungen ausgegeben wurden. Die Intellektuellen mußten mit sich selbst ins reine kommen, ihren eigenen Weg überprüfen. Der Rechtshistoriker Hermann Klenner hat diese Situation beschrieben: »Ich kenne aus eigener Erfahrung den tiefsitzenden Widerwillen, seine schwer erarbeiteten theoretischen Grundlagen zu überprüfen oder gar in Frage zu stellen, aber die Überwindung dieses Widerwillens ist lebensnotwendig, ist überlebensnötig. Wer gebraucht wird, ist nicht frei; insofern sind Wissenschaftler niemals frei, auch wenn sie abgewickelt sind. Es steht ihnen nicht zu, nicht zu denken und nicht zu schreiben.«[25] Nun waren die neunziger Jahre eine Periode des Hasses. Keine gute Zeit zum Nachdenken, zur Selbstreflexion. Doch gerade da erwies sich beides als am notwendigsten.

Der Intellektuelle wurde auf sich selbst zurückgeworfen. Es gab nur wenig Inseln, wo eine Verständigung, eine kritische Überprüfung des begangenen Weges möglich war. Eric Hobsbawm beschrieb die Hochschulen als den einzigen Ort, wo der Historiker gegen den getrübten Blick ankämpfen kann. Aber daraus hatte man die Marxisten vertrieben. Dort dominierte der Geist der Ausgrenzung. Im Laufe der neunziger Jahre entstanden einzelne Foren, eingetragene Vereine, in denen debattiert und über neue Positionen nachgedacht werden konnte. Diese Chance wurde genutzt und eine anregende Arbeit in Gang gebracht. Hier fand ein Teil der abgewickelten Intelligenz eine Wirkungsstätte, hier konnten neue Ideen zur Diskussion gestellt werden.

Doch gelangten diese Institutionen selten über das ihnen zugewiesene Ghetto hinaus. In der modernen Demokratie konnte der Pluralismus als Prinzip gewahrt werden, wenn man separierte, was Störungen hervorruft, den geistigen Kreislauf in Unordnung bringt. Im wissenschaftlichen Hauptfeld ließ sich wenig erreichen. Doch in den gesellschaftlichen Randeinrichtungen traten einige neue Leute hervor, nicht immer jüngere, aber solche, die früher nicht im Vordergrund gestanden hatten. Sie verfaßten Bücher, die man zu übersehen suchte, aber nicht konnte.

Situationen wie die der neunziger Jahre trieben viele Intellektuelle in die Resignation. Ausgegrenzt, hörten sie auf zu schreiben. Hermann Klenner sah seinen Kollegen dieses Verhalten nicht nach. »Wofür ich ... überhaupt kein Verständnis habe ... ist das Schweigen, das Nichtschreiben und das Nichtpublizieren derer, die die Wissenschaft zu ihrem Lebensberuf gewählt haben. Öffnet die Schubläden von gestern, in denen das drin liegt, was gestern geschrieben worden war, und was vielleicht bis 1989 nicht publiziert werden durfte. Öffnet sie und bietet den Inhalt der Zeitschriftenfülle an, die uns nunmehr zugänglich ist, und wenn sie es nicht nehmen, dann schreibt wieder für die Schubkästen, denn es wird die Zeit kommen, wo auch diese Schubkästen einmal geöffnet werden können. Wissenschaftler, die gestern in Amt und Würden waren, die aber heute nichts mehr zu Papier bringen, waren vermutlich auch gestern keine.«[26]


*Zweiter Abschnitt*


Nachdenken über das Scheitern

Eric Hobsbawm bezeichnet es als eine »sehr gefährliche Lage«, wenn Menschen von ihrer Vergangenheit wie von ihrer Gegenwart enttäuscht sind und die Zukunft ganz im Ungewissen liegt. Gefährlich läßt sich die Situation der ostdeutschen Intelligenz nur deshalb nicht nennen, weil sie durch eine allgemeine Resignation und Ratlosigkeit gedämpft wird. Der Regisseur Christoph Schroth beschrieb es so: »Daß man diese Gesellschaft von Grund auf verändert, das glaube ich nicht. Da habe ich keine Hoffnung, sehe zurzeit auch keinen Anlaß. Der utopische Gedanke ist verlorengegangen. Ich gebe zu, daß ich mich nach ihm sehne.«[27] Andere, jüngere, wie der 1960 geborene Physiker, Theaterregisseur und Schriftsteller Michael Schindhelm, hatten die sozialistische Utopie gar nicht erst aufgenommen. »Wir müssen das Steigerungssyndrom in uns bekämpfen und zu einem Maß des immer während Heutigen zurückkehren – zu einem Leben, welches das Maß von morgen nicht unbedingt als das bedeutendere Maß ansieht.«[28] Eric Hobsbawm meinte von den DDR-Schriftstellern der neunziger Jahre, sie seien »ohne Illusionen, aber nicht ohne Erinnerungen an ihre Träume«.[29]

Vor dem Erkenntnisgewinn steht das Nachdenken. Die ostdeutsche Intelligenz mußte sich fragen, warum sind wir mit unseren Hoffnungen gescheitert? Sind wir falschen Idealen gefolgt oder wurden sie falsch umgesetzt? Was ist durch den Epochenumbruch an den alten Ideen verbraucht, was haben wir entwicklungsgeschichtlich abgearbeitet, was stellt sich neu? Dieser unabgeschlossene Fragenkomplex kann in seiner Gesamtheit auch nicht annähernd erörtert werden. Hier soll nur die geistige Situation der marxistisch orientierten Intelligenz nach der Niederlage blitzlichtartig erhellt werden. Gab es für sie neben dem Chaos auch Erkenntnisse oder nur einen Abschied? Ist das marxistische Gedankengebäude zusammengebrochen oder aufgebrochen?

Zu erörtern ist, warum man Theoremen folgte, die intellektuelle Erkenntnis einschränkten. Es gab Grundsätze, die eisern bewahrt wurden, weil man meinte, die Geschlossenheit der sozialistischen Bewegung bewahren zu müssen. Festgehalten wurde an der Einheit von Politik und Wissenschaft, von Politik und Kunst, von Weltanschauung und Methode. Der Marxismus fand nach 1945 in der Form des Stalinismus Eingang in das Denken größerer Bevölkerungsschichten. Man wollte Menschen gewinnen und sie aus faschistischen Bindungen befreien. Deshalb rückte das Weltanschauliche, Propagandistische in den Vordergrund. Betont wurden die Elemente, die die endgültige Befreiung bringen sollten, den Sprung der Menschheit in das »Reich der Freiheit«. Der Marxismus galt dabei als »das aufgelöste Rätsel der Geschichte«. »Die Erlöserfunktion« der Lehre ließ sich leichter vermitteln als die materialistische Dialektik. So gelangten religiöse Züge in den Marxismus, die den verzweifelten, desillusionierten Menschen der Nachkriegszeit entgegenkamen.

Aufgehoben oder verdeckt wurden diese Elemente dadurch, daß die Lehre von konsequenten Atheisten propagiert wurde. Die »Erlöserfunktion« des Marxismus weckte Illusionen, die in Enttäuschungen umschlugen. Die sozialistische Literatur nahm diese Züge auf. Hier, wo Ahnung dem Wissen vorausgeht, war sie die formende Kraft. Selbst kritische Marxisten wie Brecht verzichteten darauf nicht.

Unter diesen Bedingungen kam der wissenschaftliche Charakter des Marxismus zu kurz. Seine aufhellende Funktion und seine kritische Methode wurden geschwächt. Wegen der enormen Schwierigkeiten und Widersprüche beim Aufbau der sozialistischen Gesellschaft konnten sich die Anhänger des Marxismus nicht der Aufforderung verschließen, die Einheit und Geschlossenheit der marxistischen Weltanschauung auf allen Gebieten zu stärken. So wurde auch die Einheit von Politik und Wissenschaft hingenommen. Daß Marx für eine deutliche Unterscheidung beider, für eine scharfe Trennung plädiert hatte, kam kaum zur Sprache und gelangte nicht in die öffentliche Diskussion. Diese Ausrichtung des Marxismus als Einheit von Weltanschauung und Methode beeinträchtigte sein kritisches Potential.

Die Entstellung des Marxismus führte auch dazu, daß Marx unter den Philosophen eine Ausnahmeposition zugesprochen wurde. Seine Lehre galt als *die* Lösung und schien nicht vergleichbar mit anderen Lehren. Dadurch war sie auch nicht kritisierbar. Das führte in den Anfangsphasen, vor allem während des Stalinismus, dazu, daß allein Zitate als Beweis dienten. So bekam der Marxismus etwas Scholastisches. Den Polemikpartnern wurde leicht gemacht, ihn beiseite zu schieben. Marx aber gehört, wie jeder andere große Denker der Weltgeschichte behandelt zu werden, wie Aristoteles, Kant oder Hegel. Er ist zeitgebunden und unterliegt dem Irrtum wie alle Großen der Geistesgeschichte. Wer ihn aus der Kritik herausnimmt, hat ihn nicht verstanden. Doch Kritik an Marx wurde als Revisionismus diffamiert. Dabei hatte schon Eduard Bernstein gemahnt, daß Fortentwicklung und Ausbildung der marxistischen Lehre mit deren Kritik beginnen müßten.

Der orthodoxe Marxismus hielt Einflüsse fern, die zu einer Fortentwicklung hätten beitragen können. Er hörte auf, ein pluralistisches Denkgebäude zu sein, was er von seinen Bedingungen her war. Marx bildete eine Denkkultur aus, die verschiedene philosophische Richtungen zusammenführte. Dieser pluralistische Ansatz wurde nicht fortgesetzt.

Statt dessen kam es zu Ergänzungen, die die Politiker diktierten. Der Marxismus aber bedarf der ständigen Erkenntniserweiterung aus dem Denken der Gegenwart heraus. Daß daraus kein eklektisches System wird, verhindert die materialistische Dialektik, deren Anwendung Marx großartig demonstrierte.

Um eine pluralistische Öffnung zu versperren, verpaßte man dem Marxismus die Kategorie der sozialistischen Parteilichkeit. Diese wurde während der Periode des Stalinismus extrem betont und diente als das entscheidende Kriterium bei der Beurteilung von wissenschaftlichen und künstlerischen Werken. Auch im alltäglichen Leben brauchte man diese Kategorie als ein Mittel der Disziplinierung, vor allem für die Erziehung der jungen Wissenschaftler- und Künstlergeneration. Dabei spielte der emotionale Faktor eine große Rolle. Nicht wenige haben diese Kategorie so verinnerlicht, daß sie zeitlebens davon nicht loskamen. In den siebziger und achtziger Jahren verlor sie jedoch an Bedeutung, obwohl die SED daran festhielt. Auf Gebieten, die nicht zu den Interessenschwerpunkten der Partei gehörten, spielte sie allerdings eine geringere Rolle. Die westliche Seite benutzte den Begriff als Schimpfwort, als Mittel der Denunziation, um marxistisch ausgerichtete Arbeiten abzuwerten, was ebenso undifferenziert war wie die Ergebenheit gegenüber diesem Kriterium. Wissenschaft und Politik wie auch Kunst und Politik sind nicht in Übereinstimmung zu bringen.

Am gründlichsten und aufschlußreichsten hat sich mit dieser Problematik Eric Hobsbawm beschäftigt. In seinem Buch *Wieviel Geschichte braucht die Zukunft* (1998) geht Hobsbawm davon aus, daß zwischen Politik und Wissenschaft »eine Grauzone verbleibt«, die sich auf die Wissenschaften, vor allem auf die Sozialwissenschaften auswirkt. Die Parteilichkeit war ja keine bloße Erfindung sozialistischer Politiker. Eine persönliche Bindung hat es in der Wissenschaftsgeschichte immer gegeben. Große Leistungen sind gerade dadurch zustande gekommen. »Die Tatsache, daß die Entwicklung solcher Wissenschaften mit der Parteilichkeit ihrer Vertreter untrennbar verbunden war – daß es einige von ihnen ohne diese praktisch nicht gegeben hätte, läßt sich nicht ernsthaft bestreiten ... Daß die Wissenschaften und vor allem die Sozialwissenschaften in der Vergangenheit grundsätzlich parteilich waren, beweist nicht, daß eine Parteilichkeit für sie vorteilhaft sei, sondern lediglich, daß sie unvermeidlich ist. Das Kriterium für den Nutzen einer

Parteilichkeit muß sein, daß sie den Fortschritt der Wissenschaft befördert ... Und parteiliche Wissenschaftler sind es, die am ehesten von den Erfahrungen ›außerhalb‹ ihrer akademischen Arbeit Gebrauch machen.«[30] Eine rein akademische Wahrheit ist eine Mystifikation. Die Parteilichkeit, auch die persönliche, birgt Gefahren, kann von Nachteil und von Vorteil sein. Sie ist nämlich mit einer »politischen Anwaltschaft« verbunden, die wiederum mit der Individualität, der Persönlichkeit von Intellektuellen zu tun hat. In diesem Zusammenhang bildet sich das Engagement heraus, das für Wissenschaft und Kunst unverzichtbar ist, weil es zu einer Triebkraft werden kann. Dabei besteht immer die Gefahr, daß die legitime Parteilichkeit in die illegitime abgleitet. Inwieweit der einzelne in eine solche Gefahr gerät, hängt nicht immer nur vom Charakter oder dem Intellekt der schreibenden und forschenden Akteure ab. Es gibt auch politische Situationen, in denen nicht nur einzelne, sondern ganze Gruppen von der legitimen Parteilichkeit weggedrängt werden. Das ist vor allem dann der Fall, wenn Massenbewegungen und die Massenwirksamkeit der Medien eine Gesamtstimmung, eine Aussage über Zeiterscheinungen suggerieren, wie es diese zu Beginn der neunziger Jahre gegeben hat. Marxistisches Denken kann auf die persönliche Parteilichkeit nicht verzichten, denn es ist darauf ausgerichtet, dem Menschen aus seinen sozialen und existentiellen Nöten zu helfen. Deshalb, meinte Hobsbawm, brauche man heute die Gefahren und Nachteile einer parteilichen Wissenschaft kaum eigens zu betonen, ihre weniger offensichtlichen Vorteile dagegen schon.

So sehr der Begriff der Veränderlichkeit aller historischen Vorgänge den Marxismus bestimmte, die Auffassung über die Rolle der Arbeiterklasse blieb davon unberührt. Nach Meinung der orthodoxen Marxisten kam den Arbeitern durch ihre Stellung im Produktionsprozeß eine Vorbildrolle zu. Daran sollte sich die Intelligenz ausrichten und gelegentlich auch aufrichten. Diese Rollenverteilung, die die marxistisch orientierten Parteien vornahmen, rief bei einzelnen Arbeitern wie auch Intellektuellen Schwierigkeiten hervor. Dennoch wurde sie von beiden Seiten angenommen. Sie leitete sich aus der Geschichte ab und besaß Tradition. Die Arbeiterklasse war die ausgebeutete, an den Verhältnissen leidende Klasse gewesen, und Marx sah in ihr, die keinen Zugang zu den Produktionsmitteln besaß, das Instrument, die bisherigen Verhältnisse umzustürzen. Deshalb galten alle organisatorischen und propagandistischen Bemühungen der Einheit der Arbeiterklasse. Diese sollte auf keinen Fall preisgegeben werden. Doch um sie war es von jeher schlecht bestellt. Schon von der beruflichen Zusammensetzung her gab es schwer zu überwindende Unterschiede. Als sich die Arbeiterbewegung politisch zu profilieren begann, kam es zu erbitterten Richtungskämpfen zwischen Anarchisten, Sozialdemokraten, Kommunisten und Trotzkisten. Die Arbeiterklasse blieb auch über die einzelnen Parteien hinweg immer in einen revolutionären und einen evolutionären Flügel gespalten. Es existierte eine Ungleichzeitigkeit zwischen kommunistischer Revolutionserwartung, die sich aus einer plebejisch-kommunistischen Gleichheitsvorstellung herleitete, und einer Traditionslinie, die von einer evolutionären Soziologie mit den ihr eigenen Ideen einer Gesellschaftstransformation ausging.

Die Führung der DDR berief sich auf die Rolle der Arbeiterklasse um so mehr, je schwächer das Potential in der Bevölkerung wurde, auf das sie sich stützen konnte. Mit dieser ließ sich alles begründen und alles verdecken. Die Künstler und Schriftsteller hatten an der Formung dieses Mythos ihren Anteil. Die emotionale Kraft ihrer keineswegs unbedeutenden Werke überzeugten die Menschen mehr als die weit zahlreicheren Darstellungen der Geschichtsschreibung.

Die SED scheute keine Anstrengung, um Dichter, Maler, Bildhauer, Filmleute auf die Darstellung der Arbeiter zu lenken. Trotzdem fanden die meisten diese Thematik nicht aufgezwungen. Viele Werke wurden aus Überzeugung geschaffen, sonst wäre davon nicht eine solche Wirkung ausgegangen. Ausschlaggebend dafür waren zwei historische Gründe. Als sich der künstlerischen Intelligenz diese Aufgabe stellte, fand sie eine starke, faszinierende Traditionslinie vor, in der die Wandlung der Arbeiter von einer leidenden in eine kämpfende Klasse dargestellt wurde. Zu dieser Tradition gehören viele große Namen, es ging von ihr ein soziales und künstlerisches Sendungsbewußtsein aus. Eine ganze Reihe von DDR-Künstlern nahm diese Linie auf. Sie meinten, damit einer Menschheitsaufgabe und nicht nur einer Partei zu dienen. Der andere Grund bestand darin, daß die DDR nicht organisch aus der Entwicklung der Arbeiterbewegung hervorgegangen war, sondern als Ergebnis der Zerschlagung des Hitlerfaschismus begriffen werden mußte. Im Kampf gegen den Nationalsozialismus hatten Arbeiterklasse und Arbeiterorganisationen, als deren Fortführer sich die Kräfte nach 1945 begriffen, die größten Opfer gebracht. Gerade die junge Generation, die Hitler gefolgt war, sah in solchen Arbeitergestalten und Widerstandskämpfern ganz selbstverständlich ein Vorbild. Daß im Laufe der Jahrzehnte diese Sicht immer mehr instrumentalisiert wurde, ist nicht zu leugnen. Doch sollte man nicht übersehen, daß jeder Staat, der bestimmte Auffassungen und Bewegungen favorisiert, diese auch instrumentalisiert. Das geschieht zwangsläufig. Wenn dadurch nicht immer die notwendige Differenzierung zustande kam und der unversöhnliche Gegensatz zum Nationalsozialismus hervorgehoben wurde, »so ist doch unübersehbar, daß keine andere Schicht der Bevölkerung einen derart hohen Anteil an den Aktionen spontaner und individueller Opposition wie am organisierten und längerfristig angelegten Widerstand zu verzeichnen hat wie die Arbeiterschaft. Und keine politische Bewegung hat so entschieden und opferreich versucht, dem nationalsozialistischen Machtanspruch entgegenzutreten, wie die aus der Arbeiterbewegung hervorgegangenen Gruppierungen und Zellen in Illegalität und Exil.«[31] Den Akten zufolge betrug der politisch motivierte Widerstand der Kommunisten 75 Prozent, der der Sozialdemokraten 10 Prozent und der christlich-bürgerliche 3 Prozent.[32]

Im letzten Viertel des zwanzigsten Jahrhunderts veränderten sich Gesicht und Struktur der Arbeiterklasse in Europa ganz entscheidend. Sie schien nicht mehr die Rolle auszuüben, die ihr zugeschrieben wurde. Man sprach von einer »altersschwachen« Arbeiterbewegung; aber in der DDR hielt die Theorie noch immer an der alten Sicht fest. Der Anteil der Arbeiter an der Gesamtbevölkerung ging zurück. In den achtziger Jahren stabilisierte er sich in den Ländern Westeuropas bei 25 Prozent. Darauf wies nach der Wende auch Jürgen Kuczynski hin, der sich ein Leben lang mit der Lage der Arbeiterklasse in den verschiedenen Ländern der Welt beschäftigt hatte. »Und das heißt, daß die Arbeiterklasse in den großen Industrieländern sich im Prozeß der Auflösung befindet, und daß dieser Auflösungsprozeß ständig fortschreitet ... Schwer fällt es vielen Marxisten, von der Arbeiterklasse Abschied zu nehmen.«[33] In dem Maße, wie ihre Zahl sank, schied sie auch immer häufiger aus den Prozessen aus, die Europa veränderten. In den großen Demonstrationen für eine ökologische Umgestaltung traten die Arbeiter und die organisierte Arbeiterbewegung nur selten in Erscheinung, waren sie keine führende Kraft. Andere Schichten der Bevölkerung leiteten diese Veränderungen ein. Die Gefahr einer Entpolitisierung war nicht zu übersehen.

Am deutlichsten wurde das in den letzten Jahren der DDR und zur Zeit der Wende. In den Initiativen für eine bessere DDR taten sich die Arbeiter und die Arbeiterklasse kaum hervor. Alternativen dazu kamen vorwiegend von der Intelligenz. Die Arbeiter entschieden sich für den Kapitalismus. Die DDR, deren Schöpfung ihnen zugeschrieben wurde, gaben sie sang- und klanglos auf. Die besitzende Klasse in Westdeutschland nahm ihnen die Produktionsmittel, als deren Eigentümer sie sich nie recht gefühlt hatten, und machte sie zu Käufern. Die Einführung in die neue Warenwelt glich einer Verzauberung, die allerdings nicht lange anhielt. Nach der Wende zeigten sie sich doppelt enttäuscht. Ihre Erwartungen an die DDR hatten sich nicht erfüllt, aber auch um die Hoffnungen des Aufbruchs von 1989/90 fühlten sie sich betrogen. Ihre so viel beschworene und besungene Kraft erlosch in einigen hilflosen Protesten gegen die Schließung ihrer Betriebe.

Die künstlerische Intelligenz, die das Bild der Arbeiterklasse als ein zentrales Anliegen ihrer Kunst begriffen hatte, trug schwer an der Enttäuschung. Jetzt sah sie, wie wenig ihre Schöpfung der Wirklichkeit entsprach. Je höher ihre Erwartungen gewesen waren, desto größer nahm sich ihre Ernüchterung aus. Den Maler Willi Sitte, der seine sozialistische Haltung auch nach der Wende nicht aufgab, muß diese Einsicht wie ein Schlag getroffen haben. Er faßte sie in die Worte: »Nie wieder Arbeiterklasse ... Die wollen zurechtkommen ... Da schmeißt man alles andere über Bord. Menschlich habe ich dafür Verständnis. Aber das ist für mich dann kein Thema mehr.«[34] Was bei Sitte bestürzend zum Ausdruck kam, war für andere ein längerer Ablösungsprozeß, ohne ein Abschied zu sein.

Mit der Arbeiterklasse werden Theoretiker und Historiker auch weiterhin Schwierigkeiten haben. Die geballte Kraft, die Veränderungen bewirkt, wird sie auch in Zukunft nicht sein, weder in Europa noch sonstwo in der Welt.

Ein Kernpunkt des Marxismus ist die Eigentumsfrage. Mit der Vergesellschaftung der Produktionsmittel, die die Trennung von Produzenten und Eigentümern aufhob, sah man die Ausbeutung des Menschen durch den Menschen überwunden. Doch was man mit einem Schlag zu lösen glaubte, erwies sich als äußerst problematisch. Nach der

Wende zeigte es sich, daß die Arbeiter die ihnen angeblich gehörenden Produktionsmittel keineswegs verteidigten. Das war vielleicht die bitterste Erfahrung. Das Volkseigentum unterschied sich vom persönlichen, vom Privateigentum. Die Erträge aus dem gemeinsamen Eigentum flossen nicht den Produzenten zu, sondern dem Staat. Die so geregelte Eigentumsfrage löste bei den Arbeitern kein neues Bewußtsein aus. Sie führte auch zu keiner höheren Arbeitsproduktivität gegenüber der auf Privateigentum beruhenden Produktion. Die Eigentumsfrage, vor allem die Form der Vergesellschaftung, blieb ungelöst.

Die marxistisch orientierten Intellektuellen sahen in der Lösung dieser zentralen Frage nicht nur ein Instrument zur Steigerung der Arbeitsproduktivität, sondern einen Vorgang, der das menschliche Zusammenleben grundlegend verändern und zu einer neuen Qualität menschlicher Beziehungen führen sollte. Für sie war das der Punkt, der nach ihrer Meinung die Überlegenheit ihrer Weltsicht ausmachte. Glaubten sie doch, damit die Wurzel allen Übels und das Mittel zu dessen Beseitigung gefunden zu haben. Auf dem Internationalen Schriftstellerkongreß in Paris 1935, der zum Kampf gegen die faschistische Barbarei aufrief, lenkte Brecht zum Ärger mancher seiner Kollegen die Diskussion auf die Wurzeln des Übels: »Kameraden, denken wir nach über die Wurzel der Übel! Eine große Lehre nun, die immer größere Menschenmassen auf unserem Planeten, welcher noch sehr jung ist, ergreift, sagt, daß die Wurzel aller Übel unsere Eigentumsverhältnisse sind. Diese Lehre, einfach wie alle großen Lehren, hat jene Menschenmassen ergriffen, welche am meisten unter den bestehenden Eigentumsverhältnissen und den barbarischen Methoden, mit denen sie verteidigt werden, leiden. Sie wird in einem Lande, das ein Sechstel der Erdoberfläche ausmacht, wo die Unterdrückten und Besitzlosen die Herrschaft ergriffen haben, in die Tat umgesetzt. Dort gibt es keine Destruktion von Nahrungsmitteln mehr und keine Destruktion von Kultur ... Kameraden, sprechen wir von den Eigentumsverhältnissen! Das wollte ich zum Kampf gegen die überhandnehmende Barbarei sagen, damit es auch hier gesagt sei oder damit auch ich es gesagt habe.«[35] Daß die Veränderung der Eigentumsverhältnisse alles löse, erwies sich als eine Illusion. In dieser Hinsicht haben die Intellektuellen auch an ihrer eigenen Enttäuschung gearbeitet.

Nach der Niederlage des Sozialismus schien Marx passé, denn Sozialismusvorstellungen ohne Lösung der Eigentumsfrage sind nicht denkbar. Bürgerliche Politiker gaben die Losung aus: Marx ist tot, Jesus lebt! (Norbert Blüm). Aber auch sozialistische Politiker wie die PDS-Abgeordnete Christa Luft entdeckten die Lust am Eigentum und erinnerten an die Worte des großen Aristoteles. Er, der die Unterscheidung von persönlichem Eigentum und Eigentum an den Produktionsmitteln noch nicht kannte, war der erste, der in seinen »Politischen Schriften« den Hang des Menschen am Eigentum als seiner Natur gemäß beschrieb. Die Lust am Eigentum sei wie die Liebe zu sich selber. Christa Luft machte folgenden Satz des Aristoteles ausgerechnet zum Motto ihres Buches über die Spuren der Treuhand: »Es ist ja mit Worten gar nicht auszudrücken, wieviel es für die Lebensfreude ausmacht, etwas als sein Eigentum zu betrachten.« Noch einen weiteren Satz des großen Griechen führte sie an, der sich in der von ihr ausgewählten Übersetzung tatsächlich so liest, als habe derselbe die Verhältnisse in der DDR gekannt. »Dazu hat die Gesellschaftsordnung, von der wir hier sprechen, noch eine weitere Schwäche: Denn das geringste Engagement wird den Dingen zuteil, die den meisten Eigentümern gemeinsam gehören. Denn um das Eigene kümmern wir uns am meisten, um das Gemeinsame weniger, oder doch nur so weit, als es einen jeden angeht, denn was das Übrige betrifft, so neigen wir eher dazu, es zu vernachlässigen, in der Annahme, es werde sich schon irgendein anderer darum kümmern ...«[36]

Der Grundirrtum Lenins in seiner Schrift *Die große Initiative* bestand darin, daß er meinte, nach der Vergesellschaftung der Produktionsmittel, nach der Verwandlung der Produzenten in Eigentümer werde in ihnen, den Arbeitern, die gleiche Lust entstehen, wie sie Aristoteles den Besitzern von Privateigentum zugeschrieben hatte. Insofern sah Lenin im Eigentum eine ähnliche Produktivkraft wie der griechische Philosoph. Doch in der Form, in der es den Produzenten in Sowjetrußland ausgehändigt wurde, ging es verloren. Dabei hatte sich Lenin durchaus auf reale Vorgänge, die Subbotniks, stützen können. Sie waren allerdings auf eine bestimmte, vom Elan der Revolution geprägte Phase beschränkt geblieben. Mit der Vergesellschaftung des Privateigentums an den Produktionsmitteln und der Aufhebung der Marktgesetze wurde die dem Eigentum innewohnende Triebkraft zerstört, die erhofften Wirkungen blieben aus. Die Arbeiter haben das Eigentum an den Produktionsmitteln, über das der Staat verfügte, nie richtig angenommen, weder in der

Sowjetunion noch in der DDR. Nach der Wende sprach man bisweilen darüber, wie miserabel die Arbeiter mit »ihrem« Eigentum umgegangen seien. Auch wenn solche Beispiele polemisch aufgebauscht wurden, ihr Grundgehalt ließ sich nicht widerlegen. Natürlich gab es auch Fälle, wo sich Arbeiter für das gemeinsame Eigentum aufopferten, ihm mehr Sorgfalt als ihrem persönlichen angedeihen ließen. Auch ist die sozialistische Wirtschaft nicht deshalb zusammengebrochen, weil die Arbeiter mit dem Volkseigentum nicht achtsam genug umgingen.

Das so formierte Volkseigentum brachte nicht die erhoffte Arbeitsproduktivität. Gerade in dieser Hinsicht blieb die sozialistische Wirtschaft hoffnungslos zurück. Der Abstand zu den westlichen Ländern wurde immer größer. Der Profit erwies sich als die größere Triebkraft. Alle Versuche, an dem eingeschlagenen Weg etwas zu ändern, schlugen fehl. »Ein Engagement, als Eigentümer denken und handeln zu wollen, prallte an starren und oft realitätsfernen Planvorhaben ab. Es wurde selten belohnt, sondern galt als störend.«[37] Unter Honecker nahm das monolithische Staatseigentum sogar zu, während bei Ulbricht noch unterschiedliche Eigentumsformen existierten. Diese Ausrichtung, die einer weiteren Enteignung gleichkam, führte noch mehr in die Krise.

Die Art und Weise, wie das Volkseigentum zustande kam, war keine Erfindung von Marx. Er wie auch Engels hielten es für notwendig, die Formen der Vergesellschaftung aus den historischen Umständen abzuleiten. Marx sah schon in den Aktiengesellschaften eine Stufe der »Aufhebung des Kapitals als Privateigentum innerhalb der Grenzen der kapitalistischen Produktionsweise«. Die Eigentumsfrage, die wieder offen ist, wird nur experimentell zu lösen sein, und zwar durch das aufwendigste aller Verfahren, das Gesellschaftsexperiment. Das monolithische Staatseigentum brachte keinen Erfolg, obwohl so mehr Gerechtigkeit und größere Ausgaben für gemeinnützige Vorhaben möglich wurden. Die Gefahren, die von einer Enteignung ausgehen, sind groß. Sie können ganze Bevölkerungsschichten davon abhalten, revolutionären Lösungen zuzustreben. In den zwanziger Jahren machte die große Krise die Menschen bereit, für ein anderes Wirtschaftssystem einzutreten. Doch das sowjetische Modell, auf das die Kommunisten wiesen, schreckte viele Menschen ab. Sie fürchteten, eine Enteignung werde neuen Haß auslösen und die betroffenen Schichten radikalisieren. So werde es zu keinem Frieden, keiner neuen Form des Zusammenlebens kommen.« »Geraubtes Gut« sei keine gute Grundlage für eine andere Gesellschaftsordnung. Daher folgten viele Menschen lieber den Losungen der Nationalsozialisten, die autoritär gegenüber den Kapitalisten aufzutreten versprachen.

Doch ohne Lösung der Eigentumsfrage wird es vermutlich kein zufriedenstellendes Zusammenleben der Menschen geben. Das Beharren auf Eigentum an Produktionsmitteln sowie das freie Spiel des Marktes reichen nicht aus, Voraussetzungen für die Befriedigung so elementarer Bedürfnisse der Gesellschaft wie die Gesundheits- und Altersversorgung und das Bildungswesen zu schaffen. Die Polarisierung von Kapital und Reichtum auf der einen und Elend auf der anderen Seite hat in der Welt nicht aufgehört, sondern zugenommen. Ungehemmtes Gewinnstreben auf der Basis des Privateigentums kann in die Katastrophe, in die Barbarei führen. Das Eigentum ist janusköpfig. Es weckt Produktivität und Kreativität, reizt zu immer neuem und ungehemmtem Gewinn. Wenn das ein elementarer, der Natur des Menschen entsprechender Drang sein sollte, dann kann er auch den Menschen von allem Menschlichen »emanzipieren«. So macht er sich zum Zerstörer seiner selbst.

Niederlagen rufen Nachdenken hervor. Im letzten Jahrzehnt des zwanzigsten Jahrhunderts dominierten die Nachrufe auf den Sozialismus und den Marxismus. Doch wurde auch nach Alternativen gefragt. An welcher Stelle in der vierzigjährigen Geschichte der DDR gab es die Möglichkeit, einen anderen Kurs einzuschlagen, der nicht in die Niederlage geführt hätte? Historische Zäsuren boten sich einige an, ob sie jedoch die Rettung gewesen wären, bleibt fraglich. Die DDR entstand im Ergebnis der Zerschlagung des Faschismus und des beginnenden Kalten Krieges. Der neugegründete Staat kam über eine eingeschränkte Souveränität nie hinaus. Er blieb an das Schicksal des sowjetischen Sozialismus gebunden. Insofern wurden Kurskorrekturen immer in Abhängigkeit von den internationalen Konstellationen möglich, und die waren selten günstig. So läuft schließlich alles auf die Frage hinaus, ob die Idee des Sozialismus im zwanzigsten Jahrhundert auf Dauer überhaupt eine Chance hatte?

Wirklich reale Möglichkeiten zu eingreifenden Veränderungen bestanden eher in den unmittelbaren Nachkriegsjahren als in späteren Jahrzehnten. Verfehlt erscheint im nachhinein der Versuch eines frühen

Übergangs zum Sozialismus in der DDR und in anderen Staaten, der sich aus der Konfrontation im Kalten Krieg ergab. Radikale Lösungen, abrupte Wendungen bestimmten die Politik. Eine allmähliche Evolution wurde verworfen. Statt die Volksdemokratie als die bessere Variante der formalen Demokratie auszubauen, setzte man auf einen überstürzten Sozialismus. Erfolgversprechender wäre es gewesen, die Massen für die Vollendung der bürgerlichen Demokratie zu gewinnen. Waren deren konsequenteste Forderungen doch bisher unerfüllt geblieben. Sie hätte man auf die Tagesordnung setzen sollen, um die Menschen auf neue, ungewöhnliche Lösungen vorzubereiten. »Die objektiven Widersprüche des alten Systems müssen sich in subjektive Interessen, in die Ideen, Ziele und Leidenschaften tätiger Menschen umsetzen.«[38]

Die wesentlichsten Erkenntnisse aus der Niederlage lassen sich aus der Ökonomie ableiten. Die sozialistisch organisierte Wirtschaft, selbst in ihrer ausgeprägtesten Form als sozialistisches Weltwirtschaftssystem, war nicht in der Lage, auf dem Weltmarkt dauerhaft Fuß zu fassen und sich als stabile, kursbestimmende Kraft zu etablieren.

Der Aufbau einer neuen Gesellschaft forderte Opfer und Anstrengungen in einem Ausmaß, das die Menschen wenig von der erstrebten Überlegenheit des sozialistischen Systems zu spüren bekam. Die Anstrengungen wurden im Laufe der Zeit größer. In der zweiten Hälfte des Jahrhunderts kamen mit dem Wettrüsten neue Belastungen hinzu. Die Sicherung des sozialistischen Systems und dessen angebliche Überlegenheit forderten den Menschen soviel Entbehrung ab, daß ihr Vertrauen schwand und die Zukunftsvisionen ihre Anziehungskraft verloren.

Von dem Weg, der mit der Oktoberrevolution beschritten wurde, distanzierten sich die evolutionär gesinnten Kräfte, die in der Sozialdemokratie ihr politisches Zentrum sahen. Sie setzten auf Reformen, auf eine schrittweise Besserung der sozialen Lage. Das große Experiment, das auf einem Sechstel der Erde unternommen wurde, betrachteten sie mit Skepsis oder mit Ablehnung. Als nach dem zweiten Weltkrieg der Sozialismus zum Weltsystem wurde und auf deutschem Boden ein sozialistischer Staat entstand, sah sich die kapitalistische Wirtschaft genötigt, größere Zugeständnisse an die Reformkräfte zu machen. Jetzt konzentrierte sich die Systemauseinandersetzung vor allem auf Deutschland. Es galt den Beweis anzutreten, daß die Vergesellschaftung der Produktionsmittel den Arbeitern keine besseren Lebensverhältnisse bringt. Die deutschen Arbeiter sollten sich selber davon überzeugen, wo ihre Bedürfnisse am besten zu befriedigen sind, Autos und Reisen eingeschlossen. So wurde die soziale Marktwirtschaft zu einem Instrument der Systemauseinandersetzung. Sozialdemokraten und Gewerkschaften vermochten beachtliche Reformen durchzusetzen. Auf diese Weise entstand ein Lebensstandard für die breiten Massen, den die DDR ihrer Bevölkerung nicht bieten konnte, trotz aller Leistungen auf dem Gebiet der Bildung, des Gesundheitswesens und der Kultur. Der Westen konterte die gesellschaftliche Überlegenheit, die der Sozialismus versprach, mit seinem materiellen Übergewicht. Dem konnten die Massen auf die Dauer nicht widerstehen. Schließlich war der Sozialismus mit dem Programm angetreten, solche materiellen Bedingungen zu schaffen, die die Menschen von der neuen Ordnung überzeugten. Doch nicht der Sozialismus, sondern die andere Seite konnte solche Vorzüge vorweisen. Obwohl die Industriellen diesen Prozeß aus eigenem Interesse unterstützten, bedurfte es der Kraft der Gewerkschaften und der sozial engagierten Parteienvertreter. So verbuchten die Reformkräfte Siege. Der von den Revolutionären verschmähte evolutionäre Weg fand Anerkennung.

Eric Hobsbawm nannte diese Phase nach dem zweiten Weltkrieg bis in die siebziger Jahre in Europa nicht zu Unrecht »das goldene Zeitalter«. Überblickt man vom Ausgang des Jahrhunderts den revolutionären und den evolutionären Weg, so muß man sagen, daß die Anstrengungen derer, die auf die Evolution setzten, die Massen überzeugt und letztlich an ihre Seite gebracht haben. Zugespitzt könnte man formulieren, sie seien die Sieger der Oktoberrevolution. Eine bessere Welt aber kam nicht zustande. Der Erfolg der Reformkräfte mag Ralf Dahrendorf veranlaßt haben, das zwanzigste Jahrhundert als das »sozialdemokratische« zu bezeichnen. Oskar Negt fand diese Kennzeichnung zu kühn und wandte ein: »Man könnte das 20. Jahrhundert ebenso auch das Jahrhundert des Marxismus nennen. Denn es gibt keine Idee, keine soziale Bewegung, in der nicht Bezug auf das Marxsche Denken genommen wird.«[39] Beide Kennzeichnungen gehören meines Erachtens zusammen. Die revolutionären Marxisten waren die Beginner. Was sie mit ihren radikalen Umwälzungen, dem großen Experiment, auslösten, kam jedoch mehr den Kräften zugute, die auf Reformen, auf den Weg der kleinen Schritte setzten. Historisch festgeschrieben wurde ihr Sieg mit der Auflösung des staatlichen Sozialismus in Europa.

Doch die endgültige Antwort dürfte das noch nicht sein. Solange das sozialistische System seinen Schatten auf die Welt warf, konnte der Kapitalismus seine eigenen Widersprüche, die sozialen Gegensätze dämpfen. Als das sozialistische System zusammenbrach, hörten die Zugeständnisse auf. Das Kapital fuhr wieder einen konsequenten Kurs. Die Gewinne stiegen, die Arbeitslosigkeit nahm zu. »Wir haben es heute mit dem Kapitalismus zu tun, den Marx in seinem *Kapital* beschrieben hat ... Von 1980 bis 1998 haben sich die Gewinne der Industrieunternehmer verdoppelt. Löhne und Gehälter sind relativ stabil geblieben, die Arbeitslosigkeit indes hat sich ebenfalls verdoppelt. Diese Schere öffnet sich immer weiter. Wir befinden uns mitten in einer gesellschaftlichen Umbruchphase, in der immer mehr produziert wird unter einer immer geringer werdenden Anwendung von lebendiger Arbeit.«[40] Der Kapitalismus folgt wieder seinen ureigensten Triebkräften: Mehr Profit, mehr globale Macht. Vielleicht ist es wirklich so wie Joseph Alois Schumpeter in seinem 1942 erschienenen Werk *Kapitalismus, Sozialismus und Demokratie* schrieb, nämlich daß der Kapitalismus nicht an seinen Krisen, sondern an seinen Erfolgen zugrunde gehen werde. Denn diese Erfolge sind die Niederlagen der Menschheit, die ein humanes Zusammenleben erstrebt. Deshalb wird ihr nichts anderes übrigbleiben, will sie überleben, das Experiment der Umwälzungen aller bisherigen Verhältnisse in radikal erneuerter Fassung zu wiederholen. Die Wissenschaft, die Theorie liefert dazu noch keinen Fingerzeig. Auch sollte man nicht so sicher sein, daß ein zweiter Anlauf gelingt. Der Fortschritt ist kein kontinuierliches Fortschreiten. Dazwischen liegen die Katastrophen.

# ANHANG

*Anmerkungen*

Einführung

1 In: Helga Hirsch. Der Sündige unter den Tugendhaften. In: Berliner Zeitung vom 18. Mai 2000.
2 Antonio Gramsci. Philosophie der Praxis. Frankfurt a.M. 1964. S. 409.
3 In diesem Buch wird zwischen den Begriffen ›Intellektuelle‹ und ›Intelligenz‹ kein Unterschied gesehen, den einige Theoretiker aus verschiedenen Gründen meinen machen zu müssen.
4 Theodor Geiger. Aufgaben und Stellung der Intelligenz in der Gesellschaft. Stuttgart 1949. S. 63.
5 Edward W. Said. Götter, die keine sind. Berlin 1997. S. 29f.
6 Hans Ulrich Gumbrecht. Riskantes Denken. In: Neue Zürcher Zeitung vom 13./14. Januar 2001.
7 Ebenda.
8 Pierre Bourdieu. Die Intellektuellen und die Macht. Hamburg 1991. S. 19f.
9 Ebenda. S. 42.
10 Pierre Bourdieu. Die Internationale der Intellektuellen. In: Berliner Zeitung vom 10./11. Juni 2000.
11 Pierre Bourdieu. Die Intellektuellen und die Macht. A.a.O. S. 44.
12 Pierre Bourdieu: Die Internationale der Intellektuellen. A.a.O.
13 Edward W. Said. Götter, die keine sind. A.a.O. S. 129.
14 Wolfgang Jäger. Die Überwindung der Teilung. Stuttgart 1998. Exkurs »Die Intellektuellen und die Wiedervereinigung« unter Mitarbeit von Ingeborg Villinger.
15 M. Rainer Lepsius. Kritik als Beruf. Zur Soziologie der Intellektuellen. In: Kölner Zeitschrift für Soziologie und Sozialpsychologie 16 (1964). S. 75–91.
16 Wolfgang Jäger. Die Überwindung der Teilung. A.a.O. S. 357. Zitat im Zitat: Wolfdietrich Schnurre.
17 Edward W. Said. Götter, die keine sind. A.a.O. S. 18.
18 Ebenda. S. 91f.

## Erstes kapitel

1 Victor Klemperer. Ich will Zeugnis ablegen bis zum letzten. Tagebücher 1942 bis 1945. Berlin 1996. S. 713.
2 Ebenda. S. 773.
3 Anna Seghers. Hier im Volk der kalten Herzen. Briefwechsel 1947. Berlin 2000. S. 72, 138, 185.
4 Bertolt Brecht. Werke. Große kommentierte Berliner und Frankfurter Ausgabe. Bd. 27. 1995. S. 228.
5 Johannes R. Becher an Ernst Wiechert. Brief vom 4. November 1946. In: Stiftung Archiv der Akademie der Künste. Berlin. Johannes-R.-Becher-Archiv. Sig. 729.
6 Johannes R. Becher an Hans Carossa. Brief vom 27. Februar 1947. In: Johannes R. Becher. Briefe. Hg. von Rolf Harder. Berlin und Weimar 1993. S. 325.
7 Hans Grimm an Paul Alverdes. Brief vom 29. April 1947. In: Deutsches Literaturarchiv Marbach a. N. Zitate von nationalkonservativen Schriftstellern bereits in: Werner Mittenzwei. Der Untergang einer Akademie oder Die Mentalität des ewigen Deutschen. Berlin und Weimar 1992.
8 Hans Grimm an August Winnig. Brief vom 14. Mai 1947. In: Deutsches Literaturarchiv Marbach a.N. Nachlaß Hans Grimm.
9 Johannes R. Becher. Publizistik II 1939–1945. Berlin und Weimar 1978. S. 497f.
10 In: Karl-Heinz Schulmeister. Auf dem Weg zu einer neuen Kultur. Der Kulturbund in den Jahren 1945–1949. Berlin 1977. S. 35.
11 Hans Lorbeer an Johannes R. Becher. Brief von Anfang Dezember 1945. In: Briefe an Johannes R. Becher 1910–1958. Berlin und Weimar 1993. S. 197.
12 Siehe: Wolfgang Schivelbusch. Vor dem Vorhang. Das geistige Berlin 1945–1948. München, Wien 1995. S. 158f. Schivelbusch zitiert hier aus einem unveröffentlichten Manuskript von Bernd Bonwetsch/Gennadij Bordjugow/Norman Naimark (Hg.). Die sowjetische Militäradministration in Deutschland. Die Verwaltung für Propaganda (Information) und S.I. Tulpanow. Moskau 1994. 1998 veröffentlicht in: Bernd Bonwetsch/Gennadij Bordjugow/Norman M. Naimark (Hg.). Sowjetische Politik in der SBZ 1945–1949. Bonn 1998.
13 Carsten Jausel (Hg.). Johannes R. Becher. Der gespaltene Dichter. Gedichte, Briefe, Dokumente 1945 bis 1958. Berlin 1991. S. 42f.
14 Brief des Kulturbundes vom 29. September 1949. In: Stiftung Archiv der Parteien und Massenorganisationen der DDR. Berlin. Mappe 814. Heute: SAPMO-BArch.

15 In: Elmar Faber/Carsten Wurm (Hg.). Allein mit Lebensmittelkarten ist es nicht auszuhalten. Autoren- und Verlegerbriefe 1945–1949. Berlin 1991. S. 27.
16 Ebenda. S. 39.
17 Ebenda. S. 285.
18 Johannes R. Becher. Briefe. A. a. O. S. 272 f.
19 Ruf an die Emigranten. In: Tägliche Rundschau vom 22. November 1945.
20 Arnolt Bronnen an Hans Grimm. Brief vom 11. November 1947. In: Deutsches Literaturarchiv Marbach a. N. Nachlaß Hans Grimm.
21 In: J. F. G. Grosser (Hg.). Die große Kontroverse. Ein Briefwechsel um Deutschland. Hamburg, Genf, Paris 1963. S. 25.
22 Darauf hat erstmals Leonore Krenzlin hingewiesen: Große Kontroverse oder kleiner Dialog? In: Galerie. 15 (1997) Nr. 1. Luxemburg.
23 Thomas Mann. Tagebücher 1944–1.4.1946. Frankfurt am Main 1986. S. 704 f.
24 Thomas Mann. Briefe 1937–1947. Berlin und Weimar 1965. S. 473 f.
25 In: J. F. G. Grosser (Hg.). Die große Kontroverse. A. a. O. S. 99.
26 Hans Grimm. Die Thomas Mann-Schrift. Lippoldsberg 1980. S. 17.
27 Gottfried Benn an Johannes Weyl. Brief vom 5. Oktober 1946. In: Alexander Stephan. Die deutsche Exilliteratur 1933–1945. München 1979. S. 227.
28 Joseph Goebbels. In: Völkischer Beobachter vom 12. Oktober 1942.
29 Adolf Hitler. Rede vor der deutschen Presse am 10. November 1938. In: Deutsche Vierteljahreshefte für Zeitgeschichte. München 1958. S. 188.
30 Hanns Johst. Zehn Jahre nationalsozialistisches Schrifttum. In: Bundesarchiv Koblenz. Reichsschrifttumskammer. Nr. R 56 V/31.
31 Hanns Johst. Bildunterschrift. In: Bilderdienst. München o. J.
32 Ebenda.
33 Georg Lukács. Schicksalswende. Berlin 1956. S. 148 f.
34 Wigand Lange. Theater in Deutschland nach 1945. Zur Theaterpolitik der amerikanischen Besatzungsbehörden. Frankfurt am Main 1980. S. 31.
35 Ina Seidel an Agnes Miegel. Brief vom Oktober 1948. In: Deutsches Literaturarchiv Marbach a. N.
36 Hans Grimm. Eidesstattliche Erklärung. Februar 1948. In: Deutsches Literaturarchiv Marbach a. N. Nachlaß Hans Grimm.
37 Agnes Miegel an Hans Grimm. Brief vom 26. August 1947. In: Deutsches Literaturarchiv Marbach a. N.
38 Ina Seidel. Erklärung zu Punkt 2 des Fragebogens. In: Deutsches Literaturarchiv Marbach a. N. Archiv-Nr. 74.1755/16.
39 Schätzung von Norbert Frei. Universität Bochum.

40 Hanns Johst. Bildunterschrift. In: Bilderdienst. München o. J.
41 Wladimir S. Semjonow. Von Stalin bis Gorbatschow. Berlin 1995. S. 253 f.
42 Ebenda. S. 255.
43 In: Ursula Reinhold/Dieter Schlenstedt/Horst Tanneberger (Hg.). Erster Deutscher Schriftstellerkongreß. Protokoll und Dokumente. Berlin 1997. S. 438.
44 Ebenda. S. 300 f.
45 In: Elmar Faber/Carsten Wurm (Hg.). ... und leiser Jubel zöge ein. Berlin 1992. S. 91.
46 Alfred Kurella an Walter Ulbricht. Brief vom 27. Oktober 1962. In: SAPMO-BArch. Büro Kurella. IV 2/2026/92.
47 Walter Janka an Erich Wendt. Brief vom 16. Juli 1952. In: Archiv des Aufbau-Verlages. Mappe 756.
48 Der Tagesspiegel vom 7. Dezember 1948.
49 Tägliche Rundschau vom 26. November 1950.
50 Die Neue Zeitung vom 29. März 1951.
51 Walter Janka. Vertrauliche Mitteilung. In: Archiv des Aufbau-Verlages. Mappe 75.

## Zweites Kapitel

1 Johannes R. Becher. Der Mann, der alles glaubte. Paris 1935. S. 126.
2 Friedrich Wolf an Erich Wendt. Brief vom 25. August 1950. In: Archiv des Aufbau-Verlages. Mappe 742.A.
3 Bertolt Brecht. Werke. Große kommentierte Berliner und Frankfurter Ausgabe. Bd. 28. 1998. S. 405.
4 Ebenda. S. 481.
5 Ebenda. S. 481.
6 Ebenda. Bd. 27. S. 285.
7 Ebenda. S. 286.
8 Ebenda. S. 259.
9 Ebenda. Bd. 28. S. 406.
10 Joseph A. Schumpeter. Kapitalismus, Sozialismus und Demokratie. Bern 1946. S. 384.
11 Victor Klemperer. So sitze ich denn zwischen allen Stühlen. Tagebücher 1945 bis 1960. Bd. I. Berlin 1999.
12 Paul Wandel (Archiv-Nr. ZPA IV 2/906/254) in der Wiedergabe von: Gerd Dietrich. Politik und Kultur in der SBZ 1945–1949. Berlin 1993. S. 108.
13 Max Schroeder. Von hier und heute aus. Berlin 1957. S. 401.
14 Bertolt Brecht. Werke. A. a. O. Bd. 27. S. 258.

15 Heiner Müller. Die Gedichte. Frankfurt am Main 1998. S. 79.
16 Ebenda. S. 127.
17 Bertolt Brecht. Werke. A. a. O. Bd. 15. S. 205.
18 Dierk Hoffmann u. a. (Hg.). Die DDR vor dem Mauerbau. Dokumente zur Geschichte des anderen deutschen Staates 1949–1961. München 1993. S. 73.
19 In: Joachim Lucchesi (Hg.). Das Verhör in der Oper. Berlin 1993. S. 221.
20 Ernst Bloch an Erich Wendt. Brief vom 13. Juli 1951. In: SAPMO-BArch. ZPA. 530/782.
21 Eric Hobsbawm. Das Zeitalter der Extreme. Weltgeschichte des 20. Jahrhunderts. München Wien 1995. S. 103.
22 W. I. Lenin. Werke. Bd. 26. Berlin 1959. S. 410
23 Daniel Yergin. Der zerbrochene Frieden. Der Ursprung des Kalten Krieges und die Teilung Europas. Frankfurt 1979. S. 359.
24 Günter Feist meint in seiner Strempel-Dokumentation *Das Wandbild im Bahnhof Friedrichstraße*, Hauptautor oder Autor sei Kurt Magritz gewesen. Sylvia Börner hält als Verfasser des »kurios anmutenden« Orlow-Artikels die Musikwissenschaftler Georg Knepler und Ernst Hermann Meyer (Sylvia Börner. *Die Kunstdebatten 1945–1955 in Ostdeutschland als Faktor ästhetischer Theoriebildungsprozesse*. Frankfurt am Main 1993). Joachim Lucchesi merkt in seiner Dokumentation *Das Verhör in der Oper* (1993) an: »Die mit dem Pseudonym ›N. Orlow‹ gekennzeichneten kulturpolitischen Artikel ... wurden im Auftrag der SMAD von verschiedenen Autoren, auch deutschen, verfaßt (Mündliche Auskunft von Stefan Doernberg).« Daß Semjonow mit seiner strategischen Schreibstube der eigentliche Hauptautor war, wie ihn auch sein literarischer Ehrgeiz trieb, publizistisch in die Probleme einzugreifen, wurde erst durch Semjonows Autobiographie (1995) offenkundig. Als ich meine Brecht-Biographie schrieb (Werner Mittenzwei. *Das Leben des Bertolt Brecht oder Der Umgang mit den Welträtseln*. 1986), war mir der Umstand durch einen Mitarbeiter Semjonows bekannt, unter den damaligen Bedingungen aber nicht zu veröffentlichen. Petra Stuber, die sich in ihrem Buch *Spielräume und Grenzen* (1998) mit der falschen Zuschreibung der Verfasserschaft der Orlow-Artikel auseinandersetzte, erhielt von Hans Lauter die briefliche Mitteilung, daß Semjonow auch der Verfasser des obengenannten Artikels sei. Sie hegte jedoch noch immer Bedenken, weil sie keine Belege fand. Auch irritierte sie, daß dieser Semjonow eine Sammlung moderner Kunst hinterließ. Das lasse sich doch nicht mit der Tendenz dieser Artikel vereinbaren. Sie verkennt jedoch Charakter und jeweiligen Auftrag von Semjonow.

25 Julij Kwizinskij. Nachwort zu: Wladimir S. Semjonow. Von Stalin bis Gorbatschow. Berlin 1995. S. 389.
26 Wladimir S. Semjonow. Von Stalin bis Gorbatschow. Berlin 1995. S. 154.
27 Andrej A. Shdanow. Über Kunst und Wissenschaft. Berlin 1951. S. 21.
28 Ebenda. S. 70.
29 N. Orlow. Wege und Irrwege der modernen Kunst. In: Tägliche Rundschau vom 21. u. 23. Januar 1951.
30 Ebenda.
31 Ebenda.
32 Ebenda.
33 In: Carsten Gansel (Hg.). Johannes R. Becher. Der gespaltene Dichter. Gedichte, Briefe, Dokumente. 1945–1958. Berlin 1991. S. 106.
34 In: Joachim Lucchesi (Hg.). Das Verhör in der Oper. Berlin 1993. S. 78.
35 Ernst Niekisch an Bertolt Brecht. Brief vom 21. März 1951. In: Joachim Lucchesi. A. a. O. S. 189.
36 Kurt Magritz. Trümmer weg! Baut auf! Kritik eines Bildes. Tägliche Rundschau vom 6. April 1949.
37 Hermann Scherchen an Ernst Legal. Brief vom 10. Februar 1951. In: Joachim Lucchesi. A. a. O. S. 64.
38 Bertolt Brecht. Werke. A. a. O. Bd. 27. S. 318.
39 Bertolt Brecht. Werke. A. a. O. Bd. 30. S. 58.
40 In: Joachim Lucchesi. A. a. O. S. 197.
41 In: Ebenda. S. 19.
42 In: Ebenda. S. 176.
43 In: Ebenda. S. 173 f.
44 In: Dierk Hoffmann u. a. (Hg.). Die DDR vor dem Mauerbau. Dokumente zur Geschichte des anderen deutschen Staates 1949–1961. München/Zürich 1993. S. 85.
45 Thomas Mann an Hanns Eisler. Brief vom 5. November 1952. In: Sinn und Form. Sonderheft Eisler. Berlin 1964. S. 247.
46 Ernst Fischer. Doktor Faustus und der deutsche Bauernkrieg. In: Sinn und Form. Berlin 1952. Heft 6. S. 63.
47 Hans Bunge (Hg.). Die Debatte um Hanns Eislers *Johann Faustus*. Eine Dokumentation. Berlin 1991. S. 157.
48 Bertolt Brecht. Werke. A. a. O. Bd. 23. S. 246.
49 Ebenda. S. 249.
50 Wilhelm Girnus an Werner Mittenzwei. Brief vom 9. November 1984 (Reg.-Krankenhaus). Die Eingangspassage des Briefes lautet: Lieber Werner! Ich konnte Dir neulich keine Auskunft geben über meine Vorbehalte gegen Dein Nachwort zu *Johann Faustus* von Hanns Eisler. Da es

mit mir zu Ende geht, will ich das ganz kurz nur der historischen Wahrheit willen tun:

51 Hans Bunge (Hg.). Die Debatte um Hanns Eislers *Johann Faustus*. A.a.O. S.164f.
52 Bertolt Brecht. Werke. A.a.O. Bd. 27. S. 286.
53 Wilhelm Girnus an Werner Mittenzwei. A.a.O.
54 Hanns Eisler an das ZK der SED. Brief vom 30. Oktober 1953. In: Hanns Eisler Archiv der Akademie der Künste. Berlin.
55 Walter Markov. Zwiesprache mit dem Jahrhundert. Berlin und Weimar 1989.
56 André François-Poncet. In: Deutsche Volkszeitung vom 16. Juni 1983.
57 Wilfried Loth: Stalins ungeliebtes Kind. München 1996. S. 194.
58 Magdalena Heider/Kerstin Thöns (Hg.). SED und Intellektuelle in der DDR der frühen fünfziger Jahre. Kulturbundprotokolle. Köln 1990. S. 25.
59 Bertolt Brecht. Werke. A.a.O. Bd. 30. S. 183.
60 Wilfried Loth. A.a.O. S. 200f.
61 Ulrich Dietzel/Gudrun Geißler. Zwischen Diskussion und Disziplin. Dokumente zur Geschichte der Akademie der Künste (Ost) 1945/50–1993. Berlin 1997. S. 78.
62 Magdalena Heider/Kerstin Thöns (Hg.). A.a.O. S. 40.
63 Wolfgang Harich. Es geht um den Realismus. In: Berliner Zeitung vom 14. Juli 1953.
64 Ulrich Dietzel/Gudrun Geißler. A.a.O. S. 87.
65 Ebenda.
66 Ebenda. S. 86.
67 Ebenda. S. 83.
68 Bertolt Brecht an Paul Wandel. Brief vom 4. August 1953. In: Archiv des Berliner Ensembles.
69 Wilhelm Girnus an Walter Ulbricht. Brief vom 27. Juli 1953. In: SAPMO-BArch. IV 2/2026/40.
70 Handschriftliche Aufzeichnungen Otto Grotewohls. In: Dierk Hoffmann u. a. (Hg.). Die DDR vor dem Mauerbau. A.a.O. S. 175.
71 Ebenda. S. 226.
72 Programmerklärung des Ministeriums für Kultur der Deutschen Demokratischen Republik zur Verteidigung der Einheit der deutschen Kultur. In: Neues Deutschland vom 25. März 1954.
73 Johannes R. Becher an Walter Ulbricht. Brief vom 9. Dezember 1953. In: Carsten Gansel (Hg.). Johannes R. Becher. A.a.O. S. 115.
74 Protokolle des Gesprächs im »Sachsenhof«. Bertolt Brecht Archiv. Mappe 924. Blatt 04.

75 Ost-West-Gespräche. Protokolle August 1954–November 1956. In: Stiftung Archiv der Akademie der Künste Berlin. Johannes-R.-Becher-Archiv.
76 Wolfgang Harich. Keine Schwierigkeiten mit der Wahrheit. Berlin 1993. S. 15.
77 Erich Wendt an Walter Janka. Brief vom Oktober 1955. In: Archiv des Aufbau-Verlages. Mappe 756.
78 Walter Janka an Wolfgang Harich. Brief vom 29. Juli 1954. In: Archiv des Aufbau-Verlages. Mappe 136.
79 Wolfgang Harich an Walter Janka. Brief vom 26. Juli 1954. In: Archiv des Aufbau-Verlages. Mappe 136.
80 Wolfgang Harich. Hausmitteilung. In: Archiv des Aufbau-Verlages. Mappe 122.
81 Carsten Gansel (Hg.). Johannes R. Becher. A.a.O. S. 134f.
82 In: Karl Schirdewan. Aufstand gegen Ulbricht. Berlin 1994. S. 91.
83 Stellungnahme Kurt Hagers vom 12. Mai 1952. In: Siegfried Prokop. Ich bin zu früh geboren. Auf den Spuren von Wolfgang Harich. Berlin 1997. S. 222.
84 Nach einer namentlichen Auflistung des ZK der SED. In: SAPMO-BArch. J IV 2/2O2/16.
85 Ebenda.
86 Ebenda.
87 Ebenda.
88 Wolfgang Harich. Keine Schwierigkeiten mit der Wahrheit. A.a.O. S. 41.
89 Wolfgang Harich. Memorandum für Botschafter Puschkin. In: Siegfried Prokop. Ich bin zu früh geboren. A.a.O. S. 250.
90 Ebenda. S. 264.
91 Ebenda. S. 274.
92 Ebenda. S. 273.
93 Wolfgang Harich. Keine Schwierigkeiten mit der Wahrheit. A.a.O. S. 44.
94 Ebenda. S. 45.
95 Walter Janka an Johannes R. Becher. Brief vom 3. November 1956. In: Archiv des Aufbau-Verlages. Mappe 290.
96 Ebenda.
97 Ebenda.
98 Walter Janka. Spuren eines Lebens. Hamburg 1992. S. 269.
99 Wolfgang Harich. Keine Schwierigkeiten mit der Wahrheit. A.a.O. S. 82.
100 SAPMO-BArch. J IV 2/202/16.
101 Ebenda. S. 19f., 27.
102 Karl Corino. Gegen eine Bande von Verbrechern und Idioten. In: Jörg-

Dieter Kogel (Hg.). Schriftsteller vor Gericht. Frankfurt am Main 1996. S. 250.
103 In: Walter Janka. Spuren eines Lebens. A.a.O. S. 337f.
104 Helene Weigel an Johannes R. Becher. Brief vom 2. Dezember 1956. In: SAPMO-BArch. Büro Ulbricht. J IV 2/202/7.
105 Karl Schirdewan. Ein Jahrhundert Leben. Vorabdruck in der Berliner Zeitung vom 1./2. August 1998.
106 Walter Ulbricht. An die Mitglieder und Kandidaten des Politbüros vom 17. Dezember 1956. In: SAPMO-BArch. J IV 2/202/16.
107 Analyse der Feindtätigkeit innerhalb der wissenschaftlichen und künstlerischen Intelligenz. In: SAPMO-BArch: J IV 2/202/16. Weiter angeführt unter: Analyse.
108 Ebenda.
109 Ebenda.
110 Ebenda.
111 Information für Gen. Alfred Kurella und Siegfried Wagner. Brief vom 5. März 1959. In: SAPMO-BArch. Büro Kurella.
112 Analyse.
113 Georg Lukacs. Kunst und objektive Wahrheit. Werner Mittenzwei (Hg.). Leipzig 1977.
114 Johannes R. Becher an das Zentralkomitee der SED. Brief vom 10. September 1957. In: Johannes R. Becher. Briefe. Berlin und Weimar 1993. S. 503.
115 Stenographisches Protokoll der Präsidialratssitzung des Kulturbundes am 13. Dezember 1957 im »Haus Berlin«. In: SAPMO-BArch. Kulturbund.
116 Ebenda.
117 Ebenda.
118 Ebenda.
119 Ebenda.
120 Ebenda.

## Drittes Kapitel

1 Flüchtlingsgespräche. Bertolt Brecht. Werke. A.a.O. Bd. 18. S. 281.
2 Alfred Kurella an Erich Wendt. Brief vom 11. September 1947. In: Archiv des Aufbau-Verlages. Mappe 212.
3 Walter Ulbricht. In: Neues Deutschland vom 15. Dezember 1962.
4 Claus Krömke. Das »Neue ökonomische System der Planung und Leitung der Volkswirtschaft« und die Wandlungen des Günter Mittag. Berlin 1996. S. 12.

5 Walter Ulbricht. Zur Geschichte der deutschen Arbeiterbewegung. Bd.8. Berlin 1965. S. 179.
6 Walter Ulbricht. Schlußwort. Protokoll der 11. Tagung des ZK der SED. In: SAPMO-BArch. IV 2/1/189. S. 71.
7 Heiner Müller. Krieg ohne Schlacht. Leben in zwei Diktaturen. Köln 1994. S. 153f.
8 Christa Wolf. Erinnerungsbericht. In: Kahlschlag. Das 11. Plenum des ZK der SED 1965. Berlin 1991. S. 269.
9 Bertolt Brecht. Werke. A.a.O. Bd. 23. S. 369.
10 Stefan Heym. Nachruf. Berlin 1990. S. 665.
11 In: Dierk Hoffmann u.a. (Hg.). Die DDR vor dem Mauerbau. Dokumente zur Geschichte des anderen deutschen Staates 1949–1961. A.a.O. S. 395ff.
12 Brigitte Reimann. Ich bedaure nichts. Tagebücher 1955–1963. Berlin 1997. S.186f.
13 Hans Mayer. Zur Gegenwartslage unserer Literatur. In: Sonntag vom 2. Dezember 1956.
14 Ebenda.
15 Ebenda.
16 Siegfried Wagner/Kurt Bork. Über den Standpunkt des Künstlers zu unserem Kampf. In: Neues Deutschland vom 16. Dezember 1962.
17 Magdeburger Volksstimme vom 11. Januar 1964.
18 Max Schroeder. Archiv des Aufbau-Verlages. Mappe 1562.
19 Protokoll vom 11. Januar 1965. In: Archiv des Aufbau-Verlages. Mappe 61.
20 Protokoll vom 10. Februar 1964. In: Archiv des Aufbau-Verlages. Mappe 61.
21 Ebenda.
22 Die Bestellzahlen zur Frühjahrsmesse 1964 im Vergleich: Anna Seghers: Transit. Auflage 5000, Messebestellung 53, Vorbestellung 600. Strittmatter: *Ole Bienkopp*. Auflage 25000, Messebestellung 13719, Vorbestellung 600. Arnold Zweig: *Der Streit um den Serganten Grischa*. Auflage 7500, Messebestellung 247. Johannes R. Becher: *Schritt der Jahrhundertmitte*. Auflage 1000, Messebestellung 56, Vorbestellung 17. Dieter Noll: *Die Abenteuer des Werner Holt*. Band I. Auflage 20000, Messebestellung 2066, Vorbestellung 17790. Dieter Noll: *Die Abenteuer des Werner Holt*. Band II. Messebestellung 4054, Vorbestellung 48420.
23 Christa Wolf. Moskauer Novelle. Halle 1961. S. 76.
24 In: Elmar Faber/Carsten Wurm (Hg.) ... und leiser Jubel zöge ein. Berlin 1992. S. 318.

25 Ebenda. S. 165.
26 Diskussionsprotokoll. Verkürzt in: Franz Kafka aus Prager Sicht. Prag 1965.
27 Franz Kafka aus Prager Sicht. Prag 1965. S. 141 f.
28 Ernst Fischer. Das Problem der Wirklichkeit in der modernen Kunst. In: Sinn und Form. Berlin 1958. S. 476.
29 Alfred Kurella. Der Frühling, die Schwalben und Franz Kafka. In: Sonntag. 1963. Nr. 31.
30 Ebenda.
31 Bodo Uhse. Reise- und Tagebücher II. Berlin 1981. S. 496.
32 Kurt Hager. Erinnerungen. Leipzig 1996. S. 259.
33 Walter Ulbricht. In: Neues Deutschland vom 4. April 1963.
34 Einige Fragen, auf die im Verlauf des Gesprächs zwischen Genossen Walter Ulbricht und Schriftstellern eingegangen werden sollte. Vertrauliches Material des Instituts für Gesellschaftswissenschaften beim ZK der SED.
35 Neues Deutschland vom 4. Januar 1963.
36 Walter Ulbricht auf der Bezirksdelegierten-Konferenz am 9. Dezember 1962. Siehe auch: Brigitte Reimann. Ich bedaure nichts. A.a.O. S. 268.
37 Ernst Wollweber. Aus Erinnerungen. Ein Porträt Walter Ulbrichts. In: Beiträge zur Geschichte der Arbeiterbewegung. H. 3. Berlin 1990. S. 377.
38 Brigitte Reimann. Ich bedaure nichts. A.a.O. S. 267.
39 Brigitte Reimann. Alles schmeckt nach Abschied. Tagebücher 1964–1970. Berlin 1998. S. 26.
40 Ulrich Dietzel/Gudrun Geißler. Zwischen Diskussion und Disziplin. A.a.O. S. 237.
41 Ebenda. S. 238.
42 Ebenda. S. 258.
43 In: Stephen Parker. Sinn und Form unter Wilhelm Girnus. Sinn und Form. Berlin. H. 1/1999. S. 87.
44 Ulrich Dietzel/Gudrun Geißler. Zwischen Diskussion und Disziplin. A.a.O. S. 213.
45 Peter Huchel an Walter Janka. Brief vom 2. Mai 1955. In: Archiv des Aufbau-Verlages. Mappe 638.
46 Ulrich Dietzel/Gudrun Geißler. Zwischen Diskussion und Disziplin. A.a.O. S. 221.
47 Ebenda. S. 225.
48 Stephen Parker. Sinn und Form unter Wilhelm Girnus. A.a.O. S. 94. Der Huchel-Biograph Stephen Parker, Germanist an der Universität Manchester, beschreibt in seinem Aufsatz erstmals die Fortführung der Zeitschrift und das Verdienst Wilhelm Girnus. Damit wirkt er der zur

Legende gewordenen Meinung entgegen, als sei *Sinn und Form* nur unter Huchel eine angesehene Literaturzeitschrift gewesen.

49 Claus Krömke. »Das Neue ökonomische System der Planung und Leitung der Volkswirtschaft« und die Wandlung des Günter Mittag. A.a.O. S. 17.

50 Protokoll einer Unterredung zwischen L. I. Breschnew und Erich Honecker am 28. Juli 1970. In: SAPMO-BArch. IV 2/2 A/3196. Auch in: Peter Przybylski. Tatort Politbüro. Die Akte Honecker. Berlin 1991.

51 Paul Verner auf dem 11. Plenum. In: Neues Deutschland vom 20. Dezember 1965.

52 Walter Ulbricht. Schlußwort auf dem 11. Plenum. In: Kahlschlag. A.a.O. S. 350.

53 Ebenda. S. 349.

54 Christa Wolf. Diskussionsbeitrag auf dem 11. Plenum. In: Kahlschlag. A.a.O. S. 340.

55 Ebenda. S. 341.

56 Hermann Kant. Abspann. Erinnerung an meine Gegenwart. Berlin 1994. S. 291.

57 Klaus Wischnewski. Die zornigen jungen Männer von Babelsberg. In: Kahlschlag. A.a.O. S. 171/184.

58 Siehe: Werner Mittenzwei. Die Antikerezeption des DDR-Theaters. In: Kampf der Richtungen. Leipzig 1978.

59 In: Stefan Heym. Stalin verläßt den Raum. Leipzig 1990. S. 112.

60 Ebenda. S. 116.

61 Günter Caspar. Aktennotiz vom 6. Juli 1967. In: AAB Mappe 1628.

62 Wolf Biermann. Die Drahtharfe. Balladen. Gedichte. Lieder. Berlin 1965.

63 In: Ehrhart Neubert. Geschichte der Opposition in der DDR 1949–1989. Bonn 1997. S. 155.

64 In: Elmar Faber/Carsten Wurm. Das letzte Wort hat der Minister. Berlin 1994. S. 37f.

65 Robert Havemann. Hat die Philosophie den modernen Naturwissenschaften bei der Lösung ihrer Probleme geholfen? Leipzig. September 1962. Mitschrift.

66 Ebenda.

67 Kurt Hager. Erinnerungen. A.a.O. S. 282.

68 Ebenda.

69 Egon Bahr. Vergeltung, eingehüllt in die Toga der Gerechtigkeit. Der SPD-Politiker im Gespräch. In: Neues Deutschland vom 1. Juli 1997.

70 In: Christoph Kleßmann. Zwei Staaten, eine Nation. Bonn 1988. S. 276.

71 Paul Kaiser/Claudia Petzold. Boheme und Diktatur in der DDR. Berlin

1997. S. 33f. (Ausstellungskatalog des Deutschen Historischen Museums. Berlin)
72 Zwölf Kapitel der ersten Fassung lagen dem Zentralinstitut für Literaturgeschichte der Akademie der Wissenschaften zur Begutachtung vor. Diese Fassung scheint heute nicht mehr zu existieren.
73 In: Rainer Rosenberg. Zentralinstitut für Literaturgeschichte der Akademie der Wissenschaften der DDR. Berlin. Gutachten zu: W. Harich. Jean Pauls Revolutionsdichtung.
74 Helmut Steiner. Intellektuelle Selbstkastration. In: Neues Deutschland vom 9./10. November 1996.
75 Wolfgang Emmerich. Kleine Literaturgeschichte der DDR. Leipzig 1996. S. 175.
76 Hermann Kant. Abspann. Berlin 1994. S. 315.
77 Angela Drescher (Hg.). Dokumentation zu Christa Wolf *Nachdenken über Christa T.* Hamburg/Zürich 1991. S. 25.
78 In: Werner Mittenzwei. Bertolt Brecht. Von der Maßnahme zu Leben des Galilei. Berlin und Weimar 1965. S. 366.
79 Siehe: Simone Barck/Martina Langermann/Siegfried Lokatis. Jedes Buch ein Abenteuer. Berlin 1997. S. 188.
80 Sigrid Töpelmann an X. Brief vom 15. Juli 1986. In: Archiv des Aufbau-Verlages.

Viertes Kapitel

1 In: Norbert Podewin. Walter Ulbricht. Eine neue Biographie. Berlin 1995. S. 11f.
2 Ebenda. S. 425.
3 Kurt Hager. Erinnerungen. A.a.O. S. 308.
4 Adolf Dresen. Fred Düren, bitte spielen Sie den Nathan. In: Berliner Zeitung vom 2. Dezember 1998.
5 Günter Gaus. Wo Deutschland liegt. Hamburg 1987. S. 111.
6 Claus Krömke. »Das Neue Ökonomische System«. A.a.O. S. 42.
7 Ulrich Dietzel. Fragen an Manfred Wekwerth. Grünau 25. Januar 1999.
8 Berliner Zeitung vom 9. April 1998.
9 Stephan Hermlin. Bruchstücke der Erinnerung an Ulbricht und Honecker. In: Kahlschlag. A.a.O. S. 245.
10 Abteilung Kultur des ZK der SED. Kurze Darstellung einiger Entwicklungsprobleme von kulturell-künstlerischen Einrichtungen und ihrer Wirksamkeit. 8. Mai 1972.
11 Ebenda.

12 Hans Kaufmann (Hg.). Tendenzen und Beispiele. Zur DDR-Literatur in den siebziger Jahren. Leipzig 1981. S. 11.
13 In: Erhard Hexelschneider/Erhard John. Eine Auseinandersetzung mit der These von der »einheitlichen deutschen Kulturnation«. Berlin 1984. S. 57.
14 In: Kurt Hager. Erinnerungen. A.a.O. S. 324.
15 Ebenda.
16 Roland Berbig u.a. (Hg.). In Sachen Biermann. Berlin 1994. S. 69.
17 Neues Deutschland vom 17. November 1976.
18 Frankfurter Allgemeine Zeitung vom 18. November 1976.
19 Roland Berbig u.a. (Hg.). In Sachen Biermann. A.a.O. S. 70.
20 Manfred Krug. Abgehauen. Düsseldorf und München 1996.
21 Ebenda. S. 58.
22 Neues Deutschland vom 20./21. November 1976.
23 Ebenda.
24 Roland Berbig u.a. (Hg.). In Sachen Biermann. A.a.O. S. 171.
25 Ebenda. S. 249.
26 Ebenda. S. 116.
27 Manfred Krug. Abgehauen. A.a.O. S. 81f.
28 In: Jost Hermand: »Ihr zwingt mich ja, Weltliteratur zu schreiben«. Heiner Müller im Gespräch. Ein Heiner Müller Arbeitsbuch. Hg. von Frank Hörnigk u.a. Berlin 1996. S. 75f.
29 Roland Berbig u.a. In Sachen Biermann. A.a.O. S. 66.
30 Manfred Krug. Abgehauen. A.a.O. S. 53.
31 Ebenda. S. 10.
32 Roland Berbig u.a. (Hg.). In Sachen Biermann. A.a.O. S. 83.
33 Stefan Heym. Der Winter unseres Mißvergnügens. München 1996. S. 65.
34 Ebenda. S. 59.
35 Manfred Krug. Abgehauen. A.a.O. S. 45.
36 Ebenda. S. 47f.
37 Ebenda. S. 17.
38 Ebenda. S. 46.
39 Ebenda. S. 24.
40 Ebenda. S. 57.
41 Ebenda. S. 60.
42 Ebenda. S. 179.
43 Ebenda. S. 250.
44 In: Wolfgang Emmerich. Kleine Literaturgeschichte der DDR. A.a.O. S. 255.

45 Roland Berbig u.a. (Hg.). In Sachen Biermann. A.a.O. S. 277f.
46 Berliner Zeitung vom 5./6. November 1994.
47 Günter Grass. Mein Jahrhundert. Göttingen 1999. S. 314
48 In: Joachim Walther u.a. Protokoll eines Tribunals. Reinbek bei Hamburg 1991. S. 87.
49 Ebenda. S. 65.
50 Ebenda. S. 97.
51 Ebenda. S. 43.
52 Ebenda. S. 73.
53 Ebenda. S. 56.
54 Ebenda.
55 Ebenda. S. 58.
56 Ebenda. S. 103.
57 Franz Fühmann. Briefe 1950–1984. Rostock 1994. S. 266.
58 Joachim Walther u.a. Protokoll eines Tribunals. A.a.O. S. 57f.
59 Kurt Hager. Erinnerungen. A.a.O. S. 325.
60 Günter Kunert. Erwachsenenspiele. München/Wien 1997. S. 431.
61 In: Manfred Krug. Abgehauen. A.a.O. S. 264.
62 In: Günter Kunert. Erwachsenenspiele. A.a.O. S. 431.


Fünftes Kapitel

1 Harry Maier. Die Bundesbank auf dem Holzweg. In: Die Zeit vom 13. April 1990.
2 Herbert Wolf. Der letzte (?) Coup eines politischen Hasardeurs. In: Neues Deutschland vom 19. September 1991.
3 Wolfgang Engler. Die Ostdeutschen. Berlin 1999. S. 200.
4 Ebenda. S. 202.
5 Ebenda. S. 205f.
6 Kurt Hager. Erinnerungen. A.a.O. S. 282.
7 Robert Havemann. In: Ehrhart Neubert. Die Geschichte der Opposition in der DDR 1949–1989. Bonn 1997. S. 407.
8 Ebenda. S. 405.
9 Ebenda. S. 406.
10 Ebenda. S. 26.
11 Ebenda. S. 27.
12 Gerd Irrlitz. Wolfgang Heise und eine der Formen geistiger Opposition in der DDR. In: Wiss. Zeitschrift der Humboldt-Universität Berlin. R. Geistes- und Sozialwiss. 40/1991. S. 24ff.

13 Ebenda. S. 23.
14 W. F. Haug. Gorbatschow. Versuch über den Zusammenhang seiner Gedanken. Hamburg 1989. S. 23.
15 In: Markus Wolf. In eigenem Auftrag. München 1991. S. 148.
16 Kurt Hager. Erinnerungen. A. a. O. S. 389.
17 Ebenda. S. 390.
18 Sascha Anderson. In: Peter Böthig/Klaus Michael (Hg.). MachtSpiele. Literatur und Staatssicherheit im Fokus des Prenzlauer Bergs. Leipzig 1993. S. 265 f.
19 Ebenda. S. 261.
20 Lutz Rathenow an Elmar Faber. Brief vom 18. Juli 1987. In: Archiv des Aufbau-Verlages. Mappe 2862.
21 Jan Faktor. In: Peter Böthig/Klaus Michael. A. a. O. S. 92 f.
22 Klaus Michael. Vogel oder Käfig sein. Die Literatur der selbstverlegten Zeitschriften und Hefteditionen 1979–1989. Dieser Vortrag wurde in der Forschungsgruppe 3 des Zentralinstituts für Literaturgeschichte an der Akademie der Wissenschaften gehalten.
23 Leonhard Lorek. Ciao! Von der Anspruchslosigkeit der Kapitulationen. In: MachtSpiele. A. a. O. S. 121.
24 Ebenda.
25 In: MachtSpiele. A. a. O. S. 31.
26 Ebenda. S. 99.
27 Ebenda. S. 104.
28 Ebenda. S. 119.
29 Ebenda. S. 66.
30 Ebenda. S. 184.
31 Ebenda. S. 133.
32 In: Barbara Felsmann/Annett Gröschner (Hg.). Durchgangszimmer Prenzlauer Berg. Berlin 1999.
33 Elke Erb an Elmar Faber. Brief vom 26. März 1984. In: Archiv des Aufbau-Verlages. Berlin. Mappe 2858.
34 Protokoll der Sitzung des Leitungskollektivs vom 14. März 1987. In: Archiv des Aufbau-Verlages. Berlin. Mappe 2879.
35 In: MachtSpiele. A. a. O. S. 330.
36 Berliner Zeitung vom 11. Januar 2000.
37 Frank Schirrmacher. Verdacht und Verrat. In: MachtSpiele. A. a. O. S. 305.
38 In: MachtSpiele. A. a. O. S. 257 f.
39 Ebenda. S. 36.
40 Ebenda. S. 352.
41 Ebenda. S. 96.

42 Paul Kaiser/Claudia Petzold. Boheme und Diktatur in der DDR. Berlin 1997. S. 61.
43 Ebenda. S. 19.
44 Ebenda. S. 55.
45 Ebenda. S. 107.
46 Günter Gaus. Wo Deutschland liegt. München 1987. S. 117ff.
47 Stenografisches Protokoll der Sitzung der Arbeitsgruppe Ästhetik in der Akademie der Künste der DDR am 13. März 1978.
48 Christoph Hein. Literatur und Wirkung. In: Privatarchiv Elmar Faber.
49 Protokoll der Sitzung des Leitungskollektivs vom 13. Dezember 1989. In: Archiv des Aufbau-Verlages. Mappe 2878.
50 In: Christina Matte. 4. November 1989. Der letzte Schulterschluss. In: Neues Deutschland vom 4. November 1989.
51 Christa Wolf. Berliner Zeitung vom 4. November 1994.
52 Christoph Hein. Chronist ohne Botschaft. Berlin 1992. S. 160.
53 Ebenda.
54 Stefan Heym. In: Stalin verläßt den Raum. Politische Publizistik. Leipzig 1990. S. 288.
55 In: Hannes Bahrmann/Christoph Links. Chronik der Wende. Berlin 1994. S. 79.
56 Christoph Hein. Chronist ohne Botschaft. A.a.O. S. 164.
57 In: Siegfried Prokop (Hg.). Die kurze Zeit der Utopie. Berlin 1994. S. 214.
58 Siehe hierzu: Carola Wuttke. »Für unser Land«. Ein Aufruf im Gegensog. In: Die kurze Zeit der Utopie. A.a.O.
59 Ebenda. S. 217.
60 Ebenda. S. 218.
61 Ebenda. S. 216.
62 Ebenda. S. 95.
63 In: Neue Zeit vom 7. Dezember 1989.
64 In: Der Morgen vom 5. Dezember 1989.
65 Christoph Links an Christa Wolf. Brief vom 7. Dezember 1989. In: Archiv des Aufbau-Verlages. Mappe 2863.

Sechstes Kapitel

1 Uwe Kolbe. In: Deiritz/Krauss (Hg.). Der deutsch-deutsche Literaturstreit oder Freunde, es spricht sich schlecht mit gebundener Zunge. Hamburg/Zürich 1991. S. 33.

2 Bertolt Brecht. Werke. A.a.O. Bd. 24. S. 236.
3 In: Charles S. Maier. Das Verschwinden der DDR und der Untergang des Kommunismus. Frankfurt am Main 1999. S. 148.
4 Ebenda. S. 267.
5 Wolfgang Schäuble. Der Vertrag. Stuttgart 1991. S. 99.
6 Charles S. Maier. Das Verschwinden der DDR ... A.a.O. S. 355.
7 Heinrich Senfft. Die sogenannte Wiedervereinigung. Berlin 1999. S. 118f.
8 Zahlen entnommen bei Charles S. Maier. Das Verschwinden der DDR ... A.a.O. S. 218. Maier stützt sich auf: Anlage zum Bericht von Günter Rettner an Honecker. SAPMO-BArchiv IV 2/2A/3 250. Informationen über die Entwicklung und Lage auf dem Gebiet des Reiseverkehrs, der ständigen Ausreisen und des ungesetzlichen Verlassens der DDR.
9 Markus Wolf. Im eigenen Auftrag. Berlin 1991.
10 Thomas Rosenlöcher. In: Die sanfte Revolution. Leipzig 1990.
11 ADN vom 1. Oktober 1989.
12 Eric Hobsbawm. Wieviel Geschichte braucht die Zukunft. München/Wien 1998. S. 18.
13 Berliner Zeitung vom 6./7. Januar 1990.
14 Günter Kunert. Erwachsenenspiele. München/Wien 1997. S. 348.
15 Lothar de Maizière. Ich fühle mich unglaublich gelinkt. In: Berliner Zeitung vom 18./19. März 2000.
16 Berliner Zeitung vom 18./19. Dezember 1999.
17 Berliner Zeitung vom 3./4. November 1990.
18 Neues Deutschland vom 23. November 1999.
19 Gründungsaufruf der Bürgerbewegung DEMOKRATIE JETZT. In: Aufbruch '89. S. 14.
20 Politische Parteien und Bewegungen der DDR über sich selbst. Handbuch. Berlin 1990. S. 23.
21 Ebenda. S. 64.
22 In: Hannes Bahrmann/Christoph Links (Hg.). Chronik der Wende. A.a.O. S. 74.
23 Stefan Bollinger. 1989 – eine abgebrochene Revolution. Berlin 1999. S. 126.
24 Carola Wuttke/Bernhard Musiolek. Parteien und politische Bewegungen im letzten Jahr der DDR. Berlin 1991. S. 15.
25 Wolfgang Schäuble. Der Vertrag. A.a.O. S. 20f.
26 Thomas Koch. Hier ändert sich nie was! In: Michael Thomas (Hg.). Abbruch und Aufbruch. Berlin 1992. S. 327.
27 Wolfgang Schäuble. Der Vertrag. A.a.O. S. 274.
28 Volker Braun. Notizen eines Publizisten. In: Neues Deutschland vom 8. Dezember 1989.

29 Stefan Heym. Aschermittwoch in der DDR. In: Stefan Bollinger. A.a.O. S. 111f.
30 Helga Königsdorf. 1989 oder ein Moment Schönheit. Berlin 1990. S. 2.
31 Christa Wolf. In: Karl Deiritz/Hannes Krauss (Hg.). Der deutsch-deutsche Literaturstreit. A.a.O. S. 9.
32 Volker Braun. In: Neues Deutschland vom 4./5. August 1990.
33 Wolfgang Schäuble. Der Vertrag. A.a.O. S. 15.
34 Ebenda.
35 Wolfgang Templin. Berliner Zeitung vom 13./14. Januar 1996.
36 Heiner Müller. Grußadresse an die Berliner Volksbühne. In: Berliner Zeitung vom 2. Januar 1995.
37 In: Eberhard Czichon/Heinz Marohn. Das Geschenk. Die DDR im Perestroika-Ausverkauf. Köln 1999. S. 234. Die Autoren stützen sich in ihrem Buch auf Befragungen Falins.
38 Ebenda. S. 352.
39 Walter Romberg. In: Neues Deuschland vom 1./2. Juli 2000.
40 Charles S. Maier. Das Verschwinden der DDR. A.a.O. S. 398.
41 Nikolai Ryshkow. In: Neues Deutschland vom 2. Oktober 2000.
42 Charles S. Maier. Das Verschwinden der DDR. A.a.O. S. 340.
43 Neues Deutschland vom 9. Januar 1992.
44 Gregor Gysi. Mal trifft es die, mal trifft es mich. In: Berliner Zeitung vom 22./23. April 2000.
45 Wolfgang Ullmann. In: Neues Deutschland vom 15./16. April 2000.
46 Lothar de Maizière. In: Berliner Zeitung vom 18./19. März 2000.
47 Ebenda.
48 Wolfgang Schäuble. Der Vertrag. A.a.O. S. 104.
49 Ebenda. S. 141.
50 Herbert Schirmer. In: Neues Deutschland vom 31. Januar 1991.
51 Neues Deutschland vom 11. September 1990.
52 Wolfgang Schäuble. Der Vertrag. A.a.O. S. 113/125.
53 Egon Bahr. In: Freitag vom 6. Dezember 1991.
54 Wolfgang Schäuble. Der Vertrag. A.a.O. S. 273f.
55 Wolfgang Ullmann. In: Neues Deutschland vom 7. Oktober 1999.
56 Wolfgang Harich. Strohmänner – oder was sonst? In: Siegfried Prokop (Hg.). Die kurze Zeit der Utopie. Berlin 1994. S. 171.
57 Heinrich Albertz. In: Neues Deutschland vom 28. Juni 1990.
58 In: Jan Priewe. Die ruinöse Privatisierung. Freitag vom 29. Oktober 1993.
59 Neues Deutschland vom 13. September 1994.
60 Neues Deutschland vom 30. Dezember 1997.

61 Interview mit Klaus Schucht. Auf der Seele herumgetrampelt. In: Neues Deutschland vom 9. Februar 1999.
62 Jan Priewe. Die ruinöse Privatisierung. A. a. O.
63 In: Die Zeit vom 2. Juli 1993.
64 Jan Priewe. Die ruinöse Privatisierung. A. a. O.
65 Oliver Schwarzkopf. In: Neues Deutschland vom 31. Juli 2000.
66 Christoph Links. Bücher verlegen, Bücher verkaufen in veränderten Verhältnissen. In: Berliner Lese/Zeichen. Heft 1. Januar 1994. S. 6.
67 Klaus Ziermann. Der deutsche Buchmarkt 1949–1994. In: Berliner Lese/Zeichen. Heft 10/11. Oktober/November 1994. S. 21.
68 Christoph Links. Bücher verlegen, Bücher verkaufen in veränderten Verhältnissen. A. a. O. S. 8.
69 Elmar Faber. Der Verlag und neue Aufgaben. 1990. In: Aufbau-Archiv. Mappe 2956.
70 Elmar Faber. Wir sind nicht für'n Appel un'n Ei zu haben. In: Börsenblatt vom 12. Februar 1991.
71 Thomas Rietzschel. In die Freiheit entlassen. In: Frankfurter Allgemeine Zeitung vom 20. Januar 1990.
72 Elmar Faber. Treuhand-Notizen. In: Archiv des Aufbau-Verlages
73 Ebenda.
74 Ebenda.
75 In: Jochen Zimmer (Hg.). Das Gauck-Lesebuch. Eine Behörde abseits der Verfassung? Frankfurt am Main 1998. S. 133.
76 Eric Hobsbawm. Wieviel Geschichte braucht der Mensch. München/Wien 1998. S. 321.
77 In: Jochen Zimmer (Hg.). Das Gauck-Lesebuch. A. a. O. S. 102.
78 Ebenda. S. 51.
79 Kurt Biedenkopf. 1989–1990. Ein deutsches Tagebuch. Berlin 2000. S. 112.
80 In: Berliner Zeitung vom 28. August 1989.
81 Klaus Koch. Die Verklärung findet nicht statt. In: Berliner Zeitung vom 11./12. Dezember 1999.
82 Jan Ross. Leerstelle Kohl. In: Berliner Zeitung vom 21./22. Februar 1998.
83 Gregor Gysi. Abschiedsrede im Bundestag als PDS-Fraktionschef am 29. September 2000. In: Neues Deutschland vom 7./8. Oktober 2000.
84 Christoph Schroth. In: Berliner Zeitung vom 15./16. April 2000.

## Siebentes Kapitel

1 Frauke Meyer-Gosau. Ost-West-Schmerz. In: Text+Kritik. DDR-Literatur der neunziger Jahre. München 2000. S. 5.
2 Elmar Faber. Fort ins gelobte Land. Bottighofen 1993. S. 70.
3 Günter Grass an Elmar Faber. Brief vom 15. Dezember 1989. In: Archiv des Aufbau-Verlages. Mappe 2899.
4 Günter Grass an Elmar Faber. Brief vom 23. November 1989. In: Archiv des Aufbau-Verlages. Mappe 2858.
5 Elmar Faber an Christa Wolf. Brief vom 3. August 1990. In: Archiv des Aufbau-Verlages. Mappe 2863.
6 Christa Wolf an Elmar Faber. Brief vom 23. Oktober 1990. In: Archiv des Aufbau-Verlages. Mappe 2863.
7 Elmar Faber an Markus Wolf. Brief vom 4. Mai 1990. In: Archiv des Aufbau-Verlages. Mappe 2863.
8 Sigrid Damm an Elmar Faber. Brief vom 26. September 1990. In: Archiv des Aufbau-Verlages. Mappe 2858.
9 Elmar Faber. Fort ins gelobte Land. A.a.O. S. 65.
10 In: Wilhelm Boeger. Der Leihbeamte kehrt zurück. Halle 1999. S. 46.
11 Volker Klotz. Was war anders, besser? Rückblick auf Eigenarten der DDR-Kultur. In: Sinn und Form. Heft 2. Berlin 1991.
12 In: Wilhelm Boeger. Der Leihbeamte kehrt zurück. A.a.O. S. 46.
13 Ulrich Greiner. Mangel an Feingefühl. In: Die Zeit vom 1. Juni 1990. Ders. Keiner ist frei von Schuld. Deutscher Literaturstreit. Der Fall Christa Wolf und die Intellektuellen. 7. Juli 1990.
14 Frank Schirrmacher. Dem Druck des härteren, strengeren Lebens standhalten. In: Frankfurter Allgemeine Zeitung vom 2. Juni 1990.
15 Frank Schirrmacher. In: Thomas Anz (Hg.). »Es geht nicht um Christa Wolf«. Der Literaturstreit im vereinten Deutschland. München 1991. S. 94.
16 Ulrich Greiner. In: Die Zeit vom 27. Juli 1990.
17 In: Der Spiegel vom 16. Juli 1990.
18 Uwe Wittstock. Die Dichter und ihre Richter. In: Süddeutsche Zeitung vom 13./14. Oktober 1990.
19 In: Thomas Anz. »Es geht nicht um Christa Wolf.« A.a.O. S. 167.
20 Heiner Müller. In: Freitag vom 16. November 1990.
21 Frank Schirrmacher. In: Frankfurter Allgemeine Zeitung vom 2. Oktober 1990.
22 Ulrich Greiner. Die deutsche Gesinnungsästhetik. In: Die Zeit vom 2. November 1990.

23 Ulrich Dietzel/Gudrun Geißler. Zwischen Diskussion und Disziplin. A. a. O. S. 555.
24 Ebenda. S. 556.
25 Ebenda.
26 Ebenda. S. 581 f.
27 Ebenda. S. 590 f.
28 Ebenda. S. 591 f.
29 Ebenda. S. 568.
30 Ebenda. S. 577.
31 Ebenda. S. 594.
32 Ebenda. S. 584.
33 Ebenda. S. 585.
34 Ebenda. S. 611.
35 Christine Fischer-Defoy. »… und die Vergangenheit sitzt immer mit am Tisch«. Dokumente zur Geschichte der Akademie der Künste (West) 1945/1954–1993. Berlin 1997. S. 501.
36 Ebenda. S. 506.
37 Ebenda. S. 507.
38 Ebenda. S. 536.
39 Karl Corino. Aussen Marmor, innen Gips. Die Legenden des Stephan Hermlin. Düseldorf 1996. S. 190.
40 Hans Mayer. In: Tages-Anzeiger vom 20. Februar 1991.
41 Hans Mayer. In: Freitag vom 10. Mai 1991.
42 Hans Mayer. In: Tages-Anzeiger vom 20. Februar 1991.
43 Gerhard Zwerenz. In: Neues Deutschland vom 25./26. November 2000.
44 Volker Braun. Zitat in: Berliner Zeitung vom 22. November 2000.
45 Christa Wolf. In: Volkszeitung/Freitag vom 15. Juni 1990.
46 Stephan Hermlin. In: Wilhelm Boeger. Der Leihbeamte kehrt zurück. Halle 1999. S. 140 f.
47 Peter Hacks. In: Wilhelm Boeger. A. a. O. S. 80.
48 Ebenda.
49 Ernst Jünger. Siebzig verweht. Siehe hierzu auch Rezension in: Neues Deutschland vom 30. Januar 1998.
50 Günter Kunert. Die Abschaffung der Kultur durch die Zivilisation. In: Die Zeit vom 4. Februar 1994
51 Ideologie, Interpretation und Disziplinierung I. Band III/1. Baden-Baden 1995. S. 476.
52 Gespräch des Verfassers mit Wolfgang Harich.
53 Wolfgang Emmerich. Kleine Literaturgeschichte der DDR. Leipzig 1996. S. 460.

54 Heinz Ludwig Arnold (Hg.). Text + Kritik. Sonderband. DDR-Literatur der neunziger Jahre. München 2000. S. 89.
55 Marcel Reich-Ranicki. Keine Frucht ohne Schale. In: Frankfurter Allgemeine Zeitung vom 29. August 1992.
56 Text + Kritik. Sonderband. Literatur der neunziger Jahre. A.a.O. S. 26.
57 Ebenda. S. 215.
58 Volker Braun. Wir befinden uns soweit wohl. Wir sind erst einmal am Ende. Äußerungen. Frankfurt am Main 1998. S. 167.
59 In: Text + Kritik. A.a.O. S. 71.
60 Armin Stolper. Wir haben in der DDR ein ganz schönes Theater gemacht. Berlin 1999. S. 255.
61 Bei diesen Ausführungen stütze ich mich auf die Angaben von Roland Berbig. Preisgekrönte DDR-Literatur nach 1989/90. In: Text + Kritik. Sonderband. DDR-Literatur der neunziger Jahre. München 2000.
62 Ebenda. S. 200.
63 Jan Faktor. In: Text + Kritik. A.a.O. S. 93f.
64 Ebenda. S. 97ff.
65 Wolfgang Hilbig. Eine Dankrede. Der Moment, in dem wir glaubten, mündig zu sein ... In: Neues Deutschland vom 30. Januar 1997.
66 Eric Hobsbawm. Das Zeitalter der Extreme. Weltgeschichte des 20. Jahrhunderts. München/Wien 1995. S. 623ff.
67 Ebenda. S. 631.
68 Ebenda. S. 638ff.
69 Neal Gabler. Der amerikanische Traum als Seifenoper. In: Berliner Zeitung vom 22./23. Januar 2000.

## Epilog

1 Charles S. Maier. Das Verschwinden der DDR und der Untergang des Kommunismus. A.a.O. S. 203.
2 Wolfgang Frühwald. Zwei Ansichten – Kunst und Wissenschaften im Prozeß der deutschen Einigung. In: Jahres- und Tagungsbericht der Görres-Gesellschaft 1995. Köln 1995. S. 34.
3 Heleno Saña. Der Sieg der Subjektivität. In: Neues Deutschland vom 22./23. April 2000.
4 Charles S. Maier. Das Verschwinden der DDR ... A.a.O. S. 203.
5 Eberhard Lämmert. Der lange Anlauf. In: Merkur. 1993. Heft. S. 33.
6 Ebenda. S. 39.
7 In: spectrum. Berlin 1990. Heft 12.

8 In: Neues Deutschland vom 30./31. Januar 1999.
9 Gert Lange. Noch einmal Evaluation. In: Freitag vom 18. Januar 1991. S. 15.
10 Andreas Graf. Wende und Wände zur Selbstfindung der DDR-Geschichtswissenschaft. In: Konrad H. Jarausch (Hg.). Zwischen Parteilichkeit und Professionalität. Berlin 1991. S. 41.
11 Der Spiegel. 27/1991.
12 Ebenda.
13 Jürgen Kocka. Geschichtswissenschaft und Geschichtsbewußtsein. Thesen zum Vergleich zwischen Bundesrepublik und DDR. Zitiert nach: Konrad H. Jarausch/Matthias Middell (Hg.). Nach dem Erdbeben. Leipzig 1994. S. 85.
14 In: Felicitas Walka. »Diktaturenvergleich« in Potsdam. Neues Deutschland vom 11./12. September 1993.
15 Eberhard Lämmert. Der lange Anlauf. A.a.O. S. 32.
16 Kurt Biedenkopf. Das Gemaule findet auf sehr solider Basis statt. General-Anzeiger vom 20. September 1995.
17 Karlheinz Barck. Wissenschaft und »Wende«. Anmerkungen zur Problematik einer deutschen Wissenschaftsunion. In: Ernst Müller u.a. (Hg.). Geisteswissen. Frankfurt am Main 1991. S 137.
18 Ebenda. S. 116.
19 Christoph Kleßmann. Die DDR-Geschichtswissenschaft aus der Sicht der Bundesrepublik. In: Konrad H. Jarausch (Hg.). Zwischen Parteilichkeit und Proffesionalismus. A.a.O. S. 51.
20 In: Wolfgang Frühwald. Zwei Ansichten – ... A.a.O. S. 28.
21 Alexander Fischer/Günther Heydemann (Hg.). Geschichtswissenschaft in der DDR. 2 Bände. Berlin 1988/90.
22 Horst Klinkmann/Herbert Wöltge. 1992 – Das verdrängte Jahr. Dokumente und Kommentare zur Geschichte der Gelehrtensozietät der Akademie der Wissenschaften für das Jahr 1992. Berlin 1999. S. 24.
23 Christian Meier. Bericht der Planungsgruppe für eine neue Akademie der Wissenschaften an das Wahlgremium anläßlich dessen Konstituierung. In: Berlin-Brandenburgische Akademie der Wissenschaften. Jahrbuch 1992/93. Berlin 1994. S. 346f. Auch in: 1992 – Das verdrängte Jahr. A.a.O. S. 192f.
24 Guntolf Herzberg. Pluralismus statt »entweder so oder so«. Neues Deutschland. 25. März 1994.
25 Hermann Klenner. Zur Entwicklung der Rechtswissenschaft in der DDR. Annäherungen. In: Wirtschaftsrecht. H. 1. Januar 1993. S. 2.
26 Ebenda.

27 Christoph Schroth. Ermutigung am Zonenrand. Interview. Berliner Zeitung. 15./16. April 2000.
28 Michael Schindhelm. Das Gegenglück ist möglich. In: Neues Deutschland vom 15./16. April 2000.
29 Eric Hobsbawm. Das Zeitalter der Extreme. A. a. O. s. 627.
30 Eric Hobsbawm. Wieviel Geschichte braucht die Zukunft. A. a. O. S. 180 f.
31 Michael Schneider. Unterm Hakenkreuz. Bonn 1999. Siehe hierzu auch die Rezension von Heinz Kühnrich. Der Mythos der Volksgemeinschaft. In: Neues Deutschland vom 10. September 1999.
32 Ulrich Raulff. Frankfurter Allgemeine Zeitung vom 15. Juli 1998.
33 In: UTOPIE konkret. Berlin 1993. H. 37/38. S. 148.
34 In: André Mielke. Endgültigkeiten eines Malers. Berliner Morgenpost. 19. Januar 2001.
35 Bertolt Brecht. Werke. A. a. O. Bd. 22. S. 145 f.
36 Christa Luft. Die Lust am Eigentum. Auf den Spuren der deutschen Treuhand. Zürich 1996. S. 28.
37 Ebenda. S. 35.
38 Isaac Deutscher. Die unvollendete Revolution. Frankfurt am Main 1967. S. 19.
39 Oskar Negt. Wir müssen noch einmal von vorn anfangen. In: Neues Deutschland vom 31. Dezember 1999.
40 Ebenda.

*Register*

Abendroth, Wolfgang 245
Abrassimow, Pjotr Andrejewitsch 82, 395
Abusch, Alexander 98 f., 100 f., 140, 153, 160 f., 209, 267, 478
Achmatowa, Anna Andrejewna 84
Ackermann, Anton 29 f., 127, 140
Adameck, Heinz 283
Adenauer, Konrad 63, 105, 126, 138, 172, 237 f., 256 ff., 273, 397, 426, 430
Adorno, Theodor W. 21
Albertz, Heinrich 406
Alverdes, Paul 27, 40
Anderson, Sascha 328, 331 f., 334 f., 337–341, 484
Andropow, Juri Wladimirowitsch 318
Anna Amalia 47
Anz, Thomas 449, 451
Apel, Erich 164, 216 ff.
Apitz, Bruno 288
Aragon, Louis 54, 161, 197
Archimedes 66
Arendt, Erich 130, 212, 275
Arendt, Hannah 508
Aristophanes 224
Aristoteles 442, 512, 519
Arnim, Bettina von 47
Arnold, Hans 271
Arnold, Heinz Ludwig 473

Arnold, Michael 381
Axen, Hermann 217, 221, 226

Babel, Isaak Emanuilowitsch 477
Bach, Johann Sebastian 417
Bahr, Egon 59, 237, 402
Bahro, Rudolf 245, 309, 311, 316, 387, 467
Baierl, Helmut 206
Balzac, Honoré de 121, 472
Barbe, Angelika 376
Barck, Karlheinz 501
Barlach, Ernst 87, 96 f., 114, 173, 210
Barlog, Boleslaw 118
Barthel, Kurt (Kuba) 148, 150, 158 ff., 173, 203, 394
Barthel, Max 31
Bartsch, Kurt 276, 291 f., 394
Baselitz, Georg 466
Bauer, Walter 25
Becher, Johannes R. 21–38, 42, 44, 47, 49, 53 ff., 58, 65 f., 76, 82, 89, 98, 100 ff., 107, 110 f., 113, 115–118, 125, 127, 130, 136 f., 144, 148–155, 157 f., 160, 182, 190 f., 204, 207, 250, 271, 318, 399, 455
Becker, Jurek 180, 275, 280 f., 283–286, 289 f., 292
Behrens, Friedrich 137
Belinski, Wladimir Grigorjewitsch 191

Benary, Arne 245
Benda, Julien 12f.
Benjamin, Walter 176, 477
Benn, Gottfried 42, 331
Bennedikt, Bernhard 29
Bentzien, Hans 160f., 166, 171, 203, 221
Berg, Jochen 328
Bergengruen, Werner 25
Berger, Karl-Heinz 130
Berghaus, Ruth 276
Berija, Lawrenti Pawlowitsch 107f., 144
Bernstein, Eduard 512
Besenbruch, Walter 110
Besson, Benno 177
Beuys, Joseph 83
Beyer, Frank 219, 221, 283, 289
Biedenkopf, Kurt 426, 501
Bieler, Manfred 130, 219, 221
Biermann, Wolf 149, 175, 206, 219, 223, 225, 229ff., 241, 247, 273, 274–278, 280–291, 293, 302, 337f., 340f., 347, 461, 465, 477, 483f.
Binding, Georg 31
Birkenfeld, Günther 55
Birthler, Marianne 356
Bisky, Lothar 356
Bismarck, Otto von 256, 391
Blacher, Boris 118
Bloch, Ernst 37, 65, 78f., 121ff., 128, 131, 142, 146, 148, 151–154, 183, 187f., 245, 385, 441
Bloch, Jean Richard 190
Blüm, Norbert 519
Blunck, Hans Friedrich 34, 46f.
Bobrowski, Johannes 179f., 212
Boeger Wilhelm 468
Böhme, Ibrahim 377, 379
Böhme, Thomas 335

Böll, Heinrich 442, 452
Böthig, Peter 339
Böttcher, Manfred 206, 343
Boetticher, Dietrich von 412
Bohley, Bärbel 355, 375ff.
Bohmer, Theodor 29
Bohrer, Karl Heinz 452
Bollinger, Stefan 380, 383
Bonnet, Horst 236
Borchert, Jürgen 419
Bork, Kurt 89
Boulez, Pierre 456
Bourdieu, Pierre 13–16, 19
Bräunig, Werner 167, 174, 220, 222
Bräutigam, Otto 267f.
Brandt, Willy 237, 255, 377, 426
Braque, Georges 88
Brasch, Peter 328f., 335
Brasch, Thomas 236, 241, 276, 290
Braun, Käthe 118
Braun, Volker 175, 206, 219, 247, 270, 273, 275, 281, 290, 325, 330, 334, 359, 383, 385, 387, 442, 457, 466f., 472, 474, 476, 481ff., 485
Braun, Wernher von 164
Brecht, Bertolt 15, 22, 37, 56, 65–69, 71, 73–77, 80, 85, 87f., 90–95, 98–102, 107–116, 118, 125ff., 138, 140, 148, 155–158, 160, 162, 167, 173f., 181, 186, 191, 195, 202, 204f., 213f., 225, 229, 242, 245, 249, 270, 281, 350, 358, 364, 383, 420, 427, 455, 475f., 503, 512, 518
Bredel, Willi 29, 31, 38, 47, 150, 182, 205, 209, 210
Brentano, Bernhard von 67
Breshnew, Leonid Iljitsch 216, 235f., 255f., 268, 313f., 321
Bretschneider, Harald 311
Breuel, Birgit 407f., 412f.

Brězan, Jurij 453
Brie, Michael 380
Brockdorf, Cay von 98
Brockhaus, Heinz Alfred 130
Brod, Max 195
Bronnen, Arnolt 25, 40
Brussig, Thomas 412, 472, 486f.
Bruyn, Günter de 174f., 212, 293, 351, 354, 478
Bucharin, Nikolai Iwanowitsch 143
Büchner, Georg 95
Burmeister, Brigitte 472, 480, 486
Busch, Ernst 147, 208, 276
Bush, George 390

Caldwell, Erskine Preston 54
Cardenal, Ernesto 442
Carossa, Hans 26f., 207
Caspar, Günter 130, 186, 228, 230
Castorf, Frank 342
Černík, Oldřich 235
Césaire, Aimé 12
Chagall, Marc 88f.
Chatschaturjan, Aram Iljitsch 84
Chruschtschow, Nikita 124f., 131, 138, 141, 144, 216, 319
Claudius, Hermann 48
Clay, Lucius D. 58
Cohn-Bendit, Daniel 242
Corino, Karl 461ff.
Cremer, Fritz 205f., 209f., 215, 275, 276
Cwojdrak, Günther 98
Czechowski, Heinz 174, 360, 466

Dahlem, Franz 106, 109, 140
Dahn, Daniela 417, 487
Dahrendorf, Gustav 29
Dahrendorf, Ralf 523
Damm, Sigrid 326, 439f., 487

Darnton, Robert 385
Daumier, Honoré 89
Demetz, Peter 460
Dessau, Paul 92–95, 98, 210
Deutscher, Isaac 245
Diestel, Peter-Michael 425
Dietze, Gabriele 340
Dilschneider, Otto 30
Dimitroff, Georgi 28, 150, 161
Dobroljubow, Nikolai A. 191
Döblin, Alfred 22
Döring, Stefan 328f., 335, 483
Domröse, Angelica 276, 283
Dostojewski, Fjodor Michailowitsch 442
Drawert, Kurt 328
Dresen, Adolf 259
Dreyfus, Alfred 10
Dubček, Alexander 234ff.
Düren, Fred 259
Dürrenmatt, Friedrich 175
Duncker, Hermann 98
Dutschke, Rudi 240
Dwinger, Edwin Erich 25f.
Dymschitz, Alexander L. 32f., 54, 88f., 190, 196

Ebert, Carl 118
Ehrenburg, Ilja Grigorjewitsch 76, 161
Ehrenstein, Albert 190
Eichendorff, Joseph von 447
Eichholtz, Dietrich 393
Eisenstein, Sergej Michailowitsch 55
Eisler, Hanns 55, 65, 75f., 98–103, 155, 157, 174, 211, 271, 281, 455
Elitz, Ernst 400
Emmerich, Wolfgang 247, 472f., 479
Endler Adolf 174, 213, 291f., 466, 483

Engel, Erich 59, 144
Engel, Rudi 98, 147
Engelberg, Ernst 65, 183
Engels, Friedrich 187, 227, 231f., 520
Engler, Wolfgang 306f.
Enzensberger, Hans Magnus 242
Eppelmann, Rainer 313ff., 376–379, 508
Erb, Elke 334f.
Erhardt, Manfred 506
Erler, Gotthard 412f.
Erpenbeck, Fritz 28, 37, 242

Faber, Elmar 328, 335ff., 354, 409, 412–415, 436–439
Fadejew, Alexander Alexandrowitsch 76, 119, 190
Faktor, Jan 327f., 330–333, 335, 338, 340f., 483f.
Falin, Valentin Michailowitsch 389f.
Fallada, Hans 25, 31
Farner, Konrad 208
Faulenbach, Bernd 471
Faust, Siegmar 236, 485, 471
Felsenstein, Walter 88, 98f., 110, 236
Feuchtwanger, Lion 98, 421
Feuerbach, Ludwig 242
Field, Noel 137, 160
Fischer, Alexander 504
Fischer, Ernst 98, 194–197, 208
Fischer, Oskar 370
Fradkin, Ilja Moissejewitsch 88
François-Poncet, André 105
Frank, Leonhard 57, 420
Frankenstein, Wolfgang 130
Freud, Sigmund 181f., 239
Freund, Walter 147
Freyer, Achim 206
Friedensburg, Ferdinand 29

Fries, Fritz Rudolf 181, 185, 188, 276, 387, 480, 486
Frings, Theodor 79
Frisch, Max 175
Fröhlich, Paul 148, 150, 199, 217, 220f.
Frühwald, Wolfgang 494f., 500f.
Fuchs, Jürgen 424
Fühmann, Franz 167, 173, 212, 246, 264, 275, 277, 298, 334, 348f., 394, 477
Fülberth, Georg 320

Gabler, Neal 491
Galen, August Graf 40
Garaudy, Roger 194f., 197
García Márquez, Gabriel 490
Gauck, Joachim 415, 417f., 424f.
Gaus, Günter 240, 261, 266f., 346, 427
Gawlik, Roland 355
Geiger, Hansjörg 424
Geiger, Theodor 10ff., 17
Geisenhanslücke, Achim 472
Genscher, Hans-Dietrich 370f.
George, Stefan 332
Gericke, Henryk 331
Gerlach, Jens 130
Gerstner, Karl-Heinz 286f.
Gibbs, Robert 397
Giersch, Irene 139
Girnus, Wilhelm 77, 96–102, 110, 114f., 210–215
Glatzer, Ruth 337
Glinka, Michail Iwanowitsch 92
Goebbels, Joseph 26, 43, 390
Görlich, Günter 174
Goethe, Cornelia 487
Goethe, Johann Wolfgang von 54, 95, 98ff., 122, 177f., 224, 259, 349f., 374, 447

553

Götze, Wasja 345
Goldmann, Friedrich 453
Goldschmidt, Harry 65
Goldstücker Eduard 194, 196f.
Gomułka, Władysław 131
Gorbatow, Boris Leontjewitsch 54, 56
Gorbatschow, Michail Sergejewitsch 139, 318–322, 367, 388–396
Gorki, Maxim 76, 94, 161, 190
Gorrish, Walter 288
Gotsche, Otto 166
Grabbe, Christian Dietrich 443
Gracián, Baltasar 480
Graf, Andreas 497
Graf, Oskar Maria 58, 66, 420
Gramsci, Antonio 10f., 389
Grass, Günter 272, 291, 437, 449, 452, 488
Greiner, Ulrich 448f., 451f., 485
Greuner, Albrecht 414f.
Grice, Herbert Paul 447
Griese, Friedrich 47
Grimm, Hans 26, 40, 42, 48
Grosser, Johannes Franz Gottlieb 41
Grosz, Christiane 326
Grotewohl, Otto 52, 63, 74, 77, 93, 106f., 111, 136, 163, 186, 198, 204, 266
Grünbein, Durs 330, 483, 485
Grüneberg, Gerhard 221
Grundig, Lea 273
Günderode, Caroline von 122
Günther, Egon 467
Gumbrecht, Hans Ulrich 13
Gysi, Gregor 356, 366, 377, 390, 397, 408, 418, 430
Gysi, Klaus 29, 152, 181, 187f.

Haase, Horst 485
Habe, Hans 41

Habermas, Jürgen 383
Hacks, Peter 76, 175ff., 191, 213, 223f., 247, 260, 264, 270, 288, 300, 326, 348–352, 440, 469, 478, 481
Häfner, Eberhard 328
Haffner, Sebastian 256
Hagelstange, Rudolf 25
Hagen, Eva-Maria 276
Hagen, Nina 276
Hager, Kurt 129, 170, 193, 199f., 214, 217, 219, 230, 232, 256, 272, 283, 288, 300, 302, 312f., 323f., 354, 371, 413
Haid, Bruno 145
Hamburger, Michael 460
Hammel, Claus 180
Hannsmann, Margarete 298
Harich, Wolfgang 29, 108ff., 114ff., 119–124, 127–135, 137–147, 149–154, 172, 186, 210, 231f., 242f., 245, 268, 309f., 313, 316, 350f., 387, 405, 422, 472
Hartmann, Nicolai 232
Hauck, Günter 130
Haug, Wolfgang F. 318, 320
Hauptmann, Gerhart 30f.
Hauser, Harald 98
Haußmann, Leander 342
Havemann, Florian 236, 241
Havemann, Frank 236, 241
Havemann, Robert 219, 225, 231ff., 241, 245, 274, 292, 309, 311–316
Haydn, Franz Joseph 399
Hearst, Randolph 56
Heartfield, John 271
Hebbel, Christian Friedrich 44
Hegel, Georg Wilhelm Friedrich 128, 191, 418, 512
Heiduczek, Werner 174, 180, 360

Hein, Christoph 324f., 354, 356ff., 387, 479, 481f.
Heine, Heinrich 229, 281, 377
Heinrich, Eberhard 283
Heinz, Wolfgang 221, 259, 276
Henrich, Rolf 278, 436
Hensel, Kerstin 326, 486
Herbert, Zbigniew 460
Herder, Johann Gottfried 447, 452
Hermlin, Stephan 61, 110, 147, 158, 185, 197, 203, 205ff., 212, 215, 229f., 265, 270, 273–277, 281f., 284, 288, 290, 293–296, 299, 306, 318, 334, 350, 387, 440, 454–457, 461ff., 474, 485
Hermsdorf, Klaus 194f.
Herrnstadt, Rudolf 108
Hertwig, Manfred 137, 144
Herzberg, Guntolf 509
Herzfelde, Wieland 147, 190, 210, 276, 350
Herzen, Alexander Iwanowitsch 191
Hesse, Hermann 58
Heuer, Uwe-Jens 245
Heuss, Theodor 65
Heydemann, Günther 504
Heym, Stefan 158ff., 169, 219, 225–228, 274ff., 278, 283ff., 291–296, 299, 328, 356–359, 361, 363, 383f., 387, 423, 430, 436, 443, 449, 452, 454f., 461, 465
Hilbig, Wolfgang 328, 334, 371, 467f., 483, 485f.
Hitler, Adolf 21ff., 27, 30, 32, 37, 43, 49, 51, 56, 70, 94, 155, 164, 299, 323, 481, 516
Hobsbawm, Eric 80, 372, 419, 489ff., 509ff., 513f., 523
Hochhuth, Rolf 411
Höflich, Lucie 118

Höpcke, Klaus 336, 354f., 446
Hofer, Karl 87f., 118
Hoffer, Eric 424f.
Hoffmann, Ernst 98, 110, 129
Hoffmann, Hans-Joachim 268f., 283, 355
Hoffmann, Jutta 276, 283
Hofmannsthal, Hugo von 173
Holtzhauer, Helmut 109ff.
Holz, Wolfgang 355
Honecker, Erich 108, 216–219, 223, 235, 255f., 260–266, 268f., 273f., 277, 283–286, 288, 296, 299f., 305, 313f., 319, 321–324, 347, 366, 371, 395, 520
Horn, Gyula 370
Horthy, Miklós 244
Huch, Ricarda 25, 53, 207
Huchel, Peter 207–214
Hurwicz, Angelika 144
Husák, Gustav 235

Ibsen, Henrik 44
Igel, Bernd 335
Ilberg, Werner 178
Irrlitz, Gerd 317

Jäger, Wolfgang 17f.
Jahnn, Hans Henny 208
Jakobs, Karl-Heinz 174, 180, 290f.
Janka, Walter 36f., 57–60, 120, 135ff., 139, 141–145, 147, 150f., 153f., 181, 186, 209f., 250, 436
Jannings, Emil 287
Jastram, Jo 131, 457
Jean Paul 242f.
Jens, Walter 458ff.
Jentzsch, Bernd 174, 206, 290
Jessen, Jens 450
Jhering, Herbert 29, 210

Jirgl, Reinhard 485
Johnson, Uwe 180, 185
Johst, Hanns 43f., 46f., 51
Joyce, James 263
Jünger, Ernst 25, 469
Just, Gustav 99, 139, 142

Kabalewskij, Dimitri Borissowitsch 84
Kachold, Gabriele – s. Stötzer, Gabriele
Kádár, János 134
Kafka, Franz 123, 186, 194–197, 234, 263
Kahlau, Heinz 130
Kamp, Marion van de 355f.
Kaiser, Georg 173
Kaiser, Paul 342, 345
Kamnitzer, Heinz 99
Kant, Hermann 175, 182, 188, 221, 246ff., 270, 276f., 290, 292, 296, 298f., 301, 351, 419, 446, 453, 457, 468f., 477f.
Kant, Immanuel 288, 512
Kantorowicz, Alfred 146, 188
Karst, Roman 194ff.
Kasack, Hermann 208
Katajew, Valentin 54
Kaufmann, Hans 270
Kellermann, Bernhard 29f.
Kerndl, Rainer 350, 482
Kipphardt, Heinar 162, 452
Kirsch, Rainer 174, 206, 247, 457
Kirsch, Sarah 180, 206, 247, 275, 290, 465, 483
Kirsten, Wulf 483
Kisch, Egon Erwin 37
Kläber Kurt 31
Klages, Helmut 305
Klaus, Georg 147

Klein, Dieter 360, 380
Klein, Fritz 147, 245
Kleinschmidt, Karl 74
Klemperer Victor 21, 68f., 183
Klenner, Hermann 245, 509f.
Kleßmann, Christoph 502
Klinkmann, Horst 506
Klotz, Volker 446
Knepler Georg 65, 183
Koch, Hans 192, 207, 478
Kocka, Jürgen 495, 499f.
Köhler, Erich 174
Königsdorf, Helga 270, 384, 387, 464, 467
Kofler, Leo 245
Kohl, Helmut 361, 366ff., 370f., 376f., 381, 390ff., 396–399, 404, 425–430, 495, 497, 506
Kohlhaase, Wolfgang 350, 458
Kohlmey, Gunther 245
Kolbe, Uwe 334ff., 338, 363, 371, 483
Kolbenheyer, Erwin Guido 48
Kollwitz, Käthe 87, 89, 96
Konsalik, Heinz G. 443
Korsch, Karl 67, 239
Kosing, Alfred 147
Kotzebue, August von 177
Kowa, Viktor de 118
Koziol, Andreas 328
Krause, Günther 368, 399ff., 408
Krauss, Werner 65, 148, 184f., 187f. 213, 300, 480, 494
Krauß, Angela 326
Krenz, Egon 358, 366, 376
Kreuzer, Helmut 342, 344
Kriegel, František 235
Krolop, Kurt 194
Krug, Manfred 274, 276, 278f., 281–284, 286f., 302

Krusche, Günter 359, 366
Kuba – s. Barthel, Kurt
Kuczynski, Jürgen 34, 146, 183, 300, 516
Kuckhoff, Greta 54
Kunert, Günter 130, 242, 247, 275, 290, 300 f., 373, 460 f., 465, 471, 478
Kunze, Reiner 174, 236, 273, 290, 460, 483
Kurella, Alfred 58, 161 f., 167, 174, 191 f., 197, 199, 205 f., 209 f., 214, 263, 367, 478
Kwizinski, Juli Alexandrowitsch 392

Laabs, Joochen 326
Lafontaine, Oskar 368, 375
Lämmert, Eberhard 495, 500, 507
Lamberz, Werner 276, 278, 283–288
Lambsdorff, Otto Graf 402
Lange-Müller, Katja 335
Langgässer, Elisabeth 54
Langhoff, Thomas 457
Langhoff, Wolfgang 457
Lasky, Melvin J. 55 f., 118
Lassalle, Ferdinand 227 f.
Lauter, Hans 94
Legal, Ernst 29, 92
Lehmann-Brauns, Uwe 458, 460
Lemmer, Ernst 29
Lengsfeld, Vera 376
Lenin, Wladimir Iljitsch 76 f., 80 f., 94, 125, 161, 257, 318, 320, 389, 519
Lenz, Jakob Michael Reinhold 487
Leonhard, Rudolf 54
Lepsius, M. Rainer 17
Liebknecht, Karl 163
Lilienfein, Heinrich 47
Limbach, Jutta 418
Links, Christoph 361, 410 ff.
Löffler Sigrid 479

Loest, Erich 146, 292
Löwenthal, Gerhard 118
Lommer, Horst 60 f.
Lorbeer, Hans 31
Lorek, Leonhard 328 f., 331 f., 335
Ludwig, Rolf 276
Luft, Christa 303, 406, 519
Lukács, Georg 26, 37, 44 f., 49 f., 68, 119, 122 f., 134, 136, 142, 146, 148, 150 f., 153–156, 185, 187, 239, 242, 244, 320, 349–352
Lunkewitz, Bernd F. 415, 480
Luxemburg, Rosa 163, 239

Maaz, Hans-Joachim 306
Maetzig, Kurt 111, 219, 221
Magritz, Kurt 91, 96 f., 99, 110
Maier, Charles S. 366, 373, 375, 385, 391 f., 493 f., 504
Maier, Harry 304
Maizière, Lothar de 367 f., 375, 381 f., 399 ff., 415, 424 f.
Malraux, André 161, 190
Mann, Erika 421
Mann, Heinrich 31, 37, 204, 414, 441 ff., 455
Mann, Klaus 190, 421 f.
Mann, Thomas 25, 34, 39–43, 58, 98, 123, 150, 195, 420
Mannheim, Karl 11
Marchwitza, Hans 31
Marcuse, Herbert 239
Markov, Walter 65, 104, 183, 386
Maron, Karl 473
Maron, Monika 466 f., 472 f.
Marquardt, Hans 461
Martin, Karl-Heinz 29
Marx, Karl 161, 187 f., 191, 222, 227, 239, 279, 348, 373, 463, 468, 503 f., 512 ff., 518 ff., 523 f.

557

Masereel, Frans 88
Masur, Kurt 269
Matern, Hermann 108
Matthies, Frank-Wolf 328, 338, 341
Matthus, Siegfried 457
Maus, Heinz 245
May, Gisela 202
Mayer, Hans 61, 117, 148, 173f., 179f., 183–188, 272, 384, 463f.
Mayntz, Renate 501
McCloy, John 82
Mehring, Franz 187
Meier, Christian 495, 505
Melle, Fritz Hendrik 335
Mellinger, Frederic 45
Merkel, Angela 378
Merker Paul 106, 127, 140
Metz 414f.
Metzkes, Harald 206, 343
Meusel, Alfred 183
Meyer, Ernst Hermann 99, 276
Meyerhold, Wsewolod Emiljewitsch 95
Michael, Klaus 334
Michel, Karl Markus 242
Mickel, Karl 174, 180, 442, 457, 474
Miegel, Agnes 47f.
Mielke, Erich 317, 366, 422
Mittag, Günter 217f., 258, 261, 305, 371, 414
Mittenzwei, Werner 194f., 213f., 242, 350ff.
Mitterrand, François 390
Modrow, Hans 358, 365, 367, 380, 390
Mohr, Arno 87
Molinari 414
Molo, Walter von 40f.
Molotow, Wjatscheslaw M. 108
Moog, Christa 335

Morgenstern, Beate 326
Morgner, Irmtraud 174, 180, 185, 270, 325
Mückenberger, Erich 217
Mühe, Ulrich 356, 358
Müller, Heiner 72, 167f., 175–179, 213, 219, 223ff., 237, 247, 249, 270, 275, 279, 281, 283, 288f., 302, 325f., 351f., 356, 387f., 419, 422, 450–453, 456–459, 474f., 478 486
Mueller-Stahl, Armin 302
Münchhausen, Börries von 47
Mundstock, Karl 173
Muradeli, Wano Iljitsch 92
Murger, Henri 342
Musil, Robert 186

Nachbar, Herbert 180
Nagel, Otto 109, 205, 210
Napoleon Bonaparte I. 67, 429
Nagy, Imre 136
Nahke, Heinz 130
Naumann, Manfred 213
Negt, Oskar 523
Németh, Miklós 370
Nentwich, Andreas 487
Neubert, Ehrhart 311, 314f., 376
Neubert, Willi 276
Neumann, Alfred 217
Neumann, Gert 328
Neutsch, Erik 167, 174f., 203, 219, 276, 457
Niekisch, Ernst 91, 106f.
Nietzsche, Friedrich 29
Noll, Dieter 180, 182, 292f., 394, 453
Nolte, Ernst 323
Novotný, Antonín 234

Oelßner Fred 95, 129, 145
Oestreicher, Paul 257

Ohnesorg, Benno 239
Opitz, Detlef 335, 484
Orff, Carl 92, 94
Orlow, N. – s. Semjonow, Wladimir S.
Ortega y Gasset, José 184 f.
Otto, Teo 87 f.

Palestrina, Giovanni Pierluigi 85
Palucca, Gret 455
Panitz, Eberhard 174
Papenfuß-Gorek, Bert 328–332, 334–338, 341, 483 f.
Pascal, Blaise 14
Pasternack, Peer 423
Pechstein, Max 118
Petras, Hubert 202
Petry, Jürgen 443 f.
Petzold, Claudia 342, 345
Pflugbeil, Sebastian 377
Phaedrus 443
Picasso, Pablo 88, 343
Pieck, Wilhelm 22 ff., 34, 63, 65, 76 f., 93 f., 165, 198 f.
Pietraß, Richard 326, 336
Pilcher, Rosamunde 443
Pinthus, Kurt 89
Piscator, Erwin 271
Plenzdorf, Ulrich 213, 273, 276, 383, 468, 486
Plivier, Theodor 37, 59
Poche, Klaus 291 f., 294
Podewin, Norbert 256
Pohl, Sieghard 31
Portugalow, Nikolai 389
Pozner, Vladimir 208
Priewe, Jan 407 ff.
Prokofjew, Sergej Sergejewitsch 84
Proust, Marcel 186, 263
Püschel, Walter 130
Puschkin, Georgi M. 132–135, 137

Quermann, Heinz 146

Rabelais, François 486
Raddatz, Fritz 130
Radisch, Iris 473
Raible, Wolfgang 495
Rajk, László 106
Rathenow, Lutz 328, 335, 338 f., 341, 409
Rau, Heinrich 127
Reich, Jens 356, 377, 403
Reich, Wilhelm 239
Reichel, Käthe 276
Reich-Ranicki, Marcel 274, 449, 467, 472
Reimann, Brigitte 167, 172, 203, 270
Reimann, Paul 194, 196
Reger, Erik 59 f.
Régis, Pierre Sylvain 447
Remarque, Erich Maria 40, 180
Renn, Ludwig 276
Richter, Hans 408
Richter, Helmut 194
Richter, Steffen 480
Rietzschel, Thomas 413
Rilla, Paul 120
Robespierre, Maximilien de 386
Rodenberg, Hans 99, 101, 110 f., 267
Röhler, Andreas 335
Rohwedder, Detlev Karsten 406 ff., 412 ff.
Rolland, Romain 226
Romberg, Walter 391, 401
Roosevelt, Franklin D. 56
Rosenlöcher, Thomas 371
Rosenthal, Rüdiger 328, 335
Rücker, Günther 350, 481
Rückert, Friedrich 447
Rühle, Jürgen 99
Rülicke, Käthe 77, 90, 94, 147

Ruh, Anton 169
Rumpf, Willy 217
Ryshkow, Nikolai Iwanowitsch 389, 391f.

Sachs, Heinz 248
Said, Edward W. 12, 16, 18
Sagert, Horst 206
Sakowski, Helmut 203, 276
Salinger, Jerome David 486
Salomon, Ernst von 25f., 346
Saña, Heleno 494
Sandberg, Herbert 89f., 130
Sander, Otto 459
Sartre, Jean-Paul 9
Sasse, Gertrud 154
Savonarola, Girolamo 424
Schabowski, Günter 365
Schacht, Roland 54
Schädlich, Hans Joachim 276, 290, 465
Schäuble, Wolfgang 367f., 381ff., 387, 398–403, 408, 416, 423
Schall, Ekkehard 276, 356, 457
Schaller, Henning 355
Scharrer, Adam 31, 37f., 182
Scharsich, Lothar 355
Schedlinski, Rainer 328, 331f., 337, 341, 484
Scheel, Walter 255
Scherchen, Hermann 92
Schewardnadse, Eduard 320
Schiller, Friedrich von 133, 243
Schily, Otto 375
Schindhelm, Michael 511
Schirdewan, Karl 145, 150
Schirmer, Herbert 401
Schirrmacher, Frank 338, 448f., 451f., 485
Schleime, Cornelia 335

Schlegel, Friedrich von 447
Schlesinger, Klaus 265, 267, 276, 280, 283, 289, 291f., 467, 480f.
Schmidt, Heinz 147
Schmidt-Rottluff, Karl 88, 118
Schneider, Michael 383
Schneider, Rolf 275, 291f., 360
Schnitzler, Karl-Eduard von 147
Schnur, Wolfgang 377f.
Scholochow, Michail Alexandrowitsch 72
Scholz, Gerhard 183
Schönberg, Arnold 98, 265
Schorlemmer, Friedrich 315, 356, 361, 376f., 416, 425, 487
Schostakowitsch, Dmitri Dmitrijewitsch 84
Schramm, Ingo 486
Schreck, Joachim 236
Schröder, Richard 401
Schröder, Rudolf Alexander 65
Schroeder, Max 36f., 70, 99, 119, 180, 186
Schröder Ralf 148, 245
Schroeder, Winfried 148, 245
Schroth, Christoph 431, 510
Schubert, Dieter 283, 291f.
Schubert, Helga 360
Schucht, Klaus 407
Schürer, Gerhard 217
Schuh, Oscar Fritz 118
Schulz, Max Walter 174
Schulz, Werner 405
Schulze-Boysen, Harro 185
Schumpeter, Joseph Alois 9, 68, 408, 524
Schwan, Gesine 418
Schwarz, Hanns 109
Schwarzkopf, Oliver 409
Seebacher-Brandt, Brigitte 450

Segert, Dieter 380
Seghers, Anna 22, 37, 66, 136, 158, 173, 181f., 194, 276, 326, 421, 455
Seidel, Ina 47f.
Seidel, Jochen 326
Seifert, Jaroslav 443
Seitz, Gustav 109
Semjonow, Wladimir Semjonowitsch (N. Orlow) 32ff., 46, 51f., 58, 64, 82ff., 86f., 90, 92, 94–97, 99, 107f., 110, 113, 134, 160f.
Senfft, Heinrich 368
Seyppel, Joachim 291f.
Shakespeare, William 177, 221
Shdanow, Andrej Alexejewitsch 55, 83–86, 90, 92, 95, 114, 160f., 190
Šik, Ota 234f.
Simon, Annette 332
Simon, Dieter 498
Simonow, Konstantin Michailowitsch 56
Sindermann, Horst 217, 366
Sintenis, Renée 29
Sitte, Willi 276, 516
Slánský, Rudolf 106, 194
Smrkovský, Josef 235
Snow, Charles Percy 349
Soboul, Albert 386
Sokolowski, Wassili Danilowitsch 52
Sokrates 12
Sommer, Dieter 495
Sorel, Georges 83
Soyinka, Wole 456
Sparschuh, Jens 326
Spiel, Hilde 53
Spinoza, Benedikt 12
Spira, Steffie 358
Spranger Eduard 29
Stade, Martin 292
Stalin, Josef Wissarionowitsch 32, 46, 51f., 63, 81ff., 104ff., 108, 124ff., 128, 131, 134, 139, 141, 159, 164, 169, 195, 197, 256f., 321–324, 392, 481
Staudte, Wolfgang 118
Steinbach, Peter 418
Steinbeck, John 54
Steinberger, Bernhard 137, 144
Steineckert, Gisela 174
Steiner, Helmut 245
Stephan, Alexander 421
Stötzer (Kachold), Gabriele 328, 333, 335, 337
Stolpe, Manfred 418, 456
Stolper, Armin 482
Stoph, Willi 217, 366
Strempel, Horst 87, 91f., 94
Streubel, Manfred 130
Strittmatter, Erwin 147, 173, 175, 178f., 182, 203, 213, 246f., 270, 273, 324, 446, 459, 474f.
Struzyk, Brigitte 326
Süskind, Wilhelm Emanuel 54
Suhrkamp, Peter 107, 180
Szczypiorski, Andrzej 9
Szymanski, Rolf 459

Talleyrand, Charles Maurice de 32
Teller, Jürgen 131
Teltschik, Horst 389, 391
Templin, Wolfgang 387f.
Thälmann, Ernst 263
Thate, Hilmar 276, 283, 285
Thatcher, Margaret 390
Theilmann, Bernhard 328
Thieß, Frank 25, 40ff., 207
Thun, Nyota 213
Tichonow, Nikolai Alexandrowitsch 216
Tieck, Ludwig 447

Tietmayer, Hans 367
Tisch, Harry 366
Tito, Josip Broz 106
Töpelmann, Sigrid 251
Tolstoi, Lew Nikolajewitsch 442
Tragelehn, B. K. 237, 276
Trotzki, Lew Dawidowitsch 239
Truman, Harry S. 50
Tschernyschewski, Nikolai Gawrilowitsch 191
Tschuikow, Wassili Iwanowitsch 63
Tulpanow, Sergej Iwanowitsch 32f., 88
Twardowski, Alexander Trifonowitsch 161

Uhse, Bodo 147, 182, 198, 207, 210, 212
Ulbricht, Lotte 202
Ulbricht, Walter 23f., 58, 76ff., 93f., 101f., 105–108, 113–117, 122, 124, 126f., 130, 135–146, 148–151, 161–170, 175, 185, 198–203, 216–220, 225, 227, 232f., 235f., 241f., 248, 255–268, 300, 305, 312f., 346, 478, 520
Ullmann, Wolfgang 315, 377f., 398–401, 404

Vasmer, Max 29
Vent, Hans 206
Verner, Paul 199, 219
Vieweg, Kurt 146
Villon, François 229, 281
Völker, Wolf 118
Vogel, Frank 219
Voigt, Fritz-Georg 227
Voltaire 12, 299f.
Vring, Georg von der 31

Wachowiak, Jutta 355
Wagenbach, Klaus 247, 440
Wagner-Régeny, Rudolf 109
Walcher Jakob 244
Wallner, Ulrich 118
Walser, Martin 452
Walther, Joachim 415
Walther, Peter 474
Wandel, Paul 69f., 77, 94, 112
Wangenheim, Gustav von 28f.
Wawerzinek, Peter 333
Weber, Alfred 11
Wegener, Paul 29
Wegner, Bettina 236, 276, 328
Weigel, Helene 37, 95, 99, 136, 144, 162, 210
Weimann, Robert 213, 350
Weinert, Erich 31, 150, 155
Weisenborn, Günther 29, 53, 208
Weiser, Grete 118
Weiskopf, F. C. 155
Weiss, Peter 452
Weiß, Konrad 359f., 378
Weizsäcker, Richard von 447
Wekwerth, Manfred 215, 347, 458
Welk, Ehm 47
Wellm, Alfred 174f., 325, 481
Wendt, Erich 36f., 66, 78, 99, 120, 151, 153, 250
Weskott, Martin 442f., 447
Wiechert, Ernst 25, 207
Wiegler, Paul 207
Wieland, Christoph Martin 447
Wiener, Norbert 232
Wilhelm, Kurt 36, 38
Will, Rosemarie 380
Willmann, Heinz 28, 30
Wilson, Robert 456
Winternitz, Joseph 245
Winterstein, Eduard von 29

Winzer, Otto 237f.
Wischnewski, Klaus 54, 161
Wischnewski, Wsewolod Witaljewitsch 54, 161
Wisser, Claus 408
Witt, Günter 221
Wittstock, Uwe 450
Wohlgemuth, Joachim 174
Wolf, Christa 167, 174f., 179, 183, 185, 188, 198, 203, 214, 220f., 246–249, 270, 275, 278, 281, 283, 285ff., 289f., 293, 324, 326, 346, 348f., 356–361, 384, 387, 394, 398, 419, 438f., 448–453, 456f., 466ff., 476, 487
Wolf, Friedrich 66, 76, 89, 155, 157, 173f., 182, 190, 357
Wolf, Gerhard 275, 290, 336f.
Wolf, Herbert 304
Wolf, Konrad 179, 215, 276, 334, 347, 357, 453
Wolf, Markus 356f., 371, 439
Wolf, Richard 137
Wollweber, Ernst 202
Wüstefeld, Michael 335
Wutschetisch, Jewgenij Viktorowitsch 311

Zacher, Hans 498
Zaisser, Wilhelm 108, 115
Zeißler, Armin 212f.
Zickelbein, Horst 343
Zimmermann, Udo 453
Zola, Emile 10, 226, 293
Zuckmayer, Carl 39, 173, 420
Zweig, Arnold 99f., 110, 158, 172, 181f., 204, 414, 442
Zwerenz, Gerhard 131, 146, 154, 467f.

# »Man muß sich die Kunden des Aufbau-Verlages als glückliche Menschen vorstellen.«

SÜDDEUTSCHE ZEITUNG

**Streifzüge mit Büchern und Autoren:**
Das Kundenmagazin der Aufbau Verlagsgruppe finden Sie kostenlos in Ihrer Buchhandlung und als Download unter www.aufbau-verlag.de.

**Mit Gesamtverzeichnis der Verlage Aufbau, Aufbau Taschenbuch, Rütten & Loening, Gustav Kiepenheuer und Der Audio Verlag.**

# »Brigitte Reimann taucht nun auf wie ein Phoenix aus der Asche.« DER SPIEGEL

**Franziska Linkerhand**
Zehn Jahre schrieb Brigitte Reimann an diesem Roman über eine lebenshungrige, kompromißlose, von einer Vision und einer Liebe besessenen Architektin. Obwohl unvollendet, zählt er zu den wichtigsten und schönsten Büchern der deutschen Gegenwartsliteratur. Die ungekürzte Ausgabe zeigt eine freimütigere, illusionslosere Franziska – radikal wie ihre Autorin in den Tagebüchern. – »Ein aufregendes, aufwühlendes Buch.« FAZ
*Roman. Ungekürzte Neuausgabe. Mit einem Nachwort von Withold Bonner. Bearbeitung und Nachbemerkung von Angela Drescher.*
*639 Seiten. AtV 1535*

**Ich bedaure nichts**
*Tagebücher 1955–1963*
»Ein Parlando, in dem der Odem großer Literatur weht. Ich kann mich nicht erinnern, das Buch einer Frau in deutscher Sprache gelesen zu haben, in dem die Sehnsucht nach Liebe mit einer solchen Sinnlichkeit und Intensität gezeigt wurde. Dieses Buch hat die Qualität eines Romans und die Vorzüge eines Tagebuchs. Es hat mich ergriffen.«
MARCEL REICH-RANICKI IM LITERARISCHEN QUARTETT
*Herausgegeben von Angela Drescher.*
*429 Seiten. AtV 1536*

**Alles schmeckt nach Abschied**
*Tagebücher 1964–1970*
Es war der scharfe, auch gegen sich selbst unerbittliche Blick der Schriftstellerin Brigitte Reimann, der uns mit den Tagebüchern ein einzigartiges Lebenszeugnis hinterlassen hat: die beeindruckende Biographie einer leidenschaftlichen, extravaganten Frau und zugleich ein Zeitdokument, das Geist und Stimmung einer ganzen Periode der ostdeutschen Nachkriegsgeschichte einfängt.
*Herausgegeben von Angela Drescher.*
*464 Seiten. AtV 1537*

**BRIGITTE REIMANN**
**CHRISTA WOLF**
**Sei gegrüßt und lebe**
*Eine Freundschaft in Briefen 1964–1973*
Brigitte Reimann und Christa Wolf lernten sich 1963 kennen. Es war der Beginn einer Freundschaft zweier eigenwilliger Frauen, die sich in ihrem Anderssein akzeptierten. Für beide waren es krisenhafte Jahre, durchzogen von persönlichen Konflikten, bedrohlichen Erkrankungen und politischen Spannungen. Vom Tod überschattet, handelt ihre Korrespondenz gleichwohl vom intensiven Leben, zu dem eine der anderen Mut macht.
*Herausgegeben von Angela Drescher.*
*190 Seiten. AtV 1532*

A*t*V

# »Seine Sprachmacht wird ihm keiner nehmen können ...« F.A.Z.
# Hermann Kant bei AtV

Hermann Kant wurde 1926 in Hamburg geboren. Nach einer Elektrikerlehre war er Soldat, von 1945 bis 1949 in polnischer Kriegsgefangenschaft Mitbegründer des Antifa-Komitees im Arbeitslager Warschau und Lehrer an der Antifa-Zentralschule. Ab 1949 studierte er an der Arbeiter- und Bauernfakultät in Greifswald, 1952 bis 1956 Germanistik in Berlin. Danach war er wissenschaftlicher Assistent und Redakteur, von 1978 bis 1990 Präsident des DDR-Schriftstellerverbandes.

**Ein bißchen Südsee**
»Ein bißchen Südsee« war das vielversprechende Debüt, mit dem sich Hermann Kant sofort als origineller Autor einprägte. Wer den wortgewandten, ausschweifenden Romancier Kant schätzt, wird ihn in diesen Geschichten als pointierten Erzähler entdecken.
»Kant ist ein exakter Beobachter und ein vorzüglicher Spaßmacher.«
MARCEL REICH-RANICKI
*Erzählungen. 192 Seiten. AtV 1191*

**Der Aufenthalt**
»Der Aufenthalt« ist eine Passionsgeschichte mit Humor und ein Schelmenroman mit tragischen Zügen ... Wir haben Hermann Kant ein aufschlußreiches, ein witziges Buch zu verdanken.« MARCEL REICH-RANICKI, F.A.Z
Roman. 567 Seiten. AtV 1037

**Die Aula**
Diesen Roman über einen jungen Mann, der eine Abschiedsrede halten soll und darüber ins Erinnern gerät, haben Leser und Kritiker sofort nach Erscheinen als großen Spaß gefeiert. Ein »Geschichts- und Geschichtenbuch« über die Anfänge der DDR, ohne die man ihr Ende nicht verstehen kann.
*Roman. 464 Seiten. AtV 1190*

**Kormoran**
Nach seinem streitbaren wie umstrittenen Erinnerungsbuch »Abspann« hat Hermann Kant mit diesem Buch den aktuellen Nachwende-Roman geschrieben, der von ihm erwartet wurde, amüsant, bissig, zeitkritisch und selbstironisch, einen Roman »von allerlei Leben und allerlei Sterben«.
*Roman. 270 Seiten. AtV 1192*

*Weitere Informationen über Hermann Kant erhalten Sie unter www.aufbau-verlag.de oder in Ihrer Buchhandlung*

# »Erwin Strittmatter hat uns den Himmel gezeigt überm Tellerrand« DIE ZEIT

### Der Laden
»Es ist die Dorfchronik eines großen Epikers, der in einem abgelegenen, halbsorbischen Winkel die Welt spiegelt. Bossdom – ein Kosmos; was Menschen irgend geschehen kann, geschieht ihnen hier; wie Menschen sein können, so sind diese Dörfler.« DIE ZEIT
»Im Kleinen das Große erkennen und zeigen und beschreiben – das hat Strittmatter getan, gleich Tolstoi, Hesse, Faulkner, Proust, Emerson.« SÜDDEUTSCHE ZEITUNG
*Romantrilogie. 3 Bände in Kassette. Mit 24 Filmfotos. 1496 Seiten. AtV 5420. Alle Bände auch einzeln erhältlich*

### Der Wundertäter
Der große Schelmenroman zeichnet den schwierigen Weg des Stanislaus Büdner aus Waldwiesen vom poetisierenden Bäckergesellen zum kritischen Schriftsteller nach. Mit Erwin Strittmatters unverwechselbarer Erzählkunst aus Poesie, Menschenkenntnis und Humor gehört sie zu den großen Werken der neueren deutschen Literatur.
*Romantrilogie. 3 Bände in Kassette. 1555 Seiten. AtV 5426. Alle Bände auch einzeln erhältlich*

### Ole Bienkopp
»Ole Bienkopp« zählt zu den schönsten und wichtigsten Strittmatter-Romanen, nachdem er in den sechziger Jahren für heiße Diskussionen sorgte, weil sein Held politisch nicht opportun war. Ole trifft auf Vorurteile und Neid, als er seinen Traum von der gerechten Welt verwirklichen will. Voll Trotz und Zorn tritt er gegen die Bürokraten an.
*Roman. 418 Seiten. AtV 5404*

### Vor der Verwandlung
Aus Manuskriptteilen und Bändern im Diktiergerät hat Eva Strittmatter nach dem Tode ihres Mannes dieses Buch zusammengestellt. »Ein Abschiedsbuch, wie es bewegender nicht sein kann.« FRANKFURTER RUNDSCHAU
*Aufzeichnungen. Hrsg. und mit einem Nachwort von Eva Strittmatter. 173 Seiten. AtV 5431*

### Wie der Regen mit dem See redet
Das Strittmatter-Lese-Buch zeigt den großen Epiker in seiner einmaligen Mischung aus Poesie, Philosophie, Weisheit und Humor. Die Auswahl aus dem Gesamtwerk zum Selberlesen und Weiterverschenken folgt Strittmatters Leben von der Kindheit über die Kriegs- und Nachkriegszeit bis zum Leben in Schulzenhof.
*Das große Erwin-Strittmatter-Buch. Hrsg. von Klaus Walther. 425 Seiten. AtV 5434*

*Weitere Informationen erhalten Sie unter www.aufbau-verlag.de oder in Ihrer Buchhandlung*

# Eva Strittmatter ist Deutschlands erfolgreichste Lyrikerin

**Zwiegespräch**
Ich bin ich, heißt es in diesen Gedichten: mal trotzig-entschlossen, mal vorsichtig tastend, als wäre das Ich-Sagen behutsam einzuüben. Die hier spricht kennt ihre Rolle genau, ihre Pflichten im Alltag der Gewohnheit. Aber da gibt es noch das andere Ich, das ausscheren möchte aus den Konventionen, leicht sein und einfach leben: im südlichen Licht oder in der heimlichen Freiheit der Einsamkeit.
*Gedichte. 132 Seiten. AtV 1323*

**Mondschnee liegt auf den Wiesen**
Voll bohrender Unruhe wird in diesen Gedichten die Vergänglichkeit der Zeit reflektiert. Was ist geschehen mit den großen Erwartungen an das Leben? Eva Strittmatters eindringliche Fragen sind zugleich Annäherungen an Antworten: Die Dichterin bringt ihre Erfahrungen und Konflikte in anrührende, intensive Bilder.
*Gedichte. 166 Seiten. AtV1324*

**Die eine Rose überwältigt alles**
Die Gedichte rebellieren gegen den täglichen Tod durch Selbstaufgabe und Gewöhnung. Wie ist die Balance zu finden? Eva Strittmatter spricht von den Widersprüchen, die dabei auszuhalten sind und von den Wurzeln ihrer Kraft: Die liegen in der Bereitschaft, sich offen zu halten für die Signale der Welt.
*Gedichte. 140 Seiten. AtV 1321*

**Briefe aus Schulzenhof 1965–1992**
Die Briefe berichten vom Alltag in Schulzenhof, vom Leben Eva und Erwin Strittmatters, von den Höhen und Tiefen ihres literarischen Schaffens. Ein Kompendium an Lebensäußerungen, gerichtet an Freunde, Schriftstellerkollegen, Leser, Maler, an die Söhne.
*3 Bände in Kassette. 1319 Seiten. AtV 1325. Alle Bände auch einzeln erhältlich*

**Liebe und Haß**
»Es handelt sich um die Krönung ihres lyrischen Werkes. Lange mußte gewartet werden, bis eine Dichterin deutscher Sprache nach Gertrud Kolmar und Ingeborg Bachmann die Poesie wieder als Freiheitsgewinn, das Leben als sinnliche Entdeckung und die Natur als Raum eigener Gestaltung zu formulieren vermochte.«
LAUSITZER RUNDSCHAU
*Die geheimen Gedichte. 1970–1990. 186 Seiten. AtV 1330*

*Weitere Informationen über Eva Strittmatter erhalten Sie unter www.aufbau-verlag.de oder in Ihrer Buchhandlung*

# Bühne frei:
# Biographien bei AtV

**HANS-DIETER SCHÜTT**
**Kurt Böwe**
*Der lange kurze Atem*
Kurt Böwe, einer der bekanntesten deutschen Theaterschauspieler, erzählt mit »Strittmatterschem Bauernschalk« (Die Welt) aus seinem Leben. Das Buch ist eine reich sprudelnde Quelle: Man erfährt manches über Schauspieler, einiges über die DDR und sehr viel über das Leben.
*420 Seiten. Mit 94 Abbildungen. AtV 1540*

**FRANK SCHÖBEL**
**Frank und Frei**
*Die Autobiographie*
Frank Schöbel erzählt sein Leben. Nicht etwa, weil er zur Ruhe gekommen ist und Abschließendes verkünden will – er doch nicht! –, nein, aus Notwehr schreibt er dieses Buch, denn ständig und immer wieder gibt es andere, die meinen, sich besser in seinem Leben auszukennen als er selber.
»Ein Buch wie ein Gespräch mit guten Freunden.«
MÄRKISCHE VOLKSSTIMME
*735 Seiten. Mit zahlreichen Abbildungen. AtV 1382*

**ALEXANDER OSANG**
**Tamara Danz**
*Legenden*
Sie war die Frontfrau der DDR-Rockgruppe »Silly«. Auf ihren bekanntesten Alben »Bataillon d'amour« und »Mont Klamott« besang Tamara Danz diejenigen, die so wenig zur uniformen Gesellschaft paßten wie sie selbst. Alexander Osangs Buch kreist um ein Leben zwischen Anpassung und Ausbruch, ohne voyeuristisch zu sein oder vorschnelle Urteile nahezulegen.
*238 Seiten. Mit 32 Abbildungen. AtV 1783*

**EBERHARD ESCHE**
**Der Hase im Rausch**
Vier Jahrzehnte Theater, legendäre Soloabende und der unvergeßliche »Hase im Rausch«. Eberhard Esche erinnert sich: an prägende Arbeitsverhältnisse mit Regisseuren wie Benno Besson und Thomas Langhoff und an Kollegen wie Klaus Piontek und Rolf Ludwig.
*377 Seiten. Mit 43 Abbildungen. AtV 1354*

*Mehr Informationen erhalten Sie unter www.aufbau-verlag.de oder bei Ihrem Buchhändler*

# Leben, um zu schreiben.
## Biographien bei AtV

**JAN-CHRISTOPH HAUSCHILD**
**Heiner Müller**
**oder**
**Das Prinzip Zweifel**
Heiner Müller ist einer der bedeutendsten deutschen Dramatiker und gleichzeitig einer der umstrittensten. Jan-Christoph Hauschild skizziert Herkunft und Werdegang des Autors, dokumentiert die Entstehung der Stücke, zeigt Interpretationslinien auf und berücksichtigt auch die verwickelte Aufführungsgeschichte.
»Keiner, der sich mit diesem Theater-Riesen beschäftigt, kommt an Hauschilds Biographie vorbei.«
JÜRGEN VERDOFSKY, NDR
*Biographie. 619 Seiten. Mit 40 Abbildungen. AtV 1908*

**WILHELM VON STERNBURG**
**Carl von Ossietzky**
**Es ist eine unheimliche Stimmung in Deutschland**
*Ein biographischer Bericht*
Wilhelm von Sternburg schildert Leben und Denken dieses außergewöhnlichen Intellektuellen, der mit republikanischer Zivilcourage für Vernunft und Demokratie stritt.
»Eine lebhafte Darstellung der Glanzzeit deutscher Publizistik in der Weimarer Republik...Stark bewegend sind die Passagen über das komplizierte Verhältnis zwischen Ossietzky und Tucholsky.«
SÜDDEUTSCHE ZEITUNG
*Biographie. 336 Seiten. AtV 1658*

**PETER JACOBS**
**Victor Klemperer**
*Im Kern ein deutsches Gewächs*
Victor Klemperer: ein bizarres Schicksal und ein dramatisches Leben in vier deutschen Epochen. Erstmals bietet diese Biographie eine Gesamtschau auf die Vita des Dresdner Professors, dessen Tagebücher über die alltägliche deutsche Judenverfolgung zur literarischen Sensation wurden.
»Ein glänzender Beobachter seiner Umgebung und der Epoche.«
MARCEL REICH-RANICKI
*Biographie. 381 Seiten. Mit 32 Fotos. AtV 1655*

**GÜNTHER DROMMER**
**Erwin Strittmatter**
*Des Lebens Spiel*
In dieser kenntnisreichen, einfühlsamen Biographie wird den Berührungspunkten zwischen Strittmatters Leben und seinem Schreiben nachgegangen, den Spannungen zwischen beiden Polen und ihren Konflikten. Günther Drommer beschreibt viele bislang unbekannte Einzelheiten aus dem eindrucksvollen Jahrhundertleben des »Laden«-Autors.
*Biographie. 245 Seiten. Mit 30 Abbildungen. AtV 1654*

*Mehr Informationen erhalten Sie unter www.aufbau-verlag.de oder bei Ihrem Buchhändler*

# Fakten, Themen, Hintergründe: Sachbücher bei AtV

**LUDWIG WATZAL**
**Feinde des Friedens**
*Der endlose Konflikt zwischen Israel und den Palästinensern*
»Wer jenseits der aktuellen Schrecken mehr wissen möchte über tiefere Ursachen der heutigen Gewalt, für den ist das Buch von Ludwig Watzal eine aufschlußreiche Lektüre.«
TAGESSPIEGEL
»Eine höchst authentische Erläuterung der Ursachen des jetzigen Geschehens. Und eine klare Absage an die landläufige Behauptung, die Akzeptierung palästinensischer Rechte sei a priori ein anti-israelischer Akt.« LEIPZIGER VOLKSZEITUNG
*Originalausgabe. 341 Seiten. AtV 8071*

**WOLFGANG ENGLER**
**Die Ostdeutschen**
*Kunde von einem verlorenen Land*
»Englers Kunde von einem verlorenen Land ist lesenswert, vor allem für Westdeutsche. Sie werden einen großen Schritt auf dem Weg unternommen haben, die Ostdeutschen und ihre ganz eigene Geschichte ein wenig verstehen zu lernen.«
DEUTSCHE WELLE
*348 Seiten. AtV 8053*

**LANDOLF SCHERZER**
**Der Letzte**
Wie in der Reportage »Der Zweite« wirft Landolf Scherzer wieder einen ungewöhnlichen Blick hinter die Kulissen der Demokratie und legt dabei nicht nur Machtmechanismen, Kungelei und Korruption bloß, sondern entdeckt auch die Menschen hinter den genormten Politikerfassaden.
»Was Scherzer entstehen ließ, kann Politiker und Journalisten gleichermaßen beschämen.«
DER TAGESSPIEGEL
*336 Seiten. AtV 1827*

**FRIEDRICH SCHORLEMMER**
**Nicht vom Brot allein**
*Leben in einer verletzbaren Welt*
Angesichts einer Konsumkultur, in der alles zur Ware wird, auch der Mensch, streitet der Theologe Schorlemmer für Werte, die dem Dasein Sinn und Hoffnung geben. Sein Widerspruch gegen eine Politik, die Terror und Gewalt mit Krieg und (Gegen-)Gewalt bekämpfen, Freiheit durch Sicherheit gewinnen will, appelliert an unser »Gewissen und den Mut, ihm zu folgen. Selbst- und Zeitbefragung bekommen eine Intensität und Rücksichtslosigkeit, die ihresgleichen sucht.« NEUES DEUTSCHLAND
*359 Seiten. AtV 7041*

*Mehr Informationen erhalten Sie unter www.aufbau-verlag.de oder bei Ihrem Buchhändler*

AtV

# Magie, Traum, Wirklichkeit: Gegenwartsliteratur bei AtV

**BARBARA FRISCHMUTH**
**Die Entschlüsselung**
»Wie ein minuziös recherchierter Kriminalroman führt das Buch in die furchtbar schöne Steiermark mit ihren Originalschauplätzen der nicht allzu lang vergangenen Nazi-Geschichte und weiter zurück in die mythische Vorzeit der Druiden.«
NEUE ZÜRCHER ZEITUNG
»Barbara Frischmuth verdreht dem Leser mit einem ungewöhnlichen literarischen Puzzle den Kopf.«
DEUTSCHLANDRADIO
*195 Seiten. AtV 1943*

**HANSJÖRG SCHERTENLEIB**
**Von Hund zu Hund**
*Geschichten aus dem Koffer des Apothekers*
»Die Geschichten enthalten ein Geheimnis, das Schertenleibs lakonische Beschreibungsprosa um neue, fast kafkaeske Nuancen bereichert. Manchmal verdichten sich die Alltagsdetails und spröden Aussagesätze zu einer somnambulen Magie.« TAGESANZEIGER
*208 Seiten. AtV 1912*

**LENKA REINEROVÁ**
**Das Traumcafé einer Pragerin**
In all ihren Erzählungen beschreibt Lenka Reinerová, eine der letzten Zeitzeuginnen der Emigration, Stationen ihres Lebens – das Prag der dreißiger Jahre, das Exil in Frankreich und Mexiko, den Stalinismus in den Fünfzigern und jüngste Erfahrungen. Trotz aller bitteren, furchtbaren Geschehnisse sind es menschen- und lebensfreundliche Erinnerungen, weise und wehmütig.
2003 erhielt Lenka Reinerová mit Jorge Semprún die Goethe-Medaille des Goethe-Instituts Inter Nationes für ihre stete Würdigung der deutschen Sprache und ihren Beitrag gegen das Vergessen.
*Erzählungen. 269 Seiten. AtV 1168*

**KLAUS SCHLESINGER**
**Trug**
Klaus Schlesinger treibt ein perfektes, suggestives Vexierspiel um zwei Identitäten und zwei Lebensentwürfe im geteilten Deutschland.
»Schlesingers letzter Roman schließt auf eine paradoxe Weise Anfang und Ende eines Lebenswerks zusammen. Schlesinger ist ein begnadeter Erzähler gewesen.«
FRANKFURTER RUNDSCHAU
*Roman. 190 Seiten. AtV 1785*

*Mehr Informationen erhalten Sie unter www.aufbau-verlag.de oder bei Ihrem Buchhändler*

# Der gewöhnliche Wahnsinn. Kindheits- und Alltagsgeschichten

**MANFRED BOFINGER**
**Der krumme Löffel**
*Miniaturen einer Kindheit*
Einfühlsam erzählt der Zeichner Manfred Bofinger von seiner Kindheit im Nachkriegs-Berlin, als der Westen schon golden, aber noch nicht gänzlich unerreichbar war, und in den Trümmern allmählich ein neues, lebenswertes Leben entstand. Bofinger versteht es, in unnachahmlicher Weise, unser eigenes kindlich unbeschwertes und doch so prägendes Erleben und Erfahren wieder wachzurufen.
*240 Seiten. AtV 1591*

**JURIJ BRĚZAN**
**Die grüne Eidechse**
»Die Stadt B. ist alt, schön, liebenswert. Vor einem guten Menschenalter wurde sie meine Heimatstadt. Nun feiert sie ihren tausendsten Geburtstag. Dazu mein Gruß mit diesem Buch – für den alten Heimatforscher F., den halb so alten Juwelier M., den gestreßten Stadtbusfahrer, meine junge Enkelin und alle anderen, die gern lesen. Eine Liebesgeschichte. Oder dachten Sie, ich schreibe Krimis?«
*Roman. 205 Seiten. AtV 1701*

**HELGA SCHÜTZ**
**Grenze zum gestrigen Tag**
Eine Mauer aus Aufgaben soll die Ich-Erzählerin schützen vor Fluchtgedanken und Verzagen. Mit aller Kraft übt sie das Augenverschließen: vor den Grenztürmen, den Minen und den Wachhunden am Ende des Gartens, vor den nicht gestellten Fragen an Hugo, den Partner, vor der unaufhaltsamen Krankheit der Tochter. Doch Stück für Stück entgleitet ihr dieses Leben. Helga Schütz gelingt in diesem Roman jene seltene Heiterkeit und Leichtigkeit, durch die sich die schmerzvollen Dinge um so nachhaltiger mitteilen.
»Reife Prosa; kein Glücksfall, sondern Können, Erfahrung.«
NÜRNBERGER NACHRICHTEN
*Roman. 303 Seiten. AtV 1839*

**HELGA KÖNIGSDORF**
**Der gewöhnliche Wahnsinn**
*Die besten Geschichten*
Diese Auswahl von Geschichten aus 20 Jahren präsentiert die erzählerische Palette Helga Königsdorfs: vom grotesken Szenario bis zum nachdenklichen Märchen, in dem es wie im Leben zugeht. Wer ist schon darauf gefaßt, das Besondere so unauffällig zu finden?
*198 Seiten. AtV 1346*

*Mehr Informationen erhalten Sie unter www.aufbau-verlag.de oder bei Ihrem Buchhändler*

# Wo ist das Leben?
# Junge Literatur bei AtV

**THOMAS BRUSSIG**
**Wasserfarben**
Bevor Thomas Brussig mit »Helden wie wir« und dem Film »Sonnenallee« überwältigende Erfolge feierte, war unter einem Pseudonym sein erster Roman, »Wasserfarben«, erschienen: Ein Buch über das Erwachsenwerden, in dem der Held wie schon Generationen vor ihm bei Salinger, Kerouac oder Plenzdorf lässig-ironisch die großen Sinnfragen stellt.
*Roman. 229 Seiten. AtV 1689*

**ANDREAS GLÄSER**
**Der BFC war schuld am Mauerbau**
*Ein stolzer Sohn des Proletariats erzählt*
»Immer wieder wurde versucht, eine proletarische Prosa zu erfinden. Die Theoretiker wurden erschossen, die Praktiker verheizt. Jetzt, wo es die daran Beteiligten nicht mehr gibt, ist es endlich einem gelungen: Andreas Gläser steht mit seinem ersten Buch ganz allein auf dem Schlachtfeld der Literatur – im Kampf gegen das Spießertum.« WLADIMIR KAMINER
*220 Seiten. AtV 1861*

**CHRISTOPH DIECKMANN**
**Die Liebe in den Zeiten des Landfilms**
*Eigens erlebte Geschichten*
Mit seinen »eigens erlebten Geschichten« ermutigt der vielfach preisgekrönte ZEIT-Autor Christoph Dieckmann zu ungeschönter Erinnerung, er »erkennt, wo er kalauert, durchpflügt das östliche Gelände mit seiner präzise pointierten Sprache, gibt mit vollen Händen Anschauung und Begriff zugleich. Anders gesagt: Er schreibt vorzüglich.«
DER TAGESSPIEGEL
*316 Seiten. Mit 45 Abbildungen. AtV 1349*

**JENS-UWE SOMMERSCHUH**
**Carcassonne**
Ein freches Roadmovie durch Südfrankreich und eine perfekte Liebes- und Kriminalgeschichte: Auf der Flucht vor der Polizei gerät ein junger Mann an eine verdächtige Tasche und eine eigenwillige Frau, die er beide nach mysteriösen Ereignissen lieber loswerden will.
»Hinreißende Dialoge, Situationskomik, erotische Spannungen und über allem der wolkenlose Himmel Südfrankreichs. Unterhaltungsliteratur vom Feinsten.«
DER TAGESSPIEGEL
*Roman. 262 Seiten. AtV 1790*

*Mehr Informationen über die Autoren erhalten Sie unter www.aufbauverlag.de oder bei Ihrem Buchhändler*